L'ÉPREUVE DU RÉEL À L'ÉCRAN

CINÉMA
ARTS ET

Une collection dirigée par Philippe Dubois

Jacques AUMONT, *De l'esthétique au présent*

Jacques AUMONT (sous la direction de), *La mise en scène*

Frank BEAU, Philippe DUBOIS, Gérard LEBLANC (sous la direction de), *Cinéma et dernières technologies*

David BORDWELL, Kristin THOMPSON, *L'art du film. Une introduction*, 2e édition

Jean-Louis LEUTRAT, *Échos d'Ivan le Terrible. L'éclair de l'art, les foudres du pouvoir*

Anne-Françoise LESUISSE, *Du film noir au noir. Traces figurales dans le cinéma classique hollywoodien*

François NINEY, *L'épreuve du réel à l'écran. Essai sur le principe de réalité documentaire*, 2e édition

Roger ODIN, *De la fiction*

ARTS ET CINÉMA

FRANÇOIS NINEY

L'ÉPREUVE DU RÉEL À L'ÉCRAN

Essai sur le principe de réalité documentaire

2e édition

de boeck

ILLUSTRATION DE COUVERTURE :
L'empreinte du fer à repasser, 1982
© Photo Alain Fleischer

Pour toute information sur notre fonds et les nouveautés dans votre domaine de spécialisation, consultez notre site web : **www.deboeck.com**

Éditions De Boeck Université
Rue des Minimes 39, B-1000 Bruxelles

2e édition
4e tirage 2011

Imprimé en Belgique

Dépôt légal :
Bibliothèque Royale Albert Ier, Bruxelles : 2002/0074/177

ISSN 1374-0938
ISBN 978-2-8041-4135-6

À Robert Kramer

Remerciements à :
Gérard Leblanc, Philippe Dubois
Geneviève Jacquinot, Jacques Rancière
pour leurs éclairantes remarques.

Introduction

> « *Ce qui fait l'histoire, c'est le pouvoir des hommes de réordonner la matière de leur expérience en anticipant par la pensée sur la réalisation. Les formes ne sont pas que des produits et des témoins, elles sont aussi causes d'œuvres et de conduites.* »
>
> (Pierre Francastel)

Si les questions que nous nous posons ont forcément à voir avec l'époque — et notre siècle a été notoirement bouleversé par la faculté de se voir défiler sur les écrans — la manière dont nous questionnons a à voir avec notre formation, nos disciplines de prédilection et avec les œuvres rencontrées qui nous inspirent des réflexions prêtant sens à notre vie. Personnellement, ces sources de questionnement et ces œuvres princeps sont de deux ordres : philosophique et cinéphilique.

La philosophie avec cette question (oscillant entre théorie de la connaissance et philosophie politique) : qu'est-ce que la réalité ? comment en tirons-nous des vérités ?

Et la cinéphilie, avec cette question : comment un film peut-il être, non pas juste des images, mais des images justes ? Comment opère sur le monde et sur nous la prise de vue, comment le langage cinématographique nous fait-il (passez-moi l'anglicisme) « réaliser » ? Question esthétique, phénoménologique et historique.

Le documentaire s'offre comme la pierre de touche croisant ces deux ordres de questionnements. L'opportunité de m'intéresser, en tant que journaliste, aux industries nouvelles de l'audiovisuel m'a permis — parallèlement à la réflexion philosophique sur « les représentations » — d'examiner, à partir du terrain, les enjeux économiques et technologiques des mass-médias. Progressivement, il m'est apparu que les techniques de l'objectif (au sens cinématographique) fournissaient un bon levier sur la question (philosophique) de l'objectivité. Comment s'élaborent nos visions du monde ? Comment s'objectivent-elles ou se donnent-elles pour « objectives » ? Comment le langage audiovisuel transpose-t-il la réalité ?

Comment la multiplication des écrans, petits et grands, la transforme-t-elle ?

Pour répondre à ces questions, nous avons la chance extraordinaire de disposer des archives où elles s'originent, et d'un corpus de films et d'actualités qui figure matériellement des visions successives du monde, pour ainsi dire clef en main. Nous avons vu naître, presque sous nos yeux, il y a cent ans, non seulement une nouvelle technique mais un nouveau langage, ce qui n'arrive ni tous les ans ni même tous les cent ans sur la planète Terre : le langage des prises de vues animées, puis sonores. Et **nous avons la chance de bénéficier de l'histoire du cinéma, non seulement comme corpus d'œuvres mais comme évolution des formes de la projection du monde**. C'est pourquoi, à mes yeux, l'analyse esthétique du cinéma — dans la mesure où elle se penche, depuis l'éclosion du septième art, sur les secrets de sa poétique et de ses rhétoriques — reste au fondement de la critique des mises en scène et représentations audiovisuelles, et ouvre sur le questionnement même de ce que l'on considère comme « réalité ».

Pour aller au-delà de la cinéphilie et d'une sociologie des médias, il me fallait pousser cet avantage historique en entrecroisant la double lignée de questions, épistémologique et esthétique. C'est ce qui fait, je crois, l'originalité de ce travail.

Se demander non seulement comment le cinéma représente une époque (question traitée par les historiens) mais comment l'invention du cinéma a d'abord bouleversé l'ordre des représentations, c'est-à-dire la relation sujet/objet, homme/monde, imaginaire/réalité. C'est le thème du premier chapitre qui insiste sur le déploiement par le cinématographe de deux nouvelles dimensions de l'espace-temps : l'ubiquité et l'actualité... la conquête d'une nouvelle puissance imaginaire et d'une nouvelle géographie planétaire.

Ensuite, se demander non seulement comment le cinéma devient médium populaire (question traitée par les sociologues) mais selon quelles figures s'invente le récit filmique comme montage, mental et mondain ; comment ses diverses figures sont élaborées, standardisées ou critiquées par ceux qui les inaugurent : Griffith, Eisenstein, Flaherty, Vertov... Comment la magie de ce nouveau langage devient opérante, et l'espace imaginaire de l'écran vraisemblable. C'est l'objet du chapitre 2.

Au fur et à mesure que le cinéma devient langage articulé, qu'il apprend à conjuguer les images en récit à différents temps (comme on conjugue les verbes), la question se pose non seulement de la nature de cette « illusion vraie » qu'est la prise de vue, mais du pacte narratif qu'engage la caméra avec le monde et les sujets qu'elle filme (entre voyeurisme et exhibitionnisme, prédation et dépossession), et du régime de croyance — fiction ou documentaire, reconstitution ou vie à l'improviste — que le film suscite chez le spectateur (chapitre 3).

Et puis analyser comment, effectivement, dans les années 30, aussi bien en Union Soviétique qu'en Amérique, en Angleterre qu'en Allemagne, cette doublure muette du monde devient instrument de propagande commenté, pour la direction et l'unification des masses, qu'il s'agisse de la construction du socialisme ou de la reconstruction capitaliste après la grande crise, de l'union nationale dans la guerre ou de l'idéal totalitaire. Y a-t-il une défaite de l'esthétique face à l'idéologie (chapitre 4) ?

Alors que le cinéma (de fiction) devenait parlant, le documentaire devenait parlé. Comment et pourquoi s'est constituée et imposée cette voix off univoque (de la Raison, de la Nation, du Progrès), peu de travaux à ma connaissance l'ont recherché. Est-ce à ce point une évidence, une nécessité tellement objective et persistante qu'elle ne pose pas question ?

« Analyser comment », cela ne veut pas dire ici décrire en quoi le contenu des films refléterait l'histoire et la société de l'époque, cela signifie s'interroger sur l'évolution des formes du langage documentaire (rapport filmeur/filmé, image/voix, représentation/réalité, place du spectateur) et voir en quoi cette évolution, avec ses grands courants et ses particularismes, traduit ou trahit (entre convention et invention) les *Weltanschauung* dominantes. Voyez le cheminement qui impose de suivre le contexte historique et l'évolution technique du cinéma dit documentaire (y compris l'évolution de la partition entre fiction et documentaire), tout en conservant la primauté à l'analyse des formes car ce sont elles qui nous révèlent en profondeur les visions du monde qu'elles cadrent et projettent, qui les commandent ou qu'elles battent en brèche (chapitre 5).

Réciproquement, c'est l'invention par certains cinéastes de formes nouvelles de représentation et d'interrogation de la réalité à l'écran qui nous permet de saisir des discontinuités historiques et des tournants, d'en appréhender le sens, d'en interpréter les nécessités. Analyser comment se font jour de nouvelles figures d'expression audiovisuelle, une mise en scène différente du monde, des hommes dans le monde — ouvrant à des visions autres — c'est mesurer ce qui, dans la définition de la réalité, est devenu stéréotype insoutenable, ce qui s'y révèle de nouveaux possibles.

Le rapport filmé/filmeur/spectateur devient ainsi un analyseur, non seulement esthétique mais politique, de ce que l'on considère, accepte ou conteste comme la réalité à telle période, c'est-à-dire du partage entre subjectif et objectif (partage au double sens de diviser et mettre en commun). Car si la réalité nous préexiste, nous détermine et nous résiste, notre présence et nos liens la transfigurent, la restituent transformée à nos contemporains et héritiers. **Et le scandale du cinéma, sa fascinante portée, c'est peut-être de savoir rendre visible cette expérience : nos manières de (re)faire le monde et de le partager.**

Rompre avec les discours surplombants et omniscients de la propagande, avec le montage commenté pointant l'ennemi et sauvant le monde en s'autorisant de la bonne voie (celle de Dieu ou de l'Histoire) tout en précipitant la catastrophe, ce fut une nécessité vitale pour les jeunes cinéastes de l'après-guerre. Pour pouvoir encore (ou à nouveau) croire à un monde humain, ils devaient lui trouver de nouvelles formes de mise en scène et en question, qui soient à la fois critique de la Raison instrumentale devenue monstre, et nouveaux visages possibles de l'amour :

« *Tu n'a rien vu à Hiroshima, rien. — Au moins moi tu m'auras vu, à Hiroshima.* »

Survivants de l'Apocalypse, les cinéastes résistants de l'après-guerre traduisent à l'écran les mêmes inquiétudes et espoirs par diverses alternatives audio-visuelles. En France, ce sera le retournement des images documentaires au conditionnel, le détournement poétique de la voix off (Marker, Resnais, Franju, chapitre 6) : l'image n'est plus pleine du fait accompli, elle creuse, inquiète, un réel inquiétant ; l'image devient lacunaire, le commentaire personnel, et l'écart entre l'une et l'autre ouvre l'espace du doute et d'un espoir conditionnel...

En Italie, c'est le néo-réalisme, aux États-Unis, le documentaire joué (chapitre 7), qui relèguent la clôture scénaristique et les héros types au magasin des accessoires, pour capter l'immanence et la contingence d'un devenir humain dont le sens, brisé, ne préexiste pas au film mais s'y cherche. La réalité n'est plus représentée mais visée : le film devient pour le spectateur non plus une représentation mais l'expérience d'une traversée des conditions humaines. Ainsi s'inaugure un trait persistant du cinéma moderne.

Autre discontinuité, autre tournant nouant esthétique nouvelle et changement historique : l'invention de la caméra légère à son synchrone, grâce à laquelle, à partir de 1959, le documentaire peut prendre la parole sur le terrain (cinéma direct) et la fiction s'évader des studios, l'une et l'autre vague confluant dans le cinéma-vérité (chapitre 8). Je crois avoir montré qu'il s'agit là, au-delà d'une opportunité technique, d'une révolution esthétique liée à un désir de changer la vie, de modifier le rapport acteur/film/spectateur, de filmer de plain-pied la parole et ses échanges, exigences annonciatrices de ce que clamera mai 68, ici et ailleurs. Ces inventions de formes éclairent d'un jour nouveau les mœurs et les situations politiques où elles s'inscrivent et dont souvent elles bouleversent l'ordre (chapitres 8 et 9)

Mais si l'esthétique nouvelle manifeste bien, par un renouveau de la vue, un « sauve qui peut la vie », il ne faudrait pas en induire (rétrospectivement) son inéluctable nécessité rationnelle, par une sorte d'adaptation darwinienne à l'époque qui l'engendra. Ces entremises inédites (entre sujet et objet) ont, à un moment donné, incarné de nouveaux possibles parmi d'autres ; parfois renversantes, elles ont été reprises, prolongées, développées par d'autres, causant de nouvelles conduites, changeant nos visions du monde et souvent le monde lui-même. Puis édulcorées ou épuisées, devenues conventionnelles ou convenues, elles peuvent donner lieu à leur tour à des stéréotypes (chapitres 10 et 11).

Il n'y a pas plus de forme machinale de l'objectivité toute faite, sans règles d'interprétation (chapitre 12), qu'il n'y a de forme enfin trouvée de la vérité, de la liberté, de la créativité accomplie. L'invention de telles formes dépend du contexte avec lequel et contre lequel elles jouent. C'est forcément une invention continuée (sinon continue) : le cinéma direct n'est pas plus vrai que le montage commenté, la vue d'avion pas plus « réelle » que la caméra tout terrain. Celle-ci voit autre chose, autrement que celle-là, et la vérité de chacune dépend de ce que l'on cherche à voir et à faire, et comment on le montre. Le cinéma direct produit un effet de réel différent et exprime choses et gens autrement. Il est bien une prise au monde nouvelle, un aspect original, mais à son tour relatif.

On ne saurait opposer, comme deux entités fixes et exclusives se faisant face, objectif et subjectif (la vérité étant l'image des choses au miroir de la conscience). C'est le potentiel de conjonctions/disjonctions, de répartitions du sujet et de l'objet selon un mode de relations, de tensions variables, qui établit la signification comme un courant, dans un champ découpé chaque fois différemment mais suivant des règles ajustables. « *On n'a donc pas affaire ici à une délimitation rigide isolant deux régions éternellement disjointes de la réalité, mais à une limite mobile qui se déplace en même temps que la connaissance elle-même. La phase actuelle affiche, face à la phase passée, une "objectivité" qui n'a d'égale que la "subjectivité" qu'elle manifeste à l'égard de la phase à venir. Seul subsiste l'acte mutuel de rectification, seule demeure la fonction incombant à l'affrontement lui-même, le contenu matériel de chacune des deux régions étant emporté dans un flux incessant. La division de l'être en monde interne et monde externe est donc insuffisante et nous induit en erreur, dans la mesure où elle masque ce rapport fondamental et où elle substitue à la fécondité d'une relation réciproque, faisant corps avec le progrès de la connaissance, une ségrégation qui divise les choses de manière irrévocable et absolue. (…) Le procès toujours ouvert* (par la dynamique des relations) *ne cesse de disloquer des groupes qui nous paraissaient initialement dotés d'une "stabilité" incontestée et qui, incapables de soutenir l'épreuve, commencent à perdre ce caractère constitutif de toute objectivité. Mais, comme on en prend toujours plus nettement conscience, il ne s'agit pas, avec ce glissement dans le subjectif, d'un changement qui affecte la substance des choses; il concerne l'évaluation critique des connaissances.* » (Ernst Cassirer, *Le concept de réalité*, in *Substance et fonction*, Minuit, Paris, 1977, p. 310).

Création et convention doivent également être envisagées dans un rapport dynamique. Autant une œuvre totalement conventionnelle apparaît stérile (quoiqu'elle puisse être réussie dans le genre), autant une œuvre originale de part en part serait singulièrement incompréhensible voire impensable (serait-ce œuvre ou folie ?). La relation de complémentarité et d'exclusion, ou pour mieux dire de transformation, entre invention et convention, reste donc à chaque fois à analyser « sur le terrain », suivant la période, les genres, les techniques et œuvres considérés. En deçà de la perspective cavalière que j'ai adoptée, il convient certainement de développer, de façon circonstanciée, des approches génétiques des œuvres et des figures de style, sur telle ou telle période ou lignée, à la manière de ce qu'ont entrepris par exemple André Gaudreault ou Noël Burch pour l'institution du langage cinématographique standard *(La Lucarne de l'infini),* Gérard Leblanc avec *Le Double scénario chez Fritz Lang,* ou Michel Chion pour le son au cinéma. Loin des monographies narratives ou des critiques simplement cinéphiliques, ce programme d'analyse des formes de représentations culturelles — brillamment amorcé par Pierre Francastel pour la peinture, plus tard par Michel Foucault pour l'histoire des « formations discursives » — reste à poursuivre dans bien des domaines.

Le couple invention/convention nous renvoie à un autre couple : réel/possible.

Comment le réel sécrète-t-il du possible, comment fait-on de nécessités non seulement vertu mais nouveauté ? Le possible, c'est à la fois la dimension de la liberté d'action et la dimension de l'illusion… pont suspendu entre réalité et fiction, indissolublement principe d'espérance et trompe-l'œil (voir Partie 5 : Vertus du faux). Mais c'est le risque sans lequel le pire serait toujours sûr.

Une caractéristique des visions propagandistes, c'est d'être univoques et unidimensionnelles : le réel est rationnel suivant la vision unique qui l'ordonne et prescrit son sens définitif. L'image d'actualité se pose ainsi comme évidence et nécessité (chapitre 14). La prospective n'est que l'extension du même principe exclusif : « *Tout ce qui est réel est rationnel* ». De cette logique bouclée, on a la démonstration à rebours dans nombre de documentaires historiques qui ne font que remonter et commenter les images de la propagande d'hier avec la propagande d'aujourd'hui (chapitre 15). À l'opposé, s'inventent de nouveaux dispositifs cinématographiques qui réalisent une tension originale entre passé et présent, réel et possible, mémoires et histoire, mettant en scène de nouvelles relations entre documentaire et imaginaire par la conjugaison des temps, des images et des personnes (chapitres 15, 16, 17).

C'est grâce au concept de « possible » que l'on peut pousser, je crois, bien au-delà des querelles de déontologie, la critique de l'objectivité, cette objectivité proclamée des actualités filmées aux reportages télévisés en passant par les discours de la guerre. « On vous montre le monde comme il est, et il est comme on vous le dit ». Pas d'erratum. C'est contre ce sens unique, contre l'image adéquate et suffisante, que s'inscrivent en faux les grands documentaristes que j'ai convoqués. Chacun à sa manière a inventé de nouvelles relations du et au réel, déplacer la frontière entre objectif et subjectif, ouvert dans le réel des brèches de doute et de possible **par les jeux**

décalés du dire et du voir. Ce que j'ai résumé par la formule : **les choses ne sont pas (que) ce qu'elles sont** (chapitre 14).

À la logique de l'identité et de l'adéquation, de la preuve par l'image et des représentants catégoriques — si caractéristique de la statique et de la statistique des mass-médias audiovisuels — s'opposent des découpages-montages de la réalité assumant une dynamique de la contradiction, une profondeur du temps, des usages de la métaphore, des dispositifs d'interlocution ou d'anthropologie partagée (Rouch, Marker, Wiseman, Van der Keuken, Robert Kramer). La remise en jeu de la relation filmé/filmeur/spectateur, l'invention de nouveaux intercesseurs mettent en question nos représentations et nos représentants, « *font entrer dans la danse nos rapports sociaux pétrifiés en leur jouant leur propre mélodie dialectique* » (Marx).

De même, les films de mémoire, ré-interrogeant témoins et archives, jouant des reconstitutions (Marcel Ophuls, Dindo, Bitomski, Farocki, Robert Stone, Monnikkendam, Marker encore), savent conjuguer le présent de la projection avec le passé de la vue prise et le devenir du montage, la remémoration actuelle et la rétrospection du récit. Ils installent le spectateur dans un écart sensible et réflexif qui lui offre à ressaisir à travers l'écran sa propre histoire, en même temps qu'ils rendent l'histoire actuelle et partageable.

C'est ainsi qu'une pléiade de documentaristes — jouant du tourniquet des regards propre au cinéma (chapitre 13) et de l'écran comme membrane polarisante moi/monde — ont su relever le défi et répondre à la critique fondamentale formulée par un des grands maîtres du Temps à l'encontre de l'actualité cinématographique : « *Si la réalité était cette espèce de déchet de l'expérience, à peu près identique pour chacun, parce que quand nous disons : un mauvais temps, une guerre, une station de voitures, un restaurant éclairé, un jardin en fleurs, tout le monde sait ce que nous voulons dire ; si la réalité était cela, sans doute une sorte de film cinématographique de ces choses suffirait et le "style", la "littérature" qui s'écarteraient de leurs simples données seraient un hors d'œuvre artificiel. Mais était-ce bien cela la réalité ? (…) Ce que nous appelons la réalité est un certain rapport entre les sensations et les souvenirs qui nous entourent simultanément, rapport que supprime une simple image cinématographique, laquelle s'éloigne par là d'autant plus du vrai qu'elle prétend se borner à lui.* » (Marcel Proust, *Le Temps retrouvé*). En matière de cinéma, de documentaire comme de fiction, l'avenir appartient à ceux qui savent conjuguer les temps et les personnes à travers les images et les voix.

C'est cet esprit du cinéma — comme échange de vues, reprises dans le tissu du monde et du temps — qui fait que nous ne voyons pas seulement un film, mais que le film nous regarde. Tel est le pacte documentaire.

Avertissement

À la différence de la mise en scène de fiction, le cinéma documentaire se présente comme un témoin oculaire objectif. À la différence de l'image peinte ou du modèle géométrique, la prise de vue apparaît comme une empreinte « directe » de la réalité. Foin des transcendances de l'icône, sublime ou idéale, c'est l'immanence du réel qui se redouble. Depuis l'invention des Lumière, images d'actualité, documentaires, reportages et *news* satellisées nous convient à des visions toujours plus « immédiates », plus proches, plus « vraies » de la réalité « sur le vif ». Que valent ces miroirs argentiques et électroniques des événements ? Que nous donnent-elles à voir et à croire ces doublures auxquelles nous confions la tâche paradoxale de nous démontrer le monde et d'en produire la vérité ?

La quête de l'objectif

> « *Étant donné que le cinéma reproduit la réalité, il finit par renvoyer à l'étude de la réalité. Mais d'une façon nouvelle et spéciale, comme si la réalité avait été découverte à travers sa reproduction, et que certains de ses mécanismes d'expression n'étaient apparus que dans cette nouvelle situation réfléchie.* »
>
> (P.P. Pasolini, *L'Expérience hérétique*, 1966)

Un art impur

Un spectre hante le cinéma documentaire et ses prolongements télévisuels, actualités et reportages : le spectre du réel. Avec son incontournable question : est-ce bien la réalité vraie qu'on me donne à voir là ? Répondre oui, renvoie au caractère d'indice de la prise de vue : une certaine réalité physique s'est imprimée sur l'épreuve photographique (ou la bande vidéo), celle-ci est la trace de celle-là, son empreinte. Réalité et film sont dans un rapport direct de cause à effet. Répondre non, renvoie au contraire à l'aspect symbolique de l'image : arbitraire ou conventionnel, le sens qu'on lui attribue peut varier suivant les montages du langage, selon l'usage social et les circonstances, l'intention du producteur, l'interprétation du récepteur. Ainsi d'un côté, le film est une épreuve de la réalité mais pas une preuve (les tribunaux lui refusent ce statut) : son aspect symbolique déborde, il transpose. De l'autre, il fonctionne bien comme un langage, symbolique donc, mais pas une langue abstraite (telle que l'écriture ou les mathématiques), plutôt un langage concret, figuratif, parce que la prise de vues est toujours en prise sur des réalités singulières : paysages, bêtes et gens.

Dans la langue verbale, le référent est étranger au mot qui le désigne, alors qu'au cinéma il est dans l'image, il est cette image même qui n'existerait pas sans lui. D'où la puissance d'illusion du film. La prise de vue est une réplique abstraite de l'objet réel mais, en tant que forme et figure, elle est cet objet singulier et nul autre. Pasolini va jusqu'à dire que le cinéma est « la langue écrite de la réalité » : « *Les unités minimales de la langue du cinéma, ce sont les objets, les formes et les actes de la réalité, reproduits et devenus un élément stable et fondamental du signifiant. Cette permanence, à travers la reproduction mécanique, de la réalité dans la langue du cinéma, donne à celle-ci une configuration tout à fait particulière — la réalité ne devenant pas, comme dans la langue écrite-parlée, purement symbolique.* » (in *L'Expérience hérétique*, Ramsay, p. 57).

À la différence de l'indice qui est une marque en continuité et contiguïté avec le support physique sur lequel on le prélève, la relation que la prise de vue entretient avec le monde est distante et discrète. L'indice est extrait du monde, la photographie s'y ajoute.

« *Une icône* (une image) *est un signe qui posséderait le caractère qui le rend signifiant, même si son objet n'existait pas,* écrit l'inventeur de la sémiotique. *Un indice est un signe qui perdrait immédiatement le caractère qui en fait un signe si son objet était supprimé, mais ne perdrait pas ce caractère s'il n'y avait pas d'interprétant. Exemple : un moulage avec un trou de balle dedans comme signe d'un coup de feu ; car sans le coup de feu, il n'y aurait pas eu de trou ; mais il y a un trou là, que quelqu'un ait l'idée de l'attribuer à un coup de feu ou non. Un symbole est un signe qui perdrait le caractère qui en fait un signe s'il n'y avait pas d'interprétant. Exemple : tout discours qui signifie ce qu'il signifie par le seul fait que l'on comprenne qu'il a une signification.* » (C.S. Peirce, 1903, *Écrits sur le signe*, Seuil, p. 139). Les prises de vue photographiques, filmiques ou vidéo sont des hybrides : des indices mais détachés des objets réels qui les causent ; des symboles mais adhérents au concret. Et aucun rasoir logique ne saurait trancher cette contradiction vive des images ainsi prises (de vue et de vie). L'expression « prise de vue » souligne cette duplicité intrinsèque et nous évite les confusions du mot « image ». Elle permet de regrouper photo, cinéma et vidéo, et — à quelques exceptions près, comme le dessin animé ou les effets abstraits purement optiques ou électroniques — de distinguer les images prélevées par caméra sur le monde (dites prises de vues « réelles »), des artefacts iconiques que sont les images peintes ou les images de synthèse par ordinateur. La notion de « prise de vue réelle » n'exclut évidemment pas les trucages par reconstitution ou montage. Quoi qu'il en soit, l'image ainsi prise *fait comparaître les choses,* selon l'heureuse formule de Jean Mitry. « *C'est une sommation du réel qui nous donne toujours à penser* ***sur*** *les choses en même temps qu'elle nous donne à penser* ***avec*** *les choses.* » *(La Sémiologie en question,* Cerf, 1987, p. 103).

L'image pleine ou le réel sans coutures

La question rebondit : en dépit du caractère sémiotiquement hybride de la prise de vue, ne dira-t-on pas simplement que la caméra filme le réel quand elle saisit les vrais agissements des vrais protagonistes sur les lieux véritables, et non une reconstitution jouée par des acteurs dans un décor ? Certes, nous verrons que les actualités reconstituées ou les faux reportages, tant prisés par les télévisions aujourd'hui, sont pratiquement inventés en même temps que le cinéma. Mais même si nous mettons de côté ce « plus vrai que nature » primitif ou les trucages frauduleux subséquents, même si nous nous en tenons aux prises de vues « réelles », nous n'en sommes pas quittes. Faut-il rappeler que toute prise de vue est une découpe de l'espace et du temps : le cadre est un cache, selon la célèbre formule d'André Bazin. Il y a toujours du hors-champ. Un plan, c'est un point de vue subjectif, partiel. C'est donc toujours plus ou moins que le réel. La réalité est sans couture, un film c'est de la haute-couture, ou du prêt à porter. Ce n'est pas un plan-séquence ininterrompu mais un montage de plans sélectionnés et sectionnés. C'est un art de l'ellipse autant que de la présence. Comme le remarque Pasolini, « ***chaque plan est une inclusion audiovisuelle et spatio-temporelle, chaque raccord une exclusion*** ». Et le film tire sa force expressive de cette dialectique.

Le paradoxe du montage, c'est qu'il peut produire du faux en faisant dire ce qu'on veut aux images racolées (cas général de la propagande), mais il n'en est pas moins l'opération par laquelle s'élabore le sens du film et le cinéma se fait art. En multipliant, juxtaposant ou soustrayant les plans, le montage va rendre relatif le point de vue partiel et partial de chaque plan, rendre perceptible sa relation au temps et à l'espace extérieurs comme intérieurs au film. Le montage va restituer ainsi au tout — au film comme continuité achevée — une certaine objectivité, par le jeu discontinu du contrechamp, du hors-champ, de l'ellipse, du montage parallèle ou à intervalles… Notons-le bien, le temps interne au film est toujours dans une relation métonymique au temps réel : les durées des plans montés ne se rapportent pas seulement au temps réel des événements filmés, elles sont relatives les unes aux autres et se rapportent à la durée d'ensemble du film fini. Les longueurs des plans dépendent autant de l'accentuation et du rythme significatifs choisis par le film que de la réalité en soi de chaque action filmée.

On sait que des films dits expérimentaux, sérieux ou provocateurs, ont poussé le naturalisme du plan-séquence jusqu'à la limite du temps réel : tels *Empire State Building*, plan fixe du célèbre édifice du crépuscule à l'aube, ou *Sleep* montrant un homme qui dort pendant six heures et demi, réalisés par le même Andy Warhol. Le temps du film est complètement homologue du temps vécu (hormis les changements de magasins). Et le temps que dormira le spectateur devant le film sera homologue de celui du sujet filmé. L'audace de ces films, c'est de montrer les limites physiques (accessoirement les vertus hypnotiques) du cinéma comme reproduction, et de faire sentir par défaut les nécessités stylistiques de ses inventions narratives. À y regarder à deux fois, ce qui ressort de cette expérience limite, est-ce bien l'exacerbation du caractère naturaliste du cinéma ? N'est-ce pas au contraire la sensation que la reproduction filmique, même la plus fidèle et continue d'une réalité, est tout de même une transposition ? On pourrait alors considérer ces films comme équivalant pour le cinéma à ce que sont les *ready-made* de Duchamp pour l'objet d'art.

Si la vérité documentaire était la simple adéquation d'un plan-séquence ininterrompu au temps réel d'une action spontanée, les bandes de vidéo-surveillance feraient l'affaire. Mais même ces témoins audiovisuels, apparemment si objectifs, sont des coupes dans le temps et dans l'espace. Leur point de vue restreint, monotone et obsessionnel, est celui du petit bout de la lorgnette. Il a son utilité opérationnelle (la surveillance à distance), mais en dehors de ça, l'exclusion de tout contrechamp le voue à l'insignifiance. La vidéo-surveillance pousse la fonction indicielle des prises de vues jusqu'à l'exclusion de toute valeur symbolique expressive. Leur objectivité machinale les condamne à l'abstraction de n'importe quel prélèvement répétitif. L'image techniquement suffisante est idiote elle ne fait signe à personne, elle est un indice potentiel qui, comme le dit Peirce, peut avoir ou pas d'interprétant (y a-t-il seulement quelqu'un qui regarde les écrans de télé-surveillance ?). **L'objectivisme**, c'est-à-dire cette instrumentation de l'image, loin de garantir l'objectivité de la représentation, réduit les images à être soit de simples indices, soit des instantanés idiots. Croire à l'équivalence du plan-séquence et de la réalité qu'il appréhende, c'est ignorer que le montage est le principe actif de toute prise de vue, c'est ne pas (vouloir) savoir qu'il y a forcément du hors-champ et du temps off à inclure dans le sens du film. Cruel dilemme de l'objectif : risquer la manipulation ou verser dans l'idiotie ? Mais ne pas assumer celle-là, en tant que production de sens, c'est se livrer aveuglément à celle-ci.

Le montage n'est pas le vice caché du cinéma, il en est la vertu manifeste, la force expressive (même si parfois abusive). Il faut toujours ajouter ou retrancher quelque chose à l'image pour éviter qu'elle ne sombre dans la suffisance, le cliché. Le montage est une rhétorique aussi essentielle au langage filmique que le sont la conjugaison et les conjonctions à la langue. Le montage n'est mensonge systématique qu'aux yeux de ceux qui croient (ou veulent faire croire) que le plan, lui, est vérité, évidence, empreinte objective de la réalité, que l'image est pleine du fait accompli. (Un peu comme si l'on croyait aux mots comme à des substances mais non au langage comme relation.) Le montage n'est un défaut de réel que si l'on croit positivement que reproduire le réel tel quel est possible et suffisant. Comme s'il était possible de fixer le réel, qui est perspective de fuite, insaisissable présence, coexistence unique et inimaginable de tous les points de vue possibles ! Et comme si l'instantané pouvait y suffire. Sans mémoire ni projection, l'image ne fait pas image. « *Une représentation qui se fixerait de manière à former une vision entièrement cohérente est impensable. Ce serait le vide, l'abstrait, le néant. Le procès de l'art ne consiste pas à ordonner des éléments saisis par les sens dans un moment et un angle de vue donnés, mais à réaliser des images, des systèmes ordonnées où s'associent des éléments du présent, du passé et de l'avenir, du réel et du possible, du lieu visible et des lieux virtuels.* » (Pierre Francastel, *Valeurs socio-psychologiques de l'espace-temps figuratif*, in *L'image, la vision et l'imagination*, Denoël, 1983, p. 127).

Une mémoire instantanée (idéal « polaroïd » et informatique) est une contradiction dans les termes. Pour tirer du réel — horizon imprenable du devenir — **des réalités significatives et communicables**, force est de fixer, cadrer, découper, monter, comparer, viser et réviser, quel que soit le langage utilisé. Le *scoop* résume bien l'absurdité de la croyance médiatique à l'image comme évidence : le *scoop,* c'est la synthèse inédite du jamais-vu et du déjà-vu, de l'original renversant et du cliché attendu, susceptible de surprendre totalement et d'être immédiatement compris, l'instantané qui fait histoire, le point de vue unique qui contiendrait et annulerait tous les autres. À travers la doublure-couverture qu'elle produit du monde, l'actualité télévisée fait commerce de ce credo béat de l'image comme fait accompli, et fonctionne globalement dans le déni du montage : elle pratique évidemment plans de coupe et effets de choc mais ignore le montage comme principe de la prise de vue, comme crise de vue, **interrogation critique de la vision par ce qui lui échappe.**

« *Que faire de ma caméra ? Quel est son rôle dans l'offensive que je lance* **contre** *le monde visible ?* », s'interrogeait Dziga Vertov *(Naissance du Ciné-Œil,* 1924). Une interrogation essentielle que l'actualité ignore en général. Mais comprenons bien : pas plus qu'il ne jaillit d'un face à face sujet/objet, le sens ne se tient caché derrière les apparences. Il est dans la relation, à condition de l'entendre non comme captation d'un donné, mise en adéquation d'un sujet réceptacle avec des faits tout faits, mais comme connexion-penser d'événements par un tissage de signes. Le sens n'est pas contemplation-conformation d'une conscience à un objet, mais effectuation toujours à refaire (ne dit-on pas justement « faire signe ») par prospection, rapprochements d'événements et mise en séries de signes, jeu d'interprétations et variations, *patchwork* et *network* dirait William James (cf. David Lapoujade, *W. James, Empirisme et pragmatisme,* PUF, 1997). Suivant cette perspective pragmatiste, le sens ne révèle pas une essence, il relève d'une fonction expérimentale ; il ne dépend pas d'une logique définitoire et attributive (sujet/prédicats, nature des choses), il s'envisage comme force appropriée de liaison (ou déliaison) et réseaux de résonances, entre convention et invention (« arracher une image à la série des clichés » dira Gilles Deleuze).

Relativité

Si l'objectivité ne peut être la saisie de données, ne sombrons-nous pas dans le subjectivisme sans bornes, dans le relativisme le plus dangereux ? Tous les points de vue s'équivalent, toute image est propagande, toutes les images sont bonnes pour faire prévaloir mon point de vue !

Il convient de distinguer : ce qu'on proclame ou réclame généralement comme « objectivité », dans le galvaudage journalistique du terme, est plutôt de l'objectivisme (au sens ci-dessus). **Croire qu'il y a les faits en soi indépendamment des opinions, interprétations, motivations, c'est-à-dire de l'action ; traiter l'image comme une évidence analogue à un fait ; faire croire qu'on peut re-présenter le réel tel quel, sur le fait (ce qui est une contradiction dans les termes), que le direct, l'immédiat, c'est visiblement la vérité : tout cela relève de l'objectivisme**, c'est-à-dire du credo rationaliste des industries de l'actualité (idéologie manageuriale et mondialiste qui a ses raisons mais qui n'est pas si raisonnable qu'elle croit). Chercher à reconstruire « objectivement » une certaine réalité par le film, cela implique au contraire de renoncer aux routines, aux clichés, de se mettre en quête des angles d'attaque, de multiplier les aspects (subjectifs) non pour les juxtaposer façon panel d'opinions, mais pour en tenter un montage (objectif) le plus compréhensif et le plus significatif possible. Montrer « le réel », comme y prétend globalement l'actualité et le *reality-show* TV, n'a aucun sens, si ce n'est celui du déjà-vu. Pour produire une certaine « réalité », il s'agit d'en re-monter les tenants et les aboutissants pour en dé-montrer un sens. Un montage pertinent, c'est un montage engagé par (sinon dans) son sujet et dont la trame résiste à différentes visions, résistance jamais absolue mais jamais arbitraire.

On peut appliquer au reportage standard, relativement au documentaire d'auteur, ce que Theodor Adorno constatait à propos de l'inversion du subjectif et de l'objectif. « *Ce que les gens raisonnables appellent* objectif, *c'est le jour incontesté sous lequel apparaissent les choses, leur empreinte prise telle quelle et non remise en question, la façade des faits classifiés : en somme, ce qui est subjectif. Et ce qu'ils nomment* subjectif, *c'est ce qui déjoue ces apparences, qui s'engage dans une expérience spécifique de la chose, se débarrasse des idées reçues la concernant, et préfère la relation à l'objet lui-même au lieu de s'en tenir à l'avis de la majorité, de ceux qui ne regardent même pas et a fortiori ne pensent pas ledit objet : en somme, l'objectif.* » (*Minima Moralia*, 1944, trad. fr. Payot, p. 67). On peut dire qu'au regard de l'appareil médiatique, les notions d'objectif et de subjectif se sont complètement inversées. Est considéré comme « subjectif » le regard engagé du cinéaste qui confronte les plans filmés à la situation vécue, à ce qu'il en prévoyait, à ce qu'il en découvre et ressort au montage. Est tenue pour « objective » la vision préfabriquée, standardisée, avec commentaire dégagé, résultat d'une division du travail où ce sont rarement les mêmes personnes qui décident du sujet, filment, commentent, montent et présentent les images. En fait ce processus « objectif » impersonnel n'est qu'une suite d'habitudes subjectives, de routines, indifférentes à tout contenu particulier et les réduisant tous au même format pré-vu. Alors que le regard personnel (qui peut être à plusieurs), élaboré et suivi tout au long de la réalisation, se confrontant à la mise en forme du sujet, est la seule garantie qu'on puisse avoir d'une réflexion *objective*, non pas au faux sens d'*impartial, qui reste extérieur*, mais au sens premier : *qui pense et pénètre son objet.*

L'image déficiente ou la raison iconoclaste

L'enjeu documentaire ne serait donc pas, en fait, de reproduire le monde (impossible objectif) mais de l'interroger pour de vrai, d'en chercher des angles de vue révélateurs et un montage significatif. À peine assignée au documentaire, cette nouvelle tâche se heurte à une objection inverse : l'objectivisme réclamait l'image pleine, la proclamait analogue du réel, maintenant l'image est dénoncée comme défaillance, vulgaire songe-creux. Aux yeux des savants et des lettrés, classiquement iconophobes [1] depuis Platon, l'image est leurre, copie, idole, elle relève du sensible et non de l'intelligible. L'image est par nature une illusion sensible et nos sens sont trompeurs, l'image est un trompe-l'œil auquel il est aussi fou qu'irrésistible (a fortiori si c'est une prise de vue) de demander raison. Trop figurative pour devenir vraiment symbole, l'image ne saurait s'élever à l'abstraction conceptuelle, elle est distraction. L'image souffre d'une certaine défaite de l'universel, que traduisent quatre déficits majeurs par rapport au logos (au verbe, à la raison graphique) :

- l'image est anecdotique, particularisante, exemplaire et non générique ;
- l'image n'admet pas la négation, ni l'absence, elle est présence pleine ;
- l'image est toujours au présent, elle n'enregistre pas les flexions temporelles ;

1. « *Je défie de définir par des signes Dieu, les anges, l'âme, la foi, l'espérance, la charité, la justice, la vérité et tout ce qui dans la religion se rapporte à des êtres ou à des idées de cette nature. La parole vive, orale, encore plus que l'écriture, est le seul signe qui puisse indiquer les choses spirituelles et abstraites, sans leur donner une figure, sans les matérialiser. De nature divine elle-même, elle est le moyen le plus convenable pour parler des choses divines et des choses rationnelles.* » Rapport de C. Terra au Congrès de Milan en 1880, qui interdit que l'on enseignât aux sourds la langue des signes (cité par Christian Cuxac, *Le langage des sourds*, Payot, 1983, p. 136).

– l'image ne traduit pas les relations de subordination, de causalité, de conséquence [2].

Nous allons voir que l'aventure du langage cinématographique en général, du cinéma du réel en particulier, offre précisément une suite d'inventions stylistiques relativisant ou palliant ces supposées déficiences intellectuelles de l'image. Il suffit de citer ici, à titre d'exemples, quatre noms, parmi d'autres, relevant ces quatre défis :

– Fred Wiseman, et sa façon de filmer un lieu et un lien institutionnels à travers les relations individuelles ;

– Richard Dindo, dont tout le cinéma tourne autour de l'absence, de la disparition ;

– Chris Marker, et sa manière si particulière de distancier et retourner les images, fragments d'histoire, sous l'instance du commentaire ;

– Alain Resnais et les dédales du passé sans cesse recomposé, ciné-mémoire rêvant sans fin le bon montage, le montage enfin rédempteur des causes et des effets.

« Le présent n'existe jamais au cinéma, sauf dans les mauvais films », remarque Godard de façon provocante. Effectivement, l'histoire du (bon) cinéma peut se lire comme l'invention de formes de déclinaison de l'image (art du cadrage, mouvement dans le plan) et de conjugaison des images (art du montage, mouvement entre les plans et les sons) tirant partie de ces prétendues déficiences de l'image : présence/absence, réel/figuré.

« Le cinéma, c'est le constat d'une illusion »

Cette sentence d'un des grands maîtres du théâtre d'ombres et de lumières, Orson Welles, éclaire de son faux jour la duplicité de l'invention cinématographique. La caméra-projecteur des frères Lumière est ce foyer optique où se confondent l'analyse scientifique du mouvement et sa reproduction spectaculaire. À la fois instrument d'observation et machine à rêves, le cinéma peut nous révéler des aspects cachés ou inconnus de la réalité (physique et passionnelle), comme il peut fabriquer, à force de détails « vrais », des gros mensonges (propagande et *reality-shows)*. Il soumet physiquement notre regard au persistant questionnement, jusque là réservé à la spéculation, sur la dialectique des apparences et du vrai. Que le réel puisse être en deçà ou au-delà de l'immédiatement visible (non pas dans le plan mais entre les plans), que l'opposition réel/fiction ne recouvre pas l'opposition vérité/mensonge, que réalité ne soit pas forcément vérité, que fiction puisse vouloir dire vrai, voilà ce que le cinéma nous met pratiquement sous les yeux.

Comme l'a montré Gilles Deleuze, le cinéma ruine la fallacieuse distinction psychologique entre l'image comme réalité psychique et le mouvement comme réalité physique. Confondant aux yeux de tous science et magie, suggestion et objectivité, le cinéma, comme l'hypnose, défie la « dissociation schizophrénique » entre activité dans le réel et dans l'imaginaire qui, selon l'ethnopsychiatre Georges Devereux, caractérise notre culture occidentale moderne (alors que dans les sociétés traditionnelles, « la magie sanctionne et confirme la réalité », favorisant des agencements psychologiques « moins dangereux »). Reste à savoir si cette dissociation occidentale est aussi rationnelle et effective qu'elle croit. C'est l'ironique sous-entendu de l'illusionniste Orson Welles.

« Le cinéma, c'est le constat d'une illusion ». Le double langage wellesien ouvre une interprétation à tiroirs quant à l'effet de réel qui est au principe du cinéma :

– la technique cinématographique démonte scientifiquement et exploite magiquement cette illusion d'optique qu'est la perception du mouvement, cette illusion d'identité (le montage) que constitue la mémoire ;

– le cinématographe est une reproduction exacte (« la preuve, je l'ai vu ! ») et parfaitement illusoire (« c'est du cinéma ! ») du mouvement, du temps, de la vie ;

– en reproduisant la vie « telle quelle », le cinéma la projette en effet sur une autre scène — l'écran — dans une représentation condensée et déplacée qui tient du rêve.

2. Cette liste s'inspire de l'article *« Pourquoi sommes-nous iconophiles ? »* de Daniel Bougnoux (Cahiers du Collège iconique, INA, 1994).

« La création des images est la conséquence d'une invention aussi prodigieuse sans doute que celle de l'outil ou du langage, et qui les ignore l'une et l'autre : celle de l'écran. Espace abstrait prélevé arbitrairement sur l'apparence du réel, que détermine la double convention d'une étendue continue et d'observateurs situés tous à une distance égale de sa surface. C'est de l'imaginaire de l'écran que sont nées l'astronomie et la géométrie. L'image, leur rustique ancêtre, a exploité cet espace d'une manière différente, privilégiant sur l'abstraction et ses prospections intellectuelles qui ouvrent sur l'inconnu, ce que cet écran favorisait de révélations plus concrètes, c'est-à-dire immédiatement observables, une fois réintégré au monde sensible. » Et Anne-Marie Christin (*L'Image écrite*, Flammarion, 1995) d'insister sur la double fonction de cet écran : *« déterminer un champ humain d'appropriation, abstrait du monde, mais aussi créer une frontière entre l'homme et l'au-delà. Frontière qui, comme toutes les autres, était également un passage : elle s'offrait à cet au-delà comme la plaque sensible, le médium de leurs échanges futurs. »*

L'illusionniste Welles a bien saisi cet étonnant mélange de science et de mirage — aussi limpide qu'un miroir, aussi trouble qu'un philtre — que représente l'invention cinématographique. Welles ne dit pas benoîtement que le cinéma est une illusion. Sa phrase inclut l'équivoque du second degré : *« Le cinéma, c'est le constat d'une illusion. »* N'est-ce pas entendre que sans cette illusion (d'optique), la réalité ne nous apparaîtrait pas ? Prendre conscience de l'illusion — de sa nécessité vitale disait Nietzsche, dénonçant l'arrière-monde idéaliste et inaugurant la crise d'identité moderne — prendre conscience de l'illusion vitale, n'est-ce pas le premier pas vers la vérité ? Peut-être le seul possible ? *« Si, au-delà de l'apparence, il n'y a pas de chose en soi, il y a le regard »*, a dit un autre illusionniste fameux (Jacques Lacan, *La Ligne et la lumière*, in *Les Quatre concepts fondamentaux de la psychanalyse*, Points Seuil, 1973, p. 118). Lacan tirait aussi de l'art moderne que ce sont les objets qui nous regardent. Et le cinéma n'a pas peu contribué à leur conférer un regard. *« De tous les êtres vivants, seul l'homme veut saisir sa propre apparence, son propre être manifeste. Le langage* — et le cinéma, selon Giorgio Agamben, est ce langage qui ramène les images dans la patrie du geste — *le langage est cette appropriation qui transforme la nature en visage.* ***Ainsi l'apparence devient pour l'homme un problème, le lieu d'une lutte pour la vérité.*** » (G. Agamben, *Notes sur le geste*, in *Moyens sans fins*, Rivages, 1995).

PREMIÈRE PARTIE

LA (RE)PRODUCTION DU MONDE

L'apparition du cinéma jette le trouble dans l'ordre des représentations, en confondant l'enregistrement objectif et le regard subjectif, la science et l'art, le réel et la fiction. En transposant le monde sans avoir l'air d'y toucher et en en diffusant partout des images « vivantes », le cinéma est l'avant-coureur d'un nouveau signe du temps : l'actualité.

1 Crise de vue

L'invention du cinématographe est contemporaine de celle de la radiographie et de l'interprétation psychanalytique des rêves ; elle précède de peu le cubisme et la théorie de la Relativité (1905). À l'orée du XXe siècle, avec les techniques de captation et fixation de la lumière (photo et cinéma), l'image et le regard semblent inverser leurs rôles : autrefois idole, icône, allégorie, idéal, l'image devient doublure, empreinte, relation voire substitut du réel. Avec la puissance analogique de l'épreuve photographique puis du film, pour la première fois l'image n'apparaît plus comme une transcription symbolique, figurative ou géométrique de la réalité, mais comme un prélèvement, une preuve de l'existant « tel quel », comme sa trace même, son empreinte objective.

La pose et le temps

Cette incroyable machine optique à saisir le mouvement, les gestes, le décor, à reproduire notre visage, le temps, l'animé, supprime le tracé de la main entre l'œil et l'esprit. À travers l'objectif, c'est désormais l'image qui nous regarde, signe avant-coureur de la société du spectacle généralisé. Entre l'image métaphore, transcendant le réel (le beau), et l'image géomètre, modèle d'opération sur le réel (le vrai mathématique), apparaît ainsi une troisième sorte d'image, physique pour ainsi dire : la prise de vue réelle, miroir magique captivant les formes de ce et ceux qui s'y reflètent, flattant l'anthropomorphisme de qui la regarde.

Rappelons-le, dès que la photographie fait ses premières apparitions publiques, certains y voient une servile mécanique, d'autres un art, les uns la mort de la peinture, les autres sa libération de l'imitation. Certes le portrait est le premier marché de la photographie, mais le véritable enjeu — que les instantanés de Muybridge, les chronophotographies de Marey puis le cinématographe viseront — c'est le mouvement, **la relation de l'espace au temps**. Comme le remarque Jean Cassou à propos de l'impressionnisme (Encyclopedia Universalis, 1980), « *non seulement la peinture mais tous les arts de l'espace ont, dans cette période, tendu à devenir des arts du temps. La sculpture, qui est essentiellement pétrification du temps, s'efforce, sous la main de Rodin, de rompre son immobilité, sinon d'embrasser en celle-ci différents instants d'un mouvement.* » La vérité du mouvement, c'est bien aux yeux de Rodin le but des arts plastiques et leur supériorité sur la photographie :

> « — *Si, dans les photographies, les personnages, quoique saisis en pleine action, semblent soudain figés en l'air, c'est que toutes les parties de leur corps étant reproduites exactement au même vingtième ou quarantième de seconde, il n'y a pas là, comme dans l'art, déroulement progressif du geste* (...)
>
> — *Mais,* s'insurge l'interlocuteur du sculpteur, Paul Gsell, *quand, dans l'interprétation du mouvement, l'art se trouve en complet désaccord avec la photographie, qui est un témoignage mécanique irrécusable, il altère évidemment la vérité.*
>
> — *Non,* répond Rodin, *c'est l'artiste qui est véridique et c'est la photographie qui est menteuse, car dans la réalité le temps ne s'arrête pas, et si l'artiste réussit à produire l'impression d'un geste qui s'exécute en plusieurs instants, son œuvre est certes beaucoup moins conventionnelle que l'image scientifique où le temps est brusquement suspendu.* » (*Rodin-l'Art,* 1911).

Répondant aux critiques de *La Course d'Epsom*, qui jugeaient irréaliste la position ventre à terre des chevaux de Géricault, Rodin soutient que si l'ensemble est faux dans sa simultanéité — l'artiste ayant condensé plusieurs mouvements en une seule image — il est vrai quand les parties en sont observées successivement, et cette vérité seule importe puisque c'est elle que nous voyons et qui nous frappe. Ainsi, non seulement la photographie donne une base « visible » à la querelle du réalisme, mais l'instantané pose la question de la relativité du mouvement et de la vérité de sa vision.

Équivoque connue des praticiens de la table de montage : l'arrêt sur image révèle, même sur un visage familier, des expressions inconnues. Est-ce la vérité cachée de la personne, ou un artefact technique sans signification propre car ne correspondant à rien dans notre perception vécue ? Dans les années 20, lors d'un contentieux entre deux femmes revendiquant un même enfant, un juge américain demanda à ce qu'on filme le visage de chacune d'elles au moment de l'entrée de l'enfant. Cet homme de loi pragmatique espérait naïvement que la caméra saisirait et traduirait (trahirait) l'émotion vraie, qu'elle remplacerait pratiquement le glaive du jugement de Salomon en rendant l'affect moral objectif.

On le voit, au tout début du siècle, le cinéma — « rencontre d'une lentille et d'une machine à coudre au fond d'une chambre noire » — réalise la (con)fusion des aspects scientifique et esthétique de la question hantant l'art et la technique : celle de l'analyse et la synthèse du mouvement, conçues comme multiplication du point de vue (cubisme, futurisme) et relativité de l'espace-temps. Cette relativité, Einstein allait bientôt la théoriser et Vertov verrait le « *Ciné-Œil comme théorie de la Relativité à l'écran... Le Ciné-Œil se comprend comme le microscope et le télescope du temps, comme le négatif du temps, comme la possibilité de voir sans frontières ni distances, comme la commande à distance d'un appareil de prises de vues, comme le télé-œil, comme le rayon-œil.* » (*Naissance du Ciné-Œil,* 1924, *Vertov : articles, projets, journaux,* 10/18, Paris, 1972, p. 61).

La caméra, instrument scientifique ?

Les chronophotographies du docteur Étienne-Jules Marey, tout comme les célèbres séries d'instantanés d'Eadweard Muybridge, sont le fruit d'expérimentations scientifiques, de recherches en physiologie, zoologie et anthropométrie, visant à décomposer, mesurer, analyser la locomotion chez l'animal et l'homme. Remarquons que, dans leur commune volonté d'appréhender le mouvement, la démarche du photographe anglais et celle du physiologiste français sont inverses et complémentaires. Muybridge fixe de manière discontinue les phases successives du galop du cheval sur une suite de plaques photographiques indépendantes : sur son passage, le cheval brise des fils déclenchant au fur et à mesure une batterie d'appareils photos postés le long de l'hippodrome. Marey, de son côté, enregistre le tracé d'un mouvement continu, par intermittences égales et rapprochées, sur une unique plaque photographique et d'un seul point de vue focal : sur un fond noir, le sujet porteur d'une combinaison noire cousue de bandes blanches sur les côtés développe les mouvements de son corps sur la chronophotographie. L'invention de la caméra découlera de cette mécanographie du mouvement, de cette physique des corps mobiles, à la fois planche anatomique volée au temps et vivante géométrie dans l'espace.

Le fusil à images, ancêtre direct de la caméra (utilisant un disque émulsionné et pas encore un film) mis au point en 1882 par le même Marey, est une évolution du revolver à images qu'avait inventé l'astronome Janssen pour fixer en 1874 le passage de Vénus devant le soleil. Juste retour des choses, Janssen sera la première personnalité filmée par Louis Lumière, lors du débarquement des savants au Congrès photographique de Lyon en juin 1895. Les frères Lumière opéreront là la première projection cinématographique devant un public : quel meilleur moyen de démontrer aux savants l'efficacité réelle du cinématographe que de les faire se découvrir magiquement eux-mêmes sur l'écran ? La société savante assemblée, en se voyant, se voit administrer la preuve scientifique qu'il ne s'agit pas d'un tour de magie mais d'une reproduction techniquement « vraie et totale » de la vie. Peu après, lorsqu'ils filmeront dans les rues des villes, les premiers opérateurs ne manqueront pas d'afficher où et quand passe la bande en cours de tournage, afin d'attirer le badaud avide (éventuellement baba) de se voir à l'écran, dans ce fascinant mélange de réalisme scientifique et d'illusion narcissique qu'est l'image de cinéma.

Cette fascination de l'homme pour ses doubles : spectres, automates, figures de cire, galerie des glaces… les forains et les illusionnistes la connaissaient et l'exploitaient déjà. Tout autant que l'invention des ingénieurs, le cinéma sera aussi leur invention : l'optique n'est-elle pas ce domaine où se confondent la physique et la magie, la pantomime et la physiologie ? Les forains ne cultivent-ils pas depuis des lustres la mise en scène des apparitions, les fantasmagories, les lanternes magiques, dont le Théâtre optique d'Emile Reynaud, inventeur du dessin animé sur bande perforée, est le dernier avatar ? Si les savants et les ingénieurs sont portés sur l'analyse du mouvement, les marchands d'illusion en pincent pour sa synthèse spectaculaire, mère de « l'illusion vraie ». Ils savent par tradition que la puissance de l'illusion est à proportion de son effet de réel, de sa vraisemblance et de sa ressemblance extraordinaire avec la vie. Ils ne se soucient ni d'art ni de science, mais d'effet : plus ça fait vrai, plus c'est faux, mieux c'est ! Dès les débuts du cinématographe, les forains, Méliès en tête, concevront « les actualités reconstituées », faux documents jouant du sensationnel de l'événement et de la complicité familière du gogo consentant à ces tableaux vivants « plus vrais que nature ! ».

Entre art et science, le cinéma semble réaliser le plus vieux rêve de l'homme : contrefaire la vie. Le cinématographe ne pourrait-il devenir un instrument d'observation scientifique sans précédent ? « *L'anatomie en tant que science était tout simplement impraticable sans une méthode qui permît d'enregistrer les détails observés, sans un dessin complet et précis à trois dimensions. Faute de tels relevés, la meilleure des observations était perdue, puisqu'il n'était pas possible de la recouper avec d'autres et d'en mettre ainsi à l'épreuve la validité générale. Il n'est pas exagéré d'affirmer que dans l'histoire de la science moderne, l'introduction de la perspective marque le début d'une première période ; l'invention du télescope et du microscope, le début d'une deuxième période ; et la découverte de la photographie, celui d'une troisième. Dans les sciences de l'observation ou de la description, l'image n'est pas tant l'illustration de l'exposé que l'exposé lui-même.* » (Erwin Panofsky, *L'Œuvre d'art et ses significations*, 1969). Conclusion symptomatique, qu'il faut cependant nuancer dans la mesure où, en science, les images sont insuffisantes sans leur légende, sans l'argumentation et la comparaison qui permettent d'en dégager les traits significatifs, d'en tirer des schémas et schèmes conceptuels.

Quoiqu'il en soit, l'enregistrement du mouvement — qui a permis de révéler le galop du cheval, de décomposer le vol du pélican — est zoologique, anthropométrique, mais pas logique, il est totalement descriptif mais sans mesure : vues trop concrètes, trop analogiques pour abstraire une vision objective et comptable de la réalité ; point de vue trop versatile pour en garantir une transcription coordonnée. D'autre part, la caméra opère une reproduction trop mécanique et trop copieuse de la vie pour être admise au rang des arts plastiques. Certains contemporains craignent même que le réalisme intégral de l'image cinématographique n'annonce la mort de l'art. La vérité du cinéma est phénoménale, qualitative mais pas quantifiable ; son réalisme ne relève pas du rationnel (idées et mesures) mais de la vraisemblance (les apparences). Et cette vraisemblance semble lui interdire toute faculté de style ou de stylisation.

Marey ne disait-il pas, à propos du cinématographe, qu'il voyait mal l'intérêt d'un appareil qui représente les choses comme nous les voyons, alors que la science recherche ce qui sous-tend les phénomènes, les lois derrière les apparences. D'ailleurs si le cinématographe trouve immédiatement à s'employer dans l'actualité, le pittoresque, l'exotique, c'est la chronophotographie qui, elle, fraye le chemin au rationalisme mécaniste. Un disciple de Taylor, Frank Gilbreth, aura l'idée d'appliquer les méthodes de Marey à « l'organisation scientifique du travail » et à l'amélioration de la productivité de la main-d'œuvre. Il chronophotographia *« des ouvriers accomplissant diverses opérations avec des ampoules électriques fixées sur les bras, pour en dégager des représentations linéaires des mouvements les plus efficaces. Ces représentations traduites sous forme de diagrammes, voire de maquettes en fil de fer, devenaient un modèle pédagogique. (...) Dans le projet initial de la photographie, où il s'agissait de décrire le fonctionnement des choses et des êtres, la répétition modulaire servait à la démonstration. Mais quand il a été question de décréter quel était le meilleur mode de fonctionnement, la répétition modulaire a commencé à servir à une intervention directive : les séances d'entraînement dans les ateliers gommaient la diversité et imposaient un idéal rigide »* (Kirk Varnedoe, *Au mépris des règles*, Adam Biro, Paris, 1990).

L'avenir d'une illusion

Pas assez scientifique, pas vraiment artistique, le cinéma ne serait donc qu'une attraction populaire ? Les forains adoptent sans réserve la merveille mais Louis Lumière aurait craint, dit-on, qu'il ne s'agisse « d'une invention sans avenir ».

Pourtant, cinquante ans plus tard, le cinéma sera devenu le 7e art, et Jean Epstein en formulera justement la relativité spatio-temporelle dans une prose digne de son presque homonyme, Einstein : *« L'absence de tout étalon commun à toutes les images, l'inconcevabilité d'un quelconque élément constant, susceptible de servir de base à un système de comparaison entre les échelles dimensionnelles qui diffèrent à chaque plan de façon imprévisible, donnent l'indétermination de l'espace cinématographique. (...) Et l'esprit du spectateur erre à travers les perspectives cinématographiques (qui n'admettent aucun mètre universel) et y commet tant de jugements discordants qu'enfin il déclare ce monde de l'écran une perpétuelle tromperie, où la non-contradiction cesse d'être un signe de vérité, où la contradiction n'est pas mensonge. Mais sous un autre jour, moins asservi à la pratique, on peut se demander si l'erreur n'est pas plutôt de croire qu'il n'existe qu'une mesure et qu'une vérité ; si la représentation cinématographique ne nous rappelle pas que toute mesure n'est qu'une relation, qu'il y a une infinité de relations donnant une infinité de mesures, dont aucune ne peut être vraie ou fausse que dans le cadre relatif où elle a été établie, et dont aucune ne peut être ni vraie, ni fausse, absolument. (...) Ainsi le spectateur se trouve entraîné, non pas à admettre la possibilité d'ubiquités et de simultanéités exactes, mais à entrevoir que la non-ubiquité et la non-simultanéité ne sont pas, non plus, exactement valables, et que ces principes là aussi n'ont de rigueur que relativement à la rigueur, plus ou moins grande, des tout à fait conventionnelles dimensions qu'on peut introduire dans l'espace et dans le temps. »* (Jean Epstein, *Écrits sur le cinéma*, 1950, T2, Seghers, Paris, 1975).

L'esprit devient scientifique en voyant le monde en perspective, *« parce que la perspective reconstruit logiquement les invariances internes à travers toutes les transformations produites par les déplacements dans l'espace »*, souligne William Ivins (*Prints and Visual Commmunication*, Harvard, 1953). Cette invariance réglée a pour conséquence de créer des « allers-retours » entre les objets et leurs images. La forme des choses peut survivre aux déplacements continuels. Ce que permet la perspective, c'est d'offrir une cohérence optique à toutes les images. Tous les autres sens sont abandonnés, la vue seule permet enfin de penser, et de capitaliser en quelques points tous les autres points du globe. Autre avantage, commente Bruno Latour : *« **Grâce à la perspective, il est possible d'offrir la même cohérence optique à des objets venus du monde et à des objets venus de la fiction ou de la croyance.** Des utopies, des scènes mythologiques, des épiphanies religieuses, des créations humaines ou des objets naturels, tous se retrouvent dans le même* lieu commun, *l'espace homogène de la perspective. (...) Bien sûr, ce n'est pas le lieu commun par* *lui-même qui est intéressant, ce sont les échanges qu'il permet. (…) Toutes les images se recombinent, créant sur le papier des hybrides. C'est là tout l'intérêt du langage de la perspective : il ne permet pas seulement de décrire, il permet de voir la nature comme une fiction et la fiction comme une nature.* » (Bruno Latour, *Vues de l'esprit*, 1985, *Culture technique* n° 14). Il suffirait presque de remplacer « perspective » par écran pour décrire cette autre révolution de la vision qu'a été le cinéma. Presque, mais seulement « presque » : car l'écran n'est pas le papier millimétré, et à la différence de la photographie, les prises de vues mouvementées ne se laissent guère mettre au carreau [1]. Si elles rapportent, mieux que le dessin, l'empirie des lieux et des gestes, les vues tournées sont trop pleines d'agitations et de trompe-l'œil pour permettre le relevé et la conversion réglés (longitude, latitude, profondeur). Si les objets filmés sont combinables, ils n'ont ni échelle ni dénominateur communs. Les prises de vues savent nous montrer dans leur singularité des objets infiniment éloignés, hors de portée de notre œil (vus au microscope, télescope, ralenti, accéléré, ou simplement sujets exotiques, gros plans, détails, vues aériennes…), mais elles sont incapables de faire apparaître des généralités, de fixer des régularités universelles, d'extraire du réel des relations mathématiques. Elles peuvent déchiffrer le réel, pas le chiffrer. Les plans filmés se révéleront merveilleusement aptes à la dialectique significative du montage mais inaptes à toute congruence logique. Ils peuvent nous faire voir des territoires, ô combien !, mais pas en dresser la carte. À ce « défaut » remédiera, cent ans après l'invention de la caméra, l'image de synthèse par ordinateur, lâchant complètement l'ombre artistique pour la proie stratégique, la photographie pour la topographie, le simulacre pour la simulation : « nouvelles images » au sens propre, faites sans prise de vue et pour la première fois de l'histoire sans lumière.

Le cinéma comme transport

Le cinéma est un nouveau moyen de transport. Il transporte le spectateur inquiet ou ravi sur (ou sous) les locomotives, dans les rues de cités inconnues, dans la cour des Grands, dans les huttes des petits, sur les champs de course, les bateaux, dans les usines et les campagnes, à travers des contrées lointaines comme à travers la ville même où se déroule la projection. Il promène le public à travers tableaux historiques et fantasmagories. Le documentaire fait d'un esquimau un familier, du voisin un être burlesque. Il peut rendre proche le lointain, exotique le domestique, romantique le quotidien. Ce n'est plus le voyageur qui se déplace mais le monde qui vient à la rencontre de son regard. Nouvelle révolution copernicienne : on peut avoir vu un endroit sans jamais y être allé ! Certains, comme Rémy de Gourmont, s'enthousiasment pour « l'agrandissement singulier de l'intelligence » que procurent ces voyages dans un fauteuil. « *J'aime le cinématographe. Il satisfait ma curiosité. Par lui, je fais le tour du monde, et je m'arrête, à mon gré, à Tokyo, à Singapour. Je suis*

1. « *Lors des dernières guerres d'Italie, les journaux mentionnèrent l'application de la photographie à la levée des plans militaires et des cartes panoramiques du théâtre d'opération où se trouvait l'armée. On s'étonna un peu de cette application nouvelle, on comprit peu comment une image photographique, qui répond surtout aux lois de la perspective visuelle, pouvait être ramenée à l'exactitude mathématique d'un plan géométrique. (…) Cependant le génie militaire avait su apprécier tout le parti que pouvait en tirer la science stratégique, et c'est de cette époque qu'il faut faire dater la pensée qui organise aujourd'hui dans l'armée le service photographique. (…) C'est à M. Civiale qu'on doit cette application nouvelle. Il avait, en prenant des vues de détails de roches et de falaises, et des vues panoramiques de chaînes pyrénéennes, prouvé combien la photographie pouvait intéresser la géologie et la géodésie ; il conçut alors l'idée de faire servir ces épreuves au relevé du plan géométrique des lieux qu'ils représentent. Aidé du concours de M. Charles Chevalier, il adapta à la chambre obscure un ingénieux appareil, à l'aide duquel on peut facilement obtenir les angles horizontaux et verticaux qui permettent de calculer les hauteurs et les distances, et dès lors le daguerréotype put fournir des renseignements certains et étendus sur la configuration, les coupures, la disposition des chaînes de montagne, la forme du pays qui se déroule devant lui. On comprend de quelle importance doit être cette application dans le relevé des cartes géographiques, militaires et maritimes, quelle facilité d'opération elle procure aux ingénieurs, et quelle fidélité elle donne au plan géométrique, en le complétant au regard par la reproduction exacte et visuelle des localités elles-mêmes.* » (Mayer et Pierson, *La Photographie considérée comme art et comme industrie*, Paris, 1862 - in *Du bon usage de la photographie*, anthologie Photo-Poche, 1987)

les itinéraires les plus fous. Je vais à New York, qui n'est pas beau, par Suez, qui ne l'est guère plus, et je parcours dans la même heure les forêts du Canada et les montagnes d'Ecosse ; je remonte le Nil jusqu'à Khartoum et, l'instant d'après, du pont d'un transatlantique, je contemple l'étendue morne de l'Océan. (...) Je ne doute pas qu'un jour le cinéma ne nous donne les paysages avec toutes leurs couleurs ; les nuances du ciel et des forêts. Alors nous connaîtrons vraiment la vaste terre et les mœurs diverses des hommes viendront s'agiter devant nous comme une troupe de danseuses dociles. » (Septembre 1907, cité dans *Le Spectateur nocturne,* de Jérôme Prieur, Ed. Cahiers du Cinéma, 1993).

Le cinéma fait du spectateur un voyageur immobile, un rêveur éveillé, un visionnaire dont la transe est certes partagée par d'autres dans la salle mais vécue de façon passive, purement projective et individuelle, comme sans corps. Alors d'autres, comme Gorki, n'y voient qu'ectoplasmes et train fantôme. « *Hier soir, j'étais au royaume des Ombres. Si seulement vous pouviez vous représenter l'étrangeté de ce monde. Un monde sans couleur, sans son. Tout ici — la terre, l'eau et l'air, les arbres, les gens — tout est fait d'un gris monotone. Des rayons de soleil gris dans un ciel gris, des yeux gris dans un visage gris, des feuilles d'arbre qui sont grises comme la cendre. Pas la vie, mais l'ombre de la vie. Pas le mouvement de la vie, mais une sorte de spectre muet. (...) C'est terrible à voir, ce mouvement d'ombres, rien que d'ombres, les spectres, ces fantômes : on pense aux légendes où quelque génie mauvais fait saisir une ville entière par le sommeil perpétuel et l'on croit avoir vu quelque Merlin faire opérer son sortilège devant nos yeux. Et cependant qu'il a ensorcelé la rue entière, il en a comprimé les hauts bâtiments : du toit aux fondations, ils sont compris dans un espace qui semble mesurer un mètre ; les gens ont été rapetissés en proportion en même temps qu'on leur ravissait le pouvoir de parler et que la terre et le ciel étaient dépouillés de leur pigmentation colorée et voilés du même gris monotone. Tout à coup on entend cliqueter quelque chose ; tout disparaît et un train occupe l'écran. Il fonce droit sur nous — attention ! On dirait qu'il veut se précipiter dans l'obscurité où nous sommes, faire de nous un infâme amas de chaires déchirées et d'os en miettes, et réduire en poussière cette salle et tout ce bâtiment plein de vin, de musique, de femmes et de vice. Mais non, ce n'est qu'un cortège d'ombres. Sans bruit, la locomotive a disparu on ne sait où, après avoir atteint le bord de l'écran.* » (Maxime Gorki, 4 juillet 1896, *idem*).

Ce nouveau moyen de transport virtuel, la ciné-transe, va-t-il se substituer aux techniques de locomotion réelle, de déplacement physique ? Va-t-il s'y ajouter ? Un des grands succès des débuts du cinéma aux États-unis fut le Hale's Tour, sorte de ciné-train : les spectateurs-voyageurs prenaient place dans un wagon tournant dans un tunnel circulaire et pouvaient admirer par la fenêtre, projetées sur la paroi, des vues animées prises d'un véritable train. Le wagon sera bientôt fixe et la projection frontale, mais, comme le souligne pertinemment Noël Burch, on a là une préfiguration naïve de ce qu'accomplira dix à quinze ans plus tard l'institutionnalisation du récit cinématographique : « *le transport, la pénétration du spectateur à l'intérieur de l'espace diégétique visuel* ».*(La Lucarne de l'infini,* p. 41, Nathan, 1990).

La locomotive à vapeur et le train fantôme contribuent-ils également à améliorer les communications entre les hommes, ou celui-ci va-t-il vampiriser celle-là ? Les hommes vont-ils cesser d'aller se voir pour se regarder au cinéma ? Grand visionnaire de l'angoisse moderne, Franz Kafka distinguait les deux lignées technologiques : « *D'une part, les moyens de communication-translation, qui assurent notre insertion et nos conquêtes dans l'espace et le temps (bateau, auto, train, avion...) ; d'autre part les moyens de communication-expression, qui suscitent les fantômes sur notre route et nous dévient vers des affects incoordonnés, hors coordonnés (les lettres, le téléphone, la radio, tous les "parlophones" et cinématographes imaginables). Pour Kafka, ce n'était pas une théorie mais une expérience quotidienne.* », souligne Gilles Deleuze (*L'image-mouvement,* Minuit, 1983). Expérience douloureuse qui appréhende la vampirisation de l'affect par le signe, du voyage par l'image, de la rencontre par l'émission, du réel par le virtuel. « *Écrire des lettres* — écrit Kafka à Milena — *c'est se mettre nu devant les fantômes : ils attendent ce moment avidement. Les baisers écrits ne parviennent pas à destination, les fantômes les boivent en route. C'est grâce à cette copieuse nourriture qu'ils se multiplient si fabuleusement. L'humanité le sent et lutte contre le péril : elle a cherché à éliminer le plus qu'elle pouvait le fantomatique entre les hommes, elle a cherché à obtenir entre eux des relations naturelles, à restaurer la paix des âmes en inventant le chemin de fer, l'auto, l'aéroplane. Mais cela ne sert plus de rien (ces inventions ont été faites une fois la chute déclenchée) ; l'adversaire est tellement plus calme, tellement plus fort. Après la poste, il a inventé le télégraphe, le téléphone, la TSF. Les esprits ne mourront pas de faim, mais nous*

nous périrons. » (*Lettres à Milena*, Gallimard, p. 267). Ainsi médias et ectoplasmes s'abreuveraient de nos messages, en dévoreraient la substance, esprits s'engraissant des émanations de nos âmes, de nos amours et de nos peines, nous forçant à envoyer lettre après lettre, photo après photo, à projeter film après film parce qu'ils en absorbent les sentiments au fur et à mesure, nous laissant seuls et sans voix, toutes larmes bues. On mesure la distance qui sépare la vision kafkaïenne de l'optimisme béat d'un MacLuhan, applaudissant cinquante ans plus tard « le médium comme message ». Que faire ? Pour rattraper nos baisers volés par les fantômes, faudra-t-il embarquer le téléphone dans les trains, le cinéma sur les bateaux, la radio dans les autos ? C'est ce que suggère Kafka, fort en avance sur son temps, poussé par la panique que « *les deux séries corrélatives de communications (translations et fantômes) n'aboutissent au pire, l'une livrée à un mouvement de plus en plus militaire et policier, entraînant des personnages mannequins dans des rôles sociaux durcis, dans des caractères figés, tandis que le vide monte dans l'autre série, affectant les visages survivants d'une seule et même peur* » (Deleuze, *idem*, p. 143).

Comment arraisonner ces doubles de nous-mêmes et des autres, et du monde, qui circulent entre nous et en dehors de nous, dans un ailleurs définitivement hors d'atteinte, dans les limbes de celluloïd que hantent « les fantômes du permanent », d'autant plus troubles qu'ils nous ressemblent ?

Travelling

La caméra monte très vite dans les trains, les trams, les bateaux, les automobiles, les aéroplanes. Elle s'embarque pour mieux nous embarquer. Comme le monde, elle tourne : les deux translations s'additionnent, se multiplient. Le travelling redouble le mouvement dans le plan par le mouvement de la caméra dans l'espace. L'histoire du cinéma se met à défiler, matérialisant sous tous les angles l'expression « porter un regard ».

Si le regard porté par le spectateur immobile sur le film est bien le sien, il est aussi et d'abord porté dans le film par un autre : l'œil de l'opérateur. L'homme à la caméra, lui, s'est déplacé en tous sens, a posé sa caméra partout, pour capter ces visions qui cloueront les autres dans leurs fauteuils. « *Je me libère désormais et pour toujours de l'immobilité humaine, je suis dans le mouvement ininterrompu, je m'approche et je m'éloigne des objets, je me glisse dessous, je grimpe dessus, j'avance à côté du museau d'un cheval au galop, je fonce à toute allure dans la foule, je cours devant les soldats qui chargent, je me renverse sur le dos, je m'élève en même temps que l'aéroplane, je tombe et je m'envole avec les corps qui tombent et qui s'envolent.* » (Vertov, *Conseil des Trois*, 1923, *op. cit.*, p. 30).

En amont de la chaîne cinématographique, la caméra a prélevé, enregistré et transporté des bouts de monde, des morceaux d'espace-temps, des plans : tournés aux quatre coins du monde, de près ou de loin, ces plans sont remontés jusqu'aux salles de cinéma des grandes villes. Comment ne pas penser que le documentaire prolonge et complète la cartographie, qu'il partage avec elle les charmes du dépaysement et l'efficacité de la reconnaissance stratégique : repérage, quadrillage du territoire, identification des lieux et des populations ? Mais les plans cinématographiques sont l'opposé complémentaire des plans géographiques : le documentaire est concret, il abonde en détails vivants, alors que la carte est abstraite et fixe. Lire une carte peut nous apprendre où vivent les Papous, pas à quoi ils ressemblent. Le cinéma fait l'inverse. Cette plénitude de détails et de gestes, cet aura lumineuse du paysage qui saturent l'image cinématographique, peuvent nous transporter ou nous donner envie d'aller y voir « vraiment », elles ne sauraient nous indiquer le chemin. L'image analogique n'a ni la simplicité, ni l'exactitude géométrique de la carte. Elle permet de voir à distance, mais est incapable de mesurer cette distance. Elle nous montre le pays comme si nous y étions, mais ne saurait nous y conduire, nous orienter. C'est seulement en croisant la carte et le film de reconnaissance aérienne qu'on pourra exécuter le bombardement idéal.

Même s'il montre plus qu'il ne démontre, s'il tient davantage du monde de la représentation que du relevé physique de l'univers, le cinéma s'inscrit au moins par un bout (l'art est l'autre) dans la technologie occidentale de colonisation du monde par prélèvement, transcription, transposition de réalités locales tout au long de réseaux permettant de les ramener à des centres qui en contrôlent la reproduction, le montage, la capitalisation. « *Comment agir à distance sur des événements, des lieux ou des gens qui ne nous sont pas familiers ? Réponse : en ramenant chez nous par un moyen quelconque ces événements, ces lieux et ces gens. Comment peut-on le faire puisqu'ils sont distants ? En inventant des moyens qui : a) les rendent mobiles de façon à pouvoir les ramener ; b) en les maintenant immuables de façon à pouvoir les bouger sans distorsion, perte ou corruption supplémentaire ; c) en les faisant se combiner pour qu'on puisse les cumuler, les réunir. » (De réseaux courts en réseaux longs,* in *La Science en action,* Bruno Latour, La Découverte, 1989). Le cinéma documentaire, comme moyen de rapporter des informations et d'exporter une vision du monde, va enrichir la panoplie des géographes et des ethnologues, des stratèges politiques et militaires. « *C'est alors que ceux qui étaient les plus faibles parce qu'ils étaient restés au centre et n'avaient rien visité, commencent à devenir les plus forts, se familiarisant avec plus de lieux que n'importe quel indigène mais aussi que n'importe quel capitaine de vaisseau.* » (Latour, *idem*). À l'appui de cette dimension « propriétaire » de l'image documentaire, Noël Burch cite un article de la revue *Le Cinéma* de 1912 : « *Une utilité incontestable du film géographique, c'est de rattacher un peu les colonies à la mère patrie. Il nous montre tous les débouchés qu'offrent à l'activité française nos immenses possessions d'au-delà des mers… Le cinéma sera le meilleur agent d'émigration de l'avenir.* »

Les industrieux frères lyonnais ont tout de suite saisi cet aspect colonisateur du « cinéma du réel ». Dans un même élan, ils dépêchent des opérateurs Lumière à l'étranger pour y faire des projections, y vendre l'appareil et en rapporter des vues — événements politiques et tableaux pittoresques — à exploiter ici. **Succédant aux images pieuses et aux images d'Épinal, la bataille pour le contrôle et la diffusion des images « actuelles » du monde est engagée.**

« Reproduire la vie »

« *Les sujets des films que j'ai choisis sont la preuve que je ne désirais que reproduire la vie* ». En citant cette phrase de Louis Lumière, Georges Sadoul (*Histoire générale du cinéma,* T1, p. 288) souligne à juste titre que la supériorité du cinéma des Lumière sur leurs concurrents n'était pas seulement technique. Les Lumière ont inventé le cinéma non seulement comme appareil de projection, mais comme sujet : *saisir la nature sur le vif, rendre la sensation du mouvement réel et de la vie, produire de véritables portraits vivants, des petits tableaux de genre étonnamment proches et familiers,* c'était bien leur programme selon les termes mêmes des descriptions en vogue à l'époque. Le génie des films Lumière, comme l'a bien saisi André S. Labarthe (*Cahiers du cinéma,* mars 1995), c'est d'avoir su composer au mieux avec l'espace du cadre, le temps de la prise de vue et… le hasard. Matériau constitutif de la prise de vue par excellence, le hasard figure, aux yeux de Labarthe, « *ce qu'il y a de plus concret dans l'image, ce que la caméra enregistre le plus objectivement* ». Le chien qui vient aboyer aux basques des ouvrières sortant des usines Lumière apparaît comme l'emblème de cet intempestif réel. Si ce film est bien de (manu)facture patronale, le chien en tout cas, apparition aussi imprévisible qu'irréductible, n'obéit pas à la voix du maître.

Pour les Lumière, le caractère documentaire, c'est le cinéma tout court. Et tel était le credo qu'ils enseignaient à leurs opérateurs. « *Les racines grecques et latines ont leur langage. Vitascope, Vitagraph, Bioscope, Biograph veulent également dire enregistrer ou montrer la vie, alors que les appareils créés avant les représentations du Grand Café, s'appellent Kinetoscope, Kinetograph, Cinématographe et promettent seulement l'analyse ou la synthèse du mouvement. Cette évolution fait comprendre l'importance des films de Louis Lumière et leur influence* », note pertinemment Sadoul. « *Louis Lumière avait fixé cette règle que son appareil était fait pour enregistrer la vie, prendre la nature sur le vif. Rien de plus. Il ne pouvait et ne devait avoir aucune autre fonction. (…)* Ouvrir leurs objectifs sur le monde, *telle était la seule, l'exclusive consigne qui fut donnée, au début de 1896, à Mesguich, à Promio, à Doublier, à vingt autres. Tous la suivirent aveuglément et, grâce à elle, ils firent notablement progresser le cinéma.* » Lumière invente d'emblée les grands genres documentaires : le film industriel avec *La Sortie des usines Lumière* ; le *home movie* avec *Le Repas de bébé ;* le film d'actualité et de reportage avec les opérateurs Lumière qui, en moins d'un an, vont couvrir les cours d'Europe et de Russie, le Moyen-Orient, l'Amérique, le Japon, l'Australie, le Mexique, les Indes…

Biograph, fut le nom donné à l'un des premiers appareils de cinéma américains (1896), concurrent du cinématographe Lumière. American Biograph devint même, trois ans plus tard, une compagnie de production (où Griffith fera ses débuts), brevetant ainsi la nouvelle acception mécanique et visuelle du mot « biographie » : non plus mémoires, récit de vie conjugué au passé recomposé de l'écrit, mais tableaux vivants, empreinte de la vie au présent, simultanéité de l'action et de son enregistrement. Sorties d'usines, arrivées de trains, repas de bébé, arroseurs arrosés, scènes de baignades et de pêche, défilés de cavalerie, têtes couronnées, tableaux exotiques… tous ces sujets inaugurés par Lumière et ses opérateurs se retrouvent dans les spectacles de la Biograph, de Pathé, de Gaumont. Et le succès populaire est au rendez-vous. C'est cette prétention de la caméra à saisir la vie « telle quelle » qui appellera bientôt la réaction du maître de l'autobiographie (cf. citation de Proust, dans notre introduction).

Le cinéma, c'est l'actualité

La caméra s'impose comme témoin familier de son temps. Les amateurs (fortunés) peuvent fixer et revoir leur petite histoire. Quant à l'Histoire, la grande, elle passe désormais par l'objectif des opérateurs, des explorateurs qui la traquent pour les yeux du plus grand nombre. La petite histoire et la grande se confondent même à travers l'objectif d'amateurs passionnés qui sont aussi des grands de ce monde, tel le Tsar Nicolas II. Dans *Sans soleil,* Marker se demande comment font pour se souvenir les gens qui ne photographient pas, qui ne filment pas. Il nous est aussi difficile de nous imaginer comment les gens pouvaient se représenter l'histoire — rites, modes, batailles, vie quotidienne, événements politiques, catastrophes et grands personnages — sans autres images que les gravures, les peintures et les effigies. Le film devient l'archive immédiate du XXe siècle. Désormais l'histoire ne s'interprète plus seulement à partir de vestiges statiques et statistiques : monuments, écrits, institutions, dates, noms de bataille, tableaux… elle se joue et se rejoue sans cesse sous nos yeux, « en direct » dirait-on, dans les actualités, les reportages.

Il y a même aujourd'hui une propension patrimoniale (très fin de siècle !) à mettre en boîte le présent pour l'avenir, à vouloir faire mémoire tout de suite et à transformer la vie en musée : la vie non vécue d'aujourd'hui trouverait sa raison d'être dans le spectacle qu'elle offrira aux archéologues de demain ! On pense aux dernières paroles de Hervé Guibert dans son auto-portrait vidéo, *La Pudeur ou l'impudeur* : « *Il faut déjà avoir vécu les choses une première fois avant de pouvoir les filmer en vidéo. Sinon, on ne les comprend pas, on ne les vit pas. La vidéo absorbe tout de suite et bêtement cette vie pas vécue. Mais elle peut aussi faire le lien entre photo, écriture et cinéma. Avec la vidéo, on s'approche alors d'un autre instant, un instant nouveau, avec comme en superposition, dans un fondu-enchaîné purement mental, le souvenir du premier instant. Alors l'instant présent a aussi la richesse du passé.* »

Tout comme le couronnement de la reine Elisabeth II d'Angleterre (commenté en direct par Léon Zitrone, en février 1952) allait marquer les débuts populaires de la télévision en France et en Europe, le couronnement du Tsar Nicolas II, filmé par Charles Moisson et Francis Doublier le 26 mai 1896, signe le premier grand reportage (en six vues) de l'histoire du cinéma. Ce fut aussi l'occasion de la première censure cinématographique : la foule, avide des cadeaux traditionnellement dispensés à l'occasion, se pressa tellement qu'il y eut plusieurs centaines de morts, la caméra enregistra une partie de la catastrophe mais la police tsariste s'empressa de saisir les bobines, risque de mauvaise publicité.

Les têtes couronnées incarnent immédiatement le genre actualité à succès, que l'on hésite à qualifier de politique. Les couronnements et les mariages princiers ne représentent-ils pas traditionnellement, aux yeux du peuple, l'émouvante confusion de l'idole et de l'idylle, des sphères publique et privée en une personne ! De même, les apparitions présidentielles et autres sorties de conseils des ministres, qui vont saturer les actualités jusqu'à nos jours, oscillent dès leurs premiers pas entre film de famille, rendant familier un haut personnage (le candidat républicain à la présidence américaine MacKinley figure dans le tout premier programme de la Biograph en 1896), et document historique, témoignage visible et rassurant de ceux qui décident pour nous. Un opérateur Pathé du début du siècle était devenu tellement familier d'un président du conseil et celui-ci tellement habitué à ce genre de prise de vue, que l'opérateur crachait à cinq pas en disant : « Tenez Monsieur le Premier, mettez vous donc là ! ». Mise en place déjà, sinon mise en scène. On retrouve, en plus sportif et moins concis, ce mélange de familière proximité et de distance sacrée dans le direct de la nuit présidentielle sur France 2 en 1995 : pendant près de deux heures, la chaîne publique va couvrir, à travers les rues de Paris, à la manière du Tour de France (grâce au progrès de la transparence démocratique et de la caméra portée), le coude de l'heureux élu à la fenêtre de sa berline. Un vrai coude vaut mieux qu'un long discours ! Malgré les perches qu'on lui tend, le nouveau président saura préserver, cette nuit là, l'aura que lui confère ce suspens sportif, en se tenant coi. En matière de sacre, le muet n'a pas dit son dernier mot… au grand dam du bavard media TV.

En 1930, le critique et cinéaste hongrois Bela Balazs émet une réserve du même ordre que celle de Proust quant à la réalité des actualités : « *Assurément, la connaissance de la réalité est la condition pour se libérer de toute fausse idéologie. Le besoin de connaître les faits est le souhait d'une conscience politique libre. Mais la même objectivité devient une idéologie réactionnaire, elle élimine l'homme et son expérience intérieure vécue. Le seul reportage des choses tangibles est insuffisant pour les organiser, car il faudra parfois la sensibilité et la force des images du poète pour recréer l'atmosphère insaisissable de la réalité.* » Balazs développe une critique marxiste de l'idéologie des actualités : « *On pourrait dire des actualités qu'elles donnent le journal intime de l'époque. Elles donnent apparemment la réalité impersonnelle, non fabriquée. Pas de promenade lyrique ou de destin privé, mais du reportage. Et pourtant, ce qu'on nous donne à voir, ce n'est pas simplement la réalité objective. Le sensationnel et l'actualité déterminent le choix et la façon dont les images sont groupées, et cela, c'est déjà un point de vue qui crée certaines formes. (…) Qu'est-ce que ces prises de vues de sport, de parades, de catastrophes apprendront aux historiens sur les événements historiquement décisifs ? Les forces sociales n'ont pas de visage visible. (…) Peut-on capter par l'image leur cause économique et leur signification ? Tout au plus leurs répercussions marginales ou certains symptômes périphériques. Les actualités sont l'indice des limites du cinéma. Non, ces images n'auront aucune valeur documentaire pour les historiens. Tout au plus le principe qui aura présidé à leur choix.* » (*L'Esprit du cinéma, Der Geist des Films*, 1930, Payot 1977). On retrouvera, cinquante ans plus tard, la même suspicion dans les propos de l'historien Marc Ferro : loin d'être une preuve d'époque, « *toute image est une image de propagande ; reste à voir de quel propagande il s'agit* ». Suspicion d'autant plus légitime que l'on constate une remarquable continuité propagandiste dans le traitement et la forme des actualités officielles, de Pathé à la télévision en passant par la guerre, même si le ton triomphaliste se nuance d'« objectivité ». Nous reviendrons plus avant sur l'image d'actualité devenue archive (chap. 15).

Reconstitution « plus vraie que nature »

Alors que les opérateurs Lumière sillonnent le monde en quête de scènes exotiques et d'événements politiques, le magicien Méliès a l'idée de les reconstituer en studio. Manière antinomique de concevoir le mot d'ordre Lumière : « reproduire la vie ». Dès les débuts du cinéma, les actualités reconstituées le disputent en réalisme aux vues « sur le vif ». Loin d'être des tableaux fantaisistes, les reconstitutions de Méliès se veulent « plus vraies que nature ».

Pour son Affaire Dreyfus, réalisée en onze tableaux début 1899, au moment de la révision retentissante du procès à Rennes, Méliès s'inspire du chromo façon *Petit Journal* pour *L'Ile du Diable* ou *La Cour martiale,* mais plagie très exactement une photographie parue dans *L'Illustration* pour *Dreyfus quittant le lycée pour la prison.* Et dans le saisissant *Incidents entre journalistes,* Méliès atteint un réalisme qu'il ne reproduira jamais : il laisse exceptionnellement les figurants s'ébattre jusqu'à la caméra et sortir du champ par l'avant, produisant sur le spectateur un effet comparable à celui de l'*Arrivée du train en gare de la Ciotat.* Cette scénographie est unique dans l'œuvre de Méliès : c'est la seule actualité reconstituée qui peut passer à nos yeux pour un reportage pris sur le vif à la manière des opérateurs Lumière ; la seule fois où Méliès a mis en scène dans la profondeur de champ, d'une façon qui nous semble infiniment plus moderne et crédible que ses autres reconstitutions véristes sur fond de toiles peintes. Qu'il n'ait pas poursuivi dans cette voie prouve l'attachement psychologique de l'époque au tableau théâtral (voir chap. 2 § *De la vue extérieure au regard intérieur).* Pathé emboîtera le pas avec sa propre version de l'Affaire Dreyfus, dans un style naturaliste aux décors primitifs, et s'offrira un remake plus chargé encore et plus romancé en 1907.

Une autre actualité reconstituée témoigne du souci de véracité de Méliès, *Le Couronnement d'Edouard VII* (1902) : « *Les autorités anglaises refusèrent de me laisser opérer pendant la cérémonie, mais je fus autorisé à reconstituer la scène, sous l'œil bienveillant du grand maître des cérémonies et avec la collaboration de tous les dignitaires civils et militaires, je pus dessiner à mon aise tous les documents originaux, depuis les meubles jusqu'aux armoiries. Ainsi je pus rétablir la scène dans sa vérité historique. J'avais trouvé un sosie frappant de sa majesté dans la personne d'un garçon de lavoir. (…) Ce furent les maîtres de cérémonies de Westminster mêmes qui vinrent au studio de Montreuil régler la cérémonie, très exacte et très vraie. Le reste fut pris sur le vif à Londres. Le public anglais acclama le couronnement comme s'il se fût agi du souverain véritable.* » Les gens y croyaient-ils ? Oui et non, à la façon des gogos dans les foires venant voir la vérité toute nue sortir du puits (telle Arletty au début des *Enfants du Paradis)*. Remettons-nous en au témoignage du roi lui-même, qui, avec toute la cour, applaudit, le lendemain de son couronnement, le film qui avait été tourné avant : « *Le plus fort de toute cette affaire, c'est que je me reconnais fort bien. Je reconnais aussi fort bien la reine, et si je n'étais pas sûr du contraire, je croirais que nous nous sommes vus nous-mêmes en personne.* » (G. Sadoul, *Histoire générale du cinéma,* T2, p. 212).

L'équivoque de l'actualité reconstituée n'est pas sans susciter, déjà, l'ambivalence des réactions. D'un côté, la Warwick Film de Londres, loin de chercher à faire passer le film pour une vue authentique, insiste, pour sa publicité, sur les sommes considérables (huit fois plus que *Le Voyage dans la lune,* aux dires de Méliès !) investies dans cette minutieuse et grandiose reconstitution. De l'autre côté de la Manche, le journal *Le Petit Bleu,* du 23 juin 1902, n'hésite pas à dénoncer ce qu'il considère comme une tromperie : « *On vous trompe, Londoniens, en vous affirmant que le jour même du couronnement, vous pourrez contempler de votre loge ou de votre fauteuil, dans un music-hall célèbre, la cérémonie historique prise sur le vif au moyen de la cinématographie, et immédiatement reproduite sur pellicule, pour votre joie. Certes on vous montrera quelque chose mais ce quelque chose sera, passez moi le mot, du chiqué, du trompe-l'œil, du théâtre de banlieue. L'Edouard VII qu'on vous exhibera solennellement sur son trône, l'Alexandra gracieuse et grave qui prendra place à ses côtés, seront des figurants couronnés à Montreuil, dans une salle postiche enrichie de toile peinte et meublée de fauteuils de carton.* »

On trouve dans ces actualités reconstituées un mélange de véracité et de mélo qui caractérisera encore quatre-vingts ans plus tard (et l'ingénuité en moins) les docu-drames et reality-shows de la télé. Entre temps, le genre aura été porté à son apogée par la série américaine réputée documentaire *The March of Time.* L'idée de son producteur, le géant Time Inc, fut de dramatiser l'actualité, d'en tirer des sujets longs « bénéficiant » d'un traitement dramatique analogue à celui de la fiction, en mêlant prises de vues d'actualités et scènes reconstituées avec des acteurs, le tout surmonté d'un commentaire narratif au ton apocalyptique. Ce « magazine » cinématographique connut un grand succès, durant ses seize années d'existence, de 1935 à 1951, et se mit tout naturellement au service de la propagande américaine durant les années de guerre. À la différence de Méliès, Time n'employa jamais officiellement le terme « reconstitués » pour ses « documentaires d'actualité ». Henry Luce, le directeur de Time qui présida au lancement de la série, la revendiquait comme « *fakery in allegiance to the truth* », du faux obéissant à la vérité ! *The March of Time* reçut même un Academy Award en 1937 pour avoir « révolutionné » les actualités. Erik Barnouw (cf. *Documentary,* pp. 121, 131, Oxford University Press, 1993) souligne, à juste titre, qu'à l'époque les documentaires de gauche ne reculaient pas non plus devant la reconstitution, et qu'il n'y avait guère de débat public sur la validité de cette technique.

On trouve une parodie en règle de *The March of Time* au début de *Citizen Kane* (1941). Après la brève scène d'ouverture où Kane meurt en prononçant le fameux « rosebud », Welles attaque son film par la reconstitution de la vie publique de son héros à la manière documentaire de *The March of Time,* avec ses clichés (Kane à la tribune avec Hitler !) et ses poncifs grandiloquents. Géniale réponse du berger à la bergère : en fabriquant ce faux documentaire, Welles ne fait pas plus faux que les autres « actualités » de la série, à ceci près que son héros n'existe pas vraiment (encore que sa ressemblance avec le magnat de la presse, Hearst, valut à Welles pas mal de démêlées). À partir de ce vrai faux documentaire, la fiction va se mettre en quête de la vérité complexe du personnage, au-delà des images d'actualité qui n'en synthétisent que l'apparence publique, la dépouille. Remarquable tour de passe passe de l'imposteur Welles : au regard contradictoire et pénétrant de la fiction, c'est l'actualité qui apparaît superficielle et mensongère, instrument univoque de propagande.

Détournements

Un film plus récent parodie ce même style d'actualité documentaire à l'américaine des années 30-40, cette fois pour nous narrer la carrière d'un héros comique. Interprété par Woody Allen, *Zelig* (1983) est un protée, un homme caméléon qui prend immédiatement l'aspect de ceux qui l'entourent. Comme Kane, mais en acteur anonyme, involontaire, il apparaît à la tribune avec Hitler ou avec le pape Pie XII. *Zelig*, c'est la parabole de l'homme qui, à son corps défendant et pour défendre son corps, épouse physiquement l'actualité dominante. Il s'y assimile aussitôt par mimétisme. Cet enrôlement de notre héros malgré lui dans les images d'époque provoque un hiatus drolatique, un véritable détournement de l'histoire officielle contenue dans ces clichés : Zelig se retrouve dans les actualités comme dans un film de famille. Derrière l'enchaînement de ses identifications successives, de ses métamorphoses contradictoires (Zelig se transforme aussi bien en rabbin au milieu de rabbins qu'en militant nazi au milieu des nazis), ce sont les actualités elles-mêmes qui finissent par apparaître comme un méchant jeu de rôles et de faux-semblants. Elles perdent leur figure objective pour apparaître comme un vaste *home movie* tournant autour d'un personnage proprement insignifiant — puisqu'il n'est qu'à l'image des autres — qui en ressort comme le plus commun dénominateur.

On peut voir dans *Zelig* un contrepoint au *Dictateur*, dans lequel l'ingénieux Chaplin jouait à la fois le tyran et sa victime, Hitler et le petit barbier juif. Zelig, lui, singe tous les rôles, sans y être pour rien (il souffre d'un traumatisme à personnalités multiples, pathologie particulièrement en vogue aux USA). La réussite de Woody Allen n'est pas simplement due à l'excellence de ses trucages. Ces incrustations de lui-même dans les actualités filmées provoquent un court-circuit comique dans le jeu des représentations attitrées, en inversant les pôles objectif et subjectif, le fond et le premier plan, le célèbre et l'anonyme, le pouvoir et le possédé, l'Histoire (avec un grand H) et la petite histoire. Son scénario documentaire pousse à ses conséquences une remarquable petite blague, celle des trois Schmidt de Sarguemines. Le premier raconte que, visitant le camp où il était prisonnier, le Führer soi-même s'approche et dit : « N'es-tu pas le Schmidt de Sarguemines ! » et il le fait libérer. Le second prétend la même chose mais avec Staline. Alors le troisième raconte : « En visite à Rome, je vais voir passer le pape dans sa chaise à porteur. Le pape fait arrêter à ma hauteur en s'exclamant « *Mais n'est-ce pas le Schmidt de Sarguemines !* », et il me fait monter à côté de lui. Et sur notre passage, on entendait : « *C'est le Schmidt de Sarguemines… mais qui c'est le type en blanc à côté de lui ?* » ».

Au moment où Méliès reconstituait *L'Affaire Dreyfus* à Montreuil, l'opérateur Francis Doublier réalisait, sur le même sujet, le premier faux (le premier avéré du moins) par montage ou plutôt collage (puisque le montage n'avait pas encore été inventé). Doublier avait été expédié en Russie par Louis Lumière. Traversant des contrées à fortes populations juives, il se vit partout demander des images d'actualité sur l'Affaire. Il n'en possédait évidemment pas, Dreyfus ayant été jugé et déporté en 1894, soit un an avant que les premières caméras tournent. Les affaires du cinématographe n'étant pas trop bonnes (déjà !), confesse Doublier dans ses mémoires, il s'employa à satisfaire la demande par un assemblage de vues tirées de son stock, bobines étrangères à l'Affaire mais pouvant donner le change avec un commentaire ad hoc dans la salle. Un défilé militaire, officier en tête, incarnait le Capitaine Dreyfus soi-même ; une scène de rue à Paris suivie d'une vue de la Manufacture de Sèvres était censée représenter le Palais de Justice ! Un remorqueur finlandais devenait le navire emmenant Dreyfus à l'île du Diable, elle-même figurée par une vue du delta du Nil !

C'est la même manipulation — « pour la bonne cause », non plus commerciale mais militante — que Joris Ivens et ses amis communistes de la Filmliga hollandaise utilisaient, à la fin des années 20. Ne produisant pas d'actualités, à la différence d'autres groupes militants en Europe, ils empruntaient des bandes d'actualités à des projectionnistes complaisants, les remontaient, les retitraient dans un sens prolétarien et les projetaient dans des meetings le dimanche, jour de clôture des cinémas officiels. Les films étaient ensuite remis dans leur forme initiale et restitués le lundi matin.

Dans les années 60, les Situationnistes feront du détournement une arme de contestation de la Société du spectacle. Suivant leur conception inspirée des dadaïstes, le détournement consiste à la fois à rendre visible la propagande et à la retourner contre elle-même : on utilise explicitement ses pratiques, images et slogans commerciaux et politiques, en y plaquant un sens subversif faisant éclater l'ordre qu'ils visaient à entretenir. Ainsi, dans son documentaire fait d'images détournées et commentées, *La Société du Spectacle*, Guy Debord nous prend au piège de l'effet propagande pour mieux nous faire prendre conscience que la contre-propagande c'est encore de la propagande :

L'image montre le président Pompidou inaugurant le salon de l'automobile.

Commentaire :

— *Nous reconnaissons là notre vieil ennemi :...*

La salle, remplie de gauchistes (les seuls à aller voir a priori les films de Debord), rit, acquise à la cause anti-pompidolienne.

Reprise du commentaire toujours sur les images du salon de l'auto :

— *la marchandise.*

Dans la salle, on rit jaune, gêné de s'être esclaffé bêtement à la simple vu de l'image du président, d'avoir versé dans une propagande (de gauche) au premier degré. L'ennemi est ailleurs, et le commentaire vient désigner le point aveugle dans l'image.

Légitimité de l'image ?

On l'a vu, l'invention du faux par reconstitution d'une part, l'invention du faux par collage de l'autre, sont pratiquement contemporaines de l'invention du cinéma comme actualité. Et toute l'histoire du documentaire va être hantée par la question de la légitimité du montage d'une part, du « faire rejouer » de l'autre, qu'il s'agisse d'acteurs ou des protagonistes eux-mêmes. La duplicité naturelle du cinéma — enregistrement réel et lanterne magique, révélation et trompe-l'œil — va susciter l'engouement des uns, la défiance des autres, et faire du cinéma à la fois l'extension physique et poétique de notre vision, et l'instrument idéal de la propagande, l'art impur si bien vanté par André Bazin.

La problématique du montage et celle de la mise en scène recoupent partout l'histoire du cinéma. Mais leur mise en question non seulement esthétique mais juridique pour ainsi dire (la question de leur légitimité) est spécifique au documentaire. A-t-on le droit d'utiliser comme ça les gens qu'on filme ? de rapprocher des plans qui n'ont rien à voir ? de tricher en filmant en cachette ou au contraire en remettant en scène, et en remontant ce qui était continu et spontané ? et de faire croire tout ça au spectateur comme vrai ? L'impérative question du réel à l'écran, question affleurante et récurrente (« est-ce bien vrai ce que je vois là ? »), cette question de la réalité physique du filmé se double forcément de la question du sens recherché et produit par le film, c'est-à-dire de sa vérité. La passionnante difficulté du documentaire, c'est qu'il est inextricablement redevable d'une certaine réalité physique, d'une incertaine vérité historique, d'un subjectif rendu dramatique. Que le filmé soit du réel, du préexistant, ne dispense absolument pas de la question de la mise en scène, comme voudraient le faire accroire les fanatiques de l'objectivité. Fiction ou documentaire, un travelling est toujours une question de morale. Réalité factuelle et vérité intentionnelle sont indissociables : pas de faits ni de film sans découpage, sans interprétation. C'est une banalité de le dire, mais une banalité d'autant plus nécessaire à souligner que les propagandes audiovisuelles modernes dénient ce collage, prétendent s'en tenir aux faits bruts et prôner la brutale réalité, l'évidence. Pour les gestionnaires et leurs publicitaires, l'audiovisuel fait vendre la réalité, et l'image de cinéma est le modèle de l'image de marque/image de masse.

Cette affaire de propagande est omniprésente dans l'histoire des images, et du cinéma en particulier. À l'autre bout du champ, se trouve la question ouverte par Rossellini dans les ruines de l'Europe d'après-guerre, et poursuivie jusqu'à Kiarostami, via le cinéma-vérité : le cinéma peut-il racheter la réalité ? Nous faire croire au monde, tel est, selon Deleuze, le pouvoir du cinéma quand il cesse d'être mauvais. Mais le monde vu d'où, et par qui ?

Play-back

Produisant, en son déroulement même, une doublure du réel aussi fidèle qu'irréelle, le cinématographe redouble le trouble jeté dans l'ordre des représentations par l'apparition de la photographie. La querelle du réalisme agita les milieux artistiques anxieux de décider a priori si la photographie et le cinéma étaient un moyen d'expression nouveau ou seulement des techniques de reproduction susceptibles d'assister ou de ruiner les arts plastiques et scéniques. Comme pour les évolutions de la langue, c'est l'usage et l'histoire qui allaient se charger de répondre assez vite, au mépris des canons académiques. Au-delà de cette polémique de circonstance, la question de fond est plutôt celle que va formuler Walter Benjamin dans *L'Œuvre d'art à l'ère de sa reproductibilité technique* (1935) : en quoi ces techniques mobiles de prise de vues et reproduction bouleversent-elles la notion d'œuvre d'art (l'original en son lieu consacré) et notre perception même de la réalité (comme *ici et maintenant) ?* On connaît la thèse de Benjamin sur la perte d'*aura* que fait subir à l'œuvre d'art la reproduction mécanique : « *À la plus parfaite reproduction, il manque toujours quelque chose : l'ici et le maintenant de l'œuvre, l'unicité de sa présence au lieu où elle se trouve. (...) La notion même d'authenticité n'a aucun sens pour une reproduction.* » Ce que souligne Benjamin, c'est la déperdition de la singularité de l'œuvre originale, incarnation du geste de son créateur, de la durée qui l'habite, à laquelle sont consacrés un temps et un lieu de contemplation. « *La technique peut transporter la reproduction dans des situations où l'original lui-même ne saurait jamais se trouver.* » Avec la photo et le cinéma, arts industriels pour ainsi dire, il n'y a même plus vraiment d'original. Ils signent, aux yeux de Benjamin, « *la conquête de l'ubiquité* » augurée par Valéry, « *la prépondérance absolue aujourd'hui de la valeur d'exposition sur la valeur cultuelle de l'œuvre d'art* ». On a beaucoup encensé ou moqué cette nostalgie « artisanale » : elle marquera également les philosophes de l'École de Francfort, Théodor Adorno et Max Horkheimer, inventeurs de l'amalgame délibérément barbare d'« industrie culturelle », qu'ils seraient forts surpris de voir aujourd'hui proclamer positivement par des ministres de la Culture ! On a moins remarqué une autre notion dont Benjamin annonce l'avènement et que les mass-médias porteront à son paroxysme : « *En multipliant les exemplaires, les techniques de reproduction substituent un phénomène de masse à un événement qui ne s'est produit qu'une fois. En permettant à l'objet reproduit de s'offrir à la vision ou à l'audition dans n'importe quelle circonstance, elles lui confèrent une* ***actualité***. » *Actualité* doit s'entendre ici dans un sens prémonitoire assez proche, au fond, des « fantômes » de Kafka : événements sans contexte, sentiments flottants ; éternels présents de l'instantané à recommencer ; actes en petites coupures, détachés en doublures, figures en couvertures ; coexistence passive (mais pas si pacifique) d'images de partout et d'ailleurs, sans tradition, sans transition ; ***play-backs*** **de versions** ***live*** **inexistantes.** « *Ainsi se révèle, dans le domaine intuitif, quelque chose d'analogue à ce qu'on remarque dans le domaine théorique avec l'importance croissante de la statistique. L'alignement de la réalité sur les masses et des masses sur la réalité est un processus d'immense portée, tant pour la pensée que pour l'intuition.* » On ne saurait limiter la profondeur de cet aperçu au totalitarisme montant que Benjamin avait sous les yeux. Il vise, bien au-delà, ces fantômes prospères et pleins d'avenir qui gouverneront aussi nos démocraties : clichés, standards, sondages, modèles, audimat, simulations...

Une image de film, contemporaine du texte de Benjamin, symbolise sous forme de choc onirique la transformation du monde, et de la perception que nous en avons, par le cinéma : un œil de femme grand ouvert que s'apprête à trancher un rasoir. Ce plan célèbre d'*Un Chien andalou*, de Luis Bunuel, est proprement scandaleux dans la mesure où il donne à voir crûment — comme le fit *La Leçon d'anatomie* de Rembrandt au temps de l'humanisme naissant — l'opération du progrès, non pas idéalisée mais matérialisée sur le sujet. La légende raconte que les paysans russes, ignorants tout du cinéma, sortaient horrifiés du découpage d'*Octobre* d'Eisenstein (1927) : « Toutes ces têtes et ces membres coupés ! » On mesure les progrès accomplis par le montage cinématographique dans la sensibilité des spectateurs, au calme apparent de ceux qui sortent aujourd'hui d'une séance de *Massacre à la tronçonneuse*. « *Entre le peintre et le cameraman nous retrouvons le même rapport qu'entre le mage et le chirurgien,* poursuit Benjamin. *L'un observe en peignant une distance naturelle entre la réalité donnée et lui-même ; le cameraman pénètre en profondeur dans la trame même du donné. Les images qu'ils obtiennent l'un et l'autre diffèrent à un point extraordinaire. Celle du peintre est globale, celle du cameraman se morcelle en un grand nombre de parties, dont chacune obéit à ses lois propres. Pour l'homme d'aujourd'hui, l'image du réel que fournit le cinéma est infiniment plus significative, car, si elle atteint à cet aspect des choses qui échappe à tout appareil — ce qui est bien l'exigence légitime de toute œuvre d'art — elle n'y réussit justement que parce qu'elle use d'appareils pour pénétrer, de la façon la plus intensive, au cœur même de ce réel.* »

2

L'invention du montage

Jamais un plan n'épuisera le réel
Eisenstein versus Koulechov et Vertov
Vertov versus Eisenstein
Flaherty versus Vertov
Artavazd Péléchian : la réalité démontée
Conclusion : montage et récit

Le cinéma devient langage en découvrant qu'il ne s'agit pas seulement du mouvement dans le plan (tableaux vivants des premiers temps) mais du mouvement entre les plans et de leur conjugaison.

« *Le moyen dont dispose le cinéma pour produire une impression artistique réside dans la composition, l'enchaînement des fragments filmés. Autrement dit, pour produire une impression, l'important n'est pas tant le contenu de chaque fragment que la façon dont ils s'enchaînent, dont ils sont combinés. L'essence du cinéma doit être recherchée non pas dans les limites du fragment filmé, mais dans l'enchaînement de ces mêmes fragments. (…) Le véritable cinéma, c'est le montage de plans américains* (c'est-à-dire découpés) *et l'essence du cinéma, c'est le montage.* » (Lev Kouléchov, *La bannière du cinématographe*, 1920, in *L'Art du cinéma*, L'Âge d'homme, 1994). De captation du présent, simple reproduction du vivant (vues animées), le cinéma devient histoire, récit imaginaire ou documentaire, par le découpage et la magie du montage. On a peine à concevoir, cent ans après, l'enthousiasme, l'émoi (dont parle si bien Marker à propos de Medvedkine dans *Le Tombeau d'Alexandre)* qu'ont vécu des pionniers comme Griffith, Sjöström, Stroheim, Kouléchov, Vertov, Eisenstein, Murnau, Gance… en *réalisant* que la juxtaposition de plans produit un sens nouveau, des associations d'idées, qui n'appartiennent à aucun plan pris isolément. Alors que vingt ans seulement les séparaient de la naissance du cinématographe, ils inauguraient déjà la possibilité de passer du fabliau au roman, du fait divers au documentaire. Grâce aux mystères du raccord, de l'ellipse et du rythme, ils ouvraient à l'image les perspectives du temps.

Jamais un plan n'épuisera le réel

S'opérait là une mutation essentielle qui allait faire d'une attraction foraine ou de music-hall, un art nouveau, à la croisée des arts scéniques et des arts plastiques. De simple bobine d'actualité, le cinéma devient histoires. Réalistes épiques ou poétiques, futuristes, constructivistes, expressionnistes, naturalistes ou surréalistes, ce que découvrent et mettent en œuvre tous les innovateurs du montage cinématographique, c'est qu'une image en appelle ou en cache toujours une autre. Loin de l'évidence naïve des saynètes primitives, il s'avère — pour parodier Mallarmé — que jamais un plan n'épuisera le réel, pas plus qu'un coup de ciseau n'abolira le hasard. Le montage démontre **d'un côté, la nécessité de découper dans le réel pour débiter une histoire ; de l'autre, le bonheur de rapprocher des images de façon significative avec cette part de hasard objectif** (que glorifieront les surréalistes) **qui signe l'accomplissement du destin des hommes et des œuvres**. Découpage et montage cinématographiques se mettent à jouer, comme jamais vu, de la dialectique entre points de vue, cadre et hors-champ, visible et invisible, évidence et suggestion, collage et ellipse, présent et passé. La dialectique entre le faux-plein du plan et le travail du négatif au montage, Robert Bresson en souligne la nécessité dans son style lapidaire : « *La* fragmentation *est indispensable si on ne veut pas tomber dans la* représentation. » (au sens théâtral comme au sens de simple reproduction). « *Voir les êtres et les choses dans leurs parties séparables. Isoler ces parties. Les rendre indépendantes afin de leur donner une nouvelle dépendance.* » Et encore ceci : « *Le vrai n'est pas incrusté dans les personnes vivantes et les objets réels que tu emploies. C'est un air de vérité que leurs images prennent quand tu les mets ensemble dans un certain ordre. À l'inverse, l'air de vérité que leurs images prennent quand tu les mets ensemble dans un certain ordre confère à ces personnes et à ces objets une réalité.* » *(Notes sur le cinématographe)*.

Le découpage advient bien comme nécessité esthétique (rupture d'avec la scène théâtrale), le montage comme force d'expression (recomposition de l'espace-temps), mais ce « mouvoir » des images propre au cinéma joue évidemment du mécanisme « psycho-social » de l'identité et de la mémoire constitutifs de nos représentations mentales — mécanisme que l'art moderne tout autant que la science cherche à exposer. « *Il n'est réellement d'image que par la combinaison des temps, dans la mémoire et dans un lieu par définition non identique à aucun cadre momentané de la vision et à aucune modalité éphémère de l'action. Tout art est montage d'éléments empruntés à des temps différenciés, rapprochés seulement par la mémoire et insérés dans un espace inadéquat à toute perception directe.* » (P. Francastel, *Valeurs psycho-sociologiques de l'espace figuratif*).

Eisenstein en fait la démonstration psychologique dans son article *Montage 1938* (publié par Jay Leda dans *Film Sense*, 1942). Tant qu'on n'a mentalement que des aperçus, des représentations éparses d'un lieu — Eisenstein prend l'exemple des rues de New York qui ne répondent pas à des noms mais à des nombres — on n'arrive pas à distinguer, à mémoriser ce lieu. On ne parviendra à l'identifier, à s'en souvenir que lorsque les détails, les caractéristiques du lieu auront formé une chaîne de représentations et que celles-ci se seront condensées en une image. « *Ce n'est qu'à cette seconde étape que tous les éléments commencèrent à se fondre en une seule image ; et quand on mentionnait le numéro d'une rue, toute la foule de ses divers éléments surgissait toujours, mais ce n'était plus une suite de chaînons, c'était désormais une chose unique, une caractérisation d'ensemble de la rue, son image d'ensemble.* » Distinguant ces deux étapes psychologiques de constitution de l'image — processus d'assemblage des éléments et ensemble significatif résultant — Eisenstein souligne que dans la vie la première étape est habituellement négligée au profit du résultat, alors que « *pour atteindre son but, une œuvre d'art consacre tout le raffinement de ses méthodes au* **processus**. *Une œuvre d'art, dans son sens dynamique, est bien ce processus d'assemblage des images dans l'esprit et les sens du spectateur. C'est ce qui constitue la particularité d'une œuvre d'art vraiment vivante ; c'est ce qui la distingue de cette autre, morte, dont le spectateur ne perçoit que le résultat final du processus achevé, au lieu d'être intimement mêlé à ce même processus au fur et à mesure de son déroulement. (...) Par conséquent, dans la méthode même de création d'images, l'œuvre d'art doit reproduire ce processus par lequel, dans la vie courante, de nouvelles images se construisent dans le conscient et la sensibilité de l'homme.* » *(Le Film, sa forme, son sens*, Bourgois, 1976, pp. 220-221). Ni instantané fluctuant, ni cliché figé, l'image au sens fort ne vaut que comme mémoire vive, chaîne associative. Ce travail de montage, de condensation et déplacement, le plan comme prise de vie le partage avec le rêve et la mémoire.

L'effet Kouléchov

Dès 1919-20 le jeune constructiviste russe Lev Kouléchov se livre à des expériences de remontage de plans extraits de films préexistants. On connaît le fameux « Effet Kouléchov » auquel son nom est resté attaché. Soit un plan américain du célèbre acteur Mosjoukine regardant vers le bord du cadre, plan prélevé dans une fiction ; on y accole tantôt le plan d'une assiette de soupe fumante, tantôt d'une jeune fille dans un cercueil, tantôt d'une femme dénudée sur un divan ; et les spectateurs de **voir** sur le visage de l'acteur (pourtant identique dans les trois cas) successivement l'expression de la faim, de la tristesse, du désir. Par le rapprochement des plans (en l'occurrence étrangers les uns aux autres), du sens est induit, de la causalité causée. Tel est du moins le principe de l'expérience, car Kouléchov se livra à de très nombreux essais dont les matériaux furent aussi vite dispersés. Ces jeux de montage amenèrent le turbulent Koulechov à écrire en 1925 : *« Avec des plans de fenêtre s'ouvrant largement, de gens qui s'y installent, d'un détachement de cavalerie, d'enfants qui se bousculent, d'eaux qui brisent une digue, du pas cadencé des fantassins, on peut montrer aussi bien la fête pour l'inauguration d'une centrale électrique, que l'occupation d'une ville paisible par une armée ennemie. »*

L'Effet Kouléchov figure dans maints livres sur le cinéma en tant que légende originaire du montage. Il est devenu le condensé mythique d'une invention dont les historiens s'efforcent de reconstituer actuellement les étapes (cf. les recherches d'A. Gaudreault, T. Gunning, N. Burch…). Dans une de ses dernières interviews, en 1969, Lev Kouléchov s'amusait même de voir reproduits, dans quelque histoire du cinéma, des photogrammes de son expérience originale, alors que des bouts de films qu'il joua à assembler, il ne reste que d'incertains souvenirs. À la même époque en tout cas, Vertov — qui avait commencé par le montage de sons et de bruits à la mode futuriste — faisait subir un traitement analogue aux bandes d'actualités, d'où devait naître le programme documentaire des Kinoks et du *Kino-Glas* (Ciné-Œil). On sait aussi l'influence qu'eurent en URSS, au début des années 20, la projection d'*Intolérance* (1916), où Griffith appliquait le montage parallèle à travers plusieurs siècles, et du *Nanouk* (1921) de Flaherty : « Nanouk, *nous les cinéastes russes, l'avons épuisé à force de l'étudier ; ce fut d'une certaine façon notre point de départ* », se souvient Eisenstein. Le maître soviétique proclamait aussi : « *Je n'aime guère les drames de Griffith, du moins le sens de sa dramaturgie. Chez lui tout repose sur des concepts arriérés. C'est l'expression ultime d'une aristocratie bourgeoise à son apogée et sur son déclin. Mais c'est Dieu le père. Il a tout créé, tout inventé. Il n'y a pas un cinéaste au monde qui ne lui doive quelque chose. Le meilleur du cinéma soviétique est sorti d'* Intolérance. *Quant à moi, je lui dois tout.* » Si cette reconnaissance de filiation vaut pour la fiction dominante au cinéma, elle ne s'applique guère à Vertov ni aux autres expérimentateurs du ciné-œil ou du montage excentrique. Il est vrai qu'Eisenstein ne considérait pas ces « formalistes » comme le meilleur du cinéma. Il est non moins vrai qu'il partageait avec eux une critique fondamentale qui relativise l'héritage griffithien : « *L'Amérique n'a pas compris le montage. L'Amérique reste honnêtement narrative, elle ne redistribue pas ses images figuratives, elle montre simplement ce qui arrive.* »

Le déplacement du point de vue

Même s'il semble excessif d'attribuer au seul Griffith l'invention du montage — il n'est certes pas le créateur de toutes ses figures de base — on peut reconnaître qu'il est le premier à avoir systématisé de manière significative un certain nombre de procédés nouveaux, épars ou aléatoires (déplacement et rapprochement de la caméra, découpage en plusieurs plans d'une même scène, insertion de gros plans, montage alterné) pour en faire ce qui allait devenir le canon narratif du cinéma de fiction. Quoiqu'il en soit, notre propos n'est pas la recherche historique des origines mais la réflexion théorique sur l'élaboration des effets de réel et de vraisemblance dans la construction du film.

À propos de *Thread of Destiny (Les Liens du destin)*, premier film tourné par Griffith en Californie, pour la Biograph, en 1910, Lewis Jacobs note dans *The Rise of the American Film* (New York, 1968) : « *Il était désormais clair pour Griffith que le réalisateur devait user de sa caméra non seulement pour prendre une vue d'ensemble d'une scène mais aussi pour choisir des détails à l'intérieur de celle-ci, en rapport avec le contenu du film considéré comme un tout. Ce qui signifiait qu'une prise de vue n'avait plus besoin d'être encadrée et limitée par une imaginaire scène de théâtre. Libérée de cette servitude spatiale, la caméra pouvait être placée partout selon les désirs du metteur en scène choisissant ses angles et ses détails. Griffith comprenait soudain à quel point l'art du réalisateur de cinéma différait de celui de metteur en scène de théâtre. Dans un film, le déplacement de la caméra est un moyen plus important que peut être même la direction d'acteurs.* » Sadoul (*Histoire générale du cinéma*, T3, p. 95) souligne que les tournages en extérieur, dans les paysages et les sites pittoresques de Californie, aidèrent certainement à cette évolution décisive : la transgression du point de vue du Monsieur de l'orchestre, cher à Méliès. Certes cette transgression, les « vues de plein air » documentaires la pratiquaient déjà, par nature ; mais ce qui paraissait naturel ici ne l'était pas pour la fiction, assimilée à la représentation théâtrale.

Les cadres nouveaux qu'instaurent en fiction le déplacement de la caméra et son rapprochement au sein d'une même action, s'accompagnent d'une innovation d'ensemble : le changement de plan ne correspond plus forcément à un changement de décor, ouverture à une possible linéarisation du récit. Le merveilleux don d'ubiquité de la caméra n'est plus seulement celui de faire passer devant nos yeux des panoramas éloignés, des vues disparates mais celui d'enregistrer de plusieurs points de vue différents une action unitaire. Ce recours au raccord non plus seulement entre les scènes mais à l'intérieur de la scène distingue, à partir de 1909, les films de Griffith des films de poursuite précédents. Il se double aussi d'une autre innovation, soulignée par Thomas Gunning dans son article *Présence du narrateur : l'héritage des films Biograph de Griffith* (in *Griffith*, sous la direction de Jean Mottet, Ramsay Poche, 1989) : « *Au sein même de cette formule, Griffith a également crée une technique de discontinuité qui allait finalement changer la nature même de la narration cinématographique. Dans ce nouveau style de montage, le raccord ne sert pas simplement à satisfaire l'attente du spectateur en lui montrant l'étape suivante de l'action, mais va au contraire jusqu'à utiliser son pouvoir d'interruption d'une action. Désormais la coupe intervient dans le déroulement naturel d'une action, en interrompt la progression et finalement, la suspend.* » Ainsi le fameux montage alterné est-il la première forme **dialectique de la collure comme raccord et coupe à la fois**. Côté raccord : pénétration de la caméra dans l'espace de la scène, dans l'intimité des personnages. Côté coupe : introduction des notions de suspens, délais ou simultanéité dans le temps du récit. La place du spectateur et la compréhension du film changent relativement à l'espace et au temps. La continuité ne fonctionne plus simplement comme une succession chronologique et spatiale de vues. Elle se construit paradoxalement par discontinuité spatiale à l'intérieur de chaque scène (déplacement du point de vue, variation des plans) et non continuité chronologique entre les scènes : alternance d'actions qui peuvent être simultanées, flash-back... Selon l'heureuse formule d'André Gaudreault *(De « L'Arrivée d'un train » à « The Lonedale Operator »*, in *Griffith*), « **le montage répond constamment à l'appel du hors-champ** ».

Ainsi, le déplacement de la caméra permet de dépasser le point de vue unique du théâtre. Le changement de point de vue permet de dépasser le plan comme unité insécable de lieu et d'action (tableau). Le découpage de la scène en plusieurs plans ouvre sur la coupe d'une scène par une autre, le montage alterné au parallèle, le temps reconstruit. L'adéquation primitive entre le temps de la prise de vue et le temps de sa projection cède la place à un temps découpé, feuilleté, décalé : l'accélération (ou la langueur) du récit n'est plus (ou plus seulement) celle du mouvement, de l'action dans le plan, elle est l'effet dramatique du montage.

De la vue extérieure au regard intérieur

« Aussi invraisemblable que cela puisse paraître, lorsqu'en 1901 et 1902, Edwin Porter enregistrait des documentaires — des panoramic views — *il filmait dans des décors naturels avec force panoramiques et même un semblant de champs/contrechamps*, souligne Jean Mitry. *Au contraire, lorsqu'il tournait des fictions comme* La Case de l'Oncle Tom, *il revenait aux conventions scéniques avec toile de fond et décors en trompe-l'œil.* » Il peut paraître étrange que le public ait accepté quelques années durant l'artifice des décors de scène et des toiles peintes alors qu'il pouvait voir, dans le même spectacle, des actualités filmées. « *D'autant plus étrange*, ajoute Mitry, *que le public ne se contentait pas d'accepter les artifices de la scène, il les exigeait, désorienté qu'il était devant les premiers contre-champs. Aussi bien les raisons de la non-continuité n'étaient-elles pas d'ordre technique mais culturel et psychologique. (...) Si la continuité spatio-temporelle était admise — et parfaitement comprise — lorsqu'il s'agissait de films pris dans la réalité immédiate, c'est pour la raison toute simple qu'il s'agissait de faits vrais situés dans un monde au sein duquel on pouvait se déplacer. Il devenait alors tout naturel d'en avoir l'impression en épousant les multiples points de vue enregistrés par le film. Le regard porté sur le monde se substituait au simulacre d'un monde donné au regard derrière le trou du souffleur. En ce qui concerne les films de fiction, la mue fut longue et difficile, forçant le public à admettre la représentation d'un monde supposé vrai, selon une autonomie conforme aux conditions perceptives de la réalité quotidienne.* » (*Griffith et les débuts du langage cinématographique*, in *Griffith*, *idem*).

Effectivement, au cours de la première décennie du siècle [1], alors que les fictions s'en tiennent généralement au jeu plat et horizontal dans le cadre fixe de la scène théâtrale, les vues filmées par les opérateurs Lumière frappent par leur génie de l'échelonnement des plans à l'intérieur même du cadre : soit que la caméra soit embarquée sur un véhicule (gondole, ascenseur de la Tour Eiffel…) et effectue un travelling ; soit que les sujets traversent le plan en diagonale et en profondeur, passant du plan général au gros plan (ou inversement), sur le modèle de *L'Arrivée du train en gare* .. On pourrait dire que c'est **en documentarisant la prise de vues** que Griffith transfigure la fiction filmée, de simple tableau vivant en articulation véritablement cinématographique. On a déjà souligné le rôle joué par le tournage en extérieur dans l'abandon du point de vue unique du Monsieur de l'orchestre. Ajoute à cette orientation naturaliste l'attachement progressif de Griffith au réalisme des décors et des objets, au fur et à mesure que la caméra s'en rapproche et en fait des ressorts expressifs du drame. De même Griffith fait des figurants non plus des figurines décoratives mais de véritables passants et rôles secondaires, des personnes, alors que les fameux « plans américains » viennent donner expression humaine aux gestes et aux visages des héros désormais individualisés, comme le souligne l'évolution des titres de ses films qui, à partir de 1908, désignent moins la relation d'un événement que le sujet ou le héros d'un récit. Cette évolution des titres marque bien le rapprochement du cinéma avec le roman, favorisé par le découpage narratif dont l'idée fut inspirée à Griffith par Dickens (cf. Eisenstein, *Dickens, Griffith et nous*, in *Le Film, sa forme, son sens)*. Itinéraire paradoxal, propre à la duplicité sémiotique de la prise de vue (cf. Avertissement) : la fiction devient d'autant plus élaborée et crédible que l'image se fait apparemment plus naturelle, le décor plus réaliste, le point de vue plus diversifiée, le mouvement plus actuel (à la façon des actualités), par opposition à la vision théâtrale. Le cinéma devient art à part entière en s'épurant du théâtral et en développant ses possibilités optiques propres. Ce que revendiqueront de la manière la plus exclusive le Ciné-Œil vertovien et les autres expérimentateurs du « cinéma pur ».

Il est indéniable que les actualités du début du siècle sont à nos yeux beaucoup plus cinématographiques et modernes que les pantomimes de studio qui leur sont contemporaines. Il ne faudrait pas croire pour autant que le cinéma trouve « son langage propre » par la seule documentarisation de la prise de vues. La constitution du cinéma en langage articulé s'opère, dans la deuxième décennie du siècle, tout autant par les tentatives de faire du film un récit complet et autonome, dépassant le tableau vivant, le numéro (de music-hall), l'illustration (morale ou politique), la saynète à effet (comique ou fantastique) ou la suite de tableaux en forme de poursuite. L'invention du film en tant que film obéit à un double transport : le transport de la caméra en extérieur, loin de la scène de théâtre, comme le montrent les actualités ; d'autre part, le transport du spectateur à l'intérieur de la scène filmée, comme l'exigent la crédibilité et la complétude d'un récit. Si les « vues de plein air » transportèrent, les premières, le spectateur en extérieur, elles opéraient encore frontalement, de l'extérieur de la scène justement, de manière non centrée et non linéaire, ne situant pas le spectateur au centre d'un espace imaginaire. « *Choisir un cadre aussi apte que possible à piéger un instant du réel, puis filmer ce cadre sans aucun souci de contrôler ni de centrer l'action* », constate Noël Burch à propos des opérateurs Lumière *(La Lucarne de l'infini)*. Il rappelle aussi qu'on projetait ces bandes plusieurs fois de suite, non seulement pour le plaisir mais parce qu'elles n'étaient pas lisibles du premier coup (d'œil). Le centrage du point de vue, l'enchaînement des plans, la linéarisation du récit et sa clôture — tous paramètres constituant le « mode de représentation institutionnel » du cinéma que nous connaissons — vont être progressivement élaborés pour répondre au désir de fiction romanesque par la subjectivisation du regard. En outrepassant la frontalité, l'extériorité primitives par rapport au motif, en introduisant le spectateur à un nouvel espace-temps imaginaire, la caméra dépasse forcément — plus ou moins « consciemment » — l'objectivité comme simple face à face avec le « sujet » filmé ; elle l'inclut dans une figuration. **On peut dire en ce sens que tout plan de cinéma est désormais subjectif**[2]. L'image de cinéma apparait dès lors comme une empreinte du réel empreinte de fantasme. **C'est par ce double**

1. Stephen Bottomore est un des rares spécialistes du cinéma des premiers temps à remarquer que les opérateurs d'actualités (et leurs distributeurs) ont parfois présenté, avant même 1901, plusieurs vues enchaînées du même événement, ont recouru au *jump-cut* voire au contre-champ, et même à l'alternance du plan d'ensemble et du plan rapproché, voire au plan de coupe. Selon lui, ce fait est passé inaperçu dans la mesure où la plupart des théoriciens du cinéma privilégient la fiction et la question de la narration. (cf. *Shots in the Dark : The Real Origin of Film Editing*, in *Early Cinema*, sous la direction de Thomas Elsaesser BFI, Londres, 1990).

2. D'où la polémique récurrente sur le cinéma-vérité et la question de son objectivité, question inévitablement reliée à la « valeur » du plan : valeur géométrique et idéologique, angle et distance de l'objectif au sujet, longueur du plan. Rappelons-nous, à la fin des années 60, les apôtres du « plan-séquence révolutionnaire » contre « le montage bourgeois ».

transport, actualisant et imaginaire, que se crée l'entre-deux spécifique du cinéma : étrange identification d'un espace objectif, projeté, avec des images mentales, subjectives. Interface magique — où se superposent foyers de l'objectif et de l'œil, film et rétine — l'espace de l'écran tend toujours plus à confondre la *pictura* et *l'imago,* la figuration extérieure et la représentation intérieure. Ce trouble fascinant fera le succès de l'usine à rêves ; mais il sera aussi le moteur d'une recherche persistante qui, d'Eisenstein à Resnais et Marker en passant par Welles, tente d'élaborer le discours cinématographique en réseau mnésique.

En filmant les actions, les héros, les choses de différents points de vue, la caméra transporte le spectateur au sein de l'action, dans l'espace du drame. « *En saisissant les événements de près ou de loin, de face ou de profil, selon une alternance répétitive, le spectateur en effet perçoit ces événements tout comme s'il se déplaçait réellement autour d'eux* », souligne Mitry. Il éprouve une mobilité analogue à celle qu'il ressentait dans les actualités mais, ajouterai-je, appliquée à l'intérieur d'une histoire, à une vision intérieure de l'histoire. **L'impression de réalité spatiale, composée par découpage, confère au drame une actualité**. Ce rapprochement physique, cet effet de réalité physique, le montage alterné (temporel) le surdétermine par des rapprochements psychologiques (affectifs). L'illusion de réalité doit être suffisamment forte et continue pour masquer au spectateur toute trace de sa fabrication. **À l'impression de continuité spatiale par contiguïté des plans se superpose une logique dramatique d'associations d'idées, d'affects.**

Dès 1909, Frank Woods, critique au *New York Dramatic Mirror,* qui allait devenir un des scénaristes de Griffith, fait l'éloge des progrès opérés vers cet idéal de la fiction naturelle, du montage transparent. « *Le jeu des acteurs de cinéma est plus efficace s'il parvient à créer l'illusion qu'il représente des faits réels et non fictifs.* » En conséquence, Woods critique les regards caméra. En 1911, il recommande de supprimer faux sens et faux raccords, de rechercher la continuité de l'action et de l'espace à travers la jonction des plans. « *Ces textes de Frank Woods donnent une formulation très claire de l'idéologie de la transformation du style filmique qui se produit aux États-unis entre 1908 environ et 1913, et pour laquelle Griffith joue un rôle si important. La rubrique de Woods annonce nombre des principes du style classique : illusion de réalité ; transparence ; effacement des traces de production ; effort pour guider et orienter le spectateur de façon automatique et har-monieuse ; création d'une diégèse continue et homogène.* » Thomas Gunning ajoute cependant que la coupe n'est pas seulement raccord spatial : avec l'invention du montage alterné, elle opère le suspens chronique.

Désormais l'histoire du cinéma va connaître un affrontement résurgent entre ce montage linéaire à suspense — modèle de plus en plus dominant — et d'autres formes de montage : « excentrique », récurrent, spirale, achronologique, polyphonique, dont Vertov sera le premier théoricien.

On ne peut clore ce paragraphe sans se demander quelle relation entretient la systématisation du montage alterné par Griffith avec sa vision manichéenne de l'histoire. « *Le principe du montage dans* La Naissance d'une Nation *répond d'abord à la nécessité d'opposer des camps. Le montage correspond dans tous ses aspects à une conception manichéenne du monde. La confusion du Bien et du Mal est aussi monstrueuse que le mélange des sangs (de l'aryen et du nègre). (...) Si les deux séries d'images sont opposées de façon absolue, elles n'en sont pas moins unies entre elles. Car si le Bien est impénétrable au Mal, le Mal veut s'approprier le Bien, pénétrer ses cadres. Ainsi la séparation nécessaire, absolue, entre les deux forces, est-elle toujours remise en question par les forces du Mal. C'est dans cette tentative de briser la séparation que se noue le drame, que s'élabore et se perfectionne la forme du montage alterné.* » Ce que souligne ici Gérard Leblanc (*Crises de la représentation dans le cinéma américain,* La Licorne, UFR Littérature Poitiers, 1989) allait devenir la recette de bien des films de genre (guerre, polar, western, horreur, mélo), et pas seulement américains. « *Mais le modèle cinématographique ainsi élaboré ne peut s'adapter à n'importe quel type de message. Et les cinéastes porteurs d'une autre conception du monde — tel Eisenstein — devront à leur tour s'en démarquer.* »

Eisenstein versus Koulechov et Vertov

On ne saurait réduire l'invention du montage à l'induction d'une relation causale entre deux plans accolés (effet Koulé-chov). Toute narration n'appelle-t-elle pas au minimum une structure tripartite créant un intervalle imaginaire (à la fois ellipse et continuation), et ainsi un effet de durée, entre un début et une fin ? Bien d'autres formes d'enchaînement, de rapprochement, de contraste ou de distanciation, de rupture, de résonance, bref de conjugaison entre les plans vont être inventées pour provoquer des affects, élaborer un récit. Eisenstein reproche d'ailleurs à Kouléchov comme à Poudovkine de ne concevoir de montage qu'associatif : « *Poudovkine défend l'idée selon laquelle le montage ne serait qu'une association de plans, une succession de fragments arrangés en série afin d'exposer une thèse. Pour moi le montage est une collision, et de la collision de deux facteurs surgit un concept. À mon point de vue, l'association n'est qu'une possibilité, un cas particulier.* » (*Film form,* 1926). Au montage associatif, Eisenstein oppose le montage productif, dont l'effet ou l'idée résultant est plus que la somme des parties. C'est ainsi qu'il proclame d'abord le « montage des attractions », ou montage choc. Il ne s'agit pas simplement de découper un tout en parties ou de faire un tout avec des bouts, mais d'opérer « *un montage libre d'attractions arbitrairement choisies, indépendamment de l'action proprement dite, le tout concourant à un effet thématique final et à un effet de choc* » (référence explicite à Pavlov). Le massacre des grévistes associé à l'égorgement d'un bœuf, dans *La Grève* (1925), est un exemple frappant de ce type de montage, qui servira beaucoup dans les documentaires de propagande (on le verra dans la seconde guerre mondiale). Puis, dans *Potemkine* (1925), Eisenstein systématise, outre le montage alterné griffithien, la synecdoque. Exemple canonique de ce montage comme juxtaposition de fragments où la partie figure le tout : au début de la mutinerie, les lorgnons de l'officier-médecin de bord (qui avait refusé de reconnaître que la viande était avariée) pendent accrochés à un hauban, signe de son passage… par dessus bord. Il convient de souligner cependant que chez Eisenstein, le fragment est anticipation, prisme, il n'est pas éclat ou débris (comme il le sera dans *Pierrot le fou* de Godard, qui se réfère au « montage des attractions » mais sur le mode de la bande dessinée, de la déliaison des plans).

Le montage selon Eisenstein est un tout organique, pas un collage : la partie est produite par le tout comme le tout par les parties. « *Le tout comme effet dynamique est le présupposé de sa cause, la spirale.* » Cependant, remarque Gilles Deleuze, « *l'image-mouvement peut aussi bien fondre le mouvement en le rapportant au tout qu'il exprime (métaphore qui réunit les images) que le diviser en le rapportant aux objets entre lesquels il s'établit (métonymie qui sépare les images). Il nous semble donc exact de dire que le montage de Griffith est métonymique, mais celui d'Eisenstein métaphorique. Si nous parlons de fusion, ce n'est pas seulement en pensant à la surimpression comme moyen technique, mais à une fusion affective qui s'explique, dans les termes d'Eisenstein, parce que deux images distinctes peuvent avoir les mêmes harmoniques et constituer ainsi la métaphore.* » (Gilles Deleuze, *L'Image-temps*, p. 208)

Toujours en quête d'une science du montage, Eisenstein développe le montage métaphorique en « montage intellectuel » : « *Jeu d'association d'images plus ou moins arbitraires qui doivent conduire physiologiquement l'esprit du spectateur vers les concepts puis les idées préétablis par le cinéaste.* » *Octobre* (1927) incarne ce concept, notamment dans les célèbres séquences du massacre des manifestants sur le pont, de la prise du pouvoir par Kerenski (qui fait le paon, se prend pour Napoléon) et des idoles religieuses. Ces trois séquences traduisent le montage intellectuel avec un bonheur inégal — pathétique dynamique, comparaison ironique, allégorie statique — et leur plus ou moins grande réussite paraît directement proportionnelle, justement, au « plus ou moins d'arbitraire » des associations. La première séquence marque le triomphe de la répression (manifestants fauchés sur le pont, jeune bolchevik piétiné par les harpies bourgeoises), de la mort sur la vie (jeune femme en cheveux et cheval morts pendant aux bords du pont), de l'ancien sur le nouveau (Sphinx, vieux bourgeois hystériques) mais dans un jeu d'oppositions (élan/suspens) tel qu'il engendre l'idée contradictoire et sublime de résurrection (chevelure de la femme, Sphinx, tête du jeune bolchevik gisant au bord de l'eau et tracts flottant sur le fleuve, Osiris). Réussite du discours en partie double qui produit pathétique et sublime : « *L'image cinématographique doit avoir un effet de choc sur la pensée, et forcer la pensée à se penser elle-même comme à penser le tout. C'est la définition même du sublime. (…) C'est pourquoi Eisenstein rappelle constamment que* le cinéma intellectuel *a pour corrélat* la pensée sensorielle *ou* l'intelligence émotionnelle, *et ne vaut rien autrement. L'organique a pour corrélat le pathétique.* » (Deleuze, *idem*, p. 207). Faute de quoi, on risque de sombrer dans l'effet abstrait, statique, rapporté, comme le montre l'autre séquence fameuse d'*Octobre :* l'association du Christ et des idoles païennes peine à assembler l'idée de religion « opium du peuple » ; la juxtaposition des fétiches reste extrinsèque à la scène, comme des cartes postales tourisitiques, elle ne s'intègre ni à l'affrontement révolution/contre-révolution in situ, ni à la pensée du conflit par le spectateur. Eisenstein évoquera volontiers les idéogrammes chinois comme modèle de montage rébus : œil + eau = pleurer ; arbre + feu = automne ; femme + toit = sérénité… « *La signification intrinsèque de l'image en soi est dialectiquement insoutenable,* écrit-il en 1929. *L'image n'est ne sera jamais une simple et rigide lettre de l'alphabet mais elle doit demeurer toujours un idéogramme riche de multiples significations, la représentation de quelque chose fait d'éléments tirés du réel. La lecture n'en est possible que par la juxtaposition, tout comme un idéogramme.* » (*La 4e dimension au cinéma,* 1929, in *Le Film, sa forme, son sens,* p. 57). Malheureusemement si le film se fait rébus, il n'est plus un film, car il perd son « corrélat pathétique ». Voulant se faire langue abstraite, idéographie, il perd sa plastique figurative, la sensibilité de l'émulsion filmique à l'événement. Eisenstein était d'ailleurs fort conscient du risque d'abstraction du montage intellectuel, et il insista à maintes reprises sur le nécessaire « *corrélat de la pensée sensorielle ou intelligence émotionnelle* ». Dans ses notes de travail préparatoires (1928) au tournage du *Capital,* Eisenstein revient sur cette induction de façon encore plus tranchée : « *Nous ne chercherons en fin de compte aucune reproduction sensible, ni quoi que ce soit dans le genre de ce que nous avons été accoutumés à faire avec un cuirassé, une usine ou un déjeuner.* » Donc pas de scène allégorique, pas question non plus de représenter le « sensible » pour lui-même ; les événements ne valent que par les associations qu'ils permettent. Cependant, ajoute Eisenstein : « *Cette terrible attractivité du* plan-en-soi *(attractivité sensible) c'est-à-dire du plan tel qu'il existe encore en dehors de sa charge sémantique (attractivité intellectuelle) — elle est absolument obligatoire. Car émotionnaliser, nous allons et nous devons le faire quand même.* » (cité par Jacques Aumont, *Montage Eisenstein,* Albatros, 1979, p. 169).

Enfin, au moment où il conçoit *Alexandre Nievski* (1938) — dont Prokofiev écrit la musique — Eisenstein rêvera d'un « montage vertical », à la manière des partitions symphoniques, faisant évoluer parallèlement et simultanément toutes les composantes plastiques de l'œuvre : échelle et contraste des plans, mouvement, expression, tempo. Ce rêve, il l'avait commencé dix ans auparavant. Dans *Méthodes de montage* (1929), il envisageait déjà de dépasser le montage métrique, rythmique ou tonal [3] par le montage harmonique. « *Ainsi, on passe du métrique au rythmique parce qu'il y a conflit entre la longueur d'un plan et son mouvement intérieur propre. Le montage tonal naît, de même, du conflit entre les données rythmiques et tonales de chaque morceau. Et enfin le montage harmonique, du conflit entre la tonalité principale du morceau — la dominante — et ses harmoniques.* »

Ces ébauches de théories du montage qui se succèdent et se recouvrent n'ont pas qu'un intérêt universitaire, elles témoignent des tâtonnements, eurêka et contradictions d'un des pionniers qui découvrirent les pouvoirs de suggestion du montage et cherchèrent à en systématiser la grammaire. Celle-ci est demeurée indéfinie car si le film est un langage au même titre que la peinture ou la musique, il n'est pas une langue : ses formes et ses figures relèvent du style, de l'esthétique, pas de la linguistique [4] ni de la géométrie. Le photogramme est toujours trop figuratif pour être codable comme un symbole. Les confusions d'Eisenstein reflètent celles-là mêmes qui sont au cœur de l'image filmique : le sens impliqué ne dépend pas seulement des relations formelles entre les plans mais de la nature et texture de l'image, de ce qu'elle représente effectivement. Vu le pacte liant la prise de vue à la prise de vie, c'est l'équivoque même du réel qui s'y agite, son aspect indiciel qui déborde toujours du cadre. L'image cinématographique relève essentiellement du vivant et du visible, pas du lisible, même si elle peut à l'occasion se faire graphisme (cf. la volonté d'inté-

---

3. « *-Montage métrique : exemple* La Onzième heure *de Vertov, où la pulsation métrique est d'une telle complexité mathématique que, pour déterminer la proportion qui la régit, on a besoin d'une règle à calcul ! ;*

- *montage rythmique : la séquence des escaliers d'Odessa dans* Le Cuirassé Potemkine *en est l'exemple type ;*

- *montage tonal : tension accrue en intensifiant la même dominante musicale, par exemple dans la séquence de la moisson retardée de* La Ligne générale ». (in *Le Film, son sens, sa forme,* Bourgois, 1979).

4. « *N'agissant pas avec des signes tout faits, le cinéma ne suppose aucune règle a priori qui soit d'ordre grammatical. Les règles syntaxiques elles-mêmes sont toujours sujettes à caution. Elles peuvent concerner une esthétique particulière, une stylistique mais non le langage du film dans sa totalité. (…) Les mêmes idées peuvent être signifiées de multiples façons mais aucune d'entre elles ne saurait être signifiée chaque fois par des images identiques. Il n'y a aucun lien, aucun caractère de fixité ente le signifiant et le signifié, faute de quoi celui-là deviendrait vite un signe abstrait dépourvu des qualités vivantes qui lui sont indispensables.* » (J. Mitry, *La Sémiologie en question,* Cerf, 1987).

gration graphique des cartons chez Vertov ou des citations chez Godard). Elle est le lieu d'une surenchère ou d'une lutte entre le représentatif et le prédicatif, ce qu'elle donne à voir et ce qu'on veut lui faire dire ou penser.

Eisenstein admirait le théâtre Kabuki japonais, pour l'épure de ses décors, de ses accessoires, de sa gestuelle, de ses chants, qui instaure une interchangeabilité symbolique, une équivalence quasi-idéographique de ses différents éléments. « *Son, mouvement, espace, voix, chez les Japonais, ne s'accompagnent pas les uns les autres (pas plus qu'ils ne sont parallèles), mais ils sont traités comme des éléments d'une égale signification.* » Cette intégration ou continuité intégrale, Eisenstein la baptise « monisme de l'ensemble ». « *Je ne saurais définir autrement la combinaison du mouvement de la main de Itsihava Ensio (se tranchant la gorge dans la scène du hara-kiri) avec le bruit de sanglot venant des coulisses, lequel coïncide graphiquement avec le mouvement du couteau. Voilà l'illustration de la phrase :* "La note que je ne pourrai pas atteindre, hé bien ! je la ferai avec la main". » *(Un point de jonction imprévu,* 1928, in *Le Film, sa forme, son sens,* pp. 25 et 28). Eisenstein rêva un moment de voir le montage cinématographique s'élever à une telle abstraction, réaliser la fusion mélodique et l'équivalence symbolique de ses différentes composantes en « une pensée sensorielle », une ciné-langue idéographique (programme que reprendra en effet *Pierrot le fou* sur le mode romanesque-comics). Pari formellement tentant mais pratiquement intenable : les conventions du cinéma ne sont ni celles de l'opéra, ni celle des hiéroglyphes. Fourmillante de réalités singulières, l'image cinématographique échappe sans cesse à la ritualisation, à la formalisation. Au rebours de la scène théâtrale, à l'écran, l'espace, le décor tendent toujours à passer pour réels ; le geste, l'objet à se faire concrets ; la personne de l'acteur à percer sous le masque du personnage (d'où l'aura unique des stars de cinéma et la passion du public pour leur vie privée).

Dans *Montage 1938,* Eisenstein fera lui-même l'auto-critique des excès de langage du jeune cinéma, jeu formaliste d'un côté, credo réaliste de l'autre : « *Ce qui aujourd'hui reste encore vrai, c'est le fait que la juxtaposition de deux fragments de film ressemble plus à leur produit qu'à leur somme. (...) La faute consistait cependant à mettre l'accent principal sur les possiblités de juxtaposition, en affaiblissant l'accent que l'attention de l'expérimentateur aurait dû porter sur les éléments de la juxtaposition. (...) À soi seule, du reste, cette attention ne suffit pas. Portant seulement sur le contenu intrinseque de la séquence, elle a pratiquement abouti à étioler le montage, avec toutes le suites qui en découlent. (...) Le premier excès consistait à se laisser séduire par la technique de l'assemblage (la méthode de montage), le second par les éléments à assembler (le contenu de la séquence). Il fallait s'occuper plus de la nature du principe unificateur, de ce principe qui, pour chaque œuvre, engendre dans une égale mesure aussi bien le contenu de la séquence que celui que révèle la juxtaposition des séquences.* »

Au-delà de ce compromis de circonstance et de bon sens (modération surprenante chez Eisenstein, mais on sait ce qu'elle doit à la pression politique), ce principe unificateur réside peut-être dans l'effort pour produire, à travers le montage, au-delà des images, un discours superlatif dans l'esprit du spectateur. « *Le monologue intérieur dépasse le rêve, beaucoup trop individuel, et constitue les segments ou les maillons d'une pensée réellement collective. Il développe une puissance d'imagination pathétique qui va jusqu'aux bornes de l'univers, une débauche de représentations sensorielles, une musique visuelle qui fait masse.* » (Deleuze, *idem*, p. 207). Malgré leurs différends sur le matériau (fait ou fiction) et la méthode (montage à intervalles contre montage organique), cette tentative de produire par le film une « pensée collective » semble partagée par Vertov et Eisenstein, et la phrase de Deleuze peut s'appliquer à *La Sixième partie du monde* autant qu'à *La Ligne générale.* D'ailleurs, cette œuvre d'Eisenstein ne comporte-t-elle pas deux séquences de montage manifestement vertovien : le rêve du taureau avant la saillie et le rêve de la kolkhozienne (anticipant l'Avenir radieux) qui comporte même un plan de chute d'eau également présent dans *L'Homme à la caméra !*

Vertov versus Eisenstein

La quête théorique d'Eisenstein — celle d'un système de relations formelles entre les plans — fut une quête forcément inachevée, passant par des systèmes qu'Eisenstein lui-même ne mit pas systématiquement en pratique. La recherche de règles psychologiques et idéologiques du montage n'en apparaît pas moins comme une interrogation nouvelle de la relation essentielle entre les formes du monde et celles de l'esprit humain. Eisenstein ne soutenait-il pas que « *la forme du montage est une restitution des lois du processus de la pensée, laquelle restitue à son tour la réalité mouvante en cours de déroulement* ». (Resnais et Marker seront, après-guerre, les cinéastes par excellence du cerveau-monde, retournant les images et faisant de la voix off leur voix en creux, cf. chap. 6). Avec le montage cinématographique, l'Occident invente non seulement une technique mais une forme d'expression universelle capable d'objectiver, au sens propre, une vision du monde. C'est ce que formula très vite un des tout premiers partisans du ciné-train, de « la vie à l'improviste », l'opposant le plus radical au théâtre filmé, au montage associatif à la Kouléchov comme au montage attractif eisensteinien : « *Le Ciné-Œil comme possibilité de rendre visible l'invisible, évident ce qui est caché, manifeste ce qui est masqué. De remplacer le jeu par le non-jeu, la fausseté par la vérité, par le cinéma-vérité. Mais il ne suffit pas de montrer sur l'écran des fragments de vérité isolés, des images de vérité séparées, il faut encore organiser thématiquement ces images de manière à ce que la vérité résulte de l'ensemble. C'est une entreprise beaucoup plus difficile. Il faut faire des centaines, des milliers d'expériences pour défricher ce nouveau domaine du travail d'invention cinématographique.* » (Dziga Vertov, *Comment cela a-t-il commencé ?*, février 1940).

Eisenstein, on l'aura saisi, n'appréciait guère le Ciné-Œil ni le montage expérimental de Vertov. Il n'hésitera pas à qualifier *L'Homme à la caméra* (1928) de « *coq-à-l'âne formalistes et pitreries gratuites dans l'emploi de la caméra* ». Plus sérieusement, Eisenstein ne comprenait pas ou ne comprenait plus — il avait tourné le dos au constructivisme de ses débuts et peut-être jugeait-il incontounable la leçon narrative de Griffith — la modernité que revendiquaient la recherche du documentaire, de la vie brute, de la vitesse, le simultanéisme, le montage rythmique. Futurisme, constructivisme et formalisme (sans parler du « cosmopolitisme ») devinrent des accusations à la fin des années 20, politiquement dangereuses dès 1930. Et pourtant, la dernière théorie eisensteinienne du « montage vertical » (1939) n'est pas sans évoquer les intentions musicales et polyphoniques du montage à intervalles de Vertov. Dans son article de 1939 sur *La Synchronisation des sens : le montage vertical,* Eisenstein cite en référence un article du français René Guilleré sur le jazz *(Le Cahier bleu,* n° 4, Paris 1933) qui s'appliquerait fort bien à *L'Homme à la caméra.* « *Le jazz recherche le volume du son, de la phrase. La musique classique était disposée en plans et non en volumes. (...) Dans le jazz, tous les éléments sont placés au premier plan. C'est une loi importante que l'on peut trouver dans la peinture, dans la mise en scène théâtrale, dans le cinéma et dans la poésie de cette période. La perspective conventionnelle avec son foyer fixe et son point de fuite a abdiqué. Dans l'art, aussi bien que dans la littérature, la création se développe avec plusieurs perspectives simultanément employées. L'ordre du jour est à la synthèse complexe, superposant les vues d'un objet d'en bas, d'en haut. La perspective ancienne ne nous donnait qu'une conception géométrique des objets, comme ils n'auraient pu être vus que par un œil idéal. Notre perspective nous montre les objets comme nous les voyons avec nos deux yeux, à tâtons.* »

Le kinok Vertov est bien le premier qui va systématiquement filmer « tous les éléments au premier plan » et développer « plusieurs perspectives simultanément », opposer à la musique déjà classique du cinéma de fiction narratif le tohu-bohu de « la vie à l'improviste », les superpositions et les écarts du « montage à intervalles ». « *Centralité, frontalité, rapprochement : un point de vue direct, qui vise à dire immédiatement et complètement la position du cinéaste par rapport à ce qu'il filme. L'opposé du point de vue narratif produit par le cinéma classique (dont, rappelons-le, le système est déjà parfaitement constitué en 1929). Point d'espace narratif global, point d'univers diégétique chez Vertov ; ce qui unit les figures vues à l'écran est leur commune référence à un même espace social, non leur intégration dans une diégèse.* » (Jacques Aumont, *Vertov et la vue,* in *Cinémas et réalités,* Université de Saint-Etienne, 1984). Eisenstein voyait-il là un avant-gardisme excentrique et sans issue, ou les reliefs d'un cinéma primitif que Noël Burch repère comme non centré, sans récit linéaire ni clôture ? On est plutôt tenté de se demander, avec Annette Michelson, « *si le chef-d'œuvre de Vertov ne constitue pas une rédéfinition de ce* cinéma intellectuel *dont le projet avait tellement hanté Eisenstein. Celui-ci, nous le savons, n'a pas seulement laissé une œuvre mais encore ce fantôme d'œuvre fait d'intentions avortées dont* Le Capital *et* Ulysse *de Joyce devaient constituer les deux pôles : l'on serait aussi bien justifié à y voir le lieu d'un passage de la formulation totale et dialectique du monde à l'exploration du domaine de la conscience. À mon sens, c'est Vertov qui l'a effectué ce passage, et qui a reconnu ce domaine dans* l'Homme à la caméra. » *(L'Homme à la caméra : de la magie à l'épistémologie,* in *Cinéma, théories, lectures,* Klinksieck, 1978).

Flaherty versus Vertov

De même que le cinéma naissant a trouvé ses deux figures tutélaires, ses deux bobines opposées, en Lumière, avec ses opérateurs d'actualité, et Méliès, avec ses pantomimes à transformations — du moins est-ce sur ce type d'opposition grossie qu'on réécrit l'histoire a posteriori — de même le documentaire a ses deux pères fondateurs : l'explorateur américain Bob Flaherty et le futuriste soviétique Dziga Vertov, dont les visions du monde sont aux antipodes. Chacun a expérimenté radicalement l'un des deux pôles qui alimentent encore aujourd'hui le courant documentaire du cinéma direct, du cinéma-vérité, du cinéma du réel, et en marquent aussi les contradictions. Cette opposition se joue à trois niveaux :

– Flaherty privilégie les révélations de la prise de vues. Pour Vertov, tout est montage, du choix du sujet et des repérages jusqu'au montage final en passant par le tournage ;
– Flaherty utilise le montage linéaire descriptif : succession de scènes unitaires et montage alterné au sein de chaque scène filent la chronique des travaux et des jours. À l'opposé de ce montage narratif griffithien, Vertov invente le montage polyphonique, à intervalles : pas un récit mais des thèmes s'entrecroisant par contrepoint, récurrences et réactions en chaîne entre les plans ;
– si l'un et l'autre voient dans la caméra un moyen inouï de capter et magnifier « la vraie vie », Flaherty identifie celle-ci à la vie au naturel, élan rousseauiste ; Vertov à « la vie à l'improviste », enthousiasme constructiviste.

Chacune de ces deux approches, on l'examinera au chapitre suivant, comporte sa propre contradiction limite : la vie au naturel conduit à la reconstitution dirigée (avec les autochtones) ; la vie à l'improviste pousse au voyeurisme intempestif de la caméra cachée.

Le naturel Flaherty

Qu'est-ce qui différencie *Nanouk* (1921) des films d'explorateur qui l'ont précédé, y compris du premier film tourné par Flaherty lui-même sur les esquimaux de la Baie d'Hudson (1915-16) ? C'est qu'il renonce aux scènes de la vie exotique, juxtaposées comme des tableaux pittoresques, pour construire, autour d'un héros typique avec sa famille, une narration sur ses conditions de vie. De la perte de son premier film, parti en fumée au montage, Flaherty tirait la leçon suivante : « *Pour montrer les Inuits non de notre point de vue civilisé mais de leur propre point de vue, je compris que je devais m'y prendre tout autrement. Pourquoi ne pas choisir un esquimau typique et sa famille et filmer la chronique de leurs vies pendant une année ? Qu'y a-t-il de plus intéressant que la biographie d'un homme ? Et celui-ci a moins de ressources pour survivre que n'importe quel autre homme sur terre. Cette histoire là serait sûrement intéressante.* »

L'humaniste Flaherty élève l'indigène au rang de sujet, en même temps que le cinéaste Flaherty ose élever le « naturel » au rang de la fiction. D'où les frictions avec Hollywood qui ne peut concevoir le « naturel » que comme un effet de studio et de figuration. « *Le drame est dans la vie réelle et spécialement dans la vie primitive. L'homme aux prises avec la menace naturelle forme le plus puissant conflit du monde. Dans mes films je tente d'évoquer ce conflit dans la vie quotidienne des êtres en suivant une gradation dramatique, tout comme fait n'importe quel film.* » (R. Flaherty, *Film Weekly*, 1933). L'explorateur Flaherty révolutionne le cinéma (succès mondial de *Nanouk*) en filmant *in situ* et *in vivo* des autochtones choisis jouant leur propre rôle ; et les prises de vues ainsi obtenues font autrement vrai que la plupart des scènes exotiques d'époque. Cependant, Flaherty emprunte telles quelles au cinéma de fiction la notion centrale et identificatrice de héros, la narration familiale au singulier, la progression dramatique et le montage griffithien, parfois augmenté d'une alternance répétitive entre les plans. À l'inverse de Vertov, qui récusait farouchement toute fiction narrative, Flaherty répétera les tentatives (malheureuses) de collaboration avec des réalisateurs de Hollywood : W.S. Van Dyke (*White Shadows of the South Seas*, 1928), Murnau (*Tabou*, 1931), Zoltan Korda (*Elephant Boy*, 1937), Orson Welles (Flaherty est le scénariste de *My Friend Bonito*, une des trois histoires du film inachevé *It's All True*, 1941). Toutes ces tentatives de mariage du naturalisme flahertien avec le romanesque hollywoodien se sont soldées par des ruptures. Témoin humoristique de ces déboires, le journaliste Robert Lewis Taylor, sur le tournage d'*Ombres blanches* (1928, coréalisé avec Van Dyke), écrit dans le *New-Yorker* (cité par Paul Rotha, in *Robert J. Flaherty*) :

« Un garçon indigène devait grimper sur un palmier à la recherche de noix de coco. Flaherty exposa ses idées sur la scène :

"— Nous devons capter ce qui est détails dans cette scène. Laissez moi monter la caméra et étudier la chose. Comment cela se fait-il ? Est-ce aussi dangereux que cela paraît ? Nous avons la chance d'introduire ici un joli moment de folklore polynésien. *Il y eut un silence puis un des assistants dit :* Chef, et si nous avions six garçons sur six cocotiers chantant *Old Man River ?* — Fils, *répondit Van Dyke,* ce serait grand, ce serait immense, j'aime ça. Mais nous pouvons faire encore mieux !" *Ce soir-là, Flaherty loua un canot, alla jusqu'à un écueil et avec une lenteur funèbre, il déchira son contrat en minuscules morceaux et les éparpilla sur la mer tumultueuse. Alors il retourna au rivage, le corps et l'esprit rafraîchis. »*

Même si elle ne s'accommode décidément pas à la production hollywoodienne, la vision du monde naturaliste de Flaherty s'adapte au montage fictionnel dominant : montage de scènes chronologique et, à l'intérieur de chaque scène, montage alterné avec un seul registre monotone de suspense fondé sur la révélation retardée. Mais, différence de taille, le découpage de Flaherty ne s'articule pas autour de la progression dramatique d'une intrigue plus ou moins romanesque ou rocambolesque, mais autour de l'observation du milieu naturel et des gestes des autochtones. *« La caméra doit servir à découvrir. Un réalisateur doit se servir de l'appareil comme un peintre de son pinceau. »* (Flaherty, in *Revue du Cinéma*, janvier 1947). L'explorateur-opérateur reproche à « la *plupart des cinéastes d'essayer de voir ce qu'ils ont déjà vu* ». Flaherty n'invente pas une histoire : *« Son principe absolu était que l'histoire serait choisie sur le lieu de tournage comme l'histoire essentielle de ce lieu »*, constate John Grierson, qui fit appel à Flaherty dans le cadre de sa production de documentaire social-industriel en Angleterre. La caméra de Flaherty prétend ne pas diriger une action ni des acteurs, mais fixer les visages et les actes naturels des hommes. En ce sens, il est bien un héritier des opérateurs Lumière et le père du cinéma direct, même si, comme on va le voir, ce cinéma du et au naturel recourt au double-jeu des scènes rejouées pour la caméra.

Le pari de Flaherty n'est pas de produire une vision nouvelle du monde, ni la vision d'un homme nouveau, c'est de filmer la nature comme le vrai visage de l'homme. Loin des maquillages et des stéréotypes de studio, il veut nous rafraîchir le regard en faisant rejouer devant la caméra ce qu'il reste de scènes et d'hommes primitifs : lutte simple, rude et noble des « bons sauvages » pour leur survie. Nous rendre proche le lointain, présent l'élémentaire, tel est son humanisme, alors que *L'Homme à la caméra* de Vertov s'ingénie à nous donner une vision du monde excentrique, une vision de l'homme protéiforme. Si Vertov est un futuriste, Flaherty est un passéiste. C'est pourquoi ses films ont toujours suscité à la fois des admirateurs de la beauté authentique et épurée de ses images, et des critiques de sa vision idyllique et rousseauiste. Richard Griffith offre la particularité d'être passé du rang de ceux-ci au rang de ceux-là, puisqu'il deviendra plus tard le confident-biographe de Flaherty. Voici ce qu'il écrivait au moment de la sortie de *L'Homme d'Aran* en 1934 : *« Flaherty est tellement amoureux de l'homme primitif parce qu'il est primitif, qu'il craint de déflorer la fraîcheur virginale d'Aran en y introduisant un point de vue éditorial civilisé. »*

« Flaherty avait un sens merveilleux du mouvement des gens et des choses, du rythme d'un geste et de la prise de vues. Mais aucun sens du rythme au montage », écrit Paul Rotha dans sa biographie de Flaherty. Ce qui compte effectivement dans l'approche naturaliste de Flaherty, c'est la nature des prises de vues, non la science du montage. Ce qu'atteste le témoignage de son épouse et collaboratrice : *« Robert Flaherty s'abandonnait à la caméra, il faisait ses films sur l'écran. Il ne commençait pas par penser pour filmer ensuite. Il filmait d'abord puis organisait sa réflexion à partir de l'image que lui donnait la caméra. Il ne disait pas à la caméra : "Voici la vie, voici ce que je vois." Il lui demandait : "Quel est le mystère que tu peux voir mieux que moi ? car mieux que moi tu vois le mouvement et la vie est mouvement." Avide comme un enfant et patient comme un savant, il laissait la caméra voir tout et le voir exhaustivement. Puis il passait tout son matériau sur l'écran, le visionnait sans cesse, puis recommençait à filmer, et ceci pour une seule raison : pour donner à la caméra la chance de trouver dans le déroulement moment par moment de la vie, ce grand moment unique de vision, ce moment qui est à la fois reconnaissance et révélation et que, il le savait, la caméra, laissée à elle-même, saurait trouver. »* (Frances Flaherty, *The Odyssey of a Filmmaker*, 1953). Témoignage complémentaire de John Goldman, laborantin et monteur sur *L'Homme d'Aran* : *« C'était typique de sa démarche, ses tentatives il les faisait à la caméra plutôt qu'au montage. Son penchant allait toujours vers la caméra. »* Flaherty lui-même déclare : *« Le mouvement vient de soi-même et pas d'un seul coup. On doit donc filmer aussi longtemps qu'il faut pour avoir finalement sur la pellicule ce qu'on a cherché. »*

On sait que Flaherty impressionna pendant son séjour d'un an et demi sur l'île d'Aran, quelques 70.000 mètres de pellicule (sans compter les essais d'« acteurs »), pour un film qui, monté, fera 2300 mètres. Pour Flaherty, la caméra fonctionne comme un capteur des forces de la nature, la mise en scène comme un révélateur des forces de l'homme et le montage comme la sublimation dramatisée de cet affrontement. Flaherty est un poète conteur, dans la tradition de Thoreau et Whitman. Son cinéma prétend retrouver et restituer le naturel en éliminant l'artificiel, aussi bien dans son sujet que dans sa méthode. Afin d'atteindre ce qui est pour lui la vérité nue, l'explorateur a choisi tous ses sujets (à l'exception de deux films industriels de commande : *Industrial Britain,* 1933, et *The Land,* 1939) hors des atteintes de la civilisation moderne. De même, sa méthode de filmage vise à saisir les gestes authentiques de l'homme en lui faisant rejouer la geste de sa survie avec la nature. Le montage ne saurait donc avoir ici de rôle productif, qui en trahirait l'artifice. Il est simplement chargé de conserver les plans les plus révélateurs, d'en organiser l'alternance pour condenser l'attente, d'en régler la succession pour véhiculer l'intérêt dramatique. Evidemment, le cinéma de Flaherty n'échappe pas au paradoxe de l'approche naturaliste : cette quête-reconstitution du naturel, qui se veut éloignée des artifices de « la civilisation » et du cinéma hollywoodien, n'est pas la moindre des abstractions. L'état de nature n'est-il pas un mythe créé par le civilisé à son propre usage ? Peut-il exister une prise de vue et un montage « naturels » ?

Le feu d'artifices Vertov

« *Flaherty fut le premier réalisateur à comprendre que l'œil de la caméra ne se comporte pas de la même façon que l'œil humain qui sélectionne dans un champ de vision les seules choses qui l'intéressent. L'œil de la caméra enregistre tout ce qu'il y a devant elle sans discrimination. Un sens de l'émerveillement et de l'enchantement devant la création obligea Flaherty à avoir confiance en sa caméra avant même qu'il n'ait confiance en lui.* » (Richard Griffith, *The World of Robert Flaherty,* 1953).« *L'objectif voit mieux que l'œil humain, il analyse beaucoup mieux la réalité.* » Cette reconnaissance du pouvoir magique de la caméra — que Vertov baptise le Ciné-Œil — de voir mieux que notre regard, de rendre visible l'invisible, est à peu près le seul point commun qu'on puisse trouver entre l'explorateur américain et le futuriste soviétique. Quant à ce que découvre la caméra et démontre le cinéma, c'est le grand écart. Tout aussi sûrement que Flaherty est l'aède de la nature sauvage, de la famille tribale, des arts et traditions primitifs, de la vie au grand air, de l'homme éternel, Dziga Vertov (qui s'est choisi lui-même ce surnom en forme de toupie) est le héraut avant-gardiste de l'urbain, de la machine, des foules, de la vitesse, de la révolution, de l'homme nouveau. La différence n'est pas que de contenu idéologique, elle s'inscrit dans les formes de leur montage.

La caméra de Flaherty exerce un point de vue singulier, tout comme elle se donne des héros individuels, typiques et familiaux. Pour Vertov — influencé par les avant-gardes cubiste (collages), dadaïste (photo-montages) et futuriste (le jeune Dziga a commencé par le montage de bruits) — le Ciné-œil c'est au contraire l'éclatement et la multiplication du point de vue. Il ne met pas en scène des individus, des personnages mais le mouvement des foules, des machines, des événements (avant de réaliser des documentaires, le kinok Vertov a pratiqué intensivement le montage d'actualités). Le montage de Vertov est simultanéiste, polyphonique, spirale ; celui de Flaherty univoque et chronologique. Le temps de celui-ci épouse le cycle des saisons, des travaux et des jours tissés de patience. Le temps vertovien, c'est le rythme impatient des machines construisant l'espace-temps du monde nouveau, la multiplication industrieuse des vitesses relatives (jeu d'accélérés et de ralentis). Vertov invente le montage excentrique à intervalles et récurrences, tout aussi éloigné du montage alterné avec résolution dramatique à la Griffith, que de l'effet Koulechov. « *La matière première de l'art du mouvement n'est nullement le mouvement en lui-même mais les intervalles, le passage d'un mouvement à un autre. Ce sont eux, les intervalles, qui entraînent l'action vers la solution cinétique. L'organisation du mouvement, c'est l'organisation de ces éléments, donc des intervalles en phrases. Dans chaque phrase, il y a un point de départ, un apogée et une chute (qui se manifestent à un degré plus ou moins élevé). L'œuvre filmique est construite avec des phrases, comme chaque phrase est construite avec des intervalles de mouvement.* » (Dziga Vertov, *Kino-Phot,* 1919-22. Georges Sadoul note qu'il convient d'entendre « phrase » au sens musical). Ce montage à intervalles, dont l'Arménien Artavazd Péléchian a repris aujourd'hui le flambeau, s'apparente à la réaction en chaîne ou à la composition musicale (thème, variations, leitmotiv, échos, récurrences, voir l'orchestre qui ouvre la représentation de *L'Homme à la caméra)* plutôt qu'à la causalité dramatique. Vertov ne vise pas à raconter une histoire mais à re-produire le monde en train de se faire et de se changer, changement auquel la caméra prend sa part.

C'est une conception du monde différente qui sous-tend la préséance donnée par Flaherty à la prise de vue, par Vertov au montage. Pour l'américain, la caméra est un appareil à révéler (et raconter) la nature (y compris la nature humaine) telle qu'elle est (ou devrait être). Pour Vertov, le Ciné-œil (bientôt accompagné de la Radio-oreille) ne saurait se borner à raconter des histoires naturelles, il doit contribuer à produire le monde (nouveau) avec ses moyens propres, montage en tête. La vision de Flaherty repose sur l'idée de nature et de naturel : *« Il n'y a pas assez de vérité dans les films. C'est là leur plus grand défaut. Ils sont trop bourrés d'artifices et de chiqué. Même la plus primaire des audiences s'en rend compte sans toutefois pouvoir formuler cette appréciation. Les très grands films sont encore à venir, ils seront des composés de vérité et d'art. Et je crois que ce ne sera pas là l'œuvre des grandes firmes et des réalisateurs fameux. Ce sera plutôt l'œuvre d'amateurs, au sens littéral. »* (Flaherty, *Ciné pour tous,* 1920). À l'opposé, la vision moderne de Vertov relève de l'idée que l'artifice est la seconde nature de l'homme (si tant est qu'il y en ait une première) et que sa demeure est le langage visuel-graphique-sonore, demeure en permanente reconstruction.

Artavazd Péléchian : la réalité démontée

Le cinéaste arménien Artavazd Péléchian se dit légitimement l'héritier de Vertov pour ce qui est du cinéma non joué et du montage à intervalles, mais repensé à la lumière de la bande sonore et musicale. Il est aujourd'hui un des rares, avec l'américain Godfrey Reggio, à réaliser des documentaires qui sont des morceaux de monde comme on dit des morceaux de musique. S'il est notre contemporain, ses films s'inscrivent dans la lignée des inventeurs du montage muet, des expérimentateurs du cinéma comme musique pour les yeux.

Les films de Péléchian — presque tous en noir et blanc et sans paroles — s'apparentent à la composition musicale : thème et variations, leitmotiv, différence et répétition, tempo. Ils fonctionnent comme une transposition visuelle du concerto ou de la symphonie, et réservent ainsi au spectateur une expérience émotive oubliée depuis les avant-gardes du muet (au profit presque exclusif de la fiction narrative). Par l'usage syncopé du montage, la puissance poétique d'images récurrentes et la tension qu'il entretient dans le cadre et entre les plans, Péléchian s'inscrit dans la lignée de *L'Homme à la caméra* de Dziga Vertov ou de *Berlin, Symphonie d'une grande ville* de Walter Ruthmann, tout en renouvelant la magie du montage par les puissances nouvelles du son. *« À l'apparition du parlant, on s'est contenté d'un cinéma synchrone, de l'illustration sonore. Personne n'a remarqué que le son pouvait prendre la place de l'image, et qu'alors celle-ci pouvait se fondre dans celui-là. »* Composer et monter la bande image comme de la musique, faire pénétrer l'image dans le mouvement sonore envisagé comme symphonie et cacophonie de l'histoire naturelle et humaine, c'est ce qu'a mis en œuvre Péléchian à travers tous ses courts métrages. Ce qui pourrait sembler une simple nostalgie des origines (du cinéma et de l'univers d'avant la Tour de Babel), Péléchian l'a élaboré en un style poétique unique. Pour chacun de ses sujets : la guerre dans *Au début* (1967), le retour des Arméniens au pays dans *Nous* (1969), le règne animal dans *Les Habitants* (1970), bergers et moissonneurs dans *Les Saisons* (1975), la conquête de l'espace dans *Notre siècle* (1982), le montage cinématographique extrait la vie de la matière, la musique du monde.

Mouvoir, c'est émouvoir

Telle pourrait être la devise du cinéma sans paroles d'Artavazd Péléchian, qui confie au seul enchaînement des images sonores la tâche poétique de rendre la geste des hommes et les forces de la nature. Ce n'est pas de la fiction : pas de scénario au sens de narration, pas de dialogues, pas d'acteurs. Mais ce n'est pas non plus du documentaire au sens habituel : pas de commentaire, pas de prises de paroles, l'image ne témoigne pas. Le cinéma de Péléchian ne vise pas à raconter une histoire, une petite histoire d'individus, mais à élaborer un continuum d'impressions du monde, d'une partie du monde et des forces archaïques sous-tendant notre Histoire. Si l'on peut parler ici de « cinéma pur », ce n'est pas au sens intellectuel de l'art abstrait, mais au sens des pionniers du montage impressionniste qui, comme Epstein ou Vertov, voyaient dans l'analyse du mouvement une possible catalyse poétique d'un moment de vie, d'une émotion directe. Péléchian joue de l'éclosion et du choc des images, de leur répétition et de leur révolution, non pour mettre en scène une représentation dramatique mais pour composer une vision inspirée, lyrique du monde.

Pour expérimental qu'il puisse paraître, par rapport aux canons du long métrage commercial, le cinéma de Péléchian n'est en rien abstrait. Qu'il s'agisse du calme d'une vallée, des éléments déchaînés, d'animaux familiers, de visages humains ou de machines à défier la pesanteur, ses images sont naturalistes et fort expressives. Mais ce qui élève leur force poétique et leur dynamique émotive bien au-delà de ce qu'elles représentent concrètement, c'est le tremblement du cadre (entre cohue et chaos) et la déstabilisation dans laquelle les entraîne un montage marchant comme une réaction en chaîne. La matière première des films de Péléchian, qu'elle soit prélevée par lui sur le réel ou empruntée à des archives, c'est l'image non pas comme analogue de la réalité, action ou récit, mais comme condensé d'émotion, onde visuelle, vibration qui se propage. Presque jamais de plan fixe ; l'image sursaute comme sous l'effet de la précarité de l'aventure humaine entre deux infinis (sauf à de rares moments quand la Nature retrouve sa paix cyclique : nuages, montagnes, rocs, ciel, étangs). De ces pulsations visuelles, la magie d'un montage en répétitions, permutations et variations, révèle et module l'amplitude, par un jeu de résonances que Péléchian nomme « *le montage à distances* ».

Montage à distances

« *L'originalité de cette théorie tient peut-être dans ceci : au contraire du montage selon Kouléchov ou Eisenstein — pour qui mettre deux plans en rapport leur donne un sens — le montage à distances, en tenant éloignés deux plans qui font sens, communique leur tension et fait qu'ils se parlent à travers toute la chaîne des plans qui les relient. Par exemple : le montage à la Kouléchov, ce serait un coup de canon suivi de l'explosion. Le montage à distances, ce serait une réaction en chaîne. Mais il y a quelque chose dans le montage à distances qui va plus loin qu'une explosion atomique, c'est la rétroaction, l'effet en retour qui boucle la séquence ou le film sur lui-même. Flux et reflux. Mouvement de la naissance à la mort mais aussi de la mort à la naissance : croissance-dégradation, mort-résurrection. (…) Personne n'a encore fait de montage avec des images qui n'existent pas. C'est un peu ce que j'essaye de faire dans l'architecture de mes films : rendre visibles au spectateur des images qui n'y sont pas. Une représentation absente peut être encore plus forte. La possibilité qu'une image non réelle apparaisse, c'est ce qui fait le mystère du montage à distances.* » (interview par F. Niney, in *Le Documentaire est un film*, catalogue de la 2e Biennale Européenne du Documentaire, Marseille, juin 1991).

Dans les ciné-montages de Péléchian, deux mouvements (au sens orchestral encore) s'opposent et se recouvrent : l'involution (redondance, déroulement et repli, duplication ou réplique en symétrie inverse du même plan) et la déflagration (explosion, bombe, séisme, éruption solaire, fusée). L'involution donne le tempo émotionnel, celui de la geste des hommes sans cesse réitérée (les embrassades dans *Nous*, le sauvetage des moutons et les foins dans *Les Saisons*, le compte à rebours dans *Notre Siècle*). La déflagration ponctue des ruptures d'équilibre : retour de la violence à la fois constructive (révolution) et destructrice (fascisme) dans l'histoire (*Au début*) ; déchaînement cyclique des puissances de la matière contre les hommes qui cherchent à les domestiquer (*Notre siècle*). Retournement des plans et variations, explosion et répétition culminent dans la révolution (au sens de Copernic pas de Lénine) du film sur lui-même : « *C'est une question de circularité : d'où que tu regardes la terre, elle est circulaire, une image doit l'être aussi et le film dans son ensemble, à la manière d'une vision holographique dont chaque fragment contient le tout. (…) Je suis à la fois proche et loin de Vertov. Lui, ne voulait rien organiser, il prétendait saisir la réalité telle quelle, sur le vif :* Kino-Pravda, Cinéma-vérité. *Dans mes films au contraire, c'est, comme tu l'as dit,* "la réalité démontée", *une version de la réalité absente de la réalité mais qui a sa propre réalité.* » (*Idem*).

Répétition et différence

La figure majeure du cinéma de Péléchian, c'est la répétition. Figure fascinante mais aussi créatrice. **La répétition, n'est-ce pas le même plan qui re(de)vient autre ?** Ce qu'on revoit, on ne le voit pas de la même façon, ni à la même place. Et Péléchian joue de ce trouble d'identité où se révèle l'autre. Le même mouvement revu, recomposé, ne paraît plus le même. Mais est-ce le même ? Le spectateur découvre dans la répétition, des éléments, un émoi, un sens (voir la foule ondulante et les bouleversantes embrassades de *Nous*) qu'il n'avait pas senti au premier mouvement. C'est que tantôt l'enchaînement réitéré du même plan décale les notions de début et de fin jusqu'à les fondre en une séquence nouvelle. Tantôt ce subtiles variations dans la répétition du plan (inversion droite-gauche) produisent une perception différente comme d'un mouvement autre. Tantôt, sous le charme d'un rythme inouï, le spectateur met un bon moment à réaliser que la séquence qu'il admire est faite du même plan plusieurs fois enchaîné (le déferlement fabuleux des vagues roulant et roulant encore brebis égarée et berger au début des *Saisons*, de fait il n'y qu'une seule et même vague).

Dans les films de Péléchian, on l'a dit, il n'y a pratiquement pas de plan fixe ; les plans sont souvent recadrés à la Truqua pour mieux bouger. Pas de cadre fixe où accrocher le monde qui n'a ni début, ni fin, et balbutie et se répète, explose et continue. Tout se meut mais ça n'est ni la fluidité factice de l'esthétique publicitaire, ni le rentre-dedans des images *scoop* ou *clip*. Le monde en mouvement de Péléchian est âpre et heurté, qu'il soit terre à terre comme celui des bergers ou centrifuge comme celui des cosmonautes. Lent ou rapide, le mouvement (même s'il est cyclique) est discontinu. Il y a des sautes, des filés, des trépidations. C'est en hoquetant que l'Histoire nous revient. L'énergie émotive des ciné-montages d'Artavazd Péléchian vient de la suggestion où nous tiennent ses chaînes de plans saccadés, à l'instar de sa propre fascination pour les chaînes de montagnes de son pays. Ce qui vibre, sous cette transfiguration lyrique du monde, c'est bien l'abrupt et violent sentiment de la vie. Péléchian convoque une vision en même temps fragmentaire et cosmique d'un monde démonté, comme la mer, sans cesse recommencée.

Conclusion : montage et récit

C'est aux vues documentaires de « plein air » que la fiction emprunte le transport du spectateur hors du fauteuil d'orchestre jusque dans l'actualité de l'événement en train de se jouer. Cependant l'invention du montage apparaît bien comme une réponse à la nécessité de faire récit. Le découpage rend possible la narration par la production imaginaire d'une succession, d'une durée mais surtout par l'intégration d'un hors-champ qui devient la trame, tantôt invisible, tantôt visible, sur et dans laquelle se découpe le récit. **La présence sous-jacente du hors-champ, toujours susceptible de s'incarner en contrechamp ou montage alterné, cerne l'écran d'un possible ailleurs et le transperce de la flèche du temps**. C'est cette constitution imaginaire du hors-champ par le montage qui conditionne et le raccord et le changement de point de vue, le suspense comme la continuité.

S'origine ici une des questions clefs qui ne cessera d'agiter le cinéma dans sa relation à l'idéologie dominante : celle de la clôture du récit, c'est-à-dire de la résorption (ou non) du hors-champ dans la fable, du réel dans la scénarisation. La figure dominante de cette résorption est le « happy end ». Pour l'usine à rêves, le cinéma de distraction, il n'est guère d'autre issue… ni d'autre tissu que ça : bons/méchants, identification au héros, suspense, poursuite, *climax, happy end.* Même si plus d'un grand film s'en est accommodé, cette contrainte narrative majeure, canonisée par les « *producers* » au nom de leur impératif grand public, a vite pesé sur le langage cinématographique, réduisant le champ officiel de ses possibles. La contradiction inhérente à cet art industriel, avant-gardiste et populaire, Benjamin Fondane l'épingle dès la naissance du parlant : « *Ce qui concourait à faire de **ce merveilleux malentendu** une expression à la fois insolite et insolente, ce n'était pas tant ce qu'on pouvait y mettre délibérément (la petite anecdote, le joli thème, quelques bribes de mélodrame ou même une pure histoire surréaliste) mais ce qui en jaillissait spontanément, après que le mouvement eut brassé la matière première, malaxé les éléments, précipité les cristaux purs, altéré leur visage. C'est cet écart entre le "donné" laborieusement voulu, et le débit, absolument imprévisible qui, dans le film, mesurait sa valeur et sa chance. Il ne relevait pas du miracle "parce que" mais bien **"malgré que"**… Ce que le plus en lui j'admirais, c'était son entêtement.* » (*Cahiers jaunes,* 1933, in *Écrits pour le cinéma,* Plasma, 1984). Le miracle, l'industrie cinématographique l'a certes maintes fois produit à son corps défendant, mais ce qui a fini par faire du cinéma une histoire, c'est bien l'entêtement des cinéastes qui, soit ont déjoué les conventions canoniques en faisant mine de les jouer (Fritz Lang, Alfred Hitchcock, Joseph Mankiewicz, certaines séries B…), soit les ont outrepassées ouvertement, et en subirent les conséquences (Stroheim, Flaherty, Welles, Nicolas Ray…).

On recoupe ici les deux grands styles de cadrage du récit, clos ou ouvert, pointés par Jean Douchet : « *Le néo-réalisme d'un Rossellini refuse le concept magnifiquement illustré par un*

Murnau, voulant que n'existe sur l'écran que ce qui est visibile dans l'espace délimité par le cadre cinématographique. En dehors de cette bordure, le monde n'est pas. Alors que chez les Renoir, Rossellini, etc., la vie déborde de tous côtés, sans frontière entre cadre et hors-cadre. Cette continuité n'est pas une fioriture de style mais bien la preuve ontologique de l'existence du réel. Ces deux conceptions opposées entretiendront toutefois de nécessaires échanges, et chaque camp n'hésitera pas à utiliser, plus ou moins subrepticement, les procédés voire la pensée de l'autre. » (in *Le Cinéma vers son deuxième siècle*, Le Monde Éditions, 1995, p. 41). Hitchcock sera celui qui pervertira une conception par l'autre : sous couvert d'une action policière bien ficelée, le champ clos du film s'ouvre à l'espace mental fantasmatique du spectateur. « *En incluant le spectateur dans le film et le film dans l'image mentale, Hitchcock accomplit le cinéma.* » Il en inaugure ainsi, selon Deleuze, la modernité : « *C'est chaque image dans son cadre, par son cadre, qui doit être l'exposition d'une relation mentale. Les personnages peuvent agir, percevoir, éprouver mais ils ne peuvent pas témoigner pour les relations qui les déterminent. Ce sont seulement les mouvements de caméra et leurs mouvements vers la caméra (qui le peuvent).* » (Gilles Deleuze, *La fin de l'image-action*, in *L'Image-mouvement).*

Pour notre analyse de la relation du réel à l'écran, l'opposition champ clos/champ ouvert, visible/invisible, vraisemblable/possible parait plus pertinente et féconde que l'opposition des genres documentaire et fiction. Tout comme la fiction commerciale a ses « nanars », le genre documentaire a ses « scénars » clichés (touristiques, industriels, pédagogiques, militants) dont témoigne bien le sobriquet « docucu ». Ce qui nous intéresse au contraire dans l'approche documentaire, c'est comment elle peut battre en brèche les formes convenues de la narration en les mettant à l'épreuve du réel conçu comme événement à penser et faire penser. En cela le cinéma documentaire « en prise » a partie liée d'un côté avec le cinéma expérimental, de l'autre avec les dissidents de la fiction commerciale. La plupart des innovateurs, de Vertov à Kiarostami en passant par Rossellini ou le cinéma-vérité, ont cherché des formes d'ouverture du film en provoquant : **soit un trouble entre le film comme vision ou fantasme et la vue ordinaire, vraisemblable ; soit l'irruption du réel dans la fiction ; soit la subversion du réel par la fiction** Aussi diverses qu'en soient les conceptions, cette quête passionnée du vivant, c'est-à-dire de l'élément documentaire du cinéma — tension jamais résolue entre l'image mouvante et le cliché, le réel protéiforme et la réalité arrêtée[5], le cadre et le hors-champ — cette visée véritablement **bio-graphique** pourrait être décrite, sous l'angle poétique et ironique, par le titre d'un film situationniste : *Sur le passage de quelques personnes à travers une assez courte unité de temps.* L'histoire du cinéma, comme l'a analysée Gilles Deleuze, n'est-ce pas le devenir temps du sujet — dans une action déterminée, une histoire — puis le devenir sujet du temps lui-même, dans l'image mentale fluctuante et ses con-nexions ? Le refus du théâtre filmé et du ficelage scénaristique, la recherche de situations et de découvertes optiques et sonores, telle a été l'exigence réitérée de ceux qui ne se sont pas contentés de raconter des histoires au cinéma mais ont fait, délibérément ou non, du cinéma une histoire d'art.

« *L'erreur picturale, c'est le sujet. L'erreur du cinéma, c'est le scénario. Dégagé de ce poids négatif, le cinéma peut devenir le gigantesque microscope des choses jamais vues et jamais ressenties. Il y a là un domaine énorme qui n'est nullement d'ordre documentaire, mais qui a ses possibilités dramatiques et comiques.* » (Fernand Léger, *Les Cahiers du mois* n° 16, Paris, 1925). Même opposition au théâtral chez Benjamin Fondane à la même époque, et même exaltation d'un Ciné-Œil à la Vertov : « *On appelait technique au cinéma les moyens de truquer la réalité ; ce sera désormais les moyens de la voir. L'œil remplacera le trompe-l'œil* », s'exclame Fondane à la vue d'*Entr'acte* de René Clair (in *Revue Integral*, Bucarest, mars 1925). Presque tous les artistes de l'après-(première)guerre : futuristes, cubistes, dadaïstes, surréalistes… ont prôné « le cinéma pur » contre le mélodrame bourgeois. Peu ont vu ce que le progrès du cinéma comme langage devait à la linéarisation et au centrage du récit. C'est que la plupart de ces artistes concevaient l'essor du cinéma dans l'optique de la peinture, et celle-ci avait, avec l'impressionnisme puis le cubisme, renoncé à la « storia », dissous les contours de l'objet, multiplié la perspective pour expérimenter une per-

5. Rappelons-nous les mots de Chris Marker dans *Lettres de Sibérie* (1957). De la même scène (passage d'un bus rouge et cantonniers niveleurs), Marker produit trois commentaires contradictoires (exaltant style *L'Humanité*, dénigrant façon *Figaro*, neutre manière *Le Monde*), et d'ajouter : « *Mais l'objectivité non plus n'est pas juste. Elle ne déforme pas la réalité sibérienne mais elle l'arrête le temps d'un jugement, et par là elle la déforme quand même. Ce qui compte, c'est l'élan et la diversité.* »

ception relativiste et simultanéiste de la figure et de l'espace-temps. Les avant-gardes craignaient, à juste titre, que le cinéma renonce à engendrer un regard nouveau sur le monde, revienne aux chromos, s'en tienne à la romance, qu'il sacrifie son potentiel poétique au prosaïsme, l'aventure perceptive à la petite histoire. Si le devenir de l'industrie cinématographique a partiellement confirmé cette crainte, il a aussi contredit ce point de vue trop exclusivement pictural. Ce n'est pas uniquement pour assouvir l'industrie de masse que le cinéma s'est fait récit, c'est parce qu'il n'est pas seulement mouvement optique, comme la peinture, pas seulement rythme et durée, comme la musique, mais réalité discursive. « *L'objet représenté ne disparaît pas derrière sa représentation — le cinéma n'est pas la peinture — mais reste présent en elle. Pourtant, le cinéma est bien une forme de représentation, tout film est un énoncé.* » (Christian Metz, *À propos de Jean Mitry,* Essais II, p. 20). Le montage, ça cause : ça agence des gestes, des intentions, des mobiles pour tout dire ; ça donne visage aux choses comme aux gens. Son apparence forcément documentaire fait de l'enchaînement des prises de vues un discours du monde, une histoire. « *La magie essentielle du cinéma tient en ceci que le donné réel devient l'élément même de sa propre fabulation. (...) Si le roman est un récit qui s'organise en monde, le film est un monde qui s'organise en récit.* » (J. Mitry). Encore faut-il, pour que ce récit soit créatif, que le film travaille l'écart poétique entre réel et représentation, référent et signification.

Pour échapper à la fiction canonique, il ne s'agit pas de décréter l'élimination du récit au profit d'un cinéma purement optique. Celui-ci restera toujours stimulant mais marginal, dans la mesure où il renonce à la possibilité spécifique du cinéma d'être une histoire du monde. L'enjeu central, c'est plutôt de démonter les scénarisations préfabriquées enrobant de vraisemblable convenu un réel incontesté, et d'en monter d'autres possibles ouvrant de nouvelles perspectives, de nouvelles relations. La démarche documentaire (présente aussi chez maints cinéastes de fiction) figure aux premières loges de cette mise en question ouverte du cliché narratif par la complexité réelle, et de l'état des choses par les réflexions de l'image mouvante et sonore.

Toute histoire a une fin ; l'Histoire, non. Tout récit fait des impasses, que la réalité dépasse. Dans *Pourquoi la fiction ?* (Seuil, 1999, p. 229), Jean-Marie Schaeffer souligne que ce qui distingue les univers fictionnels, c'est qu'ils s'épuisent dans les focalisations et aspects choisis par leurs auteurs, alors que le réel n'est jamais épuisé par les représentations que nous en donnons ; il résiste, il déborde, il continue. C'est, je crois, la découverte de ces dimensions du multiple, du possible, de l'inachèvement dans le devenir réel, qui met le cinéma de recherche documentaire au défi de faire œuvre ouverte, de trouver des perspectives alternatives, des formes de récit non clos. Voilà ce qui fait, pourrait-on dire, la modernité de sa quête depuis le début, et de sa gageure poïétique. Ce même défi, on va le voir (notamment aux chapitres 7 et 9) ne s'est-il pas imposé aussi au roman depuis l'entre-deux guerres et au cinéma de fiction depuis l'après-guerre : le défi de laisser aux images, aux protagonistes, aux voix, une part d'indétermination rendant aux situations et actions une certaine liberté, et permettant au spectateur d'en imaginer les autres dimensions possibles. Grâce à quoi l'univers fictionnel — renonçant à sa complétude feinte pour devenir « lacunaire, dispersif, erratique » (Deleuze) — retrouverait la vie... ou du moins, un régime de croyance à la hauteur de la vie actuelle.

3

Prise de vue, prise de vie

Nous avons vu comment le montage chez Flaherty recoupe les gestes séculaires des naturels et recompose la succession des travaux et des jours. Aux antipodes, Vertov joue de la multiplication et démultiplication du point de vue que permet la caméra pour éclater l'espace et contracter le temps dans une vision excentrique de l'histoire en cours : non seulement montrer le monde mais faire voir le fonctionnement de la machine-monde. Pour Flaherty la caméra est une interface paysages/visages, et le montage relate une durée, empreinte du temps cyclique des saisons. Pour Vertov la caméra est un prisme et le montage « le télescope du temps » : accéléré-ralenti-inversion-superposition d'un espace-temps relatif au mouvement. On aperçoit les lignes de force ainsi tracées : dans la descendance de Flaherty, le cinéma direct anthropologique de Pierre Perrault ou Jean Rouch par exemple ; dans la mouvance de Vertov, les montages à intervalles de Péléchian, les images retournées de Marker *(Si j'avais quatre dromadaires, Sans soleil)*, les géographies initiatiques de Van der Keuken *(La Jungle plate, Face Value)*.

Bien sûr les deux lignées ne sont pas étanches et l'histoire est faite d'hybridations et innovations. Mais nous pouvons tout de suite reconnaître le paradoxe qui est au cœur de chacune de ces deux grandes revendications du cinéma comme documentaire. Contre le théâtre filmé, Flaherty comme Vertov proclame la vraie vie, le « cinéma-vérité », mais leurs conceptions et méthodes de « prise de vie » diffèrent : Flaherty vise la vie « au naturel », Vertov « la vie à l'improviste ». Or chacune des deux approches comporte un passage à la limite qui la fait pratiquement basculer dans la contradiction : captiver la vie au naturel conduit à la reconstitution ; saisir la vie à l'improviste mène aux subterfuges de la caméra cachée.

Notre propos est de repérer ici deux formes inaugurales de mise en scène du réel et leurs limites, non pas de dénoncer des falsifications. La falsification est un concept moral, juridique — l'intention de tromper — inadéquat ou du moins insuffisant pour expliciter cette « illusion vraie » qu'est toute œuvre esthétique. Même si l'histoire du documentaire est pleine de faux et d'usages de faux, la notion de falsification entretient une fâcheuse faiblesse : elle laisse entendre, a contrario, qu'une information sans déformation, une génération spontanée du monde et du film serait possible, connaissance immédiate et sans altération de celui-là par celui-ci [1]. Nous voulons au contraire considérer comment l'un et l'autre père fondateur du documentaire inventent des procédés pour soutenir l'intenable prétention à l'innocence du regard, s'efforcent pratiquement de résoudre l'impossiblité d'enregistrer la réalité « telle quelle », sans la re-figurer. Après tout, si la réalité sautait aux yeux, le cinéma (comme les autres arts et sciences) serait superflu. Le cinéma, comme toute technique et moyen d'expression, participe de la recherche et de la fabrication d'objets et de visions que nous puissions partager, de la nécessaire construction d'un monde commun habitable. Si le langage était univoque (idéal logique et cybernétique), la pensée unique (idéal religieux puis économique), si tout le monde voyait les choses de la même façon (idéal politique), l'art serait superflu et ce serait la fin de l'histoire [2].

Souriez, vous êtes filmé

Appliquant au documentaire une dramaturgie familiale nouvelle dans ce domaine, *Nanouk* suscita, dès sa sortie en salles, une polémique (toujours en cours) entre artistes humanistes d'une part, et ethnologues tenants de l'observation « scientifique » d'autre part. Les biographes de Flaherty, Paul Rotha ou Richard Griffith, pas plus que le cinéaste lui-même, n'ont caché les performances imposées au chasseur eskimau et aux siens pour adapter leur vie à la caméra. Parmi les plus notoires : la fabrication d'un igloo deux fois plus grand que de coutume et à ciel ouvert, donc à température extérieure, pour pouvoir filmer ; la chasse rythmée non par les évolutions de l'animal mais par le signal du cameraman. « La caméra d'abord, le morse après ! » ne cessait de répéter Flaherty. Lourde responsabilité quand on sait que Nanouk, au moment où il devenait célèbre sur les écrans du monde entier, devait mourir de faim sur sa banquise. « *J'aurais du être fusillé pour ce que j'ai demandé à ces gens si fiers de faire pour le film, pour les risques énormes auxquels je les ai exposés.* » Cet aveu de Flaherty à propos des pêcheurs d'Aran vaut pour *Nanouk* comme pour le héros de *Moana*, soumis au supplice du tatouage à la pointe de feu pour la beauté du film. Cette rude coutume quasiment abandonnée, Flaherty la reconstitue pour les besoins de l'intrigue « documentaire », tout comme le harponnage du requin pélerin qui fait le clou de *L'Homme d'Aran* (1934).

Ces reconstitutions cinégéniques, dont on pourrait multiplier les exemples, étaient-elles si véridiques, si cruellement

1. « *La vraie leçon de la phénoménologie n'est nullement dans le triomphe unilatéral de la cosmophanie — aptitude supposée du cinéma à toutes les révélations — mais dans l'affirmation obstinée du va-et-vient définitif entre les choses qui sont et celui pour qui elles sont, dans cet indépassable spectacle adverse dont parlait Valéry, et qui est déjà tout entier dans le "il y a", forme élementaire de l'existence en même temps que du cinéma. Le "il y a", puisqu'il implique qu'il y ait quelque chose et qu'il y ait quelqu'un pour qui il y a quelque chose, mobilise à lui seul l'objet filmé et le filmage.* » (Christian Metz, *Essais sur la Signification au cinéma,* T1, Paris, 1968, p. 194)

2. Lire à ce sujet l'ironique anticipation de la fin de l'histoire proposée par Alexandre Kojève dans la seconde édition de son *Introduction à la lecture de Hegel* (1959) : « *Il faudrait donc admettre, qu'après la fin de l'Histoire, les hommes construiraient leurs édifices et leurs ouvrages d'art comme les oiseaux construisent leurs nids et les araignées tissent leurs toiles, exécuteraient des concerts musicaux à l'instar des grenouilles et des cigales, joueraient comme jouent les jeunes animaux et s'adonneraient à l'amour comme le font les bêtes adultes. (…) Cela signifie aussi la disparition définitive du Discours humain au sens propre. Les animaux de l'espèce Homo sapiens réagiraient par des réflexes conditionnés à des signaux sonores ou mimiques et leurs soi-disants "discours" seraient ainsi semblables au prétendu "langage" des abeilles. (…) Car il n'y aurait plus, chez ces animaux post-historiques, de connaissance discursive du Monde et de soi.* » (Gallimard, p. 436).

nécessaires ? « *On doit parfois mentir pour atteindre la vérité* ». Cet aphorisme de Flaherty lui-même peut être considéré comme sa réponse à la question cruciale de l'exigence du style et de la cruauté de l'art. Pas d'art sans artifice ni sacrifice. Pas de style sans tour (de main, de plume, de manivelle), pas de vérité sans *tourner* la réalité. Depuis la Renaissance, notre art, devenu à la fois humaniste et instrumenté, a à voir avec la dissection : non seulement représentation mais opération sur le réel. Reste à savoir si on le conçoit comme une médecine naturelle ou artificielle. Dans le premier cas (platonisme, christianisme, naturalisme), on gomme les médiations de l'artifice, ses effets se justifient et se résorbent dans les vérités naturelles (ou premières) que l'art retrouve et révèle. Le tableau beau n'est plus peinture mais image sainte, figure de l'Idéal ou imitation de la Nature. Dans le second cas, on affirme au contraire les machinations de l'art : leurre ou pas, l'artifice est la seule réalité humaine, la seule façon que nous ayons de créer un monde possible. L'homme reproduit le monde : non qu'il en soit la copie (microcosme) mais parce qu'il le fabrique de et à sa main. C'est la nature qui imite l'art… que l'on regrette ce défaut de nature (romantisme) ou qu'on le revendique (maniérisme, baroque, constructivisme. cf. *L'Anti-nature,* de Clément Rosset, PUF, 1973)

À travers l'œil de verre de la caméra, Flaherty cherche à retrouver de la nature le naturel perdu. Sa quête idyllique répond à l'injonction romantique : « *L'idéal n'est pas cette chose vague, ce rêve ennuyeux et impalpable qui nage au plafond des académies*[3] *; un idéal, c'est l'individu redressé par l'individu, reconstruit et rendu par le pinceau ou le ciseau à l'éclatante vérité de son harmonie native.* » (Baudelaire, *Salon de 1846*). Pour être rendue par le cinéma, la vérité native, selon Flaherty, doit être doublement reconstruite : une fois, sur le motif, en scénarisant les pratiques les plus originaires, en choisissant des héros, en faisant rejouer aux natifs les gestes les plus typiques de leur lutte pour la vie ; une autre fois au montage, en montrant l'âpre beauté de leur vie sous forme d'une chanson de gestes, en adoptant la personnification romanesque et l'acmé héroïque inventés par la fiction.

Aucune technique ne peut éradiquer du film, même documentaire, même en « cinéma direct », le « pour la caméra ». L'idée scénaristique qu'on se fait de la vérité documentaire (comment détourer ou contourner les apparences ? comment saisir ou produire une signification ?) préside au choix des procédés de tournage, qui peuvent en retour modifier la découverte qu'on opère sur le monde. Ce qui est pertinent, ce n'est pas seulement de constater les manipulations opérées par Flaherty sur le réel (toujours insaisissable en tant que tel[4]), c'est de rapporter sa transposition, d'une part au « rendu » esthétique du sujet, d'autre part à la vision du monde (éthique) que le film suppose et produit (la différence avec la fiction restant qu'il ne s'agit pas d'**un** monde mais **de ce** monde actuel que nous partageons). La notion de valeur constitue cette double articulation : les valeurs, au sens de couleur, cadrage ou contraste, expriment des valeurs, au sens idéologique et éthique.

« *Re-enactment* »

Avec Flaherty, la reconstitution *(re-enactment)* prend un sens nouveau, différent des tableaux historiques de Méliès ou Pathé. Le mot américain « revival » : *reprise, restauration, renouveau (de la foi),* traduit bien cette foi nouvelle dans le « naturel » reconstitué avec les naturels, le documentaire joué par les autochtones. Cette manière de reconstitution de terrain, on la retrouvera chez Lionel Rogosin, Georges Rouquier ou Pierre Perrault et dans tout un courant de l'anthropologie (les comédies de Jean Rouch par exemple), mais aussi, réorientée de façon plus politique, dans le réalisme italien *(La Terre tremble* de Visconti, les films de De Seta) ou le *Free Cinema* anglais *(We are the Lambeth Boys,* de Karel Reisz). Cette approche répond bien à l'expression paradoxale de « documentaire joué », et on sait l'influence qu'il aura sur la Nouvelle Vague. Le cinéma d'après le néo-réalisme se fera fort (chez Bresson, Godard, Truffaut, Eustache…) de faire jouer ses acteurs (Bresson dit ses « modèles ») à faux, à plat, a minima pour déjouer le jeu faussement vraisemblable

3. Hollywoodiennes aussi, pourrait-on ajouter.

4. On peut distinguer, avec bien des philosophes post-kantiens, le réel *(Reale)* existant en dehors de nous, comme horizon de tous les points de vue possibles, et la réalité *(Wirklichkeit)* comme actualisation sensible du réel au cours d'un processus cognitif qui le particularise.

(théâtral) des comédiens traditionnels. D'où la nécessité absolue pour le « cinema nuevo » de se trouver de nouveaux acteurs : amis ou anonymes, amateurs ou débutants, susceptibles de figurer une relation beaucoup plus documentaire entre personne et personnage, c'est-à-dire, à l'opposé du réalisme psychologique de l'Actor's studio, capables d'un jeu indiffé-remment plus gauche ou plus distancié. Au jeu de mots sur un plateau : « *Atmosphère, atmosphère !* » d'Arletty-Carné, s'oppose le banal récalcitrant : « *Qu'est-ce que j'peux faire, j'sais pas quoi faire !* » d'Anna Karina-Godard.

On peut critiquer le jeu d'acteurs comme l'a fait Bresson et préférer des non professionnels, force est de reconnaître cependant que l'acteur n'est pas seulement un artifice emphatique, c'est un masque. Et ce masque permet de proférer des vérités tout en nous en préservant, de les identifier à un personnage qui n'est personne. Où l'on voit que fiction s'oppose à réel mais pas à vérité, et que le réel n'est pas la vérité. Depuis longtemps, sorciers et prêtres, dramaturges et philosophes savent qu'on ne peut pas dire la vérité en face, elle exige un détour, un jeu de doubles. Et mieux vaut un bon jeu de doubles qu'un mauvais jeu de dupes (comme le *reality-show* qui, identifiant vrai à réel, produit une réalité truquée pour faire vrai !).

Le drame, comme l'oracle ou le rêve, est équivoque et appelle une interprétation. Ce jeu de l'interprétation laisse au public concerné une distance par rapport à la violence de la révélation, et met l'interprète à l'abri de la violence du public et du personnage qu'il incarne. Le personnage peut avouer des pensées, révéler des sentiments autrement « interdits » en public, non qu'ils soient socialement prohibés mais parce que leur confession publique exposerait la personne elle-même. Ainsi Krysztof Kieslowski, qui a commencé sa carrière de cinéaste comme documentariste, a choisi la fiction le jour où, selon ses propres dires, son entreprise d'investigation de l'âme humaine par la caméra devenait trop cruelle, trop scalpel, pour la pratiquer sur les gens ; elle exigeait dorénavant le masque protecteur du comédien. « *Tout un pan du cinéma moderne — Bresson, Bergman, Godard, Straub, Eustache, Pialat — s'appuiera par moment sur cette conception du cinéma selon laquelle la caméra est chargée d'extorquer à l'acteur l'aveu plus ou moins contrôlé de sa vérité, en enregistrant pour le spectateur les effets de sa propre violence. La finalité de cette conception du cinéma comme forceps et criterium de la vérité justifie, aux yeux du cinéaste moderne, la terreur et la cruauté du filmage : la caméra et le magnétophone ne sont pas là pour traduire une vérité mimée, ils en sont le stylet qui l'incise à vif sur l'acteur comme surface sensible en incisant la peau de la réalité. Le filmage moderne (avec son fétichisme du son synchrone et du plan-séquence) devait relever plus souvent de ce dispositif de torture que d'une pure représentation.* » (Alain Bergala, *Rossellini et l'invention du cinéma moderne*, Flammarion, 1988).

En deça du débat d'opinions, qui appartient de plein droit à l'espace public, il y a cette confusion des sentiments qui traditionnellement, dans les sociétés occidentales (jusqu'à l'apparition de la presse à sensation et des *reality-shows),* relève de la sphère privée (confession, entretien médical, psychanalyse, couple, amitié intime…) et de la fiction artistique. Toute société a ses règles de parole qui s'efforcent d'une part d'en administrer la bonne tenue (du côté de la loi et du commerce), d'autre part d'en canaliser les transferts (du côté idéal et affectif) : on ne dit pas n'importe quoi n'importe où, à n'importe qui. Cette règle répond évidemment aux nécessités de la conservation sociale. Mais, contrairement à ce que proclament les souteneurs des *reality-shows*, promoteurs d'on ne sait quelle parole « libérée », cette règle a aussi de profondes raisons personnelles : les risques de mutilation (ou d'exaltation) du locuteur par sa propre parole quand elle est proférée publiquement dans un cercle impropre à lui répondre, dans lequel il n'a aucune chance de s'y retrouver. Avec en contrepartie, la situation de voyeur obligé pour ceux qui subissent (à leur corps défendant ou complaisant) cette in-action de la parole sans échange, cette exhibition. On pourrait appeler ça « l'effet monstre » (voir *Elephant Man)* qui, sur fond de castration, fait osciller chacun entre exhibitionnisme et voyeurisme. Tout documentariste portant à l'écran la vie des gens se trouve confronté à cette double extrêmité dans sa manière d'exposer « le sujet » à la caméra.

Pleurez, vous êtes filmé !

Jouant sur l'ambiguité fiction/documentaire, rôle/personne, un film met délibérément en scène la cruauté de la prise de vue comme prise de vie, le double jeu de l'exhibitionnisme inhérent au cinéma. *Bonjour cinéma (Salam Cinéma !* 1995) de l'Iranien Mohsen Makhmalbaf se présente comme un documentaire, mais son dispositif est à double fond. Makhmalbaf filme l'audition et la sélection des acteurs pour un film qu'il veut présenter à Cannes, à l'occasion du centenaire du cinéma. Mais ce film en compétition, qui s'intitulera *Bonjour cinéma !* ne sera finalement pas autre chose que le tournage même de ce casting.

Une longue file de gens sur une route. Une voiture remonte la file compacte. Par le toit-ouvrant un homme armé d'un porte-voix demande qu'on laisse passer la voiture du réalisateur. Une caméra vidéo, visible dans le champ, filme la foule. La voiture finit par pénétrer dans un parc. Tous ces gens ont répondu à une petite annonce de casting pour le prochain film de Makhmalbaf, cinéaste des plus connus en Iran depuis son film *Le Cycliste.* Du haut d'un escalier, un assistant annonce qu'on va distribuer des questionnaires pour trier les candidats. Tous rêvent de faire du cinéma, signe de l'immense ferveur populaire pour le cinéma en Iran. On ouvre enfin les grilles. La caméra vidéo, perchée en surplomb, nous montre la foule qui se presse, les portes arrachées de leurs gonds, les gens qui s'écrasent, à la façon d'une actualité télé malaisante. Nous sommes maintenant dans une grande salle calme au plancher ciré. Au fond, dans la pénombre, une porte en ogive qu'une volée de marches tient au dessus du parterre. Ici, derrière une table, le cinéaste ; derrière le cinéaste quelques projecteurs et la caméra 35 mm montée sur travelling, entourée de ses servants. Le premier impétrant descend l'escalier d'un pas hésitant, il est armé d'une canne blanche et de lunettes de soleil. « Avance, lui dit le cinéaste. Pourquoi veux-tu faire du cinéma… tu es aveugle. » Comme les autres prétendants qui vont suivre, le jeune homme est soumis à un interrogatoire serré sur ses motivations et ses capacités à jouer au cinéma. Il défend pathétiquement son « droit » à devenir acteur malgré son infirmité. « Comment le public te verra-t-il pleurer si tu portes ces lunettes ? reprend le cinéaste… Enlève tes lunettes, intime Makhmalbaf, tu n'es pas un vrai aveugle. » Le jeune homme s'y refuse, Makhmalbaf insiste. Une gêne parcourt le public, choqué de tant de cruauté. Le candidat acteur finit par céder, il ôte ses lunettes, on devine ses yeux blancs, va-t-on touner de l'œil ? C'est lui qui tourne ses yeux dans leur orbite révélant un regard normal, voyant. De victime prête à tout sacrifier, et sadisée par un tout puissant réalisateur, l'aveugle se métamorphose en bon comédien que le cinéaste dévoile. Ne joue-t-il pas déjà dans le film ?

À l'image de ces dessins où forme et fond s'inversent, ce scandaleux trompe-l'œil ouvre le film, en donne la clef, à la manière des conteurs populaires (mais aussi Diderot, Swift, Potocki, Borgès entre autres) qui commencent leurs fables par un serment de vérité, serrement de cœur pour le public qui suspend son jugement tant qu'il reste suspendu aux lèvres du narrateur… Le paradoxe de ce rituel de vérité inaugural (« voici la véridique histoire ; il était une fois ; que je sois damné si je mens… »), c'est qu'il met la réalité commune entre parenthèses et ouvre les portes de la fiction et de ses vérités symboliques pour chacun. Que nous dit la parabole de l'aveugle revue par Makhmalbaf sur le cinéma-vérité et la vérité au cinéma ? Quelque chose comme le célèbre paradoxe : « *Epiménide le Crétois dit que tous les Crétois sont menteurs. Dit-il la vérité ?* » Si *Salam Cinéma !* est bien un documentaire, l'impétrant est une personne (pas un personnage) et le cinéaste est un salaud de traiter ainsi un pauvre aveugle ; mais il a raison puisque l'aveugle s'avère être un faux aveugle ; mais ce faux-aveugle nous a eu, c'est un bon comédien ; n'est-ce pas justement ce que recherche Makhmalbaf, alors pourquoi menace-t-il de le refuser ? Mais il est bien dans le film, puisque ce film, nous sommes en train de le regarder ! C'est Makhmalbaf qui nous a eu, c'est une fiction, tout a été scénarisé d'avance, et l'aveugle est un personnage ! À moins que la découverte du faux aveugle ne soit du cinéma-vérité, filmé impromptu comme tous les autres prétendants de ce casting qui vont suivre, le seul scénario de cette cruelle expérience en direct étant : « Que savez-vous faire pour être dans mon film ? Pourquoi donc voulez-vous jouer au cinéma ? Pleurez vous avez dix secondes pour pleurer comme doit savoir le faire un acteur… ». Documentaire ou fiction, la règle du jeu, que d'aucuns jugeront sadique, est indécidable comme le paradoxe qu'elle incarne : la dualité personne/personnage, réalité/représentation qui est au cœur de la caméra. S'agit-il de vrais gens qui veulent faire l'acteur ou d'acteurs jouant aux gens qui veulent faire l'acteur ? Dans tous les cas, Makhmalbaf tient sa promesse de les mettre dans son film s'ils sont bons, puisque ce film n'est rien d'autre qu'un montage de ce vrai-faux casting lui-même ! Ce casting est-il vrai ou feint ? La question est invalidée : le casting est feint puisque Makhmalbaf ne fera pas de film avec ces gens ; il est vrai puisque le film c'est la performance même du casting.

Makhmalbaf abuse-t-il les prétendants, les acteurs, les spectateurs ? Qu'ils soient prétendants acteurs pris sur le vif (documentaire) ou acteurs prévenus du scénario (fiction), ils sont sur le plateau pour répondre aux exigences du cinéaste, parce qu'ils veulent jouer dans son film, donc lui faire croire qu'ils peuvent être un autre qu'eux-mêmes, un rôle, alors que le cinéaste s'ingénie à les persuader du contraire. Il demande même à deux « malheureuses » prétendantes de dire laquelle des deux mérite seule d'être retenue, car l'art et le public exigent le meilleur. Puis, posant au moraliste, le cinéaste leur demande s'il ne serait pas plus humain de céder la place plutôt que de perdre son humanité à vouloir faire de l'art à tout prix, au mépris des autres ?

Dans ce jeu de miroirs tournants, qui abuse qui ? Le film fait du spectateur le complice ravi et l'arbitre forcé (voire scandalisé) de ce jeu de la vérité pipé. Mais la recherche de la vérité n'implique-t-elle pas l'espace de la fiction, à l'interstice entre ce que je suis/ce que je voudrais être/ce que vous voulez que je sois. « *Inutile de se demander : si tout le monde disait vrai qu'arriverait-il ?* » interroge Pierre Legendre *(L'Empire de la vérité*, Fayard, 1983, p. 116). « *Il arriverait la folie universelle. Savoir la vérité et la faire dire à chacun, voilà l'une des manifestations modernes de la persécution dans la fraternité universelle. Je vous renvoie à Big Brother, au tyran absolu parfaitement décrit chez Orwell. Je réintroduis ceci : le double discours est une sauvegarde, il ouvre à la subjectivité la possibilité d'un champ qui ne soit pas exclusivement social, il laisse au mensonge sa place, une place inescamotable pour cette raison simple qu'elle est, dans l'humanisation d'un sujet, le premier abri du désir.* »

Otage de tant d'incertitudes, voyeur de ce double jeu, le spectateur amusé ou indigné est pourtant prévenu par la parabole de l'aveugle que c'est le jeu même du cinéma. Ce qui aveugle le spectateur et lui crève les yeux en même temps, c'est sa propre crédulité. Cette leçon vaut bien un casting sans doute ! Une des prétendantes, mise à la question par le cinéaste, déclare son envie de jouer dans le film pour aller à Cannes si le film est sélectionné. Makhmalbaf trouve que c'est un peu court pour faire une vedette, et la congédie. Elle demande alors à lui parler en *a parte* : assise à sa table, elle lui confie (en plan serré, son et caméra intimes) qu'elle se moque du cinéma mais qu'à Cannes elle aurait l'occasion de rencontrer son amoureux qui a quitté l'Iran. Le spectateur retient une larme de compassion. Mais comment croire qu'une pareille fable, et vu la manière dont elle est découpée et filmée, soit possible sans être ni scénarisée ni jouée ! Reste sa valeur morale : une raison humaine, extra-cinématographique, serait-elle plus forte qu'une raison artistique pour le choix d'un acteur ? Le geste serait sympathique à première vue : l'amour feint du/au cinéma se mettrait au service d'une vraie histoire d'amour ; une vie vaut plus qu'un film après tout ! Mais un tel favoritisme serait absolument scandaleux pour les autres candidats, et même pour le public qui est en droit d'attendre de l'art, pas du copinage ou de la charité. Voilà le spectateur qui se prend pour le réalisateur, plus royaliste que le roi ! La vie ou le cinéma ? Ultime trompe-l'œil de *Salam Cinéma !* puisque chacun inclut l'autre à sa manière. Exhibitionnistes et voyeurs se voient renvoyés dos à dos, comme dans ce tableau de Magritte, inititulé *Reproduction interdite*, où un homme vu de dos se regarde dans un miroir qui renvoie, non pas sa face, mais son dos idem. À la fin de la projection de *Bonjour cinéma*, une moitié de la salle applaudit la parabole, l'autre moitié se scandalise de la manipulation diabolique.

Le regard propriétaire

Le passage à la limite de la méthode Flaherty se situe du côté de l'exhibitionnisme : « souriez vous êtes filmé », « devenez l'acteur de votre propre vie », « on la refait pour la caméra ». Dans *Nanouk*, le récit scénarisé rend l'exotique familier. L'autre est un « moi » comme moi, proclame la photogénie des visages. Le cadrage et le « remake » des gestes montrent que « leur » manière de vivre n'est pas barbarie, ni archaïsme, mais inventions adaptées aux conditions de survie. S'il tombe dans un certain adamisme, sacrifiant le social à la lutte individuelle, familiale contre la nature, « l'exhibitonnisme » de Flaherty projette cependant un regard humaniste qui rompt avec le regard colonial sur les primitifs.

Ce regard colon, on en voit l'aspect propriétaire dans la plupart des bobines tournées à la même époque. Extérieur, à bonne distance, exotique, fort de sa supériorité rationnelle, il nous montre, des indigènes, les types, les parures, les danses, où se mêlent beauté et ridicule, naïveté et étrangeté : nouveau monde entre la faune et la flore. Et de ce nouveau monde conquis, les cameramen reporters, explorateurs, entrepreneurs, missionnaires nous vantent la soumission au progrès et à ses bienfaits chrétiens industriels et hygiéniques : sur fond d'autochtones se détachent l'homme blanc vêtu de blanc et sa maîtrise (colon, prêtre ou médecin). Voir aussi les trophées de chasse que l'homme au fusil, alter ego de l'homme à la caméra, glanent dans ces contrées sauvages, sous l'œil admiratif et craintif des rabatteurs indigènes dépossédés.

Deux longs métrages de montage ont récemment synthétisé ce regard colonial des années 20, et nous le mettent sous les yeux pour ainsi dire : *Du Pôle à l'Equateur* et *Mother Dao*. Ces deux films ne se contentent pas de mettre bout à bout d'« exotiques » documents d'époque. Ils nous donnent à voir, au travers, le regard qui les a tournés, la vision du monde qui dirige ce regard.

Réalisé par Angela Richi-Lucchi et Yervant Gianiskian, *Du Pôle à l'Equateur* (1986) est un montage tout à fait original, car c'est une compilation de bobines tournées aux quatre coins du monde, des années 1910 à la fin des années1920, principalement par Luca Comerio, opérateur italien qui devait rallier le fascisme. Le film est scandé par le plan récurrent, avec musique répétitive, d'un train pénétrant un tunnel, comme si à chaque tour de ce train éclectique, le kaleidsoscope du monde s'organisait un peu plus autour d'une tâche aveugle : « le monde nous appartient ». Le spectateur, transporté, passe du charme exotique à un malaise (renforcé par le recours aux ralentis ou répétitions d'images) découvrant progressivement, derrière l'anecdotique et le pittoresque, ce regard propriétaire et prédateur sur le monde, dont « les autres » (les non blancs qu'on trouve au bout du tunnel et du viseur) ne seraient forcément que les locataires, les larbins ou les ornements insolites, parfois inquiétants, à la manière des trophées justement. « *C'est une méditation sur ce qui est du passé et ce qui est du présent dans une image*, commente Johan Van der Keuken. *C'est formidable parce que le sens de l'affaire — ces prises de vues d'un bout du monde à l'autre, sur dix ans, par ce cameraman italien fascisant — transperce peu à peu. Il n'y a aucun autre moyen de dénoncer ça que par le montage du matériau lui-même, et son ralenti. Ce qui est entre les images finit par ressortir.* »

Comment voir et montrer la colonisation non pas à travers l'œil conquérant du colonisateur, industrieux bienfaiteur, mais à travers le regard atterré du colonisé et la défaite de sa culture ? Comment donc retourner les images d'archives dont nous disposons, tournées forcément par l'entreprise blanche ? C'est à cette tâche que Vincent Monnikendam a consacré six ans de sa vie à propos des Indes (devenant) néerlandaises (l'Indonésie d'aujourd'hui). Il en ressort un film beau et triste comme une complainte indigène : *Mother Dao* (sortie en salle sous le titre *Chronique coloniale*), mystérieux et âpre comme la forêt vierge que les rails écartèlent, bruissant de dommages comme un feu de racines. Pour rompre le cercle documenteur, le réalisateur a pris une option radicale : se priver de commentaire, ne pas surajouter à ces images une nouvelle couche de prescription ou de description, même anti-colonialiste, venant du monde des anciens colons. Mais comment leur rendre la parole à ceux-là que les images des blancs montrent non seulement muets mais cois, non pas sujets de leur culture (réputée primitive) mais objets de la nôtre (civilisée, elle) ? Solution : la poésie autochtone contre la raison conquérante. Monnikendam a émaillé sa bande son d'un récit mythique des origines, de poésies, de complaintes, de chants natifs : contre l'industrieuse présomption des envahisseurs, la voix ancestrale des vaincus. Et comment rendre justice à leur univers ? En restituant la parole silencieuse de cette nature-culture dans laquelle le progrès vient tailler, que les machines mettent brusquement à la torture : froissement de branches cassées, bruissement de bois brûlés, échos d'arbres qu'on abat, irruption de moteurs de trains, de vapeurs, craquement de rouages et de liens… À partir de tous ces bruits surgis de l'exploitation nouvelle, Monnikendam travaille une musique à la fois grinçante et nostalgique, qui nous rappelle subtilement que travail est synoynme de peine. De cette fresque sonore, rhapsodie du mal heurt des cultures, des scènes ajourées émergent comme des souvenirs désormais devenus nôtres. Un blanc en blanc tombe de cheval dans la rivière, il est remis en selle par ses porteurs noirs. Un bâteau à aube coupe nonchalamment la rivière, agitant une théorie de pirogues. Un train ferraille, surréaliste, sur une aérienne passerelle d'acier enjambant une jungle encore inviolée. Des hommes en pagne ligaturent un puits de forage grinçant ; des naturels marchent nu-pieds nonchalance désormais dangereuse, près de tranches de métal qu'on usine. Un parterre d'indigènes résignés écoute la voix de son maître, blanc en casque colonial posant sur une estrade comme un totem. Et puis, en rupture avec l'habituelle distance coloniale, l'étonnant portrait rapproché d'un enfant partageant le sein puis la cigarette de sa mère.

Ces archives, explique Vincent Monnikendam (interview dans *Libération* du 22/9/1996), montrent une intéressante césure entre les deux principaux opérateurs qui les ont tournées, Willy Mullens, pour Haguefilm, et Iep Ochse, pour Polygoon, « *Le premier tourne toujours à distance : dans ses images, les gens n'apparaissent qu'en plan américain. Il filme les sites et les processus de production, sans respect pour les indigènes, qui font partie du décor au même titre que les machines. Les images rapportées par Ochse, en revanche, reflètent une sensibilité complètement différente. Il a des plans magnifiques… J'ai été tellement saisi par son travail que j'ai voulu en savoir plus. J'ai découvert qu'il était* gay *et qu'il avait été envoyé en Indonésie probablement parce que sa famille voulait l'éloigner.* »

Possession

Mais quand on n'a pas ce décalage, ce recul historique, le regard peut d'autant moins se distancier, se retourner. Comment faire pour filmer l'autre sans sombrer dans l'exhibitionnisme, la réification esthétique ou hystérique ? Un film affronte crûment la question, dans l'immédiat après-guerre : *Les Maîtres fous,* de Jean Rouch.

En 1953 à Accra (Ghana), Jean Rouch a l'occasion de filmer le rituel de possession de la secte Haouka, pratiqué une fois l'an par des émigrés nigériens. Réunis à la campagne sous l'autorité du maître de la secte, ces ouvriers, vendeurs, camionneurs, soldats, marchands, prennent part à une cérémonie où les esprits qui les possèdent sont, selon le commentaire de Jean Rouch, « *les dieux de la ville, de la technique, de la force* ». Lieu de la cérémonie : un pré carré entourant une barraque, un mât où flottent des tissus baptisés *Union Jack,* un auvent abritant l'effigie du gouverneur, une termitière peinte figurant le palais du gouvernement, une dalle de sacifice. Après salutations, confessions publiques et sacrifice d'un bélier, sous l'effet de la possession, les participants se métamorphosent qui en gouverneur, qui en général ou caporal, tel en femme du docteur, tel autre en locomotive, et tous, après moult pantomimes, ordres, contre-ordres et « tables rondes » (inspirées du véritable protocole colonial dont trois plans d'archives nous montrent la « réalité ») finiront pas bouffer un chien, « enragés », transgression à valeur d'exorcisme. En deçà de son évidente fonction cathartique, cette terrible mimésis de la violence coloniale nous renvoie une vérité inversée, comme un miroir grossissant : ce sont les maîtres qui sont fous « quelque part », mais leur domination est intériorisée en chaque sujet, ingérée de force et mal digérée, menaçant l'humain assujetti de devenir machine (les corps possédés sont comme des mécaniques, hybride de marche militaire et de locomotive). En se faisant vampires à leur tour, le temps de cette possession moderne, les Haouka renversent la vapeur et s'inventent une soupape de sécurité, efficace si l'on en croit les visages souriants de ces mêmes hommes revenus à leur labeur quotidien le lendemain.

La programmation des *Maîtres fous* sur la chaîne Arte, dans le cadre d'une soirée Thema conçue par André Labarthe sur « les vampires », devait relancer, quelques 44 ans après, la polémique qu'avait soulevé le film à ses débuts. Au visionnage des rushes en 1953, l'ethnologue Marcel Griaule, professeur de Rouch, lui avait demandé de les détruire, alors qu'un autre étudiant cinéaste, Luc de Heusch, pronostiquait que cela deviendrait un classique du documentaire. Quant aux amis noirs de Jean Rouch, à Présence Africaine, également partagés ils lui auraient finalement dit : « *Puisque tu nous promets que ça n'a pas été mis en scène, nous te relâchons.* » Comment en effet voir et recevoir un tel document ? Le contexte est évidemment déterminant. Le programmer dans une soirée Afrique, à titre ethnologique et historique donc, comme ce fut fait sur la même chaîne Arte par après, n'a pas le même sens que dans une soirée « Vampires ». L'aspect provocateur de ce thème n'a probablement pas échappé à Labarthe, on peut même croire qu'il l'a recherché pour peut-être redonner au film son effet de choc initial en réactualisant la question en miroir évoquée ci-dessus : qui sont les vampires ? Les acteurs nigériens du psychodrame ou les rôles de colons qu'ils incarnent ? Où l'on voit que le sens d'un film (et l'analyse qu'on en peut faire) ne s'arrête pas aux bords du cadre et aux motifs du montage, il inclut une dialectique du filmeur et du filmé suivant le contexte culturel qu'il projette, mais aussi du film et de sa réception suivant le contexte culturel où il se projette.

Après un carton avertissant le spectateur que *Les Maîtres fous* a été tourné avec l'accord des protagonistes et que la cérémonie filmée n'a rien de secret, le film commence comme un « docu » standard de l'époque, avec son commentaire explicatif : « *Accra… Babylone noire… comme dans toutes les grandes villes africaines, l'activité et le bruit ne s'arrêtent jamais… mais la communauté la plus intéressante est celle des Abramas… venus de Gao et Niamey…* ». Énumération des métiers pratiqués par ces immigrés, avec plans illustratifs, festivités du week-end et défilés dominicaux. Même s'il ne connait pas le Ghana, le spectateur est en pays de connaissance vu la tournure « Connaissance du monde » du film, jusqu'à la phrase charnière un peu forcée : « *Fuyant devant tout ce bruit, les hommes venus des savanes du nord se réfugient dans les faubourgs et se livrent à des cémonies qu'on connaît mal.* » À partir de cet aveu de méconnaissance, assez rare dans le genre pour ne pas être relevé par le spectateur, le commentaire se déplace, il se fait plus précis, plus détaillé, plus empathique, il abandonne l'explication « géographie humaine » vue d'avion, pour entrer dans la description de plain-pied. Il est évident que sans le commentaire le film ne tiendrait pas. C'est la voix qui organise en récit la succession hachée de plans relativement courts (la caméra mécanique a 25 secondes d'autonomie) où dominent les plans d'ensemble, entrelacés de quelques plans rapprochés des principaux protagonistes et instruments du rituel. Pas de musique ajoutée, pas de son synchrone (impossible à l'époque) mais des sons d'ambiance. Cependant cette voix qui donne le sens n'est pas celle de la Raison (ni commentateur de nos actualités coloniales, ni observateur entomologiste) mais celle du filmeur devenant chroniqueur de l'action représentée à la manière du griot africain ou du chœur, mais sans pathos ni jugement. C'est cette simplicité directe mais peu directive d'un commentaire compréhensif et non normatif — jointe à l'absence d'effets pittoresques de cadrage ou montage — qui tient ce documentaire à bonne distance du sensationnel comme de la rationnalisation, sans gommer pour autant la violence de la représentation.

Désireux de rendre la parole de et à ces « insensés » (ne disait-on pas de la mentalité « primitive » qu'elle était « prélogique »), de faire parler l'imaginaire « des gens » autant que leurs comportements, Jean Rouch deviendra un des promoteurs du cinéma-vérité (sociodrames joués et/ou commentés par les intéressés eux-mêmes : *Moi un Noir*, 1958, *La Pyramide humaine*, 1959) et du cinéma direct à son synchrone (*Chronique d'un été*, 1960).

Familles je vous hais !

On aurait tort de croire que le regard prédateur ne se joue qu'entre colons et colonisés, dominants et dominés. Il est forcément supposé par tout dispositif de monstration, il est déjà dans l'optique de la caméra (c'est le sujet explicite d'un film comme *Peeping Tom, Le Voyeur,* de Michael Powell). Nous y reviendrons dans notre chapitre sur la caméra subjective (chap. 13), mais on peut déjà souligner que, pour qu'**existent** les personnages (acteurs de fiction ou personnes en documentaire) le cinéaste doit construire un espace pseudo-objectif, où ils puissent se mouvoir et tisser des relations, non seulement avec le regard qui les fixe, mais entre eux. Quand manque cet espace de jeu, cet « *habeas corpus* » des protagonistes, la prédation refait surface : reportages voyeurs et *reality-shows* exhibitionnistes, films fondés sur la peur où le personnage se voit traqué et épinglé par la caméra. Volontaire ici ou involontaire là, ressurgit où l'on s'en garde le moins cette scrutation sans contrepartie, jusque dans *Le Film de famille* (cf. l'ouvrage sous la direction de Roger Odin, Klincksieck, 1995). Roger Odin rapporte le souvenir traumatique d'une jeune femme, devenue depuis documentariste comme par revanche. Son père, cinéaste amateur, filmait les membres de la famille et projetait le dimanche la chronique qu'il en tirait par montage. La jeune fille se voyait prise dans les rets du regard de l'auteur de ses jours, sans jamais pouvoir ni le lui rendre, son regard, ni le contredire ; son destin se trouvait scellé par la vision professionnelle et dominicale de l'implacable montage paternel. Comme le remarque pertinemment Roger Odin, « *monter un film de famille, c'est prendre le pouvoir sur sa famille et donc bloquer la possibilité d'une construction collective consensuelle. Si le film ne présente pas de construction élaborée, il y a moins de risque pour qu'il entre en confit avec le récit mémoriel que chacun des participants se fait des événements vécus* ». Dans ce cinéma à usage interne qu'est par définition le *home movie*, l'impromptu et l'approximation des prises de vues laissent chacun libre d'inventer son contrechamp personnel. Sinon, en cas de montage serré, tel ou tel membre de la famille risque de se voir pris en otage dans les champs/contrechamps fabriqués par les idées fixes de l'amateur éclairé, tout comme *Peeping Tom*, lorsqu'il était enfant, servait de cobaye aux expériences sur la peur que filmait son père à ses dépens.

Caméra cachée

On a vu comment la recherche photogénique de « la vie au naturel » pouvait mener paradoxalement à la reconstitution, avec les périls sous-jacents de la mise en scène exhibitionniste. Parallèlement, la volonté de saisir « la vie à l'improviste » peut entraîner une course à l'effet de surprise, à l'instantané, à la mise à nu du « vrai » visage des gens à leur insu, c'est-à-dire à la caméra cachée. L'excès de la première manière mène au strip-tease, l'excès de la seconde au vol (sinon au viol) de l'image d'autrui.

« *Pas la prise de vue à l'improviste pour la prise de vue à l'improviste, mais pour montrer les gens sans masque, sans maquillage, les saisir avec l'œil de la caméra au moment où ils ne jouent pas, lire leurs pensées mises à nu par la caméra* », proclame Vertov dans un de ses textes du *Kino-Glaz (Naissance du Ciné-Œil,* 1924). Et dans la même veine, Jean Vigo, lors d'une intervention sur son film *À propos de Nice* : « *L'appareil de prise de vues sera braqué sur ce qui doit être considéré comme un document et qui sera interprété, au montage, en tant que document. Bien entendu, le jeu conscient ne peut être toléré. Le personnage aura été surpris par l'appareil, sinon l'on doit renoncer à la valeur "document" d'un tel cinéma.* » (Jean Vigo, *À propos de Nice,* 1930, revue *Premier Plan*, novembre 1961, Lyon). Les opérateurs de *L'Homme à la caméra* et de *À propos de Nice,* respectivement Mikhaïl et Boris Kaufman, frères de Vertov, confirment qu'ils utilisaient des subterfuges ou organisaient des « mises en place » (faux incidents ou spectacles de rue) pour distraire l'attention des quidams visés et pouvoir les filmer à leur insu — ainsi des gros plans des enfants captivés par le magicien chinois dans *L'Homme à la caméra.* Pour *À propos de Nice,* Boris Kaufman précise : « *La méthode consistait à surprendre les faits, actions, attitudes, expressions et à cesser de touner au moment même où le sujet devenait conscient d'être photographié.* » (*Premier plan, idem*).

Vertov comme Vigo étaient conscients des ambigüités de cette méthode de « prise de vie », que seule justifiait à leurs yeux le dévoilement révolutionnaire des vérités sociales. « *Pas la prise de vue à l'improviste pour la prise de vue à l'improviste.* » « *Et le but sera atteint,* expliquait Vigo, *si l'on parvient à révéler la raison cachée d'un geste, à extraire d'une personne banale et de hasard sa beauté intérieure ou sa caricature, si l'on parvient à révéler l'esprit d'une collectivité d'après une de ses manifestations purement physiques.* » Pour produire cette « objectivité » nouvelle, il faut déjouer ou percer les apparences, d'où la nécessité pour le cinéaste d'un point de vue non pas dégagé mais engagé. « *Ce documentaire exige que l'on prenne position car il met les points sur les i. S'il n'engage pas un artiste, il engage du moins un homme. Ceci vaut bien cela* », proclame Vigo. Le Ciné-Œil répond à cette exigence par sa « *possibilité de rendre visible l'invisible, d'éclairer l'obscurité, de mettre à nu ce qui est masqué, de rendre ce qui est joué non joué, de faire du mensonge la vérité. Le Ciné-Œil, jonction de la science et des actualités cinématographiques, dans le but de nous battre pour le déchiffrement communiste du monde : tentative pour montrer la vérité à l'écran par la Ciné-Vérité (Kino-Pravda).* » (Vertov, *idem*). Idéalisme ou cynisme, la fin semble justifier les moyens. On peut ne voir là que propagande. Certes, mais s'en tenir à ce jugement, en jouant la belle âme avec soixante ans de recul, serait ignorer les questions centrales que soulèvent ces prises de vues/points de vue, et qui continuent de tarauder le documentaire jusqu'à maintenant.

Point de vue et images du monde

D'abord la fameuse question du « point de vue ». Hors les mass-médias qui prétendent encore massivement au « point de vue de personne » neutre et « objectif » (on verra pourquoi au chap. 14), l'absence de point de vue, dans quelque connaissance que ce soit, fait de moins en moins recette. Selon les fermes formules de l'historien Paul Veyne, « *toute description est sélective... les faits n'existent pas à l'état isolé mais ils ont des liaisons objectives... En lui-même un fait n'est ni intéressant ni le contraire, tout dépend de l'intrigue choisie... Le fait est une variable de l'intrigue... Le champ événementiel ne comprend pas des sites qu'on irait visiter et qui s'appelleraient événements... Les événements ne sont pas des choses, des objets consistants, des substances : ils sont un découpage que nous opérons librement dans la réalité.* » (Paul Veyne, *Comment on écrit l'histoire*, Seuil, 1971). La question n'est donc pas d'une impossible (et impassible) absence de point de vue sur du « fait » existant en soi, mais la question du **sens de l'orientation**. Le point de vue est-il orienté par le matériau et l'intrigue qui naît des questions qu'on lui pose, à la manière des chercheurs ? Ou est-il pré-orienté idéologiquement par une vérité extérieure préalable, préconstituée, à « faire passer » à la façon des propagandistes ? Évidemment la chose se complique du fait que les deux orientations se mélangent souvent en toute méconnaissance de cause : alors qu'on assure ne croire que ce qu'on voit, on ne voit que ce qu'on croit [5] ! En tout état de cause, l'objectivité ne saurait être supposée au départ — aucune méthode ne la garantit, même dans les sciences dites « dures » — elle est la cohérence acquise (pertinence, rigueur et style) entre la méthode élaborée et les résultats obtenus, entre l'intrigue choisie et les faits qu'elle catalyse et articule. Et bien entendu, l'ajustement de celle-là à ceux-ci, l'intelligence de ceux-ci par celle-là peuvent amener à des rectifications réciproques, des évolutions dans l'interprétation voire des modifications des hypothèses.

Pour en revenir à « la vie prise sur le vif », en deçà de la morale (a-t-on le droit de filmer des gens à leur insu ?), la question est foncièrement épistémologique : quels faits ça produit et quelle idée de la vérité ? Vérité substantielle, absolue ou vérité relationnelle, relative ? La méthode « voyeuse » comporte une supposition aussi trouble qu'est transparente la vérité qu'elle promet : derrière le visible trompeur se cacheraient des vérités que la caméra pourrait débusquer et saisir en instantanés. Il y aurait donc une preuve par l'image : la caméra cachée capterait des vérités cachées, des évidences latentes dissimulées à nos yeux. Position paradoxale qui dénie aux apparences une évidence qu'elle prétend retrouver derrière, dans un visible de second ordre. Serait-ce ce que signifient les expressions sybillines de Vertov : « *rendre visible l'invisible... faire du mensonge la vérité* » ? Cette croyance dans l'invisible rendu visible, le mensonge vérité grâce à la caméra signifierait-elle, à la manière des marchands de scoops, que la réalité (enfin découverte) dépasse la fiction ?

Ce serait faire injure à Vertov, comme à Vigo, que de les réduire tout de go à cette foi de charbonnier dans la révélation photographique. On sait que contradictoirement le Ciné-Œil suppose le montage comme précédent la prise de vues. « *Tout film du Ciné-Œil est en montage depuis le moment où l'on choisit le sujet jusqu'à la sortie de la pellicule définitive, c'est-à-dire qu'il est en montage durant tout le processus de fabrication du film.* » (Vertov, *L'ABC des Kinoks*, 1929). Loin de croire aveuglément à l'épiphanie du réel grâce à la surprise de vues, le Kinok ne saurait faire abstraction de la triple relation filmeur-filmé/prises-montage/film-spectateur. Non pour des raisons ajoutées de déontologie, mais parce que c'est la dialectique nécessaire à produire — au-delà du sensationnel — du sens, un plus de réalité et de possible, à construire un tout qui soit plus que la somme de ses parties, une œuvre significative à la hauteur d'un monde en devenir.

Malgré les déclarations polémiques sus-citées — qu'il faut relire à la lumière de ce qu'il nomme « la fabrique des faits » — Vertov était tellement sensible à l'aspect relationnel du cinéma (par opposition à la prise au tas) que *L'Homme à la caméra* met carrément en scène cette troisième dimension, et donne à voir ironiquement au spectateur et sa propre assistance au spectacle, et le voyeurisme de la caméra. Filmeur filmé, mise en abîme de la projection du film dans le film, vues saisissantes dont on voit aussitôt la prise (caméraman sous le train, sous les charrettes, sur un tram, sur un fiacre...) ou le montage (images arrêtées de visages que la table de montage ranime). Et surtout, jeux de miroir où le

5. Le médiologue Régis Debray en a fait une triste démonstration lors de la guerre au Kosovo fin 1999.

cameraman-voyeur se voit : son gros œil apparaît en surimpression dans l'objectif ; la femme surprise dans son sommeil sur un banc, se voyant découverte, s'enfuit fort mécontente ; même jeu pour l'invalide qui prend sa jambe à son cou ; une femme dans une calèche mime ironiquement le mouvement de manivelle du caméraman qu'elle fixe ostensiblement ; une femme au bureau des divorces cache sa tête derrière son sac à main… Il ne s'agit pas plus de coquetteries des « victimes » que d'afféteries des prises de vues. Il s'agit paradoxalement de montrer la relation que prétend évacuer le voyeurisme : le voyeur se délecte de voir sans être vu, de jouir de l'image de l'autre à son corps défendant, sans entrer en rapport avec lui. *L'Homme à la caméra* n'est pas seulement celui qui filme et nous donne les autres en pâture, dans un confortable et contestable anonymat, il est aussi filmé filmant. Sitôt vu la vue, on en voit la prise ! Le voyeur est vu, de même que le spectateur se voit voyant. Rappelons que le film *L'Homme à la caméra* inclut des scènes montrant sa propre représentation devant un public dans lequel je peux reconnaître des gens figurant parmi les « victimes » de l'homme à la caméra. Je les vois donc se voyant… au point que je peux me demander si je ne vais pas à mon tour apparaître à l'écran parmi les spectateurs du film ! Je me trouve éjecté de la position de voyeur, en me projetant parmi ces gens se voyant vus, je suis renvoyé à mon propre acte de voir. Tout comme le fait de voir la caméra en train de filmer m'empêche de croire que ce que je vois, je le vois de mes propres yeux. Cette médiation réflexive s'oppose à la relation duelle et à sens unique que constituent la prédation du filmé par le filmeur et le voyeurisme du spectateur. « *Quand le cinéaste pose la question du spectateur fictif en termes d'altérité (et non de ressemblance ou de stéréotypes), quand la place qu'il occupe en tant que cinéaste devient objet de questionnement, le film peut diriger un regard différent vers le spectateur réel et instaurer un écart productif avec lui* », explique Gérard Leblanc dans son article *Médias et dispositifs (Cinéma*, vol 9, n° 1, automne 1998, Québec) : « ***Le film regarde le spectateur réel en ce point où le cinéaste se sent regardé par ce qu'il filme.*** *Ce regard prend souvent la forme d'une interpellation, qu'elle soit directe ou indirecte, explicite ou implicite. Un réseau d'interpellations se met en place et fonctionne dans toutes les directions. Le cinéaste regarde celui qu'il filme comme il est regardé par lui. Le spectateur réel regarde celui qui est filmé et est regardé par lui. Le cinéaste regarde le spectateur réel et il est regardé par lui… Nul ne peut regarder l'autre sans être lui-même regardé. Les frontières se brouillent et se déplacent entre celui qui filme, celui qui est filmé et celui qui regarde le film. Il n'y a plus de complicité possible entre le cinéaste et le spectateur réel à travers la construction d'un personnage idéal qui les préserverait l'un et l'autre d'une mise en question.* »

Le voyeurisme, pour jouir à l'aise, suppose une mise à distance — qui protège des risques du contact — en même temps que l'abolition (illusoire) de toute médiation : une fausse transparence, une saisie directe et à sens unique des sujets offerts en objets à mon regard immédiat, sans recours, ni retour, ni détour (on aura reconnu le fonctionnement basique du dispositif télévisuel). C'est précisément ce que déjoue Vertov en affirmant visiblement le Ciné-Œil non comme une relation duelle (de prédation puis de monstration) et impérative (« vois ! »), mais comme une relation triadique et réflexive (« je te montre que »), interposant la caméra dans l'échange de regards, incluant filmeur et spectateur dans le filmé, et la projection dans le film. Le montage, auquel nous voyons œuvrer Elizaveta Svilova, n'est-il pas la mise en relation, à travers l'œil de la monteuse, des vues du cameraman à l'attention de l'œil du spectateur ? **En fait de « vu sur le vif », de « vie telle quelle », n'assistons-nous pas plutôt au processus (mental et mondain à la fois) de transformation du réel en illusion et de l'illusion en réalité par le travail du film ?**

Concluons. On ne place pas sa caméra devant un réel tout fait qui se raconterait de soi-même. Prétendre montrer « la vie sur le vif » — « telle qu'elle est » en dehors du film ! — mène aux apories de la reconstitution bidonnée (« plus vraie que nature »), ou de la caméra cachée (pour surprendre « la vérité cachée »). Nous allons voir que, navigant entre ces deux écueils, les documentaristes vont, à partir des années 30, soit accentuer la reconstitution comme fiction et faire du documentaire joué (ce sera le cas de Flaherty, avant Visconti, Rogosin, Rouquier et bien d'autres) ; soit engager la caméra sur les champs de bataille de la production puis de la guerre et recourir au montage parlé (films de propagande soviétiques et nazis, films institutionnels produits par Grierson au Royaume-Uni ou par l'administration américaine du New Deal). Car deux événements viennent changer considérablement la donne : d'une part l'avènement du parlant ; de l'autre, la crise économique et la montée des périls avec ses impératifs de propagande patriotique.

DEUXIÈME PARTIE

DU PARLÉ AU PARLANT

« Le mouvement par lequel se produit le monde se confond avec celui dans lequel viennent à l'existence nos livres, nos pièces de théâtre, nos arts et nos techniques. Il s'agit d'un processus, le processus même du mensonge, dans lequel la nature se révèle à elle-même, comme si elle avait besoin de cette unité illusoire, celle des mots, pour se reposer de la multiplicité de ses accidents. »

(*Sur Giordano Bruno*, S. Filippini, revue *Siècle*, hiver 1987).

4

De l'avant-garde à la propagande : l'assomption du commentaire et de la guerre

À la fin des années 20, au moment du grand krach économique, le cinéma devient sonore, les *movies* deviennent *talkies*. Cependant, si les fictions deviennent parlantes, le documentaire, lui, devient parlé : images muettes du monde commentées du studio. Il faudra attendre 1959 pour disposer d'un magnétophone vraiment portable et pouvoir faire du son synchrone mobile, donner la parole au terrain. Jusqu'à cette date, sauf une poignée d'exceptions (dont *Enthousiasme* de Vertov, *Housing Problems* de Anstey et Elton, quelques fictions tournées en extérieur en son synchrone : Pagnol, Renoir, *La Terre tremble* de Visconti et les documentaires joués de l'après-guerre), partout s'instaure le règne de la voix off couvrant le grand album d'images du monde. On pourrait ironiser sur le fait qu'on poursuit là une pratique du cinéma primitif : le bonimenteur qui commentait la projection dans la salle [1].

Il ne faudrait pas croire pour autant que la voix off serait vouée par la fatalité technique à cette unique fonction de commentaire propagandiste anonyme officiant comme à la messe. Orson Welles en fera un démontage en règle, dès 1941, dans la parodie d'actualité qui sert d'ouverture à *Citizen Kane*. Et bien des documentaristes de l'après-guerre inventeront des alternatives à cette voix *ex cathedra*. Si l'usage du commentaire omnipotent a vite dominé — et continue à travers

1. Le bonimenteur *(benshi)* perdurera au Japon jusqu'à la fin des années 30 ! (cf. Noël Burch, *Pour un observateur lointain,* chap. 7, Gallimard, 1982).

actualités et reportages télévisés — c'est qu'au tournant des années 30, la forme documentaire s'institutionnalise : elle cède toujours plus de terrain en tant que recherche artistique d'avant-garde, aventure de la perception et de la conception, au profit d'une instrumentalisation socio-politique comme média de masse, « pré-vision du monde ». Les cinéastes qui s'intéressent au documentaire et souvent à la révolution, tout comme les pouvoirs politiques d'ici et là, qu'ils se disent révolution-naires ou non, partagent, malgré leurs contradictions, le même credo : le film est un instrument unique d'éducation et de persuasion des masses, de propagation des idéaux et donc de dirigisme politique. Le Réalisme socialiste, au nom duquel sont liquidés les futurisme, constructivisme et autres « formalismes » en Russie stalinienne, donne le ton à l'art nouveau au service du « peuple » et de « L'Avenir radieux ». Taxés de « formalisme », Vertov ne pourra plus guère tourner, et même un génie quasi-officiel, comme Eisenstein, sera menacé (en 1937 le bruit court qu'il a été déporté) et contraint aux repentirs et coupes sombres (projets avortés, auto-critiques obligées, films inachevés de sa dernière période).

Premier média de masse

Dans ces années 30, le documentaire est appelé à jouer le même rôle d'éducation des masses et de reconstruction socio-économique au service d'idéologies aussi différentes que le réalisme-socialiste stalinien, le national-socialisme en Allemagne (Leni Riefenstahl), la promotion du progrès industriel et social en Grande-Bretagne (productions de l'Empire Marketing Board dirigées par John Grierson) ou le New-Deal rooseveltien (productions du Ministère de l'Agriculture, dirigées par Pare Lorentz). La constante nouvelle, c'est l'avènement démocratique et totalitaire de la notion de « masse », plus seulement conçue comme masse de manœuvre (démographique, guerrière) mais proclamée sujet idéal du politique. D'où son nécessaire endoctrinement pour que la masse fasse corps avec sa propre cause bien comprise (le Parti). Le documentaire apparait alors comme le fer de lance de *« cette nouvelle éducation civique émergeant du monde de la publicité et de la propagande »*, selon l'expression volontaire de Grierson. *« Le cinéma a commencé à servir la propagande et il le fera de plus en plus. » (On Documentary,* Faber & Faber, Londres, 1966).

Il serait simpliste de dire que l'art s'arrête là où le parti-pris commence. On a vu que le Ciné-Œil vertovien, tout comme son émule Jean Vigo, opérait d'un point de vue engagé, point de vue qui se défendait par la recherche de nouvelles formes de confrontation avec le réel, avec ses injustices et ses changements possibles. On a constaté en même temps que l'absence de point de vue était tout bonnement illusoire, que cet « idéal » relevait de la foi dans une vérité objective révélée. Or justement la propagande, toute tendancieuse qu'elle est, se drape dans cet idéal de vérité « objective » qu'elle se fait fort d'exhiber avec la force universelle de l'évidence (force qui apparait après-coup comme une farce : revoir n'importe quelle actualité Pathé ou Fox, tonitruante d'impérialisme impénitent !). La propagande n'est pas **un** point de vue, elle se veut **Le** point de vue, c'est-à-dire la vision juste, juste la vision (donc l'absence de point de vue). Dans sa version totalitaire, prophétique, la propagande ne dit pas seulement : « ceux qui ne sont pas avec moi sont contre moi », mais : « ils sont contre la force des choses » (qu'elle l'appelle race élue, matérialisme historique, forces de production ou économie mondiale). Comme l'explique Hannah Arendt : *« Ce que les masses refusent de reconnaître, c'est le caractère fortuit dans lequel baigne la réalité. Elle sont prédisposées à toutes les idéologies parce que celles-ci expliquent les faits comme étant de simples exemples de lois, et éliminent les coïncidences en inventant un pouvoir suprême et universel qui est censé être à l'origine de tous les accidents. La propagande totalitaire fleurit dans cette fuite de la réalité vers la fiction, de la coïncidence vers la cohérence. (...) La fuite des masses devant la réalité est une condamnation du monde dans lequel elles sont contraintes de vivre et ne peuvent subsister. » (Le Système totalitaire,* Points Seuil, p. 78).

Ainsi par une inversion délirante, aux yeux de la propagande totalitaire le réel n'est pas l'aléa — ce qui résiste et nous échappe et qui reste toujours à comprendre — mais la vision grandiose, bien arrêtée au sommet, de ce qui doit être et sera conformément au Principe, même contre toute évidence actuelle. Les défaites concrètes ne comptent pas, seule compte l'inéluctable victoire finale, triomphe de la Volonté. Notons que sur ce point se rejoignent les Avenirs radieux totalitaires et l'idée libérale du Progrès (que ne trouble aucunement le

« sous-développement » des « pays en voie de développement » depuis un demi-siècle).

Le passage au système de la propagande se caractériserait ainsi par deux traits idéologiques majeurs :

– le déni de tout point de vue (relatif, subjectif, artiste) au profit de la seule « évidence » : vision sans regard, à prétention universelle, à laquelle le spectateur se rendra sans conditions puisqu'elle-même s'affirme « non conditionnée » ;
– la substitution du Principe (ou dogme) au réel, ou plutôt l'assimilation de celui-ci à celui-là, et donc la forclusion de toute mise à l'épreuve, de toute expérience contradictoire (d'où la condamnation de l'art expérimental comme « dégénéré » et au contraire le succès de doctrines scientifiques aberrantes comme le lissenkisme… mais on en trouverait dans l'économie dite libérale[2]).

Les propagandes démocratiques se contentent généralement du premier aspect, en politique intérieure du moins. Les campagnes impérialistes et les propagandes totalitaires cumulent les deux aspects. Et chaque propagande persuade davantage qu'elle n'en est pas une en dénonçant celle des autres.

Derrière les différences de contenu, la perfusion de persuasion massive et « objective » apparaît comme une dimension essentielle au douloureux accouchement du monde moderne. Le fait n'a pas échappé à Walter Benjamin (*L'Œuvre d'art à l'ère de sa reproductivité technique,* 1934) Nous avons déjà cité ses prémices : « *En multipliant les exemplaires, les techniques de reproduction substituent un phénomène de masse à un événement qui ne s'est produit qu'une fois. En permettant à l'objet reproduit de s'offrir à la vision ou à l'audition dans n'importe quelle circonstance, elles lui confèrent une* ***actualité****.* » Voici maintenant le pronostic qu'il en déduit : « *Ces deux processus aboutissent à un considérable ébranlement de la réalité transmise, à un ébranlement de la tradition qui est la contrepartie de la crise que traverse actuellement l'humanité et son actuelle rénovation. Ils sont en étroite corrélation avec les mouvements de masse qui se produisent aujourd'hui. Leur agent le plus efficace est le film. (…) L'alignement de la réalité sur les masses et des masses sur la réalité est un processus d'immense portée, tant pour la pensée que pour l'intuition.* »

« Propagandistes d'abord, cinéastes ensuite »

La carrière de deux papes du documentaire : le communiste pro-chinois Joris Ivens (1898-1989) et le travailliste britannique John Grierson (1898-1972), tout comme le « documentarisme » américain (Farm Security Administration et US Film Service), illustrent bien l'ambivalence du documentaire cheminant — au cours des « années noires » et de « la montée des périls » — entre révolution des formes et propagande industrielle et sociale ou socialiste.

Diplômé de philosophie morale à Glasgow, sensible aux idées travaillistes, ami de l'économiste néo-libéral Walter Lippman, l'écossais John Grierson croit au cinéma et au didactisme. Au cours de son séjour post-universitaire aux États-Unis, au milieu des années 20, il rencontre le cinéaste qui l'inspire le plus, Robert Flaherty, qu'il fera plus tard tourner en Angleterre *(Industrial Britain,* 1933). Il participe à la bataille de lancement du *Cuirassé Potemkine* de Eisenstein, à New York, et se familarise avec les méthodes de montage du maître soviétique. Si Grierson croit au cinéma, il y croit d'une façon qui le rapproche effectivement du Proletkult : « *Je vois le cinéma comme une chaire, une tribune, et je l'utilise en tant que propagandiste.* » *(On Documentary).* Selon lui, le cinéma peut et doit contribuer à la formation de la conscience civique et aux réformes sociales. Il doit montrer la réalité. Le « documentaire » (Grierson est le premier[3] à employer ce mot en chroniquant *Moana* de Flaherty en 1926), le documentaire est « *le traitement créatif de la réalité* ». Le travail, le courage et la dignité des travailleurs figurent son sujet primordial. « *Dans chacun de nos films,* dira Harry Watt, un des réalisateurs de l'écurie Grierson, *nous essayions de donner une image du travailleur éloignée des préjugés capitalistes, édouardiens, victoriens.* » (Erik Barnouw, *Documentary,* p. 90).

---

2. Cf. Michel Musolino, *L'Imposture économique,* Textuel, Paris, 1997.
3. On relève cependant l'emploi sporadique de l'épithète « documentaire » dans le cinéma primitif français, pour désigner des bobines de voyage ou travelogues.

Le premier film de Grierson, *Drifters* (1929), illustre vigoureusement ce credo. Ce film frappe encore aujourd'hui comme une sorte de trait d'union étonnamment maîtrisé entre le naturalisme de Flaherty et le montage « à la russe » influencé par Eisenstein, et Vertov pour la partie finale. On comprend ce que le choix du sujet, ordinaire, et du style documentaire (ce n'est pas encore un genre) doit à Flaherty : une campagne de pêche aux harengs en mer du Nord. Mais sans s'attarder sur le vieux village traditionnel et la lutte de l'homme pour sa survie, comme ferait Flaherty (voir *L'Homme d'Aran,* 1934), Grierson s'embarque et nous embarque dans « *une épopée d'acier et de vapeur* », comme le souligne le texte d'un des premiers cartons (le film est muet). Utilisant un découpage à la *Potemkine,* Grierson met en scène la lutte des hommes avec la mer, les filets, le poisson, non comme une lutte de nature mais comme labeur socialisé par les machines, le *steamer,* et les impératifs du rendement. De retour à quai, les cargaisons de harengs, si chèrement gagnées sur la mer, sont arrachées aux ventres des chalutiers et — salées à la chaîne par des femmes payées à la pièce — bradées aux enchères par les courtiers du commerce international, pour être expédiées aux quatre coins du globe : « *So to the ends of the earth goes the harvest of the sea* » *(ainsi s'en vont au bout du monde les moissons de la mer).* Cette dernière partie, d'une belle violence rebelle, fait indéniablement penser à Vertov par son montage saccadé, ses surimpressions et ses lignes de chemin de fer entrecroisées comme autant de lignes de fuite où les hommes voient leur force de travail leur échapper dans le trafic international des marchandises.

Cette vision engagée, humaniste et marxisante, trouve sa forme adéquate dans un style documentaire avant-gardiste : élan des chalutiers voyant disparaître le quai et le rivage, plans serrés des visages, gestes et instruments personnalisant le dur labeur des pêcheurs de manière épique (à la Eisenstein), montage balancé soutenant la lutte des marins et de leurs bateaux contre les éléments et le temps, alternant attente et tension, jusqu'au retour à toute vapeur au port où un montage syncopé et impressionniste, proche du *Kino-Glaz,* relate le ravalement brutal de la geste des hommes à la production machinale et impersonnelle de la valeur d'échange.

Reconnu « *premier film factuel anglais rompant complètement avec les vieilles leçons illustrées* », *Drifters* fit grosse impression dès sa sortie et changea le cours de la carrière de Grierson, qui se trouva promu directeur artistique des productions cinématographiques de l'Empire Marketing Board (EMB). *Drifters,* son unique film en tant que réalisateur et le plus radical de l'école britannique, est une belle illustration du principe d'expérimentation que devait théoriser plus tard Alberto Cavalcanti, lorsqu'il succéda à Grierson en 1937 : « *Le documentaire a acquis son prestige seulement par l'expérimentation ; sans expérimentation le documentaire perd sa valeur ; sans expérimentation le documentaire cesse d'exister.* » (cité par Richard Barsam, *Non fiction Film,* p. 102, Indiana University Press, 1992). Malheureusement les impératifs industriels de l'institution de tutelle, l'Empire Marketing Board (Ministère du commerce de l'Empire), allaient contrebalancer cette volonté expérimentale. Grierson était conscient de devoir « *maintenir l'Empire vivant* », selon ses propres termes, c'est-à-dire promouvoir non seulement les travailleurs mais l'industrie nationale. Il s'en accommoda d'autant mieux que, convaincu de sa mission éducative, il n'était pas homme à avoir peur du mot « propagande » : « *Le cinéma n'est ni un art, ni une distraction mais une nouvelle forme de publication, et il peut publier de cent manières différentes pour cent publics différents… Mais de tous les domaines le plus important, et de loin, c'est la propagande.* » *(On documentary,* p. 185). Grierson sut former ses protégés, favoriser l'originalité et soutenir les audaces formelles. Il appela à collaborer Flaherty, Cavalcanti, le poète Auden, les compositeurs Darius Milhaud et Benjamin Britten… Mais ces inventions formelles durent cohabiter avec ou s'effacer devant l'aspect institutionnel que le commentaire ne tarda pas à incarner. La priorité accordée au « progrès économique et social » sur le poétique, Grierson n'en livra-t-il pas lui-même la formule : « *La poursuite délibérée de l'art* (pour l'art) *comporte, dans les périodes de difficulté sociale, un manque de profondeur de vue.* » Il rappelait à l'ordre ses collaborateurs contre la tentation esthétique « gratuite », soulignant qu'il ne suffit pas de distraire le public, il faut l'éclairer : « *Propagandistes d'abord, cinéastes ensuite.* » Comme le constate un de « ses » réalisateurs, Edgar Anstey : « *Grierson était d'une certaine manière shizophrène, au sens où il y avait chez lui une coupure entre ses visées sociales et sa passion pour l'art.* » (Barsam, p. 79).

Ce diagnostic vaut en fait pour toute la période. « *Je sais bien que ma défense de la poésie est considérée par les politiques comme une chose très dilettante. L'art aujourd'hui doit être social et utile* », remarque dans *Arts Today* (1935) le peintre-cinéaste Humphrey Jennings, ami des surréalistes français, tenu effectivement pour un dilettante par Grierson, et qui, après le départ de Grierson, fera pourtant les plus beaux documentaires (les plus humanistes et les moins va-t-en guerre) en défense de l'Angleterre dans l'adversité. La guerre menaçant, l'ensemble des productions documentaires occidentales se dirige cependant vers toujours plus de propagande et moins de liberté esthétique. La tendance propagandiste culminera dans le film de guerre, où la création autonome cédera devant la sainte-trinité : réalisme, manichéisme, efficacité. Bien entendu ce « réalisme » de propagande n'a qu'un rapport lointain avec la réalité (profuse et complexe) qu'il prétend si simplement serré de près. Grierson était tellement convaincu de la vocation combative, sociale et patriotique du documentaire qu'il déclara que le problème de l'après-guerre « *serait de rendre la paix aussi exaltante que la guerre* » (cité par Philippe Pilard, dans *Cinémaction* n° 60).

Cette évolution trouve un parallèle dans le cinéma de fiction où gagne ce que Raoul Ruiz appelle « la théorie du conflit central » (pas de film sans un conflit majeur et un seul), théorie hollywoodienne que Ruiz rapproche de deux fictions philosophiques. « *L'une est le* réalisme volitif *de Maine de Biran où le monde est construit par des collisions qui affectent le sujet connaissant ; où le monde n'est qu'un ensemble de collisions, ce qui revient à décrire la période des vacances comme une série d'accidents de voitures. (…) L'autre fiction philosophique implicite dans la théorie du conflit central m'évoque* La Dialectique de la Nature *d'Engels, d'après laquelle le monde, qu'il soit un paysage serein ou même une feuille morte, serait une sorte de champ de bataille. La croissance d'une fleur y devient un champ de bataille où s'affrontent thèse et antithèse à la recherche d'une synthèse commune. Je dirais que ces deux théories vont dans le même sens, vers ce que l'on pourrait appeler une* présomption d'hostilité ; *de différentes sortes d'hostilité. Du principe d'hostilité constant dans les histoires cinématographiques résulte une difficulté supplémentaire : cela nous oblige à prendre partie. Exercer ce genre de fiction mène le plus souvent à une forme de vide ontologique. Les objets et événements secondaires (mais pourquoi secondaires ?) sont ignorés. Toute notre attention est dévoyée par le combat des protagonistes.* » (Raoul Ruiz, *Poétique du cinéma*, p. 15, Dis Voir, Paris, 1995).

Au nom du *Commonwealth* (du bien commun)

Revenons aux documentaires de l'école britannique produits sous la férule de Grierson dans le cadre institutionnel de l'EMB (1929-33) puis du General Post Office (GPO, 1933-1937). À travers deux exemples majeurs : *Housing Problems (Problèmes de logement)* et le légendaire *Night Mail (Courrier de nuit)*, voyons comment s'opère le mélange de poétique et d'industriel, d'avant-gardisme et de propagande ; mélange évoluant, avec l'assomption du commentaire, vers le refoulement du premier terme par le second. Car aucun des films produits par Grierson n'atteindra la radicalité première de son propre *Drifters*.

Housing Problems (1935) innove sur un point important : le son direct. Innovation d'autant plus méritoire que la prise de son à l'époque exige pratiquement un camion d'équipement, et que la faible sensibilité des microphones impose le statisme du cadre et de l'orateur. L'idée des deux réalisateurs, Edgar Anstey et Arthur Elton, est non seulement de montrer les taudis comme une plaie mais d'aller voir à l'intérieur et donner la parole aux mal logés. Face à la caméra, ce sont les mal lotis eux-mêmes, *in situ*, qui décrivent, entre horreur et ironie, leur bataille quotidienne avec les rats, les cafards, les infiltrations d'eau que les propriétaires fantômatiques ignorent. Même si les interviewés paraissent forcément un peu figés dans leur plan fixe (la caméra placée dans un caisson insonorisé ne saurait bouger), leurs voix sont convaincantes d'authenticité, et convaincues d'être enfin entendues. Mais il faut remarquer d'une part qu'ils « se contentent » de décrire leur misère (pas ses causes) ; d'autre part que ces témoignages directs sont amenés et encadrés par un commentaire institutionnel promettant la destruction des taudis et leur remplacement par des logements sociaux. Ainsi la parole des intéressés, même si elle a l'impact d'une adresse directe insolite à l'époque, se trouve-t-elle mise en scène comme illustration et cadrée comme justification du programme hygiéniste du sponsor, la Gas Light and Coke Company, qui bénéficiera ainsi de nouveaux clients branchés au gaz.

Autre exemple, le justement fameux *Night Mail,* de Harry Watt et Basil Wright (1936). Ici encore innovation sonore, non pas réaliste mais poétique cette fois : la musique enthousiaste du jeune Benjamin Britten et le poème cadencé d'Auden accompagnent de leurs scansions — à l'image des jets de vapeur saccadés et du va et vient des bielles — la traversée fantôme du train postal, avec à son bord les travailleurs de la nuit, longeant campagnes et villages d'Ecosse endormis.

« Voici le train de la poste de nuit
franchissant les confins de l'Ecosse
Apportant le chèque et le mandat
Des lettres aux riches, des lettres aux pauvres
Au commerce du coin, à la fille d'à côté
Peinant à la pente rude de Beattock
Luttant contre elle pour un courrier ponctuel... »

(traduction Jean Queval, in *Cinéma d'aujourd'hui,* n° 11, février- mars 1977).

Ce bouquet final soutenu par un montage fortement impressionniste, ainsi que les plans chocs « à la russe » du catapultage des sacs postaux sans que le train stoppe, sont une indéniable réussite cinématique et musicale. Il faut cependant considérer que l'ensemble du film — même si train et travail des postiers de nuit sont toujours filmés avec photogénie et rythme — a tout d'un film industriel, avec ses bruitages post-sonorisés et sa voix off explicative, à la gloire de la performance du Post Office. Comme dans les films soviétiques de cette période, ce qui nous est donné à voir du travail, dans cette autre bataille du rail, c'est l'exploit collectif des héros du travail quotidien, c'est le sérieux et la productivité ouvrières pour le bien commun, pas la condition ouvrière. Hommage est certes rendu au labeur de chacun, mais en tant que partie intégrante et intégrée d'une machine rapide et rodée, efficace et incontestable : l'entreprise de service public qui donne sens à leur dévouement. Si *Night Mail* montre chacun à son poste commme *Drifters,* à l'inverse de *Drifters* le point de vue de *Night Mail* épouse la logique de la machine industrielle, il n'est jamais celui des travailleurs. Le socialisme de *Drifters* a fait place à une manière de patronnage patriotique, qu'on retrouvera bientôt dans les documentaires de défense nationale.

Que beaucoup de ces films à la gloire du travail et de l'industrialisation aient été produits sous un gouvernement conservateur n'est qu'un paradoxe apparent. Comme l'écrivit Grierson plus tard : « *Quand il s'est agi de rendre l'industrie moins laide aux yeux des gens, empreinte même d'une sorte de beauté, de façon que les gens accepte leur "soi"* (self) *industriel, pour qu'ils ne se révoltent pas contre leur "soi" industriel comme ils l'avaient fait au XIX*e *siècle, qui promut la recherche de la beauté dans l'industrie ? Le gouvernement britannique, qui en fit une véritable politique.* » (Grierson, revue *Take One,* janvier 1970, cité par Barnouw, p. 91). Comme le remarque Erik Barnouw, « *plus d'un cinéaste de l'équipe aurait été surpris d'apprendre que sa tâche consistait à rendre les forces laborieuses plus responsables, plus maniables. Grierson évitait la question en s'interposant fermement entre le commanditaire et l'artiste.* »

Amérique, années noires

On retrouve exactement les mêmes confusions entre avant-gardisme esthétique et propagande sociale-économique dans le documentarisme américain du New Deal. Pare Lorentz fut le Grierson américain. Comme Grierson il fut commissionné par le gouvernement, comme lui il embaucha de jeunes talents plutôt gauchistes, comme lui il fit tourner Flaherty *(The Land,* 1942). Patronné par l'administration Roosevelt, Lorentz recruta les meilleurs cinéastes du Nykino (Leo Hurwitz, Ralph Steiner, Paul Strand, Willard Van Dyke) pour tourner deux des documentaires américains les plus marquants de l'entre-deux guerres : *The Plow That Broke The Plains (La charrue qui brisa les plaines,* 1936) et *The River (Le Fleuve,* 1937). Rappelons que le New-York Kino, comme l'indique son nom inspiré du *Kino-Glaz* de Vertov, regroupait des jeunes cinéastes désireux de mettre en pratique un engagement proche du communisme et que Joris Ivens était venu conseiller politiquement. Ivens réalisa d'ailleurs pour Lorentz et US Film Service, *Power and the Land (L'Electrification et la terre)* en 1940. Bien que Lorentz n'éprouva pas de sympathie particulière pour l'extrême-gauche, il sut voir en eux les talents ad hoc pour peindre, de façon à la fois réaliste et poétique, les catastrophes qui frappaient durement les fermiers, et pour redonner dignité et espoir à une nation partiellement sinistrée. Vision et style s'apparentaient à la célèbre campagne de photographies (Walker Evans, Dorothea Lange, Russell Lee...) connue sous le nom de FSA (Farm Security Administration), d'autant que le commanditaire officiel était le même, le Ministère de l'Agriculture.

Comme le souligne Charles Hagen dans sa préface à l'album de photos *FSA-Amérique, les années noires 1935-42* (Photo-poche n° 4), « *presque chaque aspect de la vie culturelle américaine au cours des années 30 a été plus ou moins influencé par l'attitude documentaire. Un nombre surprenant d'œuvres fait appel à la présentation directe de faits apparemment irréfutables. (...) Le documentaire tel qu'il se développa dans les années 30 représentait sous bien des aspects une forme dramatique. (...) Mais dans ces photographies, la faute tragique n'est pas le fait du héros et pas davantage celui de l'homme pauvre dont on dépeint les souffrances tout en les sublimant. Ces images impliquent bien plutôt que la faute se trouve dans la société qui a condamné des êtres à une destinée aussi terrible et pitoyable. Ceux qui regardent ces photos sont partie prenante de cette société et par conséquent ont leur part de responsabilité dans la situation qui est montrée. Ils ont également la possibilité d'agir dans le sens d'une amélioration. Cette volonté de convaincre sur le plan moral sous-tend à la fois la fonction officielle de la Section historique de la FSA (enregistrer et rendre publics les programmes agraires du gouvernement) et le rôle sociologique que son dirigeant, Roy Stryker, et ses photographes entendaient jouer.* »

Les documentaires financés par l'administration américaine dans ces années de lutte affichée contre la misère et de reconstruction ne sont pas sans évoquer leurs pendants soviétiques sur la construction du socialisme. On retrouve ici et là, le sens de la photogénie à la fois réaliste et lyrique, le même volontarisme politique soutenu par un commentaire exhortatif et un montage type actualités standard qui ne doit plus rien aux « excentricités » des années 20. Mais il y a une différence notable : dans leur triomphalisme monolithique, les films réalistes-socialistes soviétiques ne reconnaissent aucune adversité (autre que le complot capitaliste ou le traitre bien vite démasqué et éliminé), alors que les documentaires américains cités réservent une place au négatif. Il est vrai que, dans ces films de commande, le négatif n'est jamais saisi en termes de classes sociales mais toujours en termes de ressources naturelles (référant au mythe unificateur des pionniers) : épuisement des sols, déforestation, sécheresse, inondations, ruine des fermiers ; bref, catastrophes écologiques (même quand il s'agit de la ville, cf infra, *The City*) amplifiées par une industrie humaine aveugle et qu'une industrie éclairée (grâce aux réformes gouvernementales) saura pallier. Adversité et erreurs sont constatées (sinon reconnues dans toutes leurs causes), déplacées, condensées (le travail du rêve... américain) et dépassées ; dépassées au moins fictivement, dans l'image idéale et volontaire où la libre Amérique se mire et se donne en spectacle.

Après le temps de la conquête est venu celui de la crise, doit maintenant s'ouvrir l'ère du progrès économique et social : tel est le message commun à ces documentaires, aux commentaires psalmodiés comme des gospels, scandés par des musiques imitatives tantôt lyriques tantôt fanfares militaires, et par un montage fort prosaïque, sans invention. Il s'agit de culpabiliser et convaincre le grand public : un pour tous, tous pour un. Objectif : solidarité derrière « nos ingénieurs et dirigeants ». Ici encore la propagande de l'Ouest fait étrangement écho à celle de l'Est. On verra même Ivens réussir à faire un film réaliste-socialiste, on ne peut plus orthodoxe, sur l'électrification d'une ferme américaine !

Le rêve américain

La force du rêve américain, c'est de ne pas être seulement un slogan mais une image *(« you get the picture »)*, un tableau de famille qui englobe, de gré ou de force, ceux là même qui en sont exclus.

Photo : sous l'affiche de la grosse voiture familiale remplie d'heureux blancs aux dents blanches *(« If it's good for General Motors, it's good for America »)* passent quelques noirs hagards. Ils ne sont pas dans la voiture mais ils vont bien dans la photo. C'est ça l'Amérique. Même les marches de la faim et les émeutes noires font partie de l'iconographie made in USA.

De ce point de vue, l'Amérique a réalisé ce que jamais n'a réussi *L'Avenir radieux* communiste : faire image pour tous. *L'Avenir radieux* a toujours du argumenter pour s'imposer et se justifier, à coup de catéchismes, de mots d'ordre, de défilés et de diktats sur le prolétariat. Le totalitarisme à la russe s'est érigé en statue (celle du Commandeur, Père des peuples), il n'a pas su jouer de la médiation multiple de l'image commune, parce qu'il ne pouvait résorber (comme l'a fait l'Amérique) les résistances sociales « réellement existantes » dans une illusion d'optique. Une statue, c'est plus dur qu'une image, mais c'est moins souple et finalement ça se casse plus facilement. La statue, c'est le modèle unique, l'étalon ; la photo, ça se reproduit à des milliers d'exemplaires, ça diffuse partout, pour tous. Supériorité du libre commerce des images de marque sur le culte monolithique du Parti. Cette supériorité du spectaculaire diffus sur l'apparat concentré devait cependant rencontrer elle aussi ses limites et révéler sa faiblesse, 25 ans plus tard, lorsque le gouvernement américain se mit lui-même à croire à ses propres mensonges, à croire que l'image prime et façonne la réalité, auto-suggestion payée par une guerre vaine et désastreuse au Vietnam. « *L'objectif primordial n'était en fin de compte ni la puissance, ni le profit. Ce n'était pas même d'accroître l'influence des États-Unis dans le monde pour la mettre au service d'intérêts précis et tangibles qui avaient besoin du prestige, de l'image de "la plus grande puissance mondiale". L'objectif était désormais la formation même de cette image comme l'atteste à l'évidence le langage des spécialistes (américains) avec ses termes de "scénarios" et de "publics" empruntés au vocabulaire du théâtre. (...) Faire de la présentation d'une certaine image la base de toute une politique — chercher non pas la conquête du monde mais à l'emporter dans une bataille dont l'enjeu est "l'esprit des gens" — voilà bien quelque chose de nouveau dans cet immense amas de folies humaines enregistré par l'histoire.* » (Hannah Arendt, *Du mensonge à la violence*, Pocket, 1972, p. 21).

Revenons aux années 30. Le pays que nous révèle le documentarisme américain de cette période présente « *une unité remarquable : c'est un pays meurtri mais où les habitants conservent force et dignité face aux épreuves* », conclut Charles Hagen. « *Cependant, que l'on vante ces œuvres comme une description visionnaire de la société américaine ou qu'on les rejette comme un acte de propagande incompatible avec l'objectivité, le fait demeure que pendant sept ans la vraie Amérique a regardé avec intérêt le drame social présenté dans ces œuvres. Ce qui n'est pas sans suggérer qu'elle découvrait ses valeurs et idéaux réfléchis dans ce miroir parfois flatteur.* »

The City (*La Ville*, 1939) peut être considéré comme un symptôme paroxistique de l'évolution « schizophrénique » (au sens de Anstey) que nous avons repérée, dans la mesure où les valeurs, esthétique et propagandiste, s'y séparent et s'y inversent involontairement : la réussite esthétique et le propos propagandiste du film se contredisent à l'insu des auteurs. Le film a été réalisé par Ralph Steiner et Willard Van Dyke, qui ont accepté une commande de l'Institut Américain de Planification urbaine, consommant ainsi leur rupture avec le groupe Frontier Film, mené par les gauchistes Paul Strand et Leo Hurwitz. Sur un canevas de Pare Lorentz, le commentaire a été écrit par Lewis Mumford, et la musique par Aaron Copland. *The City* s'inscrit à sa façon dans la lignée des fameuses *City symphonies*[4] qui ont fait la gloire du cinéma documentaire dix ans auparavant (*Mannahatta*, de Paul Strand et Charles Sheeler, 1921 ; *Rien que les heures*, d'Alberto Cavalcanti, 1926 ; *Berlin, symphonie d'une grande ville*, de Walter Ruttmann, 1927 ; *L'Homme à la caméra*, de Vertov, 1929 ; *Douro, Faina fluvial*, de Oliveira, 1929). Mais à la différence de ses prédecesseurs, *The City* est un film parlant (ou plutôt commenté) et à message, produit pour l'exposition universelle de 1939. Son montage fonctionne effectivement comme une exposition et une démonstration ; il n'implique pas l'œil du spectateur dans une vision impressionniste ou contructiviste (sauf dans sa partie centrale), il réclame du spectateur un jugement civique, un constat et son adhésion logique à l'objectif : les villes nouvelles.

Le message s'administre en trois parties exemplaires. Première étape : la bourgade au bon vieux temps, portrait kitsch façon réclame pour Jack Daniels Tennessee Whiskey. Deuxième étape : l'enfer de la cité moderne, industrieuse, stressante, enfumée, ceinte de faubourgs aux taudis insalubres ; images magnifiquement rythmées de trafic, de foules citadines, de trains, d'usines, de bureaux... Troisième étape : la solution, si vous le voulez bien citoyens, c'est de construire les villes à la campagne, l'air y est meilleur ! Voici la ville nouvelle où vont jouer les enfants : clichés promoteurs du

4. Sur l'opposition entre la vision futuriste de la métropole trépidante et la vision de la ville comme lieu de perdition dans l'expressionnisme et le film noir, cf. François Niney, *Cité radieuse et ville de perdition*, in *Visions urbaines : les villes d'Europe à l'écran*, éditions du Centre Pompidou, 1994.

bonheur conditionné en pavillons, avec cet inévitable relent de propagande hygiéniste populiste.

Évident paradoxe de ce documentaire : la partie réussie et tellement attrayante, c'est l'enfer de la ville mangeuse d'hommes, c'est beau comme du Capra, c'est dingue comme du Wilder, ça fictionne d'un grouillement de rencontres possibles, frictions d'hommes et de machines, tohubohu et cacophonie métropolitains qui avaient tant séduit les futuristes. Dans *The City*, le divorce semble consommé entre esthétique et propagande mais, inversion diabolique, celle-là fait la nique à celle-ci. Par une ironie de l'histoire, le film (tel qu'on le voit aujourd'hui en tout cas) apparaît ringard et démagogue dans sa vision idyllique du village passé comme dans sa prescription du bonheur pavillonnaire futur, mais étonnamment graphique, dynamique et poétique dans la partie censée dénoncer l'enfer citadin, avec ses plans qui ne sont pas sans évoquer Berenice Abbott ou Paul Strand, grands photographes du théâtre urbain.

La cause du peuple

Cinéma art ou ciné-mass-media, expression ou information ? Le dilemme n'est pas simple à trancher (si tant est qu'il puisse l'être) dans la mesure où, on l'a vu (cf. conclusion du chap. 3), le cinéma est tenu par un pacte avec le réel, sinon avec le réalisme, en raison de sa matière première : la prise de vue. Prise de vue dite justement « réelle » par opposition au film d'animation, non par opposition du documentaire à la fiction. La question tranchante serait alors celle-ci : **quand et comment l'expression filmique, disons non pas « libre » (mot vague et « auteuriste ») mais comme investigation formelle du sens de nos actions, se trouve-t-elle réduite à l'imposition efficace d'un message préfabriqué à un public cible** (dans le jargon commun aux publicitaires, militants et militaires) ? Bien sûr, le cinéaste et/ou son producteur a forcément une certaine vision politique, mais dans quelle mesure le film la met-il en jeu et à l'épreuve, dans quelle mesure en est-il le simple véhicule obligé ?

La Pluie, Le Pont, Les Brisants, Moi film… (1928-29) : Joris Ivens devient homme à la caméra en faisant des films de Ciné-Œil, ciné-impressions. Dans la mouvance formelle de l'avant-garde, versant Vertov ou Ruttmann, il vise à exprimer de la réalité une dimension poétique, cinégénique, pas un message social. Chacun de ces films est une aventure de la perception, telle que l'objectif l'oriente et la transfigure, une appréhension d'un moment du monde tel qu'en lui-même le montage le change. « *Dans* La Pluie, *c'est l'objet qui nous gênait car il impose sa présence impérieuse. Si je prends par exemple une automobile dans la pluie, je dois me défendre contre l'objet normal, standard, qui attire l'attention que je veux fixer sur l'accident, c'est-à-dire l'eau. Le soleil, le vent, les premières gouttes, l'eau en torrent, le retour au soleil, forment tout l'élément du drame, privé de toute littérature. Mais toute la vie et les hommes, leur marche, leurs actions se transforment sous l'action de la pluie. Je ne cherche pas le symbole, l'objet seul m'intéresse.* »

Les deux films qu'Ivens réalise ensuite sont des commandes industrielles : *Philips Radio, symphonie industrielle* (1931) et *Zuidersee* (1930). Ce moyen métrage, sur les gigantesques travaux d'assèchement de la mer intérieure en Hollande, prolonge ses recherches formelles par une attention nouvelle portée à la lutte de l'homme contre la nature, dans l'esprit de Flaherty, et à la geste du travail, dans la veine du cinéma soviétique des années 20. « *Son montage lyrique conduit par le rythme des travaux, les gestes des ouvriers, la cadence des machines en fait un authentique chef-d'œuvre* », déclare Jean Mitry dans son *Histoire du cinéma* (tome 4, p. 700). Ivens reprendra le montage de ce film quatre ans plus tard, il le condensera, changera la fin et le titre *(Nouvelle terre)*.

Avant d'analyser ces modifications significatives, il faut savoir que, dans l'intermède, Ivens se rend deux fois en Union soviétique : la première fois à l'invitation de Poudovkine, qui, lors d'un passage à Amsterdam, avait été favorablement impressionné par *Le Pont* et *La Pluie ;* la seconde fois pour réaliser un film à la demande du Meshrapom (Secours Ouvrier International), ce sera *Komsomol ou le Chant des héros* (1932), sur un chantier de pionniers de l'aciérie à Magnitogorsk *(« la jeunesse plus l'acier, c'était exactement ce que je cherchais »)*. Joris Ivens se trouve en URSS au moment où la révolution commence à manger ses enfants et où forcément il n'est plus permis de douter de la révolution. Le suicide de Maïakovski en 1930 est l'augure de cette époque marquée par la montée de la bureaucratie stalinienne, du réalisme-socialiste, du soupçon et des purges. Cependant Ivens est convaincu de la construction du socialisme et de la ligne du Parti pour y parvenir. Sa confrontation avec le public ouvrier est pour lui une expérience nouvelle et décisive, qu'il décrit dans son autobiographie : « *Ce fut pour moi le premier signe. Signe de quoi ? (...) c'était le signe, la manifestation, d'un besoin, un appel auquel j'allais devenir sensible au cours des années à venir : les ouvriers avaient besoin d'artistes pour défendre* **leur** *cause.* ***L'art pour l'art ne les concernait pas,*** *ils voulaient des films dans lesquels ils puissent se reconnaître, mesurer leur force, lire leurs luttes, voir leurs victoires ou comprendre leurs défaites, en un mot des films qui leur permettent d'avancer dans leur marche.* » *(Joris Ivens ou la mémoire d'un regard,* p. 88). On voit qu'Ivens non seulement épouse le messianisme de la classe ouvrière caractéristique du marxisme mais qu'il identifie celle-ci au Parti suivant l'orthodoxie léniniste-stalinienne. Si bien que la phrase proférée par un ouvrier et notée par Ivens comme programmatique : « *l'artiste doit se lier avec nous* », retentit d'un double sens lourd d'autant de menaces que de promesses. Ivens renonce à « l'art pour l'art », à l'expérimentation poétique, dont il dit que « *c'était une impasse* », pour aller vers le réalisme-socialiste avec son peuple de héros et ses commentaires exaltants au service des luttes de libération populaire et pour la construction du socialisme, dans l'optique du stalinisme russe puis du maoïsme chinois. La portée de ce Parti-pris jamais démenti ne se mesurera bien que plus tard. On a trop dit qu'Ivens fut l'inlassable filmeur international des luttes de libération populaires. Il convient de rapporter les luttes qu'il a filmées et projetées sur la scène internationale et pour l'Internationale, aux luttes occultées par ces dictatures sur le prolétariat (les années 50 n'en furent avares ni dans les pays de l'Est ni en Chine [5]) que jamais n'effleura sa caméra.

Jean Mitry décrit ainsi la tendance « anti-formaliste » des années 30 qui jeta la suspicion sur les meilleurs cinéastes soviétiques. « *Toute une partie du cinéma soviétique s'attacha à suivre pas à pas des démarches édifiantes, en évitant les coupes franches, les articulations visibles, tout ce qui eut été de nature à rompre l'impression d'unité susceptible de faire voir l'ensemble comme un tout univoque tel qu'un « morceau de vie » arraché au réel quotidien. (...) Tenu à la seule description des conflits sociaux, obligé d'en rejeter les raisons ou les causes dans des abstractions dogmatiques, ce réalisme socialiste ne devint bientôt qu'une sorte de vérisme factuel et l'idéologie sous jacente fut à l'image d'une mystique idéaliste absolument contraire aux intentions avouées.* » (Mitry, idem, p. 517). La matière première de ce matérialisme fort peu dialectique, c'est l'ouvrier et sa représentation populiste non comme un individu mais comme un type, support de la lutte et de l'élan vers la collectivisation. Soutenu par le commentaire, cet élan commun — et comme un seul homme (n'est-il pas conforme aux directives du « Père des peuples » ou du « Grand Timonier ») — est affirmé comme le sens véritable et inéluctable de l'histoire.

« *Il est impossible au réalisateur d'un documentaire de mentir, de ne pas être dans le vrai. La matière ne supporte pas la trahison.* » Tout comme au XVIIe siècle « la nature avait horreur du vide » ! Ce que laisse entendre ce propos naïvement sidérant de Joris Ivens en 1931, c'est que le *Matérialisme historique* ne supporte ni défaillance ni divergence. On mesure le « progrès » depuis les recherches formelles sur *La Pluie.* « *Le bon réalisateur vit entouré de la matière, de la réalité. Il ne choisit en chaque occasion pour l'interpréter qu'une partie de cette réalité, et le succès de son film est à la fois dépendant de la confiance de la masse dans sa personnalité, et provoqué par cette confiance.* » Dans ces « *réflexions sur le documentaire d'avant-garde* » *(Revue des vivants* n° 10, octobre 1931), on comprend que la forme a cédé à la « matière » et à la « masse », et qu'« avant-garde » ne signifie plus révolution esthétique mais ligne du Parti.

Le remontage de *Zuidersee* sous le titre *Nouvelle terre,* en 1934, atteste cette réorientation. La geste des travailleurs et des machines gagnant sur la mer est condensée en un montage plus rapide, scandé par une musique originale de Hans Eisler et assorti d'un commentaire technique. La fermeture de la digue opposant les grues et les flots, la terre déversée et les vagues, l'homme et le flux marin, reste le morceau de bravoure du film. Cependant le film se voit doter d'un appendice qui réoriente le montage et le propos dans un sens pamphlétaire anti-capitaliste. « *Cédant à ses convictions politiques, Ivens reprit et remonta* Zuidersee *en y ajoutant un épisode nettement propagandiste* », souligne Mitry (*idem*, p. 700). « *Une fois les travaux terminés, les premiers villages construits,*

5. Dès les années 50, la revue *Socialisme ou barbarie* (Castoriadis, Claude Lefort, etc.) publiait des analyses clairvoyantes du capitalisme bureaucratique d'État et des révoltes dans les pays dits communistes.

les premières récoltes engrangées, Ivens passe à la crise économique mondiale : au Brésil pour maintenir les prix, on brûle le café dans les locomotives, ailleurs d'immenses réserves de blé sont déversées dans la mer tandis que le chômage sévit partout et que plusieurs régions du monde souffrent de famine. Malheureusement, si ce pamphlet social peut se justifier "en soi", il n'a rien à voir avec l'assèchement du Zuidersee, et cette relation dont l'artifice saute aux yeux fait tomber cette Nouvelle terre *dans une excessive démagogie.* » Ivens exlique dans son autobiographie la nécessité qu'il ressentit, « pour crier son indignation », d'ajouter cette coda propagandiste en forme d'anti-actualités : « *La première moisson était la conclusion logique de* Zuiderzee. *C'était le* happy end *de ces dix années d'efforts. Mais en dix ans le monde avait changé. En 1932, la crise mondiale frappait au carreau de la vieille Europe. En 1934, c'était la panique. Les milliers d'ouvriers qui avaient travaillé sur la digue se retrouvaient au chômage. Dans les capitales, les cours du blé s'effondraient et, plutôt que de vendre à perte, les producteurs préféraient détruire les récoltes. (…) La fin heureuse de* Zuiderzee *ne correspondait plus à la réalité. (…) C'est ainsi que* Zuiderzee *est devenu* Nouvelle terre, *un film plus court, plus dramatique et chargé d'une signification politique dont l'histoire me fournissait le scénario. À la tranquillité du Zuiderzee, j'opposai des images des agioteurs et des boursiers de Londres et New York, et à ces images du capitalisme j'opposai d'autres images qui montraient les ravages de la faim dans le monde.* » (*Joris Ivens* ou *La mémoire d'un regard*, p. 123). Si l'on peut comprendre et partager l'indignation ainsi manifestée, il n'en reste pas moins que cet ajout brise l'équilibre et la logique du film premier, par la surimposition d'un message univoque et à prétention universelle (à la façon des actualités) qui lui reste extérieur. Peut-être eut-il fallu, pour préserver l'unité de *Zuiderzee* tout en exhibant l'injustice sociale, s'efforcer de montrer — à la façon de *Drifters* par exemple — comment le fruit de leur travail échappe aux ouvriers, comment les bâtisseurs de digues et de nouvelles terres fertiles étaient désormais réduits au chômage et à la faim. La façon caricaturale d'opposer le capitaliste américain en haut de forme aux marches de la faim, c'est-à-dire de désigner un ennemi sans analyser les causes et conséquences sur le terrain (de la même façon qu'avait été filmé le travail du Zuiderzee), crée une dissymétrie. C'est cet effet plaqué que Mitry qualifie d'« excessive démagogie ».

Au-delà de *Nouvelle terre*, **la dissymétrie est au principe de toute propagande**, qui n'applique pas aux mêmes phénomènes les mêmes noms ni les mêmes critères de jugement (voire les inverse), selon qu'il s'agit de soi ou de l'autre, du bon ou du mauvais camp. Ainsi « l'exploitation capitaliste des travailleurs » devient « bataille de la production » sous l'étendard du communisme. Comme si la même réalité, l'enfer de l'usine par exemple, filmé par Ivens chez Philips, devenait paradis ouvrier à Shanghaï (*L'Usine de générateurs*, 1972) par la seule magie des slogans et du petit livre rouge[6]. Bien sûr, on trouve le même manichéisme et la dissymétrie inverse dans les documentaires propagandistes américains. Trait commun à tous les films propagandistes d'Est en Ouest : les contradictions internes sont gommées (on dénonce bien sûr celles de l'autre camp), il n'y en a ni dans la vie du travailleur national ni au sein du régime (l'État-Nation est un bloc), ni entre gouvernés et gouvernants. Les conflits n'existent que par et avec l'extérieur : la nature (catastrophe) ou l'ennemi (l'autre bloc, auquel est assimilé tout dissident = traître). Il n'y a plus d'histoire à comprendre, il n'y a que des victimes à secourir, des ennemis à éliminer, des victoires à remporter. **Caractéristiques de l'usage mass-médiatique, social-réaliste du commentaire : d'une part les images prélevées sur le monde fonctionnent comme des illustrations de la doctrine (voir le remontage de *Zuidersee*), d'autre part les protagonistes (ouvriers, paysans, collectifs, peuples) semblent agis par le commentaire, ce ne sont pas des acteurs mais des exemplaires (aux deux sens du mot).**

On en trouve une démonstration touchante dans cette espèce d'oxymoron qu'est : *Power and the Land*, documentaire réaliste-socialiste américain ! Mettant sa caméra au service de l'Administration Roosevelt pour l'électrification des campagnes, Joris Ivens met en scène le « *modèle idéal de la ferme américaine* » suivant la méthode bien connue des marchands de cosmétiques contre la calvitie : avant/après, ou en

6. Le film-fleuve *Comment Yu-kong déplaça les montagnes* (1971-75) fut le fruit d'une commande directe du premier ministre chinois, qu'Ivens rapporte en ces termes : « *Les désordres successifs de la révolution culturelle, outre qu'ils avaient été mal compris, avaient terni l'image d'une Chine sereine et responsable. La république populaire de Chine avait besoin de redorer son blason. Et Zhou Enlai, qui avait beaucoup apprécié* 17e Parallèle, *souhaitait que je réalise un film pour rétablir l'équilibre.* » (*Joris Ivens ou La mémoire d'un regard*, p. 315).

termes marxistes-léninistes : thèse, antithèse, synthèse. D'abord la famille Parkinson travaillant dur à la ferme — images d'Epinal, qui au champ, qui à l'étable, qui à la lessive — d'autant plus dur que la force électrique manque, pas assez profitable à acheminer dans 75 % des hameaux américains. À l'heure du repas vespéral, *« une famille unie et amicale, ils méritent bien que leur pain soit béni car ils l'ont gagné à la sueur de leur front »*, nous dit le commentaire christianisant. Deuxième temps : comme pour la coupe du maïs (*folk song*), « unissons nous » pour faire venir l'électricité ; les membres de la coopérative (qui pourrait être un kolkhoze) discutent avec les représentants de l'administration (qui pourrait être le Parti) et ont droit à des prêts ad hoc à faible taux (ce pourrait être le plan quinquennal). Résultat, les arts ménagers (le confort des travailleurs est un idéal commun Est-Ouest) : la famille Parkinson, sa machine à laver, son frigo, sa pompe à eau, son fer à repasser, sa radio, son éclairage… au bonheur des *farmers*. Avec une démagogie tranquille, le commentateur est passé du « ils » (les Parkinson) au « nous » (le peuple uni) : le spectateur n'est-il pas solidaire des travailleurs ! Ces clichés sereins nous administrent la légende « travail, famille, patrie » désormais branchée ! On s'étonnera moins de l'insolite collage Est-Ouest opéré par ce film, si l'on se rappelle le slogan de Lénine : *« Le Socialisme, c'est les soviets plus l'électricité »*… qui devait bientôt tourner au « *Power* » seul, sans les soviets.

C'est seulement dans son film testament (1989) — étrangement inspiré de Méliès plutôt que de Jdanov — que Joris Ivens devait s'accorder, à 90 ans, quelque distance humoristique avec le pouvoir communiste, dans sa version maoïste. Comme si, son histoire derrière lui, le vieux globe-trotter laissait entendre dans un souffle que ce fut moins une histoire d'avant-garde (rouge) qu'*Une histoire de vent…*

Le Triomphe de la Volonté

Le fameux film de Leni Riefenstahl *Triomphe de la Volonté* (1934), sur le Congrès nazi de Nuremberg, fait figure de preuve par l'absurde pour notre analyse sur la défaite de la recherche esthétique et l'assomption du commentaire prescriptif. Il s'agit en effet d'un film ultra-esthétisant et sans commentaire. Mais est-ce un documentaire ? La question n'aurait pas trop de sens si elle ne visait qu'à déterminer le genre du film au sein d'une opposition tranchée entre documentaire et fiction, alors que nous avons nous-mêmes souligné qu'il n'y a pas de film sans construction de sens par le montage, pas de prise de vues sans prise de position, sans cadrage du sujet sinon sans mise en scène. Mais justement la question porte ici sur la mise en scène de l'événement lui-même, en regard du film.

Leni Riefenstahl a répété à l'envi, pour sa défense *post festum*, qu'elle n'avait fait que filmer ce qui était là : *« Le film ne contient aucune scène reconstituée. Tout y est vrai. Et il ne comporte aucun commentaire tendancieux, pour la bonne raison qu'il ne comporte pas de commentaire du tout. C'est de l'histoire, un pur film historique. Je précise : c'est un film-vérité. Il reflète la vérité de ce qu'était, en 1934, l'histoire. C'est donc un document, pas un film de propagande. »* (interview in *Cahiers du Cinéma*, septembre 1965). La cinéaste dit vrai en un sens, mais cette « vérité » couvre deux mensonges. D'abord l'événement lui-même a été mis en scène comme une auto-célébration de la soumission des masses au Verbe prophétique du Fürher, qui venait d'obtenir par plébiscite le pouvoir suprême. Et le film est une célébration de cette célébration : son style épouse et magnifie le décorum nazi, à la mise en scène duquel Riefenstahl a participé avec l'architecte Albert Speer et Hitler soi-même. En témoignent les énormes installations du tournage : nombreux travellings linéaires et circulaires, prises de vues faites d'un ascenseur de 30 mètres dressé au dessus de la tribune, 18 opérateurs et 4 équipes de prise de son… Même si elle l'a nié depuis, non sans une certaine gêne (voir le film de Ray Muller, *Leni Riefenstahl, le pouvoir des images*, Omega Films, Arte,1992), la cinéaste reconnaissait dans son livre *Hinter den Kulissen des Reichs-Parteitag-Films : « Les préparatifs du Congrès furent établis conjointement aux travaux préliminaires du film, c'est-à-dire que l'événement fut organisé de manière spectaculaire, non seulement en tant que réunion populaire mais aussi de manière à fournir la matière d'un film de propagande… tout a été déterminé en fonction de la caméra. »* (cité par Paul Virilio, *Guerre et cinéma*, p. 100, éd. Cahiers du Cinéma, 1991). Voilà pour la « réalité » historique de l'événement : il s'agit bien d'une esthétisation monstrueuse et fascinante de la politique conçue comme manipulation des masses et imposition fanatique de l'Organisation sur le monde.

Pour ce qui est maintenant du « film-vérité » : on se doute bien que si le « reportage » avait été réalisé par un Cavalcanti, il aurait été sensiblement différent ! C'est que *Triomphe de la Volonté,* loin d'établir un quelconque écart par rapport au cérémonial nazi, en prolonge, exalte, sublime la puissance et les écrasants motifs. C'est justement parce que les prises de vues du précédent Congrès *(Victoire de la foi,* 1933) étaient filmées à hauteur d'hommes, et pas encore de surhommes, et laissaient entrevoir, de façon « inconvenante » par trop réaliste, les maladresses de l'organisation, que Leni Reifenstahl s'en irrite et le renie : « *Ce n'était pas un film, c'était de la pellicule exposée* » (interview dans le film de Ray Muller). En revanche, ce que réussit à représenter et porter aux nues *Triomphe de la Volonté,* ce n'est pas une scène d'histoire, c'est bien le mythe, le mythe du Fürher et du Reich de mille ans, auquel ce film-opéra acquiesce sans réserve et enchaîne le spectateur envoûté, comme sont envoûtées les masses par les discours de leur leader charismatique. Empêtrée dans ses justifications a posteriori, Riefenstahl le reconnaît pourtant, avec une coquetterie d'artiste : « *On peut ou bien faire des actualités, ou bien essayer de faire un film qui soit plus intéressant que les actualités. (…) Il fallait que ce soit filmé avec le regard d'un artiste, pas d'un homme politique. Hitler précisément ne voulait pas un film politique, il voulait un film artistique et apparemment c'est le cas. J'ignorais que j'en étais capable.* » (interview de Leni Riefenstahl, dans le film de Ray Muller). Autrement dit, ce document « purement » historique est quand même d'un artiste, et si c'est de l'art ce n'est pas de la politique, donc pas de la propagande. Dans la vision romantique et nazie, le Beau échappe au temps et à l'histoire, il est éternel, par delà les réalités humaines (les sous-hommes ne le regardent pas), d'où la récupération pangermanique de la statuaire grecque[7]. Riefenstahl est une artiste, elle déplore le préjudice que lui a porté à tort cette œuvre, mais jamais elle ne profère le moindre regret d'avoir servi une mauvaise cause, car l'art c'est l'art et il est par définition hors de cause.

« *Avez-vous remarqué qu'il n'y a pas de commentaire dans ce documentaire où normalement on en attendrait un. Il n'y a pas de commentaire qui explique quoi que ce soit. Et c'est l'une des raisons pour lesquelles il se distingue d'un documentaire ou d'un film de propagande. Car si c'était un film de propagande, comme tant de gens le prétendent, il aurait fallu qu'un commentateur explique la signification et la valeur de ces manifestations. Ce n'est pas le cas.* » Là encore Riefenstahl soutient une (fausse) évidence qui confirme (apparemment) notre thèse : la propagande c'est le commentaire. En réalité, elle fait d'une vérité relative une règle absolue et partiale pour couvrir son mensonge « artistique ». Si effectivement, comme nous l'avons vu, l'assomption du commentaire coïncide historiquement avec la montée de la propagande, cela ne signifie pas que tout film commenté est un film de propagande, ni qu'inversement l'absence de commentaire garantit contre toute propagande ! Du point de vue dramatique, le matériau filmé à Nuremberg consistant en discours et incantations alternant avec des défilés, c'eût été chargé la barque et les oreilles du spectateur que d'ajouter un commentaire. Mais il y a une raison plus profonde, et passée sous silence, à l'absence de commentaire : quand le Messie parle en personne, qui oserait gloser ? Quand le prophète est à la tribune, tout le monde se tait et écoute bouche bée ses prophéties qui ont le pouvoir magique de se réaliser d'elles-mêmes, car elles sont :

- soit des tautologies incantatoires : « *Nous voulons un jour ne plus voir de classes ni de castes, alors commencez à éradiquer cela en vous-mêmes. Nous voulons un jour voir un Reich d'une seule pièce et vous devez déjà vous éduquer en ce sens. Nous voulons que ce peuple soit un jour obéissant et vous devez vous exercer à l'obéissance.* » ;
- soit des menaces déguisées : « *Notre désir et notre volonté, c'est que cet État et que ce Reich existent dans les millénaires futurs. Nous pouvons être heureux de savoir que cet avenir est totalement entre nos mains.* ». Et Hess de répondre à son Fürher : « *Vous fûtes pour nous le garant de la victoire, vous êtes pour nous le garant de la paix. Adolf Hitler, Sieg Heil !* » Vociférés comme un cri de guerre — suivant la logique implicite de Big Brother : « La guerre c'est la paix, la liberté c'est l'esclavage. » — les derniers mots retentissent d'une menace de guerre que n'a visiblement pas entendue le jury de la Biennale de Paris qui prima le film.

7. Voir *Olympisme ou la Grèce imaginaire,* dans la série TV de Chris Marker *L'Héritage de la chouette* (13x26', Attica Art Production/La Sept, 1989).

Triomphe de la Volonté condense dans son titre le caractère doublement paranoïaque de la propagande totalitaire : « *Avant que les chefs de masse prennent le pouvoir pour plier la réalité à leurs mensonges, leur propagande se distingue par un mépris radical pour les faits en tant que tels : c'est qu'à leur avis, les faits dépendent entièrement du pouvoir de celui qui peut les fabriquer. Affirmer que le métro de Moscou est le seul du monde, ce n'est mentir qu'aussi longtemps que les bolcheviks n'ont pas le pouvoir de détruire tous les autres. En d'autres termes, mieux que toutes les autres techniques de propagande totalitaire, la prédiction infaillible trahit son objectif ultime de conquête mondiale, puisque c'est seulement dans un monde qui serait complètement sous contrôle que le dirigeant totalitaire pourrait réaliser toutes ses prophéties mensongères.* » (H. Arendt, *Le Système totalitaire*, p. 76).

Esthétisation iconolâtre du pouvoir et de la masse, du pouvoir sur la masse, et soustraction de toute parole autre que l'oracle exclusif du Parti, du Chef, confirment à l'extrême notre diagnostic sur l'évolution du documentaire dans les années 30 : domination généralisée du message propagandiste et défaite de la recherche esthétique, comprise non comme imposition de l'Idée mais comme mise en jeu de nos formes d'action. Il faut reprendre ici la conclusion de Benjamin (*L'œuvre d'art à l'ère de sa reproductivité technique*, p. 181) qui laisse entrevoir dans quel étau se trouve alors pris l'expression artistique : « Fiat ars, pereat mundus, *tel est le mot d'ordre du fascisme qui, Marinetti le reconnaît, attend de la guerre la satisfaction artistique d'une perception sensible modifiée par la technique. C'est là évidemment la parfaite réalisation de l'art pour l'art. Au temps d'Homère, l'humanité s'offrait en spectacle aux dieux de l'Olympe ; elle s'est faite maintenant son propre spectacle. Elle est devenue assez étrangère à elle-même pour réussir à vivre sa propre destruction comme une jouissance esthétique de premier ordre. Voilà quelle esthétisation de la politique pratique le fascisme. La réponse du communisme est de politiser l'art.* » Il fallait à l'époque une sacrée indépendance d'esprit — que l'on ne trouve guère que chez des « anarchistes » adeptes d'un certain théâtre de la cruauté et refusant de sacrifier la part du rêve, tels Epstein, Vigo ou Bunuel *(Terre sans pain, 1932)* — pour ne pas se laisser écraser entre le marteau social-communiste et l'enclume national-socialiste, et pour continuer à défendre l'art documentaire comme une investigation poétique du monde réel non inféodée à une pré-Vision salvatrice : ni art pour l'art, ni propagande.

5

Terreur nucléaire

Rappelons-le, notre propos n'est pas de faire une histoire du documentaire mais d'analyser l'évolution des formes d'investigation du réel par le film, de représentation de la réalité à l'écran : articulation images/discours, styles de véracité, modes de persuasion et de croyance. Plutôt que de passer en revue les grands titres du cinéma de guerre, il nous paraît plus productif, dans cette problématique, d'examiner ici quelques documentaires datant de la fin de la guerre et de l'après-guerre autour d'un événement considérable qui révolutionna les notions mêmes de guerre, de puissance, de persuasion, et qui allait désormais faire vivre les nations dans « l'équilibre de la terreur » : la bombe atomique.

La guerre totale

Certains historiens suggèrent que le président Truman aurait pris la décison de lancer la bombe sur Hiroshima pour dissuader les Russes d'étendre leur mainmise sur l'Europe de l'Est (on sait ce qu'il en advint). Si cette hypothèse est juste, on peut faire remonter à ce crime de guerre — qui sonna la fin de la seconde guerre mondiale et le début de la « guerre froide » — l'origine de ce qu'Hannah Arendt appelle « l'auto-suggestion », la préférence donnée à l'image frappante sur « *les conséquences réelles d'une action entreprise en vue d'un certain résultat.* » Dans cette stratégie contre ledit « bloc » communiste, l'image de l'Amérique perd sa plasticité pour devenir à son tour monolothique (voir *Mister Freedom*, 1968, de William Klein, pour l'aspect B.D. supergendarme ; et *Secret Honour,* 1984, de Robert Altman, pour l'apogée nixonienne d'un pouvoir central ayant perdu tout contrôle).

Un premier film nous fait retrouver Joris Ivens, cette fois en coréalisation avec Frank Capra, qui dirigeait pour l'Armée américaine la série *Pourquoi nous combattons* [1]. Mais que diable allaient faire dans la même galère un communiste pro-chinois et le roi de la comédie libérale américaine ? Réponse : combattre un ennemi commun. Leur film, dernier de la série, s'intitule : *Sachez reconnaître votre ennemi, le Japon* (1945). Ivens avait déja réalisé en 1938, *400 millons,* coproduction sino-américaine à la gloire de Tchang-kaï-chek et de la défense militaire chinoise contre l'invasion nippone [2]. Ce document confirme une caractéristique de tout le cinéma d'Ivens (à l'exception de ses tout premiers et de son dernier films) : un sens certain du cadrage et de la photographie, mais le montage n'est jamais productif, il n'y a aucune dialectique image/son. Raison de cette photogénique platitude : le documentaire, pour Ivens, ne fonctionne jamais comme un moyen d'investigation et de réflexion mais comme un moyen de propager des idées préconçues, une vision de commande. Qu'il s'agisse de NEP ou de New-Deal, de la Chine de Tchang ou de celle de Mao, jamais le film ne questionne. Il sert une cause, un point c'est tout, une de ces causes bonnes d'avance, dont l'enfer des clichés est pavé.

Sachez reconnaître votre ennemi : le Japon est un montage d'archives (dont le tempo doit sûrement à Capra) qui fait feu de tout bois, puisqu'il mélange des plans tirés de films industriels, touristiques, culturels et même de fiction japonais. « *Ce film est une compilation de bandes d'actualités, de films de l'ONU, de films pris à l'ennemi et d'extraits de films japonais historiques. Par souci de clarté* (sic), *certaines scènes ont été rejouées* » précise un préambule, qui dans son « souci de clarté » pose également la différence, « *malgré leur ressemblance physique avec nos ennemis* », entre « *les Nippo-américains qui sont prêts comme nous à mourir pour la liberté* » et « *les Japonais du Japon qui ignorent encore le sens du mot Liberté* ». Après une ouverture au sabre (démonstration par un officier japonais, légendée : « Le sabre est notre bible d'acier »), le film démarre sur un montage alterné de foules fourmillantes, de défilés et de machines en marche, motif visuel qui scandera tout le film. « *Jamais nous ne comprendrons vraiment la mentalité des Japonais…* », c'est la première phrase du commentaire, qui va pourtant s'efforcer « sincèrement » à cet impossible exercice d'explication. Les mots-clés en seront « obéissance » et « traîtrise », « fanatiques » et « conquérants ». Ce discours « naïvement » ethnocentrique et didactiquement xénophobe fait progresser le spectateur du sentiment d'étrangeté à la volonté de destruction, en passant de l'inquiétude à la peur, et de la peur panique à l'agressivité libératrice via la légitime défense.

D'abord « culturel », l'exposé façon Walt Disney nous explique, dessins animés à l'appui, le soldat japonais préparé à la victoire ou la mort, les seigneurs de guerre arrogants et conquérants, le culte solaire de l'Empereur, la croyance partagée aux esprits éternels du Japon et à la conquête du monde. Les séquences sont scandées par les coups d'un bélier contre une gigantesque cloche, inquiétant motif (en réalité appel à la prière bouddhiste) qui figure étrangement une araignée : les multiples cordes tendues puis relâchées qui soutiennent et animent le madrier évoquent irrésistiblement les pattes d'un insecte battant l'air. Nous allons voir que le montage élabore visiblement une série d'analogies avec des insectes grouillant.

Tournant au cours d'histoire-géo, la deuxième partie du film nous démontre un pays et des paysans dominés par la montagne, soumis aux séismes et disposant de 16 % seulement de terres cultivables. « *45 villes de plus de 100.000 habitants, dont 3 seulement sont hors de portée de nos batteries de*

---

1. On comprendra pourquoi les stratèges ont choisi Capra, si l'on revoit *Meet John Doe (L'Homme de la rue,* avec Gary Cooper), film contemporain et aux antipodes de *Citizen Kane* (1941). La propagande est au centre du film puisque John Doe est un humble héros de papier monté en épingle par une campagne de presse. Mais l'enthousiasme authentique qu'il soulève auprès des hommes de bonne volonté aura raison des politiciens corrompus, voire fascisants, et engagera le peuple américain à se serrer les coudes toutes classes confondues. On admirera la parfaite duplicité du scénario qui dénonce la démagogie médiatique pour mieux vendre sa démagogie populiste. Le meilleur ressort de la propagande n'est-il pas de dénoncer celle des autres ?

2. Ivens raconte que, pendant tout le tournage, l'équipe fut sous surveillance des sbires de Mme Tchang-kaï-chek. « *Chaque fois que je faisais une prise de vue, un des émissaires de la censure chinoise filmait le même plan avec une caméra 16 mm. Les bobines 16 mm étaient envoyés à Hong-Kong, développées par Kodak, renvoyées à Hankow par avion et visionnées par les censeurs avant que nous soyons autorisés à envoyer l'équivalent 35 mm à Hollywood.* » (in Eric Barnouw, *Documentary,* p. 137).

150 », nous rassure le commentaire, anticipant la nouvelle géographie d'un globe dont les distances ne se mesurent plus seulement en kilomètres mais en portée balistique intercontinentale. Films de samouraïs à l'appui, on nous explique comment les seigneurs de guerre ont cruellement réprimé le christianisme, doctrine de paix et d'égalité, et fermé le pays au progrès scientifique et démocratique. La modernisation ultérieure, si elle se drape dans des oripeaux démocratiques, ne se fait qu'au service du militarisme fascisant et expansionniste. Ici petite leçon de sociologie sur la hiérarchie, les classes et castes gouvernant le Japon, leçon qui oppose eux à nous : chez eux tout est imposé d'en haut, chez nous le pouvoir émane du peuple. C'est la seule fois du film où, en regard des fourmilières japonaises (toujours agitées), intervient l'image d'une foule ou plutôt d'un public d'européens (paisible, filmé de face, visages ouverts), duquel monte le mot FREEDOM surimpressionné en lettres de pierre.

La troisième et dernière partie du film, qui nous intéresse plus particulièrement, concerne l'industrie de guerre et la guerre en cours. Le montage change de rythme et la démonstration se fait plus terrifiante. Savamment orchestrée, la panique produite chez le spectateur vise à conduire et réduire sa pensée à une formule finale : « comment s'en débarrasser ? »

– Le premier temps de la démonstration fait monter la paranoïa du spectateur américain : les espions japonais sont partout. Une série de plans (probablement tirés de films à vocation touristique) montre des ouvriers, marchands de fleurs, pêcheurs, photographes, coiffeurs japonais, dont le commentaire nous dit, d'un air entendu, qu'il s'agit « d'officiers déguisés… d'étranges pêcheurs qui font de belles prises… de simples touristes, qui photographient nos bases navales ! » (grossier montage d'un contrechamp sur une flotte de guerre) et, argument massue : « d'étranges coiffeurs qui ne disent pas un mot » !. Plans d'autant plus inquiétants que civils et paisibles, d'autant plus probants qu'on n'y voit rien… rien que « leur » dissimulation justement. N'oublions pas que les États-unis ont incarcéré un certain nombre de leurs habitants japonais dans des camps.
– Deuxième temps : la guerre industrielle. Images et commentaire s'illustrent l'un l'autre donnant l'impression circulaire d'une solide causalité. Quelques plans spectaculaires de fonderie, chantiers navals et usines modernes ouvrent la danse, immédiatement suivis d'une litanie de clichés montrant artisans, villageois, enfants, réalisant travaux manuels et artisanaux : « *mais le véritable moteur de l'industrie japonaise il est là, dans ces petits ateliers…* », dans la surexploitation d'une pauvre main-d'œuvre travaillant « *dans des conditions proches de l'esclavage* ». Tenté de verser une larme, le spectateur est aussitôt ressaissi par le commentaire (qui ne doit pas lui laisser loisir de dissocier le peuple de l'ennemi) : « *à cette concurrence déloyale, ILS ajoutent le piratage.* » Suit une chaîne de produits industriels « évidemment » plagiés et revendus à bas prix aux occidentaux. « *Ils trouvent même le moyen de nous vendre notre drapeau !… Mais avec cet argent, est-ce qu'ils nous achètent des voitures ou des réfrigérateurs… augmentent leur niveau de vie ? Absolument pas, ils importent des métaux, du caoutchouc, etc. pour alimenter leur machine de guerre* ». Au Japon, à l'opposé de « chez nous », le bien-etre n'est pas la chose du monde la mieux partagée ! Ici commence un crescendo soutenu d'un côté par l'accélération du montage (plans de canons, d'avions, de bateaux de guerre, de chars alternant avec les mouvements saccadés comme accélérés de groupes d'hommes, de femmes et d'enfants au travail), de l'autre par la rythmique sonore : sur un tapis musical façon tourbillon *(Une Nuit sur le Mont Chauve)*, coups de canon et canonade de mots, « *sweat for planes, sweat for ships, sweat for guns* » (« *une nation de fanatiques qui transforment sa sueur en avions, en bateaux, en canons* »). À travers cette agressive démonstration de l'agressivité de l'autre, le film passe à l'offensive sur le spectateur : celui-ci doit partager l'idée qu'on ne mène pas une guerre contre l'armée japonaise mais la guerre totale contre la nation japonaise dans son ensemble.

– Troisième temps donc : « *Mais l'arme la plus redoutable fabriquée au Japon, c'est le soldat japonais. Comme le minerai de fer que les hauts-fourneaux débarrassent de ses impuretés, les écoliers japonais sont lavés de toute pensée humanitaire… les jeunes garçons transformés en samouraïs fanatiques.* » Les images s'assemblent suivant ce que dit le commentaire, et le film produit l'impression « objective » que le commentaire ne fait que dire l'évidence des images. Le spectateur ne remarque pas qu'il est en train de subir, à l'américaine, le traitement même que le commentaire dénonce chez les Japonais : il est « lavé de toute pensée humanitaire. » B.A.BA de la propagande : dénoncer la propagande de l'autre ! Le tourbillonnant « vol du bourdon » cède brutalement au martèlement d'un marteau-pilon. C'est la séquence-choc, qui doit entraîner à la fois la panique et la réaction violente du spectateur. Au rytme saccadé du pilon, défile un montage rapide et efficace de combats d'arts martiaux, d'entraînements sportifs, de charges militaires, d'écoliers au pas de course ou alignés pour la gymnastique ou en classe, tous téléguidés comme des marionnettes (un militaire japonais raide debout en train de télégraphier, en contrechamp une classe s'appliquant à écrire, le commentaire n'a-t-il pas insinué peu avant que « l'instruction est obligatoire » !). À la vue de ce péril jaune en ordre de bataille, on a froid dans le dos. Mais il y a plus : ces écoliers nus munis de lunettes de piscine, ces nuées de combattants de kendo avec leurs masques d'escrime et leurs cuirasses en cuir côtelé, le cliquetis (ajouté) de leurs bâtons pareil au bruit de mandibules et amplifié par un travelling arrière accéléré sur lequel les deux rangées de samouraïs hérissés se referment comme une fermeture éclair, tout cela n'évoque-t-il pas un grouillement de sauterelles ! et n'appelle-t-il pas une réaction phobique du spectateur : vite une bombe insecticide ! Elle s'appellera Hiroshima.

La séquence finit sur le cri de victoire de soldats japonais et des images de massacres, d'incendies et de cadavres. Le commentateur désolé ironise par antiphrase : « *La prospérité, le savoir, la justice, la vérité, la paix* », avant de conclure positivement : « *Voilà à quoi ressemblent nos ennemis japonais. Une nation qui a juré de conquérir le monde ou de se suicider… Vaincre cette nation est aussi vital que d'abattre le chien enragé qui rôde près de chez vous.* » Le film s'achève évidemment sur les dernières victoires de Mac Arthur et la victoire en puissance de la plus puissante armée du monde.

À la guerre comme à la guerre, dira-t-on ! On peut constater machiavéliquement, comme Chris Marker dans *Le Tombeau d'Alexandre* (1989), que « *chacun choisissait son camp et tous les moyens étaient bons pour le faire triompher* ». On peut aussi remarquer que d'autres cinéastes, comme John Huston (*La Bataille de San Pietro,* 1945) ou Humphrey Jennings en Angleterre, faisaient des films de guerre humainement plus dignes, sans être ni défaitistes ni moins civiques. Quoiqu'il en soit, il ne s'agit pas de distribuer bons ou mauvais points, mais d'évaluer, à ce fort grossissement guerrier, comment et jusqu'où fonctionne le système de la propagande audiovisuelle, et d'en tirer au moins une leçon : on n'en sort pas en opposant une propagande à une autre. Qu'un film se réclame de la liberté et prenne le spectateur en otage, c'est un paradoxe indéfendable. La liberté n'est certes pas l'absence de conviction mais elle exige aussi la recherche de figures libres. **La liberté n'est pas qu'une question de mots d'ordre (politique), c'est une question d'ordre des mots, de formes (esthétiques)** : voilà pourquoi un travelling est une question de morale… Si l'esthétique était aussi vaine qu'ils le disent, les régimes autoritaires ne poursuivraient pas les artistes avec autant de constance. C'est qu'ils ont une fâcheuse tendance, les esthètes, à lier la question de la liberté non aux bonnes intentions politiques mais aux formes de la sensibilité, registre rétif aux logiques massives. N'est-ce pas cette tension critique entre savoir politique (« *tu n'as rien vu à Hiroshima* ») et connaissance sensible (« *Hi-ro-shi-ma, c'est ton nom. — C'est mon nom, oui* ») qui prendra corps dans le couple sensuel et spectral de *Hiroshima mon amour ?*

L'Histoire totale

À propos de « Pourquoi nous combattons », c'est le titre d'un article que publie André Bazin dans l'immédiat après-guerre, en 1946, dans la revue *Esprit* (réédité dans *Qu'est-ce que le cinéma ?,* tome 1, *Ontologie et langage,* Paris, éd. du Cerf, 1975). Bazin y appréhende clairement le fait que l'apothéose guerrière est aussi l'apothéose de l'actualité comme spectacle mondial : la guerre désormais se fait aussi immédiatement en images. « *Au temps de la guerre totale répond fatalement celui de l'Histoire totale. Les gouvernements l'ont bien compris, c'est pour cela qu'ils s'efforcent de nous donner le reportage cinématographique de tous leurs actes historiques.(…) C'est ainsi que les nations en guerre ont prévu l'équipement cinématographique de leur armée au même titre que l'équipement proprement militaire.(…) Qui dira dans quelle mesure l'efficacité strictement militaire se distingue alors du spectacle qu'on en attend ?* »

Un exemple cité par Paul Virilio (*Guerre et Cinéma,* p. 104) confirme la pertinence de la question. Fin 1943, alors que la défaite pointait sérieusement, Hitler alla jusqu'à envisager de faire tourner par Veit Harlan un *remake* de la bataille navale de Narvik, remportée trois ans plus tôt sur la marine britannique. Et il envisageait à cet effet de mettre à sa disposition plusieurs navires et cent avions devant parachuter des milliers d'hommes ! Ce qu'apprenant, la marine britannique fit savoir qu'elle était prête aussi à rejouer la bataille et à la gagner cette fois. Finalement, sous la pression des amiraux Raeder et Dönitz et de Goering, Hitler annula le tournage, d'autant qu'à en croire les dires de Veit Harlan *(Le Cinéma selon Goebbels,* éd. France Empire, Paris 1974, p. 251), les soldats allemands semblaient trouver moins logique de mourir pour le cinéma que pour la patrie.

L'article d'André Bazin souligne la force d'innovation et la réussite cinématographique des films de la série *Pourquoi nous combattons : « Ils ont définitivement établi que le montage a posteriori de documents pris à d'autres fins pouvait atteindre à la souplesse et à la précision du langage. Les meilleurs documentaires de montage étaient encore des récits, ceux-ci sont un discours. »* On peut se demander si par cette opposition Bazin renvoie à la différence linguistique entre « récit », où les actions semblent se raconter d'elle-mêmes, et « discours », qui implique les marques de l'énonciation ; ou s'il veut dire que s'articule, par le jeu du montage documentaire et de la voix off, une pensée avec les images (en images) au lieu du simple suivi de l'action ? On peut objecter qu'à tout le moins Eisenstein et Vertov s'étaient penchés sur la question du « double discours » que devait provoquer, entre et par dessus les images, le montage chez le spectateur (cf. chap. 2). C'était du temps du muet, et il est certain que l'avènement du commentaire et la multiplication des sources d'actualités modifient les possiblités du discours **à travers** les images. Mais, pour l'heure où écrit Bazin (1946), cette innovation joue dans un sens unique fort directif, pas nécessairement conforme aux vues des premiers théoriciens du montage : *« On peut dire que les théories de Dziga Vertov sur la caméra-œil se vérifient dans un sens que n'avait même pas prévu le théoricien soviétique. La caméra unique du chasseur d'images ne pouvait atteindre cette omniprésence dans l'espace et dans le temps qui permet aujourd'hui seulement de ramener d'immenses coups de filet de documents. »* Mais la question n'est pas tant de l'affluence des prises de vues que de l'orientation du discours sur ou avec, et comment il s'autorise.

Cette question, qui est au cœur de notre problématique, n'a pas échappé à Bazin qui conclut d'un ton inquiet, contrastant avec l'admiration initiale : *« Le ressort principal de la série me paraît dangereux pour l'avenir de l'esprit humain et ne saurait manquer à une histoire attentive du viol des foules.* ***Le principe de ce genre de documentaires consiste essentiellement à prêter aux images la structure logique du discours et au discours lui-même la crédibilité et l'évidence de l'image photographique.*** *Le spectateur a l'illusion d'assister à une démonstration visuelle quand ce n'est en réalité qu'une suite de faits équivoques ne tenant que par le ciment des mots qui les accompagnent. »*

Du thermonucléaire par guerre froide

1946, Bikini, première bombe atomique « pacifique » lancée par l'Amérique, plaçant « la guerre froide » sous le signe de la course à l'arme nucléaire. Sur cet événement, nous pouvons mettre en regard deux actualités Pathé de l'époque et le remarquable travail de reconstitution historique à base d'archives, *Radio Bikini* (1983), réalisé par l'américain Robert Stone, en coproduction avec Kevin Rafferty, auteur notamment d'*Atomic Café* (1982).

La première actualité Pathé, sous la rubrique « Le Progrès », nous présente « l'avion bientôt historique », radiocommandé et sans pilote, que les Américains destinent, nous dit le commentaire, au lancement de la première bombe atomique en temps de paix, sur l'atoll de Bikini. Actualité de facture conventionnelle, présentant une étonnante continuité de forme avec celles de la guerre et de l'avant-guerre (et que l'on retrouvera presque inchangée à la télévision) : commentaire aussi sérieux qu'anonyme contrôlant, d'en haut, des images aussi « objectives » que muettes prises sur le terrain, en l'occurence le terrain d'aviation et dans l'avion lui-même, où, fait exceptionnel, l'on voit prendre place un cameraman : comme si l'absence de pilote obligeait en contrepartie à montrer pour une fois (fort brièvement) la présence humaine d'un preneur de vue. Le montage simple et « professionnel » alterne vues de l'extérieur et de l'intérieur de l'avion, où les commandes radio-guidées bougent toutes seules. Le ton se veut descriptif, bien qu'il nous paraisse plus emphatique que celui d'aujourd'hui. Il est empreint d'un triomphalisme qui, s'il n'est plus guerrier, reste sûr du progrès et nous le garantit.

« *L'avion du grand mystère fait un atterrissage impeccable... Tous les jours, la vie devient de plus en plus simple.* » Ainsi le bombardier atomique prend place dans la vie domestique moderne, entre le réfrigérateur et la radio : « *tous les jours la vie devient de plus en plus simple* ! ». Conclusion rassurante, il faut vivre avec son temps : voir les nombreux films de propagande produits aux USA dans les années 50-60, destinés à banaliser l'explosion atomique et à familiariser le public avec les exercices d'alerte et les abris anti-atomiques (pot-pourri dans *Atomic Café*). Pour se vouloir rassurante et banalisante, la conclusion Pathé n'en est pas moins surréaliste : on imagine assez bien, peint par Magritte, un grand bombardier gris dont le cockpit inhabité serait floqué de petits nuages blancs tout comme l'azur qui l'entoure, une grosse pomme verte sous la queue, et accompagné d'une de ces légendes évidentes et étranges dont Magritte avait le secret : « chaque jour la vie devient de plus en plus simple ».

La deuxième actualité Pathé est plus substantielle. Ce n'est pas une simple information mais un sujet de trois minutes sur l'imminente explosion de la bombe atomique à Bikini : premier essai nucléaire en mer dont l'objectif, à forte charge symbolique, est constitué de vaisseaux rescapés « *de ce qui fut la grande flotte japonaise* ». Après l'introduction en termes de géographie logistique, le commentaire joue du contraste entre charme des mers du sud et puissance de destruction, entre calme nature et nécessités du progrès, dont chacun sait, comme le speaker et les naturels eux-mêmes, qu'on ne l'arrête pas : « *Rien ne restera plus du paysage enchanté où une douce peuplade goûtait les charmes de la vie des mers du sud* (cliché des naturelles sur la plage faisant au revoir). *Malgré tout, la bonne humeur n'a pas disparu et c'est apparemment de bon cœur* (indigènes riant entourant un officier américain assis sous les cocotiers) *que les 165 habitants de l'île ont rassemblé dans une natte tous leurs biens pour monter à bord du navire américain qui va les emmener vers des cieux moins périlleusement exposés à la dernière invention des hommes.* » Le commentaire cultive avec une naïveté touchante l'art du retournement et l'amalgame à la cause commune : le navire américain va finalement sauver ces bonnes gens, les mettre à l'abri des conséquences locales de l'inéluctable progrès scientifique universel auquel, comme tous les hommes, ils participent.

Le constat « objectif » pose côté à côte ces deux réalités, l'île bienheureuse et la bombe formidable, balance de l'une à l'autre, sans prendre parti, étant entendu que le parti est déjà forcément pris puisque l'une va radicalement détruire l'autre, qu'il faut donc faire contre mauvaise fortune bon cœur. Des questions simples comme : « qui décide d'une telle catastrophe, pourquoi, quelles conséquences ? » ne sont tout simplement pas posées. Elles sont même objectivement oblitérées par la forêt des « comment » : preuve de la transparence démocratique, nous sommes clairement informés, chiffres définitifs à l'appui, du (bon) déroulement des opérations... vues de la tour de contrôle dont on nous fait partager le point de vue rationnel et la maîtrise.

Le mérite du film de Robert Stone, *Radio Bikini*, est de mettre à nu ce processus d'information-occultation par lequel la propagande, sous couvert de renseigner et responsabiliser, programme une véritable irresponsabilité et inconscience collectives. « C'est inéluctable, il faut faire face au progrès, faites nous confiance ». En fait d'explication, le dispositif propagandiste ne vise ici qu'à banaliser et rassurer ; il ne rend aucun compte mais fait passer des décisions déjà prises sans le public au nom du public. Robert Stone évite le piège de la contre-propagande, qui n'aurait fait qu'en remettre une couche (écologiste, gauchiste ou anti-impérialiste). Il fait un choix radical : pas de commentaire ajouté pour mieux faire ressortir le mensonge des commentaires d'époque et la mise en scène des discours « responsables » (officiers raides et affirmatifs face caméra). En conservant les claps et annonces des prises, voire plusieurs prises du même plan (notamment de cet officier répétant pour la caméra devant les insulaires prostrés : « *for the benefit of mankind* », « *pour le bénéfice de l'humanité* »), Stone fait apparaître la propagande pour ce qu'elle est. Mis en position de rapporter les discours à leur dispositif, le spectateur ne croit plus ce qu'on lui raconte, il voit ce qu'on voulait lui faire croire. Mais l'effet de dérision, d'auto-dénonciation ainsi provoquée n'est pas suffisant (c'est la limite d'*Atomic Café*). Pour rendre compte de l'ampleur du drame en stéréophonie, Robert Stone fait appel à deux témoins clés : le vieux chef des habitants de Bikini et le président de l'association des marins vétérans de Bikini (que la fin du film révèlera amputé des deux jambes, avec une main monstrueusement décuplée, et qui mourra d'un cancer généralisé quelques mois après le tournage).

Nous retrouvons les plans de l'île de Bikini qui figuraient dans les actualités Pathé — fournis forcément par l'armée américaine — mais éclairés fort différemment par les nuances d'un montage conférant une tout autre tonalité à la scène. Au commentaire « informatif » de la propagande, Robert

Stone oppose la poésie des lieux et des habitants, en sonorisant les plans avec le bruit du vent, des vagues, des rires, un chant ethnique et en ajoutant des plans à valeur émotive indigène contrastant avec les images d'actualité « vues d'avion » : un enfant nu jouant seul sur la plage, un esquif de pêcheurs, des femmes faisant une dernière offrande sur les tombes de leurs morts, des jeunes filles roulant leurs affaires dans des nattes, une pirogue arrachée à la mer par la grue du croiseur américain, à bord du croiseur des enfants regardant s'éloigner leur île à tout jamais… On est loin du commentaire Pathé de cironstance*(« malgré tout, la bonne humeur n'a pas disparu et c'est apparemment de bon cœur que les habitants de l'île… »)*, d'autant que le vieux chef nous dit aujourd'hui encore leur nostalgie d'alors : « *Il m'est difficile d'exprimer la douleur que nous avons ressenti à notre départ. On les a vu brûler toutes nos maisons. Ils ont tout brûlé même nos pirogues. Au moment du départ la tristesse nous a envahis, tristesse qui nous a ôté l'envie de nous nourrir.* » Face aux discours controuvés des représentants américain et russe à l'ONU — celui-là disant qu'il appartient aux autres nations de s'en tenir là, de ne pas se lancer dans une mortelle course à la bombe ; celui-ci affirmant que pour l'URSS il n'est pas question d'en fabriquer ! — c'est encore le vieux chef indigène qui donne tout simple et tout cru le fin mot de l'histoire : « *Ils ont dit qu'ils avaient besoin de le faire pour garder les autres nations sous leur contrôle. Pour ça, ils ont bombardé mon île.* »

Mais Robert Stone ne recherche ni le pathos, ni l'effet « j'accuse », il tisse un contrepoint audiovisuel des forces en présence, des raisons (et déraisons) de vivre et survivre des uns et des autres. Pour ce faire, il contrebalance le point de vue impérialiste par le point de vue des natifs. « *Ils n'arrêtaient pas de nous photographier. Mais à l'époque je ne savais même pas ce qu'était un appareil photo. Je ne comprenais pas pourquoi ils remettaient ça sans arrêt.* » Ces propos du chef sur les claps réitérées de la propagande *(« for the benefit of mankind… for the benefit of mankind… au bénéfice de l'humanité »)* devant un parterre d'indigènes perplexes, font que naïveté et ridicule changent de camp. Stone ne s'en tient pas à ce simple rééquilibrage des forces, où la vie (et la poésie) locale s'opposent à la raison (et à l'information) « universelle ». Avec subtilité et humour, il sait mettre en scène cette capacité tragi-comique qu'ont les humains à danser sur le volcan (surtout quand c'est eux qui l'allument), cette force de survie aussi admirable qu'aveugle qui trouve à se distraire jusqu'au bord de la destruction. Des images d'amateur en couleur prises sur place, et que Stone accompagne d'une de ces chansons hawaïennes à la mode à l'époque, nous montrent des soldats allant se baigner, jouant au volley sur la plage, buvant force bières et sifflant les rares filles de l'équipée, aspect Club Mediterrannée assez inattendu en ces lieux condamnés, tandis qu'une éphémère radio militaire amuse la troupe : « *C'est la première et certainement la dernière fois qu'une radio émet de Bikini !* ». Joyeusetés sympathiques et pathétiques qui montrent (aussi clairement que les romans de Kundera ou Gombrowicz) que la cruelle inconscience est la chose du monde la mieux partagée. Ce voile d'irresponsabilité qui semble accompagner toutes nos actions — voile aussi salutaire à la survie qu'il peut être dangereux pour la vie — Stone en étend la portée jusque dans les intérieurs américains, représentés familialement (par un jeu de films publicitaires pour les appareils de TSF) en train d'écouter religieusement la radio. Le montage en fait ainsi les (faux)témoins du reportage sur le lancement de la bombe, que Stone reconstitue comme un direct télé en utilisant le radio-reportage « sportif » de l'événement à l'époque et les prises de vues muettes de l'armée. Où l'on voit que les recettes médiatiques du suspense (nos héros vont-ils réussir ?), du pathos (dialogue en direct entre le pilote du bombardier et sa maman) et de l'enthousiasme obligé n'ont pas changé d'un iota, même si, depuis, le ton journalistique s'est fait moins amphigourique pour se dire plus objectif.

Selon une recette hollywoodienne bien rodée (qui sert encore dans des *casus belli* comme *Tempête du désert*, en 1991), la mise en scène à suspense de l'opération, orchestrée par l'appareil militaire et médiatique (et bien parodiée par Robert Stone) inverse le sens du danger : ce ne sont pas les effets de la bombe mais les risques que prennent ceux qui la lancent, qui suscitent le frisson. Le spectateur est amené à s'identifier à la courageuse équipe des bombardeurs (ils prennent des risques, calculés mais quand même !), pas aux insignifiants bombardés (mis hors jeu et hors champ). Si bien que l'explosion advient comme un exploit que l'audience ressent avec émotion, admiration et soulagement [3].

3. Cela explique la phrase apparemment paradoxale lancée par le speaker de ABC, en direct de l'aérodrome d'où décolle le bombardier : « *Je suis à proximité d'une certain bombe atomique, la bombe de Bikini. Il est curieux et aussi satisfaisant de savoir cette bombe si proche !* »

« *Tu n'as rien vu à Hiroshima, rien* »

« *Cette charpente et ce plancher gigantesque des concepts, auxquels l'homme nécessiteux se cramponne durant sa vie et ainsi se sauve, n'est plus pour l'intellect libéré qu'un échaffaudage et qu'un jouet pour ses œuvres d'art les plus audacieuses ; et lorqu'il le casse, le met en pièces, le reconstruit en assemblant ironiquement les pièces les plus disparates et en séparant les pièces qui s'imbriquent le mieux, il révèle qu'il se passe fort bien de cet expédient qu'est l'indigence, et qu'il n'est plus désormais guidé par des concepts mais par des intuitions.(...) Pour elles, le mot n'a pas encore été forgé, l'homme devient muet quand il les voit ou ne parle que par métaphores interdites et enchaînements conceptuels inouïs jusqu'alors, pour répondre de façon créatrice à l'impression que fait la puissance de l'intuition présente, au moins par la dérision et par la destruction des vieilles barrières conceptuelles.* » (F. Nietzsche, *Vérité et mensonge au sens extra-moral*, in *La Philosophie à l'époque tragique des Grecs*, Folio, p. 219). Quand la charpente est pourrie, le plancher crevé, quand la maison n'est plus habitable, quand les vieilles catégories de la Raison ont engendré de monstrueuses boursouflures, force est de réinventer — par un corps à corps poétique avec le monde et les mots — un langage nouveau qui puisse à nouveau être la demeure de l'homme. C'est cette résurrection nécessaire que met en œuvre *Hiroshima mon amour*. Car comment penser, aimer, filmer après Auschwitz et Hiroshima, si ce n'est en réinventant l'amour et le cinéma l'un par l'autre, la mémoire et l'oubli l'un par l'autre, la douleur et le désir l'un par l'autre. Comment faire autrement pour que nos regards ne restent pas vides comme les yeux des victimes d'Hiroshima ? « *Tu n'as rien vu à Hiroshima, rien. — J'ai tout vu, tout... Ainsi l'hôpital je l'ai vu... Quatre fois au musée à Hiroshima... Les reconstitutions ont été faites le plus sérieusement possible. Les films ont été faits le plus sérieusement possible. L'illusion, c'est bien simple, est tellement parfaite que les touristes pleurent... J'ai vu les actualités, je les ai vues. Du premier jour. Du deuxième jour. Du troisième jour... De même que dans l'amour cette illusion existe, cette illusion de pouvoir ne jamais oublier, de même j'ai eu l'illusion devant Hiroshima que jamais je n'oublierais... Écoute-moi. Je sais encore. Ça recommencera.* »

Est-ce un hasard si deux des films les plus novateurs du cinéma moderne — encadrant la deuxième guerre mondiale : *Citizen Kane* (1941) et *Hiroshima mon amour* (1959) — se confrontent chacun à sa façon aux nouvelles puissances planétaires (l'une médiatique, l'autre apocalyptique), **avec la sûre intuition de devoir appréhender ces puissances à l'échelle humaine subjective qu'elles dénient**, c'est-à-dire en s'opposant aux rationnalisations « objectives » qu'elles se sont fabriquées. D'où la nécessité, ici et là, de commencer par la déconstruction de ces discours *(« la dérision et la destruction des vieilles barrières conceptuelles »)*, afin de pouvoir leur reprendre la parole, leur opposer une autre parole, donc réinventer catégoriquement la prose du monde. « *J'ai raconté à Marguerite Duras comment on ne pouvait pas faire un film sur la bombe atomique. Je lui ai dit : ce qui serait amusant, ce serait de faire une histoire d'amour (une espèce de* Moderato Cantabile) *mais d'où l'angoisse atomique ne serait pas absente. Elle a commencé par dire qu'en effet c'était impossible.* » (Alain Resnais, in Cinéma 59, n° 38).

L'enquête sur la vie du premier magnat des médias, Charles Foster Kane, commençait par un pastiche des actualités qui reproduisait les mensonges du genre, sur le modèle de *The March of Time*. *Rosebud* n'est pas seulement la clef des songes enfuis de Kane, c'est la réponse wellesienne du berger à la bergère : là où le « documentaire » fait du faux en personnage (comme on dit « faux en écriture »), la fiction se met en quête de la vérité de l'homme. À l'Histoire « objective » fabriquée par collage de clichés, Welles oppose les coups de sonde et les coupes sombres dans les mémoires survivantes ; au point de vue unique et unifiant du commentaire, les témoignages contradictoires ; à la fausse identité de la célébrité, les jeux de rôles de la vie ; à la logique du destin accompli, une trajectoire brisée faite d'occasions saisies et de rencontres ratées. « *Ainsi l'essence humaine — non pas la nature humaine (qui n'existe pas), ni la somme des qualités et des défauts de l'individu, mais l'essence de* **qui** *est quelqu'un — ne commence à exister que lorsque la vie s'en va, ne laissant rien derrière elle qu'une histoire.* » (Hannah Arendt, *Condition de l'homme moderne*, 1961). De cet univers brisé, comme la boule-neige échappée de la main du mourant, Welles ramasse les morceaux : récit en coupe transversale, en profondeur de champ, en éclats et raccourcis, laissant des ombres au tableau, anamnèse en abîme qui renouvelle et la vision du cinéma, et la vision du pouvoir des images. Le sens de l'histoire ne s'épuise pas dans une *happy-end*, ni le film dans un mot de la fin (*Rosebud* plutôt le reboucle) car la vie n'est pas un sens unique.

Une autre main en gros plan, au début de *Hiroshima mon amour* cette fois, une main de femme nue sur un dos nu d'homme qui émergent des cendres, de la pluie, du sable (Les auteurs ont renoncé à l'essor initial du champignon atomique). Ici, pas d'anamorphose baroque comme chez Kane, mais des parties de corps enlacés comme des études de Rodin, étreinte sculpturale qui bientôt s'avère aussi porte de l'enfer : « *Tu n'as rien vu à Hiroshima, rien. — J'ai tout vu, tout.* » Et nous les voyons ces images, toutes ces images d'actualité, de documentaire, de reconstitution qui crient, autant que l'horreur sans phrase, leur odieux constat, leur impuissance pitoyable et la nôtre (« *que peut faire d'autre un touriste que justement pleurer ?* »). Ca a eu lieu, ça a été possible[4]… mais l'image même d'actualité reste toujours virtuelle ; elle nous approche en même temps qu'elle nous éloigne et nous tient à distance de ce fameux « réel ». Et n'est-ce pas le même monde-canon qui a lancé la bombe et qui compte maintenant les victimes, fouille les décombres, analyse les plaies, objective et rationnalise encore : hôpital, musée, cinéma. Il faut tout reprendre à zéro, « *tu n'as rien vu, rien* ».

Comment voir ? Comment dévisager ce qui s'est vraiment passé et envisager un monde encore possible ? Impossible sans réincarner le verbe dans une chair qui tienne par un bout à cette souffrance infligée, et par l'autre à l'amoureux oubli. L'audace artistique qui met en parallèle les corps brûlés, mutilés de Hiroshima, et l'étreinte d'un japonais et d'une comédienne française venue jouer les reconstitutions, répond à l'appel de Nietzsche à casser, mettre en pièces l'échaffaudage des vieilles raisons et à « *reconstruire en assemblant ironiquement les pièces les plus disparates et en séparant les pièces qui s'imbriquent le mieux* ». Alors ce sont les longs travellings chers à Resnais dans le couloir de l'hôpital, les allées du musée, les rues de Hiroshima, qui viennent à la fois contredire et reprendre les actualités ; et les scansions poétiques de Duras qui jettent le trouble dans les images, inventant des « *métaphores interdites et enchaînements conceptuels inouïs jusqu'alors* ».

Les actualités du 15e jour aussi : plaies, enfants brûlés, défigurés, pinces chirurgicales tentant de les panser : « *Hiroshima se recouvrit de fleurs. Ce n'était partout que bleuets et glaïeuls, et volubilis et belles-d'un-jour qui renaissaient des cendres avec une extraordinaire vigueur, inconnue juque là chez les fleurs.* » Travelling sur les vitrines du musée : « *J'ai regardé les gens. J'ai regardé moi-même pensivement, le fer. Le fer brûlé, le fer brisé, le fer devenu vulnérable comme la chair. J'ai vu des capsules en bouquets : qui y aurait pensé ? Des peaux humaines flottantes, survivantes, encore dans la fraîcheur de leur souffrance.* » Et la voix suave d'Emmanuelle Riva cherchant à se convaincre elle-même, puis à persuader, puis à ne plus douter, récitatif plus pathétique qu'un réquisitoire. « *J'ai vu les actualités… Mais ça continue… Contre qui la colère des villes entières ?… J'ai lutté pour mon compte, de toutes mes forces, chaque jour, contre l'horreur de ne plus comprendre du tout le pourquoi de se souvenir. Comme toi, j'ai oublié… Écoute-moi. je sais encore. Ça recommencera.* » Et puis la voix se relâche, s'abandonne, comme l'eau étale, la douleur diffuse qui reflue et se fait soulagement, bonheur même : « *Les sept branches de l'estuaire en delta de la rivière Ota se vident et se remplissent à l'heure habituelle… Je te rencontre. Je me souviens de toi. Qui es-tu ? Tu me tues, tu me fais du bien… Tu me plais,* ***quel événement****.* » Voilà que le mot par excellence réservé à l'actualité et à ses commentaires « objectifs » se retrouve dans l'alcôve, happé comme fragment d'un discours amoureux : quel bouleversement ! « *C'est fou ce que tu as une belle peau. Toi… — Moi oui, tu m'auras vu… — Tu y étais toi à Hiroshima ? — Non… bien sûr. — Oh, c'est vrai… je suis bête.* » Et elle sourit.

Pouvoir en arriver là, à cette envie de rire, à ce rire d'envie de vie, à ce que ça passe après toute cette casse, c'est la preuve que le film a gagné son pari et son paradis : partant de l'impossibilité de faire un film sur la bombe atomique — qui ne soit pas banalisation de l'horreur ou vain pathos — partant de l'impossibilité de faire du cinéma comme avant, *Hiroshima mon amour* invente comment faire du cinéma après. Loin d'être commémoration, il fallait que l'anamnèse soit transgression, transgression des sacro-saintes frontières du documentaire et de la fiction, de l'objectif et du subjectif… pour que l'histoire — avec un grand H, celle où les

4. L'historienne Sylvie Lindeperg remarque que la bombe de Hiroshima n'apparaît pas dans les actualités françaises de 1945, sauf dans la rétrospective de fin d'année.

bombes explosent toutes seules et qui se raconte toute seule aux actualités — pour que l'histoire retrouve un sujet. *« Rencontrer dans un film une héroïne ayant un geste vrai ou une intonation juste suppose de la part du cinéaste la réussite d'une entreprise de la plus extrême difficulté : c'est une chose qui arrive une fois par an, provoque un choc chez le spectateur sensible, et périme à chaque fois quarante films d'un seul coup, rétroactivement voués au Vraisemblable pur. »* (Christian Metz, *Vers le déclin d'un Vraisemblable ?, Essais sur la signification au cinéma,* T2, p. 238). L'ironie de l'aventure, c'est que cette intuition créatrice, au sens de Nietzche, puisse se faire jour presque à l'insu de l'auteur, comme l'atteste cette déclaration d'Alain Resnais au magazine *Clarté* (février 1961) : *« Personnellement je pensais avoir fait un film* vieux jeu, *façon 1930, avec des recherches de montage et de découpage, quelque chose comme* Intolérance » ! Ironie de l'ironie : le Festival de Cannes refusa le film en Sélection officielle pour ne pas blesser les Américains, mais le film, distribué aux États-Unis l'année suivante, remporta un grand succès auprès du public américain.

Post-scriptum

Bien sûr, la raison d'État n'a pas rendu les armes (ni l'âme) devant *Hiroshima mon amour.* Des explosions nucléaires, il y en a eu d'autres, il y en aura d'autres : *« Ca recommencera. Il fera dix mille degrés sur la terre. Dix mille soleils dira-t-on. »* Le film est même contemporain de l'accélération de la course à l'arme atomique et de la crise de Cuba. Il n'en figure pas moins une pierre blanche dans la crise et la prise de conscience *« contre l'inégalité posée en principe par certains peuples contre d'autres peuples, contre l'inégalité posée en principe par certaines races contre d'autres races, contre l'inégalité posée en principe par certaines classes contre d'autres classes. »* Trente ans plus tard, un dimanche soir de mai 1989 à 20h 30, le téléspectateur français aura encore la surprise de voir s'ouvrir une nouvelle case documentaire de la chaîne FR3 sur *L'Aventure de la dissuasion française,* du Sahara à Moruroa, film produit et réalisé par le SIRPA, c'est-à-dire le Service cinématographique des armées. Ironie du sort ou sens des contrastes, ce film de propagande, diffusé sans autre forme de procès, devait être suivi de la série *Propaganda : messages et mensonges !*

Il est vrai qu'à la même époque, la Sept-Arte diffusait *Radio-Bikini* puis *Missile,* le documentaire réalisé en 1987 par Frederick Wiseman sur l'entraînement du personnel chargé de l'éventuelle mise à feu des missiles nucléaires américains. Ici, le cinéma direct à son synchrone (voir chapitres 8 et 9) coupe court à toute autre propagande que celle de l'institution qui s'expose comme telle. Cette approche *in situ* retourne le questionnement de la responsabilité, le reporte du sommet à la base, en faisant suivre au spectateur l'entraînement des futurs agents d'une future guerre nucléaire, mettant ainsi la conscience du spectateur face à celle de ces volontaires décidés à ne plus avoir de cas de conscience. Nous voilà aux antipodes du personnage d'Emmanuelle Riva qui disait à son amour d'Hiroshima : *« Je suis d'une moralité douteuse… c'est-à-dire que je doute de la morale des autres. »*

Le manque à l'image (le déni de l'image pleine) ; l'écart entre l'image et ce qu'elle re-présente, et entre l'image distante et le regard actuel ; la mise en scène d'une polarité subjective nécessaire à recréer une tension, un courant alternatif avec l'apparente objectivité des images ; la mise en conscience du regard et de la relativité de la vision (au sens einsteinien de système de relations dans et à l'espace-temps, rien à voir avec l'équivoque « tout est relatif ») : telles sont les brèches ouvertes par Alain Resnais dans le documentaire d'après-guerre, qui sont autant de nouvelles lignes de fuite poétiques.

6

Détourner la voix, retourner les images (Resnais, Marker, Franju)

Au moment où la fiction devient parlante, le documentaire devient parlé : commentaire de studio sur les images muettes du monde. Il ne faudrait pas en déduire pour autant, disions nous (chap. 4), que la voix off serait fatalement vouée au commentaire propagandiste anonyme officiant comme à la messe. (Le terme « propagande » vient de « *propaganda fidae* », Congrégation pour propager la foi, fondée en 1622 par le pape Grégoire XV pour lancer la Contre-Réforme). Dans l'immédiat après-guerre, quand se fut brutalement découvert l'envers des propagandes : camps de concentration et apocalypse atomique, il ne pouvait guère être question, pour des jeunes cinéastes, de propager telle quelle « la foi » dans la réalité des images et la vérité du commentaire. Nous avons vu qu'il ne suffisait pas de changer le contenu du commentaire, d'opposer une propagande démocratique à une propagande totalitaire. Pour sortir de la spirale, il fallait mettre en question la représentation du monde, changer et la nature du discours (d'où ça parle, de quelle autorité ?), et le rapport voix/images, et la relation du film au spectateur (que toute propagande traite en otage ou complice de « sa » vérité). Cette nécessaire réforme de l'entendement allait conduire de jeunes cinéastes (Resnais, Franju, Marker, Rouch) à réinventer le documentaire commenté, avant l'explosion du cinéma direct (cf. chapitre 8) et parallèlement au documentaire joué, en vogue surtout chez les anglo-saxons (cf. chap. 7).

Sans l'ombre d'un doute

Bien sûr, la Libération a été le théâtre de luttes entre communistes, gaullistes et alliés, propagande filmée à l'appui (cf.Sylvie Lindheperg, *Les Écrans de l'ombre,* éd. CNRS, 1997). Bien sûr les actualités ont aussi été l'enjeu de ces luttes. Mais en deçà de telle ou telle tendance idéologique, le dispositif « actualitaire » dominant — images « objectivement » commentées avec éventuelles « réalités » reconstituées ou mises en scène — est resté le même. Nous l'avons vu dans les actualités Pathé de 1946 sur Bikini. Le même dispositif triomphalement positif et auto-satisfait persistera au service de la reconstruction après-guerre, de la guerre froide et du colonialisme, bref du « progrès », jusqu'à la disparition des actualités filmées à la fin des années 60. Le discours est toujours celui des représentants et représentations au pouvoir, dont la télévision deviendra ensuite le relais principal.

Deux exemples tirés de la série documentaire *Propaganda : mensonges et messages* (INA, 1982) exhibe le « principe de réalité » propagandiste des actualités :

- recyclage des mêmes plans « pris sur le vif » pour dénoncer successivement, en 1955 et 1956, « les terroristes » marocains puis algériens ;
- scène entièrement fabriquée donnée par le commentaire pour « *une histoire véridique : trois jeunes soldats français parlant arabe* (la caméra suit trois lurons déguisés dans un bled désert) *se sont fait passer pour des agents fellagha ; s'étant présentés à un musulman suspect* (un figurant en chèchia ouvre sa porte, sort sur le seuil et bouge les lèvres) *ils ont pu obtenir quelques noms de terroristes* ».

Le dispositif du commentaire omniscient, ne faisant apparemment que décrire « objectivement » les images qui l'illustrent, se retrouvera transposé dans les reportages et « sujets » des journaux télévisés, augmenté de micro-trottoirs et de la couleur. Si l'on doute que ce discours en images incarne la seule forme possible de l'Objectivité, comme il le prétend, comment expliquer sa constance ? Nous reprendrons la question au chapitre 14, mais déjà se dégagent quelques lignes de force. Dans les mass-medias audiovisuels — bien davantage que dans la presse, plus diversifiée [1] — il s'agit de produire non des opinions mais un public consensuel (à usage de l'État ou des annonceurs), non une réflexion mais une unanimité ; et il s'agit de fournir au public moins des connaissances qu'une identification au double sens de **reconnaissance** de soi et du monde. (Et le mot français « reconnaissance » est doublement pertinent, qui signifie aussi bien gratification que répérage du terrain). André Bazin ne critiquait-il pas le même œcuménisme dans la production de fiction d'après-guerre : « *En dépit de son caractère privé, la production cinématographique se comporte, en raison de l'audience qu'elle sollicite, comme une radio d'État. Dans cette mesure il est donc vrai qu'elle s'interdit des sujets qui n'ont aucune raison esthétique d'être négligés, et qu'elle stérilise volontairement ceux qu'elle ose exceptionnellement aborder.* » (André Bazin, *De la forme et du fond,* 1951, in *Le Cinéma français de la Libération à la Nouvelle Vague,* éd. Cahiers du Cinéma, Paris, 1983).

Pour se convaincre de l'étonnante permanence du ton, du traitement, du genre des « actualités », on peut rapprocher deux critiques à trente ans de distance. Béla Balazs en 1930 : « *Qu'est-ce que ces prises de vues de sport, de parades, de catastrophes, apprendront aux historiens sur les événements historiques décisifs ?... Nos actualités apparaîtront comme un des plus grands mensonges de l'histoire.* » *(L'Esprit du cinéma,* Payot 1977, p. 197). Et Hans Magnus Enzensberger qui propose, en 1965, une « dissection » des actualités *(Un monde en petits morceaux,* in *Culture ou mise en condition ?* Julliard, Paris 1965, p. 97), que Jean Gili résume ainsi : « *Enzensberger montre que les rubriques (des actualités filmées) peuvent être ramenées à six types principaux. Le premier, consacré aux animaux, est en dehors du temps et de l'espace, sa valeur informative est nulle et son rôle positif consiste à détourner le regard du spectateur de tout ce qui le concerne réellement. Dans le deuxième type, consacré aux mondanités, le spectateur exerce son imagination à des rêves sociaux dont, simple badaud, il ne peut envisager la réalisation et pour lesquels il doit se contenter des satisfactions de remplacement du voyeur. Le troisième type*

1. « *La presse écrite s'exprime par des organes différenciés, adaptés techniquement à leur rôle. Un journal a un ton, une ligne, une personnalité fut-elle extérieure et factice. On ne lit pas* Le Temps *comme* Le Matin. *Mais les cinq journaux filmés projetés sur les écrans français sont interchangeables. Au lieu d'une œuvre organisée, on nous présente une tranche d'actualité informe et anonyme.* » (Roger Leenhardt, *Esprit 1936*, in *Chroniques*, Cahiers du cinéma Essais, Paris 1986).

semble entrer dans le champ de l'histoire puiqu'il met en scène des personnalités politiques : l'imagerie d'Epinal est son domaine et l'ampleur du cérémonial doit donner l'illusion au spectateur qu'il a la chance d'être témoin oculaire d'un événement historique. Le quatrième type — le progrès — fait appel à une participation active dans la mesure où il propose une vision dynamique ou plutôt un exemple à suivre pour un public que l'on veut moutonnier. Le cinquième type — les rassemblements de foule — est destiné à produire un état d'ivresse, le spectateur se voit lui-même dans l'arène. Enfin, le sixième type, c'est la représentation du thème de la catastrophe et de la destruction, thème central qui s'étend à toutes les rubriques des actualités. La catastrophe apparait dans les images comme le seul moteur de l'histoire (« une guerre éclate comme un volcan fait irruption, on enfume des partisans comme on enfume des sauterelles », écrit Enzensberger). *Une semblable vision de l'histoire suppose la croyance dans un destin qui dépasse les initiatives humaines, la démission face à une fatalité contre laquelle il n'y a rien à faire ; cette perspective contient implicitement l'annulation de toute responsabilité et donc de toute culpabilité.* » (Jean Gili, *Actualités et films de montage*, in *Études Cinématographiques* n° 73-81, Paris, 1970).

Paradoxalement l'actualité semble conférer un caractère virtuel à la réalité. **Ce pouvoir magique de déréaliser paraît l'ombre portée de la capacité technique à rendre partout le monde visible à lui-même, « actuel » au sens de Benjamin.** L'image faite cliché ne prépare pas mais remplace l'expérience. « *Tout ce qui était vécu s'est éloigné dans la représentation* », suivant la formule de Ludwig Feuerbach. De cette société du spectacle en gestation, un contemporain de Benjamin, Robert Musil, avait eu plus que l'intuition puisqu'il en fit l'argument d'un grand roman philosophique, *L'Homme sans qualités* (1931-33) : « *De nos jours le centre de gravité de la responsabilité n'est plus en l'homme, mais dans les rapports des choses entre elles. N'a-t-on pas remarqué que les expériences vécues se sont détachées de l'homme ? Elles sont passées sur la scène, dans les livres, dans les rapports des laboratoires et des expéditions scientifiques, dans les communautés religieuses ou autres, qui développent certaines formes d'expérience aux dépens des autres comme dans une expérimentation sociale. Dans la mesure où les expériences vécues ne se trouvent pas, précisément, dans le travail, elles sont tout simplement dans l'air. Qui oserait encore prétendre aujourd'hui que sa colère soit vraiment la sienne, quand tant de gens se mêlent de lui en parler et de s'y retrouver mieux que lui-même ? Il s'est constitué un monde de qualités sans hommes, d'expériences vécues sans personne pour les vivre.* » (Folio, T1, p. 233). Cette description s'applique comme un gant aux « fantômes du permanent » que sont les nouvelles et les actualités filmées ?

Ainsi informée et commentée, la réalité ne prend pas figure de connaissance pour l'action mais de spectacle. Aveugle à cette abstraction du monde par l'actualité (les professionnels disent « couvrir l'événement ») et aveuglé par l'idéal de transparence médiatique, un responsable des « news » d'une chaîne américaine n'a-t-il pas pronostiqué qu'Auschwitz n'aurait pu avoir lieu si la télévison avait existé ! D'abord, le remarquable film de Haroun Farocki, *Bilder der Welt und Inschrift des Krieges (La guerre inscrite sur les images du monde,* 1987), traitant des relations entre machines de vision et logistique (cf chap. 12) montre clairement que les Alliés disposaient de vues aériennes d'Auschwitz mais qu'on n'a rien vu, rien su ou rien voulu voir. Ensuite, pour répondre à l'ânerie du pronostic, on n'a malheureusement que l'embarras du choix des sales guerres et massacres survenus depuis que la télé existe ! Ainsi au début de *Veillées d'armes* (1994), Marcel Ophuls, en partance pour Sarajevo assiégé, interviewe-t-il Philippe Noiret sur cette soi-disant portée anti-génocide des objectifs télé. Plus gravement, l'idiotie du *showman* américain révèle la confusion entre démocratie active et démagogie spectaculaire, entre voir et savoir, science et conscience ; elle trahit l'illusionnisme qui préside à l'info télé de masse : produire l'évidence pour tous.

Trois lanciers du Bengale

« *On ne pourrait pas faire aujourd'hui* Les Trois lanciers du Bengale, *dans l'état où nous sommes et le monde avec nous.* » Cette déclaration d'Alain Resnais en 1960 est emblématique de ce qui lie, en deçà de leurs singularités, les jeunes cinéastes français de l'après-guerre, conscients de devoir réinventer le cinéma, à commencer par le documentaire. Alain Resnais, Chris Marker et Georges Franju ont en commun une conscience cinéphile de ce qu'est le cinéma et de ce qu'il doit cesser d'être en tant que directive morale (documentaire) et spectacle-compensateur (fiction). « *Au tournant des années soixante,* note Serge Daney, *Resnais a été mieux qu'un bon cinéaste : un sismographe. Il lui est arrivé cette chose terrible de capter l'événement fondateur de la modernité : qu'au cinéma comme ailleurs, il faudrait compter avec un personnage de plus :* l'espèce humaine. *Or ce personnage venait d'être nié (les camps de concentration), atomisé (la bombe), diminué (la torture), et le cinéma traditionnel était bien incapable de "rendre" cela.* ***Il fallait trouver une forme.*** » *(Ciné-Journal,* éd. Cahiers du Cinéma, p. 164)

Après délire et désastre, le cinéma peut-il contribuer à sauver une réalité humaine, et à quel prix ? La même question se retrouve au cœur de l'autre grand courant qui met en crise le cinéma d'après-guerre, le néo-réalisme italien, particulièrement rossellinien (cf. chap. 7). Avec les bombes, les héros et les idéaux sont tombés du ciel. Pour ramasser les morceaux, l'artiste ne saurait se livrer — à la manière des actualités bien-pensantes ou de la fiction hollywoodienne — à une nouvelle synthèse a priori par la vieille raison, comme si de rien n'était. Encore une fois, à l'échelle planétaire et industrielle cette fois, les Lumières du Progrès ont engendré la Terreur. Mais plus question, comme après la Révolution française, de réaction romantique ; celle-ci aussi a fini par exhaler des monstres. Les claires génies du *Sturm und Drang* ont viré aux forces obscures du mythe nationaliste *(« Le chêne de Gœthe à Buchenwald… on a construit le camp autour »,* commente Jean Cayrol dans *Nuit et brouillard).* **Il faut donc réinventer la lucidité contre les transports fanatiques, en même temps que le sentiment contre la Raison instrumentale.** « *La fission nucléaire, passée du laboratoire sur les populations, après Guernica et l'univers concentrationnaire, a mis un terme à l'idée de l'homme sur laquelle reposait la création humaine. (…) Les formes narratives héritées de l'expérience séculaire des hommes semblent soudain impuissantes à prendre le relais après l'expérience historique des événements décisifs qui ont ouvert l'ère moderne. Conscient des limites de l'art engagé (…), Alain Resnais est cependant un cinéaste indissociable des enjeux de son temps et de la nécessité pour l'art de tenter l'indicible.* » Cette remarque de Marcel Oms à propos de Resnais *(Alain Resnais,* Rivages, Paris, 1988, p. 25) s'applique aussi bien à nos trois lanciers. Et tous trois précipitent, chacun à sa façon, la mise en crise du regard et de l'ordre du discours qu'appelle cette « nécessité de tenter l'indicible » — indicible non pas métaphysique mais entendu comme appréhension de l'horreur ni vue ni prévue et comme ce qui doit être montré et tenté au-delà. « *Tout dérèglement ou tout scepticisme moral induit un refus du bon usage discursif, le rejet des règles narratives traditionnelles.(…) C'est dans ce contexte de remise en cause des « codes de l'usage » qu'il faut situer l'élaboration d'une nouvelle syntaxe cinématographique s'efforçant de mieux rendre compte des mécanismes de la pensée et de son expression.* » (Oms, p. 27).

Les effets de la fission nucléaire se retrouvent non seulement dans le sujet filmé mais dans le sujet filmant, c'est-à-dire dans une dissociation et redistribution **chroniques** des relations entre événement, image et parole. (« Chronique » réfère ici au traitement du temps mais aussi à la maladie, au sens de crise). L'image comme la parole ne peut plus être pleine — si ce n'est d'une auto-satisfaction mensongère — force est de creuser l'une et l'autre, l'une par l'autre, de créer l'écart et la tension entre les images, les mots et les choses, pour leur conférer de nouvelles relations. Comme l'écrit Robert Bresson à la même époque, opposant au *Cinéma*-représentation le *cinématographe*-invention : « *Tout montrer voue le* ***Cinéma*** *au cliché, l'oblige à montrer les choses comme tout le monde a l'habitude de les voir. (…)* ***La fragmentation est indispensable si on ne veut pas tomber dans la représentation.*** » Chez Resnais, cet écart-recomposition se jouera dans les douloureux labyrinthes de la mémoire, entre angoisse et amour fou, recherche du temps perdu conçue comme quête infinie du bon montage, du montage salvateur qui permettra l'oubli. Chez Franju, l'écart sera dans l'insolite, « l'anormal du normal », théâtre de la cruauté d'une simplicité fantastique qui dénude le réel comme par opération chirurgicale. Chez Marker, le spectateur se trouve pris dans un échange de voix (à la manière épistolaire) qui interroge nos images du monde comme autant de troubles photos de famille, et les retourne en images mentales, lieu ambivalent d'espoirs admirables et d'illusions sanglantes. Dans les trois cas, le malaise dans la civilisation, la mise à nu de ses fausses certitudes, est propagé par un jeu de conjonctions poétiques ou de disjonctions ironiques ou fantastiques entre l'image et le commentaire. Faire des trous, souligner le manque à voir ou l'insuffisance du dire, ou au contraire faire saillir l'insupportable excédent de l'image (en cruauté, en crudité), **faire parler l'image et imaginer par le mot**, mettre ainsi l'imaginaire du spectateur au travail contre le banal, tels sont leurs secrets de fabrication pour battre en brèche l'insupportable indicatif présent coutumier de l'actualité parlée. En témoigne singulièrement l'usage intensif du conditionnel dans les commentaires de Marker.

Pourrait s'appliquer au documentaire standardisé, la critique que faisait Resnais du roman balzacien. Il lui reprochait d'être « *la clôture d'un monde cohérent dominé par un narrateur omniscient et sage* ». Aux évidences de l'actualité parlée ou du documentaire touristico-industriel, nos trois lanciers opposent un écart, un décalage chroniques du texte au plan, du plan à l'événement : l'un pointe l'insuffisance de l'autre, le met en question voire l'invalide, mais ces écarts, ces inadéquations ouvrent, à travers la (dis)continuité narrative, des brèches de possibles, des débordements d'imaginaire. Ces poétiques nouvelles reposent, de manière différente mais non moins inventive chez chacun, sur quatre découvertes (au sens perspectif) :

- **une image peut en cacher une autre ;**
- **l'identité de l'énonciateur est sujet de doute ;**
- **l'image (par défaillance ou par excès) montre autre chose que ce qu'on veut lui faire dire ;**
- **le spectateur suggestionné peut voir plus et d'autres images que celles figurant sur la pellicule.**

Et chacun de ces cinéastes affronte la question de l'invisible, au sens de l'insupportable à voir et de l'inapparence des forces qui nous agissent

Nuit et brouillard, poésie contre malédiction

« *Tous les personnages de Resnais ont, un jour, perdu les certitudes qui fondaient leur existence. Une expérience décisive et traumatisante a provoqué la fission nucléaire qui libère désormais une énergie autodestructrice ou ravageuse pour l'environnement humain.* » (Marcel Oms, p. 26). L'écriture déconcertante dont usa Resnais dans *Hiroshima mon amour* fut longuement mûrie, élaborée, éprouvée dans ses courts métrages : *Guernica* (1950, coréalisé avec Robert Hessens), *Les Statues meurent aussi* (1950-53, coréalisé avec Chris Marker), *Nuit et brouillard* (1955), *Toute la mémoire du monde* (1956) et même *Le Chant du Styrène* (1958). Déjà dans les travellings intérieurs de son *Van Gogh* (1948), il n'y a plus de regard indemne posé sur le monde : plus claire que mille soleils, la vision voisine avec l aveuglement…

Noir : un auto-portrait de Van Gogh nous fixe d'un œil si sombre que la cavité en paraît vide.

Blanc : un œil laiteux, comme d'un poisson mort, tenu ouvert par une pince chirurgicale, attend d'être énucléé à Hiroshima.

Horriblement prémonitoire, nous revient à l'esprit l'œil au rasoir du *Chien Andalou* (cf. fin du chap. 1).

« *De quoi naît la peur au cinéma ? De la double menace toujours suspendue au dessus de la tête du spectateur, d'un blanc trop lumineux et d'un noir trop profond. Une lumière si vive, si éblouissante qu'il serait impossible de regarder l'écran en face pour y voir des images. Un noir si dense, si impénétrable qu'il pourrait bien virer au coma dépassé d'un sommeil sans rêves. D'un côté, la conscience est menacée de perte par un excès de lumière, l'image est surexposée. De l'autre côté, il y a la terreur de l'anesthésie, de l'endormissement sans retour.* » (Gérard Leblanc, *Chirurgie de la peur*, in *Georges Franju*, Maison de la Villette, Paris 1992). Comment regarder le monde en face quand la vue se trouve prise entre éblouissement (« *dix mille soleils sur la place de la Paix* ») et évanouissement (« *tu n'as rien vu à Hiroshima, rien* ») ? Peut-être, tel Persée visant la Gorgone au miroir de son bouclier, la réflexion par l'écran peut-elle nous aider à nous revoir, à ne pas nous perdre de vue et paradoxalement à ne pas nous perdre dans le monde objectif qui nous fait face ? Car, si « le sommeil de la raison engendre des monstres », son insomnie et ses veilles technologiques aussi. Hiroshima l'a prouvé. **Le monde est à revoir** ; le détour par l'écran peut-il nous aider, au risque des cauchemars et des spectres, à le repenser et à le rêver de nouveau ? Nous rejoignons l'exergue de Pasolini : « *Étant donné que le cinéma reproduit la réalité, il finit par renvoyer à l'étude de la réalité. Mais d'une façon nouvelle et spéciale, comme si la réalité avait été découverte à travers sa reproduction, et que certains de ses mécanismes d'expression n'étaient apparus que dans cette nouvelle situation réfléchie.* »

Trois ans avant *Hiroshima mon amour*, Resnais affronte l'autre monstre des temps modernes, le camp de concentration, figure industrieuse de la mort concentrée. Comment rendre le monstre visible, c'est-à-dire envisageable, sans sombrer ni dans la surexposition, ni dans le coma ; ni dans la distanciation, ni dans l'insupportable ? Entre image, parole et musique, Resnais va inverser les pôles et court-circuiter les recettes descriptives ou dramatisantes du documentaire courant. D'ailleurs comment une description serait-elle possible ? « *Cette réalité du camp méprisée par ceux qui la fabriquent, insaisissable par ceux qui la subissent, c'est bien vainement que nous essayons d'en ressaisir les restes. Aucune description, aucune image ne peut leur rendre leurs vraies dimensions. Nous ne pouvons que vous montrer l'écorce, la couleur* ». La « simple » illustration est aussi inconcevable qu'inconvenante *(« on se sert des victimes pour fabriquer quelque chose qu'on donne en pâture au monde qui les a assassinées »*, écrit Theodor Adorno dans ses *Notes sur la littérature,* Flammarion, Paris 1984). L'image pleine, suffisante — qui empêcherait que ça recommence jamais, qui aurait idéalement suffi à empêcher ça — n'existe pas. Tout au contraire, vu du camp, « *le vrai monde au loin, pas si loin, n'est plus qu'une image.* » Pour le ton, pas question de jouer l'indignation a posteriori, comme le ferait un documentaire bien-pensant : la naïveté scandalisée d'aujourd'hui ne ferait que prolonger hypocritement l'aveuglement d'hier, de ceux qui n'ont rien vu à Auschwitz, rien. Comme le dira le commentaire, « *un camp de concentration se construit comme un stade ou un grand hôtel... Il y a eu des plans, des devis d'entreprises, sans doute des pots de vin* ». Le ton sera donc précis et posé, sans emphase ni pathos ; ce sera la voix grave et claire, triste et retenue, de Michel Bouquet.

Ce que le commentaire (de l'écrivain Jean Cayrol, rescapé de Mauthausen) se charge de faire ressortir d'abord, ce n'est pas l'horreur des lieux — l'image sera empreinte de ce hurlement silencieux pris dans les murs, les barbelés, les dépouilles — l'horreur d'abord c'est que ça ait eu lieu, que **ça a eu un lieu.** « *Même un paysage tranquille... même une route avec ses voitures... même un village avec un clocher... peuvent conduire tout simplement à un camp de concentration.* » Introduit en badaud tout simplement, le spectateur se voit saisi d'une envie étouffée de hurler qui ne le quittera plus, alors que la voix énumère ces « *noms comme les autres* ». Les lents travellings de Resnais sont moins d'exploration que « d'imploration », au sens où leur mouvement produit moins une projection du spectateur dans le décor qu'une pénétration de son espace intérieur. Au rebours de l'aspect touristique du documentaire traditionnel, le travelling fonctionne ici non comme transport sur les lieux mais comme intériorisation d'une vision, parcours d'une mémoire, fatale et aléatoire, à laquelle chacun prend part. « *L'événement n'est pas un site qu'on visite mais un croisement d'itinéraires possibles, un nœud de relations* ». (Paul Veyne). Resnais opère un miracle exceptionnel en documentaire (que Marker saura aussi produire) : par les effets à la fois disjonctifs et associatifs du commentaire et du montage, les images du monde deviennent images mentales, souvenirs et fantasmes mêlés. Voilà donc un documentaire qui, à la différence de la simple actualité, parvient à relater « *un certain rapport entre les sensations et les souvenirs qui nous entourent simultanément* », et d'autant plus fort que ces souvenirs ne sont pas forcément, pas directement les nôtres, mais le deviennent via l'écran qui les relit et nous y relie.

À partir des matériaux élaborés : travellings in situ, images d'archives, narration, musique, Resnais compose de véritables ciné-phrases restituant, à travers l'impossible « réalité » des lieux, l'intrigue qui les a noués : **l'envers de l'endroit**. Ni exposition, ni explication chronologique (nous ne sommes pas au musée, ni aux actualités), ces phrasés visent à reparcourir — comme on suit des lettres du doigt — les figures logiques d'un espace construit *(« cité vraisemblable : quartier résidentiel, quartier réservé, hôpital et même prison ! »)*, espace fait pour abolir le temps de ceux qu'on y destine. L'étudiante X, l'ingénieur Y, l'ouvrier Z continuent encore à vivre « *sans savoir qu'à mille kilomètres de chez eux, il y a un bloc où ils ont leur place assignée. Il ne manque plus qu'eux.* » La pire horreur, elle est là, dans ce lien invisible, cette liquidation anticipée à distance, cette **pré-vision** que le film nous fait voir. Le fait que ma vie soit liée à celle de tous les autres de mon espèce, c'est ce qui rend possible l'horreur totalitaire produite par ceux-là qui veulent rompre ce lien, en couper planétairement les « sous-hommes » ; mais c'est aussi ce qui rend possible ce que Resnais oppose à l'horreur, l'amour.

Nous sommes pris dans l'histoire (Cayrol parle de « *la foule des pris par erreur* ») comme dans une toile d'araignée que nous tissons, plus ou moins consciemment, sans en connaître le motif ; c'est pour cela qu'il n'y a pas de raison historique (sauf rétrospective) mais des réseaux de petits effets, d'intentions, d'actions qui vont, à notre corps défendant, s'aimanter, s'assembler en causes, se cristalliser en destin, pour le meilleur et pour le pire. « *La cause ne préexiste pas à ses effets,* remarque l'historienne des sciences Isabelle Stengers.

Les effets sont ce qui va donner à l'événement un sens proliférant et éventuellement une cause. » Le cinéma de Resnais, comme celui de Marker, vise à remonter ces liens invisibles, à retourner le tissage et les empreintes que fabrique notre histoire, avec nous, sur nous : énigme des conséquences (car si toutes les conséquences ont des causes — que l'on découvre après coup — il y a bien des causes sans conséquences) ; énigme de l'histoire toujours collective ne se déroulant jamais que dans des cerveaux particuliers. « ***Les fins de l'homme ne lui sont jamais données d'avance, pour qu'il exerce ensuite ses forces à les atteindre ; c'est la faculté nouvelle qui se fixe des fins nouvelles et la force, à mesure qu'elle croît, élargit les bornes où le rêve fixe l'impossible*** ». (Bela Balasz, *Der Tag, 22 mars 1925*, traduction in *Admiranda*, n° 10, 1995)

Telle est la drôle de trame de ce nouveau cinéma parlé, aussi distant du documentaire commenté que du *happy ending*, cinéma du dénudement des fils de l'histoire, sans plus de dénouement. « *Sans savoir qu'à mille kilomètres de chez eux, il y a un bloc où ils ont leur place assignée. (…) Qui de nous veille de cet observatoire pour nous avertir de la venue des nouveaux bourreaux ? Ont-ils vraiment un visage différent du nôtre ? (…) Nous qui feignons de croire que c'est d'un seul temps et d'un seul pays.* » Ce sont ces raccourcis et ramifications court-circuitant l'espace-temps, ces rapprochements par imagination, proprement cinégéniques et pourtant inscrits dans les réseaux neuronaux de la réalité — ces utopies de l'histoire se matérialisant en petits bonheurs ou grands cauchemars — qui font la force émotive, si pénétrante, des documentaires imaginatifs et historiques de Resnais comme de Marker.

Des camps d'extermination, il n'y a pas d'actualité à proprement parler. Ils défient même la notion d'actualité. Quand ils apparaissent à l'écran, c'est qu'ils ont disparu. Lorsqu'ils existaient, ils n'existaient que pour autant qu'ils n'apparaissaient pas, fonctionnant dans le déni de leur existence. Les prisonniers n'y travaillaient-ils pas à leur propre disparition ? Les camps étaient virtuels, fantômes flottants, rumeur : être juif en Europe n'était-ce pas être déjà mort ? Un camp, on est dedans ou on en est loin, on ne peut pas être à côté pour le regarder ou le filmer : dedans c'est pour y mourir, ou si l'on y est gardien, on fait comme ceux qui en sont loin, on l'ignore, et ceux qui habitent autour font aussi comme s'ils étaient loin, comme si de rien n'était. Dans tous les cas, la représentation est exclue, image interdite, aveugle… ou réservée à l'archivage administratif à l'abri des regards. « *Cette réalité du camp méprisée par ceux qui la fabriquent, insaisissable par ceux qui la subissent, c'est bien vainement que nous essayons d'en ressaisir les restes.* » Comment cette réalité admettrait-elle une actualité quelconque ? L'actualité suppose surprise ou rituel, et publicité : l'événement est un désordre imprévisible, ou alors un cérémonial ordonné. Le camp défie ces rassurantes catégories : il est une catastrophe planifiée et tue ; ce qu'il actualise, c'est la mort sans phrase et en série : « *Tous les prisonniers se ressemblent : il s'alignent sur un modèle sans âge qui meurt les yeux ouverts* ».

L'actualité a les mêmes contours et limites que la raison industrielle qui la promeut ; elle ne peut imaginer que le progrès qui la gouverne, engendre aussi là-bas monstres et victimes. Et pourtant : « *En 1945, la grosse industrie s'intéresse à cette main-d'œuvre indéfiniment renouvelable. Des usines ont leurs camps personnels, interdits aux SS. Ces nouvelles villes font partie de l'économie nazie* ». L'actualité ne connaît que l'irruption de catastrophes provisoires dans un monde ordonné et manichéen, mais ne peut (ni ne veut) comprendre les contradictions inhérentes à notre histoire chaotique, les excroissances mortelles de notre principe de réalité industrielle, car elle en ignore objectivement la part d'inhumanité. N'est-ce pas ce que critiquait déjà Balazs quand il parlait du « spectateur petit bourgeois » des actualités : « *Il déplore les dommages causés par le mauvais fonctionnement du système économique. Il ne veut rien savoir de ceux causés par son bon fonctionnement. Il pleure volontiers ceux qui sont irrémédiablement broyés dans l'engrenage, car il y a quelque chose d'apaisant dans le fait qu'on ne puisse plus apporter aucune aide. Parce qu'alors on n'a plus besoin d'aider.* »

Mais voilà que le cinéma parlé de Resnais, comme celui de Marker, troue la toile uniforme des « docu-actu », **pointant le manque à l'image, parlant d'une parole décentrée et décantée, non pas sur mais avec ou contre les images.** Et d'une voix qui n'est pas la voix de son maître mais celle d'un poète, pas celle d'un observateur mais d'un témoin, pas celle d'un envoyé spécial mais d'un alter-ego ; inventant contre le montage illustratif et linéaire, un montage proliférant, opérant des rapprochements jusque là ignorés ou **creusant l'écart entre les images qu'il assemble, et creusant dans les images l'espace du temps pourrait-on dire, arrachant le spectateur à l'immédiateté du vu, à l'évidence de l'image, pour restaurer l'épaisseur d'un vécu, les méandres d'une histoire**, toujours fragmentaire, inachevée, qui ne connaît pas de mot de la fin mais persiste à chercher un sens. Derrière le sacrifice aberrant et obstiné des vies volées, perce la nostalgie des mondes possibles que le monde réel a fait voler en éclats, et derrière la nostalgie la persévérance de nouveaux possibles. « *La musique, c'est presque le principal dans ce genre de films. Il faut une musique précise,* dit Alain Resnais. *Elle donne au film son rythme et même plus. Dans* Nuit et brouillard, *plus l'image est violente, plus la musique est légère. Hans Eisler voulait montrer que l'optimisme et l'espérance de l'homme étaient toujours en arrière-plan.* »

Les images nous regardent

Dans les actualités, reportages ou documentaires, la voix off anonyme ne pose pas question, elle est celle du « bon-sens » et des images reçues (comme on dit « idées reçues »). Elle est la voix du guide, du professeur, du média, de la raison, de la nation. Didactique et politique, elle domine l'événement, ordonne la vision. Elle se situe et situe le spectateur au dessus de la mêlée. Elle est le point de vue de la tour de contrôle. Tout en relatant l'événement, elle en tient le spectateur à distance ; et cette distance qu'elle observe n'est-elle pas le sceau (et le saut[2]) de l'objectivité ? (Nous verrons plus loin, chapitres 8 et 9, comment le cinéma direct va s'inscrire en faux contre cette distance, et comment l'actualité, de son côté, renforcera son dispositif « télé-objectif » par des effets de terrain, essentiellement grâce aux micro-trottoirs : correspondant, protagonistes ou témoins interviewés sur les lieux).

Dans les documentaires de Resnais et Marker, au contraire, la voix est incarnée. Pourtant, le commentateur n'y apparait pas non plus en chair et en os. Le statut du discours ne dépend pas de la personne physique du « speaker » mais de l'articulation entre parole et image. D'où la parole s'adresse-t-elle au spectateur, de quelle autorité, et d'où lui fait-elle voir ?

Dans le dispositif informatif, les images semblent couler d'elles-mêmes à côté du commentaire, comme s'écoule le flux du réel lui-même, et le commentaire nous livre soit la simple explication de leur identité (« le général de Gaulle a rencontré le président Krouchtchev à Moscou », images de la poignée de main des deux hommes, etc.), soit leur confère une généralité qu'elles n'ont pas mais dont elles deviennent l'illustration (« la crise qui frappe les chantiers navals », images de lancement d'un navire, de quais déserts ou d'un piquet de grève…). Le commentaire, détaché, n'exerce pas un regard mais impose une légende aux vues qui défilent devant nos yeux. Au contraire, dans les documentaires de Resnais et Marker, **la voix a un visage : celui des images. C'est que ça nous regarde** (aux deux sens de l'expression), leurs images nous regardent, nous ne faisons pas que les voir. Elles nous questionnent, comme la voix que nous entendons les interrogent et interpellent le regard que nous posons sur elles. Ce n'est pas le discours d'un commentateur intimant au spectateur : « vois-là », trop plein d'évidence évidant les images de toute question. C'est la voix d'un interlocuteur se/nous demandant : que voyons-nous ? Par quoi notre regard est porté non seulement sur les images mais entre les images. **Il se fait parcours**, alors que la voix off ouvre la voie retour vers les origines de l'image non comme « site que l'on visite mais comme nœud de relations. » Dans ce même mouvement, l'imagination se focalise non plus seulement sur l'image projetée mais sur sa réflexion en notre for intérieur, avec les associations qu'elle suscite. Ainsi réfractée, l'image atteint une puissance fabuleuse dans la mesure où s'y superposent le plan subjectif et le plan historique. Les images ne sont plus seulement des vues extérieures du monde, elles intériorisent l'histoire et en charrient les souvenirs comme nos propres visions. Elles réalisent au mieux ce qui, selon Godard, définit physiquement le cinéma : « *ce double mouvement qui nous projette vers autrui en même temps qu'il nous ramène au fond de nous-même* » *(Pierrot mon ami,* in *Jean-Luc Godard par Jean-Luc Godard,* éd. Cahiers du Cinéma, Paris 1985, p. 263).

---

2. William James qualifie de « saltatoire » la conception idéaliste et rationnaliste de la connaissance, opposant sujet et objet pour les réunir, par un saut métaphysique, dans une unité transcendante. Il lui oppose sa conception « ambulatoire » de la connaissance, intentionnelle et contextuelle, comme « déplacement à travers des expériences intermédiaires ». (cf. W. James, *La signification de la vérité,* p. 102, Antipodes, Lausane, 1998)

Le montage audiovisuel en devient profondément significatif : c'est-à-dire qu'il nous rend sensible non seulement le dialogue entre les images, entre la voix et les images, mais aussi le dialogue entre les images et leur réflexion via l'interlocuteur, entre cette voix off et notre discours intérieur[3] via les images. Alors, l'actualité des images, doublées par le discours qui les relit, s'ouvre (et nous ouvre) à l'histoire. L'histoire moins comme sujet d'observation que comme temps vécu : la conscience historique apparait comme la seule faculté dont l'homme dispose pour ordonner en un temps maîtrisé tout à la fois la mémoire de son espèce et celle de sa personne. Par ce montage réflexif, l'Histoire apparait comme une histoire en cours, non exclusive : au sens où d'une part le spectateur ne la regarde pas défiler de l'extérieur, d'autre part n'est pas supposée une fin et une seule. Le film fait au contraire de l'Histoire une reprise, une histoire inclusive : l'esprit du spectateur y part en reconnaissance ; entre ici et là-bas, aujourd'hui et naguère, se trame un jeu ouvert de renvois et d'inclusions réciproques. « *Souvent dans un découpage, je pars d'une image autour de laquelle se développe un mouvement d'autres images qui doivent être solidaires de la première comme le sont les éléments d'une composition musicale.* » (Alain Resnais, interview dans *Esprit* 1960).

Les documentaires de Resnais et Marker produisent un effet subjectif de fiction, fort en émotion, dans la mesure où ils jouent délibérément sur des écarts et des rapprochements entre les images du monde et le discours intérieur du spectateur auquel s'adresse la voix de l'interlocuteur, et auquel l'interlocuteur adresse ces images (cf. le style épistolaire de Marker). Si l'on en croit Boris Eikhenbaum « *l'accompagnement musical du film facilite la formation du discours intérieur* » (cf. note 3). Et l'on sait l'attention portée par Resnais et Marker aux partitions musicales de leurs documentaires, confiées à des musiciens comme Guy Bernard, Pierre Barbaud, Georges Delerue, Maurice Jarre, Hans Eisler, Michel Krasna… les trois premiers se retrouvant dans les films de l'un et l'autre. *Sans soleil,* de Chris Marker (1982) doit même son titre à une composition de Moussorgski. Cette intention mélodique affirmée rompt, là encore, avec les habitudes du genre portées sur la musique imitative ou illustrative, voire le nappage musical bouche-trou. La même remarque vaut pour le silence, véritable bête noire de toute propagande, et dont *Nuit et brouillard* ou *Si j'avais quatre dromadaires* (Marker, 1966) par exemple, savent restituer le poids ou la grâce.

Il se passe donc l'inverse de ce que croit l'objectivisme. Celui-ci prétend éliminer toute subjectivité (assimilée à l'arbitraire, au partiel) pour atteindre à la réalité des événements, à leur vérité entière. En fait, pratiquée de la sorte, l'objectivité (« discours dont le sujet s'absente », selon Pierre Legendre) tourne à la pure extériorité, et le spectateur déréalise en regardant « objectivement » défiler le train des actualités. En revanche, dans les nouveaux documentaires parlés, il se voit intérieurement impliqué par le travail « subjectif » du film sur nos images mentales du monde et amené par là à repenser l'objectivité de l'histoire. Dans le dispositif « actualitaire », la voix off anonyme se détache des images, feignant d'enregistrer leur libre-cours comme le flux du réel lui-même, tout en leur prescrivant par ailleurs, par au dessus, le sens pré-vu. Ce faisant, le spectateur reste au dehors, indifférent, choqué ou amusé, il en prend son parti, parti conforme aux indications objectives du commentaire. Ainsi, comme disait Proust, l'actualité nous éloigne d autant plus du réel qu'elle prétend se borner à lui.

Inversement, en retournant les images au vu et au su du spectateur, les ciné-phrases documentaires de Marker ou Resnais nous entraînent à en recomposer l'histoire, qui apparaît vraiment comme notre histoire (sinon comme l'Histoire Vraie). « *Les paysages sont des états mentaux, non moins que les états mentaux, des cartographies, tous deux cristallisés les uns dans les autres, géométrisés, minéralisés. L'identité du*

3. La notion de « discours intérieur » du spectateur a été remarquablement soulignée dès 1927 par Boris Eikhenbaum : « *Pour l'étude des lois du cinéma (avant tout du montage), il est très imporant de reconnaître que la perception et la compréhension du film sont indissolublement liées à la formation de ce discours intérieur qui relie entre eux les cadres isolés. Pour enchaîner les cadres (construire les ciné-phrases et les ciné-périodes), le spectateur doit effectuer un effort cérébral complexe quasiment absent de la pratique courante où le mot recouvre et évince les autres moyens d'expression. Il doit continuellement composer la chaîne des ciné-phrases, faute de quoi il ne comprendrait strictement rien. Une des préoccupations essentielles du réalisateur est de faire en sorte que le cadre parvienne au spectateur, c'est-à-dire qu'il devine le sens de l'épisode ou, en d'autres termes, qu'il le traduise dans le langage de son discours intérieur. Ce discours entre ainsi en ligne de compte dans la construction même du film.* » (*Poètica kino,* in *Les formalistes russes et le cinéma,* Nathan, 1996).

cerveau et du monde, c'est la noosphère de Je t'aime, je t'aime, *ce peut être l'infernale organisation des camps d'extermination, mais aussi la structure cosmo-spirituelle de la Bilbliothèque nationale. Et déjà chez Resnais, cette identité apparait moins dans un tout qu'au niveau d'une membrane polarisée qui ne cesse de faire communiquer ou d'échanger des dehors et des dedans relatifs, de les mettre en contact les uns avec les autres, de les prolonger, de les renvoyer les uns dans les autres.(…) Car la mémoire n'est certes plus la faculté d'avoir des souvenirs : elle est la membrane qui, sur les modes les plus divers (continuité, mais aussi discontinuité, enveloppement, etc.) fait correspondre les nappes de passé et les couches de réalité, les unes émanant d'un dedans toujours déjà là, les autres advenant d'un dehors toujours à venir, toutes deux rongeant le présent qui n'est plus que leur rencontre.* » (Deleuze, *L'image-temps*, p. 269).

Repriser le tissu du temps

Ces cartographies en forme d'états mentaux, ces souvenirs-écran entre anamnèse et projection, ces montages documentaires fonctionnant-fictionnant en réseau d'associations à la fois erratiques et significatives, représentant à la fois des moments du monde et des lieux d'une mémoire intime, le photographe voyageur-cinéaste-essayiste Chris Marker va les prolonger plus encore.

Trois traits signent l'invention markerienne : 1 - l'histoire non comme commémoration mais comme reprise ; 2 - le commentaire comme inter-locution ; 3 - la conjugaison des images à des temps virtuels (conditionnel et futur-antérieur).

À la différence de Resnais — qui en développera les motifs à travers des personnages de fiction[4], s'affrontant aux énigmes et apories du récit comme reprise (le cinéma comme machine à re-monter le temps) — Marker va poursuivre la même énigme de **la reprise** du côté de l'histoire, du monde, du documentaire comme histoire vraie (toujours à reprendre) et géographie imaginaire (mais possible). « *J'aurai passé ma vie à m'interroger sur la fonction du souvenir qui n'est pas le contraire de l'oubli, plutôt son envers. On ne se souvient pas, on récrit la mémoire comme on récrit l'histoire. Comment se souvenir de la soif ?* » *(Sans soleil).*

Reprise est un mot prosaïque et magique à la fois :

- reprendre, c'est revenir en arrière pour recommencer, c'est répéter (avec variante obligée, car refaire n'est jamais comme faire) ; c'est rejouer au sens théâtral ; la répétition est parfois la seule solution pour sortir d'une impasse, briser un mauvais sort (selon un mythe grec, il faut rejouer à l'envers le morceau de flûte fatal : voir *L'Ange exterminateur* de Bunuel). Reprendre, c'est donc refaire pour mieux faire ou défaire : « *Tandis que le ressouvenir, cherchant à retrouver ce qui a été, se tourne totalement vers le passé, la reprise prétend retrouver ce qui a été sous une forme nouvelle concrète en se dirigeant vers l'avenir.* » (Nelly Viallaneix, introduction à *La Reprise*, de Kierkegaard, GF-Flammarion 1990, p. 17) ;
- la reprise, c'est aussi recoudre, réparer, remailler le fil interrompu du tissu, de l'histoire, de la vie.

L'importance persistante de cette figure de style comme forme de l'histoire est attestée par deux commentaires similaires de Marker à 30 ans d'intervalle :

- « *Sans totem, où ira désormais l'âme de ce grand singe qu'on abat ? Sans ces masques victorieux de la mort,* ***qui réparera le tissu du monde ?*** » *(Les Statues meurent aussi) ;*
- « *Je voudrais savoir vous dire la simplicité, l'absence d'affectation de ce couple qui était venu déposer au cimetière des chats une latte de bois couverte de caractères. Ainsi leur chatte Tora serait protégée. Non, elle n'était pas morte, seulement enfuie, mais au jour de sa mort personne ne saurait comment prier pour elle, comment intercéder pour que la Mort l'appelle par son vrai nom. Il fallait donc qu'ils viennent là tous les deux, sous la pluie, accomplir* ***le rite qui allait réparer, à l'endroit de l'accroc, le tissu du temps.*** » *(Sans Soleil).*

4. « *Par la suite Resnais refera "in vitro" par jeu, par ironie ou par goût morbide, des films comme des expériences avec "espèce humaine" dans le rôle principal. Mais on entendra toujours dans ses films une certaine qualité de silence qui vient autant de son goût du cinéma muet (l'avant-garde française des années vingt) que du souvenir de l'immédiate après-fin du monde.* » (Serge Daney, Ciné-Journal, p. 164).

Pour Marker, il ne s'agit pas de commémorer, ni même de *faire de l'histoire.* L'art en général, et le cinéma qu'il pratique en particulier, n'est pas fait pour informer mais pour lutter contre la mort (c'est la définion même qu'en donnera Deleuze dans sa conférence à la FEMIS), réparer le tissu du temps en reprenant le fil de la conversation *(« **je vous** écris d'un pays lointain… »)* et de la conservation de « l'espèce humaine » *(« rien ne **nous** empêcherait d'être ensemble les héritiers de deux passés, si cette égalité se retrouvait dans le présent… »).*

Conversation conservatoire : d'où l'invention du documentaire épistolaire. La voix off inaugure une relation d'inter-locution avec les images et le spectateur. Une voix « je » nous adresse des images du monde, des visions du monde — c'est aussi notre monde mais nous l'ignorions avant qu'elle nous le montre ainsi — et cette voix « je » nous parle sur le mode :

- du « vous » *(« **je vous** écris d'un pays lointain… »,* Lettres de Sibérie) ;
- ou du « nous »*(« colonisateurs du monde, **nous** voulons que tout nous parle… »,* Les Statues meurent aussi) ;
- ou du « tu », sous prétexte de discuter avec deux voix amies sur ses photos de Russie et d'ailleurs *(« un sculpteur a éternisé un certain visage avec un certain regard, et toi à ton tour avec la photographie tu éternises* **ton propre regard sur ce regard.** *— Et moi je regarde la photo qui regarde… ») ;* et puis un « il » vient couper dans le commentaire, c'est-à-dire qu'une autre voix contredit la première relativisant son point de vue et nous faisant prendre conscience de cette relativité (nous, spectateurs, qui déjà prenions tout pour argent comptant) : *« il nous parle de l'âme slave… de la Russie comme d'un pays en voie d'européanisation. Mais pour nous, fils d'émigrés, ce n'est pas ça… »* (Si j'avais quatre dromadaires) ;
- ou bien, par le détour d'une personne interposée, c'est la voix d'une femme qui relate des extraits de la correspondance d'un cinéaste disparu dans ses images *(« **il** m'écrivait… »,* Sans soleil) ;
- ou encore la voix de l'auteur (tenue par un acteur) nous dit les lettres jamais écrites *(« avant, trop de choses devaient être tues, maintenant trop de choses peuvent être dites »)* à un ami cinéaste russe réellement disparu *(« tu m'engeulais de loin comme toujours, pourquoi n'écrivais-je pas ? »…* Le Tombeau d'Alexandre). Le spectateur se voit pris à témoin d'une oraison funèbre sur la révolution russe et sur l'un de ceux qui avaient voulu croire au « bonheur » communiste *(« comment aviez-vous fait pour traverser tout ça ? »).* Remémoration, et non commémoration, car le portrait du défunt tient lieu de miroir où se peint, en regard, l'image redressée des illusions révolutionnaires que partagea le cinéaste ami, auteur du *Tombeau.*

Dans le premier cas *(Lettres de Sibérie),* adresse directe de l'auteur au spectateur (« je vous… »). Dans le second *(Les Statues meurent aussi),* interpellation collective et inclusive (« nous autres, colonisateurs du monde »). Dans *Si j'avais quatre dromadaires,* le dispositif d'énonciation prend un premier détour : les voix off disent « tu » mais ce « tu » feint de ne pas s'adresser à nous spectateurs, elles parlent entre elles des photos du film. Détour similaire dans *Le Tombeau d'Alexandre* : la voix de l'auteur du film tutoie les images, qui tiennent lieu pour le défunt, guirlande de scènes rappelant l'histoire où sa vie s'inséra, et chargée de l'accompagner au royaume des ombres : « *j'ai imaginé tes amis les chevaux caracolant au dessus de ta tombe, les chevaux traités en effets spéciaux plus la musique, ça faisait une fin très convenable* ». Les conventions du genre, l'oraison funèbre, supposent cependant qu'à travers le mort, l'orateur s'adresse à un public et à lui-même. Enfin dernier cas, *Sans Soleil* atteint au sommet du dépaysement poétique et de la conscience historique par un écart permanent creusé entre les lieux-images (toujours vues d'ailleurs) mais aussi dans le temps (les images du monde présent sont déjà vues comme les archives d'un temps futur). Cet effet planétaire et planant résulte d'une forme hautement poétique d'énonciation indirecte *(« il m'écrivait… »)* que Pasolini appelle « subjective indirecte libre »[5] et qui, selon lui, « *libère les possibilités expressives étouffées par la traditionnelle convention narrative, dans une sorte de retour aux origines, jusqu'à retrouver dans les moyens techniques du cinéma les qualités oniriques, barbares, irrégulières, agressives, visionnaires des origines* ».

« *Il m'écrivait…* », une voix de femme cite la voix absente d'un cinéaste évanoui et cite à comparaître ses images

5. *L'expérience hérétique*, Ramsay Poche, Paris, 1976, p. 27.

— réellement tournées ou purement mentales ? Ne serait-ce pas plutôt ses visions rétroprojetées à partir d'un futur indéterminé, de « la zone » indécise où se mêlent des images justes et juste des images, évoquant l'intuition utopique de Léonard de Vinci : *« Si les images des choses ont une existence réelle, alors il faut admettre qu'en n'importe quel point du monde, le monde entier est inclus »*. C'est la poignance unique de ce film que de nous faire voir **le devenir souvenir de notre monde présent**, comme s'il était déjà vu au futur antérieur d'une mémoire à venir. Grâce à quoi *Sans soleil* est, dans l'histoire du cinéma, l'unique documentaire de science-fiction. Et le spectateur se surprend à se demander, à l'instigation de la dame de cour japonaise Sei Shônagon, « quoi inscrire sur la liste des choses qui font battre le cœur » et comment les traduire à nos descendants ?

Dans les documentaires de Marker, le commentaire maintient la relation des images et aux images dans une distance — réflexive, nostalgique, ironique. Au lieu de surjouer l'image comme actualité à l'indicatif présent, la fiction littéraire, épistolaire, joue délibérément de l'écart irréductible entre image prise et image montrée, entre monde présent et vue du passé, entre vision actuelle et commentaire rétrospectif. Ni l'émotion ni la participation du spectateur n'en sont absentes pour autant. Elles se manifestent non dans une identification directe mais indirectement dans l'espace du manque : au sens poétique où les mots figurent l'absence, au sens historique où « le peuple manque » (Paul Klee). Et le regard peut-il rattraper le temps perdu ? *« Perdu au bout du monde sur mon île de Sal, je me souviens de ce mois de janvier à Tokyo, ou plutôt des images que j'ai filmées au mois de janvier à Tokyo. Elle se sont substituées maintenant à ma mémoire, elle sont ma mémoire. Je me demande comment se souviennent les gens qui ne filment pas, qui ne photographient pas, qui ne magnétoscopent pas, comment faisait l'humanité pour se souvenir... Je sais, elle écrivait la Bible. La nouvelle Bible, ce sera l'éternelle bande magnétique d'un Temps qui devra sans cesse se relire pour seulement savoir qu'il a existé. » (Sans soleil).*

La distance entre la prise de vue et sa projection se voit redoublée par le commentaire. **S'entrelacent ainsi deux mouvements audiovisuels de sens inverse, résurgence et anticipation** : mouvement en avant de la projection (déroulement du film) et mouvement rétrograde des images (forcément du passé), auquel se superpose le va-et-vient de la réflexion verbale entraînant le spectateur d'une part à revenir de son présent actuel au présent passé des images, et d'autre part à en repartir vers l'avenir d'où il les voit et va les mémoriser, les repenser. Sur cette double portée, se trament une vision partagée, une mémoire commune et se prolonge le devenir des images.

La voix n'émane pas soi-disant des images au présent, prises pour les événements eux-mêmes, elle n'en dit pas le cours à la manière des actualités, elle est à cent lieux des images et dans un temps d'après, celui de la projection. La voix, même si elle a connu ces lieux alors, parle d'un ailleurs et d'un temps différé, elle est un regard sur les images en tant qu'images. *« Mon copain Hayao a trouvé une solution : si les images du présent ne changent pas, changer les images du passé... Il m'a montré les bagarres des Sixties traitées par son synthétiseur. Des images moins menteuses, dit-il avec la conviction des fanatiques, que celles que tu vois à la télévision. Au moins elles se donnent pour ce qu'elles sont, des images, pas la forme transportable et compacte d'une réalité inaccessible. » (Sans soleil).* Le commentaire dit « je... tu... nous... vous... », pas « on ». La voix n'est pas mass-media : impersonnel discours de l'état des choses destiné aux audiences anonymes. Elle est **interlocution** : entre-deux intra et inter-subjectif, à partir duquel peut se constituer, par la médi(t)ation des images retournées, une objectivité réfléchie, consentie.

Les images selon Marker fonctionnent à la fois comme trait d'union et écart entre ici et là-bas, maintenant et naguère, entre la voix qui les donne à voir et ceux qui les regardent avec elle :

- trait d'union entre lieux et regards convergents par la magie du montage et de la projection ;
- écart paradoxalement réduit et reconduit par l'image, car ma vision actuelle de spectateur retrouve, au présent, les prises de vues d'un autre (l'auteur) qui m'en parle au passé, dans l'après-coup d'un déjà-vu.

La présence de sa voix (ou de ses intercesseurs) me dit le passé des images que je suis en train de voir. S'insinue ainsi à l'image, entre les images, la profondeur du temps. La présence des images à mon regard est contredite par la voix off qui les distancie en les restituant au moment passé de leur prise de vue. Le commentaire opère, si l'on peut dire, une **reprise de vue**. Et la voix m'entretient d'une présence qu'elle refuse aux images, elle partage le présent de ma vision, de notre vision commune. Trompe-l'œil (ou faut-il dire trompe-l'oreille) cependant : le commentaire a beau jouer la coprésence non au temps des images enfui mais au temps actuel du spectateur, il n'en est pas moins enregistrement passé lui aussi. Comment alors en maintenir le questionnement présent ? Faire que le mort ne saisisse pas le vif ?

« *La chouette de Minerve* (oiseau de sagesse chéri de Marker) *ne prend son envol qu'au crépuscule* », disait Hegel. La signification suit l'action, elle n'est pas prise sur le vif mais reprise, montage. Le regard pour Marker fonctionne comme le retournement réitéré d'Orphée vers Eurydice : il perd son objet d'amour en se retournant sur lui pour ne pas le perdre de vue. Mais il ne peut pas faire autrement, le regard, sinon il perdrait tout son sens qui est d'y re-garder à deux fois. **Cependant cette vue de l'esprit d'après l'image, cette pensée-montage, comment faire pour qu'elle ne se fige pas à son tour dans le passé et la commémoration, pour qu'elle continue à parler au présent et à être reprise par le nouveau spectateur ?** « *Quand les hommes sont morts, ils entrent dans l'histoire. Quand les statues sont mortes, elles entrent dans l'art. Cette botanique de la mort, c'est ce que nous appelons la culture.* (...) *Un objet est mort quand le regard vivant qui se posait sur lui a disparu. Et quand nous aurons disparu, nos objets iront là où nous envoyons ceux des nègres : au musée* ».

Pour ne pas tomber dans le passé simple, définitif, de la commémoration, les commentaires de Marker réussissent une projection de grand style : ils inaugurent à l'écran une dimension chronique inédite, celle du temps virtuel. Au passé recomposé de la reprise, ils ajoutent conditionnel et futur antérieur, faisant entrevoir au spectateur des mondes et des films parallèles au monde et au film qu'il voit à l'écran. Ainsi, dans *Sans soleil*, les images de synthèse de *la zone* — allégorie électronique de la mémoire — nous intiment-elles de « *suivre les contours de ce qui n'est pas, ou plus, ou pas encore* ». Dès *Lettres de Sibérie*, le commentaire nous invitait à imaginer, à travers l'espace réel, d'autres scènes possibles. Suite aux trois versions de la fameuse séquence du bus « rouge sang » et des ouvriers niveleurs : « *Ce n'est pas une promenade dans les rues d'Iakoutsk qui vous fera comprendre la Sibérie. Il y faudrait un film d'actualités imaginaires, prises aux quatre coins du pays. Je vous le projetterais par exemple dans le joli cinéma verni de Iakoutsk, et vous le commenterais à l'aide de ces tournures sibériennes qui sont déjà des images.* » Un film peut en cacher un autre. **Par les puissances de la parole, l'image, de simple plan, devient champ magnétique hanté par les fantômes d'autres événements coexistants ; un autre film, en puissance, s'imagine en dessous ou à côté du film projeté.** Ainsi au début du *Tombeau d'Alexandre*, Marker juxtapose-t-il au portrait du paysan Medvedkine, celui d'un de ses contemporains, tout proche, qui vivait pourtant sur une autre planète et assassinerait Raspoutine : « *Cette photographie du prince Youssoupov a été prise en 1900, l'année de ta naissance. Pourquoi pas le jour de ta naissance ? ça donnerait un bon départ à une histoire où le miracle est simplement une forme plus attentive du quotidien.* »

La commutation en réseaux se substitue à la causalité linéaire. Répétition et différence, variations et résonances relèvent d'une logique qui n'est plus simplement déductive, mais tisse à travers le temps, les temps, une série de correspondances intégrative et ouverte. À propos de *L'Œuvre ouverte* (pp. 29 et 30, Points Seuil, 1965), Umberto Eco parle de « champ de possibilités », usant ainsi de deux concepts particulièrement révélateurs de la culture contemporaine : « *la notion de champ, empruntée à la physique, implique une vision renouvelée des rapports classiques (univoques et irréversibles) de cause à effet, que remplacent un système de forces réciproques, une constellation d'événements, un dynamisme des structures ; la notion philosophique de possibilité reflète, elle, l'abandon d'une conception statique et syllogistique de l'ordre, l'attention à ce qu'ont de ductile décisions personnelles et valeurs, remises en situation dans l'histoire* ».

Sans soleil sera l'accomplissement de cette vision à n dimensions, **l'espace-temps des compossibles** : images de là-bas vues d'ailleurs, images d'hier vues d'après, voix d'*outre-écoute* (selon l'expression d'Armand Robin), films virtuels dans le film actuel :

- images tremblées, « inmontables », de trois enfants sur une route d'Islande, incarnant un bonheur que le prologue nous dit invisible, et qui retrouveront « naturellement » leur place à la fin du film, à la suite d'une ronde d'enfants japonais autour d'un feu de joie ;
- rêve collectif dans les galeries marchandes de Tokyo, tickets de métro devenant billets de cinéma, train peuplé de dormeurs « *assemblant tous les fragments de rêve en un seul film, le film absolu* » ;
- repérages d'un voyageur du futur ignorant l'oubli, venant explorer notre époque de mémoire trouble : film de science-fiction dont le cinéaste nous dit qu'il ne le fera jamais mais dont il collectionne les décors ;
- visite aux sites-images de *Vertigo*, vertige spiral du temps répété et différant ;
- *zone* des images de synthèse, véritables limbes électroniques où le réel évanescent se transforme en signes

qui à la fois en conservent et en brouillent les traces. Comme il est dit du communisme (image nocturne d'une avenue ornée d'une gigantesque faucille en lumière rouge diffractée), à la fin de la première lettre à Alexandre Medvedkine : « *Et tout ce au nom de quoi ces cruautés avaient été commises, basculait définitivement dans l'unives des signes.* »

À la façon du baron de Munchausen réussissant à se soulever par les cheveux, la voix off de *Sans soleil* nous parvient non seulement d'un temps différé, d'après les prises de vues qu'elle commente au présent de la projection, mais même d'un futur au-delà de la projection ! Le spectateur, et le film qu'il est en train de regarder, se voient déjà inscrits dans le passé du cinéaste-commentateur. « *Il m'écrivait...* ». À la projection d'un film de Marker, le spectateur éprouve, comme rarement, l'intense et fugitif sentiment du devenir, avec ses dimensions caractéristiques de nostalgie, d'ironie et d'onirisme mêlés : le présent de sa vision se trouve magiquement cristallisé entre le passé du film et une voix qui lui en parle comme au futur antérieur. « *La première image dont il m'a parlé, c'est celle de trois enfants sur une route, en Islande, en 1965. Il me disait que c'était pour lui l'image du bonheur, et aussi qu'il avait essayé plusieurs fois de l'associer à d'autres images, mais ça n'avait jamais marché. Il m'écrivait : « Il faudra que je la mette un jour toute seule au début d'un film, avec une longue amorce noire. Si on n'a pas vu le bonheur dans l'image, au moins on verra le noir* ». » La projection de ce film futur, peut-être impossible, vient de commencer : c'est *Sans Soleil.*

La reprise de vues markerienne fonctionne comme passage synaptique et synoptique de l'objectif (photographique) au subjectif (de la vision), et comme traversée du temps en rétroprojection : **relation d'un présent interrogatif (le regard en cours) avec un passé incertain (où l'image fut fixée) sous l'instance d'une parole ultérieure qui les relie (actuellement) et les relit (depuis un futur)**. Espoir, illusion, perte, trahison, rémission, révision... la même image peut figurer chacun de ces aspects suivant le point du temps d'où on la regarde, suivant l'enchaînement qui y retourne et la retourne. L'histoire n'est pas une ligne mais un filet. Au déterminisme linéaire, local et « objectif » de l'actualité, se substitue un tissu de connexions mnésiques réintégrant — à travers vestiges et symboles, sacrifices et prières, œuvres et rituels — la dimension des possibles évanouis ou encore à venir. Ainsi le point de vue documentaire, dans les films de Marker, est un aspect non seulement de l'espace mais du temps. Que l'on songe à l'énigmatique exergue de *Sans soleil,* emprunté à Racine : « *L'éloignement des pays répare en quelque sorte la trop grande proximité des temps* », et au singulier leit-motiv du film : « *Saviez-vous qu'il y a des émeus en Ile de France ?* » (sachant que cet oiseau, originaire de nos antipodes, est incapable de voler). **Le photogramme serait une spatialisation du temps (comme prise de vue instantanée), tout autant qu'une temporalisation de l'espace (par le montage et le déroulement filmique).**

Le ton à la fois nostalgique et ironique des commentaires de Marker, nous l'avons noté, est la contremarque de la maladie chronique qui frappe l'espèce humaine : le devenir et la conscience du devenir. Mais, tel un anesthésique, une forme d'amnésie rétrograde nous porte à croire que tout ce qui arrive devait arriver, à l'exclusion de toute autre éventualité. **Le réel, c'est ce qui reste quand on a tout oublié des possibles...** « *Pourquoi un si petit pays (la Guinée-Bissau), et si pauvre, intéresserait-il le reste du monde ? Ils ont fait ce qu'ils ont pu. Ils se sont libérés, ils ont chassé les Portugais, ils ont traumatisé l'armée portugaise au point de déclencher en elle le mouvement qui a renversé la dictature et fait croire un moment à une nouvelle révolution en Europe... Qui se souvient de tout ça ? L'Histoire jette ses bouteilles vides par les fenêtres. » (Sans soleil).* Les films de Marker renouent la trame de ces possibles oubliés ou peut-être à venir *(La Jetée).* Ils réfléchissent la dimension future-antérieure de la projection : **mouvement rendant le passé présent (magie des images) et transmuant le présent en futur passé (magie des mots)** ; n'est-ce pas le mouvement même de notre mémoire-palimpseste *(« on récrit la mémoire comme on récrit l'histoire »).* Ainsi, comme l'attention de l'analyste ou les associations de l'analysant en psychanalyse, deviennent flottantes les frontières entre réel et imaginaire, documentaire et fiction, histoire et science-fiction. Non que les pôles deviennent indistincts dans une sorte de déréalisation, bien plutôt vases communicants, et ainsi susceptibles de renouveler non seulement le récit mais l'histoire. « *Ce n'est pas la simple distinction du subjectif et de l'objectif, du réel et de l'imaginaire, c'est au contraire leur indiscernabilité qui va doter la caméra d'un riche ensemble de fonctions et entraîner une nouvelle conception du cadre et des recadrages. S'accomplira le pressentiment d'Hitchcock : une conscience-caméra qui ne se définirait plus par les mouvements qu'elle est capable de suivre ou d'accomplir, mais par les relations mentales dans lesquelles elle est capable d'entrer.* » (Deleuze, *L'Image-temps*, p. 35).

Le regard exposé

Le *Sang des bêtes* (1948), *Hôtel des Invalides* (1951), *Les Poussières* (1954)… L'approche documentaire de Georges Franju est apparemment plus traditionnelle et datée que celles de Resnais et Marker, dans la mesure où elle ne s'intéresse pas directement au temps, ni — thème moderne par excellence — à sa diffraction dans l'histoire et les réseaux mnésiques. Ce n'est pas la vision (mentale et historique) que poursuit Franju, mais l'apparition, c'est-à-dire ce que les apparences actuelles recèlent de fantastique, poésie et horreur. Si le cinéma de Resnais et Marker est un cinéma de circonvolutions (du cerveau et de l'histoire), le cinéma de Franju est un cinéma de l'exposition, au double sens d'exposé didactique et de mise à découvert. Quand on expose bien son sujet, on le (et se) met en danger, comme dans une opération chirurgicale.

Par cercles concentriques, Franju nous introduit dans un champ opératoire, où opèrent sous le masque la magie, et à fleur de peau le bistouri. Franju coupe délicatement dans les apparences et y incise crûment un regard pénètrant, comme on incise la peau, mince limite palpitante entre dehors et dedans, masque et pulsion, parure sociale et instinct prédateur. Aussi l'image ne fonctionne-t-elle pas, comme chez Marker et Resnais, à la manière d'une empreinte équivoque ou d'une trace mnésique dont le montage chercherait à rebours le lieu d'origine et le parcours efflorescent jusqu'à la projection. **Chez Franju, l'image vise au contraire à surexposer, c'est-à-dire à provoquer progressivement la défaillance du réel et du sens commun**, et à révéler l'invisible, non au sens métaphysique d'un arrière-monde ou d'un au-delà, ni même d'un passé enfoui, mais au sens matérialiste de ce qu'on ne sait pas ou ne veut pas voir dans le réel présent. Invisible, la géographie des abattoirs que Paris enclot et ignore. Invisible, la cruauté de la guerre dissimulée dans les plis des étendards. Invisibles, les poussières qui asphyxient les ouvriers. Si la mort est l'envers organique de la fatale beauté de la vie, la souffrance infligée de surcroît par l'arrogance et l'ignorance des hommes doit-elle pour autant rester invisible, comme insensible ? Les visages, les corps mutilés et les bêtes sacrifiées sont les victimes muettes de ce travail du négatif, que Franju se fait fort d'exposer positivement.

Ainsi, le sentiment de l'horreur n'est pas, chez Franju, provoqué par un choc ou un suspense fictionnel qui se suffirait à lui-même, en tant que spectaculaire. Il sourd, comme chez Bunuel, de caractères morbides et d'institutions inhérents à la société (abattoir, armée, asile, usine, corps médical) dont il met en crise les justifications rationnelles. C'est en cela qu'il dérange. Franju ne retourne pas les images — comme le fait Marker sous l'instance du commentaire — il retourne le regard comme on retourne un gant. Il l'aiguise comme le boucher son couteau ou le chirurgien son scalpel, et son aiguisoir c'est le fantastique, envisagé non comme effet, surimpression, mais comme l'impression même de la trame du réel, fil du rasoir entre raison et folie, ordinaire et horreur. Franju ne détourne pas la commande — au sens où il la tournerait en ridicule — il en tourne l'objet autrement, le dé-range sérieusement « *Je suis toujours d'accord avec le sujet, jamais avec l'objet.* » Comme l'explique Gérard Leblanc (*Georges Franju*, Maison de la Villette, Paris 1992), « *tout objet — le plus banal, le plus quotidien — décolle de sa fonction pour entrer dans un nouveau réseau de relations* » qui fait saillir « l'anormal du normal ». Et, comme le dit Franju lui-même, « *l'image se charge d'une signification ressentie avec anxiété du fait d'une organisation inédite du thème de cette image.* » (*Franju, Impressions et aveux*, L'Age d'homme, 1977).

Théâtre de la cruauté, sadisme, ont dit à l'époque certains critiques à propos *du Sang des bêtes*, de *Hôtel des Invalides* ou des *Yeux sans visage*. C'est se méprendre ou supposer que le cinéma devrait, conformément au bon goût, ménager et son sujet et le spectateur ! Franju refuse ce regard anesthésié, justement parce qu'il est un tendre, ça crève les yeux : rien de ce qui est humain ne lui est étranger, à commencer par « nos amis les bêtes » (comme Marker, Franju a son bestiaire familier, préfèrant pour sa part la colombe à la chouette, le chien au chat, voire le saumon). Mais la tendresse de la chair n'est-elle pas confrontée à l'acier trempé du couteau, la candeur du regard à la froide lentille de l'objectif ? Loin de se détourner des plaies, Franju plonge dans leur béance invisible un regard clinique qui dénude le nôtre et le laisse sans protection (sans les habituels alibis de la pitié ou de la curiosité). À partir du banal apparent, Franju atteint le noyau de cruauté que recèle un ordre hypocrite : et ce, non par voyeurisme sadique mais par la beauté léthale d'images crues qu'il nous amène à croire à notre corps (social) défendant. **Le réel bien ordonné masque des désordres qu'il ignore, au prix fort de l'arraisonne-**

ment des corps. La caméra restitue leur parole muette, faisant dégorger au réel sa poésie comme son horreur.

Pour le commentaire, c'est troublant, tantôt il est la voix de la raison, du commanditaire, tantôt il soutient le contraire ou divague, entre ironie et poésie, laissant le spectateur indécis chercher la voie du regard. Franju est le premier, après le Bunuel de *Las Hurdes*, à détourner le commentaire de son rôle canonique d'explication-justification rassurante du monde en images et du monde des images. Il le fait d'une façon sensiblement différente à celle de Resnais ou Marker. Loin d'inscrire d'emblée le commentaire dans la distance critique d'une voix-je, Franju joue de son mode d'exposition traditionnel pour mieux l'écarteler, **faire ressortir de la démonstration le monstrueux**. Parallèlement aux prises de vues, opérant concentriquement du banal à l'horreur, le commentaire se voit affecté par une série de perturbations, détournements et dédoublements (changement de narrateur, musique déplacée), glissant progressivement de l'exposé touristique au descriptif des logiques sacificielles que les lieux recèlent. Dans l'entre-deux, la digression poétique, loin d'être une enjolivure tournant autour du pot, coupe court à l'ordinaire discours rassurant pour **précipiter d'inquiétants rapprochements entre des éléments devenus flottants, insolites**. C'est que les décadrages du commentaire et de la caméra, sans avoir l'air d'y toucher *(« on ne touche pas »*, répète le guide des Invalides), bousculent la hiérarchie des genres *(« les moineaux des Invalides »)*, l'ordonnancement des lieux et des choses, en font des pièces détachées incongrues où le montage va découvrir des liens autrement inquiétants. Ainsi se trame, derrière la façade des faits classifiés et le « commenttaire » du commanditaire, un double jeu que Gérard Leblanc nomme pertinemment *une esthétique de la déstabilisation*, dont le ressort consiste à *« établir un écart entre le discours et l'objet par la médiation de l'image. (...) La position du cinéaste ne se manifeste qu'à travers la triple relation de l'objet, du commentaire et de l'image. L'image est mise en situation de résister à tous les discours qui voudraient s'approprier l'objet et le réduire à leurs vues.* » (Leblanc, *idem*, p. 21).

Dans *Le Sang des bêtes*, c'est une voix de jeune femme qui nous introduit à la poésie triste et pauvre des portes de Paris, *« à la limite de la vie des camions et des trains »*, terrains vagues et brocantes où se cotoient vieux tableaux et ustensiles devenus insolites, tel ce lustre pendant à un arbre. De ce bric à brac surréaliste émerge en contre-plongée un taureau de fer : « *Porte de Vanves, il y a* **aussi** *les abattoirs de Vaugirard* ». Ce « aussi », est-ce du lard ou du cochon ? Cocasserie, malaise, un buste commémoratif ajoute : « À Emile Decroix, propagateur de la viande de cheval ». Et la voix féminine de reprendre : « *L'établissement municipal de Vaugirard est, malgré l'emblême du taureau, spécialisé dans l'abattage des chevaux.* » Faut-il en rire ? *« Il n'y a pas de quoi rire »* dira, dans *Hôtel des Invalides*, la voix de Michel Simon à l'adresse d'une jeune femme amusée d'une vieille bombarde, dont jaillira en forme de réponse un champignon atomique. Ici, pas besoin d'injonction de la sorte, déjà nous surprennent sur une table d'autres ustensiles, tout aussi insolites que ceux de la brocante mais obéissant visiblement à un ordre inquiétant, dont une voix d'homme, directe, technique, sans fard, nous donne bientôt la clef, au fur et à mesure qu'une main les saisit : *« Les outils de travail sont, suivant les animaux, le jonc ou le roseau, le merlin anglais et le pistolet de Behr dont l'emporte-pièce foudroie l'animal par percussion.* » Démonstration instantanée sur un cheval : le spectateur, pas plus que le cheval, n'a eu le temps de prévoir, foudroyé. Avant qu'il ait eu le temps de dire ouf, le spectateur, le cheval est saigné, sa peau gonflée est dépecée à la lancette, sa carcasse équarrie.

Encore tout échaudé, notre regard se voit rafraîchi par l'onde du canal de l'Ourcq et par la voix de la jeune femme qui nous guide sur ce Styx, car, étrangement, les immeubles riverains font figure de décor planté. Inversion, comme en négatif, du réel et de l'artificiel. Evasion poétique ? Poésie certes, évasion non, car la boucle fluviale nous ramène, tels des revenants, à un pont que franchit un troupeau de bêtes à cornes : La Villette. Une géographie sacrificielle, aussi invisible qu'efficace, se dessine. Ce ne sont pas des détours touristiques que trace la caméra, mais un parcours initiatique où la beauté tient à l'horreur. Tableau à la Rembrandt ; la voix d'homme reprend : *« Dans l'ambiance assourdissante des treuils pneumatiques, les tueurs et ouvriers de l'échaudoir travaillent entourés des vapeurs grises du sang des bêtes.* » Merlin, jonc, égorgement, foulage, épurage... les hommes à la tâche fouaillent les chairs fumantes, tel Henri Fournel, clope au bec, qui fend son bœuf pendant les douze coups de midi — tombant à pic pour nous rappeler l'heure où la ville (en montage alterné) se met à table — *« car il faut bien manger chaque jour et faire manger les autres au prix d'un très pénible et souvent dangereux métier »*. Et ce sera le tour des moutons guidés comme un seul homme par un des leurs : *« Le traitre aura la vie sauve, les autres suivent comme des hommes, ils bêlent comme chantent les otages, en sachant que ça ne sert à rien »*. Commentaire terrible de Jean Painlevé qui n'est pas sans évoquer les accents de Cayrol dans *Nuit et brouillard*. De même que la sentence nocturne tombant de la voix féminine en fin de film : « *La journée se termine. Les moutons s'endormiront avec le silence, ils n'entendront pas les grilles de leur prison se refermer sur eux, ni le petit train de Paris-Villette qui s'en va chercher dans les champs les victimes du lendemain* ».

On retrouve les mêmes procédés de déstabilisation dans *Hôtel des Invalides*. Le commentateur (Michel Simon) semble nous inviter à une visite documentaire des Invalides. Mais cette voix sardonique familière ne sonne guère canonique pour un documentaire touristique. D'ailleurs de qui se moque-t-elle cette voix qui promeut « *les moineaux des Invalides* » au même rang que les bustes légendaires qui gardent la façade. (Le spectateur ignore encore qu'une autre voix, celle du vrai guide cette fois, pointera très sérieusement, empaillés dans une vitrine, le cheval et le chien favoris de l'Empereur !). Après un coup d'œil rassurant sur les monuments alentours, la première fissure s'élargit : dans la cour désolée, parsemée de pièces d'artillerie, et surmontée de la statue de Napoléon, passe dans une chaise roulante un ancien combattant mutilé poussé par une infirmière. « *La légende a ses héros, la guerre a ses victimes* », commente laconiquement Simon. L'écart est creusé. C'est désormais l'oreille aux aguets et le regard écartelé que le spectateur va suivre le guide, sans jamais partager son point de vue, parmi les armures fantômes (« une armure d'enfant »… « ne touchez pas » crie le guide à un enfant), les hussards de la garde (musique *Le rêve passe* avec refrain en sous-titres façon *Karaoke*), les vestiges des conquêtes napoléoniennes (poussières d'Empire), les poilus de la Grande guerre (défilé des chiffres des pertes humaines) et la messe des *gueules cassées* (« le paradis est à l'ombre des sabres »). À nos yeux pétrifiés, chaque salle sera l'occasion d'une nouvelle défaite du triomphalisme militaire affiché, tandis que le respect de la gloriole se voit perturbé par les amusements des enfants. Mais eux aussi auront leur heure de gloire, c'est-à-dire leur défaite : le film se clôt sur un lugubre défilé d'enfants de troupe. Ils chantent « *la caille, la tourterelle… et la blanche colombe* », qui niche au dessus des Invalides, avec les moineaux du début, et qui survole aussi les champs de bataille. « Il n'y a vraiment pas de quoi rire. »

Les écarts de discours, le décadrage des choses par l'image, les images déplacées relativement à l'ordre convenable des choses finissent par provoquer, chez le spectateur, ce que j'appellerais **un décollement de la rétine**, dans la mesure où il n'adhère plus au guide officiel mais découvre une autre géographie tout aussi réelle qu'inquiétante. À ces perturbations, ces interférences du commentaire et de l'image, Franju ajoute un autre élément déplacé : la musique, qui se met à fonctionner à contre-courant. On l'a noté à plusieurs reprises dans *Hôtel des Invalides : Le rêve passe* (refrain connu dont les paroles s'affichent en sous-titre : « les voyez-vous les hussards, les dragons, la garde, ils saluent l'Empereur qui les regarde », comme si chacun allait les reprendre en chœur !) ; les grandes orgues de la messe pitoyable des *gueules cassées* ; les enfants de troupe chantant « *auprès de ma blonde* »… Mais le pic de l'ironie, c'est le mouvement entraînant d'une polka militaire autour du buste du général Mangin : le travelling circulaire en cadence révèle une plaie ouverte par l'usure dans son cou de bronze. Allégorie jugulaire de la vaine gloire de commander ! On trouve dans *Le Sang des bêtes*, une ironie musicale grinçante de la même veine. Sur des plans de flaques de sang et d'eau mêlés, d'arrosage, d'une femme bouchère souriant à la tâche au milieu des bouchers, une voix gouailleuse — celle d'un de ces « *tueurs de bonne humeur qui sifflent et chantent en égorgeant* » — entonne *La mer* de Charles Trenet. Sous les boyaux, la plage. Dans l'un et l'autre cas, la force sarcastique vient du fait que la musique n'est aucunement artificielle, elle n'est pas plaquée sur le motif par collage pour produire un effet, une allégorie-choc (nous sommes à l'opposé du « montage des attractions ») ; elle provient du motif lui-même, elle est authentiquement tirée de l'ambiance du milieu filmé. Pourtant elle fait « déplacée », hiatus, provocation. Paradoxalement, elle fait scandale d'être dans l'ordre des choses parce qu'elle en avère un certain désordre ! Alors qui exagère, le réalisateur ou la réalité qu'il rend ? De même que nous ne pouvions nous empêcher de fredonner l'opérette militariste *Le rêve passe*, nous voilà à imaginer les congés payés au bord d'une flaque de sang. Incongru !

Certains, à l'époque, n'ont pas avalé que Franju les piège ainsi. Que la réalité soit ainsi faite, ils ne l'admettaient tout simplement pas, ils la préféraient plus facile à digérer et à diriger, plus « objective ». Encore aujourd'hui, même pâlis par le temps, ces documentaires de Franju passeraient mal à l'heure de la soupe. Pourtant, actualités et reportages nous en ont fait voir de toutes les couleurs depuis ! Seulement l'horreur, les films de Franju ne la produisent pas comme un *scoop,* ils la tirent du quotidien ; ils n'en exhibent pas le surprenant sensationnel, ils en diffusent le sentiment pénétrant, le sentiment intérieur. Ils ne marchent pas à l'événement mais à l'ordinaire[6]. À l'opposé du catastrophisme rassurant des actualités, ils inquiètent. Comme le déclare Franju à propos de *Poussières : « Ne pouvant dissocier la notion de sécurité de la notion de danger, j'ai vite compris que si l'on me demandait de faire un film sur la sécurité, c'était précisément parce qu'il y avait de nombreux et graves accidents, et il m'apparut clairement que je devais non pas rassurer mais inquiéter. Partant de la poussière atmosphérique pour terminer sur les retombées atomiques, j'élargissai grandement le propos et, alors qu'on m'avait demandé un film technique et de dépoussiérage, je réalisai un film dramatique et d'empoussiérage ». (Franju, impressions et aveux).*

Polyphonies

Au chapitre des retournements d'images par détournement de voix — inventés dans les années 50 pour échapper à la voie de garage du commentaire anonyme — figure en bonne place la brèche ouverte par *Moi un Noir,* de Jean Rouch, exercice d'auto-fabulation ethnographique (du héros en même temps que du cinéaste) sur le thème : « Je est un autre ». Dans son désir de capter non seulement les faits et gestes mais l'imaginaire de ses protagonistes (de jeunes nigériens échoués à Treichville, faubourg pauvre d'Abidjan, en 1957), Rouch eut l'heureuse idée de confier le commentaire de ce psychodrame muet et impromptu à l'un de ses héros (Amadou Demba, alias Edward G. Robinson), dont il enregistra la narration directement improvisée sur le montage. « *L'apport de* Moi un Noir, *qui sera déterminant, c'est aussi une importance nouvelle de la parole au cinéma. C'est en commentant a posteriori leur propre image que les acteurs de Rouch se désignent comme personnages. Ce qui donne, note Godard, "un texte prodigieux de verve et de liberté", déploiement d'une pluralité de monologues autour du conteur, Rouch lui-même, et de son récit, soit que le commentaire dise à l'avance ce que l'on va voir ou ce que va énoncer le personnage, soit qu'il reprenne ce qu'a énoncé le personnage pour l'inscrire dans un autre registre (qui n'est pas celui de l'objectivité documentaire traditionnelle), soit que le personnage lui-même se fasse bonimenteur ("Mesdames et Messieurs, voici Treichville !"). Le film se fonde sur un certain rapport au langage, à l'oral, le fait de "se raconter des histoires", de vivre le réel à travers une fantasmagorie de langage, sur un rapport non synchrone au réel qu'on enrobe de paroles, décalage que reproduit celui de l'image et du son.* » (Marc Chevrie, *Au vent de l'éventuel,* in *Jean Rouch, le renard pâle,* Centre Culturel Français de Turin, 1991). Nous reviendrons, dans le chapitre 8, sur l'évolution du *cinéma-vérité* de Jean Rouch vers le son direct et la caméra participante qui prolongera à même le terrain *(« ciné-transe »)* les jeux d'inter-action réél/imaginaire, rituel du filmeur/rituels filmés.

Bien sûr, les inventions narratives dans le domaine du documentaire parlé ne s'arrêtent pas en 1960, avec l'apparition du documentaire parlant (le cinéma direct à son synchrone), même si cette forme nouvelle s'est largement imposée comme un gain apparent de réalité et d'expression démocratique (micro-trottoir = vox populi ; désormais le procédé le plus courant, en cinéma documentaire comme en reportage télé, sera d'alterner commentaire off et paroles in situ). Cependant, pour nous en tenir dans ce chapitre aux ressources de la voix off, mérite d'être relevée une innovation récente et originale qu'on peut qualifier de **polyphonie**. Des voix anonymes, détachées des images mais que le spectateur peut identifier progressivement à travers les images et les échanges de paroles, racontent des histoires qui se croisent ou plutôt des fragments d'une histoire qui est aussi la leur. À partir de ce théâtre radiophonique d'un côté, de ce puzzle d'images de l'autre (scènes actuelles, vestiges ou archives), le montage audio-visuel cherche à recomposer l'unité d'une vie singulière ou d'une période de vie commune. Deux exemples illustrent cette polyphonie de voix off : pour le premier cas de figure, *Intimate stranger (Notre cher inconnu,* 1992), de l'américain Alexander Berliner ; pour le second, *Voyage sans joie* (1989) du russe Viktor Semeniouk.

6. Georges Perec dira à propos de l'événement conçu exclusivement comme catastrophe : « *le scandale, ce n'est pas le coup de grisou, c'est la mine ». (Approches de quoi ?* in *L'infra-ordinaire,* Seuil 1989).

Ce n'est pas un hasard si Semeniouk a été élève de Péléchian et se veut, comme lui, dans la filiation de Vertov. Rappelons que Péléchian disait (cf. chap. 2) que « *le son pouvait prendre la place de l'image, et qu'alors celle-ci pouvait se fondre dans celui-là* ». C'est ce que réalise Semeniouk avec une bande son non pas musicale cette fois mais verbale. 1989, c'est la perestroïka en Russie, les langues se délient, la langue de bois communiste a la gueule de bois, les affres du socialisme réellement vécu transpercent publiquement l'illusion collective obligatoire. De ces voix multiples et discordantes — qui enfin ne parlent plus comme un seul homme ! — qui se donnent libre cours, échangent, le temps du voyage, les récits de leurs misères vives, de leurs désespoirs ou credos, de leurs justifications ou ironies, le film de Semeniouk se fait le porte-parole(s). Pas l'interprète ni le délégué ni le témoin, mais le transporteur, à l'image même du train qui emporte en Sibérie ces voyageurs de dernière classe du communisme. Ces croisements de voix comme des aiguillages, ces arrêts du destin en gares du stalinisme (un voyageur égrène les millésimes des famines), ces bribes de vie, d'envies, de survie, ces anecdotes qui parfois retombent magiquement synchrones dans la bouche de quelque voyageur entrevu à travers la porte battante d'un compartiment… dressent, de douze lustres d'Avenir radieux, un tableau ou plutôt une mosaïque en noir et rouge : noir comme la percée onirique du train dans la nuit, rouge comme les soleils couchants éclatant soudain les armatures d'un combinat sidérurgique contre la vitre du compartiment (évoquant et révoquant à la fois constructivisme et construction du socialisme)… et blanc, blanc comme l'interminable terminus qu'est la forêt glacée de Sibérie, terre de travaux forcés, glacis de l'oubli dont toutes ces voix sont momentanément sorties.

L'auteur de *Intimate Stranger* met au son ce que d'habitude on voit à l'image : les témoins. Mais d'une tout autre manière que *Voyage sans joie*, car il ne s'agit pas ici d'éclats de vies croisées et roulées par le train de l'histoire (russe). Le propos est de retracer une vie singulière (d'un Américain) à travers ses passages dans la vie des autres. Si le film russe renvoie au train de la propagande qu'animèrent Vertov et Medvedkine (voir *Le Tombeau d'Alexandre*, de Marker), l'enquête de Berliner évoque évidemment *Citizen Kane*. Avec cette différence de taille (outre le héros, grand père du cinéaste, qui n'a rien d'un magnat de la presse), c'est que les témoins jamais n'apparaissent. Nous les entendons seulement (les entrevoyons parfois au détour d'une photo de famille) et à nous de déduire qui est qui, par ce qui se dit. Jeu de piste sonore parallèle à la feuille archiviste des images. Du passage sur terre de J.C. (Joseph Cassuto, nom du héros inconnu) restent quelques vestiges visuels : manuscrit autobiographique inachevé, photos, bouts de film Super 8, timbres et enveloppes, relations d'affaires et de famille… que le réalisateur effeuille et enrôle dans un montage graphique plus proche du cinéma d'animation que du documentaire, et auxquels il ajoute quelques archives historico-comiques d'ambiance (caravane de chameaux pour l'origine, spermatozoïdes pour la naissance, défilé nazi saccadé par la frappe d'une machine à écrire pour le contexte historique…). Quant au passage de J.C. dans la vie des autres, leurs paroles en actualisent le souvenir. Evitant les « *talking heads* », Berliner compose avec ces voix distantes, aimantes ou vindicatives, relations de famille ou de travail, un théâtre radiophonique autour de l'intrigant personnage. Qui était-il donc ? C'est lui, debout, au centre de cette photo de plage, entre le sosie de Groucho Marx et des amis japonais. « *Sur toutes ses photos, il est toujours au centre* » nous précise la voix d'un fils. Sur cette autre photo d'une congrégation d'hommes en smokings noirs, « *il est le seul, au premier plan, à arborer un costume blanc* ». Au centre encore, entouré de quelques uns des plus fameux sionistes qui combattirent pour la fondation d'Israël. « *C'est un faux, il n'a jamais connu Chaim Weizman,* dit la voix du gendre irrité. *Et qu'est-ce qui nous dit qu'il était au centre ? Peut-être la photo a-t-elle été recadrée ?* » « *C'était un homme comme les autres* », dit une autre voix. Et une voix de fille : « *Je ne dirai jamais que mon père était un homme ordinaire. Il était extraordinaire.* » « *Mais qui diable était-il pour écrire son autobiographie !* » Voilà certes une question qu'on ne se posait pas avant d'avoir vu *Intimate Stranger*. « *Et qui diable cela peut-il intéresser ?* » demande la même voix de râleur. Mais, nous autres ! Le récit de cette vie en morceaux — avec ses racines emmêlées, ses lieux communs, ses antagonismes, sa poursuite du bonheur et de la réussite (qui ne vont pas toujours de conserve), sa manière d'être ballotée par l'histoire, ses utopies incognito — nous offre en partage la vie d'un des nôtres et la part d'énigme propre à chacun.

Il n'y a pas de « *rosebud* » pour ce juif palestinien élevé à Alexandrie, faisant commerce du coton égyptien avec le Japon, séparé de sa moitié (américaine) et de deux de ses enfants par Pearl Harbour, les rejoignant à Brooklyn après

Hiroshima, puis reparti à l'appel de ses fidèles amis Japonais après la guerre et mort en 1974 dans un accident de voiture. L'énigme demeure sur ce curieux étranger à ses proches, si proche des étrangers. *« Son bizness, c'était de se faire aimer des autres. J'aurais préféré être un de ses amis plutôt que son fils. »* La vie banale et énigmatique de ce familier lointain, Alan Berliner en poursuit la relation grâce à un puzzle de voix, à la manière d'un *Kane* radiophonique, enchaînant à l'image archives, *home movies* et photos personnelles de ce *Zelig* égypto-américain japonisé. Le tout scandé par les touches d'une vieille Underwood réécrivant l'autobiographie inachevée de cet homme universel anonyme (il écrivit même à Kennedy et Nixon pour proposer ses conseils). La méthode originale de Berliner (non sans rapport avec les *Histoire(s) du cinéma* de Godard) fait entendre ce que d'habitude on montre et inversement. Cependant, ces paroles contradictoires, ces impressions fugaces ou factices, historiques ou personnelles : une photo de plage évoquant les Marx Brothers, une fabrique de coton, un tour de valse, un portrait de femme ressemblant à Oum Kalsoum, une réunion de *businessmen* nippons, une sortie d'immeuble et une montée en limousine quasi-ministérielle, une rue de Brooklyn, une jeune blonde façon pub pour Studebaker, une photo du héros en kimono… trament un tissu de mensonges partiels et de vérités relatives, dont la somme finit par faire un homme en morceaux mais un homme tout de même, avec en arrière-plan les vicissitudes d'une génération d'américains entre import et export.

Ainsi projetées sur les images d'un train russe ou les vestiges d'une vie de citoyen américain, ces voix d'inconnus étrangers et familiers, dont nous ignorons pourtant les visages, font écho au fameux propos de Lacan : « *ça parle en nous* ». À l'issue de la projection de son film au Cinéma du réel, au centre Beaubourg, Alexander Berliner faisait remarquer que *« dans cette salle, nous sommes tous cousins au quatrième ou cinquième degré maximum »*. Ainsi resurgit, dans ces nouveaux entrelacs du documentaire parlé, ce *« personnage de plus, événement fondateur de la modernité »* avec lequel, disait Daney, *« au cinéma comme ailleurs il faudrait désormais compter » :* à savoir, l'espèce humaine.

Qui parle ? Qui montre ?

Une remarque essentielle me semble confirmer l'objectivisme exclusif du discours actualitaire-progandiste, que nous analyserons plus avant au chapitre 14. Dans ses relations au et du réel (actualités, reportages, magazines), le mass-média télévisuel, tout comme les actualités filmées qui l'ont précédé, exclut la voix-je d'un auteur (ou de ses substituts) s'incarnant à travers les images. **La voix d'auteur**, on l'a vu chez nos trois lanciers, **est autant récit intersubjectif à travers les images que récit des images, alors que la voix désincarnée du speaker semble toujours commenter « objectivement » des images qui se déroulent « objectivement » en dehors d'elle.**

Le maintien de cette extériorité parait garant d'un double postulat de l'objectivisme : les images sont l'équivalent des faits se déroulant d'eux-mêmes (le réel c'est le visible) ; l'extériorité du commentaire est la preuve de son objectivité (être spectateur, c'est voir la vérité). Paralogisme implicite à ces démonstrations du monde : « nos images n'ont pas d'auteur puisqu'on vous montre le monde comme il est, et vice versa ; notre commentaire n'est pas une opinion subjective mais l'information indépendante (de tout sujet). » C'est le fameux slogan de l'ancien patron de CBS news, Richard Salant : *« Le point de vue de nos reporters n'est pas leur point de vue, c'est le point de vue de personne (it's nobody's point of view !). »* Ce n'est pas untel ou untel qui parle ou filme, c'est le média. **L'anonymat des prises de vues (actualités, stock-shots ou archives) et l'univocité continue des voix off en manifestent nécessairement l'objectivité.** Bien sûr, les actualités sont « prises » par des cameramen, et les reportages sont réalisés par untel ou untel. Ces mentions nominatives figurent généralement au générique — quoique significativement la plupart des programmes TV de la presse écrite les omettent au bénéfice des seuls noms de la chaîne, de la case, du magazine. L'important, c'est que ça n'apparaisse pas comme des « films », des sujets filmants, mais comme des « sujets » filmés suivant des recettes standards, des « docu-ments ». Qu'est-ce à dire ? Que ces « sujets » sont commandés par les chaînes, et doivent être vus par le téléspectateur, comme des prises de vues, des prises au tas, des événements, des prélèvements, des bouts de monde… **des faits pas des films. L'équivalent au fond de ce qu'on appelle « données » ou « banque de données » pour l'écrit.**

L'analyse filmique distingue généralement dans un film le niveau de la monstration, ce que les plans montrent, et le niveau de la narration, le sens produit par leur montage audiovisuel. Le langage filmique est enté sur cette double articulation. Or les « sujets filmés » ne relèveraient pas de cette double articulation. Ils sont supposés n'être que monstration : leurs images exhibent le monde comme il va, à l'évidence. Et la narration est entièrement confiée au commentaire journalistique, à la voix anonyme du studio, du média qui surplombe les images assimilées à des données. « Voici… voilà ». Même quand il y a des paroles de protagonistes in situ, elles font toujours l'objet d'un recadrage par le commentaire off qui vient par dessus. Il y a un déni médiatique du montage et du réalisateur comme producteur de sens. Le prescripteur du sens, ce n'est pas le regard d'untel ou untel, c'est l'appareil qui diffuse les images, c'est la chaîne, la télé.

J'en veux pour preuve le fait énorme que l'unique locuteur reconnu, célèbre et célébré à la télévision, n'est pas auteur d'images, ni de commentaires, ni même l'auteur de ses propres propos, c'est un présentateur. En dehors de la fiction — domaine réservé justement aux fantaisies d'auteur, à la création subjective singulière (envers romantique de l'objectivité anonyme) — la télévision ne connaît pas d'auteur ni de filmeur, ni même de journaliste, elle ne connaît d'autre nom, d'autre vedette que le présentateur, qu'il s'agisse de journaux TV, de magazines, de plateaux ou de jeux. Le présentateur est l'unique figure emblématique du média (avec le logo et l'habillage), il en est le porte-parole, l'image de marque, la figure de proue. Cependant, s'il est le seul à s'adresser personnellement au spectateur, s'il lui « envoie » de son studio les images du monde, ce n'est pas lui qui rédige et signe les messages : la figure du présentateur n'est que le timbre sur l'enveloppe d'une lettre anonyme. Il n'est l'auteur ni de ce qu'il dit (c'est un animateur), ni de ce qu'il montre (c'est un présentateur). Il est simplement le Monsieur Loyal du cirque médiatique. Ce qu'il représente, ce ne sont ni ses propos ni son interprétation (ce n'est ni un acteur, ni un chroniqueur), c'est le propos sérieux ou enjoué de la chaîne, sa promesse d'entretenir le public pour assurer une audience à ses annonceurs. C'est pourquoi ces nouvelles stars à vide — qui n'ont ni la représentativité légitime de l'élu, ni l'aura de l'acteur, mais simulent l'une et l'autre — sont payées si cher.

En ce qui concerne l'investigation de la réalité, le déni du subjectif, du point de vue, de l'auteur, est l'envers impératif de l'objectivité conçue comme vérité spectaculaire pour tous, loin des opinions et actions de chacun. Saisir la vérité en soi, épurée de nous autres, c'est-à-dire de toute subjectivité, relève d'un vieux credo idéaliste et puritain. Selon ce dogme, la vérité objective ne se divise ni ne se construit[7] : elle est révélée, anonyme, une ; et la subjectivité, arbitraire, égoïste, partiale, artiste aussi (mais comme chacun sait, l'art est à part de la réalité). Cette dichotomie se lit dans la répartition officielle des genres à la télévision et dans le cinéma commerciaux : info d'un côté, fiction de l'autre, même si un ton commun s'impose désormais à l'une et l'autre, celui de la distraction.

« *Il est aisé de constater, dans tous les lieux où se fabrique effectivement la gestion moderne, que celle-ci travaille à produire une enfilade d'écrits* (et d'images)[8] *dont le sujet s'absente. (…) Derrière cet idéal de silence et cette communication simplifiée où les communicants n'ont jamais un mot, que peut-il y avoir qui toucherait au trait dramatique de la vie humaine ? Un drame se joue en effet, que j'appellerai par raccourci pédagogique le drame de l'objectivité. (…) À l'intérieur d'une immense machinerie, une texture sans paroles* (des images sans voix) *circule, par le trucage de ces tuyauteries savantes malaxant et liquéfiant une masse énorme de rapports, d'études et même de paperasseries courantes, pour en faire cette espèce de discours liquide, le fleuve des propositions raisonnables, jamais délirantes, de l'objectivité scientifique et scientifico-administrative. Nous savons tous ce qui pourrait obstruer les tuyaux ou ralentir la rotation et le recyclage des propositions ménagères de la gestion : la parole poétique précisément, une parole impossible, celle qui ne passe pas* » (Pierre Legendre, *Paroles poétiques échappées du texte*, Seuil 1982).

7. Cf. chap. 14.
8. Les ajouts entre parenthèses sont de ma rédaction.

7

Documentaire joué et néo-réalisme

C'est Flaherty, avec *Nanouk,* qui inaugure le genre du documentaire joué, c'est-à-dire réalisé avec les autochtones dans leur propres rôles et leur propre décor, jouant ou rejouant devant la caméra les gestes de leur propre vie. Et même un peu plus que « leurs » gestes, dira-t-on, puisque la pêche au harpon sur l'île d'Aran ou le tatouage à la pointe de feu dans *Moana* sont, comme on l'a vu (chapitre 3), des pratiques abandonnées depuis plusieurs décennies et restaurées pour les besoins du film, besoins qu'on serait tenté de qualifier de volonté d'« authenticité ». On voit le paradoxe. Ainsi, du simple réglage de la chasse au morse pour la caméra dans *Nanouk,* au scénario romantique infusé dans la réalité indigène de *Tabou* (coréalisé par Flaherty et Murnau, 1931), en passant par la fausse famille de vrais natifs assemblée par Flaherty pour *L'Homme d'Aran* (le père, la mère et le fils sont de trois familles différentes dans la vie) ou par les dialogues écrits et le suspense animalier créé au montage dans *Louisiana Story* (1947), se dessine une ligne continue (mais graduée) du documentaire à la fiction, un mélange variable de prises de vue sur le vif et de mise en scène. Où s'arrête le documentaire, où commence la fiction ? Remarquons que la question inverse, pour être moins banale, est tout aussi légitime : une fiction ne documente-t-elle pas les acteurs en train de jouer ? Improviser avec les hasards du tournage, laisser voir les interférences réel/fiction, jouer de cette duplicité instable, c'est peut-être le propre du véritable « réalisme » cinématographique, de Renoir et Rossellini à Pialat et Kiarostami, en passant par Cassavetes.

Mise en scène et montage interdits ?

Le documentaire joué semble une contradiction dans les termes. « Documentaire », cela ne signifie-t-il pas documenter la vie comme elle va, cela ne promet-il pas des « *real people* » ? En y réfléchissant, on conviendra qu'il y a de toute façon cadrage, composition, découpage, c'est-à-dire expression de la réalité selon un certain aspect de la caméra (plus ou moins partiel ou partial). Cependant, intervenir non seulement sur la manière de filmer (inévitable donc admissible) mais encore sur les situations et protagonistes, en les choisissant ou dirigeant, passera à coup sûr pour de la manipulation. Pourtant, en y réfléchissant à deux fois, il faut bien admettre qu'on choisit forcément, même en prise directe, de filmer ceci plutôt que cela, et que le seul fait de filmer modifie plus ou moins situations et comportements, en raison des nécessités techniques, de la présence de l'équipe (même réduite) et surtout du jeu de rôles provoqué entre les protagonistes et leur image (même s'ils sont filmés sans aucune consigne de mise en scène). Quel est l'écart entre leurs rôles sociaux habituels et ceux qu'ils présentent à la caméra ? Comment rester naturel ? Plutôt que faire comme si de rien n'était, la mise en scène n'aide-t-elle pas à mettre en valeur ce naturel ou même à rendre visible ce qui n'est pas si naturel au fond ? ou encore, à dévoiler, derrière le naturel apparent, les rituels d'une société et les « raisons » qui agissent ses acteurs ?

Pris entre deux extrêmes — filmer telles quelles les apparences les plus superficielles (« les résidus de l'expérience commune ») ou reconstituer (comme un steak) une fiction de réalité — nous sommes renvoyés décidément à la question déterminante de la relation : entre fins, sens et moyens ; entre pré-vision du cinéaste, observation des situations et projections des protagonistes ; entre images préconçues à l'intention d'un spectateur standard et investigation d'un réel protéiforme et jamais conforme, à l'attention d'un public incertain. Ce qui juge de la vérité du film, ce n'est pas tel ou tel détail véridique, c'est le sens de l'ensemble, le rapport des parties entre elles et au tout. La signification d'une séquence, d'une scène, d'un plan et de ce qui s'y passe n'est pas en soi, elle est relative aux plans et scènes qui l'entourent, et au projet global du film vis à vis de ce qu'il cherche à montrer du sujet à d'autres sujets (les spectateurs). Encore une fois Bresson : « *Le vrai n'est pas incrusté dans les personnes vivantes et les objets réels que tu emploies. C'est un air de vérité que leurs images prennent quand tu les mets ensemble dans un certain ordre. À l'inverse, l'air de vérité que leurs images prennent quand tu les mets ensemble dans un certain ordre confère à ces personnes et à ces objets une réalité.* » *(Notes sur le cinématographe*, Gallimard 1975, p. 81).

Nous croyions trouver la pertinence documentaire dans la plus ou moins grande conformité à une réalité préexistante, et nous voilà renvoyés aux questions de cohérence et de style, de scénarisation. Quel est le projet du film ? Que veut-il nous montrer ? Que découvre-t-il ? Quel usage fait-il de ses protagonistes par rapport à ses fins **et aux leurs** (c'est la différence d'avec la fiction), et comment s'articulent formellement les unes et les autres ? Que veut nous faire voir ou croire le film ? Où son mode de récit situe-t-il le spectateur ? Entre la reconstitution comme répétition *(pouvez-vous refaire ce geste)* ou comme dramatisation *(remuez le feu en disant : « c'est à cette heure-ci que tu rentres »)*, avec les gens eux-mêmes ou avec des acteurs, il y a certes une différence sensible de degré. Mais la pertinence ou l'artifice de la méthode ne se juge pas « en soi » (= par rapport à « l'idéal » implicite de la prise de vue réelle comme prise au tas), elle se mesure encore une fois à la cohérence de la représentation et de la scénarisation par rapport au réel investigué et à la gouverne du spectateur.

La question n'est pas de savoir si et seulement si le harpon est bien d'origine, si l'alligator attaque vraiment le gamin, mais de savoir si cette scène de pêche ou de prédation représente bien un élément significatif (pas simplement attractif) de la réalité des protagonistes. La question de l'authenticité est légitime mais la réponse ne se trouve pas dans la simple adéquation de l'image au réel immédiat, elle se mesure au style d'ensemble du film, à sa manière de traiter l'écart et la transposition du réel au filmé. Je ne partage pas la position réaliste d'André Bazin dans son célèbre article *Montage interdit* (in *Qu'est-ce que le cinéma ?*, Cerf 1985) : le jugement de vérité, à mon sens, ne saurait porter seulement sur la réalité de l'événement (attestée selon Bazin par la coprésence obligée du lion et du chasseur dans le même plan) mais sur le sens de l'événement relativement à la vérité d'ensemble de l'histoire. C'est en fonction du style du film et du type de scénarisation que l'événement doit (ou non) être vraiment pris sur le vif et attesté comme tel. Il n'y a pas, comme le croit Bazin, de cas de figure imposée par un critère absolu de vérité éthique qui viendrait trancher dans la relativité esthétique. **Le sens de l'événement se joue toujours relativement à son contexte non seulement dans la réalité mais dans le film.** Un film **réussi, c'est précisément celui qui réussit à transposer cette contextualisation là dans celle-ci, en enrichissant au passage ses significations par un choix de relations spécifiques**[1] convaincantes. Tout dépend de la règle du jeu, qui n'est évidemment pas la même pour un film d'explorateur, un film de cinéma direct, un psychodrame de cinéma-vérité, un documentaire joué ou une fiction néo-réaliste.

« Réalisme criminel »

On ne saurait non plus ignorer que la définition des genres et les modes de croyance du public changent suivant les époques. Le documentaire joué peut nous apparaître aujourd'hui d'autant plus joué (et d'autant moins documentaire) que nous sommes habitués au reportage en direct, ou prétendu tel, comme modèle régentant la non-fiction. Il n'est pas inutile de rappeler que la série de docu-drames reconstitués *The March of Time* obtint, à la fin des annés 30, l'oscar du documentaire à Hollywood. Erik Barnouw remarque que « *dans l'après guerre, le terme « documentaire » s'appliquait même à des thrillers d'espionnage comme* The House of 92nd Street, *de Hathaway, produit par le vétéran de* March of Time, *Louis de Rochemont. Utilisant des extérieurs de New York, le film avait un petit air de reconstitution à la manière de* March of Time. *Fut aussi référencé comme « documentaire »,* Sur les quais *(1954) d'Elia Kazan, filmé par Boris Kaufman dans des décors réels de New York.* » (*Documentary,* p. 185) Cela porte à sourire le spectateur d'aujourd'hui, enclin à s'imaginer le spectateur d'hier plus naïf que lui. Mais il faut comprendre que l'aspect « documentaire » du « réalisme criminel » américain (selon l'expression de Mitry) répondait à l'époque — tout comme le néo-réalisme italien — à une conception plus crue (et plus cruelle) de la réalité.

En une dizaine d'années, les formes de la sensibilité avaient été bouleversées par la crise économique et le documentarisme social, le jazz et le nouveau roman américain, la guerre et ses images saisissantes d'actualité. « *Ce nouveau genre de production, écrivait Hathaway en 1945 dans le* Hollywood Reporter, *nécessite de faire un grand pas hors des sites artificels de Hollywood, pour aller saisir la vie dans quelque ville éloignée. Ce qui implique de nouveaux décors, de nouveaux acteurs, de nouveaux points de vue ainsi qu'un nouveau rythme et une nouvelle façon d'envisager le scénario, la mise en scène et les prises de vues. Quand les metteurs en scène, les acteurs, les techniciens et les scénaristes font des films en dehors des studios, un réalisme indéniable s'introduit inconsciemment dans leur travail. Ce film d'aspect documentaire requiert un souci exclusif de réalisme que ne puisse altérer même légèrement le moindre fait : il rejette délibérément l'aspect romanesque des choses et les verres roses avec lesquels on pourrait être tenté de regarder le monde. On doit sentir que la caméra a été amenée subrepticement pour prendre sur le vif des événements de la vie réelle.* » (cité par Jean Mitry, *Histoire du cinéma,* tome 5, p. 423). On notera la jolie contradiction entre les termes « on doit sentir » et « subrepticement ». S'ils marquèrent un renouveau certain du film noir *(Appelez Nord 777* de Hathaway, *Boomerang* de Kazan, *Crossfire* de Dmytryck), la plupart des films issus de ce programme ne tinrent pas vraiment son apparente promesse néo-réaliste, tant ils restaient par ailleurs soumis aux intrigues, caractères et dénouement du genre polar. C'est certainement Jules Dassin — avec *Naked City (La Cité sans voiles,* 1948), *Thieves' Highway (Les Bas-fonds de Frisco,* 1949) et *Night and the City (Les Forbans de la nuit,* 1950) — qui poussa le plus loin le pari d'un « néo-réalisme criminel » à l'américaine. Alors que les halles et leurs trafics servent de toile de fond documentaire aux *Bas-fonds de Frisco,* dans *La Cité sans voiles,* l'enquête policière et la poursuite des criminels deviennent le prétexte dramatique pour filmer les mille visages des bas quartiers de New York. « *Mêlant le romanesque au document pur, l'imaginaire et le réel, Dassin est parvenu à saisir l'âme de la grande ville.* » (Mitry, idem, p. 430).

1. « *Spécifique veut dire à la fois général et particulier. (...) Est historique ce qui n'est pas universel et ce qui n'est pas singulier. Pour que ce ne soit pas universel, il faut qu'il y ait différence ; pour que ce ne soit pas singulier, il faut que ce soit spécifique, que ce soit compris, que cela renvoie à une intrigue.* » (Paul Veyne, *Comment on écrit l'histoire,* Points Seuil, 1971, p. 85).

La règle du jeu

Plus ou moins fictionnelle, plus ou moins documentaire, il y a toujours transposition, transformation du réel en réalité filmée, et en dernière instance la factualité de l'événement comptera moins que le sens de la scène dans le film. Cela ne veut pas dire que tout est permis. Le film est entièrement redevable de ses choix, de sa cohérence, du mode de croyance et de la place qu'il assigne au spectateur. C'est la forme de ce pacte, elle-même fonction de la scénarisation choisie, qui déterminera s'il y a pertinence ou abus de confiance : par exemple, la geste flahertienne ou le *Free-cinema* peuvent recourir aux scènes rejouées, le cinéma direct wisemanien en tant qu'analyseur institutionnel l'interdit. Le trucage d'une scène de chasse par montage (l'alligator encore) ne contrevient pas au déroulement de la fable de *Louisiana Story* (que Flaherty qualifiait de « *fantasy* »), dans la mesure où c'est un documentaire joué. Ce serait un scandale et un contresens dans *Zoo* (je pense à l'étonnante scène finale où les gardiens du zoo pourchassent des chiens sauvages qui menacent les bêtes captives) parce que le pari explicite de Wiseman est de saisir (et nous faire saisir sur le vif mais avec le recul de la représentation) le sens de nos institutions à travers les comportements et situations qu'elles ont pour charge de gérer.

Cette relation structurelle entre partie et tout, réalité et vérité, et son déni « objectiviste », Béla Balasz les avait bien anticipés : « *Si le naturalisme du cinéma moderne a pu se développer en un art subtil et vraiment supérieur, c'est en majeure partie dû au fait qu'il va au devant des nouveaux besoins idéologiques. C'est de là aussi que provient, dans les films récents, la divergence entre le bon détail véridique et la stupidité mensongère de l'ensemble du scénario. Ce nouveau fanatisme du petit fait vrai, cette joie à observer de près de menus détails de la vie, cet accent placé sur le quotidien équivaut à une fuite devant la totalité, à une évasion dans les détails. Car aucune conséquence ne peut être tirée à partir de détails infimes. La totalité seule a une signification. C'est le romantisme inversé du petit-bourgeois. C'est l'idéologie de sa nouvelle politique de l'autruche : enfouir sa tête dans l'abondance des détails de la vie pour ne pas être obligé de voir la vie elle-même. Il cache la vérité sous de la réalité.* » (*L'Esprit du cinéma*, Payot 1977, p. 279).

Au-delà du détail vrai, de l'actualité de l'action, il s'agit de voir ce que la scène choisie représente, et relativement à quelle vision du monde (du cinéaste et des acteurs eux-mêmes). La question : « qu'est-ce qui se passe ? » est solidaire de : « qu'est-ce que ça fait passer au spectateur ? » Et par induction, la forme de la mise en scène informe le spectateur (attentif) sur la manière dont le réalisateur a appréhendé cette réalité, imaginé que la vivaient ses acteurs et pensé pouvoir la faire comprendre au spectateur. Ce qui implique un double écart et une double transposition : de la réalité envisagée à la réalité filmée et de la réalité filmée à la réalité montrée. Le point critique, ce n'est pas l'impossible adéquation du film au réel, c'est l'écart ou l'adhésion que le cinéaste entretient avec son sujet et dans lequel il entretient le spectateur ; l'illusion de transparence et/ou la force de résistance et de réaction qu'il confère à son dispositif. **(Par « dispositif », entendons la façon dont le film s'adresse au spectateur, prévoit sa place).**

Soit une conférence où une portion habituelle de l'assistance s'ennuie. Rendre la situation en sollicitant d'un participant un aparté du genre : « ça m'ennuie », n'est ni pire ni mieux, ni plus ni moins fictif que filmer et monter un « vrai » gros plan de quelqu'un qui baille. La question inévacuable reste toujours : qu'est-ce que ça veut dire et que voulez-vous dire ou faire dire par là ? Un ange passe. Le plan de baillement, que vous l'ayez filmé intentionnellement ou par hasard, vous avez bien décidé de le mont(r)er là. Et quelle durée lui accorder ? La question du sens, c'est indissolublement dans quel sens il passe (de l'image au spectateur) et la façon dont l'assume (ou pas) celui qui le fait passer. Contradiction flagrante de l'objectivisme TV : il affirme transmettre le courant de la communication tout en se disant isolant (neutre) ! « *Tout en croyant seulement enregistrer des faits, nous produisons également des formes. Voir n'est pas recevoir et écrire n'est pas tanscrire. Il n'y a de connaissance et tout particulièrement de connaissance scientifique qu'à partir d'un travail de mise en relation — « faire voir les connexions », comme le dit Wittgenstein — et la description ne consiste pas à collecter et à énoncer les termes de la collection, elle consiste dans* ***une activité de transformation du visible.*** » (François Laplantine, *La description ethnographique*, Nathan, 1996, p. 113).

Arrêt sur images : *Terre sans pain*

Un cas d'école nous met sous les yeux le divorce entre la position « réaliste » — pour qui la question est de l'adéquation de l'image au réel existant en face — et la conception disons « contructiviste » du sens par le film, qui interroge la façon dont s'opère la transposition du réel en représentation et dans quelle optique ? On sait que l'émission *Arrêt sur image*, de Daniel Schneiderman sur La Cinquième, se consacre au démontage des manipulations pratiquées par certaines émissions TV, à l'exposé des libertés prises ici ou là avec la réalité. Etant l'angle le plus aigü de la critique de la télévision à la télévision, elle en indique aussi sûrement les limites. L'émission enregistrée le 1er mars 1996 était consacrée à une analyse-démontage de *Terre sans pain (Las Hurdes*, 1932) de Luis Bunuel, en présence du documentariste Jean-Louis Comolli.

Le premier argument avancé par Daniel Schneidermann est qu'on a retrouvé les rushes du film de Bunuel et qu'ils « révélent » un certain nombre de manipulations ou d'effets de mise en scène. « On nous cache tout, on nous dit rien », comme le chante l'ironique Dutronc. Se fait jour ici l'idée de vérité cachée, pas du tout contraire mais complémentaire à celle d'objectivité : ce qu'une image ne montre pas, une autre image (soustraite au montage) le montre. Le montage, ou plutôt son fantôme, est évoqué comme coupe sombre, mais jamais comme production de sens. L'idée de preuve par l'image et de transparence du réel à la prise de vue n'est pas du tout mise en question, elle se voit au contraire renforcée : « la bonne » image, la vraie, existe, mais on nous l'a celée. À cette logique de l'évidence, Jean-Louis Comolli ne cessera d'opposer le fait et le sens filmiques comme mise en scène et « transformation de la réalité en réalité filmable ».

Pour commencer, Jean-Louis Comolli explique que Bunuel a privilégié de façon provocante « *les aspects les plus noirs de l'existence des Hurdanos, non seulement dans les images mais par le commentaire qui insiste de façon presque sadique sur leur triste sort. Bunuel ne laisse rien passer de ce qui l'adoucirait.* » Relance de Daniel Schneidermann : « *Non seulement il ne laisse rien passer mais il fait un peu plus, il y a des manipulations d'images dans ce film, on va le voir.* » Et l'animateur d'exhiber plusieurs exemples de ces « manipu-lations d'images » par Bunuel :

– Le premier exemple est la chute d'une chèvre provoquée à l'aide d'un coup de feu hors champ (le commentaire disant que la seule viande disponible ici est celle des chèvres accidentées), puis la même chèvre rejetée sous la caméra pour un raccord en plongée. Entendons que l'événement est truqué dans la mesure où il ne se produit pas spontanément devant la caméra mais est mis en scène et découpé.
– Deuxième exemple : des Hurdanos cheminent sur un sentier escarpé, plein de rocaille et d'épineux (commentaire : « Les chemins sont difficiles et les chaussures sont rares ») ; cependant un travelling suit le mouvement laissant supposer qu'il y a là une route et que « *Bunuel installé dans sa voiture filme au dessus de lui les gens qui peinent* » (dixit l'assistante de Schneidermann, Pascale Clark).
– Autres évidences tirées des rushes et « *tout à fait parlantes* » : les femmes regroupées attendent le signal du metteur en scène « pour se rendre en masse » à la veillée mortuaire ; la traversée d'une rivière avec le corps de l'enfant a fait l'objet d'au moins deux prises ; un plan de coupe sur une femme regardant en l'air a été extrait de son contexte et utilisé comme contre-champ dans une autre scène ; les gros plans du visage et de la bouche d'un enfant (dit malade et mourant par le commentaire) ne sont pas du même enfant..

L'étonnante naïveté avec laquelle deux analystes de la télévision découvrent ici (comme un scandale) que faire un film, même documentaire, c'est rendre les événements visibles à la caméra et sensibles au spectateur — c'est-à-dire cadrer, mettre en scène, découper — révéle la foi aveugle des tenants de l'objectivité en une supposée possible saisie du réel tel quel ! Comme si la moindre actualité ne recourait pas aux plans de coupe, le moindre reportage au montage, la moindre interview à la mise en scène ! Si les effets recherchés par Bunuel ne sont évidemment pas au dessus de toute critique, on ne saurait pour autant les juger à l'aune du « simple reportage des choses tangibles », selon l'expression de Béla Balasz, car cette simple relation de vérité n'existe pas.

— « Documentaire, on pense à la réalité par opposition à la fiction qui est fausse », déclare de façon désarmante Pascale Clark.

— Et Jean-Louis Comolli de répliquer : « Mais quelle réalité ? Il y a tellement de couches de réalités. Le travail de Bunuel, c'est d'enlever un certain nombre de couches qui rendent la réalité brouillée, peu lisible ou trop aimable à ses yeux. Il enlève des choses pour qu'on y voit. C'est la fonction de la représentation de renvoyer la balle à chacun pour que chacun essaye de penser le monde à sa façon. »

— « Mais a-t-on le droit de transformer les gens en comédiens ? » interroge Daniel Schneidermann.

— « Ils le sont déjà et en acceptent le principe puiqu'ils sont d'accord pour être filmés. Faire un film, c'est forcément mettre en scène, faire en sorte que la réalité soit transformée en réalité filmable », répond Comolli.

Nous voilà donc renvoyés du faux procès de l'*adequatio* à la question de la scénarisation du réel : quelle vision (du réalisateur) et quelle vision (du spectateur) ordonnent ces scènes choisies, rejouées ou provoquées voire inventées ? On peut contester la vision para-ethnographique unilatéralement horrifique de Bunuel, s'en prendre à sa manière de plaquer de force sur « ses sujets » son implacable commentaire « exotique », ou au contraire admirer sa dérangeante férocité, traquant l'anormal du normal (comme le fera Franju), le monstrueux et le sordide jusqu'à rendre odieuse la misère audelà du seuil de tolérance habituel du spectateur. On pourra critiquer la manière de traiter le sujet, le découpage de la réalité qu'opère le film, le ton du commentaire faussement objectif (porté certes au second degré par sa crudité volontairement scandaleuse, traitant cependant les Hurdanos comme des types façon Magasin Pittoresque), mais on ne saurait dénoncer en soi le plan de coupe, le clap ou l'action rejouée (par rapport à un modèle implicite de saisie « neutre » de la réalité).

— « Est-ce que ce genre de manipulations ne nous fait pas finalement douter de la totalité du film ? », demande l'honnête Schneidermann.

— « C'est ce que le spectateur peut construire avec les éléments du film qui fait sens », répond le matois Comolli.

— « Mais qui va décider de ce qui est honnête et de ce qui ne l'est pas ? » lâche le médiateur inquiet de déontologie, sans comprendre qu'en matière de cinéma, l'éthique ne dépend pas d'un code de bonne conduite journalistique mais de la mise en cadre, en scène et en chaîne.

— « Comme s'il fallait que quelqu'un réassure sans cesse ce qui est honnête, rétorque le documentariste. C'est au spectateur de trouver le bon chemin... et on peut se tromper. On reconstruit le monde sans cesse, à travers du documentaire, du roman, de la poésie... L'important, c'est quel type de relations ça établit, comment est-ce qu'on retrouve quelque chose d'une vérité à travers l'artifice. »

La fin de l'émission prouvera la résistance (au sens psychanalytique) de « l'objectivisme » médiatique à toute réflexion critique de type relativiste ou constructiviste. « Un dernier exemple qui n'entamera pas non plus, je crois, votre amour de Bunuel », dit Schneidermann. Comme si la position de Comolli relevait d'une passion cinéphilique aveugle pour Bunuel ! Elle énonce, au contraire, une critique claire, au nom de la réalité de la mise en scène, à l'encontre de la croyance irréaliste à la captation du « réel tel quel ».

« On la refait »

La question n'est pas celle de l'essence des choses en dehors de nous, mais celle des règles de transformation du sensible en significatif et communicable. Il y a non pas césure mais inter-relation subjectif-objectif et suite graduelle du documentaire à la fiction. La plupart des documentaires organisent leur matériau filmé en récit, empruntant ou renouvelant plus ou moins les modèles de la fiction, de même que la fiction cinématographique, dans ce qu'elle a de meilleur, cherche à faire émerger un noyau de réel par et à travers l'artificiel. L'histoire du cinéma montre de fréquents ressourcements de la fiction au documentaire, en raison de ce que j'ai appelé **le pacte bio-graphique** liant l'art cinématographique à la prise de vue réelle (cf. chap. 2, conclusion). Cela ne veut pas dire que les extrêmes — documentaire et fiction — se touchent mais qu'il y a des gradations repérables qui à la fois les relient et les tiennent à distance (distance toujours franchissable par certains choix de montage ou de mise en scène). À un pôle (réputé le plus documentaire) : la prise de vue à l'improviste (muette et bientôt à son synchrone). À l'autre pôle (tenu pour le plus fictif) : la reconstitution avec des acteurs. Entre les deux : les prises de vues commentées ; la reconstitution de leur vie avec les gens eux-mêmes ; l'intrigue plus ou moins romancée interprétée par les protagonistes et dans les décors du cru. Les deux derniers cas constituent à proprement parler le documentaire joué.

En ce qui concerne les reconstitutions avec acteurs, elles ne peuvent fonctionner comme documentaires que si elles s'inscrivent à titre illustratif, explicatif ou évocateur, à l'intérieur d'un dispositif documentaire de témoignages ou d'enquête, comme par exemple dans *Ma légion* de Martin Ledniczky (La Sept-FR3, 1990) ou *Le Dossier Adams (The Thin Blue Line,* 1988, cf. chap. 18) d'Errol Morris. Dans *Ma légion,* les scènes jouées par des acteurs évoquent, en noir et blanc, un peu à la manière d'archives imaginaires, dans un style ironiquement romanesque proche de *Moroco,* certains souvenirs du narrateur, un hongrois, ancien légionnaire, confrontant mythe et réalité de la légion. Dans *The Thin Blue Line,* les scènes de fiction reconstituent, dans un style kitsch très chromo avec ralenti et gros plans, les différentes versions d'un meurtre proposées par les différents témoins et parties du procès interviewés. Dans l'un et l'autre cas, les reconstitutions simulées sont filmées dans un style délibérément forcé de fiction non réaliste. Elles ne jouent pas au vraisemblable, comme dans les *reality-shows,* elles font image : juste des images, pas des images justes. C'est, je crois, la bonne manière d'échapper au ridicule qui guette toute reconstitution à prétention réaliste lorsqu'elle se voit confrontée aux authentiques témoignages documentaires.

Si les scènes reconstituées par des acteurs ne forment pas un sous-ensemble dans un dispositif documentaire, si elles constituent l'ensemble du film, alors c'est une fiction, qui peut certes être naturaliste, réaliste ou néo-réaliste, mais une fiction au plein sens du mot. On sait l'important travail documentaire fourni par des auteurs comme Zola, Flaubert ou Truman Capote. Leurs livres n'en sont pas moins classés comme romans. De même Fritz Lang aimait à dire que *M le maudit* (1931) était un documentaire, et Jean Renoir soulignait que *Toni* (1934) s'inspirait d'un fait divers à lui rapporté par un ami commissaire de police, et qu'il l'avait tourné dans un style réaliste intransigeant, le plus direct possible, en osmose avec le véritable milieu où se déroulait l'histoire. Ce sont néanmoins des fictions, si l'on veut que les mots gardent un sens. En revanche, cela nous invite à examiner les influences réciproques et fructueuses (dont naîtront le *Free Cinema* et le cinéma-vérité) entre documentaire joué et fiction néo-réaliste. En témoigne un film charnière : *La Terre tremble (La Terra trema,* 1948) de Luchino Visconti.

D'un côté, le documentaire joué adapte de la fiction certains types de scénarisation pour s'évader du docucu **sur** et faire du documentaire **avec** ; de l'autre côté, certains auteurs de fiction adoptent en retour les techniques de terrain documentaires pour échapper à l'académisme et ressaisir une histoire vivante. Volonté commune : faire voir et donner à entendre le monde par ceux que l'histoire officielle ne reconnaît guère comme « des sujets » (au double sens du mot) : enfants, pauvres, ouvriers, exclus du « progrès », « primitifs », marginaux… La conscience de « l'espèce humaine », ressortant de la destruction massive, réclamait ces anti-héros, aussi loin de l'héroïsation de l'individu « gagneur » propre aux fictions commerciales que de l'héroïsation des masses caractéristique des documentaires de propagande. La crise morale ouverte par la catastrophe appelait des formes de narration plus directe, plus dépouillée, dédramatisée pour capter le drame ordinaire de ces vies sans abri, à l'image d'un monde qui d'un côté menaçait ruines, de l'autre se voyait déjà mis en coupe réglée par les vainqueurs (Yalta, plan Marshal). Tout allait-il reprendre comme avant [2] ?

Narrateur off et scènes jouées

De nombreux documentaires réalisés aux États-Unis dans les années 40 font alterner vues commentées et scènes dialoguées reconstituées avec des acteurs ou les protagonistes eux-mêmes. Ce type de montage entre scènes jouées et scènes descriptives avec narration off avait été inauguré dans la fiction, notamment dans les films policiers. On en trouve une première application marquante dès 1931, dans *M le Maudit* de Fritz Lang. Pour son premier film parlant, Lang tire un parti aussi puissant que varié de la bande son, et crée notamment toute une séquence narrée off alternant vues illustratives et saynètes jouées : alors que le préfet de police explique au téléphone le mal que se donnent ses hommes pour

2. *Contre toute attente,* Allemagne année zéro *a été fort mal accueilli et c'est alors que j'ai commencé à me poser des questions. Le monde du cinéma s'était réorganisé, avait retrouvé ses habitudes et son style d'avant-guerre ; on jugeait* Allemagne année zéro *d'après cette esthétique d'avant-guerre, alors qu'on avait aimé* Rome ville ouverte *et* Païsa, *pour ce qu'ils apportaient de neuf par rapport à ce style.»* (Rossellini, *Le Cinéma révélé*, Flammarion, 1988, p. 44).

retrouver le meurtrier, nous voyons des scènes para-documentaires reconstituant les battues, enquêtes, interrogatoires de témoins, descentes de police dans la ville. Mais c'est certainement la série de « docu-drames », *The March of Time,* inaugurée en 1935, qui a systématisé le procédé, intricant actualités commentées (par une voix particulièrement dramatisante ou triomphante) et scènes jouées par des acteurs, largement imaginées à partir des événements.

Si le propos de *Native Land* (1942), réalisé par Paul Strand et Leo Hurwitz, est bien différent — puisqu'il s'agit d'un film militant, produit par Frontier Film, en défense de la liberté syndicale — sa dramatisation documentaire est assez proche de celle de *The March of Time.* Cependant le film est construit non sur la continuité des vues documentaires commentées et des scènes jouées, mais sur leur opposition. Alors que les premières glorifient l'Amérique terre de liberté, les secondes viennent brutalement couper dans l'idéal en reconstituant divers attentats commis par des hommes de main contre de simples paysans, ouvriers, commerçants, manifestants. *Native Land* commmence sur des images d'océan, de forêt puis de statues, de ponts, de villes, et la voix « *gospel* » de Paul Robeson nous narre la grandeur de la construction de la nation américaine, fondée sur la commune volonté d'entreprendre et les libertés garantissant à chacun la « *pursuit of happiness* » (la « poursuite du bonheur »). Cependant, par son ton grave et sa proclamation dramatique des libertés fondamentales de l'Union, la voix laisse entendre, comme par antiphrase, que celles-ci seraient menacées quelque part. Nous voilà dans la cour d'une ferme, une limousine noire y pénètre, une jeune femme s'affaire à la cuisine, des hommes en borsalino descendent de la voiture : des plans rapprochés — rompant avec les précédents plans d'ensemble documentaires — ainsi que le suspens du commentaire, nous installent ici dans la familiarité d'une famille de cultivateurs, là dans l'inquiétude d'un film policier (gros plans du phare de la limousine, de la main baguée d'un des hommes de main) ; des personnages sont campés, la description emphatique cède à l'action réaliste. À la demande des hommes, la femme envoie son garçon chercher le père. Celui-ci accompagne les intrus vers la grange, la femme a repris sa besogne, la limousine repart brutalement, la femme soudain inquiète sort, appelle angoissée, se met à courir à travers le champ (superbe travelling) où elle découvre son mari mort. La voix off reprend pour certifier la réalité du fait divers, date et lieu, signalé dans la presse. Suivent d'autres reconstitutions réalistes du même type de « faits divers » survenus ailleurs aux États-Unis : un homme trouvé mort dans un meublé, une chasse à l'homme dans le sud… Ces faits ne semblent plus si « divers » mais le résultat d'une action concertée dont la cible commune sont des syndicalistes. Ce lien établi, le film fait un pas de plus dans la fiction et la thèse du complot, en reconstituant longuement le scénario d'une trahison : un ouvrier s'attire la confiance des syndiqués d'une usine en démasquant un espion (en fait un comparse) ; le « petit malin » se verra confier la liste complète des syndiqués qu'il remettra, non sans remords pourtant, aux nervis du patron qui licenciera les syndiqués. Le commentaire reprend la main et, images « documentaires » à l'appui (bureaux, fichiers, employés, miliciens…) dénonce l'organisation nationale, financée et coordonnée par les grandes entreprises, du fichage et de la répression des syndicalistes. Alternant scènes (actualités) de manifestations et scènes (reconstituées) de répression, le film véhicule l'indignation du spectateur, avec les lettres de protestation et les plaintes des citoyens, qui aboutissent à Washington à la création d'une commission d'enquête sénatoriale sur les attentats contre la liberté d'association. Vues dominicales (documentaires) de familles se promenant dans un parc et un zoo : »*Que veulent les gens (people) ? Pas grand chose : de quoi manger, se loger et assurer un avenir à leur famille…* ». Manifestation pacifique sur laquelle des gendarmes ouvrent le feu ; reconstitution de l'enterrement d'une des victimes avec veuve effondrée : « *Stand up for your rights (défendez vos droits)* ». Retour à l'exposé démocratique du début, *Memorial Day,* statues des présidents fondateurs : « *Nous le peuple, défendons les libertés fondamentales que depuis 300 ans la Constitution nous garantit* ». Bannière étoilée, fin !

Alors que *The March of Time* met l'effet documentaire entièrement au service du drame (Louis de Rochemont parlait de « dramatisation de l'actualité »), dans *Native Land* la reconstitution dramatique se met au contraire au service du document civique. Et la voix off qui l'orchestre se veut non pas mélodramatique mais responsable, à l'image de « *Nous le peuple (We the people)* », qui interpelle et inclut le spectateur de façon volontariste. *The March of Time* représente l'ancêtre de l'information-spectacle telle que la déploieront la plupart des magazines de la future télévision commerciale : la réalité dépasse la fiction (tout autant que la réalité nous dépasse).

Native Land s'inscrit, lui, dans la lignée du « documentarisme » américain (cf. chap. 4) et de son militantisme civique engageant la responsabilité de la communauté des spectateurs. Si le public ici (plutôt que le spectateur) n'est pas pris en otage comme dans les documentaires de propagande guerrière, sa marge de réflexion reste cependant mince. C'est son indignation-implication que recherchent aussi bien la voix off responsable que les reconstitutions dramatiques, reconstitutions très bien filmées mais où percent l'univocité et la téléologie des « bonnes intentions ». Comment alors restituer, de façon naturelle, aux protagonistes leur liberté d'agir et au spectateur sa liberté de juger ? C'est à cette question autant éthique qu'esthétique, que s'efforcent de répondre le documentaire joué américain et le néo-réalisme italien de l'après-guerre.

Un enfant attend. Un homme sombre

Tout comme Ben Maddow, auteur du scénario de *Native Land* — et qui sera scénariste de *Steps of Age* (1950) et *The Savage Eye* (1959) — Sidney Meyers est un vétéran de Frontier Films. Pendant la guerre, il monte nombre de documentaires de commande gouvernementale. En 1948, il réalise le premier long métrage de l'école de New York en 16 mm à son synchrone : *The Quiet One (Le Garçon tranquille)*. Le héros du film est un jeune noir de Harlem, Donald, fils d'un foyer désuni, recueilli par sa grand-mère, souffrant de grave carence affective et qui va se retrouver dans une école spécialisée pour enfants inadaptés (Wiltwyck School) et s'y essayer à un nouveau départ. La première partie du film relate les expériences traumatiques qui ont amené Donald à Wiltwyck. La seconde partie narrée par le psychiatre (commentaire écrit par James Agee) nous montre les efforts faits par Donald dans l'institution pour reprendre pied, vaincre ses difficultés à communiquer et retrouver le contact avec un monde jusque là hostile. L'originalité « documentaire » du film — il s'agit en fait d'une fiction immergée dans un milieu réel, Meyers lui-même jouant un psy — c'est d'adopter le point de vue et le rythme du garçon, sa vision du monde, avec ses obstacles et modifications. La situation dans le monde l'emporte sur (ou s'identifie à) l'action, comme dans les films néo-réalistes italiens contemporains, quoiqu'ici — au-delà de l'indicatif présent, exclusif de tout autre mode dans le néo-réalisme — la narration recourt à des procédés dramatiques comme le flash-back. Ainsi, lorsque Donald s'enfuit de l'école et se cache au bord d'une voie ferrée, il se retrouve coincé entre le mur et un train passant à vive allure qui déclenche, à la façon d'un stroboscope, une série de remémorations effayantes. Après quoi, Donald prendra la décision de revenir à l'école. Les décors et figurants réels, le jeu naturel du jeune garçon, la sensibilité intime de la caméra légère et la sobriété, non dénuée de poésie, du commentaire d'Agee, ont fait de *The Quiet One* un classique du « documentaire » américain. L'originalité tient ici au style de filmage documentaire d'une fiction in situ, dont on retrouvera l'influence chez Shirley Clarke par exemple (*The Connection*, 1961, *The Cool World*, 1963, produit par Fred Wiseman, qui deviendra lui-même un ténor du cinéma direct) ou même dans les premiers films de Cassavetes.

Dans l'école américaine du documentaire joué, *On the Bowery* (1956) de Lionel Rogosin marque un tournant. Autant son film suivant, *Come Back Africa* (1959), semblera davantage interprété et démonstratif — en raison notamment de ses intentions politiques et des difficultés du tournage clandestin dans l'Afrique du Sud de l'apartheid — autant *On the Bowery* semble anticiper l'esthétique fluide et non directive de ce qui sera bientôt le (meilleur) cinéma direct. Loin de toute fable ou morale ajoutée, le scénario du film n'est que l'agencement de rencontres et de lieux, à travers le suivi de quelques personnages principaux. Le seul prétexte est l'arrivée d'un nouveau venu (Ray) dans le milieu du *Bowery*, qui de jour en jour sombre dans la misère alcoolique. La valise contenant ses rares effets, dont une montre de famille, sera l'objet transactionnel du film. Alternant avec les plans purement documentaires (rues, cafés, tablées d'ivrognes, asiles), il y a bien sûr une mise en place de certaines scènes imposée par la progression du récit et par les lourdeurs de la prise de son à l'époque. Cependant les dialogues sont enregistrés en direct, les protagonistes sont les alcooliques du boulevard eux-mêmes et l'intrigue, sans aucun commentaire, est réduite au minimum nécessaire au passage d'un lieu à un autre, du jour à la nuit, de l'entr'aide à l'abandon. La caméra de Rogosin cherche essentiellement à rendre l'atmosphère de ce milieu de déchus, la géographie des figures et des relations humaines — importance des gros plans de visages et de mains — mais aussi l'atmosphère au sens presque météorologique, tant la photographie en noir et blanc capture la lumière de la rue, le clair-obscur des cafés, des lieux de rencontre et de dispute des ivrognes, des traits défaits par l'alcool, la pénombre des escaliers ou des asiles miteux, les silhouettes divagantes dans l'obscurité et le matin cru des mauvais réveils sur le pavé. Ce réalisme qu'il faut bien dire poétique, tant il met à nu le tragique sous la banalité morbide du sujet, est relevée par une remarquable bande son mêlant sons directs et musique jazzy de Charles Mills. Les pochards du *Bowery* apparaissent comme des zombies entre deux mondes, reversés du jour à la nuit sans jamais pouvoir prendre pied ni dans les résolutions du jour ni dans l'ivre oubli de la nuit. Un mauvais théâtre de fausses promesses et de rapines les unit — promesse d'un coup offert contre promesse d'arrêter de boire, promesse d'un boulot pour s'en sortir ou argent volé pour boire encore — promesses d'ivrognes auxquelles chacun croit et personne ne croit, car la lutte est inégale entre la nuit où l'on s'oublie et le jour qui vous trahit, et recommence la survie sans lendemain. Par son ambigüité, le dénouement, loin de forcer la réalité, souligne la fusion de la fiction dans le documentaire : devant la détermination de Ray de ne plus boire et de partir, son « copain » Gomard lui « donne » un peu d'argent, tiré en fait de la vente de la montre qu'il a fauchée à Ray. Le plan des mains de Gomard, caché dans les toilettes du bar, comptant les billets et hésitant à faire deux parts égales, la sentence d'un des ivrognes à propos de Ray : « Il reviendra », et le dernier plan de Ray appuyé à un réverbère dont on ne sait s'il va fuir avec l'argent ou revenir le boire, prouvent que Rogosin a su placer sa caméra au carrefour de l'histoire comme temps d'un film et de l'Histoire qui continue.

Sur un tout autre sujet (déchéance ici, lutte là-bas) et dans un tout autre milieu (urbain ici, paysan là-bas), mais dans une tonalité presque aussi « objectivement » désespérée, *On the Bowery* réussit un pari comparable à celui de *La Terre tremble* de Visconti (voir infra) : trouver la bonne distance entre le filmage et le milieu, entre les gens dans la vie et leurs personnages à l'écran, parvenir à la catalyse de l'élément documentaire par l'esthétique de la photographie et de la mise en scène, faire avec du réel du vrai, non au sens événementiel mais au sens tragique.

Les enfants nous regardent

Un même thème, fortement représentatif des préoccupations de l'après-guerre, parcourt les documentaires joués américains et les films néo-réalistes italiens, thème dont un titre de Vittorio de Sica et Cesare Zavattini donne la formule : *Les Enfants nous regardent* (1944). Entre espoir et cauchemar, l'enfant apparait comme l'interrogateur obsédant de l'après-guerre : à la fois témoin oculaire et victime innocente de la misère, de la ruine morale, de l'exclusion, mais aussi appel à une éducation et une humanité nouvelles, il est au milieu de nous la figure du déshérité/héritier à qui nous devons des comptes (sur l'état du monde) et des soins (pour l'avenir). Dans le *Voleur de bicyclette,* c'est l'espace entre le père et le fils, tout autant que les espaces qu'ils traversent ensemble, c'est le fait que l'enfant voit sans rien dire et que l'ouvrier dépossédé se sait vu de son fils (donc doublement humilié), qui redouble le drame à notre regard. « *La trouvaille de l'enfant est un trait de génie dont on ne sait s'il est en définitive de scénario ou de mise en scène, tant cette distinction perd ici son sens. C'est l'enfant qui donne à l'aventure de l'ouvrier sa dimension éthique et creuse d'une perspective morale individuelle ce drame qui pourrait n'être que social.* » (André Bazin, *Qu'est-ce que le cinéma ?* Cerf, Paris 1985, p. 302).

Plusieurs films importants de cette époque prennent des enfants pour héros, considérés comme victimes de la guerre et de la misère, côté néo-réalisme italien ; plutôt comme besoin d'éducation compréhensive, côté documentaire américain. Thème commun : l'enfance « inadaptée », au sens renversé d'un monde cruel qui ne comprend pas les enfants, où ils ne trouvent pas place. *Sciuscia* (1946) et *Le Voleur de bicyclette* (1948) de De Sica, *Païsa* (1946, deuxième épisode du gosse voleur et du GI), *Allemagne année zéro* (1947) de Rossellini, et encore *Europe 51* qui commence, comme finit *Allemagne année zéro,* par le suicide d'un enfant. Côté documentaire américain, des films sur des enfants « inadaptés » : *First steps* (1947) de Leo Seltzer, *Steps of Age* (1950) de Sydney Meyers et Ben Maddow, *Angry Boy* (1951) d'Alexander Hammid et Irving Jacoby, et surtout *The Quiet One* (1948) de

Sydney Meyers, qui trouvera écho outre-Atlantique dans un des premiers films du *Free Cinema* anglais, sur des enfants sourds-muets, *Thursday's Children* (1955) de Lindsay Anderson. Exclusion, misère, exploitation, inadaptation : ce qui compte dans ces constats désenchantés de l'après-guerre, c'est moins l'intrigue que les relations qu'elle permet de mettre à nu. « *L'objet du film néo-réaliste,* dit Rossellini, *c'est le monde, non l'histoire, non le récit.* » Ce qui doit prendre corps à l'écran, ce n'est pas une histoire vraisemblable mais une certaine vérité humaine et sociale des situations et des personnages, pas l'anecdote mélodramatique mais le constat. L'enfant n'est-il pas, de par son impuissance à agir sur le monde des adultes, un voyant.

La morale a changé de camp : elle n'est plus celle des gagnants mais celle des laissés pour compte ou marginaux qui demandent des comptes. Il ne s'agit pas de films militants pour autant, car les films néo-réalistes n'exposent pas des idées préconçues à travers des situations et des personnages prétextes. « *Un film de propagande chercherait à nous démontrer que l'ouvrier ne peut pas retrouver son vélo et qu'il est nécessairement pris dans le cercle infernal de sa pauvreté,* écrit André Bazin à propos du Voleur de bicyclette. *De Sica se borne à nous montrer que l'ouvrier peut ne pas retrouver son vélo et qu'il va sans doute à cause de cela retourner au chômage. Mais qui ne voit que c'est le caractère accidentel du scénario qui fait la nécessité de la thèse au lieu que le moindre doute sur la nécessité des événements dans le scénario de propagande rendrait la thèse hypothétique.* » *(Qu'est-ce que le cinéma ?* p. 299). Comme le note encore André Bazin à propos de Rossellini, « *ce n'est point un réalisme du sujet mais du style. (…) Le sens moral ou dramatique n'est jamais apparent à la surface de la réalité : pourtant nous ne pouvons éviter de savoir quel il est si nous avons une conscience.* » *(Qu'est-ce que le cinéma ?* p. 206). Le sens ne saurait provenir d'un scénario exemplaire, deus ex-machina, il sourd des relations immanentes aux personnes/personnages. Traits communs à ces films : on tourne dans les décors réels, avec souvent des acteurs non professionnels, quand ce ne sont pas les gens eux-mêmes, sur des scénarios qui ne cherchent pas à surprendre le spectateur mais à surprendre des moments de vérité des personnages qui se mettent à errer à travers le film comme dans la vie, à la recherche non pas d'une solution — la vie n'a pas de solution, si ce n'est son interruption — mais d'une place au soleil : soit que la société leur refuse *(Le Voleur de bicyclette, Allemagne année zéro, The Quiet One)*, soit qu'ils en aient une mais la découvrent déplacée (le G.I. noir de *Païsa*, Ingrid Bergman dans *Europe 51* ou *Stromboli*). Les situations l'emportent sur l'action, la découverte sur le décor. Le caractère documentaire de ces films provient de ce que l'attention est portée non plus sur : « qu'est-ce qui va se passer ? », mais sur : « comment ça se passe », phénoménologie d'ailleurs partiellement inspirée du nouveau roman américain (Dos Passos, Faulkner, Hemingway) très influent sur l'intelligentsia anti-fasciste italienne. **La téléologie du *happy end* récusée, les situations apparaissent dispersives, lacunaires, erratiques et le film aussi problématique pour le spectateur que la vie le semble pour les personnages.** La déconcertante nouveauté de ces films — provocant le dénigrement autant que l'admiration des contemporains — c'est qu'ils cherchent à rendre le réel à travers ce que le scénario conventionnel ignorait ou écartait comme faiblesse :

- **l'attente (non comme suspense mais comme flottement) ;**
- **la discontinuité (la présence prévaut sur la causalité) et l'immanence (pas de ressort caché, les gens sont comme ils sont ou deviennent sous nos yeux) ;**
- **la contingence des situations (à l'opposé de la mécanique scénaristique déterministe).**

Si elle induit une esthétique radicalement différente du drame psychologique, cette prééminence accordée aux temps et aux personnages « faibles » n'est cependant pas de pure forme. Ce que traduit cette nouvelle relation cinématographique — où la vision et la durée priment sur l'action — c'est une nouvelle conception morale des personnes et relations humaines, clairement affirmée par Rossellini. « *Pour moi, le néo-réalisme est surtout une position morale. Cela devient ensuite une position esthétique. (…) L'important, ce ne sont pas les images mais les idées. Il faut commencer par l'enquête, par la documentation, pour passer ensuite aux motifs dramatiques, mais pour représenter les choses comme elles sont, pour rester sur le terrain de la sincérité, il faut que le cinéma enseigne aux hommes à se connaître, à se reconnaître les uns dans les autres, au lieu de continuer à toujours raconter la même histoire. (…) Je déteste la continuité logique du sujet. Les plans descriptifs sont nécessaires pour parvenir au fait, mais je suis naturellement porté à les sauter, à m'en moquer. Je ne me trouve bien que là où je puis éviter le lien logique. Rester dans les limites préétablies de l'histoire est pour moi le supplice majeur. » (Roberto Rossellini,* cité par Mario Verdone, pp. 28 et 37, Seghers, 1963). Et encore : *« D'une façon ou d'une autre, un film est toujours un croquis. Pourquoi insister sur les détails ? C'est inutile. Sinon il faudrait faire le film, le visionner, l'étudier, le critiquer puis le retourner à nouveau. C'est impossible. Un film est toujours un croquis et tu dois en tirer le maximum. Quand un film est terminé, l'expérience est terminée et une autre commence. » (Ma méthode de travail,* in *Rossellini,* éd. de l'Étoile, 1990). On aurait tort de voir là une apologie du brouillon. Ce que Rossellini met en avant, et qui relance la quête documentaire du/au cinéma, c'est le tournage comme interférence avec le réel, exploration, révélation, le film comme montage d'une expérience significative (qui nous fait signe), une traversée de l'humain. Le film n'est plus une fin en soi, une œuvre achevée, il vise l'avènement, via l'acteur, d'une vérité qui ne pourra être pleinement réalisée que par le spectateur *« dans l'expérience solitaire de la traversée du film »* (Alain Bergala).

À la différence de l'image pleine de l'actualité (dans laquelle réalité montrée et vérité énoncée se recouvrent), à la différence de l'image-action (où la réalité court après la vérité pour l'atteindre au dénouement), **le néo-réalisme rend visible l'écart voire l'écartèlement entre réalité et vérité. Et celle-là peut bien se passer de celle-ci, car la vérité est une question en plus ou en trop, pas une réponse à la nécessité.** Se privant de toutes les « bonnes raisons », le film néo-réaliste semble souffrir d'un manque, manque qui n'est pas un déséquilibre moteur que viendrait combler un *climax,* mais une aspiration par le vide pour le personnage comme pour le spectateur. « L'histoire » peut apparaître alors comme une queue de poisson. Entre la pesanteur et la grâce, elle n'a pas de chute ; la vérité peut très bien ne pas advenir. Car ici la vérité n'est pas destinée mais simple possible, pas aventure édifiante mais devenir contingent, pas rebondissement mais modification, pas secret à découvrir mais découverte (au sens optique). À partir de la disjonction réalité/vérité, le film néo-réaliste travaille à mettre en jeu et consommer leur rupture (scandale) ou faire advenir leur coïncidence (miracle). La vérité ne consiste pas, et elle ne s'impose pas. Il n'y a pas de fin mot de l'histoire, mais une errance ou une confrontation qui va nouer ou arracher à la réalité une vision nouvelle pour quelqu'un. Et l'infléchissement du regard du spectateur doit coïncider avec la transfiguration optique du personnage à l'écran, sans quoi rien ne se sera passé.

Attente, immanence, contingence

La situation prime l'action, *« le réel n'est plus représenté mais visé »,* selon l'expression de Gilles Deleuze. Dans cette visée, l'attente remplace le suspense : attente sans objet, dont seul importe le sujet ; il n'est pas question qu'un événement survienne mais qu'un possible déplacement advienne, un changement d'optique. Il s'agit d'un cinéma de personnages, de liaisons et de temps « faibles », par rapport au film d'action et de coups de théâtre. L'événement ne se situe pas dans les rebondissements d'une intrigue, dans l'extra-ordinaire mais dans « l'infra-ordinaire » et les affections quotidiennes des personnages. Ni crescendo, ni *climax,* mais une incubation dans la durée. *« Le néo-réalisme consiste à suivre un être, avec amour, dans toutes ses découvertes, ses impressions. Il est un être tout petit au dessous de quelque chose qui le domine et qui, d'un coup, le frappera effroyablement au moment précis où il se trouve librement dans le monde, sans s'attendre à quoi que ce soit. Ce qui importe pour moi, c'est cette attente ; c'est elle qu'il faut développer, la chute devant rester intacte. »* (Rossellini, *Le Cinéma révélé,* p. 41). Cette leçon de Rossellini *(« je crois à l'attente comme à l'un des pouvoirs du cinéma »)* sera magistralement prolongée quarante ans plus tard par Abbas Kiarostami dans *Et la vie continue, Au travers des oliviers, Le goût de la cerise.*

Le film néo-réaliste n'obéit pas à une raison narrative — guide du suspense ou sens de l'Histoire — il oscille et bat comme un cœur révélateur. La fin ne vient pas accomplir un destin (mélodramatique) ou une morale (sociale) mais ouvre pardoxalement à un questionnement sur « le peu de réalité », suivant la formule d'André Breton, et donc sur la liberté. *« Le tracé juste du geste où se résume le trajet de la liberté, telle est l'exacte mesure du réalisme de Rossellini »,* selon Jacques Rancière. *« Un fim de Rossellini est une surface d'inscription qui n'accepte nulle trace de dissimulation, nulle présence de quelque chose qu'il faudrait maintenir latent, vérité cachée derrière l'apparence, scandale dissimulée derrière la surface lisse des choses. Le scandale, ici d'une tout autre force, est justement que rien ne soit dissimulé ou dissimulable. Si intensément qu'il scrute les visages, le microscope de Rossellini s'interdit de rien découvrir que le regard attentif ne percevrait pas par lui-même. (...) Le secret que détiennent ses personnages, c'est l'absence de secret, la défection des codes de la visibilité et de l'interprétation qui tissent d'ordinaire les liens sociaux. » (Rossellini,* Éditions de l'Étoile, Paris, 1990). Si quelque chose advient, cela prend corps au corps du personnage, au cours de sa déambulation, sous nos yeux et sur son visage ; on serait tenté de dire « à nos yeux et périls ».

Cette immanence, cette tension au premier plan entre attente et évidence, entraîne forcément un effacement du principe de causalité, du déterminisme scénaristique, donc du découpage, au bénéfice de la scène maintenant le personnage dans son contexte ; et donc d'un montage par ilôts entre lesquels l'ellipse n'est pas un effet de style mais figure les lacunes de la réalité ou de la connaissance limitée que nous en avons. Ainsi, les liens ne sont plus de continuité logique ou contigüité physique, ils apparaissent plutôt mentaux et erratiques, entre des lieux abstraits ou déconnectés, et comme si le personnage ne collait pas ou plus avec le milieu. Rompant avec les coordonnées spatiales, *« le néo-réalisme s'oppose à l'ancien réalisme des lieux, et brouille les repères moteurs (comme dans les marais ou la forteresse de* Païsa). » (Deleuze, *L'Image-mouvement,* p. 170).

Au lieu d'un déterminisme vraisemblable auquel obéiraient le déroulement du scénario et l'action des personnages, prend place une apparente contingence comme dans la vie, signature du réel, anti-fiction libre. Ainsi souligne Bazin, *« tout le travail de De Sica tend à donner l'illusion du hasard, à faire que la nécessité dramatique ait le caractère de la contingence. Mieux, il est parvenu à faire de la contingence la matière du drame. Rien ne se produit dans* Le Voleur de bicyclette *qui n'eût pu ne pas se produire. (. .) C'est le merveilleux paradoxe de ce film qu'il ait la rigueur de la tragédie et que rien n'y arrive pourtant que par hasard. (...) Il ne serait pas excessif de dire que* Le Voleur de bicyclette *est l'histoire de la marche dans les rues de Rome d'un père et de son fils. Que le gosse soit devant, derrière, à côté ou, au contraire, comme dans la bouderie après la gifle, à une distance vengeresse, le fait n'est jamais insignifiant. Il est la phénoménologie du scénario. » (Qu'est-ce que le cinéma ?* pp. 318 et 303).

À l'évidence, les personnages de ces films, irrésolus, pris dans leur immanence, la contingence des situations, la discontinuité des scènes, n'appellent ni flash-back ni temps retrouvé ni même projet : ils se vivent et se voient (coincés) à l'indicatif présent — présage du cinéma direct — mais un indicatif présent d'état plutôt que d'action, au sens où l'acteur est plutôt un voyant ; et plus il se détache du milieu, moins il est libre, plus il se voit coincé (Edmund dans *Allemagne année zéro,* Ingrid Bergman dans *Europe 51, Stromboli, Voyage en Italie,* Antonio dans *La Terre tremble).* N'est-ce pas le propre de l'enfant, comme du spectateur, que de voir et entendre sans pouvoir agir ? Et cette impuissance n'engendre-t-elle pas une intensification de la vision et de la pensée, comme dans les rêves ? Mais cette position de visionnaire ne trahit-elle pas aussi une dissolution du lien entre le monde et l'homme : ayant perdu la croyance en ce monde, l'homme ne trouverait plus ni à l'interpréter, ni à le transformer. La liberté de mouvement intérieur du spectateur se paierait de l'incapacité d'agir ? La mobilité du regard (interface monde extérieur/monde intérieur) ne se détacherait que sur l'impossible et l'impensable ? *« Ce n'est pas au nom d'un monde meilleur ou plus vrai que la pensée saisit l'intolérable dans ce monde-ci, c'est au contraire parce que ce monde est intolérable qu'elle ne peut plus penser un monde ni se penser elle-même. L'intolérable n'est pas une injustice majeure, mais l'état permanent d'une banalité quotidienne. L'homme n'est pas lui-même un monde autre que celui dans lequel il éprouve l'intolérable, et s'éprouve coincé. (...) C'est le lien de l'homme et du monde qui se trouve rompu. Dès lors, c'est ce lien qui doit devenir objet de croyance : il est l'impossible qui ne peut être redonné que dans une foi. La croyance ne s'adresse plus à un monde autre ou transformé. L'homme est dans le monde comme dans une situation optique et sonore pure. La réaction dont l'homme est dépossédé ne peut être remplacée que par la croyance. Seule la croyance au monde peut relier l'homme à ce qu'il voit et entend. Il faut que le cinéma filme, non pas le monde, mais la croyance à ce monde, notre seul lien. On s'est souvent interrogé sur la nature de l'illusion cinématographique. Nous redonner croyance au monde, tel est le pouvoir du cinéma moderne (quand il cesse d'être mauvais). »* (Deleuze, *L'image-temps,* pp. 221 et 223).

Et pourtant, elle tremble

La Terra trema (La Terre tremble, 1948) de Luchino Visconti reprend, à la lumière du néo-réalisme, le pari de *Drifters* (1929) de John Grierson et de *L'Homme d'Aran* (1934) de Robert Flaherty : filmer la rude vie et la geste des pêcheurs sur les lieux mêmes et avec les pêcheurs dans leurs propres rôles. Comme Grierson, et à la différence de Flaherty, Visconti veut montrer non seulement la dureté du travail mais l'exploitation des pêcheurs par les mareyeurs. Comme Flaherty, et à la différence de Grierson, Visconti met aussi en scène la vie de famille des pêcheurs et la photogénie de leurs paysages. Cependant le parallèle s'arrête là. Le film de Visconti est aussi éloigné du lyrisme de la nature cher à Flaherty que du montage « à la russe » de Grierson. Si Visconti ignore le thème de la mécanisation de la pêche — central dans *Drifters*, et envisagé dans le scénario initial de *La Terra trema* — c'est finalement pour mieux confiner la lutte du changement contre la tradition au sein du microcosme insulaire, à travers les rapports de générations et de classes, et conférer au drame une valeur paradigmatique. Ainsi le déroulant au début du film nous avertit-il à la fois de sa stricte localisation sicilienne à Acitrezza*(« où l'italien n'est pas la langue des pauvres »)* et de sa portée universelle *(« l'histoire vécue dans ce film se répète partout où l'homme exploite l'homme »)*. Exigée par les distributeurs du film, la voix off en italien, dont Visconti a fait une voix récitative et redondante par rapport à l'image, à la manière du chœur antique, accuse le caractère homérique de la narration.

Les héros ne sont pas pour autant des types, comme dans maints documentaires « exotiques » (y compris *Terre sans pain)*. À la différence de celle reconstituée à Aran par Flaherty, la famille sicilienne parait d'autant plus vraie que Visconti ne se contente pas de lui faire figurer — façon musée des arts et traditions populaires — des rôles d'exécutants des gestes rituels de la survie contre mère-nature. Les personnages de Visconti sont des personnes, par la grâce de leur présence physique, de leurs parler et mouvements quotidiens, par l'espace qu'ils occupent et les liens spatiaux qui les unissent et où ils s'affrontent (à la maison, au port, au village), davantage que par des mobiles psychologiques individuels. Autant que la direction de « ses » authentiques acteurs improvisés (en son direct), Visconti réussit magistralement la mise en scène qui compose leurs relations. Plus proche de *La Règle du jeu* (Jean Renoir, 1939) que de la peinture paysane à la *Farrebique* (Georges Rouquier, 1946), l'admirable scénographie de Visconti, avec ses longs plans-séquences, ses cadres fixes au champ profond dont les protagonistes déplacent de leurs mouvements le centre de gravité, ses champs-contrechamps à 180°, ses lents va-et-vient panoramiques, montrent que l'italien a su tirer la leçon de Renoir, dont il fut assistant.

Dira-t-on que *La Terra Trema* relève le défi de *Toni* (1934) en le portant à la puissance scénographique de *La Règle du jeu ?* Jean Renoir a dit qu'il voulait faire de *Toni (Ma vie et mes films*, pp. 141, 142, Flammarion, 1974) *« l'aboutissement de ses rêves de réalisme intransigeant » :* tourner en son direct dans les décors naturels (Marcel Pagnol, producteur du film, était un fervent pionnier de cette méthode), et dans le milieu même des immigrés italiens dans le midi de la France. « *Pour la première fois, les éléments du scénario semblaient se compléter naturellement, non par l'intrigue mais par un équilibre naturel.* » Formellement, le problème déterminant était celui de l'unité, de l'intégration du personnage à son contexte naturel et social. « *Toni hâta ma séparation d'avec l'individu-roi* ». Pour échapper au morcellement, Renoir décida de limiter « *les gros plans qui expriment l'isolement de l'individu* », de faire des plans plus longs avec arrière-plans en profondeur de champ, et « *des panoramiques qui relient clairement les personnages entre eux et à leur environnement* ». On voit pourquoi *Toni* passe volontiers pour l'ancêtre du néo-réalisme. Renoir recourut tout de même à des acteurs professionnels. Leur jeu souvent entre-deux et ces méthodes de tournage encore expérimentales font que *Toni* tient davantage de la tentative innovante que de la maîtrise accomplie, notamment dans les scènes d'intérieur. « *J'y voyais la défaite du mousquetaire et des héros de mélo. Comme je me trompais,* déclarera Renoir quarante ans plus tard. *Tout en croyant tourner une lamentable aventure puisée dans la vraie vie, je racontais une déchirante histoire d'amour.* » Cinq ans après *Toni*, le petit théâtre de Jean Renoir — où le trompe-l'œil le dispute au réalisme — est parfaitement au point, tel un jeu de cache-cache avec sa *Règle du jeu* en profondeur de champ (et à travers champs), ses luttes de classes domestiques, ses inversions de rôles et ses retournements à vue, ses semi-improvisations à plusieurs voix. Il sera aussi incompris à sa sortie (en 1945) que le film de Visconti.

La Terra trema systématise et sublime la double leçon de *Toni* et *La Règle du jeu* avec une évidence distanciée qui n'a d'égale que son élégance dépouillée. Il en résulte une étonnante vision où s'entremêlent fiction et documentaire selon qu'on accomode sur le premier plan ou l'arrière plan. Nous sommes placés devant et non dans l'espace du film ; plutôt que spectateurs d'une représentation, nous sommes témoins d'événements accomplis, presqu'à la façon d'un chœur antique mais réduit au silence ou au discours extérieur de la voix off. Par une sorte de déplacement, nous nous trouvons **devant** le film de Visconti coincés, expectatifs, de la même manière que les personnages en déshérence **dans** les films de Rossellini. Aucune identification possible — le cadre nous place d'emblée à l'extérieur de la scène et la voix off nous tient à distance, disant « ils » à propos des pêcheurs — nous savons donc qu'il n'y aura pas pour nous de catharsis. Nous nous voyons renvoyés de la fiction apparente au documentaire sous-jacent, du jeu réaliste au réel qu'il sous-entend, du texte de l'interprétation à son pré-texte sans phrase.

La Terre tremble est indéniablement néo-réaliste par son thème social et ses moyens d'expression — « acteurs » du cru participant à l'élaboration de leurs dialogues, décors naturels, panoramiques et plans en profondeur de champ liant les personnages au contexte et entre eux, primat de la scène sur le découpage, unité mélodique mettant tous les événements sur le même plan — mais le film peut paraître tout autant néo-classique dans sa structure dramatique : unité de lieu, clôture de l'espace, succession de scènes entières (un seul montage parallèle : saisie de la maison//racolage du frère par le contrebandier), héros et voix-off homériques, exemplarité tragique. Tout aussi troublante apparaît l'ambivalence entre l'engagement politique du héros et sa défaite, entre le pro-communisme du propos et le pessimisme de l'histoire. Humain, trop humain : même enrôlée par le Parti communiste, la caméra de Visconti enregistre la résistance du réel ; l'idéale transfiguration de l'ancien par le nouveau se brise sur les récifs de la tradition. Il est vrai que *La Terre tremble* devait être suivi de deux autres volets mettant en scène des luttes victorieuses, l'une des mineurs, l'autre des paysans sans terre. Il est non moins vrai que le scénario initial de *La Terre tremble* prévoyait également la victoire des pêcheurs sur les mareyeurs. Mais tout aristocrate qu'il est, l'humaniste désenchanté Visconti est plus réaliste que le roi, et moins propagandiste : il a préféré le constat d'échec réaliste à l'illusoire enthousiasme de commande.

Le paradoxe de ce réalisme pro-communiste mais certes pas réaliste-socialiste, se retrouve dans la forme du film, comme le note Bazin (*Qu'est-ce que le cinéma ?* p. 289) : « *Les images de* La Terre tremble *réalisent le paradoxe et le tour de force d'intégrer au réalisme documentaire de* Farrebique *le réalisme esthétique de* Citizen Kane. *Sinon pour la première fois, du moins avec cette conscience systématique, la profondeur de champ est utilisée en dehors du studio, dans les extérieurs en plein air, sous la pluie et même en pleine nuit, aussi bien qu'en intérieur dans les décors* **réels** *des maisons de pêcheurs. (...) Les plans, si l'on peut encore parler de plans, sont d'une longueur démesurée, souvent trois ou quatre minutes : il s'y déroule naturellement pluieurs actions à la fois. (...) La sobriété invraisemblable de ce découpage ne se supporte que par l'extraordinaire équilibre plastique qui s'y maintient.* » Néo-réalisme sous cet aspect-là, néo-classicisme sous cet angle-ci Innovation, transgression radicale de la norme d'un côté, douloureux rappel à l'ordre ancien, de l'autre. Ce sont ces tensions non résolues mais maîtrisées qui traversent les plans et confèrent paradoxalement au film sa transparence et sa crédibilité. Le film ne fait pas plus de prosélytisme auprès du spectateur que le héros auprès de ses compagnons. Nouveau paradoxe : l'art nous assure de la rédemption possible de la réalité en attendant que celle-ci se sauve d'elle-même, mais si elle n'y parvient pas, l'art sombrera avec elle. Pour Visconti, c'est à la nature d'imiter l'art. Sa vision, il l'a dit, est anthropomorphique. « *Ce qui m'a surtout conduit au cinéma, c'est le devoir de raconter des histoires d'hommes vivants : des hommes qui vivent parmi les choses et non les choses pour elles-mêmes. Le cinéma qui m'intéresse est un cinéma anthropomorphique.* » Comme le remarque Youssef Ishaghpour, « La Terra trema *se situe aux antipodes du lyrisme flahertien du paysage, et surtout de l'esthétique d'Eisenstein, fondée sur une opposition préalable (...). La forme pour Eisenstein est une dynamique antagoniste de la pensée, de l'action et du visible ; ici (chez Visconti), elle est statique, plastique, réceptive. Le phénomène devient image et le sens se rend visible, s'incarne dans l'image ; l'objet et l'idée deviennent identiques. Cette réalisation n'est pas spontanée mais volontaire, sans dialectique, elle est néo-classique : elle part d'une séparation entre l'ancien et le nouveau — le thème du film — d'un hiatus entre l'art et la réalité qu'elle ne dépasse* *pas, mais nie. La nouveauté de la rencontre avec les choses et la souffrance de la réalité s'apaisent dans la forme ; celle-ci élève celles-là au niveau de l'idée, les substantialise pour qu'elles puissent devenir vraies, partout et toujours où il y a une réalité semblable.* » (Youssef Ishaghpour, *Visconti,* pp. 199 et 48, La Différence, Paris 1984).

La Terre tremble est un des rares documentaires joués par des autochtones qui atteigne à cette plasticité, au sens où l'esthétique épouse (et pousse) le naturel avec une telle justesse de ton(s). Bazin disait que, si les festivals n'étaient pas ce qu'ils sont, les habitants de Trezza auraient du avoir le grand prix d'interprétation à Cannes. La simplicité directe de leur jeu se voit soutenu par la sobre efficacité du cadrage à champ profond, et réciproquement, si bien que le film ne sombre ni dans l'esthétisme ni dans le populisme, ni dans l'exotisme ni dans le misérabilisme. Toutes tendances du « réalisme » confondues (naturaliste, poétique, criminel, socialiste, néo), *La Terra trema* est certainement le film « indigène » qui allie la plus grande perfection formelle au scénario le moins plaqué et à l'interprétation la plus naturelle (ceci expliquant cela), qu'on le compare à *Tabou, à L'Homme d'Aran,* à *Farrebique* ou même à ce que l'on a pu voir de la saga des pêcheurs du Nordeste brésilien tournée par Orson Welles en 1942 — dans un style visiblement proche du Eisenstein de *Que viva Mexico !* par ses contre-plongées et gros-plans *(Quatre hommes et un radeau,* épisode de *It's All True,* film inachevé d'Orson Welles, reconstitué par Richard Wilson, Myron Meisel et Bill Krohn, 1987). Aucun de ces films ne parvient, comme *La Terra trema,* à une synthèse convaincante entre la photogénie des lieux, l'histoire (soi-disant) locale et l'interprétation des autochtones. Comme l'avait fait Murnau avec les « naturels » de Bora-Bora, Welles greffe, au beau milieu de la communauté des pêcheurs brésiliens, une idylle tragique qui cache mal son caractère surfait. La mise en scène des familles de *L'Homme d'Aran* et *de Farrebique* évite cet excès romanesque (et scénaristique), mais n'échappe pas en revanche à l'effet tableau de genre, « musée Grévin ». Ici et là, les indigènes apparaissent trop souvent comme les figurants d'une histoire exogène, qui n'est pas ou plus vraiment la leur, et se trouvent ramenés au rôle d'éléments purement photogéniques, à l'image de leur milieu naturel qui visiblement fascine la caméra et reste le seul véritable moteur documentaire du film.

Le néo-réalisme viscontien, aidé par « la troupe » d'habitants d'Acitrezza, a su éviter ce double travers. *La Terra trema* a trouvé un équilibre rare entre une histoire assez proche et pénétrante pour permettre aux autochtones de jouer plus et autre chose que les figurations, et une scénographie épurée et distanciée qui cadre au plus juste et soutient leur interprétation sans affectation. « *Les personnages, les éléments, les objets sont ordonnés par rapport au cadre et à la profondeur du champ en une spatialisation infiniment mobile qui exprime l'instant dramatique sans que les individus perdent jamais une liberté de mouvement dictée par les circonstances. La formalisation savante ne les enferme pas, ne sclérose pas l'action : elle en résulte comme si le dépouillement qui la suscite aboutissait de facto à une organisation plastique qui l'exalte.* » (Jean Mitry, *Histoire du cinéma,* T5, p. 456).

De ce film assez unique, on peut voir l'héritage en partie double dans le cinéma de Vittorio De Seta, qui a tourné dans les années 50 une dizaine de documentaires superbes (en couleurs et sonores mais sans paroles) sur les pêcheurs siciliens, et en 1962 une fiction à l'allure fortement documentaire où sont confrontés un pâtre et des bandits, *Banditi a Orgosolo.*

Le seisme — c'est le cas de le dire au vu de *La Terre tremble* ou *Stromboli* — le séisme déclenché par le néo-réalisme italien allait, parallèlement aux documentaires joués sur le terrain, modifier considérablement la manière de faire et voir le cinéma, et notamment influencer de manière décisive le jeune cinéma anglo-américain et la Nouvelle Vague française. Comme le dit Alain Bergala : « *Rossellini a sans doute été le premier cinéaste persuadé que de toutes façons, quoi qu'on fasse, quelle que soit la volonté d'inventer une fiction, un film est toujours le documentaire de son propre tournage. Cette conviction, qui sera celle de nombreux cinéastes modernes, de Rivette ("c'est toujours la méthode avec laquelle on tourne un film qui est le vrai sujet") à Wenders ("l'atmosphère claustrophobique de bien des films noirs est le résultat des conditions de tournage") a abouti chez Godard à l'idée que pour changer le cinéma, il fallait d'abord changer la méthode et les conditions de tournage.* » (Alain Bergala, introduction à *Rossellini, le cinéma révélé,* p. 26).

8

Cinéma-vérité et cinéma direct

Courir les rues
Free Cinema britannique
Candid Eye canadien
Cinéma-direct québécois
Living camera américaine
L'envers du rêve américain

« *Ce sera un film sans scénario, créé directement au premier contact avec la réalité enregistrée par notre vue et notre ouïe. Voilà ce que deviendra le néo-réalisme, je pense : les faits sont là, il faut les saisir et les choisir comme ils se présentent ; quelquefois il faudra mettre en scène, mais toujours en fonction du sujet* ». Cette prédiction de Cesare Zavattini (Thèses sur le néo-réalisme, *Cahiers du cinéma,* mars 1954) synthétise bien l'exigence d'émancipation qui fut à l'origine de ce qui allait devenir le cinéma-vérité et le cinéma direct. Cette quête d'un cinéma échappant aux scénarisations convenues de la fiction comme aux représentations officielles des actualités, un cinéma en prise directe sur l'agir des hommes et le devenir de leur monde n'est pas sans évoquer, bien sûr, le programme de *L'Homme à la caméra* et du *Kino-Pravda* vertovien dont se réclameront ouvertement Jean Rouch et Edgar Morin pour leur film-manifeste *Chronique d'un été* (1960). La filmographie de Jean Rouch illustre d'ailleurs les deux branches de ce cinéma de prise de parole et de terrain en caméra portée : **tantôt cinéma-vérité optant pour l'improvisation ou le psychodrame provoqué devant la caméra, tantôt cinéma direct cherchant à capter sur le vif gestes et dialogues en situation.**

Double remise en cause de la notion d'événement, au sens « actualitaire » et dramatique : aux yeux de ce nouveau cinéma impromptu, l'événement ce n'est pas le sensationnel mais la vie ordinaire, pas le théâtral mais le spontané, pas l'histoire passée dans un scénario mais ce qui se présente (et se présentifie) devant la caméra. À la place du suspense prémédité, la divine surprise d'une réalité en train de se produire. Un cinéma de l'étonnement, qui vaut par ce que vaut la vie de ceux qu'on filme et de ceux qui regardent, ni plus ni moins. D'où le besoin, pour retrouver le terreau de l'expérience quotidienne, de sortir des studios en caméra baladeuse, d'expérimenter une caméra participante ou observante qui aborde les lieux communs des sujets parlants, de trouver de nouveaux acteurs-protagonistes qui puissent entrer et sortir du film sans apprêt, avec un avant et un après. « *Il ne suffit pas d'éliminer la fiction au profit d'une réalité brute qui nous renverrait d'autant plus aux présents qui passent. Il faut au contraire tendre vers une limite, faire passer dans le film la limite d'avant le film et d'après le film, saisir dans le personnage la limite qu'il franchit lui-même pour entrer dans le film et pour en sortir, pour entrer dans la fiction comme dans un présent qui ne se sépare pas de son avant et de son après (Rouch, Perrault). Nous verrons que c'est précisément le but du cinéma-vérité ou du cinéma direct :* ***non pas atteindre à un réel tel qu'il existerait indépendamment de l'image, mais atteindre à un avant et un après tels qu'ils coexistent avec l'image****, tels qu'ils sont inséparables de l'image. Ce serait le sens du cinéma direct, au point où il est une composante de tout cinéma : atteindre à la présentation directe du temps.* » (Deleuze, *L'Image-temps*, p. 55).

Courir les rues

Poursuivant la rupture néo-réaliste, « les jeunes hommes en colère » contre l'*establishment (angry young men*, selon l'appellation des partisans du *Free Cinema* britannique) aspirent à un cinéma qui rompe le cercle magique des héros, des stars, des studios et des répliques, pour placer la caméra de plain-pied avec le monde réel que le public partage mais que chaque spectateur ignore parce qu'il est rejeté dans l'insignifiant ou l'exotique, enfoui sous les habitudes ou couvert par les clichés, non médiatisé par les médias, non considéré par l'industrie du spectacle. « *Les journaux parlent de tout sauf du journalier. (...) Le journal nous dit-il autre chose que : soyez rassurés, vous voyez bien que la vie existe, avec ses hauts et ses bas, vous voyez bien qu'il se passe des choses. (...) Ce qui se passe vraiment, ce que nous vivons, le reste, où est-il ?* » Cette protestation écrite par Georges Perec à la fin des années 60, sous le titre *Approches de quoi ? (L'infra-ordinaire*, Seuil 1989), résonne effectivement à la manière d'un manifeste vertovien pour un renouveau du ciné-œil, du cinéma-vérité : « *Peut-être s'agit-il de fonder enfin notre propre anthropologie : celle qui parlera de nous, qui ira chercher en nous ce que nous avons si longtemps pillé chez les autres. Non plus l'exotique mais* l'endotique. *Interroger ce qui semble tellement aller de soi que nous en avons oublié l'origine. Retrouver quelque chose de l'étonnement que pouvaient éprouver Jules Vernes ou ses lecteurs en face d'un appareil capable de reproduire et transporter les sons. Car il a existé cet étonnement, et des milliers d'autres, et ce sont eux qui nous ont modelés. Ce qu'il s'agit d'interroger, c'est la brique, le béton, le verre, nos manières de table, nos ustensiles, nos outils, nos emplois du temps, nos rythmes. Interroger ce qui semble à jamais avoir cessé de nous étonner. Nous vivons, certes, nous respirons, certes ; nous marchons, nous ouvrons des portes, nous descendons des escaliers, nous nous asseyons à une table pour manger, nous nous couchons dans un lit pour dormir. Comment ? Où ? Quand ? Pourquoi ?* ».

Le vieux monde et son cinéma de studio sentent le renfermé, et pour en sortir il faut (comme le disait Godard — cf. fin du chapitre précédent) changer non seulement d'histoire mais de méthode, car les artifices de la mise en scène ont maquillé jusqu'au documentaire. « *Nous étions fascinés par le pouvoir que nous avions de contrôler ce que nous filmions et c'est un défaut dans presque tous les documentaires de la fin des années 40 et des années 50,* déplore Richard Leacock, cameraman de *Louisiana Story* et apôtre du cinéma direct. *Louisiana Story, A Diary for Timothy (de Humphrey Jennings), Native Land, The Quiet One... Qu'est-ce qui m'horripile dans ces films ? Bien sûr* Lousiana Story *contient des séquences merveilleuses, mais elles concernent des moments qui échappent à notre contrôle : le lieu, le garçon dans sa barque, le derrick, le forage. Dès que la comédie commence, ça se gâte. Le dialogue, c'est la catastrophe. En sortant de la première projection, Flaherty grommela : "C'est moi qui ai rédigé ces conneries ?". Mais même là il avait tort. Si Dieu lui-même avait écrit ces répliques, ça aurait été pareil. C'était impossible pour les gens de répéter ces paroles pendant trente six prises, avec gros plan, plan serré, plan moyen, etc. En plus, pour les dialogues, la caméra était statique, rigide, immobilisée, l'éclairage artificiel.* » Ces *Réflexions et préjugés personnels sur le documentaire*, de Richard Leacock (novembre 1986, texte communiqué par l'auteur), éclairent parfaitement ce que les aspirants à un cinéma plus « vrai » pouvaient éprouver, au milieu des années 50, de reconnaissance et de ressentiment envers le documentaire naturaliste à la Flaherty et le documentaire social à la Grierson. On saisit aussi les deux voies dessinées par cette autocritique pour échapper à la naturalisation (au sens de l'empaillage) du réel : soit inventer une forme de cinématographie en prise plus directe sur la vie comme elle va, sans passer par la reconstitution ou la mise en scène (ce sera le cinéma direct) ; soit sortir du naturel faux-semblant par un surcroît d'improvisation (cinéma-vérité) ou par une interprétation dérisoire ou hyper-réaliste court-circuitant la vraisemblance, déjouant le « bon » ordre des représentations (ce sera la Nouvelle Vague et singulièrement Godard). Dans tous les cas, force était d'inaugurer, contre le professionnalisme, un nouveau jeu de figures libres entre acteurs et caméra. Significatives de la filiation revendiquée par ces contestataires sont les deux citations choisies par Leacock en conclusion de ses *Réflexions* :

- l'une de Rossellini : « *Le vrai créateur en cinéma peut tirer le maximum de ce qu'il voit même si c'est l'effet du hasard.* » ;
- l'autre de Jean Renoir, dans un entretien de 1959 avec André Bazin : « *Maintenant, j'essaie d'appliquer mes anciennes convictions, d'établir le seul droit de la caméra : celui d'enregistrer ce qui se passe. C'est tout. Au lieu de laisser la caméra décider des mouvements des comédiens, je veux que les mouvements de la caméra soient déterminés par l'acteur. Ca veut dire qu'il faut travailler comme un cameraman de reportage.* »

Les précurseurs de la fin des années 50 — *Free Cinema* britannique, *Candid Eye* canadien, *cinéma direct* québecois et américain, Nouvelle Vague et *cinéma-vérité* français — s'accordent tous à rechercher une liberté de tourner, une vivacité de la prise de vues en prise sur la vie qu'avaient, à leurs yeux, inhibée les studios et leur stricte division du travail. Comme l'image de synthèse plus tard, la caméra portative 16 mm apparut d'abord comme un instrument de guerre, pour équiper les opérateurs au front et produire des films de formation militaire. Mais, à la différence de l'image de synthèse, le cinéma direct ne fut pas seulement le produit de l'innovation technologique. C'est pour répondre à une exigence politique de libération esthétique que de jeunes cinéastes s'emparèrent des nouvelles techniques légères de prise de vue, bricolèrent des caméras Auricon ou Arriflex, et voulurent les moyens d'enregistrer le son synchrone sur le terrain. C'est parce qu ils surent entendre et partager ce désir d'une nouvelle écriture cinématographique par « la caméra-stylo » (et oreille) que les Coutant [1] (caméra Eclair), Kudelski (magnétophone Nagra) puis Beauviala (caméra Aaton) mirent au point les caméras d'épaule et magnétophones portables synchrones. Grâce à quoi le documentaire devint enfin parlant (non plus seulement parlé) comme la fiction, et la fiction put se mettre à courir les rues comme le documentaire. Le renouveau du cinéma dans les années 60 doit beaucoup à cette rencontre du troisième type entre documentaire et fiction.

Cette fusion féconde des questions et méthodes de tournage n'alla pas non plus sans confusion. C'est que les uns et les autres tenants de la caméra balladeuse visaient une transgression aussi ambivalente que stimulante : d'un côté, bouleverser le langage cinématographique par les techniques « objectives » du reportage ; de l'autre, substituer à la langue de bois des studios (ciné et télé) le franc-parler du commun et du terroir, en même temps que la licence poétique d'une caméra subjective. « *La rupture n'est pas entre la fiction et la réalité, mais dans le nouveau mode de récit qui les affecte toutes deux,* constate encore Deleuze. *Un changement se produit vers les années 1960, en des points très indépendants, dans le cinéma direct de Cassavetes et Shriley Clarke, dans le « cinéma du vécu » de Pierre Perrault, dans le « cinéma-vérité » de Jean Rouch.* » (*L'Image-temps*, p. 195). On comprend pourquoi — dans ce chantier expérimental ouvert par les deux bouts de l'objectif (reportage) et du subjectif (« la politique des auteurs ») — les querelles de filiation et entre frères ennemis ne manquèrent pas : que l'on songe à l'antagonisme de la caméra participante de Rouch et de la caméra observante de Leacock, à l'héritage de Flaherty à la fois revendiqué et récusé par le cinéma direct, à l'opposition de Rossellini au « cinéma-

1. « *Jean Rouch avait déjà vu Coutant, des caméras Eclair. Tous deux, nous avons eu des entretiens avec lui. Coutant a pris une caméra qui s'installe dans une aile d'avion-chasseur. Il a pris le corps de cette caméra, qui est gros comme un paquet de cigarettes, et il y a placé un moteur synchrone, une lentille zoom et un magasin de 400 m de pellicule à l'arrière. On tournait, on discutait, c'était vraiment extraordinaire. Nous étions en contact avec le fabricant. Cette caméra a servi, pour la première fois, à la fin de* Chronique d'un été, *en1960.* » (Michel Brault, in *Séquences*, n° 68, Montréal, février 1972).

vérité ». L'expression même de « cinéma-vérité », empruntée à Vertov, devait faire florès et provoquer équivoques et affrontements : les uns l'entendant de façon figurée *« non comme un cinéma de la vérité mais comme la vérité du cinéma »* (Rouch), d'autres la prenant aveuglément au pied de la lettre comme la formule réaliste de la vérité (marxiste) à l'écran. Que l'on se rappelle enfin les réquisitoires des inconditionnels du plan-séquence révolutionnaire contre « le montage bourgeois aliénant » ou, à l'opposé, les plaidoieries des pros du montage invisible contre les « faux raccords », les flous et les bougés des jeunes derviches de la caméra portée.

Free Cinema britannique

Anticipant de quelques années ce qui allait se passer en France autour des *Cahiers du cinéma* avec la Nouvelle Vague, dès le milieu des années 50 de jeunes cinéphiles anglais (Lindsay Anderson, Karel Reisz, Tony Richardson) — en rupture avec l'*establishment* et groupés autour de la revue *Sequence* (1947-1952, qui allait ensuite donner naissance à *Sight and Sound)* — passent derrière la caméra pour réaliser des documentaires de *Free Cinema. « Nous n'avons pas à nous plier à la convention des attitudes de classe.(…) Implicite dans notre attitude est notre croyance en la liberté, à l'importance des individus et à la signification du quotidien. En tant que cinéastes, nous croyons qu'un film n'est jamais trop personnel »*, déclare leur programme-manifeste de 1956. Les « jeunes gens en colère » revendiquent un cinéma autonome et léger, financièrement et techniquement, libéré des pesanteurs professionnels comme des préjugés de classe. La pratique du *Free Cinema* vise à transgresser les notions de « sujet » (personnages-héros) et de scénario préfabriqué, à se rapprocher des gens « ordinaires », à prolonger l'expérience du documentaire humaniste engagée par Humphrey Jennings pendant la guerre, mais sur une base moins consensuelle, plus contestataire, et à l'aide de prises de vues non pas posées mais impromptues. Témoignent des affinités du *Free Cinema,* les titres que le groupe choisit de programmer à côté de ses propres films dans les séances qu'il organisa au National Film Theatre en 1956 : *On the Bowery,* de Lionel Rogosin, et *Le Sang des bêtes,* de Georges Franju ; et en 1958 : *Les Mistons,* de François Truffaut, et *Le Beau Serge,* de Claude Chabrol.

Le *Free Cinema* apparait comme une charnière entre le documentaire social anglais (Grierson), le documentaire joué américain (Rogosin, Meyers) et le cinéma direct qui allait suivre. Dans la lignée de Rogosin et Meyers, s'inscrivent *Thursday's Children* (1955) de Lindsay Anderson et *We are the Lambeth Boys* (1959) de Karel Reisz, tournés tous deux en son sychrone. Le premier, filmé dans une école d'enfants sourds-muets, suit, comme de l'intérieur, les efforts de l'un d'eux pour apprendre à lire sur les lèvres. (Le canadien Allan King reprendra l'immersion en cinéma direct dans ce milieu prisé des documentaristes, pour son film *Warrendale,* 1967). Quant au documentaire de Karel Reisz, il relate la façon dont un groupe de jeunes d'une banlieue populaire de Londres, Lambeth, passe le week-end. Dans un cas comme dans l'autre, en plaçant la caméra dans un milieu aussi banal que méconnu, il s'agit de donner la parole (si l'on ose dire) à ceux qui ne l'ont pas et de faire des situations rencontrées l'intrigue même du film (au lieu de mettre en scène des situations en fonction d'un scénario). Par là, le *Free Cinema* franchit un pas de plus vers le cinéma direct. Malheureusement, ici et là, un commentaire bien intentionné met, par intermittences, le spectateur en rideau, et l'investigation du milieu reste encore en deça de la pénétration que sauront déployer les as du plan-séquence à son synchrone.

De l'école de Grierson et Jennings, le *Free Cinema* reprend la valorisation des classes laborieuses, mais dans le sens d'une contestation du mépris qui les frappe plutôt que d'une glorification de l'union nationale. *« Le rôle du cinéaste n'est pas d'inciter à une action politique, ce qui dans la situation actuelle d'une Angleterre en voie de total embourgeoisement serait particulièrement vain, mais de rendre possible une prise de conscience en redonnant aux classes populaires le sens de leur valeur humaine, de leur importance, de leur dignité. »* (L. Anderson, cité par J.P. Torok, in *Qu'est-ce que le Free Cinema ?,* Positif n° 49, décembre 1962). Très représentatif de cette tradition anglaise renouvelée est l'excellent *Everyday except Christmas* (1957) de Lindsay Anderson, qui relate 24 heures de la rude vie des travailleurs des halles de Covent Garden. Ce à quoi s'attache visiblement la caméra d'Anderson, c'est aux gens plus qu'à la classe ouvrière : les prises de vues suivent avec poésie et empathie les gestes d'effort, d'échange, d'amitié du menu peuple des halles (Alice, la dernière femme porteur, est particulièrement émouvante) ; le montage souligne le rythme progressivement soutenu et les va-et-vient de cette vie qui se vit à cheval sur la nuit et le petit jour ; les sons d'ambiance le plus souvent asynchrones recomposent l'atmosphère bruyante des transports, des appels, des surenchères et ses accalmies. Anderson se trouve ici en désaccord avec le purisme du cinéma direct synchrone, tel que le défendra inconditionnellement Gilles Marsolais par exemple dans *L'Aventure du cinéma direct* (Seghers, p. 75, Paris, 1974) : « *Je ne crois pas que les sons réels, le dialogue réel, soient toujours aussi révélateurs ou aussi significatifs que des sons choisis,* déclare le cinéaste britannique. *Pour* Everyday except Christmas, *je ne crois pas qu'un emploi plus libéral du son synchrone aurait renforcé le film. En fait, il est d'autant plus poétique que le son n'est pas littéral.* » (L. Anderson, cité par Louis Marcorelles, *Eléments pour un nouveau cinéma*, Unesco 1970, p. 49).

Trois des premiers documentaires du *Free Cinema* reprennent un thème abordé par Humphrey Jennings en 1939 *(Spare Time),* celui des loisirs populaires. Mais là encore le changement d'époque et de contexte se traduit par un radical changement de ton : l'image solide de la solidarité populaire a cédé au loisir évasif de la société de consommation ; l'heure n'est plus à l'élégie mais à l'ironie. Si *Momma Don't Allow* (1955) de Karel Reisz et Tony Richardson est un simple reportage expérimental dans un club de jazz populaire à Londres, annonçant *We are the Lambeth Boys, O Dreamland* (1954) de Lindsay Anderson est un essai provocant et sarcastique (le titre le dit suffisamment) mettant en relief — par le montage et le contrepoint ironique du son et de l'image — l'artifice, la vacuité, l'ennui, la tristesse même de ce temps passif de loisirs obligés offerts aux familles modestes dans un parc d'attractions. Dans une veine plus impressionniste, Claude Goretta et Alain Tanner — pièces rapportées suisses à l'école du *Free Cinema* britannique — tournent en une nuit autour de Piccadily Circus, ses cinémas, ses cafés, ses amoureux et ses noctambules, un documentaire erratique, tendre et mélancolique, *Nice Time* (1957), qui, par sa liberté de mouvement, sa capture des visages et gestes, son image granuleuse et ses effets de son ambiant, annonce l'esthétique du cinéma direct.

Le mouvement du *Free Cinema* éclatera au moment même de l'avènement du cinéma direct, et ses initiateurs se tourneront vers la fiction. Mais les premiers longs métrages d'un Karel Reisz seront bel et bien empreints de la verdeur à la fois colérique et ironique éclose au cœur du *Free Cinema*. Ainsi, dans *Samedi soir et dimanche matin* (1960), le portrait d'un ouvrier révolté et frustré (joué par Albert Finney), en rupture autant avec sa classe qu'avec la société, et se réfugiant le week-end dans la boisson et le sexe, aura de quoi défriser les bien-pensants conservateurs comme ouvriéristes. Et le politiquement incorrect *Morgan*, gauchiste débridé et schizo (sous-titré *A Suitable Case for Treatment*, 1965), hanté par l'assassinat de Trotski et se prenant pour King-Kong, vivant dans un camping-car devant la maison de son ancienne femme et la poursuivant de son amour fou, sera un des rares longs métrages à anticiper l'esprit libertaire de mai 68.

Candid Eye canadien

Le *Free Cinema* britannique n'a pas été sans influencer les pionniers canadiens du *Candid Eye*, si l'on en croit Terence Macartney-Filgate ou Wolf Koenig (cités par Louis Marcorelles, op. cit.). Ces deux hommes sont, avec Roman Kroitor, les premiers expérimentateurs canadiens de la caméra portée et parlante. De ce nouveau genre de « cinéma à la sauvette », ils allaient faire, à partir de 1958, le dispositif d'une série d'une quinzaine de courts métrages, série baptisée *Candid Eye* (1958-60), pour la télévison canadienne. Voici comment Wolf Koenig en résumait le projet *(Comment faire ou ne pas faire un film canadien ?* André Pâquet, Cinémathèque canadienne, Montréal, 1967) : « *Capter la vie telle qu'elle est, sans scénario et sans apprêt ; enregistrer le son sur place, sans savants montages ; monter le film de façon à créer l'émotion, le rire et les pleurs, et de préférence les deux à la fois ; le montrer à la télévision à des millions de gens, et changer le monde en leur faisant voir que la vie est vraie, belle et chargée de sens. (...) Cette nouvelle forme de documentaire n'allait pas sans problèmes déconcertants : par exemple, amener le public à regarder un film sans intrigue ni même de message, ou, pire encore, obtenir de la direction l'approbation d'un scénario inexistant. Enfin, comment ne pas effaroucher le sujet, avec tout l'appareil technique des caméras, projecteurs et microphones ? Comment s'assurer d'être prêts à la minute de vérité ? Il n'est pas possible de tourner tous les moments fastidieux de la vie du héros, en attendant que son âme s'y révèle ; nous l'avons pourtant fait quelquefois. (...) Quelque succès que nous ayons eu, nous le devons d'abord aux images à la sauvette. Elles étaient venues pour nous à une heure vraiment décisive.* » L'approche n'est pas sans évoquer « la vie à l'improviste » de Vertov : caméra mobile plus ou moins dissimulée, désormais augmentée des facilités du télé-objectif et du son direct. Vu l'équipement de l'époque cependant, le son synchrone n'était encore que très partiel, et le plus souvent utilisé pour des interviews assez statiques.

En tant que cameraman, réalisateur et producteur, Macartney-Filgate était la cheville-ouvrière de la série *Candid Eye*. Il sera également un des cameramen du fameux *Primary* (1959) de Richard Leacock, précurseur du cinéma direct aux États-Unis. C'est encore Macartney-Filgate, nous dit l'opérateur québecois Michel Brault, qui l'encouragea à prendre la caméra à l'épaule (rapporté par Marcorelles, op.cit). Brault sera effectivement un des piliers du cinéma-direct francophone (il aurait inventé l'expression). Voici l'hommage lyrique que rend à Brault le réalisateur Pierre Perrault : « *Michel comme un centaure, pour décupler son humanité, prolonge l'œil et l'oreille, et transforme en mémoire indélébile tout ce qui tombe sous le sens. Et de quel œil s'agit-il ? D'un œil qui entend les visages, d'une oreille qui voit les paroles. (...) Aussi bien méprise-t-il les trépieds qui immobilisent le regard, qui imposent des comportements, qui paralysent les déplacements. Il refuse les trépieds qui sont incapables de cotoyer, d'accompagner. Au contraire sa caméra bouge, avec lui, elle suit, devance, rencontre, salue, s'empresse, s'attarde au rythme de l'homme lui-même, lui permettant de quitter le rôle de témoin distant pour devenir un acteur, présent, impliqué, engagé dans une aventure.* » (*Michel Brault cinéaste*, par Pierre Perrault, *Camé-ramages*, Edilig, Paris 1983, p. 18). Michel Brault sera, avec Raoul Coutard, le principal opérateur de *Chronique d'un été*. Selon Jean Rouch (interview dans *Cahiers du cinéma*, n° 144 juin 1963), « *il faut le dire, tout ce que nous avons fait en France dans le domaine du cinéma-vérité, vient de l'ONF (Office National du Film canadien). C'est Brault qui a apporté une technique nouvelle de tournage que nous ne connaissions pas et que nous copions tous depuis.* » Cette technique, Rouch la baptisa un moment « pédovision » (dixit Edgar Morin, *Chronique d'un été*, Interspectacles, Paris, 1962, p. 16). La filière qui se dessine ici entre *film-makers* n'a certes pas valeur d'origine du cinéma-direct — il y en a plusieurs en parallèle — mais elle montre les influences réciproques et les chassés-croisés transatlantiques entre chasseurs d'images et de sons directs à la fin des années 50.

En 1956, l'ONF, qui avait été fondé par Grierson au début de la guerre, déménage d'Ottawa à Montréal. Et c'est sous les auspices du nouveau cinéma de reportage que se trouve formée une équipe francophone, aux côtés de l'équipe anglophone. Deux productions de l'ONF antérieures à cette date méritent d'être citées, parce qu'elles tranchent sur la production documentaire standard avec commentaire de l'époque et annoncent, par leur recherche d'une parole originale, une exigence parente du cinéma direct. *Paul Tomkowicz, Street-Railway Switchman (Aiguilleur de tram,* 1954), court métrage de Roman Kroitor, suit, de la tombée de la nuit au petit matin-petit déjeuner, un travailleur de nuit, immigré polonais, préposé au nettoyage des voies de tramway. Ce qui fait de ce film original un avant-courrier du cinéma direct, c'est non seulement la caméra balladeuse qui accompagne Paul dans la froidure nocturne de ses laborieuses pérégrinations, mais c'est que, cinq ans avant *Moi un Noir,* Kroitor a eu l'idée de confier la narration off au sujet lui-même, faisant de ce documentaire une manière de document autobiographique où la subjectivité de la voix le dispute à l'objectivité de l'image. Cependant, à la différence de *Moi un Noir,* le récit du protagoniste n'a pas été improvisé sur les images mais enregistré et monté. Certains, à l'ONF, laissent même entendre que ce n'est pas la voix de Paul mais celle d'un acteur qui redit « son » texte ? Le québecois Claude Fournier utilisera, en 1959, le même procédé du commentaire dit par l'intéressé lui-même, pour le portrait d'un véritable homme des bois, le vieux garde-pêche *Télesphore Légaré,* dont Michel Brault signe l'image. À l'instar de *Moi un Noir,* cette fois, le commentaire est improvisé par le vieil homme à la vue des images. Cependant, dans une interview avec Gilles Marsolais *(cf. L'Aventure du cinéma direct*, Seghers, Paris, 1973, p. 128), Claude Fournier déclare qu'il tira ce procédé non de Rouch mais du film de Shirley Clarke, *Skyscrapper* (1959), dans lequel les ouvriers eux-mêmes expliquent, en voix off, la construction du gratte-ciel.

Le second film avant-courrier date de 1956, il s'agit de *Skidrow* (1956), réalisé par un jeune cinéaste de Vancouver, Allan King, pour la télévision canadienne (CBC). Tourné peu après celui de Rogosin sur le *Bowery,* ce documentaire canadien nous fait également entrer dans le monde des clochards alcooliques. Comme chez Rogosin, la plastique de la photographie noir et blanc sauve, sans non plus l'esthétiser, l'humain attrait de ces hommes déchus, ici filmés sur un mode moins scénarisé, plus direct, celui d'une caméra familière devant laquelle les interviewés témoignent de leur détresse. « *Un cinéma-vérité avant la lettre* », dira le cinéaste québecois Claude Jutra. C'est sur le même mode que Macartney-Filgate réalise en 1959, avec Kroitor, un tout autre sujet, *The Backbreaking Leaf. La Feuille qui brise les reins,* c'est le tabac, qu'il faut cueillir en se courbant dans la chaleur moite de l'été au sud-Ontario, dur labeur dont parlent devant la caméra les journaliers eux-mêmes, venus pour la cueillette.

Au tournant des années 60, au fur et à mesure que le son synchrone s'affirme comme une possibilité matérielle du cinéma 16 mm tout terrain, se multiplient les expérimentations des cinéastes pour en tirer une esthétique et des formes d'investigation documentaires inédites. Les coréalisations nombreuses à l'époque attestent l'esprit d'équipe qui animait ces recherches, impliquant bien davantage le ou les opérateurs de prise de vues (comme « *film-makers* »). Ainsi, les images du court métrage *Bientôt Noël (The Days Before Christmas,* 1958) sont cosignées par quatre cinéastes-opérateurs de l'ONF, deux francophones (Michel Brault, Georges Dufaux) et deux anglophones (Macartney-Filgate, Wolf Koenig). C'est un des tout premiers documentaires dotés du son synchrone : les ambiances de rues et de boutiques, ainsi que les demandes des enfants à un père Noël de grand magasin sont saisis sur le vif. Quoiqu'assez sage dans l'ensemble, le film contient un plan « shooté » à la hanche — à la façon dont dégainent les cow-boys et dont Colin Low avait tourné *Corral* en 1954 — plan suffisamment caractéristique du style nouveau pour être relevé par Marsolais dans *L'Aventure du cinéma direct* (p. 116) : « *Le cameraman (Macartney-Filgate ou Koenig) effectue un travelling qui part d'un coffre de banque que l'on ferme pour suivre le pistolet d'un policier en train d'accompagner l'argent jusque dans la voiture blindée où on le dépose.* »

À l'instar de leurs homologues d'Amérique du Nord, les canadiens anglophones — plus influencés que la minorité francophone par la demande d'une grande chaîne TV — s'orientent plutôt vers des sujets *people*[2], correspondant à ce que les magazines américains ont l'habitude de traiter sous les rubriques « célébrités » ou « faits de société ». Emblématique de cette tendance est le fameux *Lonely Boy* (1962) de Roman Kroitor et Wolf Koenig, sur la nouvelle coqueluche de la chanson, Paul Anka (« *Diana* » le tube, c'est lui). Plutôt que de filmer une interview avec la star, illustrée par une sortie d'avion, une entrée en scène ou une signature d'autographes, la caméra nous fait partager son intimité, filmant la jeune idole de la coulisse, la suivant dans ses préparatifs, dans les loges, les hôtels, captant — à travers ses déambulations et discussions sur le vif avec son entourage ou ses fans — sa naïveté et la cupidité de ses exploiteurs, ses inquiétudes et ses joies, ses triomphes aussi : l'adulation du public, vu de la scène, est cueillie en gros plans mobiles sur les visages des fans transportés, comme le feront tous les documentaires sur les grands concerts de rock des années 60 (chez Pennebaker notamment). Jouant sur l'écart entre l'image public de la star et sa fragilité privée, sa séduisante jeunesse et le cynisme du *show-biz,* le film n'en cultive pas moins le mythe de la solitude de l'idole des jeunes, dont un surnommé Hallyday fera bientôt une rengaine.

C'est dans cet esprit *people,* en plus léger, souvent humoristique, toujours enlevé, que se développe la série *Candid Eye,* dont le ton n'est pas sans anticiper celui qu'adoptera chez nous *Cinémas, cinéma.* Trois exemples tirés des meilleurs crus suffisent à fixer le regard faussement naïf de cette *Candid camera. I Was a 90 Pounds Weakling* (1960), de Wolf Koenig et Georges Dufaux, passe en revue, tambour battant, les efforts gymniques et amaigrissants auxquels se soumettent nos contemporains pour acquérir et garder la (bonne) forme. *The Most* (1962) de Gordon Sheppard et Richard Ballentine tire le portrait *in* du fondateur de *Play-Boy :* la vie est une suprise-partie, avec piscine et pin-up ; le film swingue comme les premiers Cassavetes, le blues en moins, le fric en plus. Plus libre de ses mouvements, plus proche de l'improvisation du véritable cinéma direct et du jazz, *Toronto Jazz* (1964), de Donald Owen, propose une ballade, en caméra itinérante, autour de la scène jazz de la ville, avec pour guide le chanteur Lenny Breau et pour fil musical son trio ; visite impromptu à l'atelier du peintre-cinéaste Michael Snow, qui tiendra aussi brillamment le piano le soir, dans un

2. La filmographie ultérieure de Terence Macartney-Filgate le confirme : entre 1966 et 1968, il filmera des portraits de Nabokov, Mac Luhan, Woody Allen, Christopher Plummer…

club. Filé, projecteur dans le champ, mise au point, changement d'objectif à vue… tout montre, au long du film, que l'élan du plan-séquence — parfois même (pêché de jeunesse !) l'ostentation du tournage en cours — a été préféré au montage « *clean* » ; et ces « défauts » ignorés comme tels participent d'une esthétique nouvelle, non comme tape à l'œil mais comme relation différente et vivante au sujet et au spectateur.

Cinéma-direct québécois

Les Québécois vont pousser plus avant la transformation de la relation du/au réel que permet le cinéma direct. C'est qu'à leurs yeux et entre leurs mains, la caméra portée à son synchrone autorise une liberté d'expression non seulement esthétique mais politique, une extension du domaine de la lutte contre les poncifs de la culture à dominante anglo-américaine, pour l'affirmation des différences et la quête d'identité sur le terrain, « *pour défricher un silence séculaire, pour inventer des comportements, proposer une âme à une culture assiégée de toute part par les impérialismes culturels qui vendent de la pellicule et du papier sans se tenir responsable de l'avenir des rêves. (…) Poser ainsi sa caméra en face du monde, n'est pas un geste banal, indifférent mais une démonstration. Nous avons appris notre existence quand nous avons cessé de nous voir dans l'œil des autres.* » (Pierre Perrault, *Caméramages*, p. 17).

Les caméras portées des compagnons de l'ONF ouvrent une brèche dans les images parachutées des fictions d'importation ou du docu national didactique. Un jeu de mot anglais avait rebaptisé l'ONF, National Film Board (Bureau) en National Film *Bore* = *Ennui* du Film National ! Le cinéma direct permet de s'émanciper des contraintes administratives de la production qui exigeaient un découpage en bonne et due forme (et en anglais) avec emplacements de caméra, choix des objectifs, intentions du réalisateur. Désormais un synopsis de quelques lignes peut suffire à faire approuver un projet de tournage. Évidemment, ce renouveau ne s'est pas fait sans tâtonnements ni approximations, ni sans céder parfois à la facilité. Beaucoup de ces essais filmés nous semblent mériter de l'histoire plus par le mouvement duquel ils participent qu'en tant qu'œuvres singulières. Deux films collectifs figurent cependant des petits manifestes conservant bien l'esprit d'improvisation de l'époque, tantôt poétique, tantôt ironique. Dire de *La Lutte* (1961) que c'est un film en prise sur l'événement, c'est la moindre des choses, et dire que les deux équipes de prises de vues et son s'y livrent à la lutte libre est un euphémisme : visiblement inspirés par l'essai à la fois sociologique et drôlatique de Roland Barthes sur le catch (in *Mythologies*), Michel Brault et Marcel Carrière, Claude Fournier et Claude Jutra lâchent leurs caméras mobiles autour du ring et des lutteurs, mais aussi dans les vestiaires et l'assistance, déjouant ou surjouant la mise en scène rituelle du combat truqué des bons contre les méchants, où, comme à guignol, l'arbitre ne voit jamais les mauvais coups contre lesquels s'indignent les spectateurs réjouis. La musique légère et poignante de Bach-Vivaldi assure un heureux contrepoint au drame qui se conclut, au vestiaire, par les récriminations, en adresse directe à la caméra, des vilains faux « Russes » défaits (et malicieusement sous-titrés en russe). Autre exercice de style, plus touchant et social celui-là : *À Saint-Henri le 5 septembre* (1962) relate le jour (et la nuit) de la rentrée scolaire dans un faubourg ouvrier de Montréal. Pas moins de onze opérateurs et un réalisateur (Hubert Aquin) ont suivi, de l'intérieur, la vie du quartier pendant les 24 heures de ce « grand jour » : faits et gestes des enfants d'une famille nombreuse, leurs préparatifs matinaux, les grands aidant les petits à se mettre sur leur 31, leur entrée à l'école, le petit peuple de la rue et des cafés, la sortie des manufactures, les retrouvailles familiales du soir avec le radio-chapelet (prière radiophonique) qui donne lieu à une facétieuse coupure du son, les bistrots de nuit, l'ombre des amoureux, le tout agrémenté d'un commentaire de Jacques Godbout qui ne manque pas de s'interroger ironiquement sur la vérité de ce cinéma-vérité.

Au cours des années 60, des théories de courts puis de longs métrages en cinéma direct prennent langue en rez de chaussées et de forêts avec le peuple « qui manquait » : brèves chroniques critiques, ironiques ou tendres, de la vie quotidienne (Gilles Groulx, Jacques Leduc, Jean-Claude Labrecque, Guy Borremans…), grande geste de la vie et de la sagesse des Indiens (Arthur Lamothe), longues sagas sur l'île aux coudres et le pays de Neufve-France (Pierre Perrault, Michel Brault, Bernard Gosselin), faisant des « autochtones » (indiens d'origine ou français implantés) les hérauts de leur propre vie, les mémorialistes de leurs racines imaginaires, les fabulateurs de chasses légendaires *(La Bête lumineuse)*, ou encore chroniques de l'Acadie comme paradis perdu (Pierre Perrault) ou utopie contestataire *(L'Acadie, l'Acadie* et *Eloge du Chiac*, de Michel Brault).

Un petit film anecdotique sur une réunion de raquetteurs à Sherbrook aura servi de déclencheur à ce grand lâcher de caméras québécoises : filmé par Brault, avec Marcel Carrière au son, monté par Gilles Groulx, *Les Raquetteurs* (1958) est le premier exemple de « reportage galopant, braconnant les images au vol ». « *En tournant* Les Raquetteurs, *Michel Brault voulait réagir précisément contre l'emploi du télé-objectif, qu'il avait abondamment exploité dans la série télévisée* Les Petites médisances *(1953), et qui faisait les beaux jours du* Candid Eye. *Brault s'était aperçu que les possibilités du télé-objectif restaient somme toute limitées et que son emploi condamnait le cinéaste à rester à l'extérieur du phénomène observé, à n'en saisir que les apparences. L'intérêt d'un film comme* Les Raquetteurs *est fondé sur le fait que le cameraman a tenté de saisir de l'intérieur un événement en le cernant de près et, en définitive, en le vivant. Une partie du montage est d'ailleurs effectuée à la prise de vues même, en fonction des réactions du cameraman face à l'événement.* » (Marsolais, op. cit. p. 121). « *Le télé-objectif surprend chez les gens des moments qui sont trop intimes, trop vrais et qui, tout à coup, deviennent trop terribles, trop pénétrants* », déclare Michel Brault lui-même (entretien avec Arthur Lamothe, *La Presse*, Montréal, 12/8/1961). « *La raison pour laquelle Jean Rouch m'a fait venir, c'est qu'en voyant* Les Raquetteurs, *il a constaté que je travaillais au grand angulaire. Pour travailler au grand angulaire, il faut que tu voies les gens, que tu sois près d'eux. Si tu arrives à les filmer et s'ils continuent à vivre pendant que tu es près d'eux, c'est qu'ils t'ont accepté dans leur groupe. Donc tu ne les violes pas, puisqu'ils savent que tu es là à côté d'eux, ou, s'ils ne le savent pas, tu leur as donné toutes les chances.* »

Il s'agit d'un véritable changement d'angle, d'une nouvelle approche (c'est le cas de le dire), qui renonce à l'ironie distante ou à l'émotion voyeuse de la caméra invisible pour entrer en résonnance sur le terrain avec les piétons de l'Histoire. Ce cinéma direct à la québécoise, dont on voit l'affinité avec celui de Rouch, reprend de Vertov le refus du théâtre filmé et la recherche de « la vie sur le vif » ; il récuse cependant les prélévements à l'insu du sujet que revendiquait aussi Vigo. Il se situe de plain-pied avec le sujet, jouant d'une empathie qui le rapproche de la vision humaniste de Flaherty, moins les contraintes de la reconstitution. De celle-ci, le cinéma direct peut faire l'économie d'autant mieux que la caméra portée saisit les gestes à la volée, et que le son direct capte les paroles in situ paroles entendues aussi bien comme récit que comme action. Prendre le temps et la mesure de la parole en acte devient alors essentiel à ce cinéma synchrone qui s'étend en longs métrages. « *Il y a des dimensions que l'image donne à la parole, cela ne fait aucun doute, et il y a des dimensions que la parole donne aux images et aux hommes, et c'est cela qui m'intéresse,* déclare Pierre Perrault. *De plus, dans un cinéma-spontané, un cinéma-vécu, je ne crois pas que vous puissiez, par l'image seule, révéler l'âme des gens* » *(Caméra-mages,* op. cit. p. 10). Loin de la simple interview ou de l'exposé d'opinions, Pierre Perrault recherche, dans son film *Pour la suite du monde,* « *une autre possibilité : un dialogue qui ferait avancer l'action… mais il fallait trouver une action… et je ne voulais pas non plus une action pour le magnétophone ou la caméra… mais une action vivante, vivable, possible, voulue, désirée par les acteurs, en dépit de la caméra. Déclencher une telle action, faire en sorte que les événements se produisent devant moi — et non pour moi — mais entre eux ou entre nous, et j'obtenais non plus un récit mais l'acte… pas un témoignage mais la vie elle-même. C'est alors que j'ai songé au marsouin. Parce que je savais la place qu'il occupe dans les désirs des gens de l'Ile-aux-Coudres. Je n'avais dès lors qu'à suivre les événements, à obéir à la réalité, et à regarder vivre l'homme à la poursuite de son exploit.* » (Pierre Perrault, in *Image et son*, n° 183, avril 1965). En relançant, dans la conversation, la pêche légendaire au marsouin, le tournage provoque sa reprise, plus de trente ans après son abandon par les gens de l'Ile-aux-Coudres. Perrault s'inscrit ainsi dans la descendance de Flaherty, le marsouin de l'Ile-aux-Coudres relayant le requin pélerin de l'île d'Aran comme catalyseur ou subterfuge d'une intrigue. « *Si Flaherty avait eu à sa disposition l'équipement actuel, il aurait fait ce cinéma* », ajoute Perrault. Certes, *Pour la suite du monde* ne recourt pas, comme Flaherty, à la reconstitution à proprement parler, dans la mesure où l'initiative appartient aux habitants et non au metteur en scène ; mais il y a bien suggestion, par quoi le cinéma-direct rejoint ici le psychodrame du cinéma-vérité. « *Ce qui s'oppose à la fiction, ce n'est pas le réel, ce n'est pas la vérité qui est toujours celle des maîtres ou des colonisateurs, c'est la fonction fabulatrice des pauvres, en tant qu'elle donne au faux la puissance qui en fait une mémoire, une légende, un monstre. Tels le dauphin blanc de* Pour la suite du monde, *le caribou du* Pays de la terre sans arbre *et par dessus tout* La Bête lumineuse, *le Dionysos de* La Bête lumineuse. *Ce que le cinéma doit saisir, ce n'est pas l'identité d'un personnage, réel ou fictif, à travers ses aspects objectifs et subjectifs. C'est le devenir du personnage réel quand il se met lui-même à fictionner, quand il entre « en flagrant délit de légender », et contribue ainsi à l'invention de son peuple. Le personnage n'est pas séparable d'un avant et d'un après, mais il les réunit dans le passage d'un état à l'autre. Il devient lui-même un autre, quand il se met à fabuler sans jamais être fictif. Et le cinéaste de son côté devient un autre quand il « s'intercède » ainsi des personnages réels qui remplacent en bloc ses propres fictions par leurs propres fabulations. Tous deux communiquent dans l'invention d'un peuple.* » (Deleuze, *L'Image-temps*, p. 196). L'auto-mise en scène de la pêche au marsouin par les insulaires du Québec ne s'apparente-t-elle pas aux chasses rituelles filmées par le « ciné-transe » de Jean Rouch ou à la quête initiatique et parodique de *Jaguar* et *Petit à petit ?* Initié par les maîtres-fous d'ici et d'ailleurs, Rouch a été le premier à découvrir le secret du « cinéma-vérité » : la caméra, fut-elle légère et à son synchrone, ne filme jamais que des jeux de rôles mais, tournés au plus près, ceux-ci peuvent en dire long sur les forces qui les possèdent. **Loin de réassurer la clôture d'identités adéquates (comme dans le reportage TV), la caméra portée-parlante devient le medium d'une crise d'identités salutaire (c'est tout l'*action-filming* de Cassavetes aussi) ; elle opère une transition de phase entre réel et imaginaire, rendant celui-là d'autant plus présent qu'elle objective celui-ci.**

Living Camera américaine

Dans un esprit voisin du *Candid Eye*, le groupe de presse américan Time Inc. (celui-là même qui avait inventé *The March of Time)* produit les premiers films de cinéma direct de l'équipe Drew-Leacock, pour la série *Living Camera* (1960-62), diffusée sur ABC et sponsorisée par Bell & Howell : *Yanki no !* (la montée de l'anti-américanisme et du communisme en Amérique latine), *Eddie Sachs à Indianapolis* (la course avec le célèbre pilote automobile), *Nehru* (portrait du président indien), *The Chair* (suspense autour de la commutation de peine d'un condamné à mort), *Crisis : Behind a Presidential Commitment* (cellule de crise dans les bureaux de Robert Kennedy pour l'admission d'étudiants noirs à l'université d'Alabama)… Cette série fut précédée par un premier essai de style direct, sur la campagne électorale : *Primary* (1959), et suivie par un film retournant le cinéma direct contre le cirque médiatique (autour d'une « heureuse mère » de quintuplés) : *Happy Mother's Day* (1963). Cet aigre « fête des mères » consomma la rupture avec la télévision, d'une équipe qui rassemblait tous les auteurs américains (à l'exception de Wiseman) qui allaient compter dans le nouveau documentaire : Richard Leacock, Albert et David Maysles, Donn Alan Pennebaker. Comme l'écrit l'historien du documentaire américain Alan Rosenthal, « *la télévision, pensait-on, en garantissant à la fois des financements et un public, permettrait aux réalisateurs d'aller à la découverte du monde et de pousser plus loin la recherche de formes nouvelles. Lors de cet âge d'or de la télévision que furent la fin des années 50 et le début des années 60, ce rêve sembla se réaliser car, toutes les semaines, des émissions documentaires comme CBS Reports, White Paper sur NBC et Close-Up sur ABC touchaient des millions de foyers. À la fin des années 70, le rêve s'était évanoui. La télévision américaine grand public, à savoir les trois grandes chaînes commerciales, n'avait virtuellement plus rien à voir avec le développement du documentaire, qu'il s'agisse du public, du sujet ou du style.* » (Catalogue du festival Cinéma du réel, Centre Pompidou, Paris 1993). Les grandes chaînes europépnnes devaient suivre une évolution similaire sous l'effet de la publicité et des privatisations.

Revoir *Primary*, filmé en 1959 sur les élections primaires opposant le jeune John Kennedy au sénateur Humphrey, c'est retourner à la source américaine du cinéma direct, voir pour la première fois des hommes politiques filmés non plus derrière leur forêt de micros officiels mais de la coulisse, dans les gestes et exercices de leur métier, c'est regarder l'apparat démagogique en action et la fatigue obligée par l'ambition politique. Telle cette scène écrasante où Jackie Kennedy dansant d'un pied sur l'autre, sourire figé, toute gantée de blanc, n'en finit plus de serrer les centaines de mains qui défilent, ou encore ce fameux travelling, caméra à bout de bras (de Macartney-Filgate), emboîtant le pas à Kennedy à travers la foule des supporters. Il faut aujourd'hui ouvrir l'œil pour retrouver ce qu'avait d'original cette démarche, usée depuis par tant de reportages dans la coulisse politique. « *Pennebaker, qui avait une formation d'ingénieur en électricité, s'était joint à nous et a passé une grande partie de son temps dans une chambre d'hôtel à réparer nos appareils. Albert Maysles et Terry Macartney-Filgate filmaient avec de vieilles caméras Arriflex très bruyantes, tandis que Drew et moi-même* (c'est Richard Leacock qui parle) *avions le seul système à son synchrone, une caméra Auricon modifiée qui utilisait des bobines de deux minutes et demi et était reliée par un câble au magnétophone de Robert Drew. On cassait toutes les règles de l'industrie. On filmait, puis on faisait le montage sur les lieux de tournage. Les gens qui prenaient le son n'étaient pas des preneurs de son, c'étaient des reporters, des journalistes, ayant l'habitude de trouver et de raconter les événements. Il n'y avait pas d'interviews et très peu de commentaires. (…) Nous avons tourné* Primary *en cinq jours, avec quatre équipes de deux hommes. Sans scripts, sans projecteurs, sans pied, sans questions, sans directives, sans jamais demander à personne de faire quoi que ce soit. On observait et on écoutait simplement. Puis ceux qui avaient tourné se sont enfermés à l'hôtel pour faire le montage avec des petites visionneuses. Je crois qu'on a fait le montage de la version longue* (55 mn) *en deux semaines environ.* » (Catalogue du Cinéma du réel, 1993).

La nouveauté de la performance technique et de cette façon d'entrer dans l'arène devait se trouver historiquement majorée par l'envergure mythique qu'allait prendre le personnage de JFK. On sait combien Leacock a insisté sur la saisie objective du réel tel quel, sur le refus de la voix off, sur l'observation sans intervention dans l'attente d'une révélation. Mais le paradoxe de ce cinéma « en prise directe », c'est qu'il produit une nouvelle dramaturgie des gestes et des visages saisis dans une stratégie de crise (dont Cassavetes allait faire le nerf et le miel de ses fictions). Ainsi la tension (et l'attention) nouvelle créée dans *Primary* paraît due à deux mouvements contraires : l'approche de l'individu Kennedy derrière le politicien, et la construction du mythe Kennedy par devant. À son corps défendant, la prise de vue réelle s'avère un agent double : elle montre bien que les héros sont fatigués, mais ceux-ci se trouvent quand même grandis à l'écran, fut-ce dans leur faiblesse, par l'équivoque d'une présence plus grande que nature. Double jeu plus trouble encore de se vouloir « direct », sans mise en scène ! Les tenants du cinéma expérimental américain (Robert Frank, Jonas Mekas) reprocheront d'ailleurs aux champions du cinéma direct de ne pas échapper aux cadres dramatiques de la fiction. Cependant, ces cadres, *Primary* a largement contribué à les renouveler, et, en ce qui concerne la vision des politiciens, on peut encore lire son influence sur des films aussi variés que *50,81%*, premier long métrage de Raymond Depardon (1974) sur la campagne de Giscard d'Estaing, *Votez Tanner (Tanner 88)*, série TV de Robert Altman sur un faux candidat dans la vraie campagne présidentielle américaine, ou encore *Bob Roberts* (1992) de Tim Robbins, où une caméra portée, chargée de propager l'image idéale du candidat folk et fasciste, finit par en trahir les mensonges et manipulations.

Sous l'égide de Time Inc., la stratégie de la tension/révélation expérimentée dans *Primary* se voit renforcée de façon spectaculaire. Aux yeux du groupe médiatique et du directeur de production Robert Drew, le cinéma direct permet de saisir sur le vif un moment critique (comme en témoigne le choix des sujets pour *Living Camera)* et de renforcer le suspense qui y préside, suivant une progression dramatique pas si éloignée du « néo-réalisme criminel ». *The Chair* (1962), tourné par Richard Leacock, Don Pennebaker et Gregory Shuker, est un modèle du genre, s'apparentant au sensationnalisme Paris-Match d'un côté, annonçant l'analyse institutionnel d'un Wiseman de l'autre. Le film s'ouvre par un plan très « polar » : sur une vue aérienne de Chicago, la voix de James Lipscomb nous dit : « *Dans cette ville de Chicago, une chaise électrique attend un condamné à mort.* » Les caméras mobiles et haletantes de Leacock et Pennebaker vont suivre, en montage alterné, la préparation de la chaise et la bataille de deux avocats (Donald Moore secondé par Louis Nizer) pour obtenir la grâce de leur client. Le pathos et le suspense inhérents au sujet sont accusés par la dramatisation de la narration, heureusement parcimonieuse, et par la construction du film en montage alterné entre trois personnages principaux : le gardien-chef chargé de l'exécution, le procureur, les avocats de la défense.

Moore est indéniablement la vedette du film : en même temps qu'un avocat convaincant et malin, il se révèle un acteur de premier plan dans ses soliloques avec la caméra tandis qu'il échafaude, dans son bureau débordant de paperasses, son argumentation sur la conduite exemplaire du condamné, attestée par des témoignages écrits de tout le personnel de la prison. Il cédera même aux larmes en apprenant que l'archevêque de Chicago accepte de soutenir sa requête. Remarquablement cadré et rythmé, le film n'hésite pas à forcer sur un suspense de type policier, alternant tension et détente (pendant que l'avocat trime sur le dossier, le procureur joue au golf ; pendant que le jury délibère, l'avocat joue au bowling pour décompresser), sous la menace réitérée de la chaise électrique que l'on apprête. Cependant, les caméramen ont réussi à saisir des séquences qui transgressent les modèles fictionnels, excèdent les clichés, créant chez le spectateur malaise (description technique du fonctionnement de la chaise électrique, qui n'est pas sans évoquer Franju), suprise (entrevue du condamné avec son éditrice pour mettre la dernière main à son roman, conversation en voiture avec le gardien-chef devenu l'ami du condamné et qui lui a promis de l'exécuter personnellement) ou réflexion critique (soirée mondaine autour du procureur, le refus du recours en grâce apparaissant comme un enjeu de carrière).

Mais c'est surtout dans la longue et forte séquence du procès que le cinéma direct montre sa capacité à atteindre une « objectivité » critique, qui trouvera chez Wiseman sa pleine mesure. Ici, rien à voir avec la grandiloquence solennelle ou pathétique si répandue dans les procès mis en scène par le cinéma hollywoodien. Le spectateur n'est pas convié, vibrant et impressionné, à épouser une (bonne) cause mais à juger des parti-pris et de l'appareil de justice lui-même, à travers visages et attitudes saisis au vol par la caméra, en contrepoint des arguments. Paradoxalement, la trivialité de la salle d'audience (modeste et bruyante, vu la malencontreuse proximité du métro aérien) et la simplicité directe des intervenants (qu'ils soient bornés dans leurs préjugés comme le procureur ou redoutables rhéteurs comme les avocats ou ce prêtre arguant de l'étonnante capacité du condamné à ramener ses codétenus dans le droit chemin) mettent en relief — grâce aussi au contre-jour en noir et blanc — tout le sérieux de l'enjeu : qu'est-ce qu'une justice qui ne reconnaîtrait pas aux criminels la capacité de changer, de s'amender ? À quoi se mesure la vraie repentance ? Et en filigrane, cette autre question, que toutes les parties évitent (mais que le spectateur entend dans les silences) et qui outrepasse socialement le simple fait d'être pour ou contre la peine de mort : la prison est-elle une punition, une exclusion radicale et une vengeance de la bonne société, ou un lieu de réhabilitation possible ? Le film laisse la question ouverte alors que se referme la porte de la prison sur le meurtrier qui a vu sa condamnation à mort commuée en 199 ans de détention.

L'aspect hybride de *The Chair* ressort dans sa conclusion : il y a, d'un côté, une *happy end* convenue au suspense ; mais, de l'autre côté, pas vraiment de morale à l'interrogation sur la sanction légale. Celle-ci se termine sur une non-réponse de l'avocat à la conférence de presse : « — Qu'est-ce que vous ressentez après cette victoire ? — *Rien, je suis anesthésié* » ; alors que la fiction policière trouve son mot de la fin dans un bon mot de Moore au champ de courses : « *Le plaisir, c'est de jouer un outsider et qu'il gagne.* » *Success story* ici, aporie à portée sociale là : la contradiction entre l'optique médiatique et la recherche d'une forme nouvelle de vérité cinématographique devait éclater quelques mois plus tard et amener nos *film-makers* à sortir de la tutelle de Time. « *Leacock, Pennebaker et les autres quittèrent Drew Associates pour devenir des cinéastes indépendants, rejetant le rigide format TV, le scénario de crise qui était loin de convenir à tous les sujets, et le montage manipulatoire chargé de garantir la structure dramatique. Leur désaccord signifiait que, si le cinéma direct devait se développer et révéler ses possibilités, ce ne serait pas en collaborant avec la télévision, mais grâce à des travaux d'auteurs portant la marque d'une intelligence identifiable et d'une maîtrise artistique.* » (Barsam, *Non Fiction Film*, p. 308).

Le bien nommé *Happy Mother's Day (Joyeuse fête des mères !* 1963), de Leacock et Joyce Chopra, consomma ce divorce du cinéma direct d'avec les médias. Au lieu de faire le reportage sensationnel sur les quintuplés de l'heureuse famille Fisher d'Aberdeen (Sud Dakota), tel qu'attendu par son commanditaire le *Saturday Evening Post*, Leacock fit un film décapant et touchant sur le grotesque cirque médiatique autour de ces involontaires stakhanovistes de la reproduction familiale et sur l'exploitation commerciale dont ils faisaient l'objet — singulièrement la mère, littéralement abasourdie par tant d'enfants et tant de bienfaits non désirés (extraordinaire plan de la pelouse, devant la maison Fischer, transformée en véritable BHV par les centaines de paires de chaussures, couches, appareils ménagers, tondeuses, jouets… offerts pas les firmes en mal de publicité ou des particuliers attendris). « *Nous allions passer trois semaines sur une histoire que je trouvais complètement idiote. Cependant au fur et à mesure que nous tournions, nous avons pris conscience du phénomène d'exploitation auquel nous prenions part. (…) Nous avons décidé de dire à la famille Fischer que désormais nous ne les filmerions plus qu'en public. Nous nous y sommes tenus et nous avons fait de l'exploitation le thème de notre film.* » (Leacock, in catalogue du

Cinéma du réel, 1993). Le film se termine par un de ces gais défilés avec majorettes typiques de l'Amérique profonde ; de la tribune d'honneur y assiste Mme Fisher au bord des larmes… lorsque brutalement balaye tribune et défilé une pluie diluvienne, aussi déprimante que vengeresse ! Si la colère de Zeus donna ainsi raison à la vision aigre-douce de Leacock, ce ne fut pas le cas de son commanditaire. « *Ils ont utilisé ce que nous avions tourné pour en faire un autre film, plein d'amour et de musique.* » (Leacock, idem). Pour mesurer l'écart, voici l'analyse comparée faite par Erik Barnouw *(Documentary,* p. 240) de cette version rose télévisée : « *La chaîne ABC, utilisant les mêmes rushes, élimina tous les plans qui pouvaient suggérer avidité ou profit. La réunion à la Chambre de commerce fut enlevée. Le discours du maire fut sauvé de ses pires âneries par des coupes judicieuses. On coupa quelques uns des aperçus les plus touchants de Mme Fisher. On mit de côté les plaidoyers défendant la vie privée des Fischer. Tout ce qui pouvait jeter l'ombre d'un doute sur leur admiration sans réserve fut éliminé. Pour remplir les trous, on ajouta le commentaire d'un journaliste que l'on voyait, sur fond d'Aberdeen, délivrer des statistiques sur la communauté et ses affaires, et interviewer officiels, personnel de l'hôpital, curés. Le film donnait l'impression rassurante que, lorsque naissent des quintuplés dans une ville américaine, chacun vient voir si tout se passe le mieux du monde. Intitulé* Les Quintuplés Fischer, *le programme était sponsorisé par les aliments pour bébé Beechnut.* »

L'envers du rêve américain

Ayant rompu avec la commande médiatique et la vision journalistique, les champions du cinéma direct volent de leurs propres ailes. **La méthode s'est radicalisée et s'est faite style : pas de scénario ni de mise en scène mais une mise en situation ; priorité absolue au plan-séquence en caméra portée et grand angle (pour accompagner le sujet), utilisation du zoom pour serrer un visage, capter un geste ; pas de commentaire ni d'illustration musicale, son direct, pas d'interview, mais recueil des soliloques, discours et dialogues des protagonistes qui servent de guide au montage.** C'est ainsi que Pennebaker, Leacock et les frères Maysles (Albert à la caméra et David au son) réussissent à réaliser, dans la deuxième moitié des années 60, des longs métrages documentaires marquants, tous empreints de ce nouveau style, avec des variantes suivant leurs personnalités et les sujets choisis, mais qui ont en commun de s'attaquer à l'envers du rêve américain *(Salesman, Vendeur de bibles,* des frères Maysles) et d'être en prise sur les courants contestataires porteurs d'un changement de mentalité et d'époque (notamment à travers les grands meetings de musique pop : *Don't Look Back,* avec Bob Dylan, et *Monterey Pop* de Pennebaker et Leacock, *Gimme Shelter,* des frères Maysles, avec les Rolling Stones). Ainsi, l'esthétique du cinéma direct deviendra, dans la mémoire collective, plus qu'un style cinématographique, elle figurera l'image même des mouvements et soulèvements qui marquèrent la fin des *sixties.*

Don't Look Back (1966) suit la première tournée du chanteur américain Bob Dylan en Angleterre : taxis, hôtels, répétitions, rencontres avec les managers, signatures d'autographes, conférences de presse, fans, concerts, rigolades avec les amis… un peu à la manière de *Lonely Boy* sauf qu'ici la star n'est ni gentille ni dupe, mais corrosive et insolente, consciente de son talent poétique et provocateur, forte de la jeunesse contestataire qu'elle sait représenter. La liberté que Dylan revendique dans ses chansons, il la met en pratique dans la vie courante par sa liberté de mouvement, ses moqueries ou ses élans de sympathie, la conviction de ses interprétations, et la caméra de Pennebaker suit le rythme et y gagne elle aussi en liberté de mouvement et insolence par rapport aux normes professionnelles. L'*establishment*, les préjugés de classe, l'intolérance, l'hypocrisie meurtrière que Dylan dénonce dans ses chansons, il ne les ménage pas non plus dans la vie, qu'il s'agisse d'admirateurs snobs, d'un hôtelier grossièrement autoritaire ou d'un journaliste très british, cynique et sceptique exigeant des explications : Dylan remonté le renvoie dans les cordes (vocales) en lui affirmant qu'il chante aussi bien que Caruso mais que lui n'y entend rien, pas plus qu'à la poésie de ses chansons, parce qu'à la différence du reste de l'auditoire, il a les yeux et les oreilles bouchés par sa suffisance et sa réalité journalistique qui n'est que mensonge. Bob Dylan, un peu comme le boxeur *Cassius Clay-Muhamad Ali* filmé par William Klein (1964 et 1974), est un catalyseur idéal du cinéma direct comme critique en acte de la société, parce que c'est une star qui joue le jeu du spectacle pour en dénoncer les impostures (Godard fait ça très bien aussi), tout comme le cinéma direct d'alors vise à déjouer le cinéma-spectacle.

Si *Don't Look Back* fait sentir, en noir et blanc, les ferments de révolte qui allaient éclore en 1968 (à Berkeley, Paris, Berlin, en Italie), *Gimme Shelter* (1970) marque, en couleurs, la fin de l'utopie libertaire. Le changement d'époque est comme pris en sandwich entre ces deux documentaires. Beaucoup plus que le tournage d'un concert des Rolling Stones qui a mal tourné, *Gimme Shelter* saisit à vif la façon dont l'utopie communautaire va, sous nos yeux (et sous les leurs, puisque les Rolling Stones revoient le drame à la table de montage), se briser sur les récifs de la réalité à la fois libérale et réactionnaire américaine. Utopie des Rolling Stones de vouloir offrir un concert gratuit à la fin de leur tournée payante. Utopie, au sens propre de « non lieu », ce vague terrain de stock-car où atterrit le concert à la dernière minute et dans le plus grand désordre, les autorités provinciales refusant accueil et protection à ce qui échappe au commerce réglé du *show-bizz.* Scène surréaliste des négociations improvisées dans le cabinet des avocats, avec les managers et les représentants de la police paniqués par l'ampleur de l'événement. Utopie, la transhumance massive de jeunes de tous les États-Unis vers l'aride terre promise au *rock and roll* et à son groupe culte.

Il y a un côté shakespearien dans cette fête qui va tourner au drame : devant la pagaille, les Stones ont accepté que les Hell's Angels assurent un service d'ordre improvisé, un spectateur va être assassiné par l'un d'eux au pied de la scène, nous revoyons le plan sur la visionneuse des frères Maysles en compagnie des Rolling Stones plus ou moins défoncés. Décidément les bonnes intentions (gratuites) pavent l'enfer, ironie d'autant plus mordante quand on s'appelle Rolling Stones et que l'entrée en scène chante *Sympathy for the devil.* L'utopie libertaire achoppe sur la violence grégaire : ici un spectateur planant prend un bain de foule, se laissant rouler sur les vagues d'un océan humain, là un homme en poignarde un autre pour des raisons qui nous échappent : bagarre, réglement de compte ou « neutralisation » d'un spectateur que d'aucuns croient armé ? Les lendemains qui chantent, même avec la voix de Mick Jagger, promettent-ils inévitablement un réveil avec gueule de bois ? *Please, gimme shelter*... où trouver refuge ? Dans les années 70 se déclenche la revanche de « l'horreur économique » (dont l'occupation-liquidation de Lip sera le premier signal en France) : élimination, concentration, licenciements massifs, libéralisme sans frontières, travailleurs sans papiers, chômage, stress, exclusion... La mondialisation (libre circulation des marchandises, pas des hommes) n'est-elle pas la négation économique du rêve planétaire des citoyens-nomades du monde (Beat Generation, Pop culture, Hippies, gauchistes internationalistes) qui avait traversé les *sixties* ?

Vendre, telle est la raison sociale du monde « libre » (dont Wiseman fixera le rituel dans *The Store, Le Grand magasin,* 1983), et le monde « libre » c'est le monde qui compte, dont le vrai et simple héros est le représentant de commerce. *Salesman,* c'est le titre du documentaire réalisé en 1969 par les frères Maysles sur un métier qu'ils connaissent bien pour l'avoir pratiqué : le porte à porte, ici appliqué, par un quatuor de bonimenteurs tout terrain, à la vente de bibles vaticanes illustrées aux pauvres bonnes femmes irlandaises, polonaises et espagnoles abandonnées sinon du Dieu chrétien, du moins du dieu dollar. Montrant l'Amérique non pas côté jardin (Hollywood) mais côté cour, *Salesman* n'est pas une « *success story* ». De bagnole en motel, de valise en drugstore — « *et toi combien t'as fait aujourd'hui ?* » — les raids de ces drôles de paroissiens sur les foyers catholiques périphériques dépassent en risible et pathétique (Paul Brennan a plus de 50 ans) les mésaventures des héros jarmuschiens de *Stranger than Paradise.* C'est que Paul et les autres (« *l'embobineur, le lapin et le taureau* ») sont lestés du poids de la survie : perdants d'avance au pays des *self-made men* et des *winners*, ils doivent y croire ou faire comme si, et Paul, rongé, usé, a de plus en plus de mal. Moitié arnaqueurs, surtout *loosers*, nos héros croient-ils vraiment gagner ainsi leur paradis, celui de leur famille ou celui de leurs victimes ? Ils tentent de s'en persuader en tout cas, comme ils s'efforcent de croire, en bons petits soldats, à l'intérêt théologique (sonnant et trébuchant) de leur mission, prêché avec vigueur à la convention annuelle par leur saint patron (titulaire des droits d'auteur et chiffre de ventes en main). La qualité du cadre et du montage, la « vérité » des situations et la présence des personnages — complices désenchantés de leur propre histoire — sont tout bonnement stupéfiantes. Telle cette scène symptômatique : Paul, chapeau et lunettes de soleil, vu en contre-plongée au volant de sa décapotable, chantonnant pour distraire son amertume *(« If I were a richman », Si j'était un homme riche)*, cherche en vain une adresse prometteuse dans un dédale de rues aux noms bizarrement surgis des *Mille et une nuits* (et y perd visiblement son latin et sa journée). Puis, *cut* irrésistible : Paul sur son lit de motel racontant, dans un rictus, ce désastre drôlatique à son compagnon de chambre plus performant (et indirectement à la caméra). Faut-il en rire ? Croyait-il réellement, cet Américain intranquille, réaliser pour son compte le rêve américain en vendant ses images pieuses ?

Représentants de commerce ou représentants du peuple, ou chanteurs en représentation… ces films de cinéma direct rompaient avec le scénario de crise à sensation pour devenir des analyseurs sociaux, mais conservaient pour guide des personnages d'autant plus convaincants qu'ils étaient déjà dans des rôles de représentation dans la vie. Arrivé plus tard sur le terrain — son premier film, *Titicut Follies*, sort en 1967 — Frederick Wiseman se prive de cette « facilité » pour tenter de cerner, dans leur configuration ordinaire et leurs rapports de forces courants, les lieux et liens institutionnels, les rôles sociaux qu'ils distribuent, les fonctions qu'ils administrent, les conflits et bénéfices qu'ils gèrent. À sa façon, qui est celle d'un juriste de formation, Wiseman se lance dans la réalisation d'une anthropologie des lieux de fabrique de l'homme occidental. Sa pratique de l'observation des « institutions » (au sens large de la sociologie américaine) est aussi différente de l'approche plus psychologique des frères Maysles, anciens étudiants en psychologie, que de la saisie objective du quotidien revendiquée par Leacock, physicien de formation. Leacock dont Godard disait crûment que *« son manque de subjectivité le conduit d'ailleurs à manquer finalement d'objectivité.(…) L'honnêteté ne suffit pas pour se battre à l'avant-garde, surtout quand on ignore que, si la réalité dépasse la fiction, celle-ci le lui rend bien. » (Cahiers du cinéma, Spécial Cinéma américain,* décembre 1963).

9

Les fictions du réel selon Wiseman, Rouch, Cassavetes

« Les documentaires, comme les pièces de théâtre, les romans, les poèmes, sont des formes de fiction dont l'utilité sociale n'est pas mesurable. »

(Fred Wiseman, *1987*)

Fred Wiseman : le démarcage des institutions

« J'avais beaucoup aimé les premiers films de cinéma direct de Leacock et de Pennebaker, comme Primary. *Et je me suis dit, c'est ce que je veux faire. (…) Mais j'ai une réaction contre certains films de cinéma direct qui se centrent sur un ou deux personnages, une charmante vedette ou un charmant criminel… Pour moi, la vedette, c'est le lieu et le lien social, d'où ma série de films sur les lieux institutionnels. Il y a bien sûr des personnages qui émergent au montage plus fort que d'autres, mais j'essaye de ne pas suivre un seul personnage. C'est davantage une mosaïque. Je suis particulièrement intéressé par la question de savoir comment représenter des idées abstraites : dans un sens le cinéma est très littéral, très anecdotique, mais en même temps pour des raisons de structure et de thème, vous devez être capable de suggérer des idées plus abstraites. Et c'est ce processus qui me fascine, qui se traduit à travers les relations entre les gens et ce qu'elles impliquent. Je ne suis pas dans la situation d'un écrivain qui peut choisir de changer son registre narratif concret au profit d'un style plus abstrait. À partir du moment où je choisis de n'utiliser que ce que se disent vraiment les gens, sans rien leur demander ni ajouter de commentaire, je dois trouver une manière d'exprimer ces abstractions par le montage, la suggestion, l'implication, la connotation. C'est comme une chambre d'écho, vous devez provoquer des résonances, sinon le film est plat. Mais parfois, faire un film délibérément plat, comme* Aspen *par exemple, est la meilleure manière d'obtenir des résonances. »* (Frederick Wiseman, entretien avec

F. Niney, *Dans le réel la fiction,* Groupement National des Cinémas de Recherche, Paris 1993).

La méthode de Wiseman est aussi simple apparemment que rigoureuse et intangible, même si sa conception du montage a évolué au fil des films, s'est faite, selon ses propres termes, « *moins didactique, plus romanesque* ». Depuis son premier long métage documentaire *(Titicut Follies,* 1967) jusqu'à son trentième à ce jour *(Public Housing, 1998),* Wiseman opère de la même manière :

- après autorisation de tourner librement dans le lieu choisi (à l'exception, rare, de ceux qui refuseraient d'être filmés), un ou deux jours de repérage sommaire, puis immersion dans les lieux et tournage (six à huit semaines) en prise directe sur le site et ses sujets, sans intervention, sans question ; Wiseman tient luimême la perche du son direct et oriente les prises de vues de son cameraman (60 à 100 heures de rushes) ;
- au cours d'un processus de montage (six à douze mois) qui tient davantage du jeu de l'oie *(« une mosaïque »)* que de la fabrication d'une histoire, s'élabore le sens social de l'institution à travers l'intrication dramatique des situations et relations ; refus de toute musique ajoutée comme de tout commentaire (le juge qui condamna *Titicut Follies* à n'être projeté que devant des publics spécialisés — interdiction qui dura jusqu'en 1991 — reprocha au cinéaste cette absence de guide pour le spectateur).

Discours, discussions, explications, soliloques sont ceux des protagonistes eux-mêmes, entre eux, *in situ.* En deça de leur apparente banalité fonctionnelle, les jeux de parole ne sont-ils pas révélateurs des liens et enjeux d'autorité ou de solidarité, des rôles et de leurs interactions à travers cette unité de lieu, ce lieu commun et hermétique à la fois, qu'est l'institution (asile-prison, commissariat de police, tribunal, hôpital, centre de Sécurité sociale, lycée, caserne, abattoir, base de missiles, grand magasin, zone militarisée, parc public, station de sports d'hiver, zoo, compagnie théâtrale, cité de HLM...) où se reproduisent les formes sociales de la domination et de la justice, de la répression et de la santé, de l'éducation et du loisir, de la guerre et du commerce, en Occident chrétien industriel.

« *Wiseman est de ceux qui, éduqués à la rigueur des lois de l'architecture juridique, ont appris qu'on n'entre pas dans l'habitat des nations modernes comme dans un moulin. Ces lieux-là sont des théâtres, accordés à l'orchestre politique, aux figures modernes du Despote antique : il s'y déroule le drame de l'assujetissement de l'homme à l'homme, farce et tragédie mêlées, dans une rigueur comparée depuis Aristote à la logique de la ruche, et nul ne peut y tansgresser son rôle ni jouer la partie d'un autre. Oser apporter là une caméra oblige à surmonter le paradoxe d'être là et d'en être absent ; c'est construire, selon la vieille expression des juristes romains, une* position, *entendons la position juste dans l'espace public, une position qui n'usurpe ni la place des acteurs en titre, ni celle du regard absolu, le regard souverain, Dieu ou l'État, ou encore dans un style plus conforme à l'imperium des nouvelles croyances, la Société.* » (Pierre Legendre, *Les Ficelles qui nous font tenir,* Cahiers du cinéma, n° 508, p. 45). Wiseman élabore effectivement une pro-position de cinéma direct qui restitue à chacun son rôle et son discours, y compris au spectateur comme nous l'allons voir.

Le refus a priori de tout commentaire ou interview offre un double avantage pour l'entendement de la réalité par la caméra et par le spectateur :

- les discours, dialogues, a parte, ne sont pas adressés à la caméra mais sont des échanges entre les protagonistes du lieu. Saisie comme enjeu et médiation entre les acteurs sociaux eux-mêmes, **la parole est, non pas masse-médiatisation, mais action vocale et locale** (Wiseman s'inscrit dans la lignée américaine de l'analyse pragmatique des actes de langage, cf. *Quand dire c'est faire,* de J.L. Austin, Seuil 1970). Toute prise de parole comporte évidemment une dimension de représentation, justification et persuasion, mais la scène qui en détermine la mise n'est pas (directement) celle du film et de son public, c'est celle du lieu institutionnel et de ses interlocuteurs présents. **C'est le champ social de l'institution qui détermine le champ de la caméra, et non l'inverse** ;
- le spectateur se trouve ainsi exposé à des discours qui ne s'adressent pas directement à lui mais qui l'englobent en tant que citoyen : il voit sous ses différents angles une réalité instituée dont il n'avait qu'entendu parler ou dont il ne connaissait qu'un aspect en tant que « client ». Inversement, la découverte de cette totalité relative ne s'effectue que grâce au regard décalé, au deuxième degré, que proposent les plans-séquences, et à la complémentation des discours et situations qu'élabore le montage.

Faire voir les marques

Le tour de force de la méthode wisemanienne, c'est d'observer au plus près tout en tenant ses distances, d'installer ainsi le spectateur au milieu des situations (il ne s'agit pas d'événements exceptionnels au sens de l'actualité mais des échanges sociaux « normaux ») et en même temps — du fait du travail de la re-présentation — dans un écart réflexif critique. Le spectateur est dedans et devant, au cœur des lieux mais devant le film. Dans *Missile* (1987) par exemple, nous suivons rigoureusement toute l'instruction qui mène les recrues de la question initiale de leur responsabilité morale jusqu'à leur prise en charge opérationnelle des missiles nucléaires intercontinentaux, au point que nous croyons assister à un film de formation. Qu'est-ce qui différencie le film de Wiseman du film que ferait le Strategic Air Command soi-même ? « Rien », répondent ceux qui voient dans *Missile*, ou dans *Basic Training* (un camp d'entraînement d'appelés pour le Vietnam en 1970) seulement des « reportages » trop neutres, ou pire des films de propagande américaine : sous prétexte que Wiseman n'y tient aucun contre-discours anti-propagandiste, il se ferait le porte-parole de l'institution. Il est vrai qu'une autre partie du public, au cours de la même séance, dira exactement le contraire. Ainsi, après une projection de *Basic Training* à des étudiants étrangers en stage à la FEMIS, un étudiant maghrébin m'avait demandé pourquoi je passais un document de propagande pour l'armée américaine, dans la mesure où le film n'opposait rien au discours militaire ; alors qu'un étudiant hongrois y voyait au contraire une déconstruction ironique de la discipline militaire et de sa gloriole.

Wiseman lui-même reste toujours sybillin dans les débats, il ne tranche pas (je l'ai vu acquiescer successivement à une interprétation religieuse et à une interprétation anti-cléricale de son film sur la commununauté monastique d'*Essene*, 1972), il laisse le film ouvert et à chacun la responsabilité de son interprétation. Ce n'est pas là coquetterie d'auteur, au contraire, c'est que le film, si sa démarche marche, parle socialement au-delà de son auteur. « *Je crois que tous les films ont un point de vue bien défini. Mon point de vue à l'égard du matériau tourné se reflète dans la structure du film — relation entre les séquences et développement des thèmes suivant un certain ordre. Cependant la réaction d'un spectateur au film dépend en partie de ses valeurs et de ses expériences. Comme la vie est complexe, contradictoire et ambiguë, les gens ayant des valeurs et expériences différentes réagissent différemment. Je pense qu'il doit y avoir assez de place dans le film pour que d'autres y trouvent de quoi soutenir leurs vues tout en comprenant les miennes. Sinon, je serais dans la propagande.* » (Westin, *Wiseman on Film and Civil Liberties,* cité p. 143, dans *Reality Fictions, The Films of Wiseman,* Thomas Benson et Carolyn Anderson, Illinois University Press, 1989). Le propos de Wiseman recoupe ici ce que nous avancions au chapitre 4 : la contre-propagande, c'est encore forcément de la propagande. Mais, a contrario, ce n'est pas parce qu'on laisse parler l'institution que l'on est son porte-parole : **on peut la démarquer et s'en démarquer en même temps** (« démar-cage » signifie contradictoirement plagier et prendre ses distances), **à condition de mettre en scène cette parole dans un écart critique entre les raisons qu'elle énonce et celles qui la font parler, entre la rationnalité objective de l'institution et le ficelage des corps et des cervelles qui la soutient.** Un des exemples les plus patents et des plus ironiques de cette double démarque est une scène de *Model* (1981) : un réalisateur de pub, se prenant visiblement pour Fellini, tourne un spot publicitaire pour des bas en plein New York, avec toute une armada en 35 mm non moins sophistiquée que le modèle féminin qui n'en finit plus de descendre du perron d'un hôtel particulier (jamais comme il faut, au regard du Fellini aux petits pieds). Les regards curieux et amusés d'ordinaires badauds n'échappent pas à la caméra de John Davey [1], comparse de Wiseman. Alors que la productrice de l'agence de pub s'agace puis menace en voyant le jour décliner et le budget dépasser, au fur et à mesure que le faux Fellini s'acharne à tourner et retourner « génialement » le même plan sur pied, la caméra 16 mm de Davey muse et s'amuse, variant chaque fois les angles de prise de vues qui deviennent autant d'angles d'attaque tournant en ridicule l'icônerie publicitaire. Alors que l'équipe de pub se livre corps et âme au travail de l'image de marque, Wiseman filme la contremarque des images sur les corps et les figures qu'elles modèlent.

1. John Davey est l'opérateur de tous les films de Fred Wiseman depuis *Manœuvre* (1978). À l'exception de John Marshall, qui a tourné *Titicut Follies,* les autres opérateurs ayant travaillé avec Wiseman : Richard Leiterman *(High School,* 1968) et William Brayne (de 1968 à 1977), sont, comme Davey, issus de l'écurie Allan King (réalisateur notamment de *Skidrow* et *Warrendale).*

Si le jeu des interprétations contradictoires se renouvelle presque après chaque projection d'un film de Wiseman, c'est que le dispositif comporte effectivement deux degrés d'implication et de lecture (dont certains spectateurs ne voient que le premier). C'est le double jeu de la démarque : le film induit un double regard dans et sur l'institution et ses raisons, qui sont à la fois exposées en tant que telles et en tant que « falsifiables », c'est-à-dire, au sens de Karl Popper, contestables. En même temps qu'il nous introduit dans les rouages d'une institution, auprès des individus qu'elle malaxe, Wiseman nous conduit à la regarder de l'extérieur (d'où ces plans fixes d'extérieur qui rythment et aérent ses films, externalisent notre regard tout en le resituant goégraphiquement), à en faire le tour et à nous interroger sur ses pratiques. Comment Wiseman réalise-t-il ce démarquage ? D'abord à la prise de vues, la caméra se maintient dans l'entre-deux, va de l'une à l'autre partie entre lesquelles s'échangent ordres, demandes ou dialogues. Elle enregistre conduites, raisons et arguments, et leur laisse le temps de se faire valoir. Mais en poussant l'objectivation des situations, l'insistance de la prise de vues outrepasse l'identification et la projection pour susciter l'observation et la réflexion du spectateur. Ainsi lorsque, dans *Hospital* (1970), un jeune homme pris dans le mauvais « trip » d'une drogue hallucinogène, crie qu'il va mourir, nous compatissons. Puis un médecin l'examine et le (nous) rassure sur son état. Le garçon continue à geindre et soudain se met à vomir à flots, et les deux policiers qui l'ont amené tentent alors de contenir ce geiser ambulant : parce que la caméra, ne cédant ni à la simple illustration ni au dégoût ni à une fausse pudeur, a continué à filmer, la scène dépasse le spectaculaire et bascule du tragique voyeur façon *52 sur la Une* (méfaits de la drogue !) dans le comique en empathie avec l'humaine faiblesse. En allant jusqu'au bout, la scène outrepasse le cliché journalistique, redistribue les rôles et change de tonalité. Comme le dit le grand chef opérateur Haskell Wexler : « *Normalement, quand vous filmez, lorsque plus rien ne se passe, vous coupez. Ce que font ou pressentent les bons praticiens du cinéma-vérité, comme John Marshall dans* Titicut Follies, *c'est que, quand plus rien ne semble se passer, ils continuent de tourner, ils s'approchent d'un visage et puis vous voyez le changement arriver, et quelque chose redémarre. Quand on tient ce moment, je crois qu'il n'y a rien dans tous les films que j'ai vus qui puisse approcher ça.* » *(Danger is seduction, an interview with Haskell Wexler,* in *Film Quarterly,* 21, n° 3, 1968).

La caméra wisemanienne exerce certes un point de vue physiquement engagé sur le terrain, mais le montage veillera à le rendre équidistant et rayonnant relativement aux forces en présence, c'est-à-dire non pas biaisé, spectaculaire ou univoque, mais opérant par recoupements. Tous les films de Wiseman présentent ce cas de figure : une situation, une discussion, un discours déjà vu-entendu dans le film se trouve re-présenté autrement, soit que d'autres protagonistes reprennent la discussion à leur compte (c'est le cas des infirmières parallèlement aux médecins dans *Near Death)*, soit que le discoureur soit le même mais l'audience et la situation différentes (ainsi l'ancien basketteur dans *Public Housing* tenant le même discours cogestionnaire à l'association des locataires puis dans un show public). Ces répétitions ne sont pas des redites, ce sont des reprises (dans le tissu social) qui montrent non seulement la circulation de la parole comme empreinte du corps social, mais ses variations de sens en fonction du contexte hiérarchique, des positions et intérêts. La reprise rend visible le fait que socialement le discours n'est pas seulement énoncé (à sens unique) mais enrôlé (équivoque, relatif à une position), ce qui amène le spectateur à s'interroger sur l'ambivalence d'une parole qu'il avait peut-être prise d'abord pour argent comptant, mais qui s'avère une monnaie d'échange, à valeur certes indexée sur le Pouvoir mais pourtant fluctuante, et parfois même une monnaie de singe, ouvrant à un extrême sur la violence, à l'autre sur l'impuissance. Tout le travail de Wiseman est de faire en sorte que le film, et à sa suite le spectateur, réfléchissent ces ambivalences significatives.

Double vue

La portée du dispositif wisemanien dépend, en seconde main, du jugement relatif de chaque spectateur, dont la place est ménagée, comme nous l'avons vu. Voici l'avis de John Davey, cameraman de Wiseman depuis 1978 : « *J'ai fait des douzaines et des douzaines de documentaires, et je crois que le travail sur les films de Wiseman est ce qu'on peut obtenir de plus proche de la vérité… Quand je vais au British Film Theatre et que je vois les films pour la première fois, ça me ramène en arrière et ça me rappelle exactement comment c'était. Je n'ai jamais eu ce sentiment avec aucun autre film sur lequel j'ai travaillé.* » (in *Reality Fictions,* p. 309). Il est également intéressant de noter que les insitutions filmées (du moins leurs représentants) se reconnaissent généralement dans le film.

(Notons au passage que l'autorisation de tourner librement dans des institutions publiques tels que prison, tribunal, hôpital, camp militaire, commissariat de police, base stratégique… est liée à la reconnaissance, par principe constitutionnel, du droit de regard des citoyens américains sur la manière dont l'État dépense leur argent en leur nom. Une telle liberté est plus difficilement accessible dans les États centralisés de la vieille Europe, où souvent l'État souverain a ses raisons que la démocratie ne connaît pas). « *Je n'ai connu que trois cas où les participants n'ont pas aimé le film,* dit Fred Wiseman. *Et dans les trois cas ils l'avaient aimé en le voyant en première projection : "c'est bien ça". Mais ils ont changé d'avis après avoir lu les critiques, ils n'aimaient pas la manière dont on les caractérisait dans les journaux. Ca s'est passé pour* Titicut Follies, Primate *et* High School. » (Entretien avec F. Niney). Ces réactions à double détente des intéressés confirment le don de double vue du cinéma de Wiseman, qui tantôt comble la tâche aveugle d'une autoscopie domestique (« c'est bien ça »), tantôt suscite l'accomodation d'un regard décalé où le familier devient excentrique, le sauvage perce sous le civilisé (« qu'est-ce que c'est que ça ? »). Il ne s'agit pas d'un ressort spectaculaire du genre : « la réalité dépasse la fiction ». Tout au contaire, nous voyons bien que « ça », c'est nous autres, et que c'est notre réalité qui est tissée en douce (pas forcément en douceur) d'invraisemblables fictions (civilisatrices).

La projection et la progression du film opèrent comme un juge qui instruit un cas, expose les différents partis et intérets en jeu, mais c'est le spectateur qui officie comme juré. Bien sûr, l'objectivité est toujours relative : le film, comme le juge, oriente forcément la manière de voir, l'exposé des motifs (terme à la fois juridique et esthétique). L'important est que sa démarche transmette la recherche de l'objectivité au spectateur-juré. Mais la démarche wisemanienne offre encore un recul supplémentaire : pas plus que le spectateur n'est réellement un juré dans l'enceinte d'un tribunal, le film n'opère dans le cadre de l'institution. C'est plutôt le film qui re-cadre l'insitution : ce que le documentaire nous propose ici, plutôt que de prendre position pour ou contre tel ou tel (pas question d'opinions), c'est d'évaluer l'ensemble insitutionnel parcouru, de nous interroger sur les instances du corps social auquel nous, spectateurs occidentaux, appartenons. **Par la présence démarquée de la caméra, les mises en relations contradictoires au montage, la projection distanciée du film, Wiseman fait le pari de rendre justement visibles les ficelles invisibles et tranchantes qui nous font tenir, ces fictions juridiques et sociales dont l'institution est le théâtre.** La fiction wisemanienne consiste à croire possible de nous faire voir, en cinéma direct et par ricochets, nos propres organes sociaux comme s'ils étaient vus de Sirius. C'est un jeu sérieux, parfois drôle, qui apparente Wiseman à Montesquieu, au croisement entre *L'Esprit des lois* et *Les lettres persanes.* Il y a dans cette œuvre cinématographique monumentale comme le dessein d'une archive pour le futur : « voilà comment fonctionnait, à la fin du XXe siècle en Amérique, un hôpital, un tribunal, un commissariat de police, un grand magasin… ».

« *Il me semble que* Titicut Follies, *comme œuvre princeps de Wiseman, puisse aussi s'entendre de telle sorte que ce film incite à considérer une impasse intellectuelle des sociétés ultramodernes d'Occident : leur impossibilité d'aborder la problématique de la Raison autrement qu'en termes de Raison individuelle, selon des standards de plus en plus médicalisés, nouvelle version d'un questionnement refermé sur l'individu. Lors d'une première projection, j'ai immédiatement rapproché ce document du film de Jean Rouch* Les Maîtres fous, *qui prouve le gouffre qui nous sépare, nous les rationalistes formés à l'étanchéité des discours, d'une problématisation du principe de Raison plus ouverte à l'interrogation sur les coulisses de notre propre rationalité. Ce que nous comprenons mal, c'est le concept même de Raison et l'alliage qu'il constitue avec le concept d'Institution. Or, l'institution n'est rien d'autre que la technique d'assemblage de l'être humain avec lui-même, c'est-à-dire avec l'image qu'il a de soi — technique grâce à laquelle l'individu, chacun de nous donc, peut soutenir le répertoire d'un rôle, jouer sa partie propre dans le théâtre des masques que nous appelons une société. Instituer la Raison, c'est construire un théâtre d'images. Maintenant reste à savoir qui est le Maître en ce théâtre, qui est le Tireur de ficelles, et pourquoi un tel jeu est si dramatique.* » (Legendre, *idem*, p. 47). Faute de pouvoir exhiber le Tireur de ficelles, et pour cause, Wiseman vise, au fil de ses films, à en exhiber le principe à travers ses sujets. « *Une chose qui unit mes films, c'est ce fossé qui fait que l'individu est coupé par ce qui sépare l'idéologie de sa pratique. Chaque institution est, en un sens, un microcosme de l'échec du fonctionnement de l'idéologie américaine.* » (cité par Legendre, *idem*, p. 50). Ce propos initial de Wiseman se trouve contresigné jusqu'à son dernier film en date, *Public Housing,* où des associations d'habitants noirs américains d'une cité HLM de Chicago tentent de maintenir contre vents de violence et rats de marée, le seuil de flottaison d'un habitat-radeau de la méduse. Dans cet océan de misère, d'abandon, de stups et de déglingue, le seul remède qu'on leur propose, c'est de gérer leur propre pauvreté selon le bon vieux précepte : « aide toi, le ciel t'aidera », remanié par le libéralisme assisté : « soyez économiques, montez vos propres boîtes de maintenance ». Sur le bouillon de l'inégalité sociale capitale flottent des relents d'auto-gestion à l'usage désormais des laissés pour compte du grand marché. Dans « rationnel », il y a « ratiociner » et aussi « rationné » : la caméra-oreille de Wiseman opère la triangulation.

Contour par la fiction

Pour composer le tissu social, quadriller l'espace public, y faire régner l'ordre, canaliser l'échange inégal des corps et biens, toute institution coupe dans les individus, les découpe en fonctions selon des règles et leur impose des fictions (symboles et rôles sociaux) auxquelles elle les plie, les forme et auxquelles ils sont priés de croire et s'adapter. Toute société se fait ainsi, dans un (plus ou moins doux) mélange de contrainte et de liberté. L'individu (appellation paradoxale au fondement des sociétés d'Occident) se trouve en fait découpé, classé et redistribué à l'extérieur, recoupé par l'idéologie et ses images à l'intérieur. La structure des films de Wiseman est ironique car elle fait fond sur la litote qui rend visible l'écart entre les routines de l'institution et ses justifications, rationalisations. C'est son côté Tati, particulièrement sensible dans ses films sur des lieux de loisir : *The Store (Le grand magasin,* 1983), *Aspen* (station de sports d'hiver pour riches oisifs, 1991), *Zoo* (1992).

Quand on laisse parler l'état des choses en tant que choses d'un État, elles finissent par dire autre chose, par en dire trop ou se contredire, par découvrir des motifs différents des raisons explicites. Comme si de rien n'était (positivité du tournage) et à force (travail du négatif au montage), l'entrelacs social laisse entrevoir les ficelles, quelque chose du principe qui nous institue ici comme ça. C'est pourquoi, à l'opposé de Rouch, Wiseman « *ne croit pas que la présence de la caméra et du magnétophone change beaucoup le comportement des gens.* » (cité dans *Reality Fictions,* p. 306). Wiseman pratique la caméra non pas participante mais observante (c'est pour cela qu'il peut se dispenser de la tenir lui-même) : ce qu'il cherche à filmer ce n'est pas la transe ni la révélation, mais la norme et la conformité. Et le film sera l'occasion pour le spectateur d'être non pas initié mais scrutateur (comme on le dit des volontaires qui surveillent la régularité d'un vote).

Si Wiseman certifie que les choses se passent à peu près de la même manière en présence de la caméra que quand elle n'y est pas, il ne croit pas pour autant à une objectivité toute faite de l'enregistrement cinématographique. Il a toujours soutenu que ce qu'il élabore est bien une forme de fiction : « *Vous bricolez la relation entre le temps réel et le temps filmé ou monté, et vous bricolez l'ordre des séquences, et vous vous dites qu'elles apparaissent en relation alors qu'elles n'ont en fait aucune relation ni dans le temps ni dans l'espace. Vous êtes en train de créer une fiction avec des matériaux documentaires : ces choses qui apparaissent en relation, peut-être ne sont-elles liées que dans votre esprit. Et la réussite du film dépend de sa capacité globale à créer l'illusion que ces événements ont en fait quelque connexion les uns avec les autres. Mais le film ne peut créer cette illusion que si le processus, qui vous a amené à la conclusion qu'il y avait effectivement relation, semble avoir une certaine validité au niveau de la forme finale du film.* » (Ira Halberstadt, *An Interview with Fred Wiseman,* in *Nonfiction Film,* Richard Barsam, p. 303). Il faut bien saisir l'importance de ce que dit Wiseman, qui n'est paradoxal qu'aux yeux des fanatiques de l'objectivisme : ce travail délibéré de la forme comme fiction est incontournable en tant qu'expression ; l'ignorer ou le récuser (en prétendant filmer le réel tel quel), c'est se condamner au contraire à la pire des manipulations, celle qui s'ignore et ne veut rien savoir du langage qu'elle utilise, donc à l'indigence esthétique et à la malversation éthique. La position paradoxale n'est pas du côté qu'on croit.

Reste la question philosophique de fond : « le monde existe-t-il en dehors de ma conscience ? » ; en l'occurence : « *ces choses que je relie au montage peut-être ne sont-elles liées que dans mon esprit ?* ». La réponse de Wiseman est épistémologiquement et esthétiquement conséquente : le monde existe certes en dehors de moi, je l'ai éprouvé quand j'y ai filmé, mais son sens n'est ni immanent ni évident, il doit être produit, c'est-à-dire découpé, monté et montré, et c'est précisément l'objectif de tout récit, de toute œuvre plastique. Pour reprendre les termes de Paul Ricœur *(Temps et récit 1,* Points Seuil, 1983), si le sens est *préfiguré* dans le lieu institutionnel, il se trouve *configuré* au tournage et *refiguré* au montage. Nécessaires détour et contour par la fiction qui condense et enchaîne le temps des événements dans le temps du récit. C'est de l'articulation pertinente de ces trois niveaux (préfiguration, configuration, refiguration), à travers un jeu de correspondances et transpositions réglées, que peut sortir une bonne traduction. En clair, c'est la cohérence formelle du film abouti qui, par sa structure et les relations qu'elle établit, peut produire une juste intelligence des situations filmées. Ce que veut dire Wiseman, c'est que la structure du film, pour marcher, doit parvenir à re-produire, tout en les déplaçant et condensant évidemment à l'intérieur de la « fiction », les enjeux contradictoires et les structures réelles de l'institution considérée. **La chaîne du montage doit rendre, par l'exemplarité et l'emboîtement des scènes choisies, quelque chose des chaînes de reproduction institutionnelle de la réalité.**

Récit sans histoire

Évidemment cette forme, qui se cherche longuement à la table de montage (Wiseman monte lui-même ses films), ne peut être éprouvée et trouvée que par celui qui a mené l'expérience préalable du tournage. « *Les connexions, on a pu les sentir sur le terrain mais c'est après, au montage, qu'on les découvre. Evidemment, vous savez quand vous tenez une bonne séquence. Mais les connexions profondes, la nature précise des relations entre les gens, vous ne les saisissez pas vraiment au tournage. C'est exactement l'inverse du cinéma de fiction, où on prévoit à l'avance ce qu'on va tourner ainsi que l'ordre du montage. En cinéma direct, vous accumulez un vaste matériau filmé qui vous offre des choix au montage, sans savoir à l'avance quels seront ces choix et où ils vont vous mener. Je ne sais jamais exactement quel sera le thème majeur du film avant de m'asseoir dans la salle de montage (évidemment, avec l'expérience, c'est de moins en moins vrai) et je m'y assois pour au moins six mois. Je commence à rapprocher une séquence d'une autre, à voir comment ça s'assemble, les conséquences significatives et comment se développe le point de vue du film. Si je savais à l'avance le sens, le thème, les associations, quel intérêt y aurait-il à faire ce film ? Je n'y apprendrais rien.* » (Entretien avec F. Niney). **C'est dans cette tension délibérée, ces écarts et rapprochements entre l'idée préalable (la pré-vision), l'expérience du tournage (à travers les rushes) et l'ouverture d'esprit au montage (ce que découvre de nouveau le rapprochement des plans), que se cherche et s'organise le discours du film et de l'institution filmée, via l'agencement des paroles des autres.** Jeu de forces entre la forme qu'on cherche à imposer, celle qu'on tire du matériau filmé, et la résistance propre du matériau (voir ci-dessous, à propos de « l'arbitraire » du montage). Plus qu'à un quelconque cinéma d'auteur il conviendrait de comparer la méthode d'analyse cinématographique wisemanienne à la chaîne expérimentale d'un laboratoire scientifique : hypothèses, expérimentation, analyse des résultats/interprétation, publication/controverse — chaque maillon impliquant et étant impliqué par les autres, car la vérité n'est pas une formule finale, comme transcendante, qui nous dirait seule le véritable état d'un phénomène extérieur (le référent), mais la circulation d'un sens cohérent à travers une chaîne de transformations méthodiquement réglées.

C'est ce qu'explique Bruno Latour à propos des *Tribulations de l'image scientifique : « Les images n'existent que comme des prélèvements sur des flux de traces en mouvement. Il faut bien comprendre qu'une image nue n'a pas de référent. (…) Ce sont les scientistes (ufologues et épistémologues) qui croient que chaque image scientifique possède un référent et que ce référent est unique et extérieur à l'image, comme un portrait de famille l'est à une famille. (…) Au lieu d'un référent extérieur, nous avons affaire à un référent intérieur transversal, non localisable, qui circule à travers le réseau de transformations lorsque tout se passe bien, et qui s'interrompra lorsque l'une ou l'autre des opérations qui lui permet de courir tournera mal. Au mieux, nous pouvons espérer que quelque chose se conservera à travers la série de transformations des traces. » (La Clef de Berlin*, La Découverte 1993, p. 165). Pour ce qui est de Wiseman, « ses » flux de traces sont les conduites et paroles des autres (auxquelles il se garde bien d'ajouter la sienne), prélevées sur le lieu institutionnel, mais qu'il doit ré-agencer, coordonner et prolonger pour leur faire dire ce qu'elles disent et autre chose, dans l'entrelacs. **Le propre des conduites sociales étant que chacun n'y parle pas seulement pour soi mais pour les autres, et est aussi agi et parlé par l'Autre. C'est cet excédent, ce sous-jacent que poursuit la chaîne de production wisemanienne.** « *On essaye de trouver ce que chaque séquence signifie, et puis on essaye de trouver si telle séquence contredit, explique ou ajoute à telle autre séquence.(…) En reliant les séquences d'une certaine façon, vous développez une théorie qui en retour fournit une forme à ce type d'expérience. Les abstractions que vous maniez sont des abstractions liées à la structure du film et qui en émergent.* » (Ira Halberstadt, *An Interview with Fred Wiseman*).

La réussite pratique de cette théorie de séquences et scènes dépend de la façon dont elle concentre et parcourt, à travers un éventail de situations et jeux de rôles, les fonctions éprouvées de l'institution pour en redessiner la scénographie sociale. Même s'il y a drame (les institutions ne sont-elles pas le théâtre de la domestication humaine comme le souligne Legendre), même s'il y a récit (c'est bien un film qui s'offre au spectateur, répète Wiseman), le documentaire wisemanien ne construit pas une intrigue progressive avec apogée et dénouement, mais un jeu d'échantillons montés en circonlocutions et circonvolution. Ce montage mosaïque rompt avec la dramaturgie classique du « *plot* », du dénouement et de la catharsis du spectateur, il vise au contraire à dérouler les liens sociaux et à ce que le spectateur, détaché, puisse éprouver sur le motif son propre rattachement à ces fils sans fin.

Les films de Wiseman produisent ainsi une image vivante et représentative du fonctionnement de l'institution en utilisant les condensations de la fiction, mais en évitant une narration progressive. Ils la remplacent par une série d'épisodes plus ou moins autonomes, inscrits géographiquement dans le contexte de l'institution et thématiquement dans les enjeux de pouvoir et de routine. Thomas Benson et Carolyn Anderson, les auteurs de *Reality Fictions, The Films of Fred Wiseman,* parlent à juste titre de « récit sans histoire ». « *L'absence de structure narrative progressive permet à Wiseman de diriger notre attention sur les différents aspects de l'institution, au lieu d'être distraits par une intrigue et des personnages. Mais en même temps nous est présentée une galerie de gens mémorables, impliqués de manière répétitive dans des activités familières qui nous apparaissent étranges par le regard insistant qui nous les montre. Une partie du plaisir provient de l'impression que nous avons de nous figurer tout ça par nous-mêmes. C'est, bien sûr, partiellement une illusion, puisque c'est le résultat de la construction du film. Wiseman ne nous transporte pas dans l'institution mais dans son film. L'expérience que nous partageons, c'est celle de sa fiction. L'information dont nous disposons est différente de celle des protagonistes. Nous en savons beaucoup moins qu'eux ou même que Wiseman. L'impression d'être projeté au beau milieu de l'institution, nous ne pourrions l'avoir en visitant l'institution. Nous ne pouvons l'avoir qu'à travers le film, son approche et sa structure, qui nous offrent le luxe de regarder, observer et réfléchir.* » *(Reality Fictions,* p. 311). Wiseman n'est pas un cinéaste militant dans la mesure où il admet parfaitement que le film, quel qu'il soit, n'est pas action directe mais fiction indirecte, pas réalité mais spectacle. Il n'en ignore pas pour autant la dimension politique, il organise ce spectacle de façon à produire une attraction non pas au sens de distraction mais au sens d'attirer l'attention sur la réalité de nos liens et rôles sociaux. C'est un cinéma civique qui tire sa force d'une double inclusion très consciente : une certaine réalité du monde (incluant le spectateur) est transposée dans un film qui devient à son tour, comme spectacle réflexif, une part nouvelle de la réalité du spectateur. Même si le film emploie forcément les recours de la fiction, nous savons que ce n'est pas seulement une fiction, nous voyons qu'il se déroule dans et sur des institutions qui existent et fonctionnent en dehors du film. C'est bien une réalité sociale sonnante et trébuchante qui est comprise dans cette catalyse fictionnelle de prélèvements documentaires.

Montage et arbitraire

Wiseman explique qu'au montage (qu'il pratique seul), il se tient une conversation à quatre : entre l'expérience sur le lieu de tournage, son expérience générale, ce qu'il y a dans les rushes et ce qui se fait jour par rapprochements « *des séquences en ilôts et archipels ; et il est bien rare qu'au bout de trois mois, je n'ai pas une structure qui ressemble à ce que sera la forme finale.* » (entretien avec F. Niney). Il faut ici souligner la résistance du matériau documentaire, qui ne se laisse pas si facilement manipuler — on va le voir — pour peu qu'on soit décidé, comme Wiseman, à en apprendre quelque chose et non à lui faire dire ce qui est déjà prévu.

L'argutie objectiviste objecte que s'il y a montage, il y a arbitraire. En droit, on voit mal ce qui condamnerait un moyen d'expression à être a priori arbitraire (entendons subjectif, fictif, mensonger) sauf à croire, avec les sectataires de la divine « objectivité », à la réalité en soi d'un côté, au signe comme pure indice de l'autre, et donc à voir dans les jeux de langage (chers à Wittgenstein) une trahison dia-bolique. Comme l'explique Maurice Merleau-Ponty dans *La prose du monde* (Gallimard, 1969, p. 22) : « *Le langage nous mène aux choses mêmes dans l'exacte mesure où, avant d'avoir une signification, il est signification. Si on ne lui concède que sa fonction seconde, c'est qu'on suppose donnée la première, qu'on le suspend à une conscience de vérité dont il est en réalité le porteur et enfin qu'on met le langage avant le langage.* » En fait, comme toute expression, le montage peut être arbitraire ou ne pas l'être, cela dépend bien sûr de la conscience de l'auteur

— encore faut-il qu'il y ait un ou des auteurs pour assumer la cohérence du propos — et cela dépend aussi de l'adéquation (plus ou moins compréhensive) de la forme au contenu, et donc de l'autonomie de la forme envisagée par rapport aux normes de la production et de la diffusion. En l'absence d'une autonomie suffisante pour la construction et le suivi d'un tel regard, ce sont les routines de la division du travail médiatique qui en tiennent lieu, comme on le voit dans ces sujets sans sujet qui hantent actualités et magazines TV. Pour le coup, c'est l'arbitraire du pré-formatage « objectif » qui préside effectivement à tous ces montages indépendamment des sujets (cf. la citation d'Adorno sur l'inversion de l'objectif et du subjectif, dans notre Avertissement). Comme le dit encore Merleau-Ponty : « *Alors que toute grande prose est aussi une recréation de l'instrument signifiant, manié selon une syntaxe neuve, le prosaïque se borne à toucher par des signes convenus des significations déjà installées dans la culture. La grande prose est l'art de capter un sens qui n'avait jamais été objectivé jusque là et de le rendre accessible à tous ceux qui parlent la même langue. Un écrivain se survit lorsqu'il n'est plus capable de fonder ainsi une universalité nouvelle et de communiquer dans le risque. On pourrait dire aussi des autres institutions qu'elles ont cessé de vivre quand elles se montrent incapables de porter une poésie des rapports humains, c'est-à-dire l'appel de chaque liberté à toutes les autres.* » (*idem*, p IV).

Voyons donc un exemple de montage non arbitraire, dont je tire l'argument d'un débat public avec Wiseman. Vous filmez dans une chambre d'hôpital où se tiennent une infirmière et un médecin au chevet d'un malade en soins intensifs. Arrive le patron du service, de fort méchante humeur, qui s'en prend assez vigoureusement à l'infirmière, au toubib et presque au malade, puis sort en claquant la porte. Si vous faites un reportage pour un de ces magazines TV, vous tenez un cliché spectaculaire, digne du pré-générique, qui conforte d'un coup tous les préjugés communs contre les mandarins arrogants et sans cœur. Mais si vous faites un documentaire qui ne recherche pas forcément le cliché choc ou l'illustration prosaïque, mais vise à analyser le fonctionnement de l'institution hospitalière, vous n'avez que trois solutions au montage : soit le patron se comporte toujours de la sorte, et vous pouvez monter la séquence ; soit, en dehors de ces sautes d'humeur, c'est un médecin respecté pour ses diagnostics et la défense de son service, et vous devez aussi monter des scènes présentant ces autres aspects du personnage ; soit, cette scène vous paraît anecdotique relativement à l'ensemble que vous avez pris le temps d'investiguer et vous ne la montez pas. Vous ferez donc un choix, choix significatif et partiellement subjectif, mais pas arbitraire, pour autant que le montage se détermine non par rapport à des effets surfaits mais par rapport aux relations observées et aux lignes de force que vous en tirez. « *La solution des doutes touchant le langage* — (« ces choses qui apparaissent en relation peut-être ne sont-elles liées que dans mon esprit ? ») — *ne se trouve pas dans un recours à quelque langue universelle qui surplomberait l'histoire, mais dans ce que Husserl appellera « le présent vivant », dans une parole, variante de toutes les paroles qui se sont dites avant moi, aussi modèle pour moi de ce qu'elles ont été.* » (Merleau-Ponty, idem, p. 37).

Romanesque sans roman

Maintenant, que veut dire Wiseman quand il nous déclare : « *J'ai beaucoup appris au fil des films, surtout en matière de montage. Je crois que mes deux premiers films* (Titicut Follies *et* High School) *sont d'un montage plus didactique que les suivants. J'ai développé une approche plus romanesque par la suite.* » (Entretien avec F. Niney). Que signifie, en matière de documentaire et de cinéma direct, « *moins didactique, plus romanesque* » ? Wiseman indique qu'il ne monterait plus « comme ça » la séquence de *Titicut Follies* où l'on voit un homme nu intubé et alimenté de force et, en alternance, son cadavre qu'on apprête pour l'enterrer. Trop insistant, trop démonstratif, trop directif : c'est à ce type de montage alterné, didactique, que Wiseman a renoncé au bénéfice du seul montage « mosaïque ». On peut en déduire, au vu de l'évolution de ses films, que « romanesque » signifie d'une part, laisser davantage se développer la situation et les dialogues dans l'unité de chaque scène, d'autre part, enchaîner les scènes par un double jeu de complément et d'opposition ou de reprise à un autre niveau, enfin laisser une plus grande latitude d'interprétation au spectateur.

« Romanesque » s'oppose aussi à « informatif » comme le relevait Robert Kramer déjà à propos de *Titicut Follies* : « *Curieusement les histoires retenues par Wiseman sont tellement fortes qu'on n'a aucun désir d'avoir des renseignements concrets : combien y a-t-il de gens dans cette prison ? Où se trouve-t-elle ? Sous le contrôle de qui ? Comment les gardiens sont-ils choisis ? En fait, le film se situe à un tout autre niveau et une très grande réussite de Wiseman est justement d'avoir éva-*

cué tout aspect informatif en suggérant que souvent notre idée de l'information est comme l'arbre qui cache la forêt. On nous persuade à tort qu'il faut absolument être au courant de telle ou telle chose, en nous mettant sur un plateau certaines nouvelles mais pas d'autres, et finalement on nous trompe. Or là, une fois dénudé de ce type d'informations, le milieu apparait dans toutes sa force méta-phorique grâce à des personnages extrêmement fouillés, comme ce serait le cas d'un excellent travail de scénariste dans lequel l'auteur serait parvenu à donner une richesse maximum à cette aventure humaine. » (in Cinémaction, *Le cinéma direct,* p. 186, 3e trimestre 1995).

Au fil des films, le style de Wiseman va se faire plus minimaliste : il s'éloigne progressivement des tournures jugées trop « dramatisantes » du cinéma direct des années 60 (travellings portés, gros plans, recadrages, montage alterné), il donne de plus en plus d'importance aux plans-séquences fixes, aux dialogues et aux temps « faibles », en même temps qu'il se prive de l'antagonisme propre aux lieux de coercition (asile, prison, tribunal, police, armée) pour investiguer, à partir de 1980 plus particulièrement, des lieux plus « cool », où la conformation sociale est plus subtile et les liens institutionnels plus diffus *(Model, The Store, Central Park, Aspen, Zoo, Ballet, La Comédie Française, Public Housing).* Lorsqu'elle est privée de cette tension bi-polaire (prisonniers/gardiens, juges/jugés, policiers/civils, conscrits/officiers, mourants/soignants...), la méthode Wiseman semble se distendre dans le temps (films plus longs ou paraissant tels) et se diluer dans l'espace de lieux plus ou moins ouverts. Elle paraît perdre de l'intensité en prenant des couleurs. Cependant des films comme *The Store* ou *Zoo* traduisent bien la nouvelle orientation prise par Wiseman quand il délaisse les lieux de pouvoir ou d'administration de la violence pour des lieux de loisir, où aussi des gens travaillent au loisir des autres. Il s'agit de faire des films qui ne substituent pas du spectaculaire concentré au spectaculaire diffus si caractéristique de nos sociétés développées-policées ; de faire des documentaires qui traduisent-trahissent cette idéologie *soft* et ses erzats (shopping, jogging, séminaires, nature réduite et reconstituée), chargés de meubler *l'ère du vide* mais aussi de domestiquer désir et violence par la maîtrise technique.

The Store est le premier film en couleur de Wiseman. Le shopping est, avec la télévision, l'activité de loisir à laquelle les citoyens des pays développés consacrent le plus de temps. Wiseman a choisi de filmer le sabbat de la marchandise, non pas dans un supermarché où se délivrent des produits de « première nécessité », mais au grand magasin de luxe Neiman & Marcus de Dallas, à la Noël 1982. Comme toujours chez Wiseman, quelques plans d'extérieur précèdent l'entrée dans les lieux, et reviendront périodiquement rythmer le montage. Le film, qui n'est pas sans parenté avec le *Playtime* de Jacques Tati, est construit sur l'alternance de scènes (pleines de sel) détaillant les rituels d'achat dans différents rayons (vêtements, fourrures, bijoux, défilé de mode...) et de scènes (où l'on rit plus jaune) sur la formation et le travail des vendeurs (briefing façon méthode coué autour du mot-culte : « vendre », discours du patron aux reponsables des achats à propos de la traitrise des fournisseurs, assouplissement gymnique du sourire des vendeuses, atelier d'orfèvrerie, gala anniversaire de la maison), le tout entrecoupé de plans sur les rayons et la logistique du magasin. Le double jeu de séduction et d'obédience au client « roi », où le vendeur devient l'interface vivant entre la marchandise et le narcissisme de l'acheteur, est le janus du film. Cette communion dans le fétichisme de la marchandise (à prix exhorbitant et sans marchandage), communion faite d'admiration jouée et de feinte désinvolture, culmine dans une scène de choix de vêtements où l'on ne sait plus trop qui est la cliente, qui est la vendeuse, et où une autre visiteuse traite un mannequin (en chair et en os, pas en bois) comme une chose.

Ambiance feutrée, circulation fluide, musique euphorisante, accueil affable, personnel compétent, argumentaires convaincants, grand choix de marques, commandes faciles, tout est fait pour que l'acte d'achat soit le plus libre possible. Le grand magasin, c'est le temple de la dépense — promesse de jouissance, suspense du choix — et la consommation y est mise en scène comme la matérialisation même de la liberté : la réalisation d'un caprice, un gage de bien-être, un fragment de bonheur bien conditionné (« vous allez faire des heureux ! »), le comble du désir, l'argent transmuté en plaisir, bref le fantastique contraire de l'économie réelle qui gouverne la production marchande par ses coûts ras et cadences infernales. Quoique le personnel y soit aussi soumis à l'exploitation du travail (on voit comment une candidate à l'embauche « se vend » au chef du personnel), le grand magasin c'est l'envers de l'usine, dont Wiseman a montré la rationnelle crudité dans *Meat* (1974), tourné au centre d'abattage et de conditionnement de viande de Greeley (Colorado). S'il se veut l'envers du productivisme — qu'il justifie cependant par son abondance de marchandises — le grand magasin trouve un parallèle dans le zoo où les animaux sont conditionnés, non certes pour la viande ni pour la vente, mais pour la chalandise aussi. On peut établir un jeu de renvois et de correspondances — comme un droit de suite plutôt qu'une simple analogie — entre ces trois mouvements de la société de consommation : *Meat, The Store, Zoo,* de même qu'on peut voir *High School* (1968), *Law and Order* (1969) et *Juvenile Court* (1973) comme une trilogie du dressage civil.

Tourné en 1991 au parc zoologique de Miami (2800 pensionnaires !), *Zoo* figure une sorte d'*Ile du Docteur Moreau* revue Disneyland, où la Belle a dompté la Bête, pour le plus grand bonheur cruel des petits enfants et des grands singes que nous sommes. Dans un site calme et enchanteur, baigné de cris d'oiseaux et de bambins, visité par des familles processionnaires, surveillé par des gardiens efficaces et protecteurs, la grande prêtresse de ce paradis infernal, la vétérinaire-chirurgien chef, soigne ses pensionnaires au mieux de la science et de notre convenance, à nous les visiteurs (il y a du Sade là-dessous). Accouchement difficile de la rhino, dissection pour diagnostic de son fœtus mort-né, changement d'eau risqué du croco, anesthésie du gorille souffrant de carie, repas des fauves, élevage de lapins pour le boa et, « climax » chirurgical à haute tension symbolique : la castration du loup… loup pitoyable, la queue basse, tenu en laisse comme un toutou, sans même une muselière, tellement terrifié par l'entourage de ces petits chaperons verts (couleur des blouses des chirurgiennes). Et sur la table d'opération où la vétérinaire effectue l'ablation, sous la taille de son scalpel, ce n'est pas qu'une paire de testicules qui bascule mais tout un univers de mythes et contes qui se brouille et s'écroule au milieu des viscères écarquillées : la Belle opère la Bête esthétiquement, c'est *Les Yeux sans visage* à rebrousse-poil ; le loup stérilisé n'est plus loup-garou mais garroté, bête au bois dormant ; toutes les Fables de La Fontaine châtrées par une apprenti-sorcière de Disneyland… Cette violence clinique si rationnelle, qui prothèse la nature et rapièce les corps comme on reconstitue un steak (voir les films de David Cronenberg), nous aveugle parce qu'elle n'est pas aveugle justement mais trop clairvoyante, elle exige les feux de la rampe *(Model)*, des vitrines *(The Store)*, des labos *(Primate)*, des salles d'op *(Hospital, Near Death)*, des cages de *Zoo*, des abattoirs *(Meat)*, c'est la violence du normatif pas de l'excessif. Voilà qui situe *Zoo* pas si loin de Franju, rapprochement qui vaut aussi pour *Meat* relativement au *Sang des bêtes.*

Le hasard — qui, comme le diable, ne sourit qu'aux prédisposés — a voulu que Wiseman filme une scène imprévue, une scène de chasse qui opère un renversement final de situation et de l'institution : à l'extérieur du zoo pour la seule fois du film, voici les gentils gardiens des gentils animaux en grosse auto, équipés de fusils à pompe, qui s'en vont chasser le naturel revenu au galop, entendez les chiens sauvages qui s'attaquent la nuit aux biches et aux gazelles captives. Les animaux sauvages seront poursuivis et abattus pour le « bien-être » des bêtes esclaves, morale supplétive offerte par Disneyland à la fable *Le Loup et le chien* : *« Attaché ? dit le Loup : vous ne courez donc pas où vous voulez ? — Pas toujours, mais qu'importe. — Il importe si bien que de tous vos repas, je ne veux en aucune sorte. Et ne voudrais pas même à ce prix un trésor. Cela dit, maître Loup s'enfuit et court encor.* » Il ne savait pas, l'animal, qu'il serait un jour rattrapé par le zoo de Miami, ses chirurgiennes et ses chasseurs. La technique chasse l'instinct, c'est l'humaine destinée imposée par notre culture à mère nature, mais sans plus guère de piété filiale car l'économie libérale (accumulation sans prodigalité) est une emprise qui transforme tout en marchandise (voir le choix des manteaux de fourrure dans *The Store)* et ne rend rien ni aux désirs ni aux esprits animaux. Devenue réserve, la société anonyme semble avoir désappris l'offrande et le don comme gage de liberté. « *Si dans la nature incomprise, l'homme cherche des réponses à ses actions, elle lui parlera surtout de ses crimes.* » (Lucrèce, *De Natura rerum*). Fatale misanthropie de l'homme sage [2] ?

Jean Rouch : la fable du cinéma-vérité

> *« Le cinéma, art de l'instant et de l'instantané, est à mon avis l'art de la patience et l'art du temps. »*
>
> (Jean Rouch)

Même en cinéma direct, on ne voit donc jamais la réalité entière (mais forcément découpée et remontée), ni la vérité en face. Non que celle-ci soit hors d'atteinte humaine (dans

2. *Wise man* en anglais.

une transcendance toute platonique) mais simplement parce que nous devenons et qu'elle se poursuit toujours dans l'entre-deux des signes et de la signification, point de fuite, horizon du sens. Voir la vérité en face, c'est la clôture de cet horizon, sa coexistence définitive avec l'instant présent, c'est-à-dire la mort. « *Pour que quelque chose soit dite, il faut qu'elle ne soit jamais dite absolument. Le pouvoir expressif d'un signe tient à ce qu'il fait partie d'un système et coexiste avec d'autres signes, et non pas à ce qu'il aurait été institué de Dieu ou de la Nature pour désigner une signification.* » (Merleau-Ponty, *La prose du monde,* p. 52). Pourtant nous sommes sommés de croire à l'instance dogmatique (Dieu, Raison, Nature, Nation, Société) garante d'une Vérité absolue qui nous habille et nous habite. Ce sont ces processus de production normative et de reproduction sociale de la Vérité — *l'Empire de la Vérité* dont parle Pierre Legendre dans son « *Introduction aux espaces dogmatiques industriels* » (Fayard, 1983) — que Wiseman a mis au cœur de son analyse cinématographique des institutions d'Occident. L'objet de ses montages filmiques, ce sont bien les montages institutionnels du « Texte sans sujet » (Legendre) dont s'autorise la Société dont nous sommes les sujets.

Il est intéressant de mettre en regard du cinéma direct de Wiseman, qui touche au sociodrame « endotique », le cinéma-vérité de Jean Rouch, qui touche au rituel « exotique » et au psychodrame. Le premier vise notre Raison et les lieux où se domestiquent les civilisés ; le second la possession des « autres » et par l'Autre. Ce n'est pas un hasard si le vaste programme institutionnel de Wiseman a commencé par l'enfermement de la folie et le discours (de la Raison) sur la folie, comme l'œuvre de Michel Foucault. Pas un hasard non plus si l'œuvre plus éclectique de Jean Rouch commence par *Au pays des mages noirs* (1947), où coexistent, autour de la chasse à l'hippopotame au Niger, légende de l'animal mythique, possession par le génie de l'eau et rituel pratique de la chasse elle-même. L'ethnologue-griot fait du spectateur un initié, le juriste-ironiste un scrutateur. Moyennant quoi, il nous parait exact de parler de caméra observante pour Wiseman, et de caméra participante selon Rouch, tout en soulignant que s'applique aux films de l'un comme de l'autre l'expression « fictions du réel », car tous deux assument que toute communication (même fondée sur l'enregistrement audiovisuel) passe par les flexions fictionnelles du récit, et que cela ne précipite pas nécessairement dans le faux ou l'irréel. Ni l'un ni l'autre n'admet la naïve opposition « objective » entre réalité et fiction, et tous deux travaillent au contraire sur la tension, voire l'interpénétration, entre ces deux pôles mais de façon très différente. Wiseman travaille de l'extérieur les fictions juridiques et économiques qui nous identifient, nous enveloppent et nous agissent en Occident ; alors que c'est par l'interaction entre situation filmée et imaginaire subjectif et collectif que Rouch convoque les esprits du Sens qui et que portent les humains noirs et blancs. Et les « transe-ports » que Rouch opère de ses acteurs, de ses méthodes, des esprits entre là-bas et ici, font penser à cette phrase mémorable de Lévi-Strauss : « *Ce ne sont pas les ressemblances mais les différences qui se ressemblent.* »

Tradition orale

Pour Wiseman, la prise de vue à son direct saisit l'ordinaire des situations et l'ordonnancement des paroles tels qu'ils se déroulent habituellement hors caméra. C'est au montage que se pose, à travers la relation des paroles des acteurs sociaux, le problème de **structurer l'un par l'autre un discours de l'institution et un récit fictionnel (mais pas fictif)**. On comprend que le son direct synchrone, sans autre commentaire, soit absolument essentiel au dispositif wisemanien, alors qu'il ne l'est pas pour Jean Rouch, qui se fait volontiers récitant de ses films. Car, comme les sybilles ou les chamans (et les psychanalystes), Rouch croit que la fabulation dit des vérités, à condition qu'il s'agisse de la fabulation tirée des sujets eux-mêmes : d'où le dialogue en style indirect de *Jaguar* (1957-67) ou des *Maîtres fous,* récité par Rouch soi-même à la façon du coryphée antique ; d'où le commentaire de *Moi un Noir,* improvisé par le protagoniste lui-même sur le montage ; d'où les psychodrames « exotiques » improvisés en son direct avec les amis Lam et Damouré : *Petit à petit* (1970), *Cocorico Monsieur Poulet* (1974)… « *Travaillant avec des gens qui sont les champions de la tradition orale, il est impossible d'écrire des scénarios, il est impossible d'écrire des dialogues. Donc, je suis obligé de me soumettre à cette improvisation qui est l'art de la parole et l'art du geste. Il faut déclencher une série d'actions pour voir, tout d'un coup, émerger la vérité, de l'action inquiétante d'un personnage devenu inquiet.* » (Entretien avec Enrico Fulchignoni, in *Jean Rouch, une rétrospective,* p. 8, Ministère des Relations Extérieures/CNRS Audiovisuel, Paris, 1981)

Aux yeux du poète Rouch, parent par là du cinéaste Jean Cocteau, les fabulations authentiques (traditionnelles ou improvisées) sont toujours plus « réelles » qu'on ne sait quel commentaire « objectif » ou savant : « *Il serait d'ailleurs fort intéressant d'étudier le style des commentaires des films ethnographiques depuis les années 1930, comment ils sont passés du baroque colonial à l'exotisme aventureux, puis à la sécheresse d'un bilan scientifique et, tout récemment, soit à la distance honteuse d'anthropologues ne voulant pas avouer leur passion pour les gens qu'ils étudient, soit au discours idéologique où le cinéaste exporte chez l'autre la révolte qu'il n'a pas pu assumer chez lui.* » (Jean Rouch, in *Le Cinéma et la science*, p. 192, CNRS Éditions, 1994). Rouch sait de quoi il parle. Il a vendu son premier film *Au pays des mages noirs* (30 mn) aux Actualités Françaises de l'époque (1947), et l'a vu « enduit d'une musique-confiture façon *Sur un marché persan* », coupé et remonté (réduit à 10 mn, augmenté de stock-shots de guépard, antilopes, phacochère, crocos ; la cérémonie de possession placée en « climax » après et non avant la chasse), le tout travesti d'un commentaire style Tour cycliste de l'Afrique sans âge : « Ainsi dans les ténèbres de la préhistoire, les hommes des cavernes entonnaient-ils des chants de victoire pour célébrer les bonnes chasses en s'empifrant de viande crue » ! « *J'avais honte* », nous dit Rouch dans l'entretien filmé par Dominique Dubosc *(Jean Rouch, premier film 1947-91). « J'ai recommencé cinq ans plus tard, ça a donné* Bataille sur le grand fleuve (25 mn)… *filmé dans le souci de partager mon regard avec les gens regardés.* »

Ciné-transe

Ce partage du regard, il ne s'en départira plus. Pour Rouch, l'ethnologue comme le cinéaste participe des rituels qu'il filme, il inclut dans son film une réalité qui l'inclut et qui se joue (forcément mais ludiquement) avec lui et pour lui. Rouch aime à citer l'exemple de son court métrage sur *Tourou et Bitti, les tambours d'avant* (1971) : la possession se fait attendre, la nuit arrive, c'est le dernier chargeur, le dernier plan-séquence, les tambours cessent de battre mais le réalisateur continue de tourner, le violon reprend son solo, il a vu le génie, un premier participant entre en crise… « *En revoyant ce film, il m'est apparu que le tournage même du film avait déclenché et accéléré la possession. Et je ne serais pas surpris d'apprendre des prêtres de Smiri, quand je leur projetterais prochainement ce film, que c'est ma ciné-transe qui a joué, ce soir-là, le rôle de catalyseur essentiel.* » (in *Jean Rouch, une rétrospective*, p. 58).

C'est l'autre différence radicale d'avec Wiseman : Rouch croit à l'interaction du sujet filmant et des sujets filmés, il s'adonne à la magie opérante de la caméra sur les gens et les situations, et c'est pour cela qu'il tient à la tenir lui-même. À ses yeux, la caméra a le pouvoir de convoquer et d'influencer le réel — comme on invoque des esprits — un « *réel envisagé non comme réalité préexistante (reportage) ni préfabriquée (Hollywood) mais comme ce qui se produit au moment où on filme, et parce qu'on le filme.* » (Marc Chevrie, *Au vent de l'éventuel*, in *Jean Rouch, le renard pâle*, p. 119). **La fiction ou la fabulation éventuelle ne préexiste pas davantage au film, elle est le produit réel de la coexistence du filmage et du filmé, que ce soit dans la configuration même du tournage improvisé, dans la préfiguration d'un psychodrame déclencheur, ou dans la refiguration du film monté par l'orateur-narrateur** *(Jaguar, Moi un noir, La Pyramide humaine, Petit à petit, Cocorico Monsieur Poulet)*. En ce sens, il y a continuité entre les films ethnographiques et les fictions plus ou moins improvisées de Jean Rouch. « *Il ne s'agit plus de faire comme si la caméra n'était pas là, mais d'en transformer le rôle en affirmant sa présence, en faisant d'un obstacle technique un prétexte au dévoilement de choses nouvelles, surprenantes. De créer, par l'acte même de filmer, une conception tout à fait neuve de la notion d'événement filmique.(…) Ce que filme alors Rouch, et le premier, ce ne sont plus des conduites ou des rêves ou des discours subjectifs, mais le mixte indissociable qui relie l'un à l'autre. (…) Création collective, improvisation, spontanéité, complicité : sans doute sont-ce là les moyens privilégiés par lesquels Rouch, d'observateur de rites, a franchi la ligne par laquelle il devenait, à sa façon, créateur de rites.* » (Jean-André Fieschi, *Dérives de la fiction*, in *Cinéma, théorie, lectures*, Klincksieck, 1978, pp. 260-261).

À la lumière de cette analyse, on comprend comment, paradoxalement, l'affabulation inhérente au cinéma-vérité rouchien peut rejoindre la visée de l'analyse institutionnelle wisemanienne : « *Quand j'ai fait des films comme* Jaguar, *comme* Moi un Noir, *c'était pour montrer ce contact difficile entre une culture traditionnelle et une culture dite industrielle ; et je n'avais pas d'autre réponse que deux films de fiction à ce problème essentiel de l'Afrique aujourd'hui.* » *(Jean Rouch, une rétrospective*, p. 14). Et c'est aussi vrai pour *Les Maîtres fous*, où le même conflit de cultures se voit directement mis en scène par les Haoukas eux-mêmes, dans leur rituel de possession par les dieux de la force colonisateurs, cérémonial dont Rouch se fait l'interprète-récitant (cf. chap. 3). C'est que, pas plus pour Rouch que pour Wiseman — et malgré la différence des sujets (nous/eux), des contextes (Amérique/Afrique) et des styles (caméra participante/caméra observante) — il ne s'agit d'informer sur un événement économique, politique, vu d'en haut et suivant les catégories du reportage (c'est-à-dire de la Raison occidentale), mais de pénétrer et faire comprendre la vision des protagonistes, la logique de leurs conduites, les valeurs qui les habitent ; et ce par un **double jeu** de saisie par l'intérieur et de récit extérieur, ludique chez Rouch, ironique chez Wiseman. Car il ne s'agit pas non plus de résorber cathartiquement l'altérité par une identification réaliste et factice du spectateur aux acteurs, mais de nous **faire éprouver ce qu'il y a d'Autre (institution ou possession) dans notre Je**. Suivant ce que dit Legendre : « *L'homme porte en lui le miroir. Il le sait, non sur le mode de l'objectivation scientifique, mais sur le mode de la rencontre des images précisément, autant dire de l'aliénation et du déchirement. Nous ne vivons que par rapport à cette coupure et dans la proximité de la folie : la recherche de l'autre en nous. L'image est l'instance dont dépend, pour chaque individu vivant, son allégeance à la Raison, c'est-à-dire son entrée dans les montages de l'identité.* » *(Dieu au miroir*, Fayard 1994, p. 9).

Anthropologie partagée

Si Pierre Legendre — qui promet, dit-on, un livre prochain sur le cinéma (objet d'une parenthèse dans *Dieu au miroir)* — trouve dans les films de Wiseman un répondant documentaire à ses études sur « l'institution des images » et « les espaces dogmatiques industriels », c'est peut-être dans « l'ethnopsychanalyse complémentariste » de George Devereux et ses profondes remarques sur l'interaction entre observateur et observé, que l'on peut trouver une méthodologie en rapport avec l'approche de Rouch. « *Il nous faut abandonner l'idée, au moins dans son sens naïf, que l'opération fondamentale en science du comportement est l'observation d'un sujet par un observateur. Nous devrons lui substituer l'idée que l'opération fondamentale est l'analyse de l'interaction entre les deux, dans une situation où chacun des deux est simultanément observateur pour soi-même et sujet pour l'autre.* » (G. Devereux, *De l'angoisse à la méthode*, Aubier, Paris 1980, p. 375). Critique qu'il convient de rapprocher de la conclusion de Rouch à son entretien avec Enricho Fulchignoni : « *Sur le terrain, le simple observateur se modifie, il n'est plus, quand il travaille, celui qui saluait les anciens à l'orée du village. Pour reprendre la terminologie vertovienne, il "ciné-ethno-regarde", il "ciné-ethno-observe", il "ciné-ethno-pense". Ceux qu'il a en face de lui se modifient partiellement dès qu'ils ont donné leur confiance à cet étrange visiteur habituel, ils "ethno-montrent", ils "ethno-parlent" à la limite, ils "ethno-pensent" à la limite encore, ils font des "ethno-rituels"... C'est ce "ciné-dialogue" qui me parait l'un des biais intéressant de la démarche ethnographique aujourd'hui : la connaissance n'est plus un secret volé, dévoré ensuite dans les temples occidentaux de la connaissance, elle est le résultat d'une quête sans fin où ethnographiés et ethnographes s'engagent sur un chemin que certains d'entre nous appellent déjà* l'anthropologie partagée ». *(Jean Rouch, une rétrospective*, p. 29). Il n'est pas question pour autant de tomber dans l'œcuménisme béat, de prendre les vessies pour des lanternes, l'échange de vue pour une égalité actuelle : nous savons tous l'échange inégal, le sens unique de la domination et le sens inverse des flux migratoires. *Les Statues meurent aussi* (1953), de Resnais et Marker, pointait cette dépossession *(« colonisateurs du monde, nous voulons que tout nous parle, quand ces statues restent muettes »).* Rouch, lui, veut donner la parole aux possédés (au sens sorcier et économique), ou leur prêter sa voix, être leur intercesseur. Et il faut reconnaître que sa « ciné-transe » marche mieux quand elle invoque là-bas ces voix en retour, que quand elle en transporte les personnages chez nous (comme dans *Petit à petit).* Le jeu semble alors devenir plus forcé, plus artificiel, comme si la façon de jouer des esprits autochtones semblait ne pouvoir s'exporter : comme si le jeu de rôles marchait bien quand un blanc, jouant les noirs (son titre *Moi un Noir* le dit), filme des noirs jouant aux noirs chez eux, mais moins bien quand ce blanc filme, chez lui, des noirs jouant aux blancs *(Petit à petit)* ou même au noir (Landry à Paris et Saint-Trop' dans *Chronique d'un été).* De fait, le véritable symétrique inverse, ce serait un cinéaste africain, jouant les Parisiens, filmant des Parisiens jouant aux Parisiens. C'est un peu ce que va faire le demi-africain Rouch en tournant *Chronique d'un été.*

Quoiqu'il en soit, l'important, dans les comédies « noires » de Jean Rouch comme dans ses films de possession, c'est que, sans rien ignorer de leurs traditions, il fait de ses amis du Niger non pas un sujet d'observation exotique mais les sujets de leur propre histoire jouant avec lui une histoire au présent, celle du film en cours. Le décalage vers la fiction, à l'œuvre dans ces « cinéfables-vérité » (fiction improvisée pour le film ou fiction inhérente au théâtre de la possession), permet à Rouch d'éviter deux écueils : celui de la muséographie « primitive » et celui de la reconstitution naturaliste façon Flaherty.

Pour Rouch, comme pour Devereux, la vérité se trouve non dans l'observation univoque et ses prises de vues « objectives » mais dans l'interaction consciente et ses surprises. D'où cette notation de Jean-André Fieschi sur la particularité esthétique du filmage rouchien : « *Les mouvements de l'appareil, la durée des prises, les variations de la lumière, le grain de la pellicule, tous les accidents techniques par lesquels la matière résiste, et qui la filtrent, la transposent, généralement évacués dans les films « scientifiques » par le discours qui les prend en charge, et les informations qu'il transmet, pour la première fois dans le cinéma de Rouch viennent au devant de la scène, à égalité, pourrait-on presque dire, de la représentation elle-même.* » (*Dérives de la fiction*, p. 256). Voilà qui nous fait mieux saisir formellement tout ce qui oppose le vivant « amateurisme » (parfois agaçant) de Rouch, au perfectionnisme sculptural (et pétrifié) d'une Leni Riefenstahl, qui ne parvient pas à monter son film sur les Nubas du Soudan (voir *Leni Riefenstahl, le pouvoir des images*, de Ray Muller), parce que les prises de vues ne se hissent pas à « l'artistique », c'est-à-dire au sublime surhumain tel qu'elle l'accomplit dans ses poses photographiques sur lesdits Nubas comme dans ses mises en scène « aryennes » des *Dieux du stade* et du *Triomphe de la Volonté* (cf. chap. 4).

Ce que filme Rouch, c'est le passage d'un état à un autre de ses personnages, à travers leurs fabulations et le franchissement de frontières territoriales (voyage initiatique) ou imaginaires (possession). Même dans sa *Chronique d'un été* parisien, on retrouvera ces deux figures : le voyage collectif à Saint-Trop', la traversée des Halles par Marceline « possédée » par ses fantômes de la déportation. Mais, comme le constate Gilles Deleuze, « *ce que nous disons du personnage vaut en second lieu, et éminemment, pour le cinéaste lui-même. Lui aussi devient un autre, pour autant qu'il prend des personnages réels comme intercesseurs et remplace ses fictions par leurs propres fabulations, mais inversement, donne à ces fabulations la figure de légendes, en opère la mise en légende. (...) Ce qui doit être filmé, c'est la frontière, à condition qu'elle ne soit pas moins franchie par le cinéaste dans un sens que par le personnage réel dans l'autre sens.* » (*L'Image-temps*, pp. 198 et 200). John Cassavetes ne va-t-il pas souligner l'urgence, non seulement éthique mais esthétique, de s'intéresser davantage aux gens, aux problèmes humains qu'aux questions de mise en scène (cf. infra), « *pour que les gens ne passent pas du côté de la caméra sans que la caméra ne soit passée du côté des gens* ».

Chronique d'un été : la vérité à la question

Chronique d'un été (1961) est non seulement l'application de la méthode d'improvisation de Rouch à sa propre tribu, les Parisiens, mais aussi une mise en jeu et en question du « cinéma-vérité », explicitement revendiqué pour la première fois à l'occasion de ce tournage en cinéma direct, dont le « spécialiste » Michel Brault assure la « pédovision ». Comme Diogène avec sa lanterne, Jean Rouch et Edgar Morin, avec leur caméra à son synchrone, cherchent l'homme. « *Ce film est une recherche. Le milieu de cette recherche est Paris. Ce n'est pas un film romanesque. Cette recherche concerne la vie réelle. Ce n'est pas un film documentaire. Cette recherche ne vise pas à décrire ; c'est une expérience vécue par ses auteurs et ses acteurs. Ce n'est pas un film sociologique à proprement parler. Le film sociologique recherche la société. C'est un film ethnologique au sens fort du terme*[3] *: il cherche l'homme. C'est une expérience d'interrogation cinématographique : Comment vis-tu ?* » Cette *Chronique d'un film* écrite par Edgar Morin et publiée à la sortie du film (Domaine cinéma 1, Interspectacles-Lherminier, Paris, hiver 61-62) n'est pas sans rappeler le manifeste du « Kino-pravda » vertovien affiché au début de *L'Homme à la caméra*. Comme Vertov, ici on n'envisage pas seulement un film nouveau mais un autre usage de la cinématographie. « *Il ne s'agira ni de scènes jouées, ni d'interviews mais d'une sorte de psychodrame mené collectivement entre les auteurs et les personnages*, poursuit Morin. *Au terme de notre recherche, nous réunissons nos personnages dont la plupart ne se connaissent pas encore ou ont fait connaissance partiellement ou fortuitement. Nous leur présentons en commun ce qui a déjà été tourné,*

3. Peut-être aujourd'hui dirait-on plutôt « anthropologique », au sens de François Laplantine : « *L'anthropologie est une pensée de la relation et de la traduction, et non de la séparation de l'intérieur et de l'extérieur, du dedans et du dehors.* » (*Je, nous, les autres*, Le Pommier-Fayard, 1999, p. 21).

et nous tentons l'ultime psychodrame, l'ultime expérience : est-ce que chacun a appris quelque chose de soi-même ? Quelque chose des autres ? Est-ce que nous nous serons rapprochés les uns des autres ou n'y aura-t-il que gêne, ironie, scepticisme ? Est-ce qu'on a pu parler de soi-même, est-ce qu'on peut parler aux autres ? Nos visages sont-ils restés des masques ? Mais, réussite ou échec de la communication dans cette confrontation finale, la réussite se suffit et l'échec lui-même est une réponse provisoire, puisqu'elle montre la difficulté de communiquer, et en quelque sorte nous éclaire sur la vérité que nous cherchions. » (*idem* p. 9).

Chronique d'un été, c'est une interrogation du cinéma par le cinéma : peut-on, grâce à la caméra mobile et au son direct, saisir quelque chose des relations humaines sur le vif ou d'une réflexion subjective en train de se faire et de s'échanger ? Raté ou réussi, le film y répond expérimentalement en se tournant, comme on prouve le mouvement en marchant. Le terme « actualité » se trouve ainsi détourné et rapporté à une dimension inter-subjective : il ne s'agit pas de relater des événements extérieurs « arrivés » mais de capter l'actualité du vécu des protagonistes et son actualisation par la parole dans la relation filmée. « *C'est un film où il n'y a pas de bagarres, pas de coups de revolver, même pas de baisers. L'acte finalement, c'est la parole* », dit Jean Rouch. Et Morin d'ajouter (*idem*, p. 29) : « *Il s'agit de faire un « cinéma-vérité » qui surmonte l'opposition fondamentale entre le cinéma romanesque et le cinéma documentaire* », celui-ci traitant usuellement du monde extérieur, celui-là de l'intime. Même si le film a pu paraître à certains critiques anecdotique, nombriliste ou faux, la question nouvelle et dérangeante qu'il soulève par son dispositif même n'est pas mince : le cinéma direct peut-il provoquer une remise en cause et en jeu des limites convenues, socialement et esthétiquement, entre subjectif et objectif ? C'est le processus volontaire de cette remise en jeu, cette tentative de traversée, que Morin et Rouch baptisent « cinéma-vérité », et non quelque prétention à révéler une vérité cachée, définie, définitive, « objective » pour tout dire.

Dans ce type de processus, pour prolonger la remarque de Morin, « le faux est un moment du vrai ». À condition bien sûr qu'il n'y ait pas manœuvre frauduleuse, c'est-à-dire qu'il y ait d'une part « anthropologie partagée » entre filmeurs et filmés, d'autre part réflexion explicite sur la règle et les effets de ce jeu de la vérité entre les protagonistes et aux yeux du spectateur (à l'opposé des dispositifs exhibitionnistes qu'offriront *reality-shows* et autres confessions sur un plateau où le vrai est un moment du faux). C'est pourquoi il était nécessaire que Rouch et Morin ne se contentent pas du rôle d'interviewers mais jouent eux-mêmes dans le film, et que le film inclue aussi des discussions sur le film, à commencer par l'énoncé de son dispositif au départ : « *Tu vois Morin*, dit Rouch, *l'idée de réunir des gens autour d'une table est une excellente idée. Seulement je ne sais pas si nous arriverons à enregistrer une conversation aussi normale qu'elle serait s'il n'y avait pas de caméra. (...) Bon alors, Marceline, ce que nous vous demandons avec une grande ruse, Morin et moi, c'est simplement de parler, de répondre à nos questions. Et si vous dites des choses qui ne vous plaisent pas, il est toujours temps de couper...* ». Le film tient ainsi la chronique de son propre tournage, des rencontres, des situations, des paroles, des échanges qu'il provoque. Et les protagonistes (et le film lui-même) sont amenés à changer de rôle en cours de route :

- les réalisateurs deviennent acteurs ;
- Marceline et Nadine, d'interviewés se font intervieweuses pour un micro-trottoir : « *Monsieur, madame, êtes vous heureux ?* » (on retrouvera la même question posée dans les rues du *Joli mai* de Chris Marker, 1962) ;
- Marceline, par la suite, s'auto-enregistre seule dans sa traversée de l'espace de la Concorde et des Halles, qui devient traversée temporelle d'un douloureux souvenir de déportation (Marceline porte le magnétophone dans un cabas, Brault a fixé la caméra à l'arrière d'une 2 Chevaux lancée qui s'éloigne de la narratrice) ;
- Marilou très malheureuse dans un premier entretien apparaît trop heureuse et encore plus angoissée de ce bonheur éphémère dans un second ;
- M. et Mme Gabillon, le couple désargenté dont on ne saura justement quels métiers ils font, apprécient différemment le rapport travail forcé/loisir, temps perdu/réalisation de soi ;
- Angelo, ouvrier chez Renault, explique au jeune ivoirien Landry que la condition ouvrière est avilissante... très loin donc des représentations syndicales ;
- puis Angelo, devant les brimades qu'on lui impose, menace de larguer son boulot pour de bon ;
- l'enquête « anthropologique » s'inverse (« *Landry devient l'explorateur noir de la France en vacances* »), le film tourne au « reflet de Cannes » avec la starlette

sosie de Bardot à Saint-Tropez, puis vire au film de vacances familial ;

- enfin tous les « acteurs » deviennent critiques de leurs rôles et du film qui leur est projeté ;
- et les deux réalisateurs s'interrogent eux-mêmes, pour finir, sur le sens de cette expérience.

En posant à ces quelques personnes choisies, la question « comment vis-tu ? es-tu heureux ? », *Chronique d'un été* dépasse largement les cadres fixes de la représentation aussi bien sociologique (catégories socio-professionnelles) que militante (classes) qui réduisent les gens à leurs fonction et stéréotypes sociaux. Le cinéma-vérité ici pratiqué ne prétend pas du tout montrer un « échantillon représentatif » mais susciter des rencontres révélatrices et productives. La parole y étant plus subjective mais aussi plus traversière, non pas propagande mais relation du moi au monde, le film conserve une actualité et une fraîcheur que les actualités, elles, ont perdu. D'autant que *Chronique d'un été* préfigure étonnamment cette liberté de parole qui marquera mai 68.

« Ou bien on reproche à nos personnages de ne pas être assez vrais, ou bien on leur reproche d'être trop vrais », conclut de façon pénétrante Edgar Morin, dans l'auto-critique finale avec Rouch. *« Ca veut dire quoi ? Ca veut dire que nous interrogeons une vérité qui n'est pas la vérité des rapports quotidiens. Nous sommes allés un peu plus avant. Les gens, dès qu'ils sont un peu plus sincères que dans la vie, on leur dit : ou bien vous êtes des comédiens, ou bien vous êtes des exhibitionnistes. »* Quoique le mot « sincères » paraisse peu pertinent, la vérité paradoxale de ce « cinéma-vérité », c'est que les gens ne se comportent pas devant ou avec la caméra comme à l'ordinaire — ils en font plus ou moins, ou autre chose — mais cela ne veut pas dire que c'est plus ou moins vrai que leur rôle habituel dans la vie ordinaire (qui est, aussi, pleine de faussetés). Ils réagissent à l'influence (au sortilège) de la caméra, comme à un catalyseur ou un fabulateur, un miroir grossissant ou déformant, de la même façon que l'on peut réagir dans la vie à une nouvelle rencontre, à cette différence près que la caméra n'est pas seulement le regard momentané d'un autre mais la puissance de rétention d'un troisième œil anonyme, l'œil du projecteur et du public futurs (y inclus le protagoniste soi-même). C'est pourquoi la caméra, maniée de cette façon psychodramatique, accuse l'écart (plus ou moins créatif) entre la personne filmée et l'image de soi qu'elle projette, entre sa présentation (en soi) et sa représentation (pour soi, pour nous). Cette extrospection (inverse d'introspection) suscite un excès d'artifice (résistance ou justification) ou de vérité (transfert ou hystérie) : le personnage qui s'expose le plus dans le film, Marilou, ne dit-il pas que *« finalement pour avoir une petite étincelle de vérité, il faut que le personnage soit en général seul et au bord d'une crise de nerfs »*. Mais est-ce excès d'artifice ou de vérité, *« on ne peut pas le savoir »*, répond finement Rouch à Morin, les protagonises eux-mêmes ne le savent pas. « Je est un autre » et nous sommes tous des menteurs ou plutôt des comédiens, car il n'y a pas de vérité derrière ni dernière, il n'y a pas d'identité stable véritable autre que ce tissu de rôles et de relations variables que nous entretenons à notre corps défendant ou consentant[4].

Chronique d'un été est bien un exercice pratique d'anthropologie partagée entre filmeurs/filmés/spectateurs, dont la leçon s'avère évidemment irritante pour les tenants de la vérité comme essence et non comme devenir, comme révélation et non comme action (cf. la critique des notions d'« identité » et de « représentation », par l'anthropologue François Laplantine, *Je, nous, les autres*, Pommier-Fayard 1999). La question de la « vérité », de la « sincérité » reste indécidable, parce que ces notions ont une valeur non pas absolue mais contextuelle, et Morin a raison de souligner que l'important est au-delà, l'important c'est : a-t-on appris, à travers le procès du film, quelque chose de soi, des autres, les uns par les autres ? Et ce « on » vaut non seulement pour les protagonistes mais pour les spectateurs. Pour réussir honnêtement une telle expérience limite (*« ce que nous demandons avec une grande ruse »* dit Rouch à sa première « victime » Marceline, sachant que ruse avouée est à moitié pardonnée), il faut être vraiment naïf et en même temps très clairvoyant, à la façon d'un apprenti-sorcier initié aux jeux de masques et de possession (connaissance initiatique que partagent les ethnologues et les metteurs en scène doués).

4. Robert Altman mettra en scène cette confusion des sentiments et des rôles entre *show-bizz*, vie privée et vie publique, à travers les 24 personnages principaux de sa grande fresque *Nashville* (1975). Sur ce tournage largement improvisé, où les acteurs rédigeaient leurs propres dialogues, plus personne des comédiens ou du public ne savait où s'arrêtait la scène filmée, où commençait la réalité.

John Cassavetes : une caméra sous influence

*« Dire la vérité comme on la voit, ce n'est pas nécessairement la vérité. Pour moi, dire la vérité comme la verrait quelqu'un d'autre est beaucoup plus important, enrichissant. C'est pourquoi je trouve géniaux certains documentaires... * On the Bowery *de Lionel Rogosin par exemple. »*

(John Cassavetes)

Shadows

Du cinéma-vérité à la Rouch, on peut rapprocher, côté fiction, les fantômes, les ombres, *Shadows,* improvisées par John Cassavetes et ses élèves en 1959, sur une simple idée, voisine de celle de *La Pyramide humaine* (1958) de Rouch : *« C'est l'histoire d'une Noire qui se fait passer pour une Blanche et perd son petit ami blanc quand il rencontre le frère de la fille, qui est noir. » (John Cassavetes, autoportraits,* éd. Cahiers du cinéma, 1992, p. 14). Évidemment, comme chez Rouch, l'intérêt de *Shadows* n'est pas dans le scénario mais dans les personnages, les rencontres, l'évolution des situations improvisées à partir des personnages, la traversée des frontières (réel/fiction, Noir/Blanc, acteur/non-acteur) : « Shadows *a été un accident créatif... on ne savait par quoi commencer et on a été forcé d'improviser. Si on avait eu un scénariste, on aurait suivi un scénario. J'avais inventé ou conçu les personnages de* Shadows *mais pas le synopsis. On improvisait sur une histoire que j'avais vaguement dans la tête. C'était mon secret. »*

Quoique *Shadows* expérimente avec des élèves acteurs new-yorkais, et *La Pyramide humaine* avec des étudiants non-acteurs (du lycée d'Abidjan), il s'agit pour les uns comme pour les autres, à travers le psychodrame plus ou moins dirigé, plus ou moins improvisé, de laisser ou faire transparaître quelque chose de leurs sentiments et de leur vécu des relations Noirs/Blancs. « *Dès le départ, j'ai eu pour souci principal les problèmes que de vrais individus ont à affronter, plus que la structure dramatique ou la soumission des personnages au récit. (...)* Shadows *a commencé comme une improvisation sur laquelle mon cours d'art dramatique travaillait. J'ai rêvé de créer des personnages proches des gens qui suivaient le cours, mais ensuite je n'ai pas cessé de changer les situations et l'âge des personnages, jusqu'à ce qu'on arrive tous à fonctionner comme ces personnages à n'importe quel moment. » (John Cassavetes,* idem pp. 14 et 15).

La façon dont Cassavetes relate lui-même ce *work in progress* n'est pas non plus sans évoquer *Chronique d'un été : « Chaque scène de* Shadows *est d'une grande simplicité : c'était une situation où les gens étaient confrontés à des problèmes qui, à leur tour, s'évanouissaient devant d'autres problèmes. À la fin de la scène, un autre problème surgissait et dépassait le précédent en gravité. Ça faisait avancer l'histoire, et une structure simple s'est peu à peu mise en place... Le sujet du film, c'est qu'il n'est pas de problème qui ne puisse être dépassé et remplacé par un autre. »* Cette aporétique leçon s'inscrit bien, elle aussi, dans le droit fil du relativisme de Rouch et Morin quant à « ce qu'on a appris à travers l'expérience du film ». Si Rouch et Morin incluent dans le film leurs réflexions douces-amères sur « la vérité » du cinéma-vérité et les limites de l'expérience, Cassavetes tire les leçons de la sienne à la première projection et se voit obligé... de recommencer : *« Quand on a eu terminé la première version du film, on a organisé deux séances de nuit : ça a été un four complet. Il n'y a eu qu'un type dans la salle pour aimer le film, et ce n'était même pas moi, c'était mon père, qui l'avait trouvé « pur ». Il n'a même pas dit bon, mais pur... C'était bourré de virtuosités techniques, d'angles impossibles, avec un montage ultra-sophistiqué et beaucoup de jazz en musique de fond. C'était un film complètement intello, ce qui veut dire moins qu'humain. J'étais tombé amoureux de la caméra, de la technique, des beaux cadrages, de l'expérimentation pour le plaisir. (...) La seule chose qui m'est resté en mémoire, après avoir laissé de côté cette première version quelques semaines, c'était que, de temps en temps, les acteurs avaient réussi à déjouer mes tours... Ils arrivaient à peine à survivre en raison de la technique... Quand je m'en suis rendu compte, j'ai voulu réparer tout ça. Et j'en ai conclu que, si je pouvais obtenir une dizaine de jours de tournage supplémentaires, je serais capable de remettre en forme ce que j'avais en tête à l'origine... La grande différence entre* Shadows *et les autres films, c'est que* Shadows *émane des personnages alors que dans les autres films, ce sont les personnages qui émanent du scénario. »* (p. 15).

Ce qui rapproche un film comme *Shadows* ou comme *Faces* (1968) du « ciné-transe » rouchien, c'est effectivement cette émanation du film à partir des personnages (qu'avait inaugurée Rossellini) mais c'est aussi le questionnement auquel le film engage tant les protagonistes (acteurs ou non) que les spectateurs. Cassavetes ne vise pas la catharsis spectaculaire mais le questionnement vital, par quoi il rejont effectivement le cinéma-vérité : « *Dans mes films,* dit Cassavetes, *on enlève aux personnages certaines illusions. On brise leurs défenses, on les amène à un certain degré de révélation. Ils parviennent à une certaine conscience d'eux-mêmes. Une sorte de révélation, même infime. Je ne dirais pas que mes films sont du divertissement. Ce serait plutôt des questions qu'on poserait tout le temps au public : Vous ressentez quoi ? Qu'est-ce que vous savez au juste ? Etes-vous conscient de ça ? Pouvez-vous assumer ça ? (…) Le cinéma est une enquête sur notre vie, sur ce que nous sommes, sur les responsabilités que nous avons — si nous en avons. Sur ce que nous recherchons : quels sont les problèmes que vous avez que je pourrais avoir aussi ? Je me servirais de n'importe quoi pour résoudre un problème — j'irais même jusqu'à lui consacrer un film.* » (p. 19).

Détour par *L'État des choses*

Cette question de « l'émanation » du film non à partir du scénario mais à partir des personnages — question qui hante tout le cinéma moderne depuis Rossellini — Wim Wenders la reprendra explicitement dans *L'État des choses* (1982). Ce titre se situe dans le contexte d'un affrontement avec la machine hollywoodienne. Wenders tourne ce film impromptu alors qu'est suspendu le tournage de *Hammett,* produit par Francis Ford Coppola, où tout devenait si lourd, si contrôlé et si prévisible : « *J'ai toujours vu mes films comme la recherche de quelque chose qui pourrait arriver. Pas au sens de l'improvisation mais quelque chose que l'on trouve en cours de route, soit par les acteurs, soit dans le paysage, n'importe quoi. Et là,* (pour Hammett) *dans cette situation où je pouvais tout contrôler, ça me manquait terriblement. On gagne le contrôle mais on perd ce qui me paraît le plus important au cinéma :* ***le droit des choses à se faire remarquer.*** » (Wim Wenders, in *Made in USA 2, Cahiers du Cinéma*, juin 1982, p. 15).

C'est pour reprendre la main et retrouver ce « *droit des choses à se faire remarquer* », que Wenders part tourner *L'État des choses* au Portugal, avec une équipe réduite, récupérée en partie sur un tournage de Raoul Ruiz. Le thème même du film met en scène la question du cinéma comme histoire préfabriquée ou au contraire droit des choses et des gens à se faire remarquer. À la fin de *L'État des choses,* le réalisateur allemand d'un film de science-fiction série B (intitulé significativement *Les Survivants)* se retrouve à Los Angeles, avec son producteur américain, menacés de mort par des financiers maffieux, parce qu'ils ont entrepris un film en noir et blanc et sans véritable histoire. Avant d'être flingué sur un parking, l'artiste déplore qu'à force de raconter des histoires et encore des histoires, la vie déserte, et il se demande s'il ne serait pas possible de « *construire un film comme une maison, comme l'espace habitable entre les murs d'une maison, simplement sur l'espace entre les personnages* ». L'ironie de l'histoire a voulu que, depuis, Wenders n'ait guère réussi à élaborer cet espace vivant (si ce n'est dans les jeux de voix intérieures et d'anges gardiens au début des *Ailes du désir,* 1987) et qu'il se soit plutôt enferré dans des scénarios empesés et des productions béton. Mais il n'a pas dit son dernier mot, et il a déjà montré qu'il sait se ressourcer au documentaire.

Love Streams

De *Shadows,* c'est la deuxième version rejouée et remaniée que l'on peut voir aujourd'hui. La parenté de style avec le cinéma direct reste troublante. Mais peut-on parler de « cinéma-vérité » ? Non, dans la mesure où il s'agit d'acteurs jouant des personnages. Oui, dans la mesure où le film documente de jeunes acteurs jouant des personnages très proches d'eux-mêmes, dans la mesure où le masque leur colle à la peau. « *J'ai rêvé de créer des personnages proches des gens qui suivaient le cours,* dit Cassavetes, *jusqu'à ce qu'on arrive tous à fonctionner comme ces personnages à n'importe quel moment.* » Et que dire de *La Pyramide humaine ?* L'inverse : oui, c'est du « cinéma-vérité » dans la mesure où ce ne sont pas des acteurs mais de « vrais » étudiants noirs et blancs. Non, dans la mesure où ils ne sont pas eux-mêmes mais jouent une histoire. Mais que nous apprend cette histoire, pour reprendre la question d'Edgar Morin ? Car ce n'est pas l'histoire qui compte ici mais l'investissement psychologique, affectif, social qu'y font les non-acteurs, la façon dont ils la voient, l'histoire, la tournent et en modifient le cours. Mais n'est-ce pas la même chose pour les jeunes acteurs de *Shadows ?*

Quant à *Chronique d'un été,* ça reste le modèle canonique du cinéma-vérité : les gens y sont eux-mêmes, ni personnages, ni scénario, ni acteurs. Ce serait donc ces trois « ni » conjugués qui nous garantiraient une vérité purement documentaire ? Mais la sélection des intervenants, l'auto-mise en scène de Marceline dans les Halles, l'arrivée de Landry ami africain de Rouch, sa rencontre provoquée avec Angelo l'ouvrier, le *trip* à Saint-Trop'… tout ça, n'est-ce pas une manière de scénario ? Certes ce ne sont pas des comédiens de profession, leurs dialogues ne sont pas écrits, chacun est soi-même, avec ses interrogations et ses avis (y compris les réalisateurs), mais on a vu les questions d'identité et d'authenticité que soulevaient ces « soi-même » à partir du moment où ils apparaissent dans un film. On aura beau dire « protagonistes » plutôt qu'« acteurs », dans la mesure où ils se savent filmés, **ils jouent sinon un film, du moins dans un film**. On n'en sort pas.

Mais n'est-ce pas justement la force ou du moins la tentative de ce « cinéma-vérité » que de jouer, par son dispositif même, sur et de l'interférence entre le réel et le film (en cours), et de la modification de l'un par l'autre. Exercice vain, faux, nombriliste ? Certes, pour le spectateur qui ne veut pas jouer le jeu : car la seule façon de savoir jusqu'où va le vrai, c'est de tenter l'aventure comme et avec les protagonistes (aventure impliquant beaucoup plus de virtualité que les jeux de rôles des internautes branchés), de voir en quoi le film modifie mon sentiment de la réalité et de la vérité. Au « cinéma-vérité », comme dans les manœuvres de possession ou d'amour (voir Marivaux ou les *Love Streams* de Cassavetes dans le film du même nom, dans *Faces,* dans *Une femme sous influence),* la simulation provoque la réalité. « *Faites semblant de croire, et bientôt vous croirez* » disait Pascal, et Jean Cocteau : « *Il n'y a pas d'amour, il n'y a que des preuves d'amour* ». Et quand ça prend (n'est-ce pas ça l'émotion partagée ?), la simulation produit une révélation, non sous forme d'une vérité objective mais comme connaissance, pour les participants, d'avoir franchi une limite, c'est-à-dire repousser celle du réel et créer du nouveau possible (du « jeu » justement). Mais la confusion des sentiments est telle qu'on ne sait jamais, par après, si ce transport était illusoire ou « authentique ». C'est la torture (sans fin et délectable) de l'amour : douter de ce qu'on éprouve, de l'autre et de soi. Pour savoir, force est de poursuivre, de continuer d'éprouver... jusqu'à la prochaine possession, jusqu'au doute suivant, jusqu' à l'usure ou la rupture. Le jeu des sentiments est toujours trompeur, mais trompeur comme la vie. C'est pourquoi, comme le déplorait Nietzsche, beaucoup préfèrent la sécurité des vérités reçues au risque des illusions décidées, la preuve communément admise à l'épreuve singulière des sens et du sens.

De face ou de profil

Le cinéma-vérité de Rouch pratique la forme transitive. Pas question de témoignages qui donneraient à la parole une fonction différée, une tournure indirecte. Il s'agit d'une expérimentation en cours, une « ciné-ethno-parole » en acte, une parole-action. Idem chez Wiseman. Dans l'un et l'autre cas, c'est un cinéma qui nous parle et nous regarde, mais directement chez Rouch (qui « conte » sur notre présence), par ricochet chez Wiseman (où les protagonistes parlent pour eux mais leur montage compte avec nous). D'où le fait que Wiseman évite ou coupe les regards à la caméra, alors que pour Rouch ils font partie du jeu. « Tu vois », c'est la formule magique rouchienne. « Regardez », c'est la tournure politique wisemanienne. Rouch filme de face (au sens métaphorique s'entend), utilisant comme personnes le *Je* (du narrateur), le *Tu* (du personnage) et le *Ça* (des Esprits). Wiseman tourne plutôt de profil, déclinant le *Il(s)* (dit-disent ça), le *Vous* (des discours institués) et le *On* (de l'Autorité). Pour Rouch, le *film-maker* opère d'emblée sur le terrain une triangulation de toutes les relations filmées ; pour Wiseman la caméra observe de l'extérieur les relations entre protagonistes et c'est le montage qui va restituer la troisième dimension en même temps spectatorielle et institutionnelle. En termes de phénoménologie (hégélienne), on dirait que le « pour nous » assiste déjà au tournage selon Rouch *(« l'œil dans le viseur, je suis mon premier spectateur... et je peux réaliser en tourné-monté »),* alors que chez Wiseman il n'advient qu'au montage.

Quoiqu'il en soit, à travers leurs dispositifs et intercesseurs respectifs — personnages et rituels pour l'un, rôles sociaux et institutions pour l'autre — les deux cinéastes visent à atteindre (indirectement) ou attenter (directement) au *Nous* (des spectateurs). Un *Nous* qui n'est plus, dès lors, celui de l'identité (réassurée, rassurante) mais celui d'une altérité inquiète, un *Nous* en quête. Voilà qui éclaire peut-être la formule initiatique de Jean Rouch : « *Il faut déclencher une série d'actions pour voir, tout d'un coup, émerger la vérité, de l'action inquiétante d'un personnage devenu inquiet.* »

TROISIÈME PARTIE

LE FILM COMME PREUVE OU ÉPREUVE ?

« Tant que tu n'atteindras pas la vérité, tu ne pourras la corriger. Toutefois, si tu ne peux la corriger, tu ne l'atteindras pas. En attendant, ne te résigne pas. »

(José Saramago,
Histoire du siège de Lisbonne)

10

Cinéma-vérité et télé-réalité

L'influence du cinéma-vérité et du cinéma direct a été considérable, tant sur la télévision que sur le film de fiction, car il ne s'agit pas seulement d'un nouveau genre, mais d'une autre manière de filmer et de faire du cinéma. Il y a d'abord la fameuse caméra portée qui permet de suivre le mouvement au lieu de le contraindre, de le prédisposer, et qui donne donc le sentiment de découvrir une expression, un geste au moment où il se fait. Il y a l'importance donnée à la parole non plus comme texte mais comme acte et entr'actes : l'intrigue perd sa valeur impérative au profit de la dérive (voir les cinémas d'Antonioni puis Wenders) et ces variations impromptues (Rouch, Cassavetes, Godard). Il y a surtout la nouvelle relation entre l'espace filmé et l'espace environnant : celui-là n'est plus disjoint, isolé de celui-ci (plateau insonorisé, « silence on tourne ! », commentaire de studio), on joue au contraire de leur continuité et interférence (voir l'usage du parasitage sonore chez Godard, les clins d'œil à la caméra ou au cinéma lui-même, la visibilité du film en train de se faire). **Le champ filmé est coextensif au monde, et l'histoire filmée n'est plus un condensé de laboratoire mais un morceau de la trame aléatoire du présent en cours… non pas un instantané mais la modification par le film d'un avant en après**.

« Arriver à sentir l'existence comme une matière »

En ce sens, l'esprit du cinéma-vérité précède la technique du son direct : des films de Jean Rouch sans son synchrone, comme *Jaguar* ou *Moi un Noir,* sont plus proches du cinéma direct que n'importe quel reportage TV synchrone. Car ce qui est essentiel au cinéma-vérité, ce n'est pas tant le son sycnhrone en lui-même (pour reproduire le réel « tel quel »), c'est de parvenir à filmer le film en train de se faire en interférence avec le réel, à capter le jeu du présent comme rencontre et traversée, l'actualité de la performance (acteurs ou non-acteurs) comme événement et modification. Il suffit d'écouter Godard, à propos de *Montparnasse-Levallois,* son sketch de *Paris vu par…* (1965), dont l'opérateur choisi, ce n'est pas un hasard, est Albert Maysles : « *C'est ce côté Queneau de l'existence, des personnages qui vivent comme ça et qui parlent en son direct. C'est fait sur l'acteur. Ce qui est intéressant, c'est cette espèce de fluidité, c'est d'arriver à sentir l'existence comme une matière ; ce ne sont pas les gens qui sont importants, c'est l'air qui est entre eux. Même quand ils sont en gros plan, la vie d'à côté existe.* » (*Cahiers du Cinéma,* octobre 1965, repris dans *Godard par Godard,* p. 228, 1985). Le raccord est évident avec ce que dit le réalisateur allemand dans *L'État des choses* quant à l'idéale construction d'un film sur « l'espace entre les personnages » (cf. chap. 9). En fait, ce pari de construire, non plus une histoire préfabriquée, mais sur « l'espace entre les personnages » — justement pour que l'histoire ne coule pas à côté — un maître de la génération d'avant, Robert Bresson, l'a déjà tenu, singulièrement dans *Pickpocket* (1959). Mais il s'agit d'un espace sinon intérieur (pas de psychologie chez Bresson), du moins intime ou étroitement périphérique (poches, sacs, bracelets), décrit dans une manière d'effraction corporelle. Alors que chez Godard et Wenders — changement d'époque — l'espace visé n'est pas moins que l'espace planétaire, politique et médiatique, celui de la prédation pas du vol, de la déprédation pas de la prière, celui des grandes surfaces où se croisent et se brouillent guerre du Vietnam et espace publicitaire, Polaroïd et Œil de Moscou, Marx et Coca-Cola.

Les films de Godard années 60 sont symptômatiques de ces riches interférences du cinéma direct avec le cinéma de fiction : effraction de l'actualité dans la fiction et subversion de l'actualité par la fiction. Il n'est qu'à voir, dans *Masculin féminin* (1966), les scènes entre filles et garçons qui prennent la forme d'interviewes alternées plutôt que de dialogues. « *Dans* Masculin-féminin, *l'interview fictive des personnages et l'interview réelle des acteurs se mêlent si bien qu'ils semblent se parler les uns aux autres, et se parler pour eux-mêmes en parlant au cinéaste. La méthode ne peut se développer qu'au sens où la caméra ne cesse d'atteindre dans les personnages un avant ou un après qui constituent le réel, au point même où la fabulation s'élance.* » (Deleuze, *L'image-temps,* p. 201). Il n'est qu'à voir aussi l'aspect délibérément enquête sociologique en même temps qu'oratorio de *Deux ou trois choses que je sais d'elle* (1967) : « *En somme, un film dans ce genre, c'est un peu comme si je voulais un essai sociologique en forme de roman, et pour le faire je n'ai à ma disposition que des notes de musique.* » (J.L. Godard, in *L'Avant-Scène Cinéma,* mai 1967). Ou encore, la simulation de la guerre du Vietnam bricolée avec quelques allumettes par *Pierrot le fou* (1965). « La guerre est une chose trop sérieuse pour qu'on l'abandonne aux militaires », et l'actualité une chose trop grave (à l'opposé de l'insoutenable légéreté de l'objectivité) pour qu'on l'abandonne aux journalistes de télévision (Godard ne cessera de revenir là-dessus, cf. infra, chap. 14). L'actualité a forcément une dimension subjective et même délirante ou délirée, qu'ignorent les actualités (revoir *Les Maîtres fous) : « On ne délire pas sur papa-maman, on délire sur les Chinois, les Allemands, Jeanne d'Arc et le Grand Mogol, les aryens et les juifs, l'argent, le pouvoir et la production.* » (Gilles Deleuze, *Pourparlers,* p. 33, Minuit, 1990). Rappelons-nous, au début de *Titicut Follies,* ce fou haranguant ou engueulant la troupe de ses codétenus dans une sidérante logorrhée compilant guerre du Vietnam, ordres militaires, complot gouvernemental américain, nazisme, racisme…

Paris vu par… (sketches de Jean-Daniel Pollet, Jean Rouch, Jean Douchet, Eric Rohmer, Jean-Luc Godard, Claude Chabrol) est un des films les plus emblématiques de cette nouvelle pratique du cinéma comme fiction d'actualité et actualité de la fiction. Si Rouch y fait un peu du Godard, Godard y fait un peu du Rouch, comme le dit Jean-Luc : « *On a tourné le film en trois ou quatre plans, et puis on a un peu morcelé les prises. Rouch a filmé son sketch en un seul plan. Pour lui, c'était nécessaire, c'est totalement fait sur la durée : les secondes s'ajoutent aux secondes. Quand il y en a énormément, on finit pas être impressionné. (…) J'avais un événement, je l'ai écrit, j'ai demandé à des gens de le rejouer, de le revivre comme bon leur plaisait, étant donné qu'ils avaient une certaine action, un certain dialogue, et un certain décor à occuper. Ils l'ont occupé comme ils voulaient, et ensuite Albert Maysles s'est comporté comme un reporter d'actualités, comme s'il était devant un fait réel, en ne l'influençant absolument pas. J'ai essayé d'organiser l'événement le mieux possible, et non pas de le régler comme une mise en scène de théâtre.* » (*Cahiers du Cinéma,* oct

1965, repris dans *JLG par JLG*, p. 259). De son côté, Rouch filme pratiquement en un seul plan, comme une actualité « en temps réel », la querelle de ce petit couple au petit déjeuner, avec leurs voix de faussets : elle qui veut de l'aventure, lui le confort, elle qui part en claquant la porte ; arrivée dans la rue elle manque de se faire écraser, abordée par le conducteur égaré qui lui propose l'aventure, elle n'ose pas, il compte sur elle puis avec elle jusqu'à dix, c'est non, il se jette sur les voies ferrées de la *Gare du nord*... La relation ambivalente entre réel et illusion se redouble entre forme et contenu : on croit qu'on veut l'aventure mais quand elle est au coin de la rue, on traverse ; de même qu'on peut se faire du cinéma de fiction de façon documentaire et vice versa. Rouch, qui fait de presque chacun de ses films une aventure, prend ici à contre-pied l'objectivisme, en composant d'un trait en plan-séquence et en temps réel une fiction ! D'ailleurs, le sujet même n'est-il pas la confusion et l'écart entre ce qu'on croit et ce qu'on fait ? Comme l'écrit Jean-André Fieschi *(Cinéma théorie, lectures*, p. 263, Klinsieck, Paris 1978) : « Gare du Nord *est un envers critique, violemment fictionnel, du pseudo « cinéma-vérité » : le délayage, la dérive, le caractère disgressif, l'aspect « chronique » cèdent la place à un surprenant effet de condensation,* » au sens onirique du terme, peut-on ajouter. Ainsi l'expérience du cinéma-vérité s'inscrit-elle comme la recherche, non pas du temps perdu, mais d'un réel en déperdition constante entre réel rêvé et réel raté... **Un réel envisagé non comme état de choses mais comme potentiel de modifications**, que seuls nos fabulations, nos échanges, nos crises de possession et d'identité peuvent entre-tenir et activer. Godard va jusqu'à retourner l'ordre réel/représentation, à propos de *Bande à part* (1964) : « *Ce sont des gens qui sont réels, et c'est le monde qui fait bande à part. C'est le monde qui se fait du cinéma. C'est le monde qui n'est pas synchrone, eux sont justes, sont vrais, ils représentent la vie. Ils vivent une histoire simple, c'est le monde autour d'eux qui vit un mauvais scénario.* » (Jean Collet *Jean-Luc Godard*, Seghers, p. 26). **Ce n'est pas seulement « le peuple qui manque » selon la formule de Paul Klee, c'est le réel lui-même... qui manque terriblement de capacités de réalisation.**

Les femmes aussi

Dans *Le Joli mai* (1962) de Chris Marker, on retrouve une technique du cinéma direct qui allait faire florès à la télévision : le micro-trottoir, que *Chronique d'un été* avait inaugurée sur la même question : *êtes-vous heureux* ? On sait que la question du bonheur parcourt en filigrane toute l'œuvre de Marker, on la retrouve dans *Sans soleil*, à travers « *la liste des choses qui font battre le cœur* » ou le secret de la jeunesse, et au cœur du *Tombeau d'Alexandre* Medvedkine, auteur justement du film *Le Bonheur* (1934). **Le bonheur, c'est la question politique en deça et au-delà du politique, c'est le « plus » subjectif qui déborde toujours l'objectif.** Le bonheur n'est l'objet d'aucune institution mais toutes prétendent l'aménager. C'est ce qui légitime le pouvoir (faire le bonheur de ses sujets ou du moins le promettre) et c'est aussi ce qui juge au fond un régime. Hommage du vice à la vertu : plus un régime est totalitaire, plus il déclare l'Avenir radieux et donc irradié le sinistre présent que cet avenir éclaire.

En 1962, pour la première fois depuis treize ans, la France est en paix : après la guerre mondiale puis celle d'Indochine, la guerre d'Algérie vient de s'achever. Période d'accalmie et de transition, qui justifie le resurgissement de cette question du bonheur à la fois naïve et effrontée, et ici confrontée à celle de l'habitat réel et de la ville rêvée, Paris en pleine reconstruction. La forme du film apparait elle aussi transitoire : alternance de cinéma direct et de 35 mm commenté, que nous explique Pierre Lhomme, opérateur et co-réalisateur du film : « *De ces ballades dans le Paris de mai 1962, une partie avait été préparée par Chris Marker et une partie faite de rencontres de hasard et de découvertes. C'était l'exploration d'une nouvelle technique : la caméra 16 mm portée avec son synchrone, dans les rues. Les plans de Paris commentés étaient, eux, tournés en 35 mm pour avoir la meilleure qualité. Les témoignages importaient en tant que documents, les plans de la ville devaient être plastiquement parlants.(...) Le Paris des citoyens-citadins nous l'avons filmé à même le trottoir : à Mouffetard, sur les grands boulevards, au cimetière de Montmartre... très peu en banlieue. Les interrogations sur l'urbanisme souhaité ou rêvé tournaient autour du quartier de la place d'Italie, alors en friche et qu'on s'apprêtait à reconstruire. Le cœur du film c'était : comment, au sortir de la période coloniale, les gens envisageaient leur avenir, quelle idée ils se faisaient du bonheur ? Où la société en était-elle de ses rêves ? société beaucoup moins décrépite et angoissée qu'aujourd'hui. Les couches sociales se mélangeaient encore. (...) On était fasciné et amoureux de Paris, on n'avait pas vis à vis de l'urbanisme cette sensation de péril survenue depuis. (...) En fait, c'est la vision du* Playtime *de Tati qui était prémonitoire.* » (Pierre Lhomme, entretien avec F. Niney, in *Visions urbaines : villes d'Europe à l'écran*, Centre Pompidou 1994, pp. 31, 32).

Cette double question d'une société en mutation et du « comment vivez-vous ? », se retrouve à travers une des séries les plus consistantes de la télévision française (67 numéros entre 1964 et 1973), et qui fut une véritable école du cinéma direct : *Les Femmes aussi,* produite par Eliane Victor. Il faut saluer le choix judicieux du thème de la collection, les femmes opérant comme un véritable analyseur de la société conservatrice française de l'époque et un révélateur en profondeur des quiétudes, inégalités et insatisfactions qui la parcourent. Il faut aussi reconnaître le libre esprit d'innovation formelle développée par la productrice : technique du cinéma direct en 16 mm synchrone, temps de tournage et montage confortables, durée des films variable, appel à des réalisateurs jeunes : Ange Casta, William Klein, Hubert Knapp, Peter Kassovitz, Serge Moati, Maurice Failevic, Paul Seban, Robert Bober, Claude Goretta... Tout l'opposé de ce qui définit « une case » sur les chaînes commerciales aujourd'hui.

Citons, pour en saisir l'approche, quelques exemples de cette collection exemplaire. La caméra portée de William Klein filme Simone Signoret déambulant *Au grand magasin,* c'est le titre du film (1964). La caméra balladeuse happe des visages de femmes, elle cherche, via l'actrice-intercesseur, à faire des rencontres. Au rayon parfurmerie, Simone Signoret engage la conversation avec une jeune femme en instance de mariage, puis elle fait connaissance avec une acheteuse et son mari, qui l'invitent à déjeuner, prétexte à discuter de la vie de couple, des Français que le mari juge « très moyens ». Une deuxième rencontre nous amène chez une jeune femme, belle et nerveuse, qui consacre son temps à élever ses deux enfants et à peindre « pour elle ». Des photos de l'intérieur et des objets de consommation des interviewés ponctuent le montage. Le style du film n'est pas si éloigné de *Chronique d'un été,* à ceci près que l'accent est mis sur l'aspect sociologique plutôt qu'interpersonnel, et que, même si Signoret n'est pas journaliste, elle parle moins pour-elle même que pour faire parler les autres. William Klein retrouvera le thème du couple, de l'intérieur et de la société de consommation modernisée, en 1977, dans une fiction ironique *Le Couple témoin.*

C'est à la campagne que Maurice Failevic a porté sa caméra pour suivre la tournée d'une jeune femme médecin dans la région de La Rochelle : *À la campagne, un médecin de 28 ans* (1968). Avec pour compagnon de route interviewer, Jean-Claude Bringuier. Après un démarrage un peu laborieux, le film prend corps avec la première urgence : du cinéma direct dans la France profonde, émouvant, sans affectation ni voyeurisme. Les visites dans les familles du cru alternent avec les dialogues, dans la 2 Chevaux, entre la jeune médecin et Bringuier bringuebalé. Au fur et à mesure des visites, le rythme s'accélère, la tension monte. « Attendez moi là » : on ne peut pas toujours entrer chez les malades, une caméra sur les talons. Lorsqu'elle revient dans la voiture, où la caméra attend sagement avec Bringuier, le médecin fatigué s'explique : « Vous ne comprenez pas que pour être un bon médecin, il faut être tout seul. Quand vous n'êtes pas là, c'est un moment de repos. Vous me privez de ce souffle qui me permet de respirer entre deux malades ». Cette respiration, elle la reprend le week-end avec sa fille de six ans et sa promenade à cheval, où l'on voit que le loisir s'oppose au travail de la même manière que la fiction au documentaire.

Dans son documentaire *Les Patients,* Claire Simon reprendra le sujet, dans les années 80, en suivant caméra à l'épaule, la dernière tournée cette fois d'un vieux médecin de province. Les médecins de famille de l'école hippocratique, celle des Humanités plus que de la bio-chimie, avaient coutume de dire que « la médecine est une science morale », entendons qu'elle traite non seulement des corps mais des relations sociales. Claire Simon le démontre. Elle montre même que, bien dispensée, la médecine adoucit les mœurs : une étonnante visite nous introduit chez une vieille malade nerveuse et hypocondriaque qui réussit à faire sortir l'autorité médicale de ses gonds, car elle sait mieux que son docteur ce qu'elle a ; la partie se termine par une négociation rassérénante autour de l'ordonnance et de la dose « idéale » de tranquillisants à prescrire. Telle est l'importance des objets transactionnels et autres pratiques fétichistes dans le commerce des hommes, dont le cinéma est aussi un entremetteur.

Ange Casta a réalisé un des films les plus accomplis de la série *Les Femmes aussi. De mère en fille* (1965), c'est, dans le Nord, trois générations de femmes de mineurs (grand-mère, mère et fille) dans la cuisine, pièce centrale de leur vie de labeur et d'économie domestiques. L'héroïne malgré elle, c'est la mère, jeune femme au beau visage triste et tendu, ravalant son abnégation forcée, dont on sent l'ardeur bouillonner encore sous le tablier de la résignation. Chaque jour, elle sert son mari : tel un zombie, retour de la mine, il s'atable seul pour manger, abîmé dans un silence sans âge, celui de plusieurs générations de mineurs, même plus résigné, cassé. Elle s'occupe de la maison, du linge, de la nourriture, de la vieille, de la petite, elle parle, d'une voix retenue, comme étranglée, elle répond aux questions du cinéaste, d'une voix économe elle aussi, tant est enfoui le manque à vivre. Et puis — et c'est ce qui fait l'originalité du film dans la série — Ange Casta nous explique en voix off qu'elle n'a jamais vu la mer, et l'équipe l'entraîne dans ce voyage initiatique à la Rouch, qui va précipiter une bouleversante crise non de possession mais de dépossession. Loin d'être un « état des lieux », formule d'huissier chère aux médias des années 80/90, le film opère comme une rencontre et une traversée : il ne nous livre pas la vérité « objective » sur l'état d'une femme « représentative », il nous fait appréhender une certaine vérité de cette femme par son changement d'état à la lumière du tournage.

La date d'arrêt de la collection *Les Femmes aussi* est celle de la partition de l'ORTF (1974), sous le signe de la concurrence et de la course aux recettes publicitaires. Il n'y aura plus de véritable politique éditoriale documentaire (hormis sur la future Arte), toute recherche se voyant progressivement effacée au bénéfice des notions sociométriques (annonceurs obligent) de créneau, image de marque, série, « sujets » (= double négation de la singularité du sujet filmé et de l'auteur filmant), présentateur vedette, maximisation d'audience. Comme la presse magazine, au tournant des années 80, la télévision, rebaptisée PAF (Paysage Audiovisuel Français), évolue vers et sous la domination du « concept » au sens publicitaire : concept qui n'a évidemment rien à voir avec le sens philosophique, mais désigne un ensemble de paramètres « maquette et marketing » pour empaqueter et cibler une émission (ou tout autre produit) et sa chalandise. Très significative de cette évolution est la disparition du dernier magazine de cinéma à la télévision, *Cinéma, cinémas*, éliminé au bénéfice exclusif de revues publicitaires destinées à promouvoir la sortie des films[1] (dans lesquels les chaînes ont des intérêts interdisant toute critique). De la même manière que Cannes est devenu moins un festival de cinéma qu'une festivité cathodique. La question d'André Bazin : « *Qu'est-ce que le cinéma ?* » n'y est plus de saison.

Détour par Dumayet

Une autre collection de l'époque, ou plutôt un dispositif TV original, fournit une réflexion en regard du cinéma-vérité, en ce sens qu'y sont dévoilés le double discours (privé/public) et le jeu de rôles qu'endosse de soi-même le sujet dès qu'il se sait filmé ou plutôt télévisé sur un plateau (ce qui n'est pas la même chose). Dans ses émissions *Vocations* (1970), Pierre Dumayet met en scène et à jour l'inflexion de la parole en fonction de la situation d'interlocution, avec ou sans tiers exclu (conversation particulière ou interview publique ou a parte privée).

On pourrait dire que c'est une variante de la caméra cachée, sauf que la caméra n'est pas du tout cachée, au contraire elle joue d'évidence le rôle de condensateur dans l'expérience, dont Dumayet nous explique d'entrée de jeu le dispositif à tiroirs. L'invité arrive sur le plateau, sans savoir qu'il est déjà filmé. Retenons comme exemple, le cas du Professeur Sivadon, premier psychiatre français à avoir ouvert les portes d'un asile, Villevrard en l'occurence. À la question nodale : « Comment vous est venue votre vocation ? », l'invité, filmé à son insu, est convié à répondre d'abord sur le mode d'une libre conversation préparatoire avec Pierre Dumayet. (Nous voyons un montage resserré de ce récit vivant et naturel du Pr. Sivadon). Cela fait, le rusé Dumayet demande à son invité s'il est prêt pour le tournage ; l'intervieweur se recoiffe (le Professeur aussi par mimétisme), il fait donner le clap et repose exactement les mêmes questions. De cette interview publique, nous voyons également un montage : le Professeur pontifie dans une langue rigide où la rhétorique s'est substituée au naturel, le déterminisme à l'interrogation vivante. L'interview achevée, on coupe, ou plutôt l'invité croit qu'on coupe mais ça tourne toujours, et

1. Exception faite de la précieuse collection, qui n'est pas un magazine, *Cinéastes de notre temps*, de Janine Bazin et André Labarthe, devenue *Cinémas de notre temps*, sur Arte.

Dumayet lui demande s'il a ressenti quelque différence entre la version « off » et la version enregistrée. Non, le Professeur n'en a guère senti, si ce n'est peut-être quelques formules par-ci par-là. Dumayet révèle alors à son cobaye la supercherie et lui propose de comparer *de visu*, en revoyant les deux versions. Evidemment, les réactions de l'invité à cette projection surprise sont encore filmées à son insu. Devant sa propre image publique, le Professeur Sivadon s'étonne et s'esclaffe, beau joueur : « *Ah le cuistre, ben voyons, ah c'est vraiment Monsieur le professeur, ah je vous remercie de la leçon M. Dumayet.* » Pour finir les deux hommes s'entretiennent librement (mais c'est encore filmé à l'insu de l'invité) des résultats de l'expérience.

La leçon de cette expérimentation, qu'ont acceptée avec beaucoup de panache cinq « victimes » successives, c'est évidemment que **la parole ne fait pas que s'échanger, elle donne le change ; son contenu dépend aussi de sa tenue.** Parler n'est pas qu'une question d'énoncé mais de situation d'énonciation et d'interlocution. Ce que met à jour *Vocations,* c'est :

- d'une part, **cette relativité de la vérité, au sens où sa formule et sa formulation sont liées dans et à la relation**. On ne l'ignore pas dans les théâtres de la justice (tribunaux), on ne l'ignore pas non plus dans les théâtres tout court, ni dans ceux de la folie (institutions psychiatriques). Même si on en tire des pratiques opposées : ici, c'est la relation symbolique qui prime comme processus de (re)connaissance inter et intra-subjectif ; là ce sont les points de recoupement logique que l'on pourra tirer des relations et qu'on appellera « faits » et « preuves » objectifs.
- d'autre part, on voit que tout acte de langage n'est pas simple adéquation du mot à la chose, pas seulement définition mais circulation et qu'il implique **un pouvoir Tiers instituant la signification,** signification qui n'est jamais purement logique (principe d'identité) mais aussi symbolique (métaphore, glissement de sens, lapsus, sous-entendu, non-dit).

Cependant, ce double jeu du discours, ce relatif de la parole (au contexte et au Tiers), on l'ignore quand même dans les médias et sur toutes les scènes publiques de la propagande positive dont le sujet s'absente. Comme s'il fallait à tout prix déclarer la vérité unique et transcendante, objective, seule capable de s'imposer à tous. Comme si, reconnaître la vérité comme entre-nous, réseau autant que raison, comme « institution imaginaire de la société » (Castoriadis), c'était fatalement sombrer dans le chaos du relativisme (« chacun a ses raisons », « tout le monde a raison »). L'idéologie moderne de la transparence et de la communication s'appuie sur cette vieille conception platonicienne et scolastique de la vérité unique, univoque et adéquate, qui, réactualisée par le scientisme, fonde désormais le dogme de la démocratie chrétienne industrielle.

La pertinence du dispositif inventé par *Vocations,* c'est de nous montrer que les jeux de double discours et d'enrôlement de la parole ne sont pas seulement induits par les institutions mais endossés par le sujet. Grâce à quoi, la petite leçon de Dumayet n'est pas simple mais double : d'une part, le double discours n'est pas que mensonge, il est le repli du sujet, le masque du désir ; d'autre part, parler ce n'est pas seulement dire quelque chose d'un état de choses à quelqu'un, suivant le pauvre schéma de « l'info-com » émetteur/message/récepteur, **c'est se trouver joué dans et par l'entremise du sens.** Nous possédons la parole (pour) autant que nous sommes possédés par elle. Nous voilà reconduits à la frontière documentaire/fiction, où se touchent les rationalisations autobiographiques des invités de *Vocations* et les auto-fabulations des hérauts rouchiens.

Perdu de vue

Le cinéma-vérité, « initié » par *Chronique d'un été,* et le cinéma direct, développé par les américains et les canadiens, vont faire école à la télévision, pour le meilleur, on vient de le voir, et pour le pire. Malfaçon cinéma direct, ce sera la longue cohorte des reportages à sensation, chasse aux clichés plus ou moins voyeurs, plus ou moins mis en scène (sans le dire), dont la devise est toujours « la réalité dépasse la fiction » et dont *52 sur la Une* représente le fleuron le plus pérenne. Malfaçon « cinéma-vérité », ce sera la théorie des confessions, aveux, psy-show-drames et micro-trottoirs, plus ou moins manipulés ou carrément fabriqués, mêlant narcissisme, exhibitionnisme et pittoresque, sans plus rien de cette anthropologie partagée que visait Rouch. Un des derniers avatars les plus symptômatiques du genre fut *Moi Je,* produit par Pascale Breugnot et Bernard Bouthier sur Antenne 2, au début des années 80. Après quoi, pour des raisons économiques d'une part, sous l'influence de la « *trash TV* » américaine (télé poubelle) de l'autre, la formule de remplacement fut la confession sur un plateau ou le bien-nommé *reality-show,* relayé dernièrement par le *docu-soap* [2], dernier cri de l'intrusion du direct dans la vie privée.

Toutes ces formules d'exhibition à sens unique sont au cinéma-vérité ce qu'est le porno au film d'amour. Comme l'expliquait Serge Daney, dans *Montage obligé (Cahiers du cinéma,* avril 1991), posant une distinction entre « l'image » et le « visuel » : « *Le visuel, ce serait la vérification optique d'un fonctionnement purement technique. Le visuel est sans contrechamp, il ne lui manque rien, il est clos, en boucle, un peu à l'image du spectacle pornographique qui n'est que la vérification extatique du fonctionnement des organes et de lui seul. Quant à l'image, cette image dont nous avons aimé au cinéma jusqu'à l'obscénité, ce serait plutôt le contraire. L'image a toujours lieu à la frontière de deux champs de forces, elle est vouée à témoigner d'une certaine altérité et, bien qu'elle possède toujours un noyau dur, il lui manque toujours quelque chose. L'image est toujours plus et moins qu'elle-même.(…) L'image nous met toujours au défi de la monter avec une autre, avec de l'autre. Parce que dans l'image, comme dans la démocratie, il y a du jeu et de l'inachevé, une entame et une béance.* » Autrement dit, l'image fait signe, le visuel surexpose comme une vitrine.

L'idéal commun que se et nous propose la télé-réalité — « idéal » génialement anticipé 20 ans plus tôt par Jacques Tati dans une fameuse scène de *Playtime* (1967) — se ramène à la formule : **regarder la télévision, c'est regarder chez le voisin.** Une anecdote symptômatique me semble compléter le tableau, quant à l'identification, imposée par une logique publicitaire autophage, entre ce qui se passe et ce qui passe à la télé. Dans un numéro de *Perdu de vue* — production Pascale Breugnot encore, mais sur TF1 privatisée cette fois, à la fin des années 80 — une pauvre femme, sur le plateau, recherche sa sœur perdue de vue depuis vingt ans. L'équipe de rapportage de l'émission l'a évidemment trouvée (sinon l'émission n'aurait pas lieu). Suspense en (faux) direct : le rapporteur se tient devant chez la disparue, micro en main, éclairé par de puissants projecteurs, vraisemblablement alimentés par un gros groupe électrogène. La porte s'ouvre, elle est là sur le seuil, surprise. En caméra portée nous pénétrons chez elle, sur ses talons et ceux du rapporteur qui lui explique ; elle est émue, elle ne s'attendait pas à ça, c'est merveilleux, elle trictotait devant la télé, comme tous les soirs, branchée comme il se doit sur… TF1 ! Splendide auto-promotion : la France profonde regarde TF1. Personne, dans l'équipe qui a monté et répété et mis en scène le coup, n'a pensé que si la brave dame regardait effectivement TF1, elle était fatalement au courant et ne pouvait être surprise ! À moins que ce ne soit pas du tout en direct. Personne n'a vu que cette auto-promotion intempestive discréditait tout le dispositif, révélant soit que la surprise était feinte, soit que l'émission n'était pas en direct. Pire, un assistant en a peut-être fait la remarque mais on a jugé plus important de montrer quand même que la France profonde regarde TF1. Ou pire encore, quoiqu'il arrive, la seule chose qui compte, c'est de prouver que **ce qui se passe autour et à l'intérieur de la télé, c'est tout un**, grâce à TF1. Idéal autarcique proprement bétonnant, aux antipodes de l'altérité « inquiète » et créative que Rouch mettait en avant.

Une sale histoire

Finissons par deux pieds de nez au cinéma-vérité, qui brouillent les cartes entre documentaire et fiction, pour le plus grand plaisir complice du spectateur. Comme tout passage à la limite faisant dysfonctionner un dispositif, ils en révèlent a contrario les exigences.

En 1967, l'américain Jim McBride, fasciné par le cinéma direct et le cinéma expérimental, sort un film-essai intitulé *Le Journal de David Holzman (David Holzman's Diary),* dont le protagoniste principal n'est autre qu'un cinéaste amateur qui filme sa propre vie, si bien que le spectateur ne sait pas trop si

2. Le terme anglais « soap », qui signifie savon, lessive, vient du patronnage des feuilletons d'après-midi des TV américaines par des marques de lessive.

c'est du lard (fictif) ou du cochon (documentaire). Au premier plan du film, nous découvrons David Holzman assis sur une chaise, expliquant à la caméra son projet de film *live*, puis il se lève, s'approche jusqu'à presque coller son visage à l'objectif et coupe la caméra. Noir. Le plan suivant est tourné en caméra portée subjective. Le film alterne ainsi plans subjectifs saisis sur le vif dans la rue, chez les amis, etc. et plans fixes de David confiant ses impressions, ses amours, ses dépits, à son journal filmé. À force de harceler ses amis avec sa caméra de poing, sa manie du cinéma-vérité finira par le fâcher avec tout le monde. Vu par beaucoup comme un film de cinéma-vérité à l'époque, *Le Journal de David Holzman* est en fait totalement mis en scène. La supercherie est intéressante, et amusante, en ceci qu'elle est à la fois un hommage aux innovations du cinéma-vérité dans le jeu de la caméra et des acteurs (dont les vraies fausses improvisations sont convaincantes), et le coup de pied de l'âne à l'encontre de ceux (*film-makers* ou spectateurs) qui croient que le cinéma c'est la vie. Le film corrobore en outre ce que nous avons dit (cf. chap. 3, *Familles je vous hais !)* de la caméra subjective comme prédation. Il démontre a contrario que, pour être autre chose que du voyeurisme ou de l'exhibitionnisme, le cinéma-vérité ou le cinéma direct exigent **soit la mise en scène d'un véritable dispositif d'échange entre filmeur et filmés**, comme chez Rouch, **soit la construction d'un espace objectif qui ne se rapporte pas uniquement à l'axe du regard de la caméra** (cf. chap. 13) où puissent évoluer, se parler et se faire entendre les protagonistes, comme chez Wiseman.

Deuxième pied de nez au cinéma-vérité, le drôle de film à répétition de Jean Eustache : *Une sale histoire* (1977). Jean Eustache a filmé en cinéma-direct, avec l'aide éclairée de Pierre Lhomme, son ami Jean-Noël Picq racontant une histoire lors d'une soirée, dans un salon, devant des amis, hommes et femmes entre 30 et 40 ans. Beaucoup de champs sur le narrateur, quelques contre-champs sur l'auditoire, féminin particulièrement. Eustache a ensuite repris situation, narration et questions et les a faites interpréter par des acteurs, Michael Lonsdale jouant le narrateur, Jacques Renard assurant l'image. Le cinéaste a choisi de monter la « fiction » d'abord, le « document » ensuite. « *Je voulais démontrer que le texte de la réalité pris en charge par des comédiens, devient du cinéma, de la fiction.* » Certes, mais ce n'est pas aussi simplement angélique, dans la mesure où ledit « texte de la réalité » est déjà du cinéma aussi.

Le contenu de l'histoire contée n'est pas non plus anodin, il est scabreux : « une sale histoire » de voyeur. Dans les toilettes d'un café, un trou en bas de porte permet aux (a)mateurs, dont le narrateur confesse avoir été, de « considérer les femmes directement par le sexe ». Entendons nous bien, il ne s'agit pas d'une simple histoire grivoise ou salace, mais scabreuse au sens fort, c'est-à-dire pas seulement corsée, indécente mais (selon Robert) « périlleuse, embarrassante, déplacée ». Effectivement, cette sale histoire provoque un premier déplacement chez le narrateur : « *Brusquement pour moi, toutes les hiérarchies du corps se trouvaient complètement bouleversées* », par cette découverte de sexes excitants appartenant à des femmes qui ne lui plaisaient pas du tout et vice versa. « *J'ai réalisé que depuis 4000 ans, on était complètement couillonné, on nous a fait croire que le désir d'un homme dépend de la beauté de la femme : yeux de gazelle, bouche de je ne sais quoi, silhouette… et je me suis aperçu que c'était complètement faux, c'était le sexe et le reste ne comptait pas* », conclut le narrateur non sans provocation à l'endroit de la gente féminine présente.

Deuxième déplacement ou plutôt écart scabreux, la différence des sexes justement : « *J'ai essayé de raconter cette histoire à des femmes mais ça ne leur plaît pas du tout. Aucune femme n'a écouté cette histoire là, sauf quand je la racontais à un homme et qu'elle participait à l'écoute de l'homme. Sinon, elle me traitait un peu comme un frustré : tout ce travail pour voir un sexe de femme ! (…) Les hommes eux me comprenaient tout de suite, même trop vite.* » Et d'ajouter, en réponse à une femme de l'assistance se proposant d'essayer le voyeurisme inverse : « *Il n'y a pas de réciprocité entre les sexes. Quand il y a un exhibitionniste, vous ne regardez même pas. Et les femmes, elles, exhibent tout, sauf ça.* »

Dans sa forme, le film opère également deux déplacements. D'abord le voyeurisme n'est pas l'objet du film (comme sur les plateaux télé) mais son sujet : l'image ne montre pas l'interview d'un quidam qu'on cuisine mais l'auteur (héros et héraut) d'un récit, elle ne met pas en scène une confession mais une narration. Ensuite, le voyeurisme est déplacé de la vision au discours, d'un visible (absent) à l'évocation (présente) d'une pratique passée. Le spectateur, lui-même, n'est pas voyeur d'une confession mais se sent visé par un récit. Avec l'assistance du salon, je me trouve d'une part, assistant à une narration actuelle, et d'autre part, renvoyé à une situation fantasmatique que suscite le récit mais que le récit me laisse supposer différente selon que je suis un homme ou une femme. À cet égard, le récit comporte lui-même un paradoxe qui interroge le dispositif du film : « *J'ai essayé de raconter cette histoire à des femmes mais ça ne leur plaît pas du tout. Aucune femme n'a écouté cette histoire là* », dit le narrateur, alors que la caméra se plaît à des contrechamps sur les femmes de l'auditoire. Est-ce à dire que c'est le tournage qui rend enfin possible cette situation d'écoute impossible ? N'est-ce pas alors une mise en scène ou un coup monté ? Et prémédité jusqu'où ? Qui des protagonistes était prévenu et de quoi ?

Le deuxième déplacement formel, c'est évidemment la transposition du « document » à la « fiction », la même « sale histoire » reprise par des acteurs. Mais au lieu de nous montrer l'élaboration de la fiction à partir du « document », Eustache a choisi de nous montrer d'abord la fiction. Voilà donc une histoire jouée, aussi banale que rocambolesque, aussi drôle que gênante, aussi sordide que révélatrice de la différence des sexes. Une fable « morale » donc, que Lonsdale raconte avec simplicité et nonchalance, un rien de distanciation, un rien de complaisance perverse dans l'attente de la réaction des filles qui l'écoutent. Du Rohmer de salon un peu sale.

Fin de la première partie dite « fiction ». L'heure du « cinéma-vérité » a sonné : apparait à l'écran le narrateur, le vrai, le garçon à qui c'est vraiment arrivé, qui a vraiment fait ça. Le cadrage est plus serré, le décor moins nu, la voix plus chaude, le débit plus rapide, le regard plus provocant. On admire la tournure du récit, apparemment spontané, visiblement travaillé, on se dit que le narrateur a de l'audace ou qu'il en rajoute, on commence à se demander si ce n'est pas trop « beau » pour être vrai, s'il ne brode pas sur une petite affaire sordide, arrivée à lui ou à un autre ? Il romance ou il grossit, il provoque. Peut-être a-t-il tout inventé ? L'histoire n'en demeure pas moins troublante. Peut-être ledit « document » n'est-il aussi qu'une fiction ? Et qui y croit ? Tout cela est-il joué aux dépens de l'assistance du salon ou avec sa complicité ? Et nous, spectateurs du film, quel est notre régime de croyance ? N'avons nous pas eu fugacement cette pensée inverse, et tout aussi trouble, que Lonsdale, au fond, c'est bien le genre de type à qui ça aurait pu arriver ça (remarquable conditionnel). Ainsi fiction et « document » se contaminent. L'intérêt du dispositif, c'est que la notion de vérité cède à celle de croyance, et que la réalité du récit s'efface, indécidable, devant sa portée et son style : alors que la tension dramatique de l'exposé repose sur l'écart entre les sexes, sur l'irréductible non-réciprocité du masculin et du féminin, le récit se soutient du mélange fangeux de plaisir et de sordide qu'a pu éprouver le narrateur et que, réel ou imaginaire, il nous fait partager à tous, spectateurs dans le salon ou dans la salle, hommes et femmes.

Tel est le pouvoir de la fiction, vécue ou non, de réunir le séparé. C'est pourquoi tout récit est un avatar (heureux ou malheureux) de l'amour, de même que tout amour se joue, se vit comme une fiction. Et toute image, qui par définition confond les regards, a partie liée avec le sexe. « *La reproduction sexuée aléatoire, la sélection par la mort imprévisible et la conscience individuelle périodique (que le rêve restaure et fluidifie, que l'acquisition du langage réorganise et enténèbre) sont une seule chose regardée en même temps. Or cette « chose regardée en même temps », nous ne pouvons en aucun cas la voir. Nous sommes venus d'une scène où nous n'étions pas. L'homme est celui à qui manque une image. Qu'il ferme les yeux et qu'il rêve dans la nuit, qu'il les ouvre et qu'il observe attentivement les choses réelles dans la clarté qu'épanche le soleil, que son regard se déroute et s'égare, qu'il porte les yeux sur le livre qu'il tient entre ses mains, qu'assis dans le noir il épie le déroulement d'un film, qu'il se laisse absorber dans la contemplation d'une peinture, l'homme est un regard désirant qui cherche une autre image derrière tout ce qu'il voit.* » (Pascal Quignard, *Le sexe et l'effroi*, Folio 1994, p. 10).

Dans *Une sale histoire*, le récit vise à obtenir sinon l'approbation, du moins une certaine écoute du beau sexe, pour rétablir l'échange rompu par l'acte voyeur masculin à l'insu de ses proies féminines. Ce regard égaré (dans les toilettes), le voyeur aspire, par la relation narrée *post festum*, à ce que les femmes le lui rendent. Ce qui est exclu dans la réalité de l'acte doit être reconstitué par la fiction pour pouvoir être restitué : car comment peut-il se faire que le plaisir (violent) d'un sexe ne trouve aucun pendant dans l'autre ? Le narrateur a beau affirmer et déplorer l'asymétrie des sexes en matière de voyeurisme, ce qu'il cherche à restaurer en adressant son récit aux femmes, c'est bien, sinon une improbable équivalence, du moins une certaine réciprocité fantasmatique. Si je prends plaisir à voir l'autre sexe, il doit bien prendre plaisir en retour non seulement à être vu mais à voir à son tour, ou du moins… à entendre mon récit et à voir mon film.

11

Mais que fait la police ?

L'ordre public : Wiseman

Faits divers : Depardon

Enquêtes de police : Mosco

Conclusion

Comme précédemment pour la terreur nucléaire (chap. 5), je voudrais faire ici l'analyse comparée de quelques documentaires, en cinéma direct cette fois, sur un même sujet. Derrière cette technique apparemment commune (caméra portée à son direct synchrone), il s'agit de mettre à jour les éventuelles différences d'approche et de vision qui la commandent.

Sujet commun : la police. Les trois films retenus s'étagent sur trente ans, de 1968 à 1998. La police joue un rôle important dans l'histoire du cinéma direct : le suivi d'une patrouille a été le sujet du premier reportage en vidéo légère (Sony 1/2 pouce noir et blanc) admis sur une chaîne américaine à la fin des années 60, sous le titre emblématique : *The Police Tapes*. La police reste, depuis, un des sujets favoris des reportages TV à sensation. Les séries américaines *Cops* (Fox) et *Supercops* (CBS) ont marqué, à la fin des années 80, un des sommets indépassés du genre : aux « vraies » opérations « coup de poing » des policiers en tenue, filmées façon *Paris-Match,* elles mêlent la vie privée et même amoureuse des policiers et policières façon *Nous deux,* inaugurant un genre baptisé depuis « docu-soap », qui applique au « documentaire » les canons fictionnels du feuilleton roman-photo.

Faits divers, crimes, affaires de mœurs, meurtres, police-secours et brigade d'intervention, le genre policier exerce un attrait presque universel parce qu'il joue sur un double registre : la fascination voyeuse de tout un chacun pour l'anormal et la transgression, le dérèglement et la mort, et d'autre part la passion pour le crime comme révélateur négatif de nos lois et coutumes (sans compter l'esprit de vengeance ou de justice qui s'en mêle). Les trois documentaires « policiers » que nous allons examiner sont quatre, comme les mousquetaires : *Law and Order (L'Ordre public,* 1969) de Frederick Wiseman ; *Faits divers* (1983) de Raymond Depardon ; et le dyptique de Mosco *Un crime à Abidjan* et *La Fusillade de Mole Street* (1998). **L'analyse comparée doit nous permettre de voir si, à travers ce sujet commun, s'avèrent de sensibles différences d'approche et de dispositif dans un genre, le cinéma direct, trop souvent présenté comme homogène.** Or ce n'est pas parce qu'on utilise une caméra portée à son synchrone, sans autre commentaire, qu'on partage nécessairement le même regard et le même découpage de la réalité, qu'on rend compte de la même façon d'une institution chargée d'opposer assistance et violence légales aux désarrois et violences civiles, et que l'on situe le spectateur à la même place. Supposer le contraire, c'est encore croire que les choses sont ce qu'elles sont et qu'il suffit de les filmer « comme elles se présentent », le cinéma direct fournissant la technique enfin trouvée pour appréhender le réel sans l'influencer !

C'est ce qu'explique le cinéaste Radovan Tadic à propos de son film *Les vivants et les morts de Sarajevo* (1994) : « *Je crois qu'il est pratiquement impossible de filmer le réel. Je ne peux pas m'abstraire du découpage cinématographique, de cette façon de voir et de cadrer. Même si c'est un documentaire, même s'il s'agit de capter gens et situations, non de les mettre en scène. Le langage préexiste : se dire qu'on ne va pas cadrer ou pas découper, c'est encore un choix stylistique. Pendant le montage, je me demandais justement si ma façon de découper n'apparaitrait pas comme un défaut, une mise en scène du réel ? En même temps, il y a une logique cinématographique qu'il faut suivre : pourquoi ferais-je semblant de mal filmer ? Ce serait vraiment tricher… C'est effectivement une réalité qui est filmée. Parfois j'ai eu des doutes sur la sincérité des protagonistes. Je me suis aperçu qu'il y a trois attitudes dans la relation documentaire : les gens me parlent à moi, ce qui est l'idéal ; les gens me parlent en ayant en tête que j'ai une caméra, déjà ce n'est plus sincère ; et il y a ceux qui s'adressent en fait à la caméra, attitude que j'ai essayé d'éliminer. C'est la pire, celle qu'on voit constamment à la télévision d'ailleurs, et qui se trouve renforcée si on ne filme pas soi-même, s'il y a un opérateur. Je crois que la nature de cette relation est encore plus importante que le découpage. De toute façon, on recrée les choses au montage mais en les recréant on peut tricher ou non. Quelle est la réalité de cette scène, la réalité de ces gens-là, de quoi je me souviens ? C'est du matériel authentique mais il s'agit de rendre cette réalité en le restructurant.* » (entretien avec F. Niney, *Cahiers du cinéma,* juillet 1994).

L'ordre public : Wiseman

Nous retrouvons Wiseman dans son troisième film : *Law and Order (L'ordre public),* tourné alentour d'un commissariat de Kansas City en 1968. Le film commence par une série de photos d'hommes recherchés. Puis, en montage « mosaïque », quelques scènes de poste de police : un homme mal à l'aise inculpé de sévices sur mineur et qui nie ; un gros homme débonnaire, en chapeau, chemise ouverte, clope au bec, accuse un voisin de viol sur une gamine, et déclare au policier que s'il ne s'en occupe pas, il s'en chargera lui-même ; une femme chic au bord des larmes téléphone pour qu'on la tire de là. Suit l'interrogatoire, non pas d'un prévenu, mais d'un candidat au métier de policier : l'examinateur lui demande s'il a déjà pensé qu'il devrait peut-être un jour tirer sur quelqu'un, « parlons en un peu »… Sur un fauteuil, un pauvre noir au visage tuméfié, bouffi de coups, explique qu'il s'est fait agresser et dérober ses dix dollars. Policiers casqués au garde vous : l'appel. Intérieur d'une voiture de patrouille : la ville défile par la vitre, le policier au volant écoute à la radio les messages de service. Suit une première scène d'intervention plus longue : une rixe dans un jeune couple avec bébé, la voisine a vu un couteau, ils nient, elle les accuse de ne pas s'occuper de l'enfant, les deux policiers : « voulez-vous porter plainte ? »… Contradictions du réel et limites de la loi sur le seuil de la maison.

Il serait erronné de voir là un kaléidoscope : Wiseman met en place les différents éléments d'un puzzle qui vont se répéter, s'enrichir, se diversifier, se contredire, s'emboîter, comme autant de variations sur le thème central du travail qu'implique « le maintien de l'ordre ». À la scène du jeune couple en bisbille — où les policiers apparaissent comme des assistantes sociales plutôt démunies — vient succéder l'interpellation très « ferme » d'un homme éméché par un policier armoire à glace. La caméra cadre la main gantée du policier serrée au collet du prévenu qui tente d'esquiver les questions d'identité et de se dérober, quand il le voit, à l'œil de la caméra. Cette tentative d'esquive lui vaut d'être jeté à terre par le policier qui raffermit sa prise, « joue pas au plus malin ». Involontairement, la caméra a joué les témoins à charge. Elle se tourne alors de 90°, découvrant des badauds assistant comme elle, mi-curieux mi-gênés, à cette scène de rue où chacun des deux protagonistes cherche à sauver la face et affirmer son rôle… pour pas grand chose.

À partir de là, un premier tour a été accompli, le montage est posé, « *you get the picture* » disent les américains (« vous voyez le tableau »). Wiseman peut alors faire faire un nouveau tour de spirale à son montage.

Outre les retours périodiques dans la voiture de patrouille avec ses messages radio, il introduit un nouveau leit-motiv. Leit-motiv très cinégénique à fortes connotations de fiction : deux flics, lunettes noires, chewing-gum, coude à la portière, chacun au volant de sa voiture, se croisent, stoppent et s'arriment au coude à coude pour commenter les événéments et les conditions de travail. Ils reviendront pas trois fois rythmer le montage et délivrer leurs avis : sur la question d'ouvrir le feu face à une émeute ; sur la délinquance juvénile et les mineurs « irresponsables » ; sur l'avancement et le salaire comparé avec Los Angeles. Bien sûr, la formidable dynamique de ce motif, c'est que les deux personnages sont visuellement tout à fait comme dans les ficitions hollywoodiennes, mais, malgré leurs vantardises, ils n'apparaissent ni comme des anges gardiens, ni comme des salauds (« pigs »), ni vraiment ridicules ni vraiment rassurants, ils discutent de leurs petits « exploits », des risques du métier, des affaires de salariés de la répression légale.

D'autre part, Wiseman peut entrer vraiment dans le vif du sujet en s'attardant sur une scène forte et emblématique. Cette scène ne trouve sa place que par rapport au contexte déjà posé, sans quoi elle risquerait de rester anecdotique (comme chez Depardon, on va le voir). Cette scène ne doit pas seulement être frappante d'un point de vue théâtral, elle doit être vraiment représentative d'une situation de fond quant au rapport violence/répression aux États-Unis : l'arrestation brutale d'un jeune voleur noir bravache, rejeté par sa propre communauté, défiant flics et caméra (il traite les flics blancs de « nègres »), souligne d'un coup le conflit racial qui surdétermine la violence et le conflit riches/pauvres. Durement neutralisé et menotté, le « James Dean » *black*, transporté au commissariat, fanfaronne, menace de mort les flics, visiblement « gonflé » par l'immunité relative que confère l'état de mineur et par la présence de la caméra.

Mais, la force de cette scène ne réside pas dans son « interprétation » intrinséque ; chez Wiseman, pratiquement aucune scène ne fonctionne isolée du montage. La scène se positionne relativement à plusieurs autres situations du film qui, toujours selon le montage mosaïque, se font écho et s'enrichissent l'une l'autre : au téléphone, un des flics apprend qu'un prévenu qui l'a menacé de mort vient d'être libéré, et qu'il doit « faire attention » ; nos deux flics en voitures coude à coude vont discuter de la criminalité juvénile qui échappe à la loi ; le chef rappelera ses hommes à l'ordre sur la manière de traiter les prévenus, « évitez les insinuations sur le genre de personnes qu ils sont » ; enfin, la caméra suivra une opération préventive où les policiers, fusil à pompe à la hanche, appréhendent, dans un magasin de vêtements, trois jeunes noirs dont deux armés de revolver, et dont les visages s'associent à celui du premier prévenu. C'est par ce jeu de renvois extrêmement travaillé (on comprend pourquoi Wiseman met plus de six mois à monter ses films) que le cinéaste fait le tour d'une réalité qui n'est jamais à sens unique mais imbriquée et plurivoque.

D'autres thèmes sont ainsi filés et tissés dans le film : les violences faites aux femmes par exemple (y compris par la police, voir l'insupportable scène de « neutralisation » d'une prostituée noire exhibée à la caméra puis perquisitionnée) ou le thème des enfants. Evidemment ces lignes thématiques ne sont pas exposés par le film sous forme de rubriques ou de thèses sociologiques, mais s'enrelacent comme dans la vie. Wiseman a choisi de faire du cinéma pas du droit. Ainsi, évoquée dès la première scène comme victime (lors des accusations de sévices sur mineur), l'enfance réapparait au dernier tiers du film, sous diverses facettes : une petite fille noire perdue est amenée au commissariat par un policier pipe au bec et papa gâteau ; une bande de gosses d'une cité agglutinée à la portière d'un jeune policier qui tente vainement de leur soutirer des renseignements précis sur un ado suspect (sûrement un cousin ?) ; un gamin noir, arrêté en pleine école buissonnière, vertement tancé par son père devant les policiers. Enfin, la scène peut-être la plus bouleversante du film : devant un bloc d'immeubles, un jeune homme noir veut reprendre son bébé malgré l'opposition de sa femme (il en est visiblement séparé), les policiers menacent de l'inculper pour trouble de l'ordre public et lui conseillent la procédure de divorce ; limites de la loi, réserve et obligation de la police, impuissance de l'homme qui part finalement en courant comme s'il voulait jeter sa peine au bout du monde… Inutile de multiplier les exemples, il ne s'agit pas de faits divers, mais d'un entrelacs des différentes facettes de l'affrontement vies privées/exercices de la loi (comme répression et assistance), et du maintien de l'ordre public. Un discours particulièrement démagogique du candidat à la présidence, Richard Nixon, vient en rappeler la dimension électorale : « *43% des Américains ont peur de marcher dans les rues la nuit… Le crime augmente neuf fois plus vite que la population !* ».

Chez Wiseman, la vérité ne s'approche que comme série de variantes — relativité et involution — c'est-à-dire non pas « choix » de saynètes chocs mais montage reliant d'une part les scènes entre elles, renvoyant d'autre part (de façon métonymique) au système de relations sociales vu sous l'angle (ou plutôt les angles) de l'institution considérée. Wiseman ne cherche pas « la » scène puisque la vérité c'est la chaîne. La réalité ne se livre pas comme une image pleine, mais comme une concaténation et réitération d'extraits (on a déjà évoqué la répétition **différente** de certains discours chez Wiseman, cf. chap. 9). La vision est ici un miroir tournant comme sur une table de montage, on ne voit jamais le tout d'un coup mais les parties s'assemblent cependant, en variant les angles de vue, pour former un ensemble qui, quand ça marche, vaut plus que l'addition des parties. Ainsi, le montage nous prend à partie sur ces assemblages sociaux dont nous faisons partie.

Faits divers : Depardon

Le film de Raymond Depardon, *Faits divers*, est, comme son titre l'indique, aux antipodes de celui de Wiseman, même s'il s'agit aussi de cinéma direct et de police. Le point de vue du reporter-photographe Raymond Depardon, commandité par la patronne du *reality-show* en France, Pascale Breugnot (sur A2 à l'époque), diffère, on s'en doute, du point de vue du juriste indépendant américain Frederick Wiseman. *Faits divers* serait à *Law and Order* ce qu'est *France-soir* aux *Annales*. Mais cette opposition n'est pas liée qu'au cadre de la commande, à l'objectif, elle est aussi dans la démarche, la visée, et le rôle assigné au spectateur.

Le cadrage du sujet, la composition des plans, le style du montage dans *Faits divers* n'ont rien à voir avec ceux de Wiseman, même si Depardon filme aussi en cinéma direct à son synchrone sans commentaire ajouté. D'abord, même si son générique remercie « les policiers du commissariat du 5e arrondissement », Depardon ne filme pratiquement que police-secours, c'est-à-dire une activité particulière de la police qui est loin d'être à elle seule représentative du travail policier. L'ouverture du film confirme le fait que le sujet n'est pas la police mais bien les faits divers, dont la police ne sera que le véhicule et la loupe. La scène s'ouvre en plan d'ensemble, comme un petit théâtre, sur une cour du vieux Paris au matin blême. Deux policiers en tenue tirent une concierge de son antre. Elle indique du bras un couloir. Les deux policiers frappent à une porte et annoncent de façon prosaïque une convocation au commissariat : « c'est pour un décès ». Nous sommes en terrain connu : pandors, cour, concierge, quidam, énormité bureaucratique comme une mauvaise blague… Et à cliché connu, refrain connu : voilà justement qu'attaque off une de ces chansons de comique troupier : « *En avant, en avant soldats, pressons le pas, d'un pied léger…* », sur des images de nos « semelles à clous » effectuant la fouille de quelques suspects alignés dans une arrière-cour. (Ce sera le seul plan de répression du film, encore n'est-il pas dans le film mais dans le pré-générique). Le ton caf-conc' est donné. Pour ceux qui en douteraient, la première scène, après le générique, vient le confirmer : sur le comptoir du poste, deux mains policières empilent les fameux carbones courtelinesques, panoramique sur la fine équipe de policiers (un peu à la manière des anciens jeux de massacre des fêtes foraines), ambiance franchouillarde, amicale et vaguement grivoise, surchauffée par la présence de la caméra et de deux touristes « *females* » américaines qui se sont fait voler.

Suit une scène qui ne dure pas moins de 16 minutes (un sixième du film) et qui nous installe définitivement dans le modèle de référence choisi par Depardon, le théâtre de boulevard :

- Préambule chez l'inspecteur appelé au téléphone, sur fond électrophonique de concerto pour piano : « *C'est vaseux, c'est vaseux, c'est un viol qui n'en n'est pas un, tout en en étant un. On va y aller.* »
- Intermède en voiture : les rues, la nuit, fond sonore radio NRJ.
- Scène centrale : la confrontation. Arrivé au commissariat, l'inspecteur monte dans son bureau avec le prévenu. Celui-ci donne sa version des faits (insistance sur le fait que la fille avait ses règles mais que « c'est elle qui a voulu »). L'inspecteur tape à la machine et sermonne. Exit le prévenu, mais qui reste « entreposé » dans un cabinet attenant, dont la porte reste ouverte. L'inspecteur appelle l'hôpital au téléphone pour avoir les résultats de l'expertise médicale, on les lui refuse, passe d'armes entre administrations. La fille commence sa déposition : après un jeu de cache derrière la lampe de bureau, la caméra la découvre finalement, c'est une jeune indienne ou sri-lankaise. Pendant sa déposition, le commissaire souligne que l'accusation de viol est très grave ; le prévenu passe la tête par la porte, on referme la porte. L'entretien se poursuit avec la fille, le prévenu fait soudain irruption pour dire quelque chose, l'inspecteur le renvoie, puis demande finalement à ce qu'on le redescende en cellule, l'homme repasse donc dans le bureau devant la fille pour sortir. Pleurant, ne voulant pas d'ennui et se sentant coupable, la fille accepte de retirer sa plainte ; le commissaire fait remonter le prévenu et oblige chacune des parties à faire des excuses à l'autre ; l'homme embrasse la femme : « n'en rajoutez pas quand même » dit l'inspecteur.

Le lecteur excusera cette description un peu longue mais nécessaire pour rendre visible cette scénographie — pièce maîtresse du film — faite de jeux de portes, de cache-cache, de tiers-exclu et d'amant au placard, dont l'évidente référence est le théâtre de boulevard et son voyeurisme scabreux. *Faits divers* nous convie à assister au petit théâtre des misères humaines, des faits divers divertissants et attristants, et au guignol de la police bon enfant et pas aidée. Suivent par ordre d'entrée en scène : la rixe entre arabes, « voici l'objet de la dispute » dit un policier en introduisant la femme ; le dépôt de plaintes par deux douces dingues ; la bourgeoise blonde, dévalisée par une rom, exposant son « légitime » racisme au planton ; la discussion des policiers sur leur pays et leurs vacances entre deux urgences ; la vieille « qui déménage » emmenée de force à l'hôpital ; le dialogue à la Deschiens entre une dame âgée blessée par une voiture et son sauveur-témoin ; l'arrestation puis la mise à la porte du commissariat d'une petite manouche ; la cave d'immeuble où vit un couple de paumés (« mon môme, on me l'a enlevé, il est à la fourrière ») ; un suicide manqué puis un suicide réussi, pratiquement dans le dos du mari qui écrivait à son bureau ; et jusqu'à la petite fête finale au commissariat, pastis et partie de foot à la télé. Un film somme toute populiste : « en avant, en avant soldats, pressons le pas… ».

L'épilogue nous laisse sur une équivoque : au cours d'une intervention de nuit Place Saint-Michel, les policiers appréhendent un jeune homme blessé et se font prendre à partie par ses amies : « pourquoi vous l'emmenez ? on vient aussi… ». L'ambiance s'échauffe, d'autres badauds protestent, le car démarre laissant sur le carreau les deux amies qui s'étaient agrippées au car, le car stoppe, mouvement de foule, il repart, « *demande des renforts* » dit une voix de policier, qui explique ensuite au « prévenu » qu'on veut juste le conduire à l'hôpital pour le soigner. Cette équivoque finale est d'autant plus malaisante qu'elle laisse le spectateur sur sa faim, lui fait sauter aux yeux, comme par un ultime retour de mauvaise conscience, ce qui aurait pu ou du être le propos du film : la relation entre assistance et répression, entre maintenance et violence légale, l'opposition entre vies privées et ordre public, à laquelle Wiseman, lui consacre toute son attention et ses quatre-vingt deux minutes de montage. Quelques scènes de *Faits divers* font regretter ce qu'aurait pu être le film. Ainsi l'arrestation puis le renvoi (« dehors ! » dit simplement un policier) de la petite « voleuse » mutique est une scène de cinéma exceptionnelle dans ce film où tout est plutôt sketch. Depardon a su saisir ici, dans les gestes des gardiens de l'ordre urbain, le mépris et l'exclusion de la nomade. Autre moment de vraie tension entre fiction légale et cruelle réalité : cette femme qui veut reprendre sa fille « sequestrée » (légalement) chez son ex-mari et sa belle-mère. La scène rappelle de façon troublante celle de *Law and Order :* comme le jeune homme noir désespéré de ne pouvoir voir son bébé, la jeune mère part en courant de toute son impuissance dans la rue…

Il ne suffit pas d'objecter que Depardon n'a pas voulu faire, comme Wiseman, un documentaire sur l'institution policière, mais bien, comme son titre le dit, sur des « faits divers ». Il reste que jamais les « faits divers » ne sont élevés au fait social, ne sont interrogés comme nœuds de relationsoppositions entre ordre et désordre, douleur et soin, et jamais n'entraînent le spectateur à réfléchir sur violence privée et violence publique, police et loi. Le montage de Depardon ne produit rien de cette relation complexe : ce ne sont que tableaux à rire ou à pleurer. Le film enfile les saynètes comme des perles, jouant uniquement sur leur dramatisme interne, allant crescendo vers le « climax » du suicide réussi. Le spectateur se trouve dans une position de voyeur comblée — chaque scène est tellement « vraie » — mais dubitatif, car l'ensemble est quand même faux. On dira volontiers que, dans ce reportage, « la réalité dépasse la fiction », mais cela ne signifie encore rien d'autre que : tout est conforme. Au point qu'on se demande si cette vision débonnaire, franchouillarde et dramatisante de police-secours, à l'esthétique de roman-photo et aux ressorts de « boulevard », est celle des policiers eux-mêmes, du cinéaste, de son commanditaire ou du téléspectateur auquel on prête ces clichés a priori. C'est ce qu'on appelle en tout cas un lieu commun, faute de contradictions motrices.

Enquêtes de police : Mosco

Le travail d'enquête de Mosco renouvelle le genre du documentaire policier. Il ne s'agit ni de suivre les faits divers du boulevard, ni d'appréhender les sens du « maintien de l'ordre », mais d'analyser l'un par l'autre une société et l'un de ses crimes via l'enquête policière — enquête qui est un mélange de rationalité et de violence, de pouvoir et d'impuissance. Un crime, c'est une transgression révélatrice des normes d'une société et de leur dysfonctionnement. La caméra de Mosco adopte une démarche d'anthropologue de terrain et elle remplit de façon étonnante la condition obligée pour un tel exercice du regard : mettre sur le même pied, voir du même œil, policiers au travail, témoins interrogés et prévenus appréhendés, et mettre le spectateur non pas au dessus de la mêlée mais dans ce bouillon de culture à égale distance des uns et des autres. Si le rôle des policiers est de démêler l'affaire, de trouver des preuves, des témoins et des coupables, si le rôle des prévenus est de se disculper, le rôle de la caméra n'est pas de juger ni de faire du suspense mais de suivre l'enquête comme un analyseur social et de proposer au spectateur une vision symptômatique de cette société, des jeux de libertés et de contraintes qu'elle agence.

L'apparente simplicité des deux films de Mosco, l'évidence de ces suivis d'enquête en cinéma direct sont en fait le résultat d'une intelligence profondément sensible aux nécessités contradictoires de l'exercice de la loi, et des difficultés révélatrices qu'entraîne cet exercice, socialement et humainement. La loi démocratique n'est-elle pas théoriquement la protection du droit égal pour chacun (y compris accusé) au respect de sa vie et de sa liberté ? Comment peut-elle agir dans ce respect contre ceux qui ne le respectent pas (question de la violence d'État) ? Préservatrice de l'ordre, n'est-elle pas aussi une sanction des inégalités sociales réelles ? Nécessaire à circonscrire et réprimer la violence, la rigueur de la loi n'est-elle pas cependant impuissante à en tarir les sources ? Ce que laisse entendre à sa façon fataliste l'inspecteur Baker en conclusion à *La Fusillade de Mole Steet : « On ne peut stopper le crime, ni même le freiner. On essaie de le maintenir hors des quartiers décents et de l'empêcher de se propager. On ne peut stopper le crime, il est là depuis Abel et Caïn. Tant que vous aurez des hommes « avec » et des hommes « sans », vous aurez toujours un prédateur au milieu. »*

Ces questions capitales, comme la peine du même nom, travaillent subtilement la trame des films de Mosco. En même temps que nous suivons l'enquête policière, le film marche comme une enquête sur l'enquête : c'est-à-dire, indirectement, une investigation anthropologique et sociale de terrain, ce qu'attestent l'aspect rouchien de l'épisode ivoirien, l'aspect woody-allenien du couple d'inspecteurs américains. C'est qu'il ne suffit pas de « faire du cinéma direct » — désormais synonyme de prise au tas et voiture-balais dans tant de magazines télé à la remorque — il convient de trouver la bonne approche, c'est-à-dire de mettre en scène la bonne distance au sujet et au spectateur. D'abord faire que les questions susdites transparaissent. Et pour qu'elle transparaissent, encore faut-il se les poser, et non pas **sur** les images mais **à travers** les images — c'est la règle du jeu du cinéma direct s'il prétend à autre chose qu'au « poids des mots, au choc des photos ». Mosco y parvient avec une simplicité remarquable, dont on mesure la difficulté dans l'affrontement à l'extrême violence du commissariat d'Abidjan. Il ne nous la joue ni au direct à l'estomac (sans pourtant nous épargner la cruauté), ni au filtre de la bonne conscience (pas de commentaire moralisateur). Le commentaire prévient et décrit les circonstances, c'est tout. Le reste est pris en charge par le dispositif filmique qui laisse clairement et humainement sa place et ses responsabilités à chacun : policiers, interpellés, coupables, cinéaste et spectateur.

Ce dispositif est à double détente :

- d'un côté les situations et confrontations que provoquent l'enquête sur le terrain, et dans les bureaux de la police ;
- de l'autre, les entretiens : interrogatoires policiers ; interviewes de certains protagonistes par le cinéaste.

La dynamique du film — en tant qu'intrigue mais aussi réflexion suscitée chez le spectateur — tient au jeu des contradictions et à l'imbrication entre ces quatre niveaux. Les entretiens provoqués par le cinéaste ne se situent pas du tout au même niveau que les interrogatoires policiers : loin de toute information ou sanction, les questions en tête à tête ne visent pas l'affaire ni le suspect, mais la personne qui fait face à la caméra, sa façon de (sur)vivre, son éthique (non au sens de morale prédiquée mais au sens de mœurs pratiquées). De même, la poursuite des témoins et suspects fait osciller, au gré des situations, le jugement du spectateur sur les raisons et conduites (mensonges, silence, chantage, dérobade, force) des uns et des autres, et surtout sur ce qui en arrière-plan les ligote les uns par rapport aux autres, les rôles sociaux dans lesquels ils se trouvent pris… et le spectateur avec.

Ainsi, dans *La Fusillade de Mole Street* (à Philadelphie), le spectateur partage tantôt l'indignation de voir impuni le meurtre d'un innocent adolescent, victime d'une fusillade entre *dealers*, tantôt la peur des témoins voisins qui risquent des représailles ; tantôt l'envie que justice soit faite, tantôt la triste évidence du crime comme l'un des seuls moyens de survie dans le ghetto. La tension frise l'insupportable dans *Un crime à Abidjan*, car la violence du crime (l'assassinat d'un policier) se redouble de celle que la police inflige aux interpellés : interrogatoires à coups de trique. Mais là encore le cinéaste remet chacun à sa place, non en jugeant à notre place, mais en posant explicitement par deux fois la question de cette visible violence au commissaire : « *Vous ne craignez pas de passer pour un bourreau ? — Non, je ne suis pas un bourreau, et je n'ai rien à cacher, car cette violence est nécessaire vu le niveau de notre pays* », dit en substance le policier. Et ce n'est pas le cinéaste qui vient le contredire mais le film : au détour de l'enquête, nous comprenons que des prévenus mis à mal s'accusent du crime de peur d'être battus encore, mais leurs contradictions éventées, ils se voient menacés d'être battus derechef s'ils n'avouent pas la vérité (c'est-à-dire qu'ils sont innocents) ! Cercle vicieux d'une violence absurde qui finit par brouiller les cartes de celui qui en prescrivait froidement la clairvoyante vertu ! Mosco saura jouer sa propre partition, entre police et prévenus, en retrouvant ces « suspects » libérés pour leur demander, après coup(s), ce qu'ils pensent de la « méthode » qu'on leur a appliquée, gardant ainsi une distance égale entre les divers portagonistes du film et y ajoutant la dimension tierce du spectateur.

Vu son dispositif, le montage de Mosco fonctionne évidemment d'une façon différente de la mosaïque wisemanienne ou de la suite de sketches de Depardon. La caméra filmant « à hauteur d'homme », selon l'expression de Howard Hawks, l'enquête anthropologique filmée suit les démêlés et les progrès de l'enquête de police, dont les « héros » ne sont pas ces Marlowe mais des fonctionnaires de police, pas des gangsters mais des petits truands ou délinquants. Le montage ne saurait anticiper sur le déroulement de l'enquête, il en observe les évolutions, ajoutant les quelques évolutions parallèles (entretiens avec les policiers ou avec des prévenus) que le cinéaste a estimé utiles à compléter l'enquête, moins au plan de l'intrigue qu'au plan des attitudes. Le montage n'est donc pas une chaîne de moments symptômatiques se répondant pour livrer les différentes facettes de l'institution policière, comme chez Wiseman. Ce n'est pas non plus une suite de tableaux, de mini-mélos comme chez Depardon. Le film suit le fil rouge d'une enquête, avec les rencontres, les confrontations, les « embrouilles » et les révélations qu'elle suscite du double point de vue légal et social. La vertu des enquêtes de Mosco est de réussir une anthropologie contemporaine sous l'aspect non pas exotique mais « endotique » (G. Perec). Mosco, il est vrai, avait déjà fait ses preuves d'enquêteur non aligné et de documentariste non-orthodoxe dans ses films autour de la Résistance (*Des terroristes à la retraite*, 1983) et du Parti Communiste (*Suicide au Comité Central*, 1990).

Enfin, la place assignée au spectateur par chacun des trois cinéastes est très différente. Nous avons analysé le système en partie-double de re-présentation et réflexion de Wiseman (cf. chap. 9) : à la fois porte-paroles et objectivation, mise en présence et à (équi)distance de discours et de situations antagonistes au sein d'un espace public, dont le spectateur devient juré. Nous avons vu comment Depardon nous installait, entre rire et larmes, émotion et sarcasme, aux premières loges du théâtre de boulevard (place que l'on retrouve dans *Urgences* ou *Flagrants délits,* par exemple). Le spectateur est au spectacle. Chez Depardon, le film n'est jamais un analyseur institutionnel comme chez Wiseman ; l'insitution est simplement un théâtre, tantôt déplorable tantôt parodique, des misères humaines. Il n'est qu'à comparer *San Clemente* (1980) à *Titicut Follies* pour s'en convaincre un peu plus. Dans les enquêtes de Mosco, le spectateur retrouve une position voisine de celle occupée chez Wiseman, mais (plutôt que comme juré) comme témoin malgré lui, observant les autres témoins et le fonctionnement de l'appareil policier, partageant tantôt les raisons des uns tantôt celles des autres, car, à la différence des « récits sans histoire » de Wiseman, le spectateur suit ici le fil rouge d'une enquête qu'il espère voir démêlée, même si, comme dans tous les « vrais polars » (Hawks, Lang, Fuller, Huston, Altman…), l'intrigue compte moins comme énigme que comme trame des comportements et confrontations.

Conclusion

Nous ne prétendons pas que les quelques films revisités ici soient plus « incontournables » que d'autres. Ils sont simplement exemplaires de démarches différentes à partir d'une technique commune, le cinéma direct, et sur un même sujet. C'est leur rapprochement qui permet justement de mesurer les écarts de dispositifs et de styles, et d'évaluer l'image qu'ils donnent de la réalité. La manière de voir et faire voir la réalité dépend des questions que le cinéaste se pose et lui pose (à la réalité), d'où et pour le compte de qui il l'envisage. Et la manière de traiter ses réponses (à la réalité) dépend aussi du découpage, de l'angle d'attaque (cadrage) et du dialogue que le film établit entre les divers aspects de la réalité (montage) et avec le spectateur.

Ce qui est significatif dans les trois cas qui nous occupent, c'est de constater de profondes divergences dans la saisie de la réalité, même à travers le procédé réputé le plus « objectif » et le plus « direct ». Aucune vision « directe » ne permet de faire l'économie d'une vision du monde, d'une mise en intrigue des divers faits, d'une mise en relation des apparences en fonction de centres d'intérêt, d'attentions et d'intentions, qu'il y ait un commanditaire ou que l'auteur se passe lui-même la commande. Mettre en scène la comédie des faits divers n'a pas le même sens, et ne relève pas des mêmes intentions, qu'interroger la force de l'ordre ou suivre une enquête anthropologique. Le café du commerce ou le théatre de boulevard ne sont ni plus ni moins « réels » que les institutions légales, le quadrillage urbain ou les négoces de toute civilisation entre soumission et violence. « La réalité » est bonne fille, elle comprend (presque) tout et le contraire, même la fiction, le rêve et le mensonge, les opinions les plus bonaces comme les plus totalitaires. Mais la question est justement de savoir si la représentation se contente de rendre l'aspect vraisemblable d'une réalité convenue, ou si le film cherche, à travers une sensibilité inquiète, à produire une intelligibilité différente, plus pénétrante ou extensive de notre monde, question à la fois esthétique et politique que condense la fameuse formule du style : « La forme, c'est quand le fond remonte à la surface ».

12

Vision-machine

« L'important, me semble-t-il, c'est de trouver une conception qui nous permette de donner un sens aux phénomènes en restant à l'intérieur de notre monde, au lieu de chercher à se prendre pour l'œil de Dieu. »

(Hilary Putnam, *Représentation et réalité*, p. 179)

Le dogme de l'objectivité de la prise de vues participe de « *la religion de la réalité objectivable comme fondement de tout critère de valeur* », critiquée par le physicien Werner Heisenberg (cf. chap. 14, § *La religion de « l'objectif »)*. Il en est une forme particulière reposant sur deux articles de foi du Progrès :

- la technique incarne la rationalité (d'où l'expansion du mot « technologie » = raison instrumentale) ;
- la saisie machinale du « donné » assure une vision objective dénuée d'interprétation, c'est l'événement lui-même qui se donne à voir *(nobody's point of view)*. **On oppose ici, de façon métaphysique, l'idée de vision passive, révélation (« avoir des visions ») à la notion de regard actif (« exercer son regard »), subjectif et partial.**

Provocant un véritable saisissement, la photographie est apparue, la première, comme ce miroir automate du réel. Comme le rappelle Philippe Dubois : « *La photo, dans ce qui fait l'apparition même de son image, opère* ***en l'absence du sujet****. On en a déduit que la photographie n'interprète pas, ne sélectionne pas, ne hiérarchise pas. En tant que machine régie par les seules lois de l'optique et de la chimie, elle ne peut que retransmettre avec précision et exactitude le spectacle de la nature.* » (*L'acte photographique*, p. 26, Nathan 1990). Telle fut la *doxa*. Malgré les critiques d'un Rodin ou d'un Baudelaire qui lui déniaient toute créativité et même la vertu d'objectivité (cf. chap. 1), la photographie fut rarement mise en doute quant à son aspect « documentaire ». Le caractère « objectif » de l'objectif se trouva naturellement renforcé par l'apparition du Cinématographe, et autres Biograph et Vitagraph, machines à enregistrer la photographie animée, le mouvement même de la vie. « Vie sur le vif » ou scène « plus vraie que nature », la prise de vues fusionnait, dans son effet mimétique, les puissances de l'évidence et de l'illusion, et emportait la conviction générale, même si d'aucuns dénonçaient ici les trucages, là les vanités d'un appareil qui reproduit la vie comme elle apparait (Marey).

Le « rapportage » télévisé a capté cet héritage, ramenant l'audiovisuel en deça des inventions (trop « subjectives » !) du langage cinématographique, pour mieux réaffirmer la puissance analogique « objective » de l'appareil de prise de vues. C'est en jouant du « sens commun » du référent dans l'image, de cette « évidence » de la prise de vue comme empreinte et analogue, que le prosaïsme audiovisuel a résisté aux vagues plus ou moins nouvelles de la déconstruction. Celles-ci ont cependant montré — non sans pertinence et avec un succès esthétique certain (dont le cinéma-vérité et le premier Godard sont les emblèmes) — que l'image, fut-elle prise de vue, répondait à des codes tant optiques que culturels, codes techniquement et idéologiquement orientés, et d'autant plus impérialistes qu'ignorant leur relativité (cf. Ph. Dubois, op. cit., pp. 35 et 37). S'il est indéniable que la technique est rationnelle puisqu'opérationnelle — c'est un moyen réglé en vue d'une reproduction — dire que telle machine, en l'occurence cinématographique, représente **La** rationalité suppose de croire aveuglément à deux choses :

- d'une part que l'idéologie occidentale, issue du croisement du platonisme christianisé et du capitalisme industriel, est la réalisation de la Raison, son plein aboutissement valable pour tout le monde (double tautologie qui fait de l'histoire occidentale une nécessité, le Progrès, et d'un de ses concepts clefs, la Raison, un critère universel) ;
- d'autre part, que la machine est « objective », c'est-à-dire qu'elle répond à une logique des choses et à un besoin humain universels par un usage univoque et obligé. Si elle tend certes à imposer un mode de vie et de vue « idéal » (baptisé Progrès et maintenant Mondialisation), la technique ne saurait s'appliquer partout sans histoire ni impliquer en soi une interprétation unique, hors de tout contexte, sans variante, conflit, ajustement, détournement. Cette idée fixe de la neutralité technique devient plus idiote encore quand elle s'applique à un appareil qui est un moyen d'expression. On distingue là le sombre aspect totalitaire de cette claire visée automatique sans sujet : assujettir tout regard à un seul point de vue « obligé », réputé rationnel, intangible, indiscutable. Grâce aux Lumières de la Raison instrumentale (*Aufklärung* signifie aussi *reconnaissance* au sens militaire), c'est la physique des choses elle-même, avérée par les instruments scientifiques, prolongée par la technique, qui est censée trancher dans nos opinions, façonner nos comportements [1].

Robotisme

Nous avons vu au chapitre 1 *(§ La caméra, instrument scientifique ?)* comment la chronophotographie a été utilisée par Frank Gilbreth pour la modélisation des gestes du travail dans le cadre de la taylorisation : la « science » du mouvement au secours de la science du travail, la décomposition du geste par le cinéma au service de la division industrielle du travail et de sa robotisation [2]. Dans la bataille de la production qui a marqué le XXe siècle, le documentaire s'est fait serviteur de deux maîtres : film industriel, glorifiant l'usine et la geste du progrès ; film militant, glorifiant le prolétariat et dénonçant les chaînes de l'exploitation. Avec une double contradiction : d'un côté, le mépris des travailleurs dont on extrait la force de travail ; de l'autre, l'idéalisation du travail dont on dénonce l'esclavage. Avec en partage, des deux côtés de cette ligne de partage, la croyance dans le machinisme, promesse paradoxale de libération de l'homme du travail et d'avènement de la société d'abondance. « *Le système d'organisation scientifique désigné par taylorisation fut salué dans la*

1. Pour une critique du concept de « Raison instrumentale », cf. *La Dialectique de la Raison,* Adorno et Horkheimer, 1944, trad française 1974, Gallimard.

2. Le mot « robot » vient du tchèque « robota » = travail forcé, et a été créé en 1924 par l'écrivain Karel Capek pour désigner des travailleurs artificiels dans son roman de science-fiction *Les Robots universels de Rossum.*

quasi-totalité de l'éventail politique, et de Detroit à Moscou, comme un magnifique outil de réforme sociale. Plus particulièrement en Europe, l'opinion s'était soulevée contre l'expérience du capitalisme libéral qui avait conduit à la (première) guerre mondiale. Une technique permettant d'éliminer les conflits et gaspillages dus à la politique du chacun pour soi semblait un tremplin providentiel vers l'édification d'une société à la fois plus harmonieuse et plus productive. » (Kirk Varnedoe, *Au Mépris des règles,* 1990).

On se rappelle la phrase programmatique du Dr. Etienne-Jules Marey, publiée dans *La Machine animale* (1873), véritable annonce de ce qui définira la cybernétique : « *Bien souvent et à toutes les époques, on a comparé les êtres vivants aux machines. Mais c'est seulement de nos jours qu'on peut comprendre toute la justesse de cette comparaison.* » La physiologie, l'anthropométrie, l'ergonomie naissante s'alignent sur la nouvelle mécanique du mouvement, des corps-machines (pas encore de la pensée-machine) que la caméra contribue à rendre visible, à analyser, à modéliser. Le culte de la machine comme modèle d'efficacité et de performance, de rationnalité mécanique, on le retrouve au tournant du siècle aussi bien chez les positivistes bourgeois que chez les artistes révolutionnaires. Industrielle ou prolétarienne, la révolution passe par l'assimilation de l'homme à la machine [3]. « *Le psychologique empêche l'homme d'être aussi précis qu'un chronomètre, entrave son aspiration à s'apparenter à la machine. L'incapacité des hommes à savoir se tenir nous fait honte devant les machines, mais que voulez-vous qu'on y fasse si les manières infaillibles de l'électricité nous touchent davantage que la bousculade désordonnée des hommes actifs et la mollesse corruptrice des hommes passifs. (...) Nous ne voulons plus temporairement filmer l'homme parce qu'il ne sait pas diriger ses mouvements. Nous allons, par la poésie de la machine, du citoyen traînard à l'homme électrique parfait.* » Ce n'est pas Taylor qui parle mais Vertov (*Nous,* premier manifeste des Kinoks documentaristes, 1922). À l'Est comme à l'Ouest, capitalistes ou communistes s'accordent à voir dans les mouvements conjugués de la locomotive et de la caméra, les prototypes de la révolution mécanique (ou de la mécanique révolutionnaire). Le ciné-train de la propagande communiste répond à *L'Arrivée du train en gare de la Ciotat* et au Hale's Tour américain (chap. 1). Derrière l'ouvrier pointe l'homme nouveau, l'homme de fer, derrière le chemin de fer l'Avenir radieux.

L'homme à la caméra sur les rails

On peut revoir le célèbre plan de *L'Homme à la caméra* penché entre les rails, comme un révélateur à la fois de l'affrontement et de l'alignement de l'homme et de la machine : affrontement de l'homme en bras de chemise et de la locomotive ; affrontement de sa caméra (on ne la voit pas mais on la sait cachée par sa tête en posture de visée), petite machine à reproduire le mouvement de l'autre grosse machine à dévorer le temps et les distances ; alignement enfin de l'homme entre deux machines, entre la locomotive qui fond sur lui du fond de l'image et l'autre caméra (invisible) qui cadre dans son dos le cadreur et le train. Une machine contre une autre, un moyen de communication face à l'autre : les deux mouvements vont-ils s'additionner ou se détruire ?

L'image n'est pas composée selon la diagonale Lumière, elle est frontale, le train fonce droit sur le cameraman et sur nous. La vue est fortement focalisée, il y a une volonté — redoublée par les deux caméras dans le même axe central — de nous faire pénétrer dans le film et de faire traverser notre réalité par le film : faire que nous entrions dans le film ou que le train en sorte. Au travers du cadre, Vertov vise (non sans clin d'œil) un impossible échange entre le réel et sa représentation, entre l'instantané et l'utopie. Un des plans suivants ne montre-t-il pas les travées de la voie ferrée défilant à toute allure à la manière d'une pellicule pas ou mal impressionnée ? L'image comme surface entre le visible et l'invisible.

Ce que Vertov nous fait voir le long de cette ligne de fuite liant l'homme au train et fixée derrière son dos par l'autre caméra, c'est que tout point de vue est une interface entre un champ de projection et un hors-champ invisible mais susceptible à tout moment d'apparaître en contre-champ... ou en

3. Le même phénomène de miroir absorbant se joue aujourd'hui entre l'ordinateur et l'esprit humain dans l'intelligence artificielle. L'artefact est pris pour modèle du vivant. Le sujet humain est une erreur de la machine

abîme. Pression du temps dans le cadre et sur le cadre. Pas de jeune fille ligotée sur la voie, pourtant Zorro est arrivé : c'est lui, le reporter « je suis partout » du monde moderne, **qui nous montre de quoi il retourne**. La vue frontale du train courant sur le filmeur filmé suppose un contrechamp virtuel sur l'autre caméra, et au-delà, sur nous spectateurs en train de regarder : **l'esprit dans la machine** (de transport, de tournage, de projection).

La caméra va-t-elle avaler la loco ou l'homme va-t-il se prendre le pied dans le rail, passer sous le train du progrès et nous avec ? Tout à la fois : le royaume du *Ciné-œil* est celui des compossibles. Vertov est simultanéiste à la manière des cubistes, chantre de la vitesse et de la technique à la manière futuriste, et relativiste comme Einstein. Sa caméra se veut une machine non plus seulement à reproduire mais à produire l'Histoire, **une forme de conscience ouvrière.** Et voilà que ces images si impressionnantes du train venant se ficher dans notre tête, passe dans la tête d'un autre ou plutôt d'une autre : le bras nu, le front d'une jeune fille s'agitent sur l'oreiller… Le train ne passait-il que dans son rêve ? Elle se lève. Et tandis que la jeune Aphrodite soviétique s'habille, le cameraman quitte la voie ferrée, roule vers d'autres aventures de la perception, non sans nous laisser voir le trou creusé qui nous a permis de passer sous le train sans dommage et pour notre plus grand plaisir.

Mais comment ne pas penser aussi, face à cette image, au train de la propagande qu'anima Medvedkine et auquel Vertov participa. La Révolution communiste n'est-elle pas, dans la vulgate bolchévique, la locomotive de l'histoire ? Et le phare du Socialisme ne sera-t-il pas Staline, l'homme (sinon le cheval) de fer ? Ironie de l'histoire (provocant une relecture de l'image au futur antérieur) : c'est sous le train du réalisme socialiste que va bientôt passer toute l'avant-garde dite formaliste, dont Vertov. Rapporté à ce nouveau contexte que nous connaissons mais que *L'Homme à la caméra* ignore encore ou ne veut pas voir, le cadre change. Derrière les trains si magiquement filmés par *L'Homme à la caméra,* se profilent à nos yeux d'autres trains de l'Histoire, les trains du stakhanovisme et de la déportation dans les camps de travail de Sibérie… et d'ailleurs. Un train peut en cacher un autre, une caméra peut en cacher une autre, une machination peut en cacher une autre, une histoire peut en cacher une autre.

La machine à gloire (Villiers de l'Isle-Adam) qu'est le cinéma peut vanter ou affronter la réalité, nous vendre ce monde comme le seul possible, voire le seul valable (Progrès) ou souhaitable (Avenir radieux), ou bien le découvrir sous un angle impossible et contribuer à inventer de nouveaux cadres pour l'action. La machine seule ne le peut pas, il y faut des intentions et des décisions communes dont précisément elle a charge de nous dispenser ! On pourrait parodier, à propos de l'illusion machinique, la sentence de Lucrèce : « *Si dans la* machine *incomprise, l'homme cherche des réponses à ses actions, elle lui parlera surtout de ses crimes.* »

L'image de *L'Homme à la caméra* en appelle une autre à 65 ans d'intervalle : un autre homme en bras de chemise face à un autre cheval de fer fonçant sur lui, immobile. Une caméra est braquée sur lui aussi, mais, à la différence de *L'Homme à la caméra,* il ne le sait pas, et il n'est pas lui-même armé d'une caméra. Il s'est posté debout bras ballants devant un char d'assaut, devant une colonne de chars immobilisée visiblement par ce seul frêle et tout puissant corps vertical, sur une immense place déserte. Ce n'est pas Budapest. La silhouette blanche est filmée de loin, l'homme est petit sur la photo, c'est un « pékin » moyen mais on ne voit que lui : il fait d'autant plus grand qu'il se tient droit les bras le long du corps devant l'énorme tank qu'incroyablement, mais si, il a paralysé. Rendu aboulique, le mastodonte ne comprend pas, et encore moins ses congénères derrière comme chenilles processionnaires, ce qu'**il** veut, ce qu'**on** attend. Ce n'est pas un instant de suspense, c'est un bloc d'éternité. Après un temps échappant à toute mesure, le char d'assaut sot tourne sa tourelle et tente de contourner l'obstacle humanoïde. L'homme alors fait un pas de côté, remettant sa vie en travers et paralysant la machine de guerre civile dans le même dilemme. Tien An Men.

Deictique

Du point de vue esthétique (au sens de perception sensible et forme intelligible du monde), l'objectivisme entraîne l'appauvrissement en prétendant faire valoir la prise de vue uniquement comme évidence, comme preuve (cf. chap. 14). Cette logique démonstrative, qui se réclame de l'image comme d'un déictique : *voici, ceci, ici, maintenant…* n'est pas seulement bonimenteuse (raccolage de l'audience, l'écran comme vitrine, recettes publicitaires) mais reflet du management industriel duquel participe la télévision (en tant qu'appareil de gestion de flux, de services et entreprise de distribution de type grande surface). Cette administration de la « preuve par l'image » s'appuie sur des certitudes dont il convient de rappeler les tenants et les aboutissants.

Le discours actualitaire tire son autorité de l'évidence « objective » des prises de vues. De celles-ci n'est retenu que l'aspect indiciel : elles sont l'empreinte de l'événement, elles le désignent et l'attestent. L'aspect symbolique de l'image appelant l'interprétation (cf. citation de Charles Peirce dans notre Avertissement), le fonctionnement de la prise de vues dans les conventions d'un langage, d'une série d'interprétants, est dénié au seul bénéfice de la connexion physique et technique de l'image avec son référent. Si la propagande actualitaire s'installe ainsi dans le déni du montage[4] et du langage cinématographique, ce n'est pas seulement pour des raisons d'économie, d'urgence ou de démagogie commerciale, c'est parce que **la prise de vues doit apparaitre comme tenant lieu stable de son référent réel, et non comme signe mouvant dans une chaîne de signifiants**. Les choses sont ce qu'elles sont et des cadres fixes leur correspondent et les classent adéquatement. C'est la relation indicielle de l'image à son référent et elle seule, sa fonction dénotative « débarrassée » de toute connotation, qui passe pour garant d'objectivité. Le monde se voit ainsi réassuré comme il est, et le public rassuré de vivre dans le seul (si ce n'est le meilleur) monde possible : l'actualité télévisée fonctionne comme la plus grande compagnie d'assurance jamais rêvée, rétablissant quotidiennement à coup d'évidences catégoriques l'ordre « naturel » des choses entre deux catastrophes.

Cependant, comme la dénotation pure est impossible, comme la superposition des fonctions indicielle et symbolique est constitutive de la prise de vue (cf. Avertissement), la scotomisation « réaliste » qui prétend ne retenir que celle-là mène forcément à l'illusion d'optique, si ce n'est à la falsification : **la technique de la preuve par l'image conduit à la fabrication de l'image comme preuve. Le déni de l'écart entre le réel et sa re-présentation engendre d'un côté le fétichisme de l'image, de l'autre l'oubli du langage audiovisuel qui œuvre précisément sur cet écart.** Philippe Dubois cite pertinemment le contre-exemple de *Blow up* d'Antonioni : « *Le thème du film, c'est l'impossibilité de faire coïncider le réel avec sa représentation a posteriori, justement parce qu'entre les deux, dans l'écart, quelque chose a passé — qui n'est pas seulement du temps. La distance photographique fonctionne donc ici à plein : confronté à un accroc, à un désaccord, à une fêlure entre le signe et ce qu'il croit être le référent, le sujet se met en mouvement, il se met à aller et venir sans arrêt d'abord dans l'image elle-même, puis entre les images, enfin de l'image à l'objet, de l'objet à l'image, comme s'il courait après une hypothétique vérification de l'un par l'autre.(…) Ebranlement généralisé du réel, de l'imaginaire, du rapport que le sujet entretient avec l'un et l'autre.* » (*L'acte photographique*, p. 91).

Selon le dogme de l'objectivité, chaque image est un miroir qui renvoie à son référent réel, et en tient lieu ; elle ne s'enchaîne pas aux autres pour former une traduction, produire un sens, ce sens est déjà là immanent au réel qu'il suffit de capter au plus près, au plus vite. Question de technique. C'est non seulement le réel mais son sens qui sont présupposés ; la vérité est une « simple » question d'adéquation et de ressemblance, du mot à la chose, de l'image à l'événement. Le sens n'est pas une production mais une reproduction. L'image est révélation immédiate d'un déjà là significatif. Sous couvert de ce « sens commun », nous voilà ramenés à une épiphanie du référent et à un « réalisme » métaphysique de l'image, dont l'instantané est l'apothéose. Et il en va forcément ainsi dès que l'on croit pouvoir tirer de l'image une vérité ontologique séparée de son fonctionnement sémiologique (dans une « bande » de signifiants) et pragmatique (usage et contexte de production et d'échange).

Selon la terminologie de Peirce, la prise de vue n'est pas seulement icône (ressemblance) ou indice (empreinte), elle a nécessairement une fonction symbolique dans une chaîne ouverte d'autres images et d'interprétants. Croire qu'en déniant celle-ci, on raffermit par ses deux autres traits l'objectivité « essentielle » de la prise de vue, c'est attribuer l'existence singulière des choses représentées à ce qui les interprète. C'est glisser de l'empreinte (indice) à la ressemblance (icône)

4. Déni du montage ne veut pas dire qu'on ne recourt pas au montage. On l'utilise comme technique voire comme effet sans jamais lui reconnaître les vertus d'un langage produisant du sens, puisque le sens est supposé immanent au réel et à l'image qui en saisit l'évidence.

et de la ressemblance à la vraisemblance, qui n'est autre qu'une vérité préconçue et un langage stéréotypé qui s'ignore. Ainsi, au lieu d'investiguer une réalité par le langage des images, on recherche l'image « prévue » dans le réel, c'est-à-dire le cliché.

Télé-surveillance

On connaît la querelle du point de vue, commencée avec Jean Vigo (cf. chap. 3), et qui perdure légitimement chez les documentaristes comme chez les anthropologues. La prise de vue a beau être mécanique, elle se fait d'un certain point de vue, du point de vue de celui qui forcément règle l'appareil, choisit et compose la prise. Il y a aussi le point de vue de celui qui va regarder le film ou les images : vision paradoxale alliant fixité du champ (écran) et multiplicité des points de vue (à l'intérieur du film). Et, entre les deux, il y a un système sélectif de montage des images : créant d'un côté une illusion de continuité, de l'autre une illusion d'ubiquité.

De cette transposition réglée du regard du filmeur à la vision du spectateur, Claude Bailblé a repéré les paramètres optiques et psycho-physiologiques essentiels : « *En étendant la netteté optique du champ central à l'ensemble du tableau, la perspective efface la visée au profit de la vue, où s'expose la vérité spontanée du monde* (nobody's point of view). *C'est donc en instaurant un degré de liberté, à savoir le balayage visuel sur la vue frontale, que la perspective a créé un « piège à regard », un pseudo-champ objet, écourté par le cadrage. Le pinceau du regard (5°) ne recouvre pas tout l'écran : aussi est-il contraint à la mobilité, à la saccade d'exploration. Et c'est bien parce qu'il peut parcourir l'image — y déployer sa propre analyse — que le spectateur accepte de se substituer à l'observateur initial, de crédibiliser la vue sans questionner l'œil d'où elle procède. La vue perspective escamote de la sorte la démarche de l'observateur, le contexte de la visée, pour se concentrer sur la scène observée. L'image obtenue n'en reproduit pas moins un champ d'appréhension, le champ frontal de l'attention corporelle* (somebody's focusing), *à ceci près que la netteté optique a envahi l'ensemble de ce champ. (...) La netteté généralisée fait oublier la profondeur absente, ajoutant même une « voyance » nouvelle, la vision simultanée des différentes distances (vision coplanaire). Pour autant le dispositif évince les deux autres degrés de liberté essentiels à l'observation du réel : la possibilité de s'orienter, de choisir un axe d'une part, celle de se déplacer, de changer de point de vue d'autre part. Le cinéma confronté en ses débuts à l'immobilité figée du plan-séquence, devra rapidement les retrouver et même les dépasser* (par le découpage-montage) *jusqu'à obtenir* ***une visibilité supérieure****, assez puissante pour « couvrir le réel ».* » (Claude Bailblé, *L'image frontale, le son spatial*, in *Cinéma et dernières technologies*, De Boeck, 1998). On peut évaluer la « supériorité » de cette vision cinématographique, élaborée par les jeux de cadre-cache, de champ/contrechamp/hors-champ et de contrepoint audio-visuel, en constatant que toutes les tentatives de cinéma expansé, contrefaisant les conditions « objectives » du plein champ visuel (type Omnimax), perdent l'essentiel des acquis du langage cinématographique — les échanges de regards « subjectifs » (entre acteurs, et entre acteurs et spectateur) — au profit du seul travelling-panorama, qui ramène le cinéma aux temps primitifs du travelogue et du *scenic-railway* (cf. F. Niney, *Y aurait-il un cinéma sans cadre ?* in *Cinéma et dernières technologies*).

En dépit des conventions du récit cinématographique et de la relativité avérée de son optique — relativité signifie non pas arbitraire mais production d'une certaine représentation ou vérité selon un type réglé de relations — l'objectivisme, farouchement attaché au fétichisme de la vue « telle quelle », n'a pas dit son dernier mot. En automatisant complètement la prise de vues, c'est-à-dire en supprimant l'opérateur, n'atteint-on pas enfin la vérité toute nue : des faits qui se font voir et parlent d'eux-mêmes ? La télé-surveillance est le modèle de cette vision-machine intégralement « objective » parce que tout à fait « hors sujet » : *nobody's point of view*. La télévision, dans ses aspects les plus modernes, tend effectivement à s'aligner sur ce modèle de télé-surveillance, qu'il s'agisse de CNN couvrant le monde de son réseau de caméras 24 h sur 24, de la captation en direct des émeutes de Los Angeles (1994) par « télécoptères », accompagnée d'une musique « synthé » de galerie commerciale, ou des nouvelles émissions sensationnelles montrant des vidéos accidentelles de faits divers, catastrophes ou accidents justement. Ces **images de mort sans intention de la donner**, faites le plus souvent par des amateurs, témoins, sauveteurs, gendarmes ou pompiers (quand ce ne sont pas tout bonnement des reconstitutions) partagent avec la vidéo-surveillance cette qualité « objective » d'être prises (soi-disant) sur le vif sans préméditation et comme au hasard. En les prêtant à la grande chaîne, les petits amateurs confortent son slogan d'omnipotence imaginaire : « je suis partout ». Un chroniqueur du journal Libération (Philippe Lançon, 22 février 1999) remarquait plaisamment que, si ce nouveau type d'« actualités » se mettait à proliférer, les « gendour-nalistes » (contraction humoristique de gendarme et journaliste) ne tarderaient pas à se substituer partout aux reporters envoyés (souvent « trop tard ») sur l'événement.

Le miroir automate

Au-delà de la prise de vue et de l'enregistrement automatiques, c'est même le traitement des vues qui peut désormais être pris en charge par un système de reconnaissance informatisée. Au-delà encore, c'est la suppression même de la prise de vue, de la caméra : l'image est entièrement calculée, elle n'est plus photographique mais topographique, une image de synthèse. La croyance dans le miroir automate[5], qu'avait inaugurée la photographie, se voit renouvelée par l'ordinateur, les images numériques et la théorie cybernétique. L'intelligence artificielle et ses « réseaux pensants » promettent un nouvel éther de visions sans regard donc sans erreur, de pensées sans sujet donc absolument vraies. Devant la machine, le sujet humain n'est plus qu'une erreur[6] (de calcul). Pointons tout de suite l'arrière-pensée qui sous-tend cette version dure de la cybernétique : toute perception comme toute proposition et tout comportement est réductible à de la logique (non-contradictoire), donc formalisable et traitable par un calculateur binaire, lui-même conçu comme l'équivalent d'un cerveau.

Un des pères fondateurs de la cybernétique, Norbert Wiener, a donné de cette nouvelle équation informationnelle une formule frappante : « *Il est conceptuellement envisageable de transmettre un être humain à travers une ligne télégraphique. Pour l'instant, cette idée est impraticable mais elle n'est pas pour autant inconcevable.* » (*Cybernetics,* 1965, MIT Press). Cette proposition d'un bon sens transportant repose sur un axiome fondamental de la théorie de l'information : « tout objet physique est **l'équivalent** de l'information nécessaire à sa construction » (cf. Tony Sudbury, *Instant Teleportation,* in *Nature,* 15/4/1993). Selon le réductionnisme physicaliste, qui précéda la cybernétique, on dirait : tout homme étant une masse d'atomes, il est conceptuellement envisageable de le comprimer et de l'expédier dans une boîte à chaussures pour réduire les frais de transport. Ou encore, selon le réductionnisme génétique qui a dernièrement volé la vedette à la cybernétique : puisque la totalité du génome humain sera bientôt décodé, il sera conceptuellement envisageable de faire naître « on line » un nouvel être humain en faisant « épeler » la totalité de son code génétique par un ordinateur.

On aura compris qu'il règne ici une confusion dangereuse partagée par tous les réductionnismes. La prétention à réduire le divers à un principe premier, le complexe à ses éléments simples, mène à l'indistinction des niveaux d'organisation où **le tout est plus que la somme de ses parties** (cf. Norbert Elias, *Engagement et distanciation).* Si un être vivant est bien une somme d'atomes ou de molécules, il n'est pas que cela, ou alors c'est un cadavre. La logique démiurgique, qui réduit le composé au simple, l'existant à « ses » principes, peut ainsi mener à réduire le social au biologique, le biologique au chimique, le chimique au physique… et pourquoi pas tous ces niveaux à de l'information. L'animal-machine, le comportementalisme, la sociobiologie, le déterminisme génétique et les machines « pensantes » figurent divers avatars fantastiques de cette monomanie archi-logique, parfois transitoirement féconde, toujours limitée par son excès même.

L'autre travers du réductionnisme est son formalisme métaphysique qui confond comme **équivalents** le phénomène et « sa » formule, l'existence singulière et les « lois » qui l'explicitent. La physique newtonienne avait déclenché ce

5. J'emprunte cette heureuse expression à l'excellent ouvrage de Gérard Chazal : *Le miroir automate, introduction à une philosophie de l'informatique* (Champ Vallon, 1995).

6. Contre ce point de vue « éliminationniste », rappelons la proclamation vitale de Nietzsche : « *C'est en s'adaptant à l'erreur vivante que la vérité, toujours morte à l'origine, peut prendre vie.* » *(Volonté de puissance,* II, Tel/Gallimard, p. 214).

fantasme, et Laplace rêvait de la formule mathématique de l'univers, qui expliquerait le passé, le présent et l'avenir, en calculant les positions et trajectoires de chaque corps. Traduire tout le vivant en codes, en échange d'informations, en programmes, n'est que la dernière mode de cette utopie de la Raison. Utopie qui oublie l'histoire et confond généralement les mots, les choses et les « régions de réalité » (voir chap. 14). Ainsi par exemple, peut-on contester, avec Umberto Eco, l'application anthropomorphique du vocabulaire de « l'information » aux échanges cellulaires eux-mêmes. On sait par exemple que, dans le « dictionnaire génétique » en passant de l'ADN à l'ARN messager, l'A (adénine) devient U (uracile). « *Quant à savoir si l'on peut tenir cette règle pour un « code » génétique, c'est un problème hautement controversé. Les nucléotides ne « savent » pas que A « signifie » U. Ils réagissent simplement en substituant A par U. Nous ne pouvons dire que les nucléotides se comportent sémiosiquement, car nous ne sommes pas en mesure de démontrer qu'ils peuvent s'abstenir d'interpréter ou bien choisir des interprétations alternatives.* » (*L'Œuvre ouverte*, Livre de Poche 1992, p. 243). Et Eco d'insister, en s'inspirant de Peirce, sur le fait que la communication *stricto sensu* est non pas dyadique (réactive : A produit B, B produit C) mais triadique (par médiation d'un code symbolique transitoire : A produit B comme moyen de produire C). Si l'interprétation peut heureusement et heuristiquement expliquer le fonctionnement des choses, c'est néanmoins nous qui interprétons dans notre langage, suivant notre horizon « significatif », notre matériel et notre devenir humains.

La prédiction télégraphique de Wiener joue sur un double réductionnisme : elle ne se contente pas de dire que le vivant, comme la matière et l'énergie, est structuré selon des réactions codées (interprétables), elle pose que matière, énergie, vivant sont **équivalents** à des échanges d'information codée. Ce qui revient à dire que, si l'on a soif, il suffit de se faire faxer la formule H2O. Pour le redire avec Umberto Eco : « *En apprenant que* eau *signifie H2O, j'apprends autre chose qu'en apprenant que H2O signifie « eau ». En tout cas, l'Objet Immédiat est interprété sous deux différents aspects, ou descriptions ou points de vue.* » (p. 242).

La critique de ces abus de langage, la réfutation de cette réduction du langage vivant (et du vivant lui-même) à de la logique formelle, à un ensemble de définitions fixes correspondant à des objets « donnés », est contemporaine de la naissance de la cybernétique (cf. le principe d'incertitude de Heisenberg, le théorème d'incomplétude de Gödel, les « jeux de langage » de Wittgensein). Il est significatif que deux des plus grands théoriciens de la formalisation logique du langage — l'un, Ludwig Wittgenstein, ayant appartenu au Cercle de Vienne, l'autre, Hilary Putnam, ayant été un des papes de la théorie computationnelle du langage —, se soient ravisés (à 40 ans de distance) et soient devenus l'un et l'autre des démolisseurs de ce réductionnisme logique. L'un et l'autre ont adhéré à une pragmatique de la signification (cf. H. Putnam, *Réalité et représentation*, 1990, Gallimard).

Dans la postface critique à son ouvrage *Biologie de la conscience* (Odile Jacob, 1992), le neurobiologiste Gerald Edelman a remarquablement condensé les arguments que l'on peut opposer, tant du point de vue évolutionniste que pragmatique, à la thèse fonctionnaliste soutenant que cerveau = ordinateur, langage = logiciel. « *La signification, comme le dit Putnam, est* interactive. L'environnement lui-même contribue à déterminer ce à quoi les mots d'un locuteur, ou d'une communauté, font référence. *Et comme cet environnement n'est pas figé, il n'admet aucune description générale a priori en termes de procédures effectives. De plus,* ***le propre corps du locuteur joue un rôle tout aussi déterminant au niveau sémantique.*** *(…) La signification refuse tout simplement de se laisser ligoter par un ensemble fixes de termes, écrits en utilisant un système de codage spécifique. Alors que les représentations doivent demeurer figées,* ***les comportements changent en fonction du contexte*** *(de façon inexplicable pour qui les voit sous l'angle objectiviste). Si ce que je dis est exact, cela signifie que l'esprit n'est pas un miroir de la nature.* ***La pensée ne se limite pas à la manipulation de symboles abstraits dont la signification est justifiée par référence univoque à des choses du monde réel.*** *Les catégories classiques ne servent à rien dans la plupart des cas de catégorisation conceptuelle et elles ne parviennent pas à rendre correctement compte de la façon dont les êtres humains effectuent des catégorisations dans la pratique* (cf. Wittgenstein, Investigations philosophiques). ***Il n'existe pas de correspondance univoque entre le monde et notre catégorisation de ce monde.*** *Autrement dit, l'objectivisme ne marche pas.* » (Edelman, pp. 296 et 312).

La machine déjouerait-elle nos calculs ?

Vues aériennes et télé-surveillance vont nous fournir deux exemples de vision « objective » réalisée par des machines toujours plus réfléchissantes et automatiques, susceptibles de « voir » ce que l'œil humain ne saurait voir, et de le visualiser sans préjugés, de façon détachée. Idéal panoptique, capable de voir les choses de partout et nulle part, comme elles sont (en dehors de nous) ; idéal de la machine à calculer, susceptible de déjouer nos calculs. L'objectivisme moderne rejoint l'idéalisme ancestral dans la méfiance à l'encontre de notions (sublunaires) aussi louches et trompeuses que les sens, la volonté, la passion, l'intérêt, le désir, le point de vue orienté, tous travers auxquels la machine non seulement échappe mais fait un sort. Faut-il rappeler que l'idéalisme est un apraxisme : sa vérité relève de l'ascèse (solipsiste), de la démonstration mathématique *(more geometrico)* et de la pure contemplation (« *theoria* » en grec), source directe de l'idée médiatique moderne qu'être objectif, c'est être spectateur, et que l'on préserve cette objectivité en envoyant au charbon, à notre place, les machines (plus fidèles et performantes que les esclaves).

Il y a une part de vrai et d'efficace dans cette défiance envers nos sens : pour construire un champ de relations objectives, il convient certes de neutraliser les accidents subjectifs de l'observateur, comme il faut isoler d'une nature trop profuse, trop confuse, le phénomène « intéressant » et en régler (donc instrumenter) l'observation pour en tirer des « données ». Toutes les sciences dites « dures » se sont construites sur cette abstraction du sujet. Mais jusqu'où est-ce possible ? Jusqu'à l'abolition de l'observateur ? Et sinon, comment en tenir compte ? Quand et dans quelle mesure (c'est le cas de le dire) s'intègre-t-il à l'appareil d'observation ? ou même au phénomène observé, s'il s'agit d'un phénomène non seulement naturel mais humain ? Et où commence la partition entre nature et culture ? « *On pourrait croire que le meilleur « observateur » est une machine, et que l'observateur humain doit tendre à une sorte d'invisibilité qui — si elle était possible — éliminerait l'observateur de la situation d'observation. Une telle façon de voir néglige implicitement le fait que ces filtres* (techniques, appareils) *en « corrigeant » les déformations dues à la subjectivité, produisent des déformations qui leur sont propres — et qui restent d'ordinaire méconnues. Elle feint d'ignorer surtout que dans une perspective aristotélicienne, l'observateur invisible doit dire en fin de compte :* "Et c'est cela que je perçois" — *sans se préoccuper de savoir si ce qu'il perçoit est de l'ordre du comportement, ou n'est qu'un électro-encéphalogramme ou un résultat numérique. En outre, cet obsevateur doit dire à un moment :* "Cela veut dire que…". *En termes techniques, cela s'appelle une "décision" et c'est un fait fondamental que la théorie des jeux ne peut fournir de décisions ; elle peut seulement déterminer les conséquences et évaluer leur probabilité. La décision — qui en science consiste à dire : "Cela veut dire que…" — est en outre prise par le savant en fonction de sa propre subjectivité et en réponse aux angoisses qui l'assaillent lorsqu'il n'emploie aucun filtre. Je ne plaide donc pas en faveur de la suppression des filtres ; j'encourage seulement à combattre l'illusion selon laquelle ces filtres abolissent toute subjectivité et neutralisent complètement l'angoisse. Ils ne font ni l'un ni l'autre ;* ***ils se bornent à déplacer légèrement le lieu de partition entre le sujet étudié et l'observateur, et à différer le moment exact où intervient l'élément subjectif (la décision****). C'est une chose de choisir le lieu de partition et le "moment de vérité" — le moment où un fait est transformé en vérité d'une manière optimale — c'en est une autre de prétendre que, ce faisant, l'on abolit toute angoisse et toute subjectivité. En outre, même si ce lieu et ce moment sont choisis de manière optimale, il faut encore tenir compte des déformations produites par les filtres, les manipulations et autres moyens qui rendent possible cet arrangement optimal.* » (Georges Devereux, *De l'angoisse à la méthode*, Aubier 1993, pp. 17 sq.).

Sans trop anticiper sur l'analyse, on peut déjà conjecturer que les prises de vues, aussi automatiques soient-elles, supposent en amont le choix d'un objectif, un paramétrage de la visée, une programmation de l'instrument en fonction des « données » qu'on veut recueillir, c'est-à-dire de l'angle sous lequel on **envisage** le phénomène. Et en aval, ces images, même traitées informatiquement, n'en engagent pas moins l'interprétation d'un regard humain, **regard qui n'est pas contemplation muette d'une vérité révélée mais confrontation, regard comparatif, mesurant des différences, opérant des rapprochements, croisant des savoirs multiples** (dont certains rebelles à la formalisation : voir l'échec des programmes « experts » et de traduction automatique).

La nouveauté peut venir du fait que l'on voit soudain autrement ce que montre la machine, ou que la machine montre plus et autre chose que ce qu'on attendait. Cette « découverte » peut être simplement la marge d'erreur ou de spéculations gratuites qu'il va falloir réduire, mais elle peut être le champ d'hypothèses nouvelles, d'un nouveau point de vue, qu'on va chercher à étayer, à vérifier. Toujours est-il que la découverte suppose un écart à la norme, la reconnaissance d'un « phénomène non assignée ». On ne saurait en tout cas confondre ces formes d'objectivation et de conceptualisation des phénomènes, dont le critère de vérité est la cohérence collective, avec l'objectivité qui prétend décrire la réalité en soi comme donnée. C'est ce qu'explique encore Devereux : *« Aucun phénomène, si limité et si spécifique soit-il, n'appartient a priori à aucune discipline particulière. Il est* ***assigné*** *à une discipline particulière par la façon dont on l'explique, et c'est cette* ***assignation*** *qui de phénomène ou d'événement le transforme en donnée, et plus particulièrement en donnée d'une discipline particulière.* ***De même qu'il n'existe pas de phénomène pré-assigné, de même il n'existe pas de donnée non assignée.*** » (*De l'angoisse à la méthode*, p. 44). Autrement dit, en langage documentaire : il n'existe pas plus d'événement relevant d'un genre ou d'un format a priori, qu'il n'existe de fait isolé sans interprétation.

« Les faits parlent d'eux-mêmes... »

Commençons par des vues de la terre à partir d'un vaisseau spatial : « le point de vue de Sirius » enfin accessible ! L'exemple est hautement significatif, car la conquête de l'espace est un événement autant médiatique (à fort coefficient œcuménique) que scientifique. Comparons ce qu'ont vu ou dit voir à l'œil nu des cosmonautes qui étaient là-haut, à ce que voit un géographe, Jean-Pierre Allix, qui est resté sur terre mais a regardé les prises de vues faites de là-haut : « *Depuis des années, on nous corne à l'oreille que la muraille de Chine est la seule œuvre humaine discernable du cosmos, sur le globe terrestre vu dans son ensemble. Qui le dit ? Ce sont les astronautes. Quand ils avaient la planète sous les yeux, dans sa totalité, ils ont vu la muraille de Chine et rien d'autre qui soit bâti par les hommes. Les faits parlent d'eux-mêmes, dit-on… Or sur les images de la planète, le Nil, le Tigre, l'Euphrate, l'Amou Daria, le Syr Daria, le Tarim, l'Indus et le bas Colorado sont parfaitement visibles, sous la forme de traînées sombres. Mais ce ne sont pas les fleuves qu'on voit. C'est l'espace rubané des cultures irriguées, c'est-à-dire… une œuvre humaine.* ***Les faits n'ont jamais parlé d'eux-mêmes. Il faut toujours les décoder****, ce qui veut dire qu'on doit d'abord examiner la qualité du décodeur. Le général Jean-Loup Chrétien (dans* Voir la terre*, Hachette, 1993) déclare que* “la terre parcourt l'infini des temps, évoluant inexorablement vers le jour où elle n'apportera plus aux hommes les éléments nécessaires à la vie.” *Fichtre ! voilà qui n'est pas récréatif ! Mais d'où sort cette sinistre prédiction ? Elle sort d'Afrique du Nord, où il a observé, du haut de son vaisseau spatial, une foule de « rivières évanouies » (c'est-à-dire de vallées sèches) qui lui révèlent (je cite toujours)* “une partie de la terre, transformée, prématurément vieillie et semblable à la planète Mars, où l'eau s'est définitivement enfouie sous la surface”. *Mais a-t-il vu les vallées sèches et les « rivières évanouies » de l'Ile de France, de la Picardie, de la Champagne, de la Lorraine, du Berry… ? La moitié nord de la France serait-elle devenue une nouvelle planète Mars ? Témoignerait-elle d'un « vieillissement » comptabilisé devant l'infini des temps ? On se demande dans quelle mesure le général Chrétien n'a pas confondu les temps : celui de l'assèchement des vallées, qui est un phénomène à moyenne longueur d'ondes, secondaire, réversible et géologiquement récent, et celui des fins dernières de la planète. Ce qui amène à poser une autre question : le décodeur dont il s'est servi pour interpréter les vallées sèches du Maghreb, ne serait-il pas tout simplement le pessimisme diffus et irrationnel qui nous enveloppe, en cette fin de millénaire ?* » (Jean-Pierre Allix, *Libération*, 6/1/1999). Après avoir encore épinglé l'astronaute Pedro Duque déclarant *“de là-haut, on ne voit pas les frontières”*, alors que beaucoup sont parfaitement visibles, notre géographe terrien, plus perspicace que les cosmonautes médiatiques, tire une conclusion à laquelle nous ne pouvons que souscrire : « ***Sans grille de décodage, on ne saurait même pas quels faits observer. Mieux encore : on ne saurait même pas quels faits voir.*** *Et quelle grille utilise-t-on là ? Hélas ! celle des bons sentiments* », qui, comme chacun sait, sont aveugles à leur propre penchant.

Vues aériennes et photo-interprétation

Vision à distance, vues aériennes et visées militaires, topographie et logistique, camouflage et photo-interprétation, plus de voir et tâche aveugle : le film de Harun Farocki, *Bilder der Welt und Inschrift des Krieges (La guerre inscrite sur les images du monde,* 1987) est une analyse du regard que nous déléguons à des machines à des fins industrielles et guerrières, quadrillage du territoire et identification des populations, construction et extermination.

Le film tourne autour de deux paradoxes entrelacés. Le premier est énoncé par une citation (vers 1868) de Meydenbauer, l'inventeur de la photogrammétrie : « *Cela paraîtra peut-être incroyable à certains, mais l'expérience le prouve : le photogramme ne permet pas de tout voir, mais permet de voir beaucoup de choses mieux que sur le terrain.* » La vue à distance, non seulement dans l'espace mais dans un délai — puisque fixée puis transportée, mesurée, comparée, réfléchie *a posteriori* — livre des informations invisibles à la vision immédiate *in situ* (cf. chap. 1, § *Travelling).* Moins de danger, **plus de voir**. Avec possibilité de transformer le voir en cartes, en plans, en archives, en édifices nouveaux ou en bombardement.

Le second paradoxe met en relief l'inverse du premier. Le **plus à voir** que nous offrent les vues prises à distance par des machines n'est pas forcément « vu » : voir, ce n'est pas un étalage de « données » mais une interprétation de « trouvées », cela dépend d'un pré-voir, de ce qu'on veut savoir et pour quoi faire. Ce qui excède l'orientation du regard par/pour l'action reste invisible, in-signifiant, sans conséquence. Tâche aveugle. « *Le 4 avril 1944, le ciel était sans nuages. De précédentes averses de pluie avaient abattu la poussière. Des avions américains avaient décollé de Foggia (Italie) et se dirigeaient sur des objetifs en Silésie — des usines de carburant et de caoutchouc synthétique (buna). Arrivant sur les chantiers des usines IG-Farben, un pilote déclencha sa caméra et prit une photo du camp de concentration d'Auschwitz. Première image d'Auschwitz, prise à 7000 m d'altitude. Les images prises en avril 1944 en Silésie arrivèrent pour exploitation à Medmanham en Angleterre. Les photo-interprètes identifièrent une centrale électrique, une usine de carbide, une usine de buna en construction et une usine d'hydrogénation du carburant.* ***N'ayant pas été chargés de rechercher le camp d'Auschwitz, ils ne le trouvèrent pas.*** *Combien ces deux choses sont proches : l'industrie — le camp. Ce n'est qu'en 1977 que deux employés de la CIA, poussés par le succès de la série télévisée* Holocauste *(qui n'a su rendre visibles la souffrance et la mort qu'en les réduisant au kitsch), deux collaborateurs de la CIA entreprirent de rechercher et d'analyser les vues aériennes d'Auschwitz. Ce n'est que trente-trois ans après que les mots furent écrits, les mots :* mirador *et* maison du commandant *et* bureau d'enregistrement *et* quartier général *et* administration *et* mur d'exécution *et* bloc n° 11 *et que le mot* chambre à gaz *fut inscrit.* » (Commentaire de Farocki, reproduit dans *Trafic* n° 11, été 1994).

« *Depuis qu'existent la photographie et l'aviation, il existe aussi la reconnaissance photographique aérienne. Cette photo a été faite par un pigeon équipé d'un appareil-photo. C'est ainsi que le tapis apparait aux yeux du chat. Le dessin du tapis est tissé pour l'homme debout, pour être vu d'en haut. L'homme doit apprendre à distinguer les dessins de la terre tels qu'ils apparaissent vus d'avion — il s'y dessine l'abécédaire d'une nouvelle image du monde.* » (Farocki, idem). La vue aérienne inaugure non seulement une nouvelle échelle mais une forme de vision inédite : verticale, aplatie et non centrée, sans perspective, où creux et bosses, profondeur et hauteur apparaissent inversibles et difficilement discriminables. Comme le rappellent Kirk Varnedoe *(Au mépris des règles)* ou Philippe Dubois *(L'acte photographique),* cette nouvelle vue aérienne a exercé une influence considérable sur les futuristes et les fondateurs de l'abstraction, comme Kasimir Malévitch ou El Lissitzky. La perception de l'espace euclidien s'en trouve visuellement transformée, au moment où l'espace-temps l'est théoriquement par la relativité einsteinienne. Comme le disait le physicien Sir James Jean : « *L'histoire des sciences physiques au XX*[e] *siècle est celle d'un affranchissement de l'angle de vue strictement humain.* » Et le peintre El Lissitzky : « *Il s'avère que nous avons détruit l'axe perpendiculaire unique du tableau (par rapport à l'horizon). Nous avons fait pivoter la toile. Et en la faisant pivoter, nous avons senti que nous nous placions dans l'espace.* » Ou encore Malévitch : « *J'ai démoli la barrière de l'horizon et je suis sorti du cercle des objets (…) Camarades aviateurs, voguez vers les profondeurs !* » (cités par Varnedoe, pp. 252 et 256).

L'extériorité à la scène et l'instrumentation de la vue étant des critères absolus pour la vérité « objective », doit-on dire que ces nouvelles images planantes sont plus objectives parce que vues d'avion (et non d'humain), prises de plus haut, embrassant une surface plus large, n'épousant pas les critères habituels de notre vision pédestre : qu'elles nous offrent pour la première fois une vision extra-terreste ou angélique ? Il est certain qu'elles élargissent et modifient radicalement et le champ de vision, et le point de vue. Mais voudrait-on dire qu'elles énoncent, non pas un nouveau système de références, mais un aspect du monde « objectif » parce qu'observé d'un lieu extérieur à notre système de références ? Que plus la vision est abstraite, hors de notre portée, inhumaine, plus elle est objective ? Dans cette optique, l'objectivité radicale serait à la limite tellement abstraite, tellement hors de nous, qu'elle en deviendrait in-sensée, incompréhensible — aussi impénétrable que nous est, par exemple, non seulement la vue mais la vision du monde d'un aigle *(« si les lions pouvaient parler, nous ne comprendrions pas ce qu'ils disent »*, Wittgenstein). Pour insoutenable qu'elle soit, cette « objectivité » radicale a le mérite de montrer, comme souvent les cas limites, l'absurdité de l'objectivisme qui, soit mène, selon cette version dure, à la suppression totale du sujet et du sens, soit, dans sa version banalisée, se révèle en fait un subjectivisme du sens commun tenant pour acquis les choses comme on a l'habitude de les voir, de les croire [7].

Or, cette fausse objectivité et cette trompeuse évidence, la photo aérienne les renverse brutalement. Malévitch illustre de photos aériennes son texte intitulé significativement *« Le monde non objectif » (Die Gegestandlose Welt)*. Comme l'analyse Rosalind Krauss (in *Atelier de Jackson Pollock*, Macula, Paris 1978) : *« Ce qui frappe c'est que, contrairement à la plupart des autres photographies, la vue aérienne soulève la question de l'interprétation, de la lecture. Il ne s'agit pas simplement du fait que, vus de très haut, les objets sont difficiles à reconnaître — ils le sont effectivement — mais plus spécialement de ceci que les dimensions sculpturales de la réalité sont rendues très ambigües : la différence entre creux et saillies, convexe et concave, s'efface. La photographie aérienne nous met en face d'une « réalité » transformée en quelque chose qui nécessite un décodage. Il y a césure entre l'angle de vision sous lequel la photo a été prise et cet autre angle de vision qui est requis pour la comprendre. La photographie aérienne dévoile donc une déchirure dans le tissu de la réalité, une déchirure que la plupart des photographes au sol tentent ardemment de masquer. Si toute la photographie promeut et approfondit notre fantasme d'un rapport direct au réel, la photographie aérienne tend — par les moyens mêmes de la photographie — à crever la baudruche de ce rêve. »* (cité dans *L'acte photographique*, p. 233).

Les vues aériennes apparaissent comme un bouleversement de notre manière de voir et de la réalité perçue : elles révèlent le connu sous un angle inconnu, renouveau de la vision que vont privilégier les fondateurs de l'abstraction et du constructivisme (Vertov, Rodtchenko, Moholy-Nagy). D'un autre côté, elles étendent les couches de réalité objectivables, donc saisissables. Rattacher cet inconnu à du connu, le recadrer, c'est ce à quoi s'emploient scientifiques et militaires via la nouvelle spécialité requise par ces vues inédites : la « photo-interprétation ». La photo aérienne ne révèle pas **la** réalité avec une plus grande objectivité, elle l'augmente d'une dimension nouvelle qui la modifie en étendant notre vision et notre capacité d'action : des notions comme espace, paysage, cultures, irrigation, voies de communication ou cible stratégique s'en trouvent largement affectées. La caméra aéroportée ne substitue pas une vision plus « vraie » à notre vue défaillante, elle la prolonge, l'intensifie, l'oriente différemment, étant elle-même orientée par les visées que lui assignent nos pratiques. Elle contribue à la production de nouvelles relations sujet/objet, homme/monde, qui exigent de nouvelles formes d'interprétation et de décision (au sens de Devereux).

« La photo-interprétation a pour point de départ une analyse exhaustive et objective des formes différenciables par leurs niveaux de gris ou leurs couleurs, leur texture, leur structure, la continuité ou la rupture des éléments qui les composent, leur association ou leur dissociation, leur organisation. Le travail consiste à classer et inscrire des surfaces homogènes avec des lignes de partage plus ou moins franches, c'est une première carte. On fait appel ensuite à des données complémentaires recueillies principalement sur le terrain (critères d'interprétation), on avance des hypothèses d'explication des caractères et des modes de groupement des objets en faisant intervenir une logique déductive, ***on ordonne, on hiérarchise le paysage qui se range, se codifie selon une légende*** *dans laquelle, si besoin est, on peut faire entrer une quantification. C'est alors que les buts de l'étude doivent être mis en évidence par la représentation cartographique mettant l'accent sur tel ou tel objet ou*

7. Cf. la citation d'Adorno sur l'inversion de l'objectif et du subjectif, dans notre Avertissement, § *Relativité*.

phénomène, en tenant compte des dimensions de la surface à mettre en évidence.(...) Ceci montre l'importance que peut avoir une carte de l'environnement dans une étude de planification spatiale suivant que l'auteur, favorable ou non à l'orientation prévue, met en valeur les espaces à protéger ou les escamote par une représentation adéquate. » (Aline Rouanet, *L'exploitation de l'imagerie aérospatiale dans la connaissance de l'environnement*, in *Image et science*, BPI-Herscher, 1985).

L'extension de la vision, l'allongement de la chaîne instrumentale gagnent de nouveaux aspects, en discriminent d'autres, accroissent le nombre de phénomènes assignables en données, mais on retrouve toujours au bout des « filtres » (et des corrections qu'ils exigent) la question décisive : *Cela veut dire que...* Pas de description sans intention, pas de vision-machine sans visée humaine.

Vues autochtones et photos d'identité

« Comment faire face à un appareil photo ? », interroge Farocki. « *La frayeur d'être photographié pour la première fois. En 1960, en Algérie, les femmes sont photographiées pour la première fois. On va leur établir une carte d'identité. Des visages qui ont jusqu'à présent porté le voile.* » Reconnaître le terrain, reconnaître l'ennemi. Faire la lumière, dévoiler. « *Aufklärung, un terme de l'histoire des idées et un terme militaire. Aufklärung, un terme de police : le renseignement. La police veut à présent travailler sur des images. La police, ici et ailleurs, a emmagasiné les photos de millions d'individus suspects. Comment décrire le visage d'un homme par des formules certaines, de sorte qu'il puisse être reconnu par n'importe qui ? Par n'importe qui, et donc aussi par une machine ? Comment décrire un visage ?* » (Farocki, idem). Reconnaître, c'est retrouver des traits connus à partir d'un voir, d'un savoir déjà mémorisés. Et c'est partir en reconnaissance, jeu de piste, jeu d'identités et de différences, du connu vers l'inconnu (territoire ou population) ; puis rapporter l'inconnu au connu, rapporter la découverte à un centre, à une mémoire centrale, qui en prend la mesure, en établit l'identification, acquiert ainsi le pouvoir virtuel de contrôler ce lointain, cet inconnu, peut envisager de s'en emparer (cf. chap. 1, § *Travelling*, les remarques de Bruno Latour sur la cartographie et la colonisation). La reconnaissance, c'est aussi la gratitude, et c'est la dialectique du maître et de l'esclave : le maître se fait reconnaître comme celui qui a forcément raison (qui détient les bonnes cartes, les vraies images [8]) ; l'esclave perd la face, perd sa raison de vivre au profit de la raison (et des images) du maître auxquelles il se soumet pour sauver sa vie. Les mêmes images s'imposent à l'un et à l'autre pour des raisons diamétralement opposées [9] : au maître, parce qu'elles représentent son essence (sa raison de classe), même au prix de son existence (sa liberté individuelle) ; à l'esclave, parce qu'elles représentent son existence (soumise avec raison) au prix de son essence (sa liberté, ses croyances).

Des populations entières ont ainsi été arraisonnées et passées à l'objectif : en Algérie en 1960 par exemple. Autre figuration qu'aérienne, autre topographie : celle des visages autochtones. On quadrille la population comme on quadrille le terrain. Quoi de plus « objectif » que ces photos d'identité, toutes cadrées à l'identique, de face, dans l'horizontale des yeux, en noir et blanc, relevé d'identités à vocation non pas artistique, ni même anthropologique, mais anthropométrique. Elles sont là, dévoilées, elles nous regardent (derrière l'objectif du soldat photographe Marc Garanger), elles qui n'ont jamais été dévisagées ni fixées comme ça en public. Pourtant, ni indignation ni soumission dans ces visages de femmes outragées, mais une fermeté, une fierté, une beauté reposant sur une sourde certitude : que le temps travaille pour elles (Garanger en était-il conscient en choisissant le temps de pause ?). Leurs figures — comme celles des guer-

8. Cf. *Dieu au miroir*, de Pierre Legendre (Fayard 1998) et *La Guerre des images*, de Serge Gruzinski (Fayard 1990).

9. La nouvelle de George Orwell : *Shooting an Elephant (Writings, Papers, Short Stories* T1, Penguin Books) raconte magistralement cette trouble relation d'images entre colon et colonisé. Capitaine de l'armée d'occupation britannique en Birmanie, l'auteur est appelé, avec son fusil, pour abattre un éléphant qui a fait des dégâts sur un marché. Confrontation publique de l'autorité avec son image que lui renvoient les indigènes : jeu truqué où chacun doit produire l'image qu'il croit que l'autre attend de lui, même à son corps défendant. L'éléphant, redevenu pacifique, devra faire les frais de la démonstration de force attendue.

riers indiens photographiées par les Américains — vaincues non pas défaites, sont empreintes de l'évidence de détenir une parcelle du secret de l'existence que ceux qui braquent l'appareil sur elles ignorent, ou ont oubliée, mais que peut-être la photo révélera un jour. La prise de vues « objective », univoque, épinglant son « sujet », devient, malgré elle, malgré la saisie policière qui l'ordonne, un échange de regards : un retour de regard à l'envoyeur, comme un retour de bâton, et au-delà, un échange de regards à travers le temps (avec la complicité du photographe ?), pour des temps futurs qui sauront les voir « tels qu'en eux-mêmes l'éternité les changent ».

Portrait-robot et portrait chinois

> *« Comment décrire le visage d'un homme par des formules certaines, de sorte qu'il puisse être reconnu par n'importe qui ? Par n'importe qui, et donc aussi par une machine ? Comment décrire un visage ? La police ne sait pas encore définir le visage d'un homme dans ses traits permanents, ce qui en lui reste identique dans la jeunesse et la vieillesse, la joie ou le chagrin. La police ne sait pas ce qu'est l'image d'un homme. Et parce que la police ne sait pas ce qu'est l'image d'un homme, ni comment la décrire, elle veut au moins le mesurer, traduire son image en chiffres. (...) Les artistes mathématiciens de la Renaissance cherchaient à représenter les objets dans une perspective linéaire : un corps est reproduit sur une surface selon les lois de la géométrie projective. Cela annonce le mode de représentation photographique. (....) Les images étaient alors traduites en valeurs numériques, aujourd'hui les valeurs numériques sont traduites en images. »*
>
> (Farocki, *ibid.*).

D'un humain, d'un suspect, l'ordinateur peut tirer un portait-robot, par approximations caractéristiques à partir du croisement de témoignages souvent discordants. C'est une moyenne. Ce type de « portrait » objectif déclenche un malaise : il a quelque chose d'inhumain, ce n'est pas un portait justement, c'est une enveloppe inexpressive parce que les détails vrais, qui font la vie, qui font une vie, manquent. « *La police ne sait pas ce qu'est l'image d'un homme* », mais la police s'en moque (peut-être est-ce pour compenser que les policiers sont peintres du dimanche ?) : la police s'en moque car ce qu'elle recherche, ce n'est pas une image vraie, c'est juste une image que puisse « reconnaître » le plus large spectre de témoins, chacun ajustant à son idée, complétant un contour virtuel où peuvent se projeter des souvenirs divergents sans que la reconnaisssance commune en soit gênée. C'est un recoupement : le portrait-robot est objectif, ce n'est pas un visage, ni une expression (il manque forcément son homme), c'est une combinaison de paramètres variables, de traits caractérisés de l'extérieur. Le plus petit commun dénominateur. C'est-à-dire l'exact opposé de ce que recherche l'art des variations, dont parle Milan Kundera à propos des portraits de Francis Bacon : « *Notre expérience la plus banale nous apprend que les visages sont lamentablement pareils (l'insensée avalanche démographique augmentant encore cette sensation), qu'ils se laissent confondre, qu'ils diffèrent l'un de l'autre par quelque chose de très menu, d'à peine saisissable qui, mathématiquement, ne représente souvent, dans la disposition des proportions, que quelques millimètres de différence. Ajoutons à cela notre expérience historique qui nous a fait comprendre que les hommes agissent en s'imitant l'un l'autre, que leurs attitudes sont statistiquement calculables, leurs opinions manipulables, et que donc l'homme est moins un individu qu'un élément d'une masse. C'est à ce moment des doutes que la main violeuse du peintre se pose d'un « geste brutal » sur le visage de ses modèles pour trouver quelque part dans la profondeur, leur « moi » enfoui. Ce qui est nouveau dans cette quête baconienne c'est, primo (évoquons sa formule), le caractère « organique » de ces formes « en une complète distorsion ». Ce qui veut dire que les formes dans ses tableaux veulent ressembler aux êtres vivants, rappeler leur existence corporelle, leur chair, et garder donc leur caractère tridimensionnel. Le nouveau c'est, secondo, le principe des variations. Edmund Husserl a expliqué l'importance des variations pour la recherche de l'essence d'un phénomène. Je le dirai à ma façon plus simple : les variations diffèrent l'une de l'autre, mais gardent en même temps un quelque chose qui leur est commun ; ce quelque chose commun, c'est « ce trésor, cette pépite d'or, ce diamant caché », à savoir l'essence recherchée d'un thème, ou, dans le cas de Bacon, le « moi » d'un visage. Je regarde les portraits de Bacon et je suis étonné que, malgré leur distorsion, ils ressemblent tous à leur modèle. » (Bacon, Portraits et autoportraits,* p. 11, Les Belles lettres, Paris 1996).

S'il dispose d'une photo ancienne figurant, jeune, l'individu recherché, l'ordinateur peut l'actualiser en métamorphosant l'aspect du visage selon des critères de vieillissement anatomique programmés d'après les acquis des sciences médicales. C'est une forme déduite que mille péripéties de la vie ont pu invalider effectivement : système pileux, accidents, climats, maladies, maquillage, traumatismes, chirurgie, changement de sexe… La différence entre le modèle prédictif et le visage singulier de la personne retrouvée, c'est le concret de la vie, la vicissitude d'exister, le réel irréductible, ce qui a échappé, échappe justement à la formalisation objective… tout ce qui fait l'art du portrait. « ***Les portraits de Bacon sont une interrogation sur les limites du moi***, écrit Kundera. ***Jusqu'à quel degré de distorsion un individu reste-t-il encore lui-même ?*** *Jusqu'à quel degré de distorsion un être aimé reste-t-il encore un être aimé ? Pendant combien de temps un visage cher qui s'éloigne dans la maladie, dans une folie, dans une haine, dans la mort, reste-t-il encore reconnaissable ? Où est la frontière derrière laquelle un « moi » cesse d'être « moi » ?* » (*idem*).

« Comment décrire le visage d'un homme par des formules certaines, de sorte qu'il puisse être reconnu par n'importe qui ? Par n'importe qui, et donc aussi par une machine ? » apostrophe Farocki. Mais justement, les descriptions de la langue naturelle, si elles sont formalisables sous un certain aspect, présentent en fin de compte la même irréductibilité qu'un visage à la logique formelle informatique. Le langage machine, langage binaire oui/non, malgré ses énormes capacités combinatoires et associatives, perd, en le réduisant à du non-contradictoire, non seulement la finesse mais la substance des jeux du langage vivant qui sont pleins de « oui et non », de « oui mais », de « comme », de « comme si », de sous-entendus, d'antiphrases, d'ironies… Comme le remarque pertinemment Gérard Chazal : « *Toutes les formes de style qui rendent difficile la compréhension du langage naturel par un ordinateur portent d'une manière ou d'une autre, une part de négation : la litote et l'euphémisme font mine de nier ; la métaphore et la métonymie peuvent se concevoir comme une négation de l'explicitation de la comparaison par un "comme" ou un "tel que" ; le présupposé, le sous-entendu sont des formes de l'absence où le non-dit peut être compris comme une négation affaiblie. (…) Un symbole logique exige une interprétation unique et univoque, l'acte de nier est polymorphe.* » (*Le miroir automate*, pp. 94 et 99). On peut aller plus loin encore en rappelant les fortes considérations d'Yves Barel sur les pouvoirs de la métaphore, qui nous introduisent à une logique de la non-identité et de la contradiction : « ***Le est métaphorique signifie à la fois*** "**n'est pas**" ***et*** "**est comme**"***. Il s'agit là d'une vérité « tensionnelle », selon l'expression de Paul Ricœur, qui n'identifie plus la vérité à un objet et à lui seul, mais renvoie d'un objet à l'autre, à la fois dissemblables et ressemblants.*** *(…) La métaphore est un procédé de découverte et de persuasion de la "réalité" particulièrement efficace dans les situations où la "réalité" est contradictoire et où le but n'est pas de supprimer la contradiction mais de la conserver en lui ôtant son absurdité et en lui donnant un sens.* » (cf. chap. 14, § *Les choses ne sont pas (que) ce qu'elles sont*).

Si l'ordinateur peut tirer de quelqu'un un portrait-robot « objectif », en dresser une description administrative type, il est incapable de jouer au portrait chinois. Parce que ce jeu est fondé à la fois sur la connaissance empirique intersubjective des autres et sur l'usage commun de métaphores originales : « Si c'était un animal ? une musique ? une plante ? Si c'était un plat ? un vêtement ? Si c'était un paysage… ». Et ces métaphores peuvent renvoyer non seulement à la description morphologique du personnage (association que pourrait aussi produire un ordinateur bien « informé ») mais, par glissement de sens voire ironie ou antinomie, à ses penchants ou travers, à des situations vécues ou des comportements particuliers. Le défaut de la machine logique, ce n'est pas de ne pas avoir de but — tout mécanisme, tout automatisme est déterminé par un objectif — c'est au contraire d'être trop spécifiée, de **manquer de vague**. Comme le disait Paul Valéry : « *Artificiel veut dire qui tend à un but défini. Et s'oppose par là à vivant…* ***Si la vie avait un but, elle ne serait plus la vie.*** » (*Cahier B*, 1910). L'incertitude, le flou n'est pas un défaut de notre pensée, c'est la contremarque de la capacité d'apprendre par l'expérience (qu'ignore la machine). De même, s'il n'y avait pas de jeux de langage, de jeu dans le langage et entre régions de réalité (cf. Heisenberg, chap. 14), s'il ne restait rien d'indéterminé dans l'articulation de nos concepts et l'extension de nos catégories, la pensée se figerait et comme le dit Peirce (cf. Tiercelin, *La Pensée-signe*, p. 238) « *la vie intellectuelle toucherait vite à sa fin* ». Et la vie humaine tout court.

Le Géant vous regarde

Les photos d'identité des femmes algériennes dévoilées, faites par Garanger pour l'armée française, ont fini par retourner notre regard et retrouver le leur, au-delà de la guerre. Avec le recul de l'histoire — dont la vision n'arrête pas de se défaire pour se recomposer autrement — ces photos nous renvoient l'image de la raison violeuse et vaine qui les a fixées, et de leur singularité humaine irréductible à l'anthropométrie qui voulait les classer. Leurs photos redeviennent artistes.

C'est à une autre inversion de regard, entre objectif et subjectif, réel et fiction, que nous convie la vidéo de l'allemand Michaël Klier, *Le Géant (Der Riese)*, qui, coïncidence, date de 1984, anniversaire de Big Brother. Rien de plus documentaire et objectif que le matériau monté par Klier, puisqu'il s'agit exclusivement de bandes de vidéo-surveillance : aéroport, parkings, rues, magasins, métro, banques, routes, entrées d'immeubles… « Circulez, y'a rien à voir » semblent dire ces kilomètres de bandes filmées sans l'exercice d'aucun regard. Et y a-t-il seulement quelqu'un qui regarde les écrans terminaux de ces réseaux de télé-surveillance, dont le pouvoir est autant virtuel, dissuasif, qu'actuel, au sens de vision opérationnelle en temps « réel ». Avant de voir *Le Géant*, j'imaginais, étant donnés le titre et le matériau, un froid panoptique, à la Big Brother justement, nous donnant à éprouver cette omni-vidéo-surveillance dont la vision anonyme est partout, l'œil nulle part, et que Paul Virilio compare à l'éclairage urbain. La machine de vision totale et la vision accomplie comme machine sans regard. Les humains « vus » comme des pions, leurs véhicules comme des mobiles, leurs déplacements comme des rémanences sur la rétine électronique du réseau-monstre, déclenchant une alerte en cas d'écart à la norme, de trajectoire anomique : heurt, vol, fuite…

En fait, Klier a fait le contraire : il a voulu restituer à ces vidéos machinales un point de vue subjectif, retrouver, dans ces documents sans événements, des lambeaux de récits de fiction traditionnelle. Il s'est employé, à contre-courant, à romancer, romantiser, comme en témoignent les musiques d'accompagnement de Mahler et Wagner. Le système de télésurveillance est convoqué dans le but d'en extraire des « accidents rassurants », des affleurements d'histoire ou de beauté, selon le principe que l'humain ressortirait d'autant mieux d'une organisation qui le nie. La musique serait alors le signal d'une transcendance humaine : tant qu'il y a de la vie, il y a de l'espoir, il y a de l'histoire… *L'Homme à la caméra* multipliait les points de vue et les points de montage pour décentrer le regard et « opérer » un tableau de la ville non psychologique, simultanéiste et constructiviste. À l'inverse, par une réaction romantique soulignée par la musique, *Le Géant* s'efforce avec sérieux de restituer un regard à une machine de vision qui n'en a pas, de conférer un point de vue focal à un appareil de quadrillage du territoire. Klier veut extraire des histoires d'une optique de balayage qui n'en connaît aucune, ni fictive, ni même documentaire. Ce qu'enregistre la vidéo-surveillance, c'est du bruit de fond homogène que vient momentanément troubler un accident ; ce qu'elle analyse, ce ne sont ni des actions ni des situations, ce sont des répétitions et des différences signalétiques. Loin d'être des aventures, les accidents urbains apparaissent aux mille yeux du Géant comme des interférences, des embouteillages, des pannes nécessitant des dépannages (police, pompiers, ambulance, maintenance en gaz, électricité, télécom) pour rétablir la circulation, ramener le bruit de fond à son niveau de référence. Le balayage vidéo urbain fonctionne comme un homéostat : il ne relève pas du théâtre mais du génie civile.

En voulant transformer la télé-surveillance anonyme en téléfilm artiste, *Le Géant* a manqué son « mauvais » génie : le spectre du crime qui hante le panoptique. Il échoue à nous faire voir par l'œil multiple et central du Léviathan, aussi objectif qu'invisible, ce pouvoir totalitaire de tout (pré)voir, pire que les crimes qu'il prétend traquer et anticiper. Car la présomption de culpabilité, annoncée par Kafka, a remplacé la présomption d'innocence et circule dans tout le réseau. En sacrifiant l'effet de masse à la quête de l'anecdote et à la pompe musicale, Klier a joué la petite histoire humaine contre la machine, alors qu'il avait l'occasion de nous plonger dans cette aire (et cet air) du soupçon, anticipée par Mabuse et *1984*, et dont Dominique Païni énonce la formule diabolique, à propos de *Benny's Video*, de Mikael Haneke : *« comme si chaque mouvement de la matière et chaque acte des hommes étaient les preuves préalablement conservées d'un délit non encore accompli. » (Le Cinéma, un art moderne*, éd. Cahiers du Cinéma, 1997).

Avant d'être placé sur la caméra de cinéma, puis à distance câblée sous forme de moniteur vidéo, le « viseur » était la glace réfléchissante installée à la fenêtre du vaste appartement loué du XIXe siècle. *« Sa fonction était de projeter la rue, avec son enfilade d'immeubles tous semblables, dans l'espace clos de l'habitat bourgeois, tout à la fois soumettant la rue à l'appartement et délimitant la rue par l'appartement. »* (Theodor Adorno, *Kierkegaard*, 1933). L'espace public était considéré par le bourgeois du siècle dernier comme une prolongation voire une parcelle de son espace privé. La télé-surveillance du siècle suivant l'institue comme espace anonyme, appartenant théoriquement à tout le monde (démocratie oblige) et en réalité à personne. Le droit de regard sur la voie publique échoit à la sécurité : « Circulez, y a rien à voir », et à ses objectifs, dont nous sommes les sujets soumis : « Souriez, vous être filmés ».

Photographie et topographie

Les vues aériennes et la télé-surveillance nous ont permis d'analyser ce qu'il advient du point de vue délégué à une caméra automatique à distance. Nous avons constaté comment, chaque fois, le rapport observé/observant, instrument/lecture, sujet/objet, se trouvait transformé, différé, ré-interprété mais jamais (et pour cause) aboli. Décidément, les faits ne parlent pas d'eux-mêmes. Non qu'ils soient muets, dans l'attente de la bonne parole, de la technique « objective » qui enfin les révélera, mais c'est que leur manifestation même dépend du point de vue qui va les rendre visibles (sous ces traits là), les organiser et leur assigner un sens, c'est-à-dire en faire des « faits » cadrés, interrogeables et utilisables.

Mais voici que le point de vue peut être non seulement automatisé, mais même carrément supprimé, par l'abolition de toute prise de vue : l'image n'est plus photographique mais topographique, elle est entièrement calculée, c'est une image de synthèse, c'est-à-dire une image soit totalement générée numériquement, soit numérisée à partir de signaux et capteurs autres qu'optiques. Inutile de se demander à nouveau si l'Objectif ne serait pas enfin atteint par cette vision aveugle ! Nous savons maintenant qu'aucune imagerie n'exposera **La** réalité, que toute technique met en relief certains aspects de la réalité ; et au bout de la chaîne instrumentale se retrouveront toujours un regard, une interprétation, des décisions humaines. Il n'en est pas moins important d'interroger ces nouvelles images faites sans lumière ni point de vue, d'examiner en quoi leurs procédures modifient, élargissent ou contraignent, orientent et informent nos façons d'appréhender, représenter et agir le monde.

« *Depuis la* camera obscura, *la lumière a été un préalable nécessaire à toutes les images, mais cela touche à sa fin. Nous serons bientôt capables de fabriquer des images complexes, réalistes, sans compter sur la lumière ; et à partir du moment où la lumière n'est plus la condition et le matériau fondamental de l'image, on est dans le domaine conceptuel, on trace des cartes géographiques. (…) Si on voulait construire sur ordinateur une image de cette pièce, on ne prendrait pas de caméra, on mesurerait tous les objets, à leur place, en centimètres et millimètres. Puis on entrerait tout cela dans l'ordinateur et on aurait la pièce.* ***Ce n'est pas une image, c'est de l'information organisée. Puis en dernier vous choisissez un point de vue,*** *(…) on le décrit entièrement en termes mathématiques. Les objectifs deviennent des algorithmes, des équations.* » (Bill Viola, entretien avec Raymond Bellour, *Où va la vidéo*, Cahiers du cinéma, hors-série, 1986).

Dans sa façon de faire voir, le calculateur a quelque chose d'idéal, sa vision est partout, son regard nulle part. Comme l'explique Bill Viola, l'image par ordinateur n'a plus aucun rapport avec la lumière, ni avec une focale. Elle n'est pas une prise de vue mais un relevé topographique. Elle ne procède pas d'un regard mais opère une visualisation à partir d'un programme, une sorte d'équivalent numérique du braille. L'imageur numérique décrit un espace, des perspectives, des relations, il ne s'y inscrit pas. Il trace des lignes et des trajectoires, il compose des volumes et des objets, il n'appréhende pas des choses préexistantes et leur mouvement comme le fait la prise de vue. L'image de synthèse est un faux ami : elle est synthétique, au sens où l'on dit un « tissu synthétique » ou un produit de synthèse par opposition à produit naturel, mais elle est bel et bien analytique dans sa manière d'opérer (cf. géométrie analytique). La photographie est une captation analogique, une synthèse instantanée de la vision ; l'image de synthèse est au contraire une reconstruction homologue, une analyse combinatoire. Celle-là exerce un regard, celle-ci calcule une visualisation. « L'espace conceptuel » infographique dont parle Viola, c'est de l'information organisée, par une machine dans un bureau, et non une découpe faite sur le motif avec une optique. Ce n'est pas un regard qui saisit une scène, compose un cadre, mais une pensée analytique qui relie des points (pixels) dans et par un espace relationnel : chaque point est représenté par une fonction de ses voisins. Il n'y a pas de regard immanent à la scène. Le point de vue n'est pas consubstantiel à la représentation, il doit être ajouté a posteriori. C'est du traitement d'image pas de la prise de vues.

Ainsi, l'intégration de l'image de synthèse au cinéma ne va pas de soi. La reconnaissance de l'espace, l'identification des formes au sens logistique ont peu à voir avec l'identification psycho-dramatique du spectateur aux visions et aux acteurs de cinéma. Si elle peut simuler une figure par *morphing*, l'image de synthèse est incapable de rendre un regard (cf. *Les Yeux sans visage*, F. Niney, *Cahiers du cinéma*, avril 1988) : le visage d'une personne ou d'un personnage, ce n'est pas qu'un masque ni une combinaison d'expressions types, c'est l'expression d'une personnalité, un jeu d'intentions, de regards précisément, ce qu'on appelle si justement au cinéma comme en musique, une interprétation. Cela n'a pas échappé aux studios qui, pour leurs super-héros ou monstres à visage humain et autres métamorphoses anthropoïdes, recourent aux prises de vues réelles d'acteurs qu'ils numérisent et truquent ensuite par interpolation informatique.

Avant de parvenir à l'écran de cinéma ou de télévision, l'image de synthèse est destinée au moniteur de contrôle. Elle est un instrument de laboratoire, de mesure et de simulation, avant d'être une possible représentation spectaculaire. Défilé d'accidents montagneux ou enfilades de perspectives urbaines, vue aérienne ou poursuite en rase-mottes constituent les clichés de l'image de synthèse. Tribut payé à son application d'origine : la simulation de vol à usage militaire. Code et stratégie, simulation et balistique, modélisation géométrique et quadrillage du territoire ont quelque chose à voir. Modélisation, simulation, évolutions virtuelles : tels sont les domaines privilégiés des algorithmes d'imagerie, très « à l'aise » pour simuler les mouvements d'une caméra « subjective » ou animer surfaces, objets et fluides, mais **visiblement gauches pour la représentation des « personnes », sauf à les traiter comme des objets.**

Image numérique et optique cinématographique

L'image de synthèse reflète la logique calculatrice qui lui a donné naissance, logique suivant laquelle le programme n'est pas l'image qu'on voit à l'écran mais ce qui permet à la machine d'en ordonner la transcription et de la modifier « en temps réel » en fonction des « lois » du logiciel chargé. Avec la modélisation informatique, l'utilisateur « *ne peut guère faire autre chose que varier les paramètres sans accès réel aux noyaux du programme. C'est pourquoi l'enjeu réel en matière de création s'est déplacé. Il ne se situe plus entièrement au niveau des images finalement produites mais prend déjà sa source dans la conception du programme ou même du système particulier retenu, ou de l'environnement technique choisi.* » (Philippe Quéau, *Eloge de la simulation*, Champ Vallon, 1987). Et le même auteur d'ajouter deux remarques qui, à notre avis, cernent les limites créatives des images de synthèse « pure » (générées par ordinateur, sans capteurs ou sources externes) : « *Les images de synthèse tant graphiquement que dynamiquement sont encore trop prévisibles, et l'œil se fatigue d'avoir déjà tout compris dès les premières secondes. Il s'agit là d'un effet pervers des modèles.(…) Toute image produite par synthèse est le résultat, la visualisation d'un ensemble de lois simulant les propriétés du monde qu'on se donne. Le créateur est placé dans le rôle du démiurge créant les conditions mêmes de production du visible. On conçoit ainsi que le pseudo-réalisme simplifié, parfois très convaincant, qui est actuellement le plus répandu, peut progressivement laisser la place à des innovations à la lettre* jamais vues, *en transgressant les règles habituelles ou en en inventant d'autres.* » (idem).

Philippe Quéau en appelait donc, au moment où il écrivait son *Eloge de la simulation,* à des améliorations technologiques au service d'une plus grande audace d'abstraction. Je crois que l'évolution de l'imagerie numérique, dans ses performances et applications les plus intéressantes, n'est pas allée dans ce sens — et, comme nous allons le voir, pour de bonnes raisons. Les utopies de synthèse et leur vision « démiurgique » de l'image-calcul risquent en effet de conduire à l'abstraction méthodique. Soit que l'œuvre programmée soit tellement « objective » (au sens du formalisme mathématique) et vide de sens qu'elle ne laisse plus aucune prise à l'expérience subjective du spectateur. (N'oublions pas qu'à la différence des arts plastiques, l'image-calcul ne peut jouer ni sur le geste, ni sur la matière). Soit qu'elle se résume à la démonstration des règles du « nouveau monde » qu'elle administre. Ces mondes synthétiques inventées peuvent assez vite sembler stériles, quand ce n'est pas carrément ennuyeux, d'autant que les fécondes modélisations et simulations scientifiques (en astrophysique, biochimie, botanique, climatologie, dynamique des fluides, paléontologie, évolutionnisme…) leur dament le pion non seulement sur le plan opératoire mais souvent même sur le plan esthétique — les capacités du calculateur se voyant mieux exploitées par des modèles et évolutions fonctionnels.

Je ne plaide pas ici pour l'art figuratif contre l'art abstrait. Je prétends seulement que le calculateur est plein de ressources et de virtualités inédites pour le traitement, les artefacts et les extrapolations à base de données physiques, ou pour le traitement infographique des arts plastiques (dessin, architecture, photo, cinéma…), qu'il y a donc des arts assistés par ordinateur, mais pas d'art informatique. Toute nouvelle technique n'ouvre pas automatiquement droit à un art nouveau, comme on l'a vu pour l'holographie. Une peinture, une photo, un film ne manquent pas de relief : ils n'ont pas besoin de la troisième dimension (toutes les tentatives dans ce sens restent des gadgets sans lendemain, cf. *Y aurait-il un cinéma sans cadre ?* in *Cinéma et dernières technologies)*, tout simplement parce qu'ils savent déjà utiliser et exprimer pleinement la profondeur avec et sur les deux dimensions de la toile ou de l'écran. En revanche, des systèmes stéréoscopiques peuvent être développés spécifiquement pour des raisons et des applications scientifiques (par exemple, conception de molécules assistée par ordinateur, cartographie aérospatiale), médicales (télé-chirurgie, imagerie interne dynamique) ou militaires (reconnaissance aérienne).

On ne saurait confondre information et expression, technique et art, même s'il y a de fortes interactions historiques entre matière et support, forme et outil. Une technique peut être un nouveau moyen d'information ou de transformation du réel, sans être une nouvelle forme d'expression, même si celle-là modifie l'exercice de celle-ci. Le Polaroïd reste de la photo, et le montage virtuel du cinéma. Le son et la couleur ont étendu les possibilités du langage cinématographique, mais ça reste du cinéma. Le son s'est intégré comme une dimension « naturelle » au spectacle cinématographique, non parce qu'il en accroît l'effet de réalité, non parce qu'il rapprocherait le film de la « vraie vie », mais parce qu'il multiplie les possibilités d'expression du langage filmique, notamment les jeux de champ/hors champ (son synchrone/son off ou asynchrone). Si le son a gagné ses lettres de noblesse et perduré au cinéma, c'est parce qu'au-delà d'un effet sensationnel, il a permis de produire des effets de sens enrichissant les figures du cadrage, du découpage et du montage.

La notion de progrès est communément admise en matière de technique, elle est plus que problématique (si elle a encore un sens) dans le domaine de l'art [10]. Un film en noir et blanc n'est pas un film auquel manque la couleur, n'en déplaise aux marchands de « coloriage » numérique. (Plusieurs compagnies américaines, dont Ted Turner, « rénovent » ainsi les anciens films pour mieux les vendre à la télévision qui, en dehors des *news*, se doit de montrer la vie en rose. *La Vie est belle*, le film de Frank Capra, fut d'ailleurs le premier long métrage « colorié » à être diffusé aux États-Unis). En revanche, l'imagerie scientifique produit effectivement un plus de voir et ce savoir quand elle fait ressortir certains contours ou aspects invisibles de la réalité par coloration numérique artificielle (cartographie, infra-rouge, thermographie, imagerie médicale…), de la même manière que les histologistes colorient les tissus avec des réactifs pour en faire l'analyse bio-chimique et médicale. Ici, on colorie pour traquer certaines connexions ou mettre en relief certaines couches de la réalité : la légende explicite les correspondances convenues entre les couleurs choisies et les qualités que l'on veut **re-marquer**.

10. Arthur Danto défend l'idée de « progrès représentationnel », c'est-à-dire de progression des techniques rappochant la représentation de la perception directe. « *La tâche de l'art, consistant à produire des équivalences aux expériences perceptuelles, est passée vers la fin du XIXe siècle et au début du XXe siècle de la peinture et de la sculpture au cinématographe.* » (*La fin de l'art*, in *L'assujetissement philosophique de l'art*, p. 133, Seuil 1993). Danto admet que ce « progrès » ne s'applique pas à l'expression, mais, à ses yeux, cette notion subjective (l'expression des sentiments) est insuffisante à articuler une histoire de l'art. D'où sa conclusion radicale : « *Si pour chaque domaine perceptuel, il était techniquement possible de procuire un équivalent, alors c'en serait fini de l'art.* » (p. 130). Me parait aussi contestable la réduction de l'art à la quête de l'illusion réaliste, que la réduction de l'expression à une forme subjective. Si l'on suit la position hégelienne de Danto jusqu'au bout le progrès de l'art serait de reproduire de mieux en mieux les apparences, jusqu'à la fin de l'art dans l'abstaction, son absorption dans son propre concept. Danto affirme à l'appui de sa thèse : « *Vers 1905, on avait découvert presque toutes les stratégies cinématographiques qui sont utilisées depuis, et c'est précisément à ce moment là que les peintres et sculpteurs commencèrent à se demander ce qu'il leur resterait à faire maintenant que le flambeau avait en quelque sorte été repris par d'autres techniques.* » (p. 133) Nous avons vu au contraire (chap. 2) qu'il faudra encore une dizaine d'années encore pour qu'au-delà du tableau vivant, s'invente, à travers le découpage-montage, des règles de transposition cohérente du réel dans l'espace imaginaire du récit cinématographique.

S'ils n'ont pas engendrer un nouvel art abstrait, la génération et le traitement numériques des images sont cependant entrés en force dans les arts et les sciences existants. Et ils y ont indéniablement apporté de nouvelles possibilités et méthodes qui permettent de qualifier cet outil de révolutionnaire, sinon d'art nouveau. Ainsi, après toutes les prophéties et promos annonçant l'art de synthèse, force est de reconnaître que les effets numériques, capables de mondes à n dimensions, sont surtout venus se greffer dans le spectacle cinématographique traditionnel à deux dimensions : soit en offrant de nouvelles facilités d'animation *(Toy Story, Fourmiz),* mais ça reste du cinéma d'animation ; soit en permettant de nouveaux trucages par simulations de vol (type *Star Wars),* par métamorphoses (type *Terminator II, The Mask)* ou par incrustations d'êtres virtuels dans des prises de vues réelles *(Tron, Jurassic Parc, Mars Attacks),* mais ça reste du cinéma de science-fiction. Comme le soulignait déjà Bill Viola à propos de *Tron,* premier film de ce genre : « *C'était un très mauvais film, mais il était fascinant de voir des mouvements traditionnels de caméra (l'espèce de grand balayage panoramique et le plan sur le crâne) transposés dans le programme d'* ***un ordinateur qui, lui, n'a pas du tout à faire ce genre de choses.*** *Mais ils l'ont fait quand même ! Ce sont toujours les conventions des hommes qui sont un facteur de limitation, et non la technologie.* » (Bill Viola, op.cit). Effectivement, l'ordinateur n'a rien à voir (c'est le cas de le dire) avec l'optique. C'est une capacité de calcul ordonnée en l'occurence pour une représentation topographique. Et même lorsqu'on l'utilise non plus comme générateur d'images synthétiques mais comme analyseur de vues prises, ce qui se trouve dans le système « *n'est qu'un algorithme totalement indépendant de toute notion d'espace, tant qu'il n'est pas appliqué au tableau créé à partir d'une image, et il pourrait s'appliquer à toute autre chose. Le champ d'application des fonctions gaussiennes, comme par ailleurs le simple algorithme de calcul de moyennes et différences, dépasse largement celui de la lecture d'image* ». (Chazal, *Le miroir automate,* p. 172).

On peut accorder à Bill Viola que les conventions du récit hollywoodien standard *(Tron* et *Toy Story* sont des productions familiales Dysney) ont imposé leurs canons bien-pensants, bien rodés et étriqués aux virtualités innovantes d'une machine capable de bien autre chose. Mais de la même façon qu'ils les avaient déjà imposés à une autre machine capable de bien autre chose : la caméra. Dire que « *ce sont les conventions des hommes qui sont un facteur de limitation, non la technologie* », suppose que la technologie ne s'inscrirait pas dans nos conventions, mais serait porteuse en soi (et en dehors de nous) d'inventivité et de libération. En fait, la technologie dépend de la raison qui l'a engendrée et des usages qu'on en fait (avec certes entre les deux, des écarts, dysfonctionnements ou détournements). La créativité n'est pas qu'une question de « libération » technique. Sans être réactionnaire, on peut continuer à trouver Tex Avery plus inventif que *Toy Story.*

Ma deuxième objection au propos de Bill Viola va plus loin, elle peut se formuler ainsi : les « lois » de l'optique relèvent-elles du même niveau de contraintes que les conventions, prévisibles et surannées, du récit hollywoodien ? Autrement dit, le fait que les images numériques — au lieu de voler de leurs propres ailes dans les espaces non euclidiens de l'art numérique — soient majoritairement « asservies » au cinéma figuratif, est-il dû uniquement au poids de l'industrie du film, avec ses indigents modèles spectaculaires, ou au contraire à la richesse du langage cinématographique capable d'épouser et intégrer nombre de visions nouvelles dans le cadre « limité » de son optique à perspective focale ? L'histoire du cinéma l'a déjà prouvé, la caméra est capable de bien d'autres aventures de la perception et de la sensibilité que celles des « ciné-romans » standards, et ce avec les mêmes optiques utilisées différemment. **Il y a une différence de nature et de fonction entre les clichés « obligés » de la narration conventionnelle, et les contraintes de la vision suivant les « lois » de l'optique perspectiviste.** Celle-là est un système rigide et clos de représentations figées (caractères psychologiques, types sociaux) et de relations univoques (intrigues et genres), celle-ci est un système formel de figuration ouvert, favorisant l'expression en 2D de notre expérience psycho-physiologique binoculaire 3D. Redisons le avec Bruno Latour : « *Grâce à la perspective, il est possible d'offrir la même cohérence optique à des objets venus du monde et à des objets venus de la fiction ou de la croyance. Des utopies, des scènes mythologiques, des épiphanies religieuses, des créations humaines ou des objets naturels, tous se retrouvent dans le même lieu commun, l'espace homogène de la perspective. (...) Bien sûr, ce n'est pas le lieu commun par lui-même qui est intéressant, ce sont les échanges qu'il permet. (...) Toutes les images se recombinent, créant sur le papier* (ou l'écran) *des hybrides.* ***C'est là tout l'intérêt du langage de la perspective : il ne permet pas***

seulement de décrire, il permet de voir la nature comme une fiction et la fiction comme une nature. » *(Vues de l'esprit,* in *Sciences de l'information et de la communication,* Larousse 1993).

Cette formule explique bien le pouvoir d'attraction et de séduction de la prise de vue perspectiviste, en même temps que son efficacité opératoire et sa puissance d'intégration. C'est certainement ce mélange qui a fait la pérennité de la représentation « renaissante » de l'espace, au-delà des découvertes cubiste, einsteinienne, non euclidiennes, abstraites, qui l'ont relativisée. Il faut aussi rappeler qu'à la différence de la peinture — qui a sacifié la *storia* au profit d'une expérimentation formelle la rapprochant des nouvelles vues scientifiques du XXe siècle — le langage cinématographique reste lié à la narration (cf. chap. 2, *Montage et récit) :* il tire sa richesse historique d'être la forme d'expression qui a poussé le plus loin l'art du récit, poétique ou prosaïque, en images et sons.

Toutes ces considérations montrent que l'intégration des images numériques à l'optique cinématographique peut être comprise d'un point de vue positif, et non pas seulement comme une limitation aberrante des capacités (multi ou a-dimensionnelles ?) de « *l'ordinateur qui n'a pas du tout à faire ce genre de choses* ». Voilà pourquoi malgré tout, comme le dit aussi Bill Viola, « *on commence par entrer dans la base de données de l'ordinateur les lois de l'optique, les images d'objets viennent plus tard. Un grand angulaire devient une certaine équation que l'on tape sur le clavier une fois qu'on a déterminé le point de vue, et le tour est joué* ». C'est que l'image de synthèse, même sans aucune prise de vue, partage avec le cinéma et la vidéo un support commun : elle termine toujours sur un écran bi-dimensionnel où nous la regardons.

Les capteurs et le virtuel

> « *Le domaine de l'image par ordinateur est fascinant, il finira par remplacer ce qu'on appelle les images cinématographiques. J'attends impatiemment, j'espère que nous pourrons voir cela de notre vivant : la fin de la caméra ! Quand je serai à Paris, j'achèterai une grande bouteille de champagne et je la garderai pour ce jour-là — dans dix, vingt ou trente ans — pour le jour où il n'y aura plus de caméra. Je ferai sauter le bouchon pour célébrer non pas une mort mais une des mutations les plus importantes dans l'histoire des images. Cela sera peut-être comparable au sort qu'a connu la perspective, l'espace illusionniste de la Renaissance.* »
>
> (Bill Viola).

Quinze ans plus tard, le champagne de Bill Viola est toujours au frais et risque d'y rester un bon moment. Car c'est plutôt l'inverse de sa prédiction qui s'est réalisé : tant en sciences qu'en arts plastiques et au cinéma, l'ordinateur est moins utilisé comme générateur d'images que comme traitement numérique d'images préalablement prises par des caméras (ou produites par d'autres capteurs physiques : sonar, palpeurs kinesthésiques, résonances magnétiques nucléaires, émission de positons, thermographie, spectrographie, infrarouges…). Loin de supprimer caméra, prise de vues et perspective, l'ordinateur en prolonge l'usage par de nouvelles applications, de nouveaux métabolismes. On a déjà vu le cas des effets numériques au cinéma, avec leur palette de points de vue mirobolants et de métamorphoses extraordinaires (voir le fameux clip *Black or White* de Michael Jackson). On voit mal pourquoi cinéastes ou vidéastes, géographes ou anthropologues, et même missions spatiales et artistes en imagerie, se passeraient des ressources de la prise de vues — faite avec des caméras légères, précises et sensibles — au profit d'une lourde image calculée (calculée d'ailleurs à partir de quoi ?), pour le seul plaisir d'échapper à « l'espace illusionniste de la Renaissance ». D'autant que toutes ces prises de vues peuvent justement être traitées et transformées ensuite par ordinateur.

La révolution de l'imagerie numérique n'est pas l'abolition de « l'illusion perspectiviste » au bénéfice d'une nouvelle « objectivité » topologique. Elle consiste plutôt en deux capacités innovantes, impliquant deux conséquences pratiques de grande portée :

- D'abord, l'image numérisée peut être interpolée en temps « réel », de façon interactive, chaque pixel étant manipulable à volonté (dans les limites du calcul disponible).

  En découle la possibilité, inconnue jusque là, de faire évoluer, au doigt et à l'œil, non seulement l'image au sens spectaculaire, mais une ou plusieurs variables conjuguées (arêtes, zones, jonctions, trajectoires) et de projeter ainsi des scénarios à partir de transformations programmées des données initialement saisies.

Ce qui justifie pleinement l'appellation « virtuel » attribué au traitement numérique.

– La deuxième capacité révolutionnaire du numérique, c'est de rendre les signes (écrits, sons, images), les sens (ouïe, vision, toucher, kinesthésie) et les signaux de sources diverses (lumineuse, électrique, mécanique, radio, magnétique, infra-rouge, ultra-son…) réductibles à une même matrice computationnelle, à une mémoire et une technique numériques de visualisation communes.

Ainsi se trouvent générés entre nos divers sens, via la visu informatique, des correspondances, des échanges, des équivalences, qui non seulement nous donnent à voir l'invisible ou à entendre l'inaudible, mais permettent par exemple de produire une image (pas seulement une mesure) à partir de capteurs kinesthésiques (palpeurs posés sur un « acteur » animant en temps réel un personnage numérisé, ou inversement « gant de données » permettant à l'usager du système numérique de manipuler des objets virtuels), ou bien à partir d'ondes sonores (radar, sonar, échographie…), etc. Toutes les combinaisons ou presque sont envisageables dans la mesure où les signaux d'origines les plus diverses sont numérisables et visualisables.

Bill Viola signalait d'ailleurs cette possibilité : « *On pourrait à partir du son, avec un sonar, relever toutes les informations contenues dans cette pièce et en tirer une image de synthèse très honnête. (…) Ce n'est pas du tout un enregistrement visuel, mais acoustique, c'est un* mapping *sonore. C'est de cette manière qu'on établit les cartes du fond de l'océan et cela pourrait être un moyen tout à fait valable de créer une image de synthèse de cette pièce.* » (*idem*). Au-delà de l'inquiétante étrangeté, artistiquement exploitable, que peut produire ce genre d'images échographiques, **le transfert numérique d'un sens à l'autre ou leur superposition, produit à l'évidence un plus d'information sur le réel ou un plus de réalité sensible**, comme on voudra dire. Quoiqu'il en soit, le *mapping* sonore sera ni plus ni moins objectif ou créatif qu'une prise de vue — aucune technique ne peut « *relever toutes les informations contenues dans cette pièce* », d'ailleurs qu'est-ce que peut bien signifier ce « tout » ? — il discriminera d'autres objets, d'autres traits, entraînant d'autres déformations et révélations qu'il conviendra de compenser ou d'étendre, en fonction de ce qu'on cherche ou de ce qu'on trouve à faire avec.

L'icône et le possible

Outre les mathématiques, l'intérêt capital du virtuel ne réside pas dans une pure combinatoire aléatoire qui finirait par « computer » du jamais vu, ni dans l'infinité théorique des mondes « générables » à n dimensions, mais dans ses capacités à calculer et projeter sous nos yeux des dérivées, des transformations, des scénarios et des montages possibles ou captivants (sciences et fictions) à partir de la saisie multi et extra-sensorielle de « données » qu'autorisent tous nos instruments de captation. **La puissance d'une modélisation et d'une simulation virtuelles, c'est de transformer le réel pour en dériver visiblement de nouveaux agencements que nous allons pouvoir envisager et éprouver.**

Les distinctions entre réel et fiction, naturel et artificiel s'en trouvent sérieusement dilatées et remaniées… sans pour autant menacer notre équilibre mental, comme l'annoncent régulièrement les Cassandre. Cela induit sans doute des bouleversements considérables dans la culture et les mentalités, mais n'est-ce pas l'effet commun de toutes les grandes innovations scientifiques, techniques, artistiques, pour le meilleur et pour le pire. Avec la génétique, l'informatique et la cybernétique, **se trouve encore étendu le domaine des phénomènes naturels pouvant faire l'objet d'une reproduction technique**. Mais, sauf à rallier l'idéologie naturiste ou puritaine, doit-on considérer tout ce qui est fabriqué comme faux ?

Peirce avait d'une certaine façon anticipé sur la cybernétique l'abandon de la distinction naturel/artificiel pour l'analyse des phénomènes mentaux, démontrant qu'on les saisirait mieux de l'extérieur, par l'activité sémiotique (langages et logique des signes), plutôt que par l'intérieur (introspection ou physiologie cérébrale). Les considérations du fondateur de la sémiotique concernant la capacité « iconique » semblent anticiper de façon étonnante les facultés « pensantes » de l'image de synthèse : « ***Par l'observation directe de l'icône, on peut découvrir d'autres vérités concernant son objet que celles qui suffisent à déterminer sa construction*** ». Rappelons, avec Claudine Tiercelin (*La pensée-signe*, pp. 245 sq) que, pour Peirce, « *le trait essentiel de l'icône est qu'elle puisse* *représenter les aspects formels des choses, aussi a-t-elle moins une fonction de ressemblance avec son objet qu'une fonction d'exemplification ou d'exhibiton de celui-ci. Peirce insiste sur le fait que les icônes sont formelles et non de simples images empiriques, ce qui exige certains efforts d'abstraction pour que l'on puisse se représenter ces « squelettes ». (…) En outre un des traits marquants de l'icône est sa capacité à exhiber une nécessité, un devoir-être. Elle a donc une importance décisive dans la certitude que nous avons du caractère nécessaire de nos inférences. (…) L'expérimentation iconique garantit une sorte de concordance entre le modèle et l'original. De même que dans le cas du chimiste, nous considérons que le modèle nous permet vraiment de saisir l'objet lui-même (puisque ce qui intéresse le chimiste ce n'est pas l'échantillon particulier mais la structure moléculaire),* ***l'icône nous met aussi en prise avec la réalité.*** » Et comme le soulignait Peirce lui-même « ***l'objet de l'icône peut être une fiction*** *quant à son existence. Encore moins son objet est-il nécessairement une chose de l'espèce usuelle, mais il y a quelque chose dont on peut être sûr que l'icône la procure au plus haut degré : c'est que ce qui est ainsi porté sous le regard,* ***la Forme de l'icône, qui est aussi son objet, doit être logiquement possible.*** » (*idem*, p. 247).

Post-scriptum : *Dr. X-Ray*, l'homme qui vit au fond des choses

En guise de postface à ces interrogations sur les machines de vision, je voudrais rapporter un fait divers oublié, tel qu'il a pu être reconstitué d'après les témoignages, les archives de l'hôpital de Kansas City, certaines gazettes locales et les rapports de police. C'est l'histoire d'un homme à qui, apparemment, fut donnée la faculté incroyable de voir en deça de toute humaine vision, de voir à l'œil nu (dira-t-on objectivement ?) ce que seuls des instruments de physique ont pu nous donner à voir de la réalité. C'était aux États-Unis dans les années 60. Cet homme était chirurgien. Il figure aux archives sous l'appellation Docteur X. Il avait découvert, disait-il, une solution oculaire qui permettait de voir à l'intérieur des corps des patients, à la manière d'une radiographie ou d'une tomographie. Comme bien des savants avant lui, ignorant le danger et les éventuels effets secondaires, il avait témérairement testé le produit sur lui-même, avec des résultats, si l'on en croit son journal, proprement stupéfiants. Tout porte à croire que le Dr. X était assez vite devenu, à son insu, « accro » à son produit « miracle ». Il en était là de son expérimentation plus que risquée (l'œil, rappelons-le, fait partie du système nerveux central), lorsqu'il fut convoqué aux urgences de l'hôpital pour assister un confrère dans une opération délicate. Retrouvant son collègue en salle d'opération, il s'enquiert du diagnostic et de l'acte chirurgical prévu. Le patient est amené, déjà endormi, sur la table d'opération. Le docteur X le scrute de son regard perçant (il s'était inoculé de sa solution) et il découvre immédiatement ce qu'il pense être une erreur de diagnostic et s'annonce donc comme une mauvaise opération. Il tente de s'en ouvrir rapidement à son collègue qui récuse, énervé, ce qui apparait comme des élucubrations mal venues dans un moment aussi critique. Au moment où, malgré ses protestations, l'opération prévue va commencer, le docteur X administre un coup de bistouri sur la main droite de son collègue, coup suffisamment invalidant pour lui interdire de poursuivre. Passant outre la sidération des infirmières et assitants, le Dr. X prend l'opération en main et, usant de son autorité renforcée par l'urgence, il exécute non pas l'intervention prévue mais une autre, suivant son propre diagnostic (non, ce n'est pas un film de Cronenberg). Apparemment, le malade fut sauvé. À la sortie de la salle d'opération, une violente dispute oppose le Dr. X à son collègue blessé, s'ensuit une rixe au cours de laquelle le collègue est défenestré et tué (accidentellement ? les témoignages divergent). Le Dr. X disparait de la circulation. Il prend certainement la fuite pour échapper à l'accusation d'homicide. La police le recherche. On retrouve sa trace dans des fêtes foraines où, chaussé de lunettes noires (à la Ray Charles) et sous le nom de Dr. X-Ray, il donne des consultations de voyant extra-lucide. Les témoignages d'anciens clients attestent de la justesse de ses « prédictions » en ce qui concerne plus précisément la santé et la mort. Preuve vraisemblable que le docteur continuait de cultiver sa vision « diagnostique » hors du commun en se droguant avec son stupéfiant oculaire. En tout cas, aucun témoin n'a pu voir ses yeux. Sa piste se perd, on dit l'avoir vu ici et là, guidé comme un aveugle par une femme, plutôt belle. Des pharmaciens reconnaissent avoir vendu à une femme blonde telle ou telle substance dont on suppose qu'elle entrait dans la composition de « l'elixir » de vision. Un stock de médicaments, où figurent des produits similaires, a même été dérobé dans les laboratoires d'une clinique. C'est certainement le docteur, en tout cas, qui est l'auteur de l'incident survenu, quelques mois plus tard, dans un casino de Las Vegas, et relaté par un rapport de police. Un homme grand, avec des lunettes noires, accompagné d'une femme blonde, est venu jouer au Black Jack, à la table des plus grosses mises. Le physionomiste et les croupiers le décrivent avec précision. Il s'est mis à gagner tellement que le patron du casino a été appelé. Une mise de plusieurs dizaines de milliers de dollars opposait le Dr X à un riche hommes d'affaires texan qui tenait la banque. Soit le Dr X gagnait, soit il passait pour gagner encore le coup suivant. Les plaques s'accumulaient devant lui, tant et si bien que le texan finit par perdre patience, commença à accuser son adversaire de tricherie et, joignant le geste à la parole, voulut lui arracher ses lunettes noires. Les lunettes tombèrent, le Dr. X aussitôt se cacha la face dans les mains, personne ne vit ses yeux, il se dressa, tituba, renversa la table et s'enfuit dans la cohue en abandonnant ses gains. La police alertée le prend en chasse. Poursuite en voiture, carambolages. Et c'est là que **nous découvrons soudain, en caméra subjective, ce que voient les yeux du Dr. X**, tout injectés de la drogue transperçante : fulgurances d'électrons, lignes de fuite colorées, structures atomiques, insaisissable physique attaquant le nerf optique de ses yeux décillés, vision réifiée d'un monde moléculaire sans plus aucune apparence humaine. La course folle et aveugle finit en accident. Le Dr X-Ray (Ray Milland) en réchappe, mal en point… Une tente dans le désert, un troupeau d'ouailles bouche bée devant une tribune où fulmine un *preacher* fanatique, comme l'Amérique profonde sait les produire : *« Si ta main a pêché, arrache la ! Si tes yeux… »* Ray s'avance au beau milieu, jusqu'à la chaire, il ôte ses Ray-Ban : deux énormes yeux globuleux de mouche, et se les arrache. Ecran noir. Générique : *The Man With X-Ray Eyes (L'Horrible cas du Dr. X)*, Roger Corman, 1963.

13 Caméra subjective

> *« À quel point le sentiment d'urgence qui a poussé Rossellini vers le projet pédagogique (ses téléfilms de connaissance) a-t-il été lié à une prise de conscience du risque qu'on encourt de détruire la vie (voir son dernier film avec Ingrid Bergman,* La Peur*) dès qu'on la donne en spectacle, c'est-à-dire dès que la vie privée se trouve elle-même soumise aux règles d'un spectacle qu'elle contribue à former, ce qui pourrait aller de pair avec une perte du sens de la vie en général ? »*
>
> (Raymond Bellour, *L'Entre-images 2, p. 107*)

À l'opposé de la vision-machine anonyme, réputée « objective », la caméra subjective est ce trope du langage cinématographique qui force la vision du spectateur à s'identifier au point de vue de la caméra perçu comme le regard d'un personnage (connu ou ignoré) ou comme le regard du filmeur. Cette figure appelle une réflexion approfondie sur le double jeu d'identification et d'objectivation propre au spectacle cinématographique depuis l'invention du montage. En effet, comme le souligne Noël Burch (*La lucarne de l'infini,* p. 151), à partir de l'avènement du découpage-montage, tout plan devient en quelque sorte subjectif (partiel et partial). Il faut donc bien distinguer la caméra subjective, au sens de l'identification fictionnelle définie ci-dessus, du point de vue personnel marqué par la caméra de tel ou tel cinéaste.

Rappelons d'abord une évidence : le regard du spectateur s'identifie toujours forcément au point de vue de la caméra puisque c'est ce qui lui est donné à voir sur l'écran. Mais cette identification primaire n'est pas perçue comme telle, elle opère comme allant de soi, dans un déni « objectif » de la prise de vue. Le spectateur ne se dit pas : « on me montre une chambre sombre », mais : « je vois une chambre sombre ». L'acceptation unanime de cette illusion — une vision s'offrant d'elle-même, sans appareil — est à la base du spectacle cinématographique, comme la narration sans narrateur commande la lecture de tout roman. « *Descendu de cheval, il allait le long des noisetiers et des églantiers, suivi des deux chevaux que le valet d'écurie tenait par les rênes, allait dans les craquements du silence, torse nu sous le soleil de midi, allait et souriait, étrange et princier, sûr d'une victoire.* » Le lecteur, pas plus que le spectateur, ne se demande qui donc épie cette scène et la lui relate. Elle se déroule naturellement devant ses yeux. C'est de cette banale (et paradoxale) occultation de l'Enonciateur — disons plutôt du Montreur d'ombres, pour reprendre l'expression de von Sternberg — que le film tire sa force d'objectivation. Cette « objectivité » des choses se narrant d'elles-mêmes est la présupposition de tout récit qui repose donc sur une abstraction convenue, une tâche aveugle, une fiction commune, qu'il s'agisse de roman ou de reportage, de fiction ou de documentaire. À tel point que toute figure de narrateur avérée comme source du récit n'est qu'un tenant lieu fictif du Montreur absent (toujours en retrait d'un cran). Evidemment, admettre cette fiction *princeps*, la masquer ou la marquer, n'a pas la même signification en fiction ou en documentaire.

Le spectateur du film n'exige pas de savoir concrètement qui lui fait voir, il ne se demande pas a priori : « par les yeux de qui vois-je ? », il accorde au contraire d'emblée sa croyance à cette vue « objective », supposée sans auteur ni médiation [1].

La caméra subjective vient donc interposer une identification secondaire manifeste sur une identification primaire « inconsciente ». Alors que celle-ci est un point de vue masquée (vécu comme absence de point de vue), celle-là constitue un point de vue marqué [2], pour reprendre les termes d'André Gardiès *(Le récit filmique,* Hachette, 1992). Alors que je voyais « normalement » la scène se dépeindre sur l'écran devant mes yeux, voilà que mon regard s'y trouve brusquement incorporé comme regard singulier d'un personnage ou de l'appareil. Mon regard perd « l'objectivité » anonyme qui lui permettait d'embrasser de l'extérieur et de balayer « librement » le monde filmique ; il se trouve, par la caméra subjective, captivé dans une visée, dans le cadrage par les yeux d'un autre. Il perd l'illusion première — la « liberté » de suivre l'action dans sa succession « objective » — par l'effet d'une illusion seconde, plus forte momentanément : l'identification marquée à une vision en acte. Je sens, alors, que mon regard est dirigé et identifié à la vision d'un autre.

Décadrage

Ainsi la caméra subjective redouble l'illusion projective tout en menaçant d'en rompre le charme, elle renforce l'adhésion du spectateur tout en la contrariant. Elle la renforce par un effet kinesthésique : ce n'est plus une vue qui me présente une scène (« libre à moi » de m'y projeter), c'est un regard intérieurement orienté qui m'y rend présent (forcément présent). La caméra subjective imite la mobilité d'un regard, inquiet ou inquiétant. Image forcément bougée (travelling, panoramique, saccades, décadrages) afin de rendre sensible l'exercice d'un regard (voyeur, démonstratif, prédateur), à l'opposé du plan fixe expectatif.

Mais, en même temps que l'identification se voit renforcée par cet effet « subjectif », elle est menacée d'auto-destruction, et c'est ce qui rend la caméra subjective intenable plus d'un moment. L'identification secondaire (subjective et manifeste) entre en conflit avec l'identification primaire (objective et inconsciente) : alors que, tel un visionnaire, il voyait tout du point de vue de personne, le spectateur se voit obligé de voir par les yeux de quelqu'un. Son champ, comme celui du récit, se trouve restreint à un regard assigné, personnifié, qui **perd l'illusion de plein-champ et les virtualités du contre-champ**. Par récurrence, la caméra subjective peut ainsi compromettre l'identification primaire, en faisant prendre conscience au spectateur que tout ce qu'il croyait auparavant voir par lui-même, lui était déjà montré d'un point de vue particulier, calculé. Pour le coup, il ne se dira plus : « je vois une chambre sombre », mais « on me montre une cham-

1. Cette fiction de vision directe dans l'oubli du Montreur est telle que le speaker, commentant la cérémonie télévisée du Panthéon, peut se permettre de dire : « le président Mitterrand entre maintenant seul dans le Panthéon », alors même que son parcours est retransmis par de multiples caméras et leurs servants.

2. Tout point de vue marqué n'est pas forcément subjectif. Un travelling, porteur du regard d'un personnage qui marche, est un point de vue marqué et subjectif. Un travelling accompagnant « naturellement » deux protagonistes qui marchent en discutant, est un point de vue masqué. Mais si le travelling les dépasse et anticipe, par exemple, leur lieu d'arrivée, cet écart par rapport au suivi de l'action figure un point de vue marqué mais qui demeure « objectif » (ce que Welles appelle « audience camera » dans le cas des points de vue impossibles — traversée de toit, de porte, des cintres du théâtre — dans *Citizen Kane).*

bre sombre ». La caméra subjective aura alors produit l'effet inverse de la fascination qu'on lui prête d'habitude : **elle aura rendu visible la mise en scène, provoqué le recul du spectateur, sa « désidentification »**. C'est d'ailleurs à cet effet contraire et révélateur que l'utilisent certains cinéastes de la « déconstruction », désireux de subvertir le credo primaire du spectateur en une narration sans sujet et de marquer l'énonciation, voire l'énonciateur.

Ainsi, les fameux décadrages du documentariste Johan Van der Keuken, raboutant d'un coup un morceau de hors-champ, recomposant le sujet un peu autrement, sont une manière de signifier la relativité du cadre et de faire sentir au spectateur le côté physique de la prise de vue. « *Le cadrage, l'affirmation d'un point de vue sur le réel, c'est déjà positif, ça rend au moins possible une communication sur le réel et une définition du réel. Mais ça donne l'illusion que le réel social et politique peut être résolu dans l'acte de la composition. Ce point de vue sur le réel est donc très ambigu et c'est pour ça qu'il doit être détruit en même temps. Donc souvent chez moi le cadrage est suivi d'un déplacement qui ne va pas vraiment vers un cadrage nouveau, mais qui justement déplace quelque peu les choses, et qui indique que chaque point de vue est ambigu, arbitraire, et qu'il est aussi suivi d'un nombre infini de points de vue.(…) La pensée du hors-champ est très importante. Tous ces cadrages à côté du sujet central montrent qu'il y a toujours un hors-champ, et un hors-champ à ce hors-champ, etc.* » (Johan Van der Keuken, *La quadrature du temps*, in *Dans le réel la fiction*, p. 31).

Les images ainsi marquées d'un cadrage subjectif du filmeur adressent au spectateur un implicite : « tu vois », « je te montre que… les choses sont autres ». Moins par volonté puritaine (perverse) ou militante (naïve) de dissiper ou dénoncer l'illusion d'optique, que pour créer une tension consciente et féconde entre énoncé et énonciation, entre voir et montrer, via la prise de vue rendue sensible comme champ de forces entre filmeur et filmé, film et spectateur. « *Je n'envisage pas la réalité comme quelque chose qui puisse être fixée sur la pellicule mais plutôt comme un champ (en termes énergétiques). L'image filmée, telle que j'essaye de la faire, c'est plutôt une collision entre le champ du réel et l'énergie que je mets à l'explorer.(…) Comme cinéaste, je me situe dans le monde de l'image, un monde à mi-chemin entre moi et la réalité, je crois qu'idéalement le spectateur doit se trouver dans une position similaire.* » (Van der Keuken, *Cinémathèque québecoise*, octobre 1974).

Ce que la caméra subjective rend visible c'est le cadrage, normalement invisible. Le plan subjectif n'est plus un spectacle qui s'offre simplement à ma vue, il apparait comme la projection d'un champ d'investigation à partir et au devant de la caméra-regard. Et cette découpe mobile me rend par là même sensible le hors champ contigu qui se tient, invisible, non seulement autour du cadre, mais, menaçant, derrière la caméra, derrière ma tête, telle l'ombre du Montreur d'ombres… Du hors-champ alentour, la caméra peut toujours (dé)couvrir une partie en se déplaçant mais elle ne peut jamais révéler le hors-champ absolu, celui qui se tient derrière son œil de verre… sauf à l'intégrer à la fiction (mise en abîme, film dans le film) ou à risquer de faire éclater le principe même de la projection. Un tel éclat, pour porter, consiste moins à montrer le filmeur filmer ou le cinéma dans son simple appareil (secret de polichinelle), qu'à perturber le régime de croyance du spectateur, c'est-à-dire à subvertir les conventions de la fable cinématographique (fiction ou documentaire). « *La narration conventionnelle part de l'idée qu'on connaît déjà la réalité qu'on représente ensuite, qu'on connaît les personnages qu'on montre dans le film. Pour moi et pour d'autres* (c'est Van der Keuken qui parle), *c'est le contraire : on part plutôt du sentiment de ne rien connaître, et finalement les images filmées, c'est ce qu'on retient comme connaissable du réel.* ***Mes films en général ne sont pas composés d'une suite d'images qui font partie d'un entier présupposé, ce sont des instants à partir desquels le spectateur peut se former une image.*** » (*Dans le réel la fiction*, p. 32). « *Je me fiche du documentaire, au sens de documenter quelque chose, mais ce qu'on documente au fond c'est une présence physique, non seulement celle de l'autre mais la mienne propre, c'est peut-être bien plus important de documenter le fait qu'on était là et comment.* » (Van der Keuken, entretien avec F. Niney, *Cahiers du Cinéma*, mars 1993, p. 79).

Pour saisir notre énigmatique présence au monde, ses liens universels et ses différences locales, le cinéaste peut ressentir le besoin de marquer sa présence à la scène et à la caméra, l'acte de son regard. Mais il ne s'agit pas là d'une caméra subjective, au sens habituel de la fiction : elle ne vise pas l'identification accrue du spectateur, mais au contraire à lui faire éprouver un écart. Le *Je* du spectateur ne se superpose pas au *Je* qui se rend « visible » par la prise de vues mobile, car ce regard « subjectif » actif est à la fois une affirmation de soi du filmeur et **une adresse au spectateur sur le**

mode de l'altérité non de l'identité : « **je te** montre que… », ou sur le mode dubitatif et non pas impératif : « **je** vois ça comme ça, ou comme ça (décadrage), **et toi** ? ». Ce type de marquage du point de vue du filmeur, que nous préférons qualifier d'**adresse** plutôt que de subjectif, est à l'opposé de l'effet kinesthésique de caméra subjective utilisé tant en suspense qu'en reportage. En effet, cette technique de fascination ne vise qu'à précipiter l'effet d'identification et de présence physique à la scène. On verra d'ailleurs comment la fiction traditionnelle (horreur ou suspense), tout en jouant de la caméra subjective, cherche à en résorber la marque, à la réintégrer assez vite au récit « objectif transparent », de peur que, énonciation trop voyante, elle n'altère la croyance à l'histoire opérant d'elle-même. Ce double jeu existe également dans nombre de reportages qui n'hésitent pas à marquer spectaculairement leur présence sur les lieux, à coup de caméra subjective portée, bougée, courue, filée, tout en maintenant leur prétention à l'objectivité, au « *nobody's point of view* », à la transparence des événements se montrant directement d'eux-mêmes.

Ainsi faut-il constater qu'identification subjective et pseudo-objectivité vont de pair pour soutenir la fiction « réaliste » de la représentation anonyme ; alors qu'adresse, décadrage, retournement des images par la parole (chap. 6) et autres marques de l'énonciateur perturbent le credo et le crédit de la représentation, imposant au film de nouvelles relations avec la réalité, et au spectateur avec le film.

La menace

En fiction, la caméra subjective incarne le plus souvent une menace. Pourquoi ? Parce qu'elle m'identifie violemment à l'assassin, à la victime, au détective ? C'est davantage et autre chose, je crois : sous ces divers habillages, la vision subjective manifeste soudain **une présence tierce** — comme une présence en plus ou en trop — présence invisible, jusque là cachée (hors champ) mais déjà là (tramant le film), présence inquiète et inquiétante qui n'est autre que celle du Tiers exclu : la caméra, le Montreur d'ombres. Tel le spectre du Docteur Mabuse qui abuse non seulement ses victimes dans le film mais les spectateurs du film : maître de l'hypnose, des visions et de l'acousmêtre (voix sans visage), n'est-il pas le double, l'ombre portée du metteur en scène ? Le Montreur, on l'a dit, c'est celui qui, montrant, ne peut être montré. Ce n'est pas un individu (pas même l'auteur) mais un principe constituant, toujours en retrait d'un cran, absence commandant la croyance et la présence du spectateur au récit. **Par la caméra subjective, me voilà collé à lui sous couvert du regard d'un autre, dans un mouvement de transgression de l'interdit.** Car le Montreur ne saurait apparaître dans le récit qu'il ordonne, si ce n'est sous des avatars qui le dérobent autant qu'ils l'exhibent (tel le narrateur fictif). En nous rapprochant de la réalité de la machination cinématographique, du Montreur [3], les figures subjectives de la peur, du dérangement, menacent non seulement le spectateur d'horreur mais la fiction d'éclatement, compromettant son « objectivité », l'illusion de la narration sans narrateur. Que la caméra subjective incarne le regard assassin guettant sa proie ou le

3. Voici comment Michel Chion analyse la scène du *Testament du Dr Mabuse* où Kent et Lily découvrent l'automate sonore qui les abuse : « *On peut voir toute une métaphore du film et de la mise en scène contenue dans cet épisode : ce que le couple découvre en transgressant le rideau, c'est ce que découvrirait le spectateur du film à prendre au sérieux la fiction, à vouloir transgresser la barrière qui conditionne la croyance à cette fiction, et à déchirer l'écran, ce rideau qui se cache lui-même, pour entrer dans l'espace de sa fausse profondeur. Que verrait-il ? Un haut-parleur et des ombres plates, comme est plate la silhouette découpée (de Mabuse) ; un mécanisme, rien de vivant. En quelque sorte, Kent et Lily se découvriraient pris dans un enregistrement, un défilement mécanique. Mais non : le mécanisme est devant leurs yeux, ils ne s'aperçoivent pas qu'ils y sont impliqués, pas plus que le spectateur n'applique à sa propre vision du film la désillusion qu'il voit être celle de Kent et Lily devant la révélation de l'acousmêtre comme simulacre enregistré. Nous les voyons saisis d'étonnement devant quelque chose que nous voulons voir nous aussi : le contrechamp à 180°, figure typiquement langienne, et qui correspond à la réversibilité du regard, réalise notre désir et nous montre ce qu'ils voient en regardant vers nous. On approche là de ce qu'on pourrait appeler le mirage du contre-champ absolu : que les personnages du film pourraient nous voir comme nous les voyons, et que d'être vus par eux, nous, la salle, baculions dans l'écran. Un des premiers contre-champs du cinéma ne se trouve-t-il pas dans un court métrage de Griffith sur une représentation théâtrale, et ce contre-champ ne montre-t-il pas la salle et les spectateurs ?* » (La Voix au cinéma, p. 43).

regard traqué de la victime, la peur qu'elle suscite provient moins de mon identification obligée à celle-ci ou celui-là que de l'invisible : invisible, le corps de l'assassin qui usurpe mon regard ; vide, le champ menaçant qu'investigue le regard éperdu de la victime en puissance (voir *La Féline, Cat People*, de Jacques Tourneur, 1942). Mais cette horreur du vide, cette menace invisible tend à confondre dangereusement l'espace fictif de la projection et l'espace réellement non visible (derrière la caméra), l'espace réellement vide de toute fiction. En poussant la machination de la mise en scène à son point limite, la vision subjective risque de la rendre visible… et d'**excéder** ou décevoir le spectateur. C'est pourquoi — même si ces réactions, négatives aux yeux du cinéma commercial, peuvent être exploitées délibérément par un cinéma de la déconstruction — les caméras subjectives ne peuvent être que provisoires. Monstres ou victimes, poursuivants ou poursuivis, les porteurs-prêteurs de regards subjectifs ne doivent pas tarder à prendre corps, à me rendre mon regard et à regagner l'espace « objectif » du film. Là, devenus vis à vis visibles, les monstres finalement rassurent et réassurent la fiction cinématographique dans son bon fonctionnement, car, aussi répugnant soit-il, ils y ont un visage… et un nom. Le Montreur d'ombres, lui, n'en a pas : foyer anonyme de la fiction, il est retourné à sa tâche aveugle.

Ainsi, **la caméra subjective ne produit pas seulement un redoublement de l'identification du spectateur, elle lui fait également éprouver un dédoublement de son champ de vision**, une tension irréductible entre champ visible, filmable devant, et hors-champ invisible, infilmable derrière. Le malaise provient de la lisière, soudain rendue sensible par la caméra mouvante, entre le hors-champ irréductible (derrière mon dos, derrière la caméra) et l'espace cadré et cadrable devant, c'est-à-dire au fond **entre l'espace du récit et le réel qui lui échappe.** Si la pression de celui-ci devient trop forte, celui-là perd son crédit (c'est pourquoi, encore une fois, la caméra subjective n'est pas tenable longtemps). Le spectateur divorce alors d'avec le film, que l'auteur l'ait fait exprès (distanciation, ruptures, ironie ou aparté chez Godard, Van der Keuken ou Woody Allen par exemple) ou qu'il ne l'ait pas voulu : dans *La Dame au lac* de Robert Montgomery ou *Une femme en Afrique* de Raymond Depardon, le spectateur refuse de s'identifier davantage à l'univoque regard scrutateur du détective ou au regard masochiste du reporter éconduit.

Tout en caméra subjective, un film est intenable

Rares et intenables (ceci expliquant cela) sont les films tout en caméra subjective. Cela semble paradoxal puisque, d'une certaine manière, tout film représente bien une vision subjective, celle de son auteur (même si elle est on ne peut plus standard), et toute projection implique l'adhésion subjective du spectateur. En réponse, nous avons déjà reconnu, au fondement du pacte narratif et spectaculaire, l'impérative croyance « objective » aux événements qui se racontent d'eux-mêmes, et nous avons distingué entre identification primaire (« objective ») et identification secondaire. Quelques exemples de réalisations en caméra subjective vont maintenant nous aider à mieux cerner les transferts et contre-transferts entre subjectif et objectif à travers les images prises et projetées.

La caméra subjective est le détective

C'est le dispositif du fameux film de Robert Montgomery, *La Dame du lac* (1949), adapté du roman homonyme de Raymond Chandler, *The Lady in the Lake.* L'enquête est menée par la caméra subjective qui joue le rôle du détective, dont on ne voit la tête (celle de Montgomery soi-même) que lorsqu'il passe devant un miroir. Malgré cette coquetterie — qui permet tout de même au spectateur de donner un visage au regard qu'on lui prête — on peut dire sans jeu de mots que le procédé tombe à l'eau. Les acteurs appliqués regardent bien vers la caméra quand le détective Marlowe (alias la caméra) entre dans une pièce ou s'adresse à eux, mais leurs regards tombent finalement dans le vide, et on sent bien que ça flotte parce que personne ne leur rend leur regard. Le spectateur ne parvient pas davantage à s'identifier à cette vision sans corps qu'on lui impose : même s'il est censé porter le chapeau de Marlowe, ce regard subjectif reste désincarné, apparaît vite machinique, impersonnel, paradoxalement. C'est qu'au bout d'un moment, le spectateur ne reconnaît plus ce regard comme sien, il prend ses distances, récuse cette identification à sens unique qui réduit son champ de vision, lui fait perdre sa « liberté » (certes illusoire mais usuelle au cinéma) de voir « de soi-même » sous d'autres angles ou d'aller voir ailleurs.

Quand le détective-caméra va se coucher, le spectateur n'a pas forcément envie d'en faire autant.

En perdant la faculté de description (externe) et toutes les possibilités du contre-champ et du montage alterné, c'est non seulement l'espace filmé qui se voit restreint, comme assigné à résidence, mais le langage filmique qui se trouve appauvri. Le regard subjectif a beau être mobile (travelling, panoramique), **en interdisant le déploiement du corps de l'acteur devant l'objectif, il perd sa liberté de mouvement et d'échange avec les autres protagonistes dans un espace objectivé.** En outre, le spectateur ne peut s'empêcher, à la longue, de voir que les acteurs s'adressent à l'appareil de tournage sous couvert de Marlowe, ce qui compromet la crédibilité du dispositif fictionnel. Le pari se révèle donc intenable au long cours. La leçon de cette expérience, c'est que le spectateur prête plus facilement son regard, en tant qu'identification mentale, à un acteur vu devant la caméra qu'à une vision totalement subjective, qui s'avère étrangement sans sujet. Dautre part, si la caméra subjective produit sur le spectateur un indéniable effet kinesthésique, utilisée exclusivement elle n'en limite pas moins la liberté de mouvement que seul peut offrir un espace objectivé en champs/contrechamps.

DÉTOUR PAR ROSETTA

Contre-exemple : si l'on veut que le film soit totalement en caméra subjective, plutôt que d'effacer le personnage « par qui le regard arrive » derrière l'œil de la caméra, mieux vaut le montrer tout le temps, en amorce ou en semi-subjectif. C'est ce qu'ont fait, avec une grande sensibilité et détermination, les frères Dardenne pour *Rosetta* (Palme d'or à Cannes en 1999). La caméra ne lâche pas la fille d'une semelle, comme on piste un sanglier, elle épouse sa folle énergie à s'en sortir (« *ne pas tomber dans le trou* ») qui est aussi l'énergie du désespoir, de l'échange interdit. Le micro ne nous épargne pas le moindre halètement de Rosetta, et le spectateur est bringuebalé à sa suite, comme si la caméra, partageant et sa lutte et son quasi-autisme, traquait cette presque SDF autant qu'elle en poursuit l'obsession : ne pas s'installer dans la précarité, foncer tête baissée, trouver un travail à tout prix, même au prix de la trahison voire du crime. Rosetta n'est pas aimable et le film n'est pas plaisant, ni sympathique ni pathétique : le spectateur se voit forcé de partager cette agitation monomane, cette énergie aveugle de la survie, cet entêtement à refuser l'enfermement, à trouver une brèche dans le cercle de l'exclusion et une place rémunérée, reconnue. Le dispositif fonctionne par ce forçage paradoxal du spectateur : **le partage de l'exclusion à travers ce regard exclusif**.

Ce cas de figure exceptionnel confirme la règle mise en lumière par notre analyse : la caméra semi-subjective exclusive marche ici dans la mesure où elle tire parti et style de sa limitation même. Elle trace l'enfermement de Rosetta et son égal entêtement à en sortir. L'itinéraire du film et de son personnage pousse même le dispositif à atteindre sa propre limite et à la dénoncer. Rosetta, pour finir, manque son suicide, elle doit racheter une bouteille de gaz qu'elle porte comme Jésus sa croix ; l'ami, qu'elle a trahi, vient cependant la chercher-harceler sur sa mob pétaradante ; alors qu'elle tombe et craque, il (hors champ) l'aide quand même à se relever, par quoi elle découvre un nouveau possible jusque là in**envisageable :** elle va pour la première fois de sa vie, du film, échanger un regard (confiant, amoureux, gratuit ?) avec quelqu'un... Elle tourne la tête, elle est de trois-quarts : arrêt sur image de fin juste avant que son regard ne croise celui de l'autre et le nôtre. Sortie du tunnel : la caméra subjective cède à l'appel d'un contrechamp prochain, promesse d'altérité, de liberté, de points de vue alternés...

La caméra subjective est le reporter transi

Sous ce libellé, on aura reconnu le dispositif d'*Une femme en Afrique (Empty Quarter,* 1985) de Raymond Depardon. Ici, la fiction prend la forme d'un documentaire ou d'un journal filmé, à la manière du *Journal de David Holzman* (cf. chap. 10), l'ironie en moins. La caméra subjective de Depardon incarne bien son regard, et non celui d'un intermédiaire fictif (comme le détective dans *La Dame du lac)*. Cependant, même si c'est bien Depardon lui-même qui tourne, ce regard-filmeur n'est pas censé être vraiment le sien mais celui d'un reporter (fictif) filmant une femme de rencontre dont il est tombé amoureux, qui le sadise et l'éconduit.

Une femme en Afrique n'est pas une chronique personnelle objectivant un certain point de vue sur des événements du monde ou des rencontres que médiatise l'image, à la manière documentaire d'un Marker ou d'un Van der Keuken. C'est un dispositif de type autobiographique. (Remarquons que l'autobiographie est le point de fusion entre réel et imaginaire, documentaire et fiction, le genre où ces genres deviennent indiscernables). Ici, dans le dispositif (fictivement) autobiographique du reporter-Depardon, l'axe du film et sa seule visée, c'est la relation amoureuse de filmeur à filmée. Axe sagittal[4] et relation sado-masochiste. Le regard subjectif est la ligne accrochant le pêcheur au poisson, même si ici (à l'inverse du voyeurisme habituel) le poisson casse la ligne et c'est le pêcheur qui part à la dérive. Le regard du spectateur se trouve branché sur cette liaison à sens unique qu'il arrive d'autant moins à faire sienne qu'elle ne lui est pas donnée à voir « librement » par un jeu d'acteurs mais lui est imposée sagittalement à travers cette lentille subjective qui ne lui laisse d'autre choix que de subir ce qu'accepte de subir le filmeur. Ce qui n'est pas forcément supportable. Et voilà pourquoi votre caméra subjective est intenable !

Il faut croire que Raymond Depardon, photo-reporter lui-même, espérait naïvement de ce faux cinéma direct en caméra subjective un surcroît de présence réaliste et un semblant de sincérité accru. Il ne provoque chez le spectateur qu'embarras d'être là et excès d'agacement incrédule. Ce qu'avait justement anticipé et évité *Le Journal de David Holzman,* en mettant ironiquement en scène l'énervement progressif et le rejet du « cinéma vérité » de David par ses « victimes ». Car la caméra subjective monomane ne laisse d'autre échappatoire aux filmés que d'être ses proies plus ou moins consentantes (voir chap. 3, *Familles je vous hais)* ou bien de l'éconduire.

Après la version masochiste, voyons donc l'autre version de ce regard sans contre-champ : la caméra totalement sadique.

La caméra subjective est l'assassin

L'effet prédateur de la caméra subjective a été poussé à l'extrême par le Méliès des années 80, le magicien du truquage, Zbigniew Rybczinski (auteur des célèbres *Tango* et *Steps).* Son court métrage *Oh no I can't stop it,* tourné en prises de vues réelles et pixilation, nous met sous les yeux, ou plutôt dans la vue, l'évidence : la caméra « subjective » ne fait pas que tourner des images, elle avale « réellement » tout sur son passage, comme un siphon : gens, rues, maisons… comme si son magasin était une bouche, un ventre, un trou noir, et que rien ne subsistait de ce qui est happé par l'objectif. Relevé par une bande son grinçante de bruits sans paroles, ce procédé comique et angoissant confère à la vision du spectateur une puissance cannibale : ses yeux sont comme un gouffre goinfre où le monde gobé disparaît, sans contre-champ possible. Ici le truquage est à la fois la forme et le contenu du film : la vision comme abîme. L'intrigue du film, c'est le fonctionnement même de l'appareil de prise de vues, sans restitution.

Même si elle ne peut qu'être brève, car son sens s'épuise vite, cette expérience-limite en dit long sur la physique et la métaphysique du cinématographe. La caméra subjective solipsiste, sans contre-champ, c'est l'œil du cyclone, le grand avaloir. *Oh no I can't Stop it !* fonctionne comme une preuve par l'absurde, sa mécanique unique trahit le principe d'altérité nécessaire à l'expression cinématographique (comme à tous les jeux de langage) : **seules les virtualités d'un montage alternant les points de vue permettent au regard de construire une surface de projection comme lieu commun où se lier aux autres pour exposer ses vues.**

Le film expérimental de Zbig en évoque à rebours un autre, datant, lui, du cinéma « primitif », de l'époque où un film n'était encore qu'une seule bobine en plan fixe d'une quarantaine de secondes : *The Big Swallow (Le grand avalement,* 1901) de James Williamson. Un homme chic, canne et chapeau, s'avance vers la caméra avec des gestes menaçants, signifiant au photographe qu'il ne veut pas être pris en photo. Il marche vers la caméra, jusqu'en très gros plan, ouvre la bouche et « avale » appareil et photographe (apparus de dos au premier plan dans le four noir de la bouche). Peut-on voir là une image inversée, en miroir, prémonitoire de ce que serait la caméra subjective ? Quoiqu'il en soit à la différence du film de Zbig où rien ne survit à la caméra-gouffre, à l'issue du *Grand avalement* persiste un impossible reste de spectacle : bien que nous ayons été avalés avec appareil et photographe, nous voyons l'homme au chapeau qui recule, satisfait, en se pourléchant les babines. Le spectacle continue ! et nous donc… Survivre aux crimes dont il ordonne la scène (pour notre plaisir), n'est-ce pas la ruse propre au Montreur d'ombres, toujours hors-champ du hors-champ selon l'expression de Van der Keuken, principe de réalité échappant et commandant à toute fiction.

Autre figure majeure de la caméra subjective assassine, *Le Voyeur* de Michael Powell *(Peeping Tom,* 1960). À la différence de la plupart des films d'horreur, le chef-d'œuvre (décrié à l'époque) de Powell ne se contente pas de l'effet menaçant de la caméra subjective, il met en scène une para-

4. « En forme de flèche. Plan vertical perpendiculaire au plan vu de face » (Le Robert).

bole dont le mécanisme cinématographique est à la fois le véhicule et le sujet, parabole opposant la prise de vues comme prédation à la vision comme échange de regards. Le héros (et le spectateur par identification, mais toujours un cran derrière) va parcourir la boucle infernale des positions de capture cinématographique. Tour à tour : caméra subjective sadique ; spectateur-voyeur jouissant de la reproduction de cette vision meurtrière ; reporter de ses propres crimes ; photographe de photos cochones (c'est son gagne-pain) ; cobaye filmé par un autre sadique (son père menait sur lui des expériences sur la peur) ; amoureux désarmé et impuissant derrière l'objectif (ne pouvant plus tuer ni vraiment aimer la femme qui s'offre à sa caméra assassine en connaissance de cause) ; finalement victime expiatoire s'immolant spectaculairement à sa caméra, impressionnant lui-même, en tant que filmé et non plus filmeur, son propre film pervers en y laissant la vie. La caméra subjective est une passion dévorante et mortifiante. Ayant, lui, survécu à l'expérience, le spectateur ne peut s'interdire d'y retourner.

Le Voyeur commence en caméra subjective amateur, avec croix dans le viseur. Visiblement dissimulée (si l'on peut dire), la caméra suit une prostituée. Arrivée dans la chambre, pendant que la femme se déshabille, la caméra se dévoile : plus exactement, car nous sommes toujours en caméra subjective, le spectateur comprend que la caméra se dévoile par un décadrage bougé, l'ombre de la main du filmeur, un brusque déclic métallique et la surprise de la femme. La caméra marche maintenant vers la prostituée sidérée, un spot lumineux vrille sa face, elle pousse un hurlement dans lequel la séquence s'abîme. *Cut* sur un projecteur de film. Pendant que le générique s'affiche, nous revoyons la même scène projetée réduite, en noir et blanc, muette, contemplée par un homme assis de dos. À la fin du film (pas celui qu'il est en train de regarder, celui que nous voyons et qui l'inclut), le Voyeur s'offrira lui-même en holocauste à sa caméra : celle-ci, on le découvrira, est munie d'un pied érectile armé d'une pointe (cause du déclic métallique) et d'un miroir où la victime peut contempler, en même temps que son bourreau, sa propre terreur mortelle… redoublant ainsi la jouissance du voyeur ! Méduse : si le Voyeur tournait vers nous, spectateurs, le miroir de sa caméra meurtrière, verrions-nous sur l'écran notre propre visage effaré ? Horreur. Mais le spectateur le sait bien au fond : aussi subjective que soit la caméra, si elle croise un miroir ce n'est pas son propre visage qui s'y montrera. C'est pourquoi il peut jouir en toute impunité de la caméra subjective, incognito. Et pourtant ? Vertige : derrière l'image de ce visage-ci ou de celui-là, derrière ce miroir ou ce gros plan, derrière la caméra, derrière le regard du spectateur, se tient **l'invisible Montreur anonyme, alter-ego du voyeur qui sommeille en chacun de nous.**

La boucle est bouclée : « Je suis la plaie et le couteau, et la victime et le bourreau ». De filmeur sadique, *Peeping Tom* est devenu sa propre victime masochiste. Mais pour pénétrer ainsi dans son propre regard-caméra, regard autiste, pour devenir la proie-objet de sa propre vision prédatrice — et par là sinon se racheter, du moins épargner d'autres victimes — le Voyeur aura du faire le détour (et le spectateur aussi) par la mise en scène « objective » de Michael Powell. Le cinéaste construit son film comme une déconstruction de la fascination morbide qu'exerce la caméra subjective. Exclusive, la caméra subjective est à la fois autiste et possessive. Passion dévorante et mécanique isolante, elle transforme qui la tient en maniaque et ses « sujets » en objets, en cobayes, à l'image des expériences scientifiques que filmait le père du Voyeur, psychologue traquant sur la figure de l'enfant les stigmates des peurs nocturnes qu'il provoquait. À l'opposé, c'est en construisant un champ qui n'est plus la vision d'un seul, un espace pluri-dimensionnel et non plus assigné au vecteur d'une visée subjective, en tissant un jeu de relations plurivoques entre les protagonistes (contre-champs), que le cinéaste peut conférer aux acteurs une certaine liberté de mouvement et aux spectateurs une certaine latitude de voir. Bref, **la caméra subjective est une forme limitée — et perverse quand elle est exclusive — de la subjectivité. Cette singularité démontre, par défaut, le besoin où nous sommes d'un espace qui nous comprenne pour que nous puissions nous comprendre.**

La caméra subjective est complice

C'est arrivé près de chez vous : ce titre, tiré des gazettes de faits divers, nous interpelle doublement. Il nous inquiète : que des choses pareilles puissent arriver au coin de la rue, c'est incroyable ! Il nous culpabilise : au fond n'étions nous pas au courant, mais qu'avons nous fait ? Le film *C'est arrivé près de chez vous* (1992), de Rémy Belvaux, André Bonzel et Benoït Poelvoorde, met précisément en scène ce double malaise, par le biais d'une caméra de reportage subjective : le spectateur — voyeur obligé, amusé et dégoûté — se voit complice du tueur et de l'équipe de cinéma direct qui le « couvre » dans tous ses faits et gestes. Bien sûr, il s'agit d'un faux documentaire… outré mais assez bien vu pour être dérangeant, c'est-à-dire lucide sur les pratiques sensationnalistes des chasseurs de scoops et de réel saignant, et même extralucide si l'on songe à l'affaire Dutroux qui devait chambouler quelques années plus tard la Belgique, pays où le film est tourné. C'est un film de mauvais goût, spécialité belge dont on aurait tort de sous-estimer les vertus surréalistes. Car le film est caricatural **et** réaliste à la fois, performance qui prouve que la fine équipe a réussi à toucher juste, là où ça fait mal.

La caméra subjective n'incarne pas ici le regard d'un personnage, elle est le filmeur « réel », l'œil (caricatural) de la télé-réalité, d'un certain « cinéma-vérité ». Le tournage en direct alterne cinq types de scènes : entretiens avec le tueur ; séquences de meurtre ; techniques d'élimination des corps ; scènes de famille, de beuveries et autres convivialités avec le tueur ; scènes où le reporter expose ses doutes et cas de conscience. Le comique macabre, parfaitement abjecte et provocateur du film, vient de ce que l'équipe glisse de l'observation douteuse à la complicité active, c'est-à-dire **participe progressivement à la mise en scène des événements, de cette réalité qu'elle est payée pour nous communiquer**. L'un tiendra les jambes de l'enfant qui se débat pendant que le tueur l'étouffe, l'autre participera au viol collectif, tous aideront à la noyade des corps… Cet excès rend évidemment le film odieux, délibérément insupportable et formidablement satirique. La même férocité peut se trouver chez un Swift, l'élégance en plus. Si l'élégance manque cruellement au film, ce n'est pas seulement parce que l'humour noir y est belge et pas anglais, c'est parce qu'il n'y a aucun détachement : il s'agit d'une farce, et la farce a toujours un aspect vulgaire et sinistre en raison de la médiocrité des personnages et des pratiques qu'elle caricature (ici la télé-réalité). On connait le distingué pamphlet de Thomas de Quincey, *De l'assassinat considéré comme un des beaux-arts*. Le film de Belvaux, Bonzel et Poelvoorde, ce serait plutôt « de l'assassinat considéré comme un art ménager ». La télévision est un « produit brun »[5], et le tueur est un tueur « de série ».

Certains ont reproché au film sa complaisance, l'absence de « contre-chant » aux confessions désabusées, faussement « esthètes », sadiques et satisfaites du tueur. « *On quitte le dispositif du reportage dans lequel ceux qui mènent l'enquête conservent une certaine distance par rapport à la réalité filmée. (…) En participant aux agissements du meurtrier, l'équipe de tournage inverse la démarche documentaire qui consiste à appréhender la réalité sur le mode du constat* ». (Pierre Beylot, *L'imposture d'un faux cinéma-vérité*, in *Cinémaction*. *Le cinéma direct*, 3e trim 1995). Le tueur lui-même a répondu, amer, à cette vision détachée des choses, dans une scène drôlement sévère : revoyant à la table de montage la prise de vues d'une de ses agressions manquées, il prend à partie, déçu, le reporter qui aurait pu donner la main : « *Là, je trouve que c'était toi qui aurait du intervenir, quand on travaille en équipe, on aime bien pouvoir compter sur les gens avec qui on travaille* ». Silence gêné… Le collage « impossible » des réalisateurs au tueur, leur manque de distance, c'est précisément l'objectif cru de la parodie : son excessive vérité, c'est ce collage qu'opère, par un alignement complice, la caméra de télévision subjective entre le regard du spectateur, celui du reporter, les vues du tueur et la « réalité » toujours envisagée, par les « magazines de l'extrême », comme théâtre d'un crime… dont nous allons nous repaître en bonne conscience, car le montrer n'est-ce pas le dénoncer ? Face à l'amoralisme de la « *trash TV* » (télé-poubelle, confesse et catastrophes), introduire une distance, un écart moral, serait presque une faute de goût. Quand l'indignité s'est à ce point banalisée (et innocentée), même l'ironie n'y suffit plus (qui suppose une pudeur blessable) ; il ne reste pratiquement plus qu'à opérer par excès.

Au lieu donc de dénoncer naïvement l'outrance du dispositif Belvaux-Bonzel-Poelvoorde, mieux vaut s'interroger sur sa portée. Derrière les risibles et épouvantables virées meurtières tournées en direct, le véritable sujet du film c'est la complaisance, qui est le moteur de tous les *reality-shows*, reportages voyeurs et *docu-soaps* : complaisance du sujet à son propre sujet (un vrai pro ou une vraie victime), complaisance de l'équipe qui tient son sujet et ne le lâchera à aucun prix (de vrais professionnels), complaisance des amis du tueur au tableau de famille, complaisance du spectateur voyeur fasciné et indigné (on a sa conscience tout de même !). Mais — et c'est toute la réelle perversité du jeu — la

5. C'est l'expression professionnelle, en électro-ménager, pour désigner les appareils de loisir audio et visuel par opposition aux « produits blancs » (machines à laver, frigo…).

complaisance de chacun se justifie du commerce de celle des autres : l'équipe filme pour complaire au spectateur, le tueur massacre pour complaire à la caméra, l'entourage se complait à participer au film de son ami, et le spectateur mate pour complaire à l'empire de la vérité, alibi général de ce cirque m'as-tu-vu. Une chaîne spectaculaire d'hypocrisies mène du scoop « informateur » voire dénonciateur à la complaisance voyeuse, et du voyeurisme à la complicité aveugle. **La pornographie est l'hommage que la vertu rend au vice** ; sa formule audiovisuelle moderne répond à peu près à l'équation : vérités (à tout prix) = révéler = dénoncer = soulager. Ou, en version laïque : droit de savoir = droit de tout voir = transparence = progrès démocratique et social. Force est de reconnaître que **la caméra subjective, comme optique alignant les complaisances perverses,** est le vecteur adéquat du jeu de massacre mis en scène par nos pieds nickelés belges. Leur outrance est d'autant plus choquante qu'elle est stylistiquement pertinente : elle montre à livre ouvert que, si la pointe extrême du réalisme c'est le crime, la télé-réalité l'envisage en toute bonne conscience comme exhibition Grand Guignol[6], et non, à la manière d'un Fritz Lang par exemple, comme problème de conscience et donc de découpage. En direct et sans détour, sans décadrage, ni hors-champ, ni montage réflexif, la « vérité » se ramène à un strip-tease.

Trouver la bonne distance

Serge Daney disait que réussir un film, c'est trouver la bonne distance. Livrée à elle-même, la caméra subjective ne le permet guère. Ce n'est pas un hasard si, comme nous l'avons vu, les films réussis en caméra subjective sont des provocations, des caricatures, des expériences. (Restant entendu qu'il faut distinguer la caméra subjective comme effet d'identification spectaculaire, et le regard personnel, voire autobiographique, que peut proposer un cinéaste). Faute de « trouver la bonne distance » (et d'abord de la chercher), la caméra « directe » s'expose au collage complaisant ou complice dont *C'est arrivé près de chez vous* nous jette à la figure la caricature saumâtre.

Bien des documentaires de cinéma direct deviennent ainsi, sans s'en rendre compte, le *home movie* de personnages qu'ils croyaient prendre en défaut. Je pense, entre autres, à *La Conquête de Clichy,* de Christophe Otzenberger, qui suit l'irrésistible ascension d'un de nos politiciens véreux, populistes et démagogues. Le problème, c'est que la caméra reste à la remorque, or la vulgarité et la morgue patentes du personnage ne suffisent pas à en déjouer l'image. Le trio *Les Inconnus* avait fort bien singé cette logique du pire dans leur parodie de l'émission *L'Heure de vérité* : au fur et à mesure que le politicien, beau joueur, avoue, non sans coquetterie, ses crimes sur le plateau, sa cote Audimat monte. Le prix de la sincérité ! Face à *La Conquête de Clichy,* tous les rieurs y trouvent leur compte au premier degré, que ce soit aux dépens du personnage décidément grotesque à gauche, ou en empathie avec ce « gagneur » habile et popu à droite, car il manque au film cet écart, cette distance (par décadrage ou montage, comme savent si bien le faire Van der Keuken ou Wiseman) grâce à quoi le spectateur pourrait y re-garder à deux fois, réévaluer par exemple le lien et l'écart entre société civile et politicien (de gauche comme de droite). À partir du moment où le ridicule ne tue plus — et la télé-réalité française, à la suite des *success stories* américaines, a encore augmenté le seuil de tolérance… que l'on se rappelle les shows télé du sauveur d'entreprises Tapie — le cinéaste doit inventer de nouvelles armes pour entamer le blindage des représentations auto-satisfaites, sans pour autant verser dans une propagande moralisante.

Johan Van der Keuken est ainsi parvenu à déminer toute complicité de l'image avec son scabreux sujet, sans non plus le charger, dans la séquence de *Face Value* (1991) sur le meeting champêtre et la messe patriotique du Front National. Sa caméra a su s'approcher et dévisager sans caricature mais sans complaisance, s'impliquer tout en faisant partager au spectateur sa curiosité vigilante et sa sincère frayeur, à coups de décadrage et contrepoint. Contrepoint entre les joyeux fêtards bleu/blanc/rouge et la messe (presqu'aussi atterrante que celle des Teutoniques dans *Alexandre Nievski)* célèbrée par un viel évêque à la bouche pleine de la formule incantatoire « le sang et la terre ». Contrepoint aussi, comme dans la plupart des films du Hollandais, avec d'autre parties du monde, d'autres situations répondant heureusement à celle-là, tels les visages tendus d'émoi au cimetière juif où est enterré Kafka.

---

6. Est-il impensable qu'un de ces soirs, un de nos confesseurs de plateau fasse venir un de ces héros d'un jour pour lui demander onctueusement en notre nom : « et comment donc êtes-vous devenu pédophile ? »

De façon plus intimiste, mais tout aussi inquiète et inquiétante, Robert Kramer réussit à trouver la bonne distance avec une petite communauté intégriste américaine, au début de *Route One* (1989). Evitant la complaisance tout autant que le sarcasme, la caméra de Kramer respecte discrètement la distance tout en se mettant au risque de l'intimité : une jeune famille pieuse élève ses enfants dans la parole de Dieu, seule digne de confiance ; un vieux couple explique à « Robert » le complot communiste et participe au siège d'une clinique avec d'autres manifestants anti-avortement ; la caméra filme les assiégeants mais se tient (avec son acteur principal) aux côtés des infirmières assiégées. Ce que la caméra a su gagner, par sa confiance (« *confidence* » en anglais), dans ce petit milieu, c'est d'appréhender au fond la peur pathétique et dangereuse, non seulement de l'autre mais de soi, que couvre cette morale rigoriste. Quant à en exhiber les crimes, Kramer ne le fait qu'à la (divine) lumière de l'officiant lui-même et de ses épigones : sermon sarcastique contre l'invivable relativité qu'entraîne l'irrespect des valeurs divines intangibles ; sermon haineux (le prêcheur a un faux air de famille avec notre Le Pen) sur le principe d'autorité et l'impératif châtiment précoce de l'enfant, pêcheur et rebelle ; séance « d'information » anti-noir et anti-rouge en défense de l'apartheid en Afrique du Sud. La caméra personnelle de Kramer filme rapprochée, avec une douceur paradoxale qui témoigne d'une attention inquiète. Kramer abandonne ainsi la violence à l'ennemi et le jugement du juste au spectateur, alarmé par cet archaïque mélange détonant d'amour biblique et de (bonne) volonté de lynchage.

Un dernier documentaire peut nous permettre d'éclairer cette question délicate et capitale de la complicité et de la distance de la caméra au sujet. Wiseman dit qu'il ne faut pas tomber amoureux de son sujet. Cassavetes disait le contraire. Tout dépend évidemment et du sujet, et de l'approche, et de la place qu'on assigne au spectateur, dans un cadre documentaire ou fictif, sachant que des dispositifs prétendument objectifs peuvent abuser, que d'autres en trompe-l'œil peuvent justement déciller… Car la vérité est un miroir tournant (voir la célèbre scène de la galerie des glaces dans *La Dame de Shanghaï*, d'Orson Welles). **Et un miroir tournant ne laisse voir que des aperçus successifs, jamais sans ombre au tableau, jamais sans le reflet de celui qui regarde, et à condition de varier les angles de vision.** On ne peut être totalement certain de ce qu'on y voit, on peut l'être suffisamment à condition d'échapper à son pouvoir hypnotique. Que faire, quand on s'y laisse capturer par une visée unique ? Quand la caméra devient l'otage d'un personnage ?

L'Armée de l'Empereur s'avance (*Yukiyukite shingun*, 1987) est un film japonais, tourné par un assistant de Shohei Imamura, Kazuo Hara, qui a obtenu le grand prix du Cinéma du Réel à Paris en 1988. Un ancien soldat, rescapé d'un bataillon japonais de Nouvelle-Guinée, mène une croisade pour dénoncer ses chefs, coupables d'exécutions sommmaires et d'anthropophagie pendant la terrible bataille du Pacifique. Il veut faire condamner l'Empereur, Chef suprême des armées nippones. Dépositaire de cette incroyable vérité, l'homme, M. Okuzaki, en est le prisonnier et le prophète. La caméra de Kazuo Hara part en croisade à ses côtés. L'horrible secret, le héraut n'a de cesse de le clamer : il sillonne Tokyo dans une voiture armée de haut-parleurs. Il débarque chez les « accusés » et cherche à obtenir l'aveu devant la caméra, en leur assénant ses arguments historiques voire même contondants. Il a régulièrement des démêlées avec la police. Il enquête pour compléter la liste des victimes, dont il veut être le bras vengeur (il va bientôt envisager d'exécuter un de ses anciens officiers). Si la cause apparaît monstrueusement juste et sans commune mesure avec les vulgaires virées de l'ignoble mercenaire belge de *C'est arrivé près de chez vous*, il n'en reste pas moins que, de manière troublante, la caméra (et le spectateur) se voit pareillement entraînée par un héros qui la prend à témoin, d'une bonne cause certes, mais qui s'annonce aussi décidé à faire justice lui-même, et devant la caméra ! Dépassé par la détermination obsessionnelle et pour le moins embarrassante de son héros, Hara demanda conseil à son maître Imamura. L'auteur de *Histoire du Japon racontée par une hôtesse de bar* raconte (in *Cinéma du réel*, éd. Autrement, 1988) : « *Pendant le tournage, Hara arrive un jour à mon bureau. Okuzaki s'apprêtait à commettre un meurtre et il lui demandait de le filmer. Ce serait un document formidable, du jamais-vu, disait Okuzaki. Hara était à la fois tenté et affolé. J'ai dit à Hara de ne pas filmer ce meurtre. Je lui ai expliqué que, s'il le faisait, il en souffrirait toute sa vie, et que moi, son aîné, j'en souffrirais pour lui. Il n'a pas filmé. Okuzaki a échoué dans sa tentative de meurtre. Il est aujourd'hui en prison.* » Voilà pour l'explication éthique, reste à voir comment le film lui-même a trouvé, ou pas, une solution esthétique au problème épineux de la complicité.

Fallait-il tout simplement renoncer ? C'eût pu paraître tout aussi lâche, et il n'est pas si facile de lâcher quand on s'est engagé sur un terrain même glissant. Impliqué jusqu'au cou, le cinéaste devait trouver des solutions sur le coup. Il est certain que la caméra débarquant sur les talons de M. Okuzaki chez ses anciens supérieurs, amplifie et l'agression et la provocation ou les résistances à l'aveu. A priori la caméra accepte le rôle de révélateur-dénonciateur que lui assigne son héros. Dans ce cinéma-vérité, la caméra est initialement juge et partie : elle accepte la complicité actuelle de viol de domiciles et de viol de consciences pour mettre à jour un monstrueux viol « oublié » : des soldats exécutés soi-disant pour désertion (alors que la guerre est finie), en fait pour être mangés. C'est « en vue de préserver la race humaine d'une autre guerre » et au nom du repos des morts que M. Okuzaki se permet, avec toutes les formes de la civilité, de déranger les vivants et d'aller jusqu'à les empoigner et les frapper quand ils dissimulent. Cela ne va pas sans malaise du spectateur lorsque les premiers coups sont échangés. Mais Hara continue de filmer et nous continuons de regarder. Le malaise grandit jusqu'au rejet, en raison des agissements agressifs de l'ancien soldat (l'image de victime change alors de camp), mais en raison surtout de la complicité passive que la caméra nous impose… Fort à propos, un renversement de situation vient instaurer une distance nécessaire. Des voisins étant accourus à la rescousse, c'est M. Okusaki qui se trouve immobilisé au sol, criant à la caméra d'arrêter de filmer. Hara n'obéit pas, il poursuit ce qui devient dès lors « son » tournage et monte la scène in extenso, instaurant une distance « salutaire » avec « son » héros.

Une deuxième distanciation a lieu, par le jeu des protagonistes eux-mêmes, lorsque le frère et la sœur de victimes, ayant obtenu la certitude de l'horrible vérité, refusent de suivre davantage Okusaki dans sa croisade jusqu'au-boutiste, et concluent pour leur part devant la caméra. Le film amorce ici un tournant critique, en même temps que l'enquête de vérité devient quête paranoïaque de l'aveu. Jusqu'à quel point M. Okusaki ne s'entête-t-il pas en raison de l'œil publique de la caméra, de la chance qu'elle représente de faire éclater **sa** vérité ? Il se fait metteur en scène : pour tenir le rôle des alliés défaillants, M. Okusaki embauche des figurants, censés jouer les consciences accusatrices et muettes ! De bras armé du juste combattant, la caméra devient l'œil de notre conscience, prise entre vengeance et pitié, (bonne) raison et folie (meurtrière) : jusqu'où une bonne cause justifie-t-elle de mauvaises pratiques ? Jusqu'où s'accorde-t-on le droit de persécuter les persécuteurs, et de les filmer, au risque d'en devenir un soi-même ? Dans quelle mesure la démonstration est-elle édifiante, à quel point répugnante ? Comment punir les exécuteurs sans devenir un exécuteur public ? M. Okusaki a pris douze ans de prison pour avoir blessé (après le film) d'un coup de revolver le fils d'un des officiers suspects (le père visé étant absent du domicile au moment de l'attentat). Ce rebondissement, affiché en post-scriptum au film, en dit long sur les dérives de la (bonne) conscience dénonciatrice et nous met en garde contre l'abus dangereux de substituts auquel peut conduire la volonté de conformer le réel à une seule image subjective.

Le filmeur intervient dans le champ

Dernière variante de la caméra subjective à examiner, celle qui en renverse le fonctionnement : au lieu que le spectateur se voit projeté à travers le regard de l'appareil, c'est le filmeur qui intervient dans le champ, franchissant la ligne magique qui sépare le hors-champ du champ (séparation fondant traditionnellement l'espace et la crédibilité du récit audiovisuel). Cette irruption du filmeur peut faire partie d'un dispositif délibéré ou être impromptue, non préméditée. Ainsi, la caméra de la britannique Molly Dineen, qui pratique plutôt l'observation rapprochée, n'hésite pas, si l'humaine nécessité s'en fait sentir, à transgresser la règle de la neutralité objective : à la fin de *Home from the Hill* (1986) son héros (un colonel de l'armée des Indes ayant vécu comme un seigneur en Afrique) se retrouve retraité et désemparé dans un deux pièces londonien ; il ne parvient même pas à allumer la gazinière et annonce son intention de se laisser mourir de faim… la preneuse de son entre alors dans le champ et lui allume le gaz !

Autre transgression significative de la ligne de démarcation entre filmeur et filmé, quasiment pressentie par le titre, *Over The Threshold (Au-delà du seuil,* 1987*) :* le réalisateur-opérateur Yoshi Tezuka, étudiant japonais à la National Film School anglaise, est revenu voir ses parents à Tokyo. Il filme sa mère préparant le repas à son père attablé. Le père, en kimono, ne dit jamais un mot, il vit en retrait de la vie de famille. La mère, penchée sur le fourneau, dos à la table, parle au père. La caméra va et vient de l'un à l'autre : soudain la place à la table est vide, la mère ne s'en est pas aperçu, elle continue de parler toute seule, alors le ciné-fils n'y tenant plus derrière la caméra, dit tout fort : « *Arrête de lui parler maman, papa est parti.* » Le *home movie* n'est plus alors le petit film de famille, il devient le révélateur d'une vérité dramatique à la fois familiale et sociale (rapport homme/femme au Japon) qui englobe le filmeur lui-même.

Paradoxalement, ces transgressions de la ligne de hors-champ, loin de porter atteinte à la crédibilité du film, produisent un surcroît de « vérité » en rendant sensibles le sujet-caméra et sa relation humaine au sujet filmé. L'irruption du hors-champ dans le champ semble produire moins une rupture de l'espace « imaginaire » du film (même documentaire) qu'un élargissement du champ du réel. Notons que la fiction sait aussi tirer parti de cet effet de réel ajouté : *aparté* d'acteur à la caméra (notamment chez Woody Allen et les cinéastes italiens, tradition *Commedia d'ell Arte* oblige) ; dévoilement des coulisses (chez Fellini par exemple) ; filmeur filmé (déjà dans *L'Homme à la caméra* de Vertov, 1929) ; autoscopie vidéo à l'intérieur du film *(The Big Chill, Les Copains d'abord* de Lawrence Kasdan ; *Nick's Movie* de Wim Wenders ; *Sex, Lies and Videotape,* de Steven Soderbergh ; *Family Viewing,* d'Atom Egoyan ; *Bob Roberts,* de Tim Robbins, pour n'en citer que quelques uns).

Bien des documentaristes qui tiennent eux-mêmes la caméra éprouvent le besoin, délibéré cette fois, d'entrer dans le jeu pour en modifer la règle, de faire le pont entre caméra observante et caméra participante, de passer et repasser du regard objectif, ou plutôt objectivant, au regard subjectif manifeste. Mais ce regard subjectif, nous le voyons bien, c'est clairement le leur, non pas celui d'une caméra subjective s'offrant au spectateur comme le sien. Le filmeur fait irruption dans le champ, le plus souvent par la voix (Van der Keuken, Denis Gherbrandt, Robert Kramer), plus rarement physiquement devant sa propre caméra.

Le dialogue du filmeur derrière la caméra avec les ci-devants filmés est le moteur de tous les documentaires de Denis Gheerbrandt. Dire que ses films sont du coup plus subjectifs que les reportages où le reporter cause devant la caméra ou s'absente dans le commentaire, serait une erreur d'interprétation. Ce serait, encore une fois, accorder à ces modèles standards du journalisme TV une présomption d'objectivité qui ne tient en fait qu'à l'habitude. Les films de Gheerbrandt sont certes plus personnels qu'une dépêche d'agence lue devant ou derrière la caméra, ou l'interview d'un représentant patenté, mais dire qu'ils sont plus ou moins objectifs qu'un reportage standard n'a aucun sens. Le dispositif de Gheerbrandt accorde forcément plus de poids au vécu, aux attitudes, aux pensées des interviewés, car il s'agit de rencontres et non pas d'opinions. Il n'informe ni ne communique, il exprime une autre actualité dont le titre *et la vie…* (sans majuscule et trois petits points) indique le secret commun. Il ne s'agit pas de tranches de vie sur un plateau, ni d'interviews sur l'état du Monde, mais de conversations in situ, parcours de vie ou confidences sur l'état intérieur de notre vaste et petit monde *(La vie est immense et pleine de dangers,* dit un autre titre du documentariste).

Caméra à l'épaule, Gheerbrandt engage très naturellement la conversation avec les gens qu'il « envisage », faisant de la caméra non pas un troisième œil médiatique, voyeur ou caché, mais un catalyseur du récit et de l'espace de vie que la caméra partage pour un moment. Quand apparait dans le cadre de cette caméra singulière et empathique, un quidam sur le pas de sa porte, le gars dit comme si de rien n'était : »*Vous voulez entrer boire un coup* ». On trouve la même relation au naturel dans *L'Amour rue de Lappe.* Le dispositif n'est pas moins ou plus objectif, il embrasse plus ou moins bien son thème, et les situations d'interlocution apparaissent plus ou moins pertinentes. Cela marche à merveille dans *et la vie…*(1991) : dans un mouvement géographique périphérique, aux frontières de l'Hexagone, dans les faubourgs ouvriers d'usines abandonnées, banlieues sans centre, à travers les friches industrielles et parmi les orphelins d'un mouvement ouvrier sans emploi, le film nous convie à un voyage intérieur à travers un monde oublié, contemporain pourtant, le monde ouvrier désormais en voie d'effacement. Au milieu des vestiges d'une usine désaffectée, un ancien grutier raconte, avec des gestes à la Tati, comment dans sa bulle de verre il était la plaque tournante, le cœur de la chaîne, blaguait avec les autres par interphone, tenait son journal. Formidable moment de cinéma, entre ballet mécanique et fin de partie à la *Blow up,* saisi dans le mouvement par la caméra portée.

Mais quand manque ce mouvement entre dehors et dedans, intime et social, le dispositif risque de se gripper, en perdant une largeur de vue suffisante. Ainsi, dans *La vie est immense et pleine de dangers,* le dialogue à huis clos entre le cinéaste et l'enfant malade finit par occuper toute la place, dans un registre trop personnel (voire narcissique) au détriment d'une dialectique avec les fortes thématiques environnantes que forment l'institution hospitalière, les représentations sociales de la maladie, la gestion de la douleur et de la mort. Bref, si *et la vie...* brosse un tableau qui ne manque pas de profondeur sociale, *La vie est immense...* manque d'une dimension anthropologique.

Van der Keuken intervient également dans le champ, non seulement par le cadre mais de la voix. Il pose des questions à son vis à vis, tout en le cadrant (ou le décadrant), de ces questions simples et essentielles que ne posent pas les journalistes. Par exemple : « quel est votre rapport à l'argent ? » aux « *brokers* » de *I Love Dollars.* L'entretien est souvent bref, la caméra de Van der Keuken se contente de ce que chacun veut bien dire de lui-même. Froideur ? Disons plutôt que l'important pour ce plasticien du cadre, c'est, derrière et autour de la phrase même banale, de faire parler la forme, de trouver les marques d'un territoire. « *Comment représenter un espace vécu sur une surface plane ?(...) Si on en vient à rencontrer un récit, se situe-t-il à la surface du film ou dans ses couches profondes ? Existe-t-il en des fragments d'anecdotes déchirées ou se projette-t-il dans les trous, les images manquantes du film comme une absence active ?* », s'interrogeait le cinéaste dans un article de 1984 *(Photographies,* n° 4, Paris, avril 1984). Van der Keuken a formellement répondu : il privilégie la composition photographique par les bords plutôt que par le centre et préfère la polyphonie au récit linéaire (cf. *Johnan Van der Keuken,* par F. Niney, in *Cinémaction : le cinéma direct,* 1995). Son montage organise un jeu de correspondances plastiques entre les strates et sites du monde filmé (couches du paysage dans *La Jungle plate,* places boursières dans *I Love dollars,* villes et visages d'Europe dans *Face Value),* en même temps qu'un va et vient entre monde filmé et moi filmant. C'est pourquoi Van der Keuken va jusqu'à se filmer lui-même, interroger son propre regard au miroir. « *Ce qu'on documente au fond c'est une présence physique, non seulement celle de l'autre mais la mienne propre, c'est peut-être bien plus important de documenter le fait qu'on était là et comment.* » On pense au verbe anglais « *to stand* » qui signifie être là-rester, se tenir debout et prendre position, supporter, résister.

Gheerbrandt et Van der Keuken ont poursuivi, pendant près de deux ans, des projets parallèles *(Face Value/et la vie...),* leurs tournages se croisant même dans les quartiers nord de Marseille : faire un portrait de cette fin de siècle à travers une série de rencontres, de visages qui racontent l'enfance, le chômage, l'appartenance et l'émigration, le déclassement ou le métissage, le transit, la maladie mortelle, la naissance (chacun des deux films comporte une scène d'accouchement). Voilà ce qu'ont en commun les deux projets, qui diffèrent par ailleurs considérablement dans la manière d'envisager le film et la relation aux filmés. *Face Value* est plus abstrait formellement — pari d'un film expérimental fait presqu'entièrement de gros plans — et plus charnel en même temps. Comme souvent chez le cinéaste hollandais, il met en regard et sous tension une idée (ici l'Europe) et une forme (ici les visages) : la carte d'identité de notre Europe, qu'il nous offre à déchiffrer du regard, n'est faite que des lignes des visages qu'il nous donne à voir, qui se donnent à voir et que bien sûr nous ne verrons jamais comme ils se voient eux-mêmes. Mystère du regard qui fait de chacun de nous un reflet, « *un microcosme et un dieu* », comme le dit l'auteur en prologue. *Face Value* est un essai de géographie humaine, de géographie contemporaine à visages humains, essai pas constamment réussi mais passionnant.

« *At face value* » signifie « *pour argent comptant* ». Peut-on peindre un visage avec une caméra ? Et que peut-il nous dire, ce regard, de celui qui le porte ? Qu'en rend le regard de la caméra ? Qu'y voyons-nous nous ? « *À quoi se fier au fond si ce n'est aux apparences ?* », semble nous dire l'objectif de Van der Keuken, parlant les yeux dans les yeux à nos futures concitoyens qui parlent souvent d'autres langues. Des surfaces, n'est-ce pas tout ce qu'il nous est donné de voir ? Mais — ajoute son montage — une surface, c'est toujours une limite entre deux mondes, donc un potentiel révélateur de tension, comme la peau entre l'air ambiant et la pression de notre sang, comme l'image entre réel et imaginaire.

Tous deux photographes et globe-trotters, tous deux tenants du dialogue moi-monde et du récit morcelé, Van der Keuken et Chris Marker semblent représenter deux pôles opposés et deux visions complémentaires du documentaire[7] : Marker, le chroniqueur echographe des tissus de la mémoire (avec ses trous, la mémoire n'est-elle pas une maladie chronique ?) ; Van der Keuken, l'explorateur planétaire des géographies initiatiques. Le premier privilégiant le discours intérieur, revoyant ses-nos images comme autant de

7. Curieusement absents l'un et l'autre des références de Gilles Deleuze *(L'image-temps),* malgré les affinités que leurs cinémas entretiennent avec cette pensée tellement sensible aux mémoires-caches et aux territoires.

sources d'une histoire toujours défaite, à reprendre, les retournant comme figures de l'absence (ses lettres de ou à des disparus, sa fascination pour *Vertigo*, sa propre absence de la scène publique). Le second remontant sans cesse le cours du monde, pistant la circulation et le métissage des valeurs, interrogeant physiquement les figures si diverses de notre présence au monde et les inflexions de la sienne.

Détour par Pollet : la vision multiple

« *Je pense à la photo de Frosso qu'on trouve associée à* Méditerranée, *toujours reprise depuis 25 ans. Point commun, point multiple, point jonction : juste un gros plan, apparemment très banal, d'une jeune fille grecque. La multiplicité, ce n'est pas la quantité d'informations qu'il pourrait y avoir dans une image ; ici c'est le cumul d'énergie que cette jeune fille, hors du cinéma, dégage, en présence de sa famille, dans son île, et qui se trouve prêt à être saisi par moi qui arrive avec d'autres motifs qu'elle d'exister (chercher dans des plans très simples la vision multiple). Dans ce gros plan, le multiple est présent, même s'il reste invisible.* » Ce n'est pas Van der Keuken qui parle, même si ça lui ressemble : échange d'energie, plan simple composant une vision multiple, tension sujet filmé/sujet filmant… Poursuivons la citation : « *Il serait banal de développer l'idée que la vision multiple est liée à la multitude de personnages qui interviennent dans le champ ; je pense à* Play Time, *par exemple, où le multiple est dans le champ avec Tati au centre de cette foule qui bouge (on ne voit cependant que lui). Antithèse ou complémentaire du gros plan de Frosso, où le multiple est hors champ. Je pense aussi à la* Jeanne d'Arc *de Dreyer, car focaliser sur Falconnetti, versant tragique de Frosso, est le contraire d'une réduction de champ.* » Ce n'est pas Marker non plus qui parle : pourtant ça pourrait lui ressembler ces images dans lesquelles on focalise, on ne voit pas tout ni le tout, ces images-mémoires qui en cachent d'autres ou s'y superposent, et cette inquiétude du hors-champ que résorbe pourtant un visage devenant paysage. L'auteur de ces propos, c'est Jean-Daniel Pollet (*L'Entre-vues*, co-auteur Gérard Leblanc, Éditions de l'Œil, Paris 1998, p. 50).

Pollet éprouve comme Van der Keuken la pesanteur (non sans grâce) de la caméra (les va-et-vient de *L'Ordre*) et le sens géo-physique du périple et du périmètre, même s'il s'en tient pour sa part à celui de la Méditerranée. Et avec Marker (qui a réfléchi le regard d'une statue grecque au début des *Statues meurent aussi* et de *Si j'avais quatre dromadaires*, consacré une série TV à *L'héritage de la chouette*, c'est-à-dire de la philosophie grecque), avec Marker, Pollet partage le sentiment nostalgique et vertigineux du temps à la fois comme stigmate et comme fugue, auquel nous livrent les images et les ruines. Les trois cinéastes envisagent le regard « subjectif », celui de leur objectif et celui du spectateur, non comme alignés tout uniment par la prise de vue, mais comme diffractés par l'espace-temps qui creuse et que creusent les images animées. **Leur sens du cadre, fort différent par ailleurs, ne vise pas à encadrer le sens mais à le faire proliférer en poussant des liens : multiplicité de la vision, et non pas unification de la télé-vision.**

Vision multiple ne signifie pas pour autant arbitraire ou relativisme sans frontières. Cela signifie tirer le maximum de cohérence et de suggestion de cette dialectique dont parle Pasolini entre le plan et le raccord : chaque plan étant une inclusion audiovisuelle et spatio-temporelle, et chaque raccord une exclusion. Enfermement et évasion, dit Pollet. Il y a ainsi, chez chacun de nos trois cinéastes, une volonté de rendre l'image non pas equivoque mais dia-loguante, interface du réel et de l'imaginaire, de l'espace et du temps.

On pourrait dire que le plan, chez Van der Keuken et chez Pollet, partant d'une réalité géographique, ouvre à un imaginaire historique :

- actuel chez le hollandais : héritages, métissage, émigration, échange inégal Nord/Sud, riches/pauvres ;
- héroïque chez Pollet : temps suspendu et rétroactif des ruines et des survivants, de ce qui perdure et de ceux qui endurent, de la civilisation et de la destruction, d'Eros et Thanatos, de l'expatriation et de la reterritorialisation.

Inversement chez Marker, l'image, partant d'une réalité historique, ouvre à un imaginaire géographique des réseaux mnésiques (« la zone » des images de synthèse ou la mémoire totale du visiteur du futur dans *Sans soleil*, ou encore les théâtres de la mémoire combinatoire du CD-rom *Immemory*).

Maintenant, il est évident que la façon de provoquer ou convoquer la multiplicité du regard dans le plan diffère chez chacun des trois cinéastes. Van der Keuken réfère au cubisme sa technique du décadrage ou de la multiplication des angles autour d'un même élément « *parce que dans le cubisme la multiplicité de chaque morceau de réalité est exprimée de façon principale et rigoureuse.* » (*Le cinéma selon Van der Keuken*, Vidéo-Ciné-Troc, Paris 1985). Il opère la réalité par juxtapositions et appositions, alors que Marker, on l'a vu (chap. 6), joue des visions différées, différantes, des retours sur images comme points d'interrogation de nos croyances, espérances, trahisons, illusions perdues, d'une histoire « *qui jette ses bouteilles vides à la mer* » mais tisse irrémédiablement l'inconscient présent de nos mémoires collectives. Chez Pollet, la multiplicité, c'est l'effet d'une « polyphonie » visuelle où ce n'est pas le voyeur seul qui est sujet mais les choses qui se donnent à voir (presque) en même temps, d'où ses affinités avec le Nouveau roman : « *Je m'aperçois souvent, quand je marche dans la rue, que j'arrive à voir beaucoup de choses presque en même temps : un mégot dans le caniveau, un gratte-ciel, une feuille qui tombe, quelqu'un que je croise et qui lit un journal… En réalité ce n'est pas multiple et simultané, c'est presqu'en même temps. On ne peut en effet fixer vraiment qu'une chose à la fois, ou alors il faudait que les yeux soient indépendants. C'est toujours du balayage mais si on balaie vite, sans bouger la tête ou presque, il me semble quelquefois voir un tableau fait de visions multiples pas tout à fait simultanées (il y a quand même là encore du temps).* » Cette forme de vision diffractée, à la fois courte vue éphémère et d'immense portée — qui agit(e) le sujet, lui échappe, et architecture pourtant son regard intérieur selon des écarts de temps où se touchent, indiscernables, apparition et disparition, le battement de paupières et le fragment d'éternité — motive peut-être la fascination de Pollet pour les vestiges et les ruines qui sont en même temps ce qui n'a pas résisté et qui demeure sous nos yeux. « *Ce film met instantanément en contact des événements et des lieux séparés dans le temps et dans l'espace selon les lois d'**une poétique résolument ignorante*** », écrit Leblanc à propos de *Méditerranée* (1963). « *Car Pollet ne postule aucun savoir (ni officiel ni occulte). Il n'ajoute pas au mystère des signes muets le poids illusoire de commentaires érudits ou hypothétiques. Il ne nous montre les civilisations qu'à travers ce qu'il en reste : des ruines. Le texte de Sollers accroit le vertige suscité par des images qui se répètent par séries, jusqu'à submerger le spectateur.* » (*L'Entre-vues*, p. 39).

Effectivement, la vision multiple évoquée dans le plan en appelle une autre au montage : la répétition. La poétique cinématographique l'impose ici aussi sûrement que « l'usine à rêves » l'exclut de ses intrigues linéaires. Présente chez nos trois cinéastes, cette figure poétique, qui donne aux images répétées la dimension intérieure d'une musique, fonctionne différemment chez chacun d'eux[8]. Chez Marker, c'est la reprise comme négatif du temps (cf. chap. 6). Chez Van der Keuken, c'est plutôt une figure spatiale : outre le recadrage (mouvement de retour inverse du décadrage), c'est souvent la répétition d'une même image, hantant le film comme au hasard, y cherchant sa place et subvertissant inopinément les séquences jusqu'à temps qu'elle l'ait trouvée. Je revois par exemple ces quartiers de bœufs suspendus dans *I Love dollars*, ou l'œil de bœuf (décidément) dans *Face Value*. « *Presque tout ce que j'ai fait est une tentative de saisie totale des choses. C'est peut-être utopique et l'on en éprouve aussi le sentiment d'être fou. Pour moi, c'est ainsi : d'où vient une telle image, je n'en sais rien… C'est pour moi l'image-clé qui revient toujours, que j'éprouve très fortement. Quand je tiens une telle image — il peut y en avoir plusieurs — alors je sais de quoi le film sera fait et je sais aussi que j'ai envie de faire ce film là, que je peux le faire.* » (*Le cinéma selon Van der Keuken*, p. 12).

Chez Pollet, la répétition peut-être leit-motiv obsédant comme les travellings culs-de-sac ressassant l'enfermement des murés vivants, l'impossible évasion de l'île des lépreux (*L'Ordre*, 1974). La répétition de segments tant visuels que verbaux peut à l'inverse se rapprocher de l'allitération et du glissement de sens en poésie (parenté avec Vertov même si la temporalité de Pollet n'a rien à voir) : « *Chaque image de* Méditerranée *fait partie d'un vocabulaire. Le tournage n'ayant eu pour but que de rassember les « images-mots » de ce vocabulaire, le montage devant aboutir à fabriquer des « séquences-phrases ». C'est la raison pour laquelle le même plan est souvent utilisé plusieurs fois dans des séquences pourtant très différentes, de même qu'un mot peut réapparaître plusieurs fois dans la même page sans donner l'impression de répétition. Par ailleurs ces « images-mots » n'ont pas été associées suivant une logique consciente, qui répond le plus souvent à une censure et conduit à une simplification abusive où les images et les mots sont privés de multiplicité et d'autonomie, et rangés dans des « catégories » par le jeu de mécanismes rassurants.* Méditerranée *est un film libre dans le sens où il essaie de montrer qu'on peut faire éclater les distinctions arbitraires entre réel et imaginaire, passé, présent, futur, sans entrer dans un « espace mental » dévitalisé ; le jeu de l'analogie et des correspondances entre images très concrètes n'ayant pour but, en s'inspirant de quelques thèmes très simples*

8. Voir aussi la répétition comme permutation gauche/droite, début/fin, boucle à effet retard chez Péléchian (cf. chap 2).

dont le plus apparent est la mort de la « culture », que d'essayer de redonner aux choses, aux visages montrés, leur « pouvoir de révélation originel » et oublié. » (L'Entre-vues, p. 158).

Peut-être — à travers l'agencement des images, leur vision multiple, leur reprise — s'agit-il moins de retrouver une impossible « révélation d'origine » que d'en découvrir une nouvelle ; peut-être s'agit-il, à travers l'énigme du visage des choses et du temps qu'il recèle, de lutter contre l'oubli de nous-mêmes. Sans l'ombre d'un doute, nos deux autres photographes-cinéastes — l'auteur des *Statues meurent aussi,* de *Si j'avais quatre dromadaires,* et celui de *Face Value* et *To Sang Photo-studio* (1997) — souscrivent aussi à cette méditation sur (et non pas médiatisation de) la face humaine comme invitation au voyage dans un « espace-temps mental revitalisé ».

Le filmeur devant sa caméra

Le filmeur peut non seulement donner de la voix dans le champ mais y pénétrer physiquement. La caméra « subjective » comme adresse et entremise du filmeur peut aller jusqu'à son entrée « en scène », jusqu'à son propre face à face avec l'appareil, confrontant l'objectif et le subjectif. On a vu que Van der Keuken y recourait ponctuellement, pour faire le point justement sur l'exercice de son regard. Dans la série *Live,* produite par Philippe Grandrieux pour Arte en 1990 — série dont la gageure imposée à une demi-douzaine de cinéastes était d'« opérer » un film en un seul plan-séquence de 60 mn ! — ce n'est pas un hasard si deux documentaires mettent en scène le passage de leur réalisateur-cameraman d'un côté à l'autre de la caméra : *Berlin 10/90* de Robert Kramer et *La lettre jamais écrite* de Dominique Dubosc. Nous ne traiterons pas, dans ce livre, du documentaire autobiographique qui est à lui seul un continent (cf. quand même chap. 15, § *Testaments).* Cependant ces deux exemples, indépendants mais issus d'une même commmande et d'une même contrainte formelle, peuvent nous permettre de compléter notre questionnement sur la caméra subjective, en terminant justement par ce tour complet d'un côté à l'autre de la caméra.

Le procédé, on l'a vu, a été utilisé, de façon ironique et fictive, par David Holzman (alias Jim Mac Bride) pour tenir son (faux) journal filmé, façon cinéma-vérité catastrophe ; et par le (faux) reporter de *C'est arrivé près de chez vous* pour confesser à la caméra ses états d'âme, aussi lamentables que veules. Dans les deux cas qui nous occupent maintenant, chaque cinéaste se filme vraiment lui-même en tant qu'acteur de sa propre histoire et de sa propre mémoire. Dans un cas comme dans l'autre, l'unité de lieu est respectée : la maison. Mais le temps, même s'il s'agit d'un seul plan-séquence en cinéma direct, est traversé, remonté, conjugué, à travers la mise en scène de photographies chez Dubosc, de vidéos pré-enregistrées et passées sur une télé chez Kramer. Et ici comme là, la rétroaction du passé passe par le jeu de miroir du cinéaste devant sa caméra, et par les images du père, non comme portraits mais comme lieux de mémoire : qu'est-ce qu'il m'a transmis qui ne s'est jamais dit ? Mon identité n'est-elle pas faite aussi de ces non-dits, de cette part de négatif, de cette frustration rétrospective de certains signes d'affection ou de confiance (raconter c'est se confier) attendus, jamais venus parce que, dit Kramer, « les enfants ne demandent jamais » ; parce que, dit Dubosc, jamais un père ne peut écrire une lettre (comme l'espérait le photographe Duane Michaels) où il partagerait quelque chose d'intime ou même un secret pour montrer son affection… Seul un fils le peut en rassemblant certains moments fugaces où il a eu l'impression que son père lui montrait son affection : « c'est l'objet de ce film ».

Ici les deux ciné-fils divergent : Dubosc vers la quête intime de ce contact à travers la maison (japonaise) paternelle et les instantanés d'un repas pris en commun au cours d'une excursion ; Kramer vers une mise en perspective politique et historique, à travers des vues de Berlin : « *Il a vu les flammes sortir du Reichstag et il a compris qu'il était temps de partir. Il n'en parlait jamais.* » Tragédie historique ici, nostalgie intime là. Et puis, au détour d'une photo ou d'un texte, s'offre le géométral où se noue, à travers le film en cours, le mystère du père « inconnu », la vision du fils devenu homme et le regard du spectateur entre-deux. Ce géométral, chez Dubosc, c'est, je crois, moins la photo où son père sourit à l'objectif en lui faisant un petit signe de la main, que cette passerelle croisée par hasard au cours de l'excursion, photographiée avec application par Dominique et dont le père dit : « *tu vois quelque chose que je ne peux pas voir* ». Chez Kramer, c'est peut-être cette citation de Wittgenstein lue off sur une image presque vide cadrant le carrelage blanc et le haut du dossier d'une chaise noire : « *Si j'écrivais un livre intitulé :* Le Monde tel que je l'ai trouvé, *je devrais y inclure un rapport sur mon corps, dire quelles parties sont subordonnées à ma volonté, lesquelle ne le sont pas — comme méthode pour isoler le sujet ou pour montrer qu'en un sens il n'y a pas de sujet, car lui seul ne pourrait être mentionné dans ce livre* ». Et Robert Kramer, revenu dans l'image, assis sur la chaise, d'ajouter : « *Ce dont on ne peut jamais parler est le vrai récepteur, l'objectif qui organise en chacun de nous le fondement.(…) Il est important que les plans ne forment pas un plan, un sentiment, une idée, représentation, événement fluide, mais plusieurs pièces réunies par la volonté. C'est en les rassemblant qu'il y a violence. Et l'obligation de vivre tout ça d'un bout à l'autre pour vous, l'observateur. Rien à faire : peut être que le temps est continu mais nous le brisons en une explosion de fragments bondissant entre intérieur et extérieur* ».

Je est un autre, ou *Madame Bovary c'est moi*

Nous avons fait le tour complet (à 180°) des figures de la caméra subjective, entre hors-champ et plein champ. En guise d'appendice, il nous reste à évoquer une pièce rapportée, ce que j'oserais appeler l'autobiographie par personne interposée : « *Je est un autre* ». C'est un autre qui tient la caméra, un autre que le cinéaste en question ; mais cet autre filme en quelque sorte à la manière de cet un, et celui-ci joue devant la caméra un peu comme un de ses propres personnages : « *Madame Bovary, c'est moi* ». Ce dispositif de double — à la fois décalage et identification — c'est un peu le pari de la série d'André Labarthe et Janine Bazin, *Cinéastes de notre temps :* faire des portraits de cinéastes qui soient moins des documentaires sur les cinéastes que des films dont ils sont les acteurs, et qui rendent quelque chose, dans leur façon de fonctionner et fictionner, de la manière du cinéaste concerné.

Conscient de ce double jeu, Joseph von Sternberg, dès son entrée sur le plateau — sa chambre de l'hôtel Georges V, en 1969 — rectifie l'éclairage du fauteuil où il a accepté de prendre place pour l'interview. Il est crédité de cette contribution technique au générique. Flou ; le point se fait progressivement, les grains d'argent (noirs et blancs) s'agglutinent lentement pour composer un visage élégant, soigné et *glamour*, le cou orné d'un foulard de soie, le regard clair mais pénétrant, dans une lumière rendue encore plus diaphane par la fumée de cigarette. « Marlene, c'est moi », proclame ce premier gros plan de von Sternberg. Labarthe filme le visage de Joseph de la même manière que lui filmait le beau visage dur de Marlene. Pendant ce gros plan, le cinéaste nous déclare sa conception théâtrale et baroque du cinéma, comme moyen d'atteindre la vérité par l'artifice. La reconstitution de l'île perdue d'Anathan dans un hangar au Japon en est le dernier accomplissement. « *La seule chose que je n'ai pas pu fabriquer en studio, c'est la mer, c'est dommage.* »

L'autre invention perverse de Labarthe — au sens où elle pervertit les rôles de filmeur/filmé/personnage et plus encore de documentaire et de fiction — c'est d'avoir fait l'interview à deux inteviewers placés de côté, de façon que l'on voit Sternberg (toujours en gros plan) tourner la tête. Dans ce mouvement de suivi du regard, viennent s'insérer des passages de films de Sternberg, comme si Marlene Dietrich justement ou le petit bout de femme de *La Saga d'Anathan* traversait le plateau où se déroule l'interview. Ainsi, de même que le gros plan documentaire de Sternberg jouit et joue de l'aura de la fiction, de même les extraits de fiction apparaissent-ils comme des documents illustrant ses propos. Les chevauchements de sons aident à ces passages et ces inversions : pendant que von Sternberg parle en gros plan, se glissent inopinément sous son foulard ou derrière son cou, le son dissonant du yukulele d'Anathan ou un lazzi grinçant de *L'Ange bleu*, entraînant quelques secondes plus tard une scène dudit film. Cet exemple d'inversion documentaire/fiction confirme ce que nous analyserons plus loin (chap. 15. *Théâtres de la mémoire : les archives)* : peut fonctionner comme document un extrait de fiction à l'égal d'une actualité, car la fonction « documentaire » ne dépend pas d'une nature intrinsèque du morceau choisi (« réelle » ou imaginaire ?) mais du rôle qu'il vient jouer et des questions auxquelles il répond dans l'économie du nouveau montage qui l'insère.

Dans un autre titre *(7 chapitres, 5 jours, 2 pièces cuisine)* tiré de la même collection, le cinéaste Jean-Pierre Limosin nous met en regard du regard du cinéaste Alain Cavalier. Mais ce face à face est d'abord introduit par un détour, le regard interdit d'un acteur qu'un autre acteur va lui rendre : Alain Delon *l'Insoumis* (remarquable film « antonionesque » de Cavalier) fume sur un divan, bruit de moteur électrique derrière une porte, il se lève va coller son oreille à la porte puis son œil au trou de serrure : une femme défaite, menottée, torturée, elle ouvre les yeux, elle sent une présence, elle rampe jusqu'au trou de serrure où vient s'encadrer son visage douloureux. Un autre visage, en couleur celui-là mais flou, est apparu, le visage de Cavalier qui se fait net au fur et à mesure qu'il parle : « *La première image qui m'a suffoqué, j'avais cinq ans, et j'ai vu le visage d'une femme, j'ai été transformé en quelques secondes en un brandon incandescent. J'ai retrouvé cette sensation devant une autre image de femme, mais sur un écran cette fois.* » Suit un dispositif de montreur de lanterne magique : nous ne sommes plus face au cinéaste, nous épousons, par dessus son épaule, la trajectoire et les contours de son regard sur un téléviseur où il passe, comme sur un banc-titre, des photos d'actrices de ses premiers films qu'il commente de la parole et de la main (en amorce dans le champ) : « *J'ai fait mes adieux au maquillage en filmant cette somptueuse personne* (Catherine Deneuve). *Et ça m'est arrivé pendant le tournage, je me suis dit « je filme mon dernier maquillage », et j'étais tellement soulagé que je me suis caché derrière l'épaule du cadreur pour pousser un soupir de soulagement… D'autres font ça très bien. Mais la peau c'est quand même l'identité de quelqu'un. Si tout le monde se maquille, tout le monde se ressemble.* »

Et puis la magie opère davantage encore : apparait *Thérèse*, les premiers essais sur le visage extaordinaire de l'actrice qui — elle ne le sait pas encore — va jouer Thérèse de Lisieux. « *Je tenais la caméra vidéo pour la première fois de ma vie, et j'avais l'impression que l'image me collait vraiment à la rétine.(…) Ca arrive très rarement dans la vie d'un cinéaste qu'il y ait une vraie rencontre comme ça et qu'elle soit filmée au moment où elle se passe.* » L'actrice a enfilé le capuchon de la religieuse, gros plan sur son visage vidéo ainsi lové (non sans troublante similitude avec celui d'Anna Karina carmélite). Cavalier le recadre délicatement en barrant le front de son avant-bras : « *Là vous avez tout, là vous pouvez faire une heure et demi de film.* » Autoportrait de Cavalier à travers le visage de Thérèse (« Thérèse, c'est moi ») réalisé par Limosin : il ne s'agit plus, c'est vrai, de caméra subjective, mais inter-subjective. « L'autre est un Je ».

Je revois la fin de ce remarquable portrait de *La Souffleuse de verre* (série *Portraits*, d'Alain Cavalier, 24 x 13', 1988-90). Cavalier divise son film en deux répétitions au lieu de pratiquer le montage alterné, il nous montre deux fois le travail de la dame : une fois vu des mains, la fois d'après vu du visage. Le vase soufflé terminé, l'artiste souffle assise face à la caméra : Cavalier, hors champ, remarque qu'elle aussi, comme lui, porte du verre devant ses yeux, et après quelques considérations comparatives sur la correction de la vue de l'un et de l'autre, les mains de Cavalier entrent dans le champ tendant ses « verres » et ils échangent leurs lunettes pour voir.

Conclusion

« *C'est là une nouvelle forme de connaissance de soi. En se filmant ces hommes réfléchissent. Réfléchir : d'interne qu'il était, le processus est devenu externe. Ce regard jusqu'au bout dirigé sur soi se trouve fixé mécaniquement. Le film du contrôle sur soi, qu'autrefois la conscience faisait défiler à l'intérieur du cerveau, se trouve entraîné sur la bobine d'un appareil et la conscience qui, en une scission interne, ne pouvait jusqu'à présent se refléter que pour elle-même, donne cette fonction à une machine qui fixe l'image réfléchie, désormais visible pour d'autres également. Si bien que de subjective qu'elle était, la conscience devient sociale.* »

Cette phrase de Balazs (*Conscience filmante* 1925)[9] — à propos du film posthume du capitaine Scott sur son expédition mortelle — répond, du point de vue subjectif, à la citation de Pasolini (exergue de notre *Avertissement)* évoquant le cinéma comme découverte de certains mécanismes d'expression de la réalité, à travers sa réflexion objectivée à l'écran

9. Texte traduit dans *Admiranda* n° 10, *Le génie documentaire,* Aix-en-Provence, 1995.

14

La preuve par l'image et le dogme de l'objectivité

« La région centrale[1] *à partir de laquelle nous donnons forme au réel lui-même constitue pour le langage de la science une sorte de singularité infiniment éloignée qui est bien en dernière instance d'une signification décisive pour l'agencement du monde, mais qui ne peut pourtant jamais être atteinte.*

Inversement, le langage de la croyance ne peut pas rendre justice à la région de réalité qui est objectivable et détachée de nous. Car c'est de leur relation avec nous que les mots de ce langage ont directement reçu leur sens. »

(Werner Heisenberg, *Philosophie, 1942)*[2]

---

1. Werner Heisenberg distingue plusieurs régions de réalité suivant l'agencement que nous opérons : les états de choses objectivables indépendamment du processus de connaissance (physique classique) ; les états de choses inséparables du processus de connaissance (physique quantique, biologie, sciences humaines) ; enfin la région centrale, les états de choses créés en connexion avec le processus de connaissance et dont la forme générale d'objectivation est le symbole (art, politique, religion, philosophie).

2. (Éd. française, p. 269, Seuil 1998). La traductrice, Catherine Chevalley, résume comme suit le programme philosophique de Heisenberg dans son *Manuscrit de 1942*, programme ultra-moderne dans la mesure où il dépasse le fondement de la science moderne, le dualisme cartésien pensée/étendue, sujet/objet et l'idée de réalité objective : « *A) Nécessité de modifier le concept de réalité en le libérant de la division sujet-objet et en le différenciant en « régions de connexions nomologiques ». B) Nécessité de substituer la problématique du langage à celle du sujet. C) L'introduction de la notion d'« agencement de la réalité » permet de soumettre le concept de réalité à l'histoire, de mettre au premier plan la notion de décisions prises par des communautés et de recomposer la distribution de l'ensemble des sciences.* » (p. 134). Comme l'explique fort clairement Catherine Chevalley, ces thèses sont proches de celles de Niels Bohr et du Wittgenstein du *Cahier bleu et Cahier brun.*

L'herbe jaune

Nous sommes en été 1996, une nouvelle sécheresse en France occupe les journaux. Dans une salle de montage, un monteur monte un reportage sur la sécheresse en Bretagne pour une grande chaîne française. Un des responsables de l'émission entre dans la salle et constate qu'à l'écran l'herbe paraît verte, trop verte pour « faire sécheresse ». Bien sûr, le paysage visible n'est pas partout désolé, l'herbe n'est pas partout jaunie, le problème gît plus profondément, dans la terre qui se dessèche, dans la nappe phréatique qui baisse dangereusement mais échappe à l'œil nu. Qu'à cela ne tienne, un truquiste appelé en renfort va transformer, grâce à une machine chromatique, l'herbe verte en herbe jaune… et produire le chromo voulu.

Cette innocente anecdote en dit assez long sur la logique qui conduit à ce genre d'effets et la vision du monde « objective » qui la sous-tend. Nous pouvons la décomposer comme suit :

- Ce que le film montre **doit** correspondre à l'idée préconçue, au cliché préalable, pour être immédiatement reconnaissable.
- Le sens est évidence : il **doit** être visible dans l' instantané. S'il ne l'est pas, au lieu d'interroger cet écart et d'élaborer une intelligibilité plus complexe à partir de la dialectique proprement cinématographique entre ce qui est visible et ce qui ne l'est pas, on va réduire le phénomène à une image,
- et produire par n'importe quel moyen ce cliché « prévu » : soit le plus généralement en le mettant en scène sur place façon carte postale *(52 sur la Une* y excelle délibérément), soit en le provoquant (par le commentaire, avec des témoins de circonstance, ou même par des reconstitutions qui ne disent pas leur nom, avec figurants payés : faux trafiquants d'armes ou incendies de voitures ou messes noires dans les catacombes), soit par un effet spécial en post-production (comme pour notre herbe jaune).

Dans tous les cas, des plus anodins aux plus frauduleux, l'objectif est le même : réduire l'écart entre le réel, complexe, et l'image simple (lieu commun, scoop ou cliché). La représentation marche à l'envers : **il s'agit de reconnaître l'image dans le réel** et non pas, comme s'y efforcent les documentaristes ou reporters dignes de ce nom, d'investiguer la réalité par l'image et de « *rendre par le montage quelque chose de la complexité du réel* », selon les mots de Wiseman. Le remède à cette réduction massive du réel au visible, de la vérité à l'instantané, n'est pas une question de morale mais une question de travelling. La seule déontologie des « professionnels de la profession » est impuissante à changer cet état de choses, car c'est la conception même de la relation signifiante entre langage audiovisuel et découpage du réel qui est en cause.

Si tant de chaînes de télévision et photographes de presse se sont complus — sans trop vérifier et pendant si longtemps — à voir et montrer la morgue de Timisoara comme un charnier de victimes de Ceaucescu, c'est parce que cette « évidence » sensationnelle incarnait l'image idéale qu'ils se font de La Vérité comme quelque chose qui doit sauter aux yeux. S'il est convenu, depuis Saint-Thomas, de dire qu'on ne croit que ce qu'on voit, la propagande audiovisuelle incite à l'inverse, à voir ce qu'on croit. **À force de croire qu'il y a une preuve par l'image, on finit par la fabriquer.**

En avril 1999, a été arrêté en Allemagne un producteur de « grands reportages », Michael Born, qui avaient fourni pendant cinq ans, à plusieurs chaînes allemandes et anglaises et même à une chaîne française, des « sujets » sensationnels sur les néo-nazis, le travail forcé des enfants dans des pays du Tiers-Monde, le Ku-Klux-Klan… le tout tourné dans un hangar et dans les alentours de Munich, avec des figurants (voir *Télémensonges,* de Victoria Mapplebeck, 1998, coprod. Arte, Dominant 7). Ce faussaire avait bien compris ce que voulait voir (et montrer du monde) l'actualité TV, et avait trouvé plus simple, économique et rapide de le lui fournir par la méthode Méliès (« plus vrai que nature ») que par la méthode Lumière (« la vie sur le vif »), à ceci près qu'il ne précisait pas qu'il s'agissait d'actualités reconstituées. Inutile de multiplier les exemples[3] de faux reportages ou actualités « bidonnées » qui sont légion tant en Europe qu'en Amérique

3. « *Les interprètes des pitoyables histoires de "télé-vérité" — pères affligés, mères déchirées, enfants à problèmes, couples échangistes, malades incurables — veulent sortir de l'anonymat pour être reconnus en tant qu'acteurs professionnels* », écrit *L'Espresso* de Rome, accumulant les témoignages de ces figurants d'un soir. (traduit dans *Courrier International,* n° 427, 7/1/1999).

ou au Japon (voir *Si la télé le dit, c'est que c'est vrai,* de F. Niney, 13 mn, coproduction Delta/Arte, 1993).

Quand elles ont du révéler ces affaires — dans lesquelles elles ou leurs consœurs concurrentes se voyaient prises — les télévisions privées ou publiques à recettes publicitaires ne sont jamais allées au-delà d'une feinte indignation et d'une certaine condamnation morale. On a certes parlé ici ou là d'« information-spectacle » mais personne dans les milieux de la télé commerciale n'a évidemment mis en cause le fond du faux : le fonctionnement du petit écran comme vitrine surexposant les événements et le crédit aveugle accordé à la preuve par l'image. Pas question de scier la branche sur laquelle les présentateurs de télévision et leurs annonceurs sont assis : voir c'est croire. Tacitement, personne n'ignorait que la tromperie sur la marchandise ne pouvait que croître et embellir, que l'exagération est forcément inscrite dans la logique du scoop qui, comme chacun sait, est « une nécessité » de la concurrence économique et le *nec plus ultra* de « la vérité à ciel ouvert » dont parle Legendre. Le scoop est le condensé de cette idéologie de la vérité immmédiatement visible et marchandable : il est le cliché original, conférant au déjà-vu la forme du jamais vu ou rabattant le jamais vu sur du déja-vu, il est le point de vue unique reconnaissable de suite par tous, l'événement réduit à l'instantané, une forme compacte et reproductible de la réalité. Rappelons-nous la mise en garde de Marker à propos des images traitées par le synthétiseur de son ami Hayao, dans *Sans soleil : « des images moins menteuses que celles que tu vois à la télévision : au moins elles se donnent pour ce qu'elles sont, des images, pas la forme transportable et compacte d'une réalité déjà inaccessible ».*

Que le forçage de la réalité par le scoop soit la règle admise du commerce des images, l'atteste la fameuse mésaventure du présentateur de TF1, PPDA, avec sa fausse interview de Fidel Castro. Si l'affaire Timisoara était une autoduperie (cas le plus fréquent dans les fraudes scientifiques aussi, cf. *La souris truquée,* de William Broad et Nicholas Wade, Point Seuil, 1987), la soi-disant interview exclusive du Leader Maximo était bien une manœuvre frauduleuse : il s'agissait en fait d'une conférence de presse de Fidel Castro dans laquelle PPDA avait fait insérer des contrechamps sur lui-même posant des questions ad hoc, correspondant aux réponses du dictateur cubain. De cette esbrouffe, on peut tirer une double morale. D'abord, si elle révèle un mépris certain de la réalité et du public (y compris des autres journalistes), elle avère aussi l'idiotie supérieure de celui qui croit les autres idiots au point de n'y voir que du feu. Ensuite, force est de remarquer que PPDA n'a pas été sanctionné pour autant. Il a continué à présenter le journal du soir. Preuve que ce qu'il avait fait était pour la bonne cause de sa chaîne, qui ne pouvait guère lui en vouloir. Relativement à l'ordre du journalisme TV (dont il possède la carte), PPDA n'a pas commis une faute grave mais un excès de zèle ! A quelques semaines de là d'ailleurs, PPDA, « en toute bonne foi », ne jouait-il pas les pères la vertu en tentant de confondre à l'antenne une comédienne (Béatrice Dalle) soupçonnée de cleptomanie !

Dans ce système spectaculaire où le vrai devient un moment du faux, la révélation du caractère mensonger du scoop d'hier fait le scoop d'aujourd'hui. Ainsi l'assaut de reportages-catastrophes, si prisés par les chaînes en cette fin de millénaire — crimes, accidents et sauvetages plus ou moins simulés — donne lieu non à une mise en cause du voyeurisme primaire qui en est la litière, mais à son élévation au carré : la dénonciation spectaculaire de ses propres mystifications devient un nouveau spectacle ! Les « sciences » de la communication et sociologues de la réception se penchent souvent sur les modes de croyance du public, mais ils devraient interroger parallèlement les croyances et l'image du public que se font de tels « professionnels de la profession ». Dans le reportage de Patrice Barrat, *Famine fatigue* (1990, produit par Point du Jour), devant un parterre de représentants d'ONG et des Affaires Etrangères, PPDA explique, avec la conviction du professionnel, qu'à la télévision « *nous ne pouvons traiter qu'une seule grosse émotion par semaine* », et le présentateur de mimer avec les mains la forme d'un entonnoir… ou d'un canon. Le téléspectateur a le sentiment désagréable qu'on le prend pour une oie qu'on gave… ou pour la victime consentante d'une grosse Berta à émotions.

Bien sûr, pas plus que **Le** cinéma hollywoodien ne se réduit à « l'usine à rêves », **La** télévision ne se réduit à cette mise en « scoop » réglée. Il y a des marges. Cela n'en représente pas moins la tendance lourdement dominante de son commerce avec le réel. D'autant que le fonctionnement de la télévision, appareil de diffusion et vitrine d'exposition, s'apparente davantage à une grande surface qu'à un cinéma. Tout comme Carrefour peut vendre les œuvres complètes de Malraux à côté des lessives, une chaîne commerciale peut diffuser un film d'Ozu après un *docu-socp* : les critères décisifs de sa programmation n'en demeurent pas moins le parcours de chalandise (la grille), la tête de gondole (*prime time*), les rayons (cases), les promotions (spots, clips et scoops) et le débit aux caisses (audimat). Un sociologue américain l'a dit clairement à propos des grandes chaînes commerciales : plus que des programmes à des spectateurs, la télévision vend des publics à des annonceurs. Comme les murs de la ville et du métro, l'écran TV est au fond un support pour marchands d'espaces. **L'image n'est plus langage, mais marque ou attraction. Exhiber et se faire voir, c'est toute l'expression du monde saisi par la publicité.**

« Je suis en train d'émettre et c'est vrai »

Nous avons déjà montré comment (chap. 6, *Qui parle ?*), en matière d'information, l'anonymat des images et voix off fonctionne comme garant de l'objectivité TV, « *nobody's point of view* ». Ces vues du monde tel quel n'ont pas d'auteur ; la seule figure reconnue de l'actualité est le masque du présentateur[4], qui de toute la hauteur de son antenne nous adresse les images sans auteurs des événements.

Le 22 mai 1982, dans le journal de 13 heures d'Antenne 2, présenté par Philippe Labro, une intervention historique de Jean-Luc Godard réussit exceptionnellement à montrer en direct que le roi des médias était nu. Je dis « historique » car c'est la seule et unique fois qu'un présentateur de JT dut reconnaître à l'antenne : « je n'ai pas vu ce qui ce passe (aux Malouines) », aveu provoqué en direct par la ténacité du cinéaste suisse, et qui fait évidemment écho au fameux « *tu n'as rien vu à Hiroshima* » de Resnais. La contestation par Godard du panoptique TV rendit soudain flagrante la sentence de Baudrillard : « *La ruse de la forme, c'est de se cacher derrière l'évidence des contenus.* » (Jean Baudrillard, *Pour une critique de l'économie politique du signe,* Gallimard, 1972). Citons ce dialogue surréaliste entre le « speaker » et le cinéaste, qui fissura, le temps d'une brève dispute, le dogme de l'évidence omnisciente et ubiquitaire de la télévision :

> « Philippe Labro — *Jean-Luc Godard* (en direct de Cannes), *vos réflexions sur cet événement* (la guerre aux Malouines et la messe célébrée par le pape pour la paix) ?
>
> JLG — *Je ne sais pas si vous avez besoin de moi pour dialoguer, c'est difficile avec vous à la télé. Vous parlez beaucoup, vous montrez quelques images assez pauvres qui ne peuvent pas en dire grand chose. J'ai regardé hier au journal, il y avait un petit documentaire où vous interviewiez des Anglais. Je pense qu'on ne peut même pas le revoir, avec tout votre matériel vous ne devez même pas pouvoir revoir une image que vous avez montrée hier...* (Protestation de Labro)... *Oui, mais moi, je travaille avec des images, ce qui m'intéresserait si j'étais à la télévision,* ***ce serait de me servir des images pour voir quelque chose****. Sinon on dit comme Pie XII ou Paul VII, il ne faut pas tuer avec des mots, mais c'est un mot en plus. (...)*
>
> Labro — *Mais nous ne savons pas non plus ce qui se passe aux Malouines, c'est peut-être déjà une information.*
>
> JLG — *Mais alors pourquoi vous ne le dites pas Philippe, pourquoi vous ne commencez pas votre journal en disant : « je ne sais pas ce qui se passe... »*
>
> Labro — *J'ai commencé mon journal en disant : informations contradictoires, l'Argentine dit une chose, Londres une autre...*
>
> JLG — *Mais « informations contradictoires », vous avez l'air de savoir que c'est « informations contradictoires ». Dites : « moi chef d'Antenne 2, je ne sais pas ce qui se passe... »*
>
> Labro — *D'abord je ne suis pas chef d'Antenne 2...*
>
> JLG — *Bon, dites : « moi speaker, je ne sais pas ce qui se passe... »*
>
> Labro — *Je ne suis pas speaker non plus. Ce n'est pas une bonne définition « speaker », Jean-Luc Godard.*
>
> JLG — *Du moins, « je ne vois pas ce qui s'est passé », vous pouvez dire ça ?*
>
> Labro — *Je n'ai pas vu ce qui s'est passé aux Malouines, ça vous convient, ça vous satisfait.*
>
> JLG — *Oui, très bien.*
>
> Labro — *Merci Jean-Luc, mais restez avec nous, parce que le dialogue est intéressant.* »

Ce vacillement unique de l'énonciateur médiatique compromet d'un coup l'objectivité du dispositif actualitaire, remettant brutalement en question : qui parle et de quel (sa)voir cette voix s'autorise ? Malgré cette mise à nu, la volonté du speaker de maintenir le dialogue (même de sourds)

4. Pour une analyse du dispositif du journal télévisé, de sa mise en scène du monde en direct et faux-direct, voir l'ouvrage de Gérard Leblanc : *Treize heures, vingt heures : le monde en suspens* (Hitzeroth, Marburg, 1987).

à l'antenne confirme l'analyse d'Umberto Eco quant au primat de l'énonciation sur l'énoncé dans la « néo-télé » : « *Celui qui regarde le spectateur droit dans les yeux le prévient que c'est à lui qu'il en train de parler à travers la télévision. Il le prévient implicitement qu'il y a quelque chose de "vrai" dans le rapport qui s'instaure entre eux, indépendamment du fait qu'il donne des informations ou qu'il ne raconte qu'une histoire fictive.(...) Il n'est plus question de la vérité de l'énoncé, c'est-à-dire de l'adhésion de l'énoncé aux faits mais plutôt de la vérité de l'énonciation, et cela concerne le quota de réalité de ce qui se passe sur l'écran (non pas de ce qui est dit à travers l'écran). (...) On s'achemine donc vers une situation télévisuelle dans laquelle le rapport entre l'énoncé et les faits perd de plus en plus d'importance à l'avantage du rapport entre la vérité de l'acte d'énonciation et l'expérience de réception du message de la part du spectateur. Dans les programmes de divertissement (et dans les retentissements qu'ils ont et qu'ils auront sur les programmes d'information), le fait que la télévision dise la vérité compte toujours moins par rapport au fait qu'elle soit vraie, qu'elle soit vraiment en train de parler à un public qui à son tour y participe. Le rapport de vérité factuelle sur lequel reposait la dichotomie entre programmes d'information et programmes de fiction entre en crise. Cette crise tend toujours plus à entraîner la télévision dans son ensemble en la transformant de véhicule de faits (considéré comme neutre) en appareil pour la production de faits ; de miroir de la réalité, elle en devient le producteur.* » (*La transparence perdue*, in *La Guerre du faux*, Grasset, 1985). Si le direct est le « must » de la communication télévisuelle en raison de l'assimilation de la vérité à une vision immédiate, l'abus permanent du faux direct s'explique par cette primauté de l'énonciation sur l'énoncé. Ce qu'Umberto Eco résume en une formule lapidaire : « Je suis en train d'émettre et c'est vrai. »

L'entremetteur périphérique

La télévision ne descend pas du cinéma mais de la radiodiffusion, de l'ingénierie du signal électrique et des ondes hertziennes. « *La télévision, c'est de la radio avec un parasite image* », disait méchamment Jean-Christophe Averty, pourtant pionnier des nouvelles découpes de l'image permises par la vidéo. Ce que constate Umberto Eco à propos du primat de l'énonciation s'ancre techniquement dans l'appareil de radiodiffusion-télévision, dont Michel Chion décrit bien le fonctionnement audio-visuel (*Le son à la télévision*, in *La Toile trouée*, p. 113) : « *On sait que l'esthétique du cinéma parlant s'est en grande partie construite sur le jeu du champ et du hors-champ, et notamment sur la dynamique de la voix cachée. Or, un son n'est hors-champ que par rapport à une image. Tout, dans le cinéma classique, et d'abord son histoire même, concourait à faire de l'image le centre du cinéma, et du son un élément à la fois périphérique, parasite, nourrisseur et vampirique, qui tourne autour de l'image, y rentre et en sort. Et la magie du son au cinéma tient dans ce statut variable, sans lieu fixe, qui est le sien, par rapport à ce carré magique qu'est l'écran, lequel est investi comme lieu du charme cinématographique. Il n'en est pas de même à la télévision, sans que pour autant le rapport soit symétriquement inversé. Si le son est bien la base de la télé, il ne faudrait pas tomber dans la facilité de dire que c'est lui, cette fois, qui et au centre, car à la vérité la télévision n'a pas de centre. On ne peut y parler de "voix off" au sens cinématographique : car la parole, même sortant d'une bouche invisible, y est toujours parole de radio, installée dans sa niche qui est le petit haut-parleur d'où elle est émise. Ce serait plutôt l'image qui, elle, irait souvent faire l'école buissonnière en s'aidant de la multiplicité des caméras qui peuvent aller chercher des détails dans tous les coins. On pourrait donc dire qu'à la télévision, c'est l'image parfois qui est off par rapport au champ de la parole. (...) Par ailleurs, le renoncement au découpage, en tant qu'organisation de l'espace visuel, amène l'image de télévision à perdre ses qualités de profondeur, de perspective et à se réfugier, si l'on peut dire, dans la surface vitreuse de l'écran (à quoi concourt le style d'éclairage implacable, clinique, adopté pour tourner les émissions).* »

Ainsi l'idéologie objectiviste de la télévision — **credo aveugle dans l'évidence de l'image « à la surface vitreuse de l'écran » et vérité d'énonciation des haut-parleurs** — se matérialise dans son dispositif technique audiovisuel. Réciproquement, celui-ci justifie l'évidence de celle-là. Pour outrepasser cette objectivité de surface et l'autorité de l'entremetteur périphérique, les cinéastes du réel se doivent **d'inventer des voix détournées, incarnées, des procédés de montage et d'interlocution qui donnent la parole aux images et restituent à la voix un regard.** Car « *c'est uniquement en* *récupérant le corps de cette parole qui parle à la première personne, et non son spectre représentant un Verbe qui la transcende (s'imposant comme une dictée, réduisant l'ensemble des voix à ses citations ou à la récitation de son ordre), que nous pouvons communiquer avec les hommes, ou, d'une façon plus générale, envisager le problème de la communication.* » (Umberto Galimberti, *Les raisons du corps*, Grasset 1998, p. 128).

Voix *Je* et voix *On*

Depuis la disparition des actualités filmées, il n'y a plus au cinéma d'autre voix anonyme du monde que les clameurs des réclames. Pour le reste, les voix sont celles, singulières, de l'auteur et des acteurs, mises en scène par et à l'intérieur du film regardé. À la télévision, en revanche, une voix en plus trame silencieusement l'écran, une voix qui n'appartient à aucune émission en particulier, une voix de fond, la voix de la chaîne, tapie derrière la grille, prête à reprendre la parole en cas d'interruption accidentelle de l'émission, voix naguère représentée par la speakerine, aujourd'hui par les bandes annonces et ce qu'on appelle justement l'intersticiel.

Outre cette voix anonyme du canal (en deça de chaque programme), les voix les plus « mediumniques » sont celles des présentateurs qui, comme on l'a dit (chap. 6) sont les chers « logos » de la chaîne, ses effigies, ses pignons sur salon. Par délégation de parole, les plateaux sont le plus propre de la chaîne, le plus proche de l'antenne. Et parmi les plateaux, le Journal Télévisé figure le porte-parole le plus « officiel » de la chaîne comme prise et emprise sur le monde : son « logos » (discours). Il y a une hiérarchie pyramidale des voix de l'information à la télévision : les voix in situ des protagonistes, des témoins, des passants, sont recadrées à l'écran par la voix in du correspondant ou détourées par la voix off du commentaire, et le tout se trouve encadré par la voix in du présentateur de plateau ou par la voix off du studio, qui a toujours le dernier mot, comme elle a eu le premier (l'annonce). Tout documentaire comme tout film arrive toujours au second plan par rapport à un premier plan réservé au plateau (direct ou faux direct) qui matérialise La télévision, ou par rapport à la voix du média qui peut à tout moment reprendre la parole donnée.

Mais à qui appartiennent ces voix sur ou derrière l'écran ? Quels rôles jouent-elles ? On sait que le cinéma a réussi à faire parler même les morts : voir *Sunset Boulevard,* de Billy Wilder, ou plus récemment *Le Mystère Von Bulow,* de Barbet Schroeder, entièrement narrés par la voix de disparus. Outre ces fictifs flash-backs, à travers citations et archives le documentaire peut lui aussi faire revivre ou prêter vie à ces voix chères ou terribles qui se sont tues. Cependant, si les personnages (vivants et morts) susceptibles de s'exprimer via l'écran sont en nombre infini, les rôles qu'ils peuvent occuper dans l'économie d'un récit documentaire ou d'un reportage TV demeurent assignables et dénombrables :

- Protagoniste : dialogues saisis sur le vif (cinéma direct) ou rejoués par les intéressées.
- Personnage impliqué par le récit, absent mais dont la parole (jouée par un narrateur) est convoquée par lettres, citations, mémoires, archives…
- Témoin : raconte ce qu'il a vécu, ce qu'il a fait ou ce qu'il a vu.
- Opinion : anonymes pensant ceci ou cela sans aucune qualification particulière sur la question, panel de plateau, micro-trottoir, sondage…
- Expert : supposé savoir.
- Interviewer : celui qui pose les questions (in ou off), mène l'enquête en son nom ou au nom du public.
- Représentant public : habilité à parler au nom des autres.
- Vedette : seule figure où la personne privée et l'image publique se recoupent dans l'imaginaire collectif.
- Présentateur, animateur TV : monsieur Loyal des événements, arbitre des opinions ; ni représentant public (faute de légitimité), ni vedette (faute d'imaginaire), se figure être l'une et l'autre (dans la séquence de *7 sur 7* reprise par Marcel Ophuls dans *Veillées d'armes,* l'acteur Philippe Noiret remet Anne Sinclair à sa place à ce sujet).
- Auteur du film : voix de narrateur off (Marker) ou de provocateur in (Claude Lanzman, Marcel Ophuls), c'est la voix qui agit et agite le film, réfléchit les images ou avec les images.
- On : on nous parle sur les images, on nous dit ce qu'il faut en penser. On, c'est le Medium…

Constatons une nouvelle fois qu'il y a une voix qui n'existe que dans les documentaires singuliers et que récusent le flux des reportages, magazines, actualités TV, ainsi que les documentaires de propagande : la voix de l'auteur-réalisateur. Cette voix non seulement parle subjectivement des images mais elle les tourne, les retourne, nous les projette, questionnant notre propre regard (cf. chap. 6). La voix de l'auteur est à la fois récit avec les images et récit des images, alors que la voix du speaker ne fait jamais que parler sur les images, commenter des images qui se déroulent en dehors d'elle. C'est la voix du haut-parleur qui n'est pas *in media res* mais *ex cathedra.* Il y a en revanche une position d'énonciation propre à la télévision : celle du présentateur « en direct » (même si c'est en différé) « envoyant » les images du monde, administrant les opinions. Un tel porte-voix ne peut trouver place dans un film documentaire qu'au second degré, comme une archive, un extrait de la télévision, ou une parodie (voir par exemple *Roger and me* de Michael Moore, 1992).

Dans l'info télé, il n'y a pas de reportage d'auteur ni non plus de véritable cinéma direct (sans interview ni commentaire, qui exigerait un montage productif). L'un comme l'autre sont exclus, car la chaîne ne peut envisager de céder la parole ni au style (subjectif) ni au terrain (particulier), sans la reprendre, la recadrer, la canaliser, l'élever à sa propre puissance. La chaîne est responsable : toute parole extérieure sera ramenée à une opinion le studio seul représentant la raison interne et ultime de l'émetteur, qui par définition a forcément le dernier mot. C'est pourquoi la télévision est prise dans une contradiction en même temps qu'elle m'entretient et me retient à coup d'images chocs, elle éloigne « objectivement » le théâtre des opérations à bonne distance de mon salon. En même temps qu'elle téléporte ma vision sur les lieux de l'action, je dois rester consommateur passif à la maison. En même temps qu'elle fait mine de me rapprocher le monde, elle doit me vendre sa propre médiation (et celle de ses annonceurs). La télévision creuse le fossé qu'elle n'arrête pas de combler. Une page de publicité.

Parole incarnée, discours désincarné

On peut distinguer, à la suite du linguiste Emile Benveniste, deux grands modes d'énonciation : l'histoire, où les événements semblent se raconter d'eux-mêmes (c'est le pari du cinéma direct), et le discours, dans lequel un locuteur raconte (témoins face à la caméra par exemple) ou commente (voix off de presque tous les reportages et montages d'archives). La distinction entre histoire (en train de se jouer) et discours (sur) ne recoupe pas celle des voix dans le champ et hors-champ. Un narrateur ou commentateur n'est pas forcément une voix-off, il peut tout à fait apparaître dans le champ, tel le Monsieur Loyal (Peter Ustinov) du cirque où s'exhibe *Lola Montès*, ou plus communément le reporter en direct « sur les lieux ». Inversement des voix off peuvent jouer un dialogue tissant l'histoire sans jamais être un commentaire : par exemple les commérages au début de *La Splendeur des Amberson* ou les discussions des voyageurs traversant les images du *Voyage sans joie* de Viktor Semenìouk (cf. chap. 6). À l'écran, la frontière est mince entre l'histoire et le discours, ou si l'on veut entre style direct et style indirect : il suffit qu'un protagoniste tourne son regard et sa parole vers la caméra pour que de personnage de l'histoire, il en devienne un narrateur. Changement à vue sans équivalent dans l'écrit.

Le statut le plus ambivalent, entre histoire et discours, est celui des témoins filmés aujourd'hui en train de raconter ce qui leur est arrivé naguère. Leurs récits relèvent bien sûr du discours (sur) mais ce sont en même temps des acteurs dont le film remet en jeu, en scène, en histoire, la mémoire, à travers leur présence physique. L'incarnation de la parole à l'écran transgresse la distinction établie par Benveniste en linguistique et littérature. C'est d'ailleurs sur l'ambivalence acteur-locuteur, sur cette tension entre présence physique et passé raconté, cet écart entre l'histoire portée par le corps de la personne et le discours sur ce qui lui advint, que joue tout le cinéma de Marcel Ophuls (voir chap. 17).

Du point de vue idéologique, et non plus seulement structurel, peut-être vaut-il mieux distinguer parole incarnée et discours désincarné. La forme canonique de celui-ci, c'est évidemment la voix-On (« on » au sens français), le commentaire qui tombe du ciel des idées sur le grand album d'images du monde. À l'opposé, la parole la plus incarnée, c'est celle saisie sur le vif par la caméra de cinéma direct. Evidemment, l'incarnation de la parole ne signifie pas forcément vérité, du moins permet-elle de mesurer l'engagement du locuteur dans ce qu'il dit : vérité ou mensonge, c'est la sienne,

ou celle de son personnage. En ce sens, l'incarnation de la parole ne se réduit pas à la seule visibilité du locuteur. La parole des speakers, on l'a vu, ne leur appartient pas, alors que la voix-off d'un auteur-narrateur absent peut s'incarner plus que toute autre dans les images, dans le corps du film (c'est l'âme du style épistolaire de Marker). Dans un film documentaire dit de création ou d'auteur, la voix est celle des images, la question : « qui parle ? » s'articule pleinement à la question : « d'où ça nous regarde ? ».
L'appareil d'information TV évacue la question en jouant les panoptiques : la télévision voit tout, tout le monde la voit, elle sait. Comme l'écrit Serge Daney : « *Pourquoi donc, regardée par tout le monde, la télévision est-elle si peu respectée ? Il se peut que la réponse soit simple. La télé est regardée parce qu'elle est tout ce qu'il y a de réaliste. Elle dit vrai et elle informe absolument. À un détail près cependant : le seul monde dont elle ne cesse de nous donner des nouvelles, (aussi précises et survoltées que les cours de la bourse ou le Top 50), c'est le monde vu du pouvoir (comme on dit "la terre vue de la lune"). C'est là sa seule réalité. Comment saurions-nous sans elle qui a du pouvoir et qui n'en a pas ? Qui vaut quoi et qui ne vaut rien ? Si le pouvoir que les hommes exercent les uns sur les autres se trouve toujours au croisement de l'économique et du sacré, la télévision est une cotation en bourse généralisée devenue liturgie (elle-même cotée). C'est bien pour cela que nous la regardons, car de cela, au moins, elle nous informe. De cela, oui, mais de rien d'autre. De la bourse, oui, mais pas de la vie. C'est pourquoi, quand même, nous ne la respectons pas.* » (*Montage obligé*, Cahiers du cinéma, avril 1991).

La religion de « l'objectif »

En s'arrogeant l'autorité d'une vision collective, d'un verbe anonyme et univoque, et en séparant le contenu de la forme — croyant atteindre « objectivement » celui-là en rejetant celle-ci dans les fioritures — l'information TV se prive des puissances de reformulation du réel par un langage audiovisuel inventif et se coupe d'autant de tout changement et échange entre niveaux de réalité. Le documentaire de Luc Moullet sur la *Genèse d'un repas* (1979) — remontant, à partir de la table de l'auteur, les filières de distribution et production du thon, de l'œuf et de la banane — est un bon exemple d'enquête économico-politique approfondie qui transgresse les catégories, conventions et représentations officielles du travail et du marché, et montre, a contrario, les limites de l'« info ».

Dans un style plus condensé, plus baroque et plus ironique, le brésilien Jorge Furtado administre une explosive leçon de choses dans son court-métrage *L'île aux fleurs* (1989). Version débridée du programme diapo façon *Connaissance du monde*, le film retrace « scientifiquement » le parcours d'une tomate, de la plantation au cabas de la ménagère et jusqu'à la décharge où, refusée (parce qu'avariée) par la ménagère puis par un cochon et son propriétaire, elle nourrira les enfants pauvres vivant de rebuts sur l'Ile aux fleurs. À la manière d'un Adam Smith revu par Swift, cette démonstration par l'absurde de la logique capitaliste (en 14 minutes !) dynamite les catégories de l'entendement économique et les définitions « objectives » du dictionnaire de l'information, dévoilant par un excès comique de rationnalité l'horreur économique.

« *L'insistance bien trop grande sur la différence entre la connaissance scientifique et la connaissance artistique vient sans doute de l'idée inexacte que les concepts adhéreraient solidement aux « choses réelles », que les mots auraient un sens complètement clair et déterminé dans leur relation à la réalité et qu'une proposition exactement construite à partir d'eux pourrait nous livrer pour ainsi dire tel état de choses « objectif » visé. Mais nous savons bien que même le langage n'a prise sur la réalité et ne lui donne forme que dans la mesure où il l'idéalise. Même le langage s'applique au réel au moyen de formes déterminées qui sont de l'ordre de l'esprit et dont on ignore d'abord quelle partie de la réalité elles peuvent accueillir et mettre en forme. La question de savoir si quelque chose est « exact » ou « faux » peut sans doute être posée et décidée en toute rigueur à l'intérieur d'une idéalisation, mais elle ne peut être ni posée ni décidée dans la relation au réel.(…) On doit donc s'accomoder du fait que ce n'est qu'à travers le processus de connaissance lui-même que se décide ce qu'on doit entendre par* connaissance. » (W. Heisenberg, *Philosophie*, p. 363). Il ne s'agit pas d'exiger utopiquement de l'actualité qu'elle fasse « dans l'art » — quoique toute investigation du réel implique une recherche formelle : « *moi je me servirais des images pour voir quelque chose* », dit Godard — mais de mettre en question la réduction de la réalité au cadre statique de « l'information », et l'inquiétante extension de cet « objectif » catégorique à toute la « couverture » du monde.

Cet objectivisme dissimule mal l'idéologie manageuriale qui le sous-tend : de même qu'il y a un ordre « naturel » du monde gouverné par les lois de la physique, les affaires humaines seraient « naturellement » réglées par la raison économique. Savoir, c'est être informé et conformer les « faits » à cette logique intrinsèque. Dans l'ordre de l'information, l'événement est soit une catastrophe imprévisible, soit une « prophétie » programmée (cf. *L'image* de D. Boorstin, et *Le Monde en suspens,* de G. Leblanc). Gouverner relèverait de la technique, d'un ordre des choses formalisable par le calcul et, tautologiquement, tout ce qui n'entre pas dans le calcul serait, voyez-vous, un accident imprévisible. D'où le mythe de la maîtrise experte (sans cesse démenti par la réalité : polarisation du sous-développement, affaire du sang contaminé, pollutions et concentrations incontôlées, chaîne alimentaire en péril, indécisions de la bio-éthique : « doit-on faire tout ce que la science rend possible » ?). D'où également l'idéologie cybernétique, science automatique du gouvernement. La rationnalité objective serait dans l'appareil (cf. chap. 12), et le reste n'est que *bug*.

Aux yeux de Heisenberg, cette nouvelle religion de « la réalité objectivable » comme fondement de tout critère de valeur partage au moins quatre caractères communs avec la religion, caractères que Catherine Chevalley résume ainsi dans son introduction au manuscrit de Heisenberg *(Philosophie,* p. 118) : « *L'adoption du critère de valeur y est aussi inconsciente (c'est-à-dire tacitement admise et non fondée sur une expérience réelle) pour la majorité des « croyants » que dans n'importe quelle religion ; la force de conviction du critère de valeur y est véhiculée par des images mythiques ; la croyance professée interdit de pénétrer dans le monde d'expérience d'une autre croyance (elle engendre donc l'exclusion) ; et de même que toute religion, il s'agit d'une conception du monde fondée sur la reconnaissance de quelque chose d'extérieur et de supérieur à nous : non plus un dieu, mais les lois éternelles du monde objectif.* »

Le culte TV de l'objectivité repose sur une tautologie : **l'image parlante probante,** tautologie repérée dès 1946 par André Bazin à propos de *Pourquoi nous combattons* (cf. chap. 5) : « *Le principe de ce genre de documentaires consiste essentiellement à prêter aux images la structure logique du discours et au discours lui-même la crédibilité et l'évidence de l'image photographique* ». Encore faut-il prendre toute la mesure de cette critique, car ici un leurre en cache un autre : il y a d'une part, le placage d'un discours *ex cathedra* sur les « pauvres » images ; d'autre part, l'accréditation de ce discours par la puissance analogique des images prises. Il ne suffit pas de dénoncer le forçage opéré par ce procédé de montage commun aux actualités et reportages, il faut aussi révoquer en doute « l'évidence même de l'image photographique ». **La prise de vue signifie, elle fait signe à qui la regarde et l'interprète, c'est-à-dire à qui la met en relation avec un contexte et d'autres images, elle peut témoigner (vérité et mensonge mêlés) pour le regard qui la questionne, mais en soi elle ne prouve pas.** Comme le dit ironiquement Bruno Latour (cf. *La Clef de Berlin),* seuls les naïfs, ufologues, illuminés et fanatiques croient à la preuve par l'image. Distinguons : on peut croire à l'image, comme tout bon cinéphile, sans croire pour autant à la preuve par l'image. Par exemple, la fameuse photo hérissée du virus du SIDA, exhibée dans tous les médias, n'est pas la photo d'identité du virus qui a permis de le trouver et de le prouver, comme ces posters marqués « Wanted » dans les polars. Elle est, à l'inverse, le produit (abouti mais modifiable) d'une chaîne d'expériences et de construction complexe : un modèle d'interactions matérialisé. De la même façon, une définition scientifique ou philosophique n'est pas vraie ou fausse en soi, isolément, mais dans le cadre d'une théorie. **La référence n'est pas une essence persistant en soi à l'extérieur de la signification (celle-ci devant l'atteindre adéquatement), la référence c'est ce qui circule de facon déterminée (en compréhension et en extension) à l'intérieur d'une chaine cohérente de signifiants.**

Arracher une image aux clichés

Nous avons vu comment, à propos de *Terre sans pain* (chap. 7), le cinéaste Jean-Louis Comolli opposait la nécessaire mise en scène d'une réalité filmable à la soi-disant captation du réel tel quel, défendue par le journaliste Daniel

Schneiderman. Pour une raison similaire, je l'ai dit, on ne saurait partager le réalisme ontologique qu'André Bazin soutient dans *Montage interdit* : la réalité de l'événement peut être attestée, selon Bazin, si l'on renonce au montage et opte pour la coprésence avérée du lion et du chasseur dans le même plan. Ce raisonnement suppose, en deçà d'une esthétique favorisant le plan-séquence, la croyance dans la vérité de la prise de vue, du plan, par opposition au montage toujours potentiellement (sinon effectivement) mensonger. C'est donc soutenir au fond la vérité analogique de l'image photographique et ignorer que **le sens de l'événement se joue toujours relativement à son contexte non seulement dans la réalité mais dans le film.** La prise de vue, selon Bazin, est conçue comme révélation plutôt que comme représentation, le cinéma comme miracle (Rossellini) plutôt que comme transposition. À cette conception de l'image comme épiphanie de l'être va s'opposer l'image « optique pure » (selon la terminologie de Deleuze) : détachement du sens, manque ou débordement, fuite de réalité (chez Godard notamment mais déjà chez Bunuel, Antonioni ou Marker).

« *Nous ne percevons pas la chose ou l'image entière, nous en percevons toujours moins, nous ne percevons que ce que nous sommes intéressés à percevoir. Nous ne percevons donc ordinairement que des clichés. (…)* ***Comment arracher aux clichés une véritable image ?*** *D'une part l'image ne cesse de tomber à l'état de cliché : parce qu'elle s'insère dans des enchaînements sensori-moteurs, parce qu'elle organise ou induit elle-même ces enchaînements, parce que nous ne percevons jamais tout ce qu'il y a dans l'image, parce qu'elle est faite pour cela (pour que nous ne percevions pas tout, pour que le cliché nous cache l'image). Civilisation de l'image ? En fait, c'est une civilisation du cliché où tous les pouvoirs ont intérêt à nous cacher les images, non pas forcément à nous cacher la même chose, mais à nous cacher quelque chose dans l'image. D'autre part, en même temps, l'image tente sans cesse de percer le cliché, de sortir du cliché. On ne sait pas jusqu'où peut conduire une véritable image : l'importance de devenir visionnaire ou voyant. Il ne suffit pas d'une prise de conscience ou d'un changement dans les cœurs. (…) Parfois, il faut restaurer les parties perdues, retrouver tout ce qu'on ne voit pas dans l'image, tout ce qu'on en a soustrait pour la rendre "intéressante". Mais parfois au contraire, il faut faire des trous, introduire des vides et des espaces blancs, raréfier l'image, en supprimer beaucoup de choses qu'on avait ajoutées pour nous faire croire qu'on voyait tout.* » (Gilles Deleuze, *L'Image-temps*, pp. 32, 33). Ainsi, faut-il se garder de l'apparente plénitude des images : il convient toujours de leur ajouter quelque chose (du hors champ, du contre-champ, c'est la fonction des voix off chez Marker, du décadrage chez Van der Keuken), ou leur soustraire quelque chose (l'image en à-plat chez Van der Keuken, le minimalisme chez Richard Dindo ou Harun Farocki).

Ces jeux de soustraction ou débordement du réel par l'image soulignent qu'une image en dit toujours plus ou moins que le réel, qu'elle en appelle toujours une autre pour signifier et que le sens court toujours (montage interminable, « œuvre ouverte »). Ces dé-montages s'opposent à l'image suffisante, pleinement démonstrative de l'appareil TV, que Serge Daney baptisait « visuel ». Ainsi devant le « visuel » de la guerre du Golfe, se trouvait-on forcé à « *une gymnastique aussi épuisante que la crainte d'un passing-shot sur un court de tennis. Tantôt on sent qu'il faut monter ce qu'on voit avec ce qu'on ne voit pas, et tantôt c'est le contraire : il faut regarder malgré tout le peu qu'on voit.* » Intitulé expressément *Montage obligé* par opposition au *Montage interdit* de Bazin, cet article prouve que, de l'après-guerre à la guerre du Golfe, la possible vérité du film et de la croyance du spectateur s'est déplacée. Elle ne saurait plus se trouver dans l'identité du plan sans raccord (montage interdit) : la vérité a déserté le plein champ pour se réfugier dans les contre-champs actuels ou virtuels, ou plutôt dans leur fragmentation-relation (montage) obligée. **La question éthique de la vérité en face s'est vue remplacée par la question politique de la controverse, l'espace absolu du plan par la nécessaire relativité des contre-champs, avec doutes ou blancs dans les interstices.** Pour les cinéastes modernes des *sixties* et depuis, il ne s'agit plus de « *restituer à la réalité sa continuité sensible* », comme le voulaient Bazin et le néo-réalisme, mais de jouer sur la discontinuité, le fragment, le conflit, le décentrement, l'asynchronisme, le parallèlisme. **Car le réel n'apparait plus comme un tissu homogène dont nos sens chercheraient à exprimer le motif intrinsèque (la vérité) ; la réalité apparait comme un agencement de régions, plus ou moins compatibles ou conflictuelles, que nous découpons et connectons, et à travers lequel nous nous ingénions à produire un sens, plus ou moins compréhensif et viable.**

Un moment d'égarement : Godard rallie Bazin ?

« Tout le cinéma semble s'être retourné, en 1968, sur la question de la production des images. À la formule de Rossellini : "les choses sont là, pourquoi les manipuler ?", *répond celle de Godard :* "ce n'est pas une image juste, c'est juste une image". *Tout se passe alors comme si les choses, la réalité, et la croyance qu'elles impliquent, étaient soudain évacuées au profit d'une interrogation sur l'image, sur les rapports de production de l'image. L'image godardienne n'est plus (si elle fut jamais) tranparente aux choses, elle s'opacifie et se simplifie dangereusement pour ne plus signifier qu'elle-même. Le montage redevient à l'ordre du jour, mais sous une forme interrogative que ne lui a jamais donnée Eisenstein, et qui est plus proche de Vertov. »* (Pascal Bonitzer, *Le Champ aveugle*, éd. Cahiers du cinéma, 1982, p. 90). La fameuse phrase de Godard *(« ce n'est pas une image juste, c'est juste une image »)* affirme la distinction (anti-objectiviste et anti-médiatique) entre réalité et vérité, et renverse la préséance au profit de la seconde, entendue comme justesse esthétique (mais comme la morale est aussi question de travelling…).

Pourtant, en aura-t-on jamais fini avec l'illusoire transparence de la prise de vue ? avec la pleine adéquation de l'image à la chose ? et avec la soi-disant essence des choses ? Nietzsche ne disait-il pas (sous-entendant les leurres substantiels du verbe Etre) que *« nous n'avons pas fini de croire en Dieu puisque nous croyons encore à la grammaire »*. Voilà que trente ans après le creusement des images-signes par le *cinema nuevo* dont parle Bonitzer (rappelons-nous *Pierrot le fou* : *« c'est pas du sang, c'est du rouge »)*, voilà que les vieilles lunes réalistes — qui n'ont d'ailleurs jamais quitté les écrans commerciaux — reprennent du service jusque dans les propos de… Jean-Luc Godard. Interviewé par Régis Debray, dans *Vie et mort de l'image* (INA/Cinétévé, 1994), Godard glose sur l'opposition cinéma/images de synthèse : *« Avec le numérique, Le Pen ou Berlusconi pourra produire toutes les visions idylliques des camps de concentration qu'ils veulent, et ma petite fille dira : mais qu'est-ce que tu racontes, regarde tous ces espaces verts… Le cinéma, c'était une vision qu'on accepte : le mari jaloux qui voit sa femme filmée avec un amant dans la rue reconnaît cette image. Quand le numérique sera venu et qu'on saura que tout est fabriqué… peut-être sera-t-il plus heureux car il ne sera même pas sûr que sa femme le trompe.* ***L'image ne sera plus une preuve.*** » Retour à la case départ. Ne reprochait-on pas exactement le même artifice au cinématographe, du temps des actualités reconstituées (cf. chap. 1). Voilà, sur le tard, Godard rallié à l'ontologie bazinienne de l'image argentique… contre l'inconsistance de l'image numérique.

Mais même photographique, l'image a-t-elle jamais été une preuve ? **Elle traduit et trahit. C'est justement du rapport (variable et interprétable) entre ces deux fonctions que l'image tire sa signification ; et c'est sous ce rapport que le spectateur en tirera un sens et qu'il accordera sa croyance.** Cette évaluation-interprétation se réalise par la mise en relation de la prise de vue avec son contexte : c'est-à-dire non seulement avec son référent (dans la réalité) mais avec la chaîne des signifiants (dans le film), quel qu'en soit le support.

Pour reprendre l'exemple des camps de concentration, les prises de vues en sont un témoignage irrécusable parce qu'elles en corroborent l'existence (attestée par mille autres vestiges et témoignages), non parce qu'elles la prouveraient à elles seules. Hannah Arendt fait cette remarque : *« Les films que les Alliés mirent en circulation, en Allemagne et ailleurs, après la guerre, montrent clairement que cette atmosphère d'irréalité et de rêve — qui, créée par une apparente absence de but, dissimule aux yeux du monde toutes les formes de camp de concentration — n'est pas dissipée par le pur reportage.* ***Pour le spectateur non prévenu, ces images sont à peu près aussi convaincantes que des instantanés de substances mystérieuses pris lors de séances de spiritisme.*** » (*Le Système totalitaire*, p. 183). La seule vision ne suffit pas à percer cette « irréalité » dont Arendt dit qu'elle ne peut être décrite *« qu'à l'aide d'images tirées de la vie post mortem »*. On sait, a contrario, que les propagandes d'ici et d'ailleurs ont mis en scène de faux charniers pour mobiliser contre la barbarie de l'ennemi (voir *Le Tombeau d'Alexandre*, de Chris Marker). Les négationnistes font feu de ce mauvais bois pour nier l'existence des camps d'extermination : ils n'y voient qu'une image de propagande. Mais les preuves de la réalité des camps ne sont plus à administrer : la force de *Shoah* vient justement de ce que Claude Lanzman ne s'est attaché qu'aux lieux, aux documents écrits, aux survivants, refusant toute preuve par l'image d'époque. On ne s'interrogera plus désormais sur l'existence et l'ampleur des camps mais sur la psychopathologie de ceux qui ne veulent pas y croire ou croient que ce n'est qu'un mauvais film.

Le comment et le pourquoi

On pourrait reformuler ainsi la question de la preuve par l'image : en quoi les effets de réel produits par tel ou tel documentaire ou reportage reproduisent-ils l'état des choses (et les choses en l'État), cet effet de vitrine trop pleine dont la télévision fait commerce ? En quoi mettent-ils en question les clichés établies et notre vision préfabiquée du monde pour tenter d'en produire une intelligence nouvelle, fut-elle lacunaire ? Une telle question n'a aucun sens si l'on admet a priori que le réel est un donné intangible, existant en soi et hors de nous, ce que fait globalement l'info télé : *On vous montre ce qui est, le reste est affaire d'opinion.* Au contraire, la question prend forme si l'on pense, avec Robert Kramer, que « *la définition de la réalité est une construction politique.* Réel, sondages, consensus, *en sont les instruments. Qu'est-ce que la réalité ? La manière de voir de ceux qui font le film.* ***Le pouvoir, c'est la possibilité de définir ce qui est réel.*** *Il y a eu récemment une guerre (Tempête du désert) spécialement conçue pour illustrer cela aux yeux du plus grand nombre. La bande-annonce disait :* "Le film-Vietnam, c'est fini. Nous savons maintenant comment fabriquer un récit plus persuasif." *Tout ce qui n'entre pas dans leurs plans, c'est de la fiction. C'est plus ou moins ça, même si ma création nous rapproche de quelque chose de vécu, d'éprouvé. Le problème n'est pas réel/fiction, le problème c'est de voir.* » (Catalogue de la Biennale Européenne du Documentaire, Marseille, 1991). Nous retrouvons le trait de Godard contre Labro : **comment utiliser les images pour voir quelque chose… non pas la même chose ?**

J'avancerai une hypothèse. Les reportages ou programmes TV à effet de réel, poussés à la fois par les facilités techniques de la caméra directe et les replis identitaires de notre époque, nous détaillent toujours davantage le « comment » des situations et des actes, mais ne mettent guère en scène le « pourquoi ? ». La télévision, appareil d'entretien des ménages et entremetteur des représentants patentés, est là pour « couvrir » le monde, pour dire et montrer « comment c'est », pas pour qu'on se demande « pourquoi c'est comme ça ? ». Les cinéastes semblent, eux, ne plus oser le « pourquoi » pour une raison diamétralement opposée : l'incertitude des temps et la peur de l'idéologie, de ces idéologies (dont on est revenu) qui menacent toujours d'être dogmatiques, sinon totalitaires. Pas de discours, des faits ! Mais, des faits « bruts » à l'effet brutal, il n'y a qu'un coup de gâchette. Et on se met à attendre de la reconstitution crue du coup de flingue (voir la violence « gratuite » et complaisante dans nombre de films contemporains) qu'elle nous livre la vérité du crime (revoir, à l'opposé, les films de Fritz Lang). On finit ainsi par sacrifier tout universel au particulier, les idées abstraites à « la réalité ». À la manière américaine, les *real people* prennent le pas sur « les grands principes ». **Il semblerait que la propagande moderne — qui depuis la guerre prétend informer, pas seulement endoctriner — commence là où une forêt de *comment,* avec ses mille détails vrais, se charge de cacher l'arbre du *pourquoi.***

Pourtant, au-delà de la visibilité du *comment*, c'est le *pourquoi* qui soulève la question morale, la question des valeurs, de la responsabilité, du choix et de la contrainte (Fritz Lang encore). Cette question éthique est-elle démodée ? Mais c'est aussi la question esthétique. « *Les gens demandent toujours* Comment *on obtient certains résultats, rarement* Pourquoi. *La première question est posée par ceux qui veulent faire la même chose, imiter ; et la seconde par ceux qui cherchent à comprendre le mobile de l'acte, le désir qui l'a motivé. Et si ce désir est assez grand, le moyen de le réaliser viendra de soi. Autrement dit l'inspiration et non l'information est la force qui engendre tout acte créateur.* » (Man Ray). On ne saurait nier que montrer « comment ils font/nous faisons pour vivre comme ça », peut provoquer une connaissance de l'autre, une interrogation sur nos manières de voir, sur les conditions et le sens de la vie. Le meilleur du cinéma direct, de Flaherty à Van der Keuken, l'atteste. Le cinéma direct est même apparu comme cette approche de terrain désireuse de rompre avec les déclarations d'intention propagandistes, les démonstrations didactiques, la téléologie du commentaire. Avec le cinéma direct, le documentaire se veut non plus prescriptif, mais symptômatique. Par ce renversement, l'image échappe au cliché comme exagération symbolique ou discours « objectif », mais risque d'y retomber par l'autre bout : l'anecdotique. Piège d'autant plus trouble que le singulier, par l'effet si concret de la prise de vue, tend à prendre valeur exemplaire. Nous voilà renvoyés à l'interrogation de Wiseman : « *Comment représenter des idées abstraites ? Dans un sens, le cinéma est très littéral, très anecdotique, cependant (…) je dois trouver une manière d'exprimer les abstractions qui nous lient par le montage, la suggestion, l'implication, la connotation.* » *(Dans le Réel la fiction)*.

Dans les bonnes expériences scientifiques, de la mise en évidence du « comment ça se passe » jaillit le « pourquoi ça se passe comme ça ». Les expériences dites décisives justement (qu'elles soient de laboratoire ou de pensée) appellent des dispositifs pertinents, des sujets significatifs, des réactions discriminantes. Elles ne se bornent pas au constat de l'état des choses ou « état des lieux », elles posent, en risquant des hypothèses et testant des relations, que si les choses se passent comme ça, cela voudra dire que… parce que. **Il ne s'agit pas seulement de décrire des phénomènes mais de leur faire rendre raison**. La grande carence de la sociologie (et de ses avatars médiatiques), c'est de prétendre à une objectivité purement descriptive, c'est-à-dire qu'elle accepte l'état des choses et le jeu des pouvoirs établis, et se contente d'y trouver et analyser des corrélations, des profils, des tendances. Ce faux réalisme des faits classifiés et cette obsession du type et du chiffre la rapprochent plus du marketing que de la science, et l'éloignent en tout cas de toute problématique critique (cf. Norbert Elias, *Engagement et distanciation*, Fayard 1993). Or l'histoire montre à l'évidence que les théories sociales qui comptent ont toutes procédé d'un point de vue engagé mettant en question les classements institués : Marx, Max Weber, l'Ecole de Francfort, Roger Caillois, Norbert Elias, Michel Foucault… Dans sa reproduction classifiée de l'actuel, la télévision relève du sociologisme de bas-étage, comptabilisant les faits, catégorisant les opinions. Les techniques du direct sont recrutées ici pour attester la présence de la caméra sur les lieux, l'évidence de l'événement, sa vérité instantanée ; là, pour échantillonner, à coups de micro-trottoirs et micro-cravates, l'opinion publique et celle des représentants. Or l'enjeu **documentaire, c'est au contraire d'arriver à voir autre chose que ce qui est déjà pré-vu** [5].

La partie et le tout

Télévisuel ou documentaire, ce sociologisme vulgaire allie stéréotypes de masse et vérités de détail, anecdotes et sondages, généralités vues d'avion et particuliers typiques. Du côté du général, des grands événements, on dresse un tableau statique et statistique des « faits », qui épousent comme d'eux-mêmes les rubriques journalistiques ; on cite les représentants en exercice qui gèrent ; on montre les « acteurs » sociaux, échantillons de catégories socio-professionnelles généralement mécontents ou en désaccord ; on interviewe un correspondant ou un expert de plateau. Quand on plonge dans le particulier, c'est pour compléter les généralités avec de l'anecdotique pathétique ou emblématique, voire du marginal typique : le réfugié, la prostituée, l'homosexuel, le chômeur, le jeune, le SDF, le drogué… Au lieu de questionner normes et rôles, raisons et fonctions, de prendre la mesure des écarts (entre les discours et les actes, les intérêts et les justifications, les catégories et la réalité), au lieu d'investiguer les différences et les liens, le mass-média constate, catégorise, moyenne et conforme, ignorant les singularités, les traverses, les contradictions dynamiques, sources des dysfonctionnements ou changements de fond. Le traitement télévisé de « la réalité » (JT, reportages, magazines, *reality-shows*, *docu-soaps*) établit un grand écart entre généralités fatales et particuliers typiques, tout **en cultivant l'illusion de combler ce vide par la chaîne des représentants**. Dans son étrange pamphlet sur la culture mass-médiatique américaine, *Contexte sans contexte* (Fayard, 1999), le journaliste du New-Yorker George Trow écrit : « *La distance intermédiaire s'effondra, si bien que les échelles (petites et grandes) qui avaient soutenu cette distance intermédiaire tombèrent en désuétude et cessèrent d'être utilisées. Il ne subsista que deux échelles : celle des deux cents millions, et celle de l'intimité. Toutes les autres tombèrent en désuétude. Il y eut une vie nationale, un chatoiement de vie nationale, et puis la vie intime. La distance entre les deux échelles était très grande. Elle devenait effrayante. Personne n'osait la mesurer. On commença même à perdre le sens de la distance et à oublier son utilité* » (p. 25). Puis il ajoute (p. 80) : « *La télévision travaille à établir des faux contextes et à tenir la chronique du déshabillage des contextes existants ; en fin de compte, à établir un contexte sans contexte et à en tenir la chronique. Bientôt, ce sera chose faite (…) et la télévision va se remobiliser*

5. Sur « *la fabrication de l'actualité, un déluge de pseudo-événements* » et « *la recherche de prophéties qui se réalisent d'elles-mêmes* », voir le livre précuseur (1962) de Daniel Boorstin : *L'Image* (trad. française 10/18, Paris 1971).

autour de l'idée que la télévision est elle-même le contexte auquel elle nous permet d'accéder. »

Comprendre l'histoire en cours, ce n'est ni dresser un tableau, ni se livrer aux confessions biographiques, ni lister des opinions ou comportements, ce n'est pas constater, c'est re-contextualiser, recomposer des chaînes d'événements et de positions à travers une problématique. Pour reprendre une remarque de l'historien Antoine Prost *(Douze leçons sur l'histoire*, Points Seuil 1996, p. 249), on peut dissocier l'appareil documentaire du récit, mais on ne peut isoler le lien explicatif entre les événements du récit qui le constitue, récit différent d'une liste de faits, fut-elle chronologique. Expliquer, c'est raconter. Voilà qui ré-interroge la dichotomie fiction/information, subjectif/objectif, je/on, et relance la question de Godard à Labro : qui parle, qui montre, qu'y voir ? À quelle mise en scène du monde assistons-nous, puisqu'il ne saurait s'agir du « réel en soi » ? Et il est certain que le grand écart entre le scénario des « deux cents millions » à un pôle, le scénario de l'intime à l'autre, n'offre guère de perspectives dialectiques.

D'un côté, des généralités qui aplatissent mais ne relient pas, de l'autre des détails qui font relief mais pas différence, de part et d'autre des constats sans problématique, sans histoire. Car il ne faut pas faire d'histoire, ni avoir d'histoire. C'est que la télévision « généraliste » se veut représentative, au double sens du mot : tout le monde doit s'y reconnaître, ses représentations du monde doivent figurer des lieux communs. Cet impératif figure au cahier des charges des chaînes américaines, il est défini (en *prime time)* comme « *the least objectionnable programming* » (le programme soulevant le moins d'objection). La formule hexagonale équivalente, c'est « la télévision de tous les Français », rêve démagogique commun aux marchands et aux politiciens, dont la recette hypnotique est simple : tendre un miroir aux électeurs-consommateurs, **se montrer et montrer le monde à leur image**, c'est-à-dire à l'image du portrait-robot que les techniques de sondage, marketing et psycho-sociométrie dressent d'eux. La boucle est bouclée, l'offre et la demande se mirent chacune au miroir de l'autre. Rappelons-nous ce que ***communication*** veut dire dans la rhétorique classique : « *Afin de mieux persuader ceux à qui ou contre qui l'on parle, on a l'air de les consulter et de s'en rapporter à ce qu'ils décideront eux-mêmes.* » (Pierre Fontanier, 1827, *Figures du discours,* Paris, Flammarion, 1968). Pour rester **représentatifs et communicatifs**, speakers et reporters de masse doivent rester massivement dans les généralités, les stéréotypes, se garder de faire des différences, de rechercher des mises en intrigue originales susceptibles d'établir des liens entre les individus et l'histoire qu'ils partagent [6]. En contrepartie, pour donner de la chair et du vraisemblant à ces généralités et clichés, on va faire dans le détail « vrai ». Le show de la réalité à la télévision est gouverné par ce psycho-sociologisme qui fait penser à une version modernisée du « naturalisme petit-bourgeois » que Béla Balazs caractérisait par « *la divergence entre le bon détail véridique et la stupidité mensongère de l'ensemble du scénario* ». **Entre la réalité écrasante des grands événements (actualités, grands reportages) et les petites misères de l'intime (*reality-shows, docu-soaps*), le téléspectateur, compatissant et impuissant, ne sait plus très bien où se mettre… si ce n'est devant la télévision, seul contexte réunissant (dans un certain confort) le séparé en tant que séparé, c'est-à-dire sans contexte.**

Les choses ne sont pas (que) ce qu'elles sont

Évidence de l'image prise sur le fait et vérité du détail pris à témoin sont le recto et le verso de la vitrine du réalisme « objectif ». À la première s'oppose, on l'a vu, le montage comme conjugaison du sens. À la seconde, s'oppose la poétique du cadrage et du découpage. Mais cet art du fragment, du gros plan, du détail, ne saurait se satisfaire ni de menus

6. Voir par exemple *The Tourist* (1991) de Robb Moss. En condensant commentaire d'images « professionnelles » rapportées d'ailleurs et images familiales de soi, l'américain Robb Moss dresse son auto-portrait drôle et dramatique de cameraman globe-trotter et de père en attente d'enfant. Avec beaucoup d'humour, de lucidité et de sentiment, *The Tourist* nous livre l'envers du reportage télé : l'homme caché derrière la caméra et dont l'information fait abstraction au nom de l'objectivité. Du coup le « Je » devient critique vivante de la fausse évidence du « On » médiatique. L'autobiographie, loin de se cantonner ici à un anecdotique film de famille, révèle l'information « objective » comme une fiction et une amputation.

détails véristes ni de plans de coupe typiques. Ce n'est un art que si le détail convoque la cohésion d'un ensemble : le détail est alors pierre de touche du sens, litote ou métaphore ; ou s'il évoque, au contraire, quelque indécision ou indétermination radicale : le fragment prend alors figure d'énigme ou de métonymie. Dans un cas comme dans l'autre, le détail ou le fragment ne prétend ni prouver, ni faire vrai, il fait signe, signe d'une totalité en devenir ou signe d'un suspens du sens.

Ce que montrent ces renvois du sens — allusion ou ellipse, analogie ou anacoluthe — c'est que les choses ne sont pas (que) ce qu'elle sont. **Le « est » métaphorique signifie à la fois « n'est pas » et « est comme ».** Il s'agit là d'une vérité « tensionnelle », selon l'expression de Paul Ricœur(*La métaphore vive*, Seuil, 1975), qui n'identifie plus la vérité à un objet et à lui seul, mais renvoie d'un objet à l'autre, à la fois dissemblables et ressemblants. « *Nous accédons au royaume, non de l'existence de l'objet comme réalité observable et isolée, mais au royaume de la relation indéfinie et ambigüe entre les choses, et entre les choses et les idées des choses. Si quelque chose n'est pas, tout simplement, mais est comme autre chose, nous sommes dans ce que Musil reconnaîtrait sans doute comme son monde des possibles, où l'opposition entre le réel et l'imaginaire, le vrai et le faux, se déplace, n'a plus le même sens que dans l'acception ordinaire que nous en avons, admet que la « réalité » n'est pas d'une essence différente de celle de tous les possibles imaginables, est un possible parmi d'autres, ce qui, du même coup, confère de la réalité à toute la famille des possibles. (…) La métaphore donne parfois un plus, plus de savoir ou plus de réalité. La métaphore fait exister quelque chose et permet à l'homme d'être sensible à cette existence. (…) La métaphore est un procédé de découverte et de persuasion de la "réalité" particulièrement efficace dans les situations où la "réalité" est contradictoire et où le but n'est pas de supprimer la contradiction mais de la conserver en lui ôtant son absurdité et en lui donnant un sens.* » (Yves Barel, *L'impossible communication*, in *Technologies et symboliques de la communcation*, Colloque de Cerisy/Presses Universitaires de Grenoble, 1990, p. 162). Ce texte très éclairant — que l'auteur sous-titre plaisamment « *comment réussir votre communication du 3ᵉ type* » — rejoint une pensée profonde de Heisenberg sur le langage non plus comme système de définitions statique mais comme jeu de relations dynamique : « *La pensée qu'on explicite n'est pas tenue ici d'être le portrait le plus fidèle possible de la réalité ; elle doit plutôt former l'embryon d'autres suites de pensées ; ce n'est pas la précision des concepts qui importe, mais leur fécondité. À travers des modes de relation variés, une pensée se joint à d'autres, nouvelles, et de celles-là en naît de nouvelles encore, jusqu'à ce que l'abondance de contenu propre à l'espace mesuré par ces pensées finisse par faire naître un portrait fidèle de la région de réalité qui est visée. En général, une proposition ne peut pas être ici « exacte » ou « fausse ». Mais si une proposition fournit de manière féconde l'occasion d'une abondance d'autres pensées, il est possible de la désigner comme* vraie. ***Ici, le contraire d'une proposition*** **vraie** ***sera souvent une autre proposition*** **vraie.** » (*Philosophie*, p. 260).

À l'instar du « mot vivant », ce que manifeste l'image-fragment comme mobile de montage — manque ou invocation d'un tout — c'est à la fois la puissance poétique du langage et l'impossibilité d'exprimer quelque chose d'entièrement déterminé. Non qu'il s'agisse d'un défaut accidentel du langage par rapport au plein sens du réel « en soi » mais parce que « *l'indétermination est un élément inévitable, un suspens intrinsèque à la pensée et au langage* » (Heisenberg, p. 256). « *Au lieu de refléter un ordre préexistant dont l'homme serait le spectateur, le langage est à l'inverse un processus qui produit différents types d'ordres dans la variété infinie de l'expérience… ordres qui ne peuvent jamais exprimer simultanément avec une précison indéfinie tous les éléments de l'expérience.* » (Catherine Chevalley, introduction à *Heisenberg : Philosophie*, p. 166). Autrement dit, la signification n'est jamais complète, elle ne s'épuise pas dans la contemplation spectaculaire d'une vérité « objective » qu'elle pourrait totalement révéler ; la signification reste toujours subordonnée à l'usage et aux « jeux de langage » (Wittgenstein), c'est-à-dire à la configuration des régions de réalité par les formes de l'expression et de l'action.

« *Des épanouissements futurs s'annoncent déjà occasionnellement dans la vie des hommes d'aujourd'hui. Il est dans la nature des choses, bien sûr, que nous ne puissions pas parler de ce développement. Car un langage ne peut se former que pour la partie de la réalité où se joue notre vie. Mais peut-être ce qu'on veut dire ici peut-il s'expliciter dans la proposition quelque peu obscure que l'homme, à la différence de tous les autres êtres vivants de notre Terre, possède l'accès aux facultés créatrices.* » (W. Heisenberg, *Philosophie*, p. 338). Encore faut-il user de ces facultés, qui donnent formes à notre monde, pour tenter de saisir quelque chose de notre propre devenir et de son sens. « *Nous devons et nous pouvons toujours, en tant qu'hommes, croire au sens de la vie, même si nous nous rendons compte que le mot de sens est seulement un mot du langage humain auquel nous ne pouvons guère prêter d'autre sens que celui précisément que notre confiance légitime.* » (*idem*, p. 124). Où l'on constate non sans surprise qu'à travers ce pragmatisme (inspiré de William James), Heisenberg rejoint Deleuze : « *Seule la croyance au monde peut relier l'homme à ce qu'il voit et entend. Il faut que le cinéma filme non pas le monde mais la croyance à ce monde, notre seul lien. On s'est souvent interrogé sur la nature de l'illusion cinématographique. Nous redonner croyance au monde, tel est le pouvoir du cinéma moderne (quand il cesse d'être mauvais).* » (*L'Image-temps*, p. 223).

Croire et faire croire, comme l'actualité TV, que la réalité est une et qu'il n'y a qu'une réalité, qu'une seule version juste (objective) de la réalité — alors que c'en est juste une version — est un abus de confiance et un abus de langage (métaphysique) qui implique un terrible appauvrissement esthétique de notre relation au monde. C'est pourquoi il convient de prendre très au sérieux les versions et visions alternatives, les « *manières de faire des mondes* » (Nelson Goodman) que peuvent offrir les documentaires dits de création. Attendu que création ne s'oppose pas à connaissance, pas plus qu'invention à réalité. Création ne signifie ni fiction mensongère ni subjectivisme sans matière, « *mais seulement que* ***la vérité doit être conçue autrement que comme correspondance avec un monde déjà fait.*** *Bien que nous fassions des mondes en faisant des versions, nous ne faisons pas plus un monde en associant des symboles au hasard qu'un menuisier ne fait une chaise en assemblant au hasard des morceaux de bois.* » (Nelson Goodman, *Manières de faire des mondes*, 1978, trad. française, p. 125, Jacqueline Chambon, 1992). Question donc d'agencement, de cohérence et de pertinence. Il n'y a pas de principe premier ni de vérité dernière, pas d'évidence univoque ni de preuve par l'image, mais des agencements idéalisés — plus ou moins féconds, statiques ou dynamiques — de régions de réalité, selon les termes de Heisenberg.

« *Pouvons-nous vraiment connaître l'univers ? Mon Dieu, c'est déjà assez difficile de trouver son chemin dans Chinatown. Cependant, la question est de savoir : Y a-t-il quelque chose dehors ? Et pourquoi ? Et faut-il qu'ils soient aussi bruyants ? Finalement, il ne peut y avoir aucun doute sur le fait qu'une des caractéristiques de la « réalité » est qu'elle manque d'essence. Ce qui ne veut pas dire qu'elle n'a pas d'essence, mais que simplement elle en manque. (La réalité dont je parle ici est la même que celle décrite par Hobbes, mais un peu plus petite.)* » (Woody Allen, *My Philosophy*, 1966).

QUATRIÈME PARTIE

THÉÂTRES DE LA MÉMOIRE

« Le passé ne comporte pas d'entrée, l'avenir pas de sortie. Quant au présent, placé en position intermédiaire, il est si bref et insaisissable qu'il ne possède aucune longueur propre et paraît se réduire à la conjonction du passé et de l'avenir. Il est si instable qu'il ne demeure jamais au même endroit ; et tout ce qu'il traverse, il l'arrache à l'avenir pour le confier au passé. »

(Censorinus, *De die natali*, 1642)

Depuis cent ans, depuis l'invention du cinéma, notre histoire ne s'interprète plus seulement à partir des monuments et vestiges écrits ou iconographiques, elle se joue et se rejoue sans cesse sous nos yeux, « en direct » dirait-on, à travers des actualités devenues archives, des célébrités ou des témoins filmés, des reconstitutions. Le film, la vidéo deviennent les archives immédiates du XXe siècle. Comment faire histoire, et comment refait-on l'histoire, avec ces miroirs argentiques et ces mémoires électroniques du dernier siècle ?

Nous courons à la ruine

Hanté par « *les fantômes du permanent* », par les images de sa propre histoire, le siècle se donne à lui-même en spectacle : on tend à faire de tout fragment du passé une icône, une relique — n'a-t-on pas classé le banal Hôtel du Nord, quai de Jemmapes, parce que Marcel Carné s'en était inspiré pour la célèbre « atmosphère » de son film entièrement tourné en studio ! — en même temps que se développe une propension patrimoniale à mettre en boîte le présent pour l'avenir, à vouloir faire mémoire tout de suite et à transformer la vie en musée. « *En 1937, l'Inspection générale du bâtiment s'apprêtait à démolir le centre de Berlin en vue d'entreprendre des transformations. (...) On dresse l'inventaire. L'Institut de photogrammétrie photographie l'avenue maison par maison, de sorte qu'on puisse en établir le plan sur clichés. Pendant ce temps les entreprises de démolition sont déjà à l'œuvre, les fenêtres sont déjà murées. À l'extrémité de l'avenue, on a déjà dégagé l'emplacement où s'élèvera la nouvelle Chancellerie du Reich. De la photographie, les objets reçoivent la confirmation qu'ils sont bien à leur place, puis ils sont enlevés.* » (Farocki, *La guerre inscrite sur les images du monde*). « Nous courons à la ruine », ironisait récemment l'architecte François Burkhardt, sous-entendant que « nous courons après les ruines ». La peur de laisser perdre quelque chose est l'envers visible du sentiment de liquidation générale qu'entraîne le progrès universel du capitalisme.

Musées coloniaux et films d'explorateurs, réserves indiennes et westerns furent les premières manifestations triomphales de cet « effet de serre », violemment mis en cause par *Les Statues meurent aussi* (1950-53), effet de serre devenu aujourd'hui inquiétude écologique : nous ne regardons plus seulement les espèces en voie de disparition (ou les « pays sous-développés ») derrière la vitrine où le Progrès les resserre, nous nous sentons aussi dans le même bocal. Le cinéma a contribué à cette mise en boîte, en même temps qu'à la transfiguration de l'histoire en histoires contemporaines, comme coexistantes : « *Même considéré sous sa forme la plus positive, et précisément sous cette forme, on ne peut saisir la signification sociale du cinéma si l'on néglige son aspect destructif, son aspect cathartique : la liquidation de l'élément traditionnel dans l'héritage culturel. Ce phénomène est particulièrement sensible dans les grands films historiques et lorsque Abel Gance s'écriait avec enthousiasme en 1927 : "Shakespeare, Rembrandt, Beethoven feront du cinéma. (...) Toutes les légendes, toute la mythologie et tous les mythes, tous les fondateurs de religion et toutes les religions elles-mêmes (...) attendent leur résurrection lumineuse et les héros se bousculent à nos portes pour entrer", il nous invitait, sans le vouloir, à une liquidation générale.* » (W. Benjamin, *L'œuvre d'art à l'ère de sa reproductivité technique*).

Comme l'a remarqué Jacques Rancière, les trois figures dominantes de notre univers culturel actuel sont le musée, l'encyclopédie et le guide. Conservation « intégrale » et consommation spectaculaire fléchée. La visite au musée peut entretenir le même rapport privatif à l'histoire que le zoo à la vie des animaux ou le tourisme au voyage (le point d'où prendre **la** photo est indiqué sur le site). « *Le problème n'est pas tant de programmer les traces mnésiques ou d'assurer leur conservation, mais d'en disposer un peu, de pouvoir y accéder aux instants où la rencontre du réel les appelle ou les rappelle.* » (Daniel Sibony, *Entre dire et faire*, Grasset 1989). La mémoire n'est pas une question d'accumulation d'informations mais d'assimilation et d'oubli, de condensation et déplacement (comme le rêve, comme le montage film) : sans ce travail affectif d'intégration mais aussi **collectif** d'objectivation de l'histoire, avec ses refoulements et ses retrouvailles, ses points aveugles et ses découvertes, il n'y aurait pas d'actualisation, pas de réinvestissement du su dans le vécu, du vécu dans le su, pas d'histoires. C'est ce travail de réappropriation du temps qui est le sujet des romans de Marcel Proust, des films d'Alain Resnais, de Chris Marker ou de Marcel Ophuls, croisant jeux de mémoire et esprit du temps.

Eraser Head (tête à effacer)

À l'opposé, la parabole de *Bienvenue Mister Chance* (1980) — incarné par Peter Sellers, mis en scène par Hal Ashby, d'après *La Présence (Being There)* de Jerzy Kozinski — nous montre le foudroyant succès (jusqu'à la Maison Blanche) d'un simple d'esprit, au bord de l'autisme (on ne peut même pas dire de l'amnésie, dans la mesure où il n'a rien oublié parce que visiblement rien appris) : son seul mérite est d'« être là », sage comme une image. Chacun projette sur lui ses fantasmes, auxquels il se prête sans le vouloir, comme une pâte molle, renvoyant simplement à chacun les préceptes de jardinage qui sont, avec le zapping TV, son seul savoir du monde, et qui deviennent pour les milieux politiques et médiatiques des métaphores zen sur la situation et la conduite à tenir, de véritables augures ! Cette simple présence, souriante, immédiate, jamais inquiète puisque « hors de question », totalement ignorante de ce qu'est le monde, d'un quelconque avant ou après, sans la moindre idée de la moindre conséquence, est le miroir grossissant d'une société branchée qui, dans sa recherche des formules toute faites, confond clairvoyance et idiotie, et ne se reconnaît que dans l'actualité et la célébrité, ne célèbre que l'actuel. S'il refoule tout travail de re-mémoration, cet « actualisme » enthousiaste, qui traite les événements comme des modes et nous vend le monde sur toutes les fréquences, n'exclut pas la commémoration, au contraire : il va de pair avec cette histoire cliché revisitée de façon touristique, avec ses sites et témoins à la mode, ses souvenirs-écrans et ses objets de compassion. Et avec cette fausse conscience que « *le passé reçoit rétroactivement un sens de l'avenir* ». (Paul Veyne).

L'abracadabrante histoire de *Mister Arkadin* concotée par Orson Welles n'est-elle pas la fable du travail d'enquête historique ? Le nom même d'Arkadin, dangereux potentat de *Confidential Report* (1955), Welles ne l'a-t-il pas tiré d'une contraction de l'anglais *arch* (coquin) et *archive* ? Témoin d'un crime, le petit héros du film cherche à faire chanter Arkadin avec ce secret sans preuve. Arkadin lui rit au nez mais lui propose de l'argent s'il retrouve les traces de son passé, soi-disant effacé de sa mémoire. Au fur et à mesure que l'enquêteur retrouve témoins et complices des premières combines d'Arkadin, ceux-ci sont supprimés. Arkadin réalisait individuellement ce que Big Brother-Staline (Arkadin-Welles s'est affublé des mêmes moustaches) avait entrepris à l'échelle industrielle : la liquidation du passé. Mais ce qui risque d'arriver, avec la prolifération des médias immédiats, n'est-ce pas l'envers de ce qu'Orwell appréhendait dans *1984* : la désinformation non par soustraction mais par surinformation, la dissolution de l'histoire dans le débordement d'actualités, l'alignement de l'historique sur l'instantané, l'histoire comme simple imagerie commémorative et *remake* au goût du jour ?

Passé-présent

Dans *La Conscience, une biologie du moi* (Eshel, Paris 1990), Israël Rosenfield livre une formule duelle qui décrit fort bien le travail documentaire tel que le pratiquent exemplairement Chris Marker et, en sens inverse, Marcel Ophuls : « *La mémoire, c'est du passé reconstruit en fonction du présent. Mais, notre conscience du présent dépend étroitement de notre passé. Par conséquent, la conscience, c'est le présent reconstruit en fonction du passé* ». Chris Marker, le passé du présent ; Marcel Ophuls, le présent du passé.

Comment faire en sorte que l'histoire ne soit pas un parc Astérix, ni une banque de données commémoratives, une mémoire morte, mais une mémoire vive. L'histoire, **comme réflexion et non seulement comme citation**, est l'établissement d'un courant, une mise sous tension passé/présent, une interrogation de l'un par l'autre. « *Le va-et-vient permanent entre le passé et le présent, et entre les différents moments du passé, est l'opération même de l'histoire.* » (Antoine Prost, *Douze leçons sur l'histoire*, p. 111). Encore faut-il que le film ne refasse pas l'histoire au goût du jour, ni ne l'efface sous couvert de l'actualiser (comme dans la parabole de *Mister Arkadin*). Car si l'histoire s'alimente aux mémoires passées pour réactiver la mémoire collective présente, elle s'oppose aussi au souvenir : « *La différence réside dans la mise à distance, dans l'objectivation. Le temps de la mémoire, celui du souvenir, ne peut jamais être entièrement objectivé mis à dis-*

tance, et c'est ce qui fait sa force, il revit avec une charge affective inévitable. Il est inexorablement infléchi, modifié, remanié en fonction des expériences ultérieures, qui l'ont investi de significations nouvelles. » (Prost, p. 113). Le temps de l'histoire n'est pas celui d'une mémoire. Il incombe à l'historien de le reconstruire en rendant compte de l'enchaînement des événements et de leurs articulations conceptuelles significatives, avec et au-delà de la mémoire des contemporains.

Le travail du documentariste est un peu différent, en raison du matériau et du langage dont il dispose. Si l'on met de côté les films didactiques d'iconographie commentée, le documentariste se voit limité par les sources historiques « vivantes » : témoins survivants et archives filmées, donc au XXe siècle. Le précepte de la nouvelle histoire, « raconter c'est expliquer », vaut évidemment à l'écran : ici comme là, un récit, c'est un montage, la traduction d'un temps dans un autre. Mais, à la différence du discours historien, le langage audiovisuel se prête mal aux exposés et architectures conceptuels. Il favorise certes le récit mais renâcle aux classements, tableaux, entités abstraites (nation, classe, forces productives…). Il est en revanche « représentationnel » et théâtral : il peut non seulement évoquer mais nous montrer certains aspects de l'époque (archives et vestiges) et nous faire entendre et voir directement témoins et souvenirs. Sa matière première, ce sont effectivement les tissus de la mémoire fixés (et falsifiés) par les images mouvantes, révélés (et déformés) par le commentaire d'époque et la parole d'aujourd'hui. S'il y perd en objectivation conceptuelle, le film a la capacité, que n'a pas l'écrit, de jouer sur l'écart entre ce qui se dit et ce qui se voit, entre ce que dit un témoin et comment il le dit ou contredit, de nous faire ressentir ce qui se disait et montrait hier à la lumière ce qu'on y entend résonner aujourd'hui.

Un exemple frappant peut illustrer cette faculté du cinéma à « présentifier » le passé, à faire court-circuit entre présent et passé. Dans *Shoah*, Claude Lanzmann questionne un ancien chef du camp d'extermination de Treblinka. La scène est tournée à l'aide d'une caméra vidéo noir et blanc cachée dans un sac, que tient l'opérateur William Lubtchanski. Au mur de la chambre, Lanzmann a épinglé un agrandissement du plan du camp et il tend une baguette professorale à son interlocuteur pour qu'il explique en détail le processus d'élimination. Saisissant la perche qui lui est tendue, l'ancien nazi se prend au jeu de la raison technique et explique cliniquement le « bon » fonctionnement de son « usine à gaz ». Ce que révèle la scène filmée, qu'aucun livre ne pourrait rendre, c'est non seulement les explications historiques sur la « gestion » du camp mais l'attitude même qui a rendu possible cette industrie de la mort sans phrase, attitude inhumaine que ré-endosse sans sourciller, sous nos yeux, le « conférencier ».

Histoire et mémoire

Les théâtres documentaires de la mémoire se mesurent ainsi à un triple écart, susceptible de fonder et dynamiser leurs interrogations historiennes (mais qui peut être un triple écueil si l'on tente de combler les trous par « l'évidence illustrative » d'images d'époque) : conjugaison de la mémoire non au passé simple mais au passé recomposé par le questionnement présent (avec la tentation de revoir le passé au goût du jour) ; écart entre images d'archives et réalités de l'époque (avec le risque de prendre l'archive comme preuve actuelle du passé) ; écart de la mémoire à l'histoire (avec la tendance à confondre celle-ci avec le souvenir).

De ces risques de confusion entre souvenir et histoire, passé et images du passé, trous de mémoire et ruines, le cinéaste anthropologue David MacDougall fait un remarquable inventaire critique dans son article sur *Les films de mémoire* (*Journal des Anthropologues*, n° 47-48, printemps 1992).

« *De nombreux films assimilent les souvenirs à des objets survivants, y incluant les images photographiques du passé. Les sources de la mémoire étant à jamais hors d'atteinte, les cinéastes sont tentés d'utiliser les enregistrements photographiques survivants* ***comme s'il s'agissait du souvenir lui-même.*** *Ainsi les films documentaires et les programmes de télévision associent obstinément aux entretiens, des photographies et des actualités filmées, présentées de façon tout à fait illégitime comme souvenir de ceux qui parlent.* »

Biais le plus répandu : faire passer les images d'époque pour des témoignages objectifs, quand ce n'est pas pour des preuves historiques. Plutôt que de présenter les archives comme la réalité passée et comme une émanation des témoins, mieux vaut travailler l'écart entre le vécu des témoins et les représentations plus ou moins officielles de l'époque.

« De telles images jouent néanmoins un rôle important dans nos propres mémoires, influençant notre façon de penser le passé. Dans notre culture, elle prennent place comme des objets matériels fabriqués, et non comme de simples messages médiatiques. (...) Dans le cas d'événements historiques récents, nous ne nous souvenons pas des événements eux-mêmes, auxquels nous n'étions pas présents, mais des films et photographies que nous en avons vus. Ces derniers peuvent créer une expérience commune, plus puissante et logique en tant que mémoire sociale que les expériences de participants réels. »

Le fameux film super 8 sur l'assassinat du président Kennedy, et la bande vidéo sur l'assassinat de son assassin présumé, tous deux repris dans le docu-drame d'Oliver Stone, *JFK*, en sont des exemples emblématiques. Cependant, les images d'archives ne sont pas des évidences qu'il suffit de produire mais des représentations qu'il convient d'interroger quant à ce qu'elles montrent et aux raisons de leur production (qu'elles ignorent ou dissimulent) ; et il faut les confronter à nos propres représentations actuelles, sans quoi l'on risque de recycler les clichés d'hier dans la propagande d'aujourd'hui.

« Les informations télévisées, comme les actualités filmées qui les précédaient, rabâchent le catalogue invariable des désastres, des rencontres politiques, des événements sportifs, des guerres, et c'est cet ensemble limité de thèmes, avec des variations de détail qui nous certifie que le monde continue comme avant. Mais le processus n'est pas sans coût émotionnel : comme tout deuil, la vision de la souffrance passée comporte une part de soulagement empreint de culpabilité liée à notre propre survie. »

Plutôt que de saturer le film d'images pleines de nostalgie, de compassion ou d'indignation, repétant les fausses continuités du souvenir et de l'identité, ne convient-il pas de creuser les images, de les confronter pour en extraire les discontinuités événementielles, faire transparaître les discours qui les ordonnaient, et par ricochet remettre en question notre façon de les « légender », entre bonne et mauvaise conscience.

« Dans les films traitant du souvenir cependant, il y a de fréquents délabrements de la mémoire et de ses sources. La distinction entre les enregistrements photographiques et la place tenue par la photographie dans l'esprit des gens est rarement établie. Ainsi, parmi les divers signes (de survivance, de remplacement, de ressemblance, d'absence) que les films emploient, ce sont les photographies et les films d'archives qui sont le plus souvent utilisés de la façon la moins critique et la plus trompeuse. »

Rien ne sert de boucher les trous avec des illustrations cache-misère collées par un commentaire-badigeon. Le trou de mémoire est un symptôme, tout comme le manque (ou le refus) d'images d'époque peut être une source de rebondissement de l'enquête historique (voir *Shoah*). MacDougall remarque que *« les processus de pensée et de mémoire sont généralement approchés plus directement dans les documentaires autobiographiques (Jonas Mekas, Stan Brakhage, Chris Marker, Antti Peippo "Sijaïnen"). (...) Ces cinéastes sont souvent hésitants sur la traduction de la mémoire, exactement comme les anthropologues sont devenus plus prudents quant à la possibilité d'une traduction culturelle. Ils affrontent de façon très personnelle le « crime » de la représentation, le fossé entre les signes et leurs objets. La plupart des réalisateurs de films de mémoire sont confrontés au même problème, mais souvent — s'ils regrettent que les témoignages filmés à la première personne manquent de détails ou d'articulation — ils n'indiquent pas pour autant la signification de ce vide, ils essayent de l'atténuer. La richesse inaccessible bloquée dans les mémoires de leurs sujets est remplacée par l'addition de nombreux matériaux illustratifs. »*

Contre ce genre d'évocation historique, MacDougall met donc en avant un ciné-mémoire d'auteur conjuguant l'histoire personnelle, avec ses questions et ses doutes, à celle de l'époque, ou bien l'enquête historienne, confrontant les images de la légende passée aux souvenirs des survivants, et ceux-ci à la critique autorisée par le recul historique. Car *« les événements historiques ne se confondent jamais avec le cogito d'un individu et c'est pourquoi l'histoire est connaissance par traces. »* (Paul Veyne, *Comment on écrit l'histoire*).

L'investigation historique est « un travail sur des objets perdus », selon une formule de Jean-Claude Passeron, **une recherche du temps perdu à partir *« d'informations vestigiales solidaires de contextes non directement observables »*, que la mise en intrigue et le montage vont s'efforcer de restituer.**

Images d'archives, interviews de témoins et reconstitutions sont les trois matériaux de base dont dispose le documentaire de mémoire. À quoi s'ajoutent éventuellement le commentaire composé par l'auteur, et en tout cas sa façon de conjuguer les images : choix du mode de récit, combinaison des temps, des traces et des témoins.

15
Les archives

Commençons par ces images le plus souvent en noir et blanc, qui nous montrent hier comme si nous y étions, ou répètent le discours de tel ou tel personnage historique, et dont certaines, à force d'être vues, finissent par être « réellement » l'événement qu'elles symbolisent fort partiellement et partialement. Le célèbre montage de Frédéric Rossif, *De Nuremberg à Nuremberg* (1988), par exemple, est plein de ces clichés chargés. Mais au fond qu'est-ce qu'une archive filmée ? Première réponse : l'archive d'aujourd'hui, c'est l'actualité d'hier. Mais n'est-ce pas prêter encore une fois aux actualités, d'hier comme d'aujourd'hui, une factualité, une véracité incontestables ? Combien de fois et dans combien de montages historiques, ces soldats allemands casqués, descendus de side-car, n'ont-ils pas rouvert cette barrière, sous ce commentaire : « Les troupes allemandes franchissent la frontière polonaise » ? On en oublierait que cette prise de vues « objective » a forcément été filmée par un cameraman de l'armée des envahisseurs précédant l'action ou la faisant rejouer.

Mais une archive filmée, cela peut être bien d'autres choses qu'une ancienne « actualité » : films industriels, médicaux, militaires, éducatifs, d'explorateurs, films de famille ou d'amateurs, autobiographies filmées plus ou moins artistes, émissions de télévision (archives de l'Institut National de l'Audiovisuel et homologues d'autres pays) et même films de fiction. Les Archives du Film ne sont-elles pas chargées en priorité de la conservation et de la restauration de ces films qui font 95 % des histoires du cinéma, les films de fiction. Et les fictions ne témoignent-elles pas d'un certain esprit de l'époque, ne documentent-elles pas d'une certaine façon leur tournage ?

De l'archive au document

Ainsi, en fait d'images d'archives, on se retrouve avec tout un spectre de documents, des bandes d'actualité aux films de fiction, dont aucun classement ne s'avère vraiment opérant a priori :

- le contenu s'avère difficilement catégorisable (un documentaire sur l'Afrique du Sud au temps de l'apartheid, est-ce histoire, géographie, politique ?) ; et le genre (reportage, film industriel, fiction, émission littéraire…), s'il nous renseigne sur une forme standard, ne dit trop rien du contenu ;
- la prise en compte du mode de production permet de cerner les raisons sociales du producteur, et le public visé : grand public, institutionnel, privé, spécialisé, familial ;
- le mode de diffusion permet de distinguer mémoires collectives, mémoires institutionnelles, mémoires personnelles, films pour les lieux de loisir et films pour les lieux de travail, diffusion en salles ou à domicile.

Mais ces catégories se croisent et se brouillent, suivant les fluctuations des systèmes de diffusion et des goûts du public, les ambitions des producteurs et les styles des réalisateurs : des films d'amateur atteignent le grand public (vidéo-gags, scoops catastrophes, mémoires intimes) ; des spots publicitaires empruntent le style du film de famille ; des films industriels deviennent programmes de télévision ; *reality-show* et *docu-soap* défient les genres établis ; des autobiographies intéressent l'époque et certaines images de l'actualité mondiale viennent se greffer dans les mémoires individuelles entre les photos de famille et les clichés de stars.

On l'aura compris, ce n'est pas ce gisement d'images gisantes qui fait l'histoire, ni les états du stock qui organisent une mémoire ; ce sont les questions actuelles du documentariste qui vont en rechercher et raviver certains pans, les reproduire pour les confronter, les réinterpréter sous un nouveau jour enrichi des trouvailles précédentes et d'une problématique structurante. « *C'est la question qui construit l'objet historique, en procédant à un découpage original dans l'univers sans limites des faits et des documents disponibles.* » (Prost, p. 79). Certes, les prises de vues préexistent archivées quelque part, mais c'est bien la question du cinéaste-historien qui va en déterminer le choix, le prélèvement et en tirer un sens, c'est-à-dire **leur assigner un rôle documentaire.** « *De tout ce qu'il peut percevoir, il n'y a rien que l'historien ne puisse raisonnablement utiliser comme moyen de preuve* (evidence), *sur quelque sujet, s'il y vient avec la bonne question en tête. L'élargissement du savoir historique provient de ce qu'on trouve comment utiliser comme moyen de preuve telle ou telle sorte de fait perçu que les historiens avaient jusqu'ici pensé sans utilité pour eux.* » (Robin G. Collingwood, *The Historical Imagination*, Oxford, Clarendon Press, 1935, p. 19).

Illustre bien ces propos sur la construction réciproque du sujet et de sa documentation, le travail d'analyse originale entrepris par Harun Farocki, avec deux essais filmés annonçant une série : *Les ouvriers quittent l'usine* (1993) et *L'expression des mains/jeu de mains* (1997). Le montage est constitué de toutes sortes d'extraits de films (réclames ou films industriels, éducatifs ou militaires, incunables de la propagande ou classiques du cinéma), articulés autour d'une thématique ou plutôt d'un topique du monde moderne (« topique » au double sens de « lieu commun » et lieu de rencontre). Les extraits de films choisis, et souvent répétés, figurent les matériaux de base d'une analyse historique et anthropologique de nos *habitus* et représentations, de nos jeux de mains-jeux de vilains. Les images n'illustrent pas le commentaire, pas plus que celui-ci ne prétend s'autoriser de leur référent « réel ». Le commentaire part d'une lecture symptômatique des images comme raccourcis à la fois évidents et inconscients de nos rituels et rapports de force, pour en tirer une phénoménologie critique des rapports sociaux, des affrontements de classes et d'idéologies.

Ainsi *Les ouvriers quittent l'usine* nous entrainent de *La sortie des usines Lumière* jusqu'à la vidéo numérique simulant l'enceinte haute sécurité de l'usine Mercedes, en passant par les chômeurs de la grande crise pendus au grilles des docks dans l'espoir d'un boulot (fiction des années 30), par la folle échappée des ouvriers à la sortie des usines Ford ou Volskwagen (documentaires), des gangsters déguisés en ouvriers pointant pour aller voler la paye (polar des années 40), ou le flirt nonchalant de l'ouvrière Marilyn Monroe au sortir des entrepôts. À partir du découpage de l'espace par le portail d'usine, des mouvements et vitesses de déplacement des personnages, de leurs gestes et expressions, et d'une certaine imagerie ouvriériste, le commentaire élabore une analyse progressive de cette frontière, que notre regard interdit ne franchit jamais, entre l'espace public où l'on circule, et l'espace contraint de l'usine privée et gardée, frontière privative qui commande l'opposition entre loisir évasion et travail forcé, ainsi que l'alternative travail ou misère.

À l'instar du second film sur *L'expression des mains* — des mains voleuses du pickpocket (Richard Widmark) aux mains coupées d'un corps pour en posséder un autre *(Les mains d'Orlac)*, de la caresse de l'artisan nazi tournant amoureusement un canon au coup de poing américain anti-nazi, en passant par le poing menaçant des fascistes et le poing de résistance des anarchistes espagnols, et par la main gelée incapable d'allumer le feu qui la soulagerait, la main qui échange de l'argent, la main qui dissimule ou qui offre, la main que la vie abandonne *(À l'Ouest rien de nouveau)* — on peut imaginer, à partir d'autres corpus d'extraits de films, une série de montages sur divers topiques révélateurs de la geste des hommes du XXe siècle, et de l'image qu'il voulait en donner, la série formant progressivement un nouveau thesaurus d'anthropologie visuelle.

Des documents au montage

Comme le dit encore Antoine Prost (p. 80) : « *La question (historienne) n'est pas une question nue, c'est une question armée, qui porte avec elle une idée des sources documentaires et des procédures de recherche possibles.* » Le document en question peut être aussi bien un extrait de fiction qu'une actualité ou un film publicitaire, à condition d'en faire saisir au spectateur la fonction à l'époque et la fonction nouvelle dans le montage qu'il est en train de regarder, donc **comprendre un écart significatif entre les deux**. Une scène de fiction peut tout à fait fonctionner comme un document sur l'époque (on le voit régulièrement dans les enquêtes historiques de Marcel Ophuls), et une actualité apparaître comme une fiction de la propagande de l'époque. L'historien Marc Ferro ne va-t-il pas jusqu'à dire : « *Tous les documents doivent être analysés comme des documents de propagande. Mais le tout, c'est de savoir de quelle propagande il s'agit. Les images d'archives ne sont pas mensongères au moins sur un point : ce que l'on a voulu dire aux gens. Ca, c'est une vérité historique !* ». (Récits d'amertume, *Carnets du Dr Muybridge* n° 2, Lussas 1993).

Dans l'élaboration d'un film de mémoire, ce qui détermine la sélection des « documents », ce n'est donc pas leur nature intrinsèque — *nature* plutôt fluctuante, on l'a vu — ce sont les questions qu'on leur pose et l'intrigue qui va les appeler et les re-mettre en scène. Plus encore : **le document ne saurait être convoqué simplement comme un indice attestant un événement ou une icône en tenant lieu, il doit être interrogé comme une représentation (un « symbole » dans la terminologie de Peirce) renvoyant à une chaîne d'interprétants d'alors qu'il convient de ressaisir et de confronter à la chaîne d'interprétants dans laquelle le film actuel et son spectateur resituent ledit document.**

Ainsi la « nature » originelle de l'archive (fiction ou reportage, réclame ou propagande, ethnologique ou industrielle) devient seconde relativement à la fonction qu'elle vient occuper dans le nouveau montage et qui lui fait dire autre chose que ce pour quoi elle avait été conçue. **Et l'esprit dans lequel elle a été conçue est en partie avéré par ce décalage.** Sauf à coller les images d'archives à l'aveuglette, comme « simple » illustration d'un discours fabriqué en dehors d'elles (recette de la plupart des films de montage historique), le documentariste est appelé à leur poser les questions suivantes : Que montraient-elles à l'époque (qui les a faites, pour qui) ? Que voulaient-elles dire ? Y a-t-il un écart entre ceci et cela ? Qu'y voyons-nous aujourd'hui ? Quels liens (corroboration ou contradiction, restriction ou extension) établir avec d'autres images d'époque ou des témoignages contemporains ?

Au cours du débat sur *Archives et mise en scène de l'histoire* (*Carnets du Dr Muybridge* n° 2), le documentariste allemand Hartmut Bitomsky, auteur des *Autoroutes du Reich* (1985) et *Der Volkswagen Komplex* (1989), précisait sa méthode, aux antipodes du montage d'actualités historiques façon Rossif ou Jean Labib (*Le Grand jeu : URSS-USA 1917-1991*, par exemple) : « *On ne peut pas considérer que ces documents reflètent fidèlement l'époque telle qu'elle était. L'image est faite dans un but précis. C'est sur cette base que je travaille avec les documents d'archives. Et quand on utilise ces images, il faut les utiliser dans un but précis. J'essaye de traiter ces documents comme des choses concrètes, des matériaux, afin de les extraire de leur représentation idéologique historique, et de rendre explicite mon scepticisme par rapport à ces images. Que fait-on quand on travaille à une compilation de films d'archives ? On fait violence à ces films. Et quand on travaille avec des matériaux de l'époque nazie, on a l'impression qu'il est permis de le faire. J'essaye d'utiliser des extraits assez longs pour ne pas ajouter une manipulation supplémentaire aux images qui ont été faites à l'époque. Souvent les réalisateurs remontent les documents d'archives et le public n'en est pas informé. Ma méthode consiste à utiliser ces documents pour qu'ils puissent une nouvelle fois montrer au public le mensonge qu'ils ont en eux.* »

Antoine Prost note avec finesse « *qu'il est impossible de déceler qu'un document est faux si l'on ignore comment un document vrai aurait dû se présenter* ». (Prost, p. 74). Exemple évident pour qui connaît l'histoire des techniques cinématographiques : toutes les séquences documentaires tournées sur le terrain de 1930 à la fin des années 50, et notamment les scènes de guerre, ont été bruitées et post-sonorisées en studio, tout simplement parce qu'il n'existait aucun moyen portatif d'enregistrer le son synchrone. Il s'agit là d'une critique formelle, que les historiens nomment critique externe. Quant à la critique interne, elle porte, elle, sur le contenu du document mis en contradiction avec d'autres sources. Ainsi peut-on faire témoigner les vides autant que les pleins de l'image, ce qu'elle cache comme ce qu'elle montre. On en a plusieurs exemples justement dans les films de Bitomsky. Ainsi *Der VW Komplex* reprend une archive nazie qui nous montre, dans une ambiance involontairement langienne, quelques véhicules militaires destinées à la Wermacht, traversant la cour déserte de l'usine Volskwagen, avec ce commentaire de l'auteur : « *L'allée sud en 1942. L'endroit fait penser à une usine fantôme. On a peine à croire que des gens y travaillent. Les intervalles sont bien trop grands entre les voitures. Il manque les ouvriers. Mais il y avait plus de 12 000 personnes ici, dont deux tiers de prisonniers de guerre, ouvriers réquisitionnés, prisonniers de camps de concentration : hommes, femmes, enfants. On les a cachés aux caméras. Il faut se les représenter dans les intervalles.* »

Si les archives ne sont pas innocentes, les questions qu'on leur pose non plus : elles sont effectivement « armées » et orientées. Et, n'en déplaise aux inconditionnels de l'objectivisme, on voit mal comment il en serait autrement, vu qu'il n'est guère possible de trouver une réponse aux questions qu'on ne se pose pas. Pas plus qu'il n'existe, à l'état isolé et isolable, de faits bruts (même attestés par des actualités) hors des questions qui conduisent à les re-construire par découpage et à les assembler dans un scénario et un montage. « *Les données d'un côté, et les principes d'interprétation de l'autre, sont les deux éléments de toute pensée historique. Mais ils n'existent pas séparément pour se combiner ensuite. Ils existent ensemble ou pas du tout. L'historien ne peut pas récolter les données dans un premier temps et les interpréter dans un second. C'est seulement quand il a un problème en tête qu'il peut se mettre à la recherche de données qui s'y rapportent. N'importe quoi n'importe où peut lui servir de données s'il est capable de trouver comment l'interpréter.* » (Collingwood, *The Philosophy of History*, 1930, cité par Prost, p. 84). Qui prétend au contraire utiliser les images d'archives — bribes d'actualités et de documentaires d'époque — comme des données toutes faites, sans les mettre à la question, risque fort, sous couvert de leçon d'histoire, de servir la propagande d'aujourd'hui avec les images de la propagande d'hier. Que fait-il d'autre que plaquer un discours prévu sur des images prétextes ce qui, loin d'être un travail historique fécond, reconduit les vieilles formules « objectives » et péremptoires de la propagande « actualitaire ».

Les images (d'archives) ne sont pas des morceaux de réalité (passée) que l'on colle pour réaliser un récit historique (rétrospectif). Il faut partir des questions que nous envisageons de leur poser et des questions qu'elles nous posent en retour. « *Le primat de la question sur le document entraîne deux conséquences. Il implique d'abord qu'on ne puisse faire de lecture définitive d'un document donné. L'historien n'épuise jamais ses documents. Il peut toujours les réintérroger avec d'autres questions, ou les faire parler avec d'autres méthodes. (...) En second lieu, la solidarité indissociable entre la question, le document et la procédure de traitement de celui-ci explique que le renouvellement du questionnaire entraîne un renouvellement des méthodes et/ou du répertoire documentaire. (...) Au fur et à mesure que l'historien pose de nouvelles questions, il constitue de nouveaux pans de la réalité présentement accessible en sources, en traces, c'est-à-dire en documents. Les historiens du XIX*e *siècle privilégiaient les traces écrites. Le XX*e *siècle a interrogé les fouilles archéologiques pour répondre aux questions sur l'histoire de la vie matérielle ; il s'est intéressé aux rites, aux symboles, aux cérémonies pour atteindre les pratiques sociales et culturelles. Les statues de la République, les monuments au morts et les cloches de nos villages sont devenus documents. Les docu-*

ments écrits ont été interrogés sur autre chose que ce qu'ils prétendaient dire grâce notamment à une approche linguistique et à la statistique lexicale. L'enquête orale a fait témoigner les survivants muets de l'histoire. » (Prost, pp. 82-83). Le cinéma documentaire prolonge cette nouvelle dimension vécue et parlée de l'histoire en l'augmentant d'interrogations originales sur les traces audiovisuelles et les représentations collectives que constituent les archives filmées elles-mêmes.

Nous allons maintenant examiner les principaux dispositifs de ces théâtres de la mémoire découverts par les cinéastes.

De Nuremberg à Volkswagen

Bien qu'il ne soit ni le dernier, ni le premier montage d'archives commenté — la technique fut inaugurée par Esther Choub avec *La Chute des Romanov*, en 1927 — le film de Frédéric Rossif, *De Nuremberg à Nuremberg*, est un modèle et un best-seller du genre ; genre qui reçut une grande impulsion de la guerre (largement « couverte » par les diverses propagandes filmées) puis de la télévision, boîte à images du siècle. Le problème de ces récits historiques réalisés par montage commenté d'images d'époque, c'est qu'ils reconduisent pour la plupart (nous verrons des contre-exemples) le système propagandiste tel que nous l'avons déjà analysé (cf. chap. 4 et chap. 6 § *Qui parle ?) :* le commentaire plaque un sens « objectif » par dessus les images tout en faisant mine d'en émaner, et le montage illustre un discours fabriqué en dehors des images. Le commentaire — encore cette voix-On de la Raison triomphante — est davantage celui des vainqueurs que celui d'un historien interrogeant ses documents. Et les images, même retournées contre ceux qui les ont produites, fonctionnent encore une fois comme des évidences démonstratives. Voix anonyme de la (bonne) conscience et preuve par l'image non critiquée inscrivent la contre-propagande dans le même registre que la propagande à laquelle elle s'attaque. Se contenter d'exhiber et remonter des bribes d'actualités et de documentaires d'époque sans les intégrer à un dispositif qui les questionne, c'est, selon une expression en vogue, « remixer » : c'est-à-dire modifier le son, le commentaire, refaire le récit de façon rétrospective tout en reconduisant les mêmes clichés, clichés à quoi semble se réduire l'époque et qui donnent l'impression d'épuiser l'histoire.

Dans ces exposés didactiques, loin de contribuer à rendre visible ce qui n'est pas évident, loin de réfléchir, l'image fait écran à l'histoire, substitue sa platitude à la profondeur de champ historique et aux remises en cause qu'elle autorise. Le cliché, c'est l'image faite destin, une icône figée pour la contemplation des générations, évidente et vide de sens, telle qu'aucune mémoire vive ne viendrait plus l'interroger. L'enjeu n'est pas d'exhumer et reproduire des clichés pour eux-mêmes ou comme support d'une autre (bonne) parole, mais de se demander ce qu'ils voulaient dire et nous disent encore, de quoi étaient-ils représentatifs, qui y croyaient et pourquoi nous n'y croyons plus, et de les confronter à d'autres sources, d'autres témoignages. Plutôt que prêter nos intentions actuelles aux images d'archives, mieux vaut chercher à voir les intentions qu'elles trahissent. Plutôt que faire défiler les images d'archives comme si c'était l'histoire elle-même, et vouloir en persuader le spectateur, ne vaut-il pas mieux tirer profit du recul historique et les faire rejouer comme des mises en scène de l'histoire appelant une révision méthodique ? **Car les prises de vues, en tant que représentations des événements, et à la différence des événements eux-mêmes, ont un envers. Et cet envers s'indique d'un terme d'optique qui désigne aussi la pensée : la réflexion.**

Le début de *De Nuremberg à Nuremberg* est une caricature de ce que critiquait si justement Bitomsky. Faisant flèche de tout bois et transformant les documents nazis en petit bois, Rossif débite, sur une marche militaire, un montage haché choc, enchaînant d'impressionnants défilés de troupes et emblèmes nazis, suivis de gros plans de leaders vociférant à la tribune. Commentaire de Philippe Meyer : « *15 septembre 1935, il y a à peine un an qu'Adolf Hitler est en possession de la totalité des pouvoirs. Le Congrès de Nuremberg est baptisé par les nazis* Triomphe de la Volonté. "Quoique tu ordonnes, oh Fürher, nous l'accomplirons", *psalmodient des dizaines de milliers de nazis rassemblés.* "Le fanatisme est la seule forme de volonté qui puisse être insufflée au faibles et aux timides", *écrivait Frédéric Nietzsche. Le hurlement remplace désormais la parole, le verbe aboie et règne.* » Passons sur l'équivoque de la citation de Nietzsche qu'on fait passer pour un conseil à Hitler plutôt que pour la critique prémonitoire de la débilité qu'il exploite. Voilà donc bien les méchants nazis qu'on nous avait dit, donnant de la botte et du menton. On se demanderait presque s'ils ne se caricaturent pas eux-mêmes pour satisfaire au propos anti-nazi de Rossif, car du sens des documents d'origine il ne reste rien et on ne nous dit rien. Les écoliers seront certes impressionnés mais guère étonnés par ce qu'on savait déjà (vertu du cliché qui dispense de penser) ; la cause est entendue.

Avant même de pouvoir se faire sous nos yeux, l'histoire est déjà refaite, et le spectateur avec : il n'aura pas l'occasion de comprendre ce qui fait que tant d'Allemands aient suivi ces fous furieux. Or l'occasion aurait pu lui en être donnée en montrant par exemple cinq minutes, sans commentaire, dudit *Triomphe de la Volonté*, histoire de lui faire sentir le pathos et la *weltanschauung* nazis. De ce document, comme de cent autres réduits à un illustratif anonymat, ont été simplement arrachés quelques plans jugés symboliquement satisfaisants pour le propos du réalisateur, et collant bien au commentaire à la fois événementiel et fatidique. Mais ce que voulaient dire ces documents, le spectateur ne le saura pas. Ainsi vont s'enrouler implacablement les images d'ici et d'ailleurs, enrôlées au fur et à mesure comme tenants lieu des grands événements, au service d'un commentaire aussi démocratiquement impeccable qu'omnipotent, puisqu'exercé du point de vue de l'après-coup, à la façon d'une oraison funèbre.

Et voilà pourquoi votre fille est muette… devant un documentaire aussi politiquement correct, où l'histoire obéit à « *l'illusion rétrospective de la fatalité* » que dénonçait Raymond Aron. À aucun moment le film n'aura resitué le spectateur dans le présent de l'époque, où les événements (que nous savons advenus depuis) n'étaient encore que des possibles parmi d'autres. Il n'aura donc rien donné à comprendre mais tout à déplorer. Rappelons l'avertissement de Paul Veyne : *« Nul ne sera historien s'il ne sent pas, autour de l'histoire qui s'est réellement produite, une multitude indéfinie d'histoires compossibles, de choses qui pouvaient être autrement. (…) L'histoire comme justification de ce qui a été, voilà le plus grand danger qui menace l'historien. » (Comment on écrit l'histoire,* p. 145).

À l'exact opposé de l'histoire édifiante illustrée par Rossif, se trouvent les démontages circonstanciés et d'une grande précision idéologique opérés par Bitomsky sur les archives du Reich. Comme en optique, il s'agit de « redresser » l'image, non pas dans l'idée de produire l'image vraie (qui n'existe pas) mais de faire apparaître ses déformations, non seulement à l'époque mais depuis, en partant aussi des fausses images de nos mémoires collectives. Il est évident que le film *Les Autoroutes du Reich* est une réponse à l'un de ces terribles lieux communs qui justifient l'histoire totalitaire sans y voir malice : « Mao a procuré le bol de riz à chaque chinois », « Staline a, malgré tout, fait de l'URSS la deuxième puissance mondiale », « Hitler a quand même doté l'Allemagne d'autoroutes ». Le documentaire de Bitomsky démonte cette idée reçue en remontant les archives relatant la construction desdites autoroutes : opérant par rapprochement contradictoire avec le commentaire d'époque, le montage et le propre commentaire de Bitomsky font ressortir l'enflure idéologique doublant la vanité effective de l'opération, tout en en dénombrant les victimes. Ici donc, l'archive commentée ne raconte pas l'histoire, elle est le matériau d'une mise en question historique.

Il y a dans *De Nuremberg à Nuremberg*, un plan très intrigant de Hitler repris sans l'ombre d'une question au film de Leni Riefenstahl. Après une envolée verbale les yeux au ciel et les mains croisées sur le cœur, l'orateur messianique, ménageant une pause, repose son regard sur ses notes ; il est alors pris d'un petit rictus (de satisfaction ?) en même temps que d'un léger tic de tête latéral, comme s'il pensait : « pas mal, non ! ». Immanquablement, les spectateurs d'aujourd'hui rient ou au moins sourient, d'autant qu'à nos yeux cette mimique ridicule du Fürher évoque évidemment celles du *Dictateur* de Chaplin. Comment ce plan si risible a-t-il pu survivre aux longs couteaux de la censure nazie, de Goebbels, de Hitler soi-même et de sa cinéaste, dont l'admiration ne saurait être mise en cause ? On se perd en conjectures : cette image faisait-elle pareillement sourire à l'époque, ou rire jaune ? Ou y voyait-on, avec les yeux de l'amour, la face humaine du demi-dieu, attirant un renfort de sympathie ? **Qu'y voyons-nous qui ne se voyait pas à l'époque ?** Ces questions, le film de Rossif ne (se les) pose pas, il se contente de coller le plan, de nous montrer Hitler jouant à Hitler.

La première archive qui apparait dans le film de Bitomsky sur Volskwagen est aussi un plan de Hitler à la tribune. Mais le montage en fait un tout autre usage : au lieu de faire comme d'habitude relief ou illustration, l'image du Fürher, brève, estompée, comme creusée, retrouve une inquiétante étrangeté par une opération de soustraction qui lui et nous fait violence : la parole lui est retirée. Le film s'ouvre, en couleurs, en forme d'adagio archéologique, sur une casse de voitures d'aujourd'hui et les opérations de compression des carcasses. Après un plan en plongée sur un ouvrier coiffé d'un casque de chantier, surgit le plan en noir et blanc de Hitler, en buste, avec ce commentaire : « *Le salon de l'automobile en 1935. Courte pause dans un discours. Dans un instant,* ***il*** *va promettre de créer une voiture pour la grande masse : …* » Au moment même où l'on s'attend à l'entendre, voix trop connue pour ne pas résonner déjà dans notre oreille interne, le plan est coupé net par un croquis de voiture très moderne qui nous ramène au bureau de design actuel de VW, accompagné de la fin de la phrase : « *la voiture du peuple, la Volkswagen* ». Un double malaise laisse le spectateur interdit : frustration de ne pas l'entendre, honte de cette frustration, vague et brève sensation que cette parole (absente) en interdisait toute autre. Par cette mise à distance : « il » ; cette mise en creux : effigie sans voix ; et cette prise à partie : « il va promettre », la statue est descendue de son podium pour répondre de l'histoire vivante et de ses morts. Le documentaire est lancé sur les traces de ce qui n'est pas seulement une voiture mais une idéologie de masse.

La logique historique et économique de la productivité de masse — qui finit par faire de l'homme une erreur de la machine et de certains (sous)hommes une erreur de l'histoire aux yeux d'autres (sur)hommes — Hartmut Bitomsky la déploie méthodiquement dans son film tendu entre la chaîne de fabrication actuelle et une histoire d'Allemagne, avec ses archives, celle de la voiture du peuple. Le film va suivre en longs travellings la chaîne presque entièrement robotisée de fabrication de la Golf. Outre les explications techniques des chefs d'ateliers, un commentaire précis et nostalgique, aux accents poétiques ou critiques, explique les phases de la fabrication, la raison qui l'habite et que jamais cette voix off ne partage. Des inserts comme des clefs viennent rompre — en contretemps et contre-champs — la monotonie bien huilée et assourdissante de la chaîne.

Contretemps (images d'archives)

- images de propagande pour la voiture du peuple, lancée par Hitler soi-même ;
- construction de l'usine financée par emprunt populaire forcée ;
- participation de VW à l'industrie d'armement, « *de quelque manière qu'on assemble les pièces de la voiture du peuple, ça faisait toujours un canon* » ;
- plan d'archive sur la cour déserte de l'usine traversée par quelques voitures de la Wermacht, où le commentaire nous invite à deviner « dans les intervalles » les fantômes des prisonniers de guerre morts à la tâche ;
- séquences d'actualité ou de publicité fêtant le nouveau modèle ou la millionième Coccinelle, promouvant la modernisation, les congés payés, l'internationalisation du marché…

Contre-champs

- une brèche ouverte peinte par un ouvrier dans un mur de l'usine et ouvrant sur un soleil exotique ;
- les arbres malades où sont encore gravés en russe les mots de détresse des travailleurs forcés ;
- la cité ouvrière intégrée puis désaffectée, déplacée ;
- l'orchestre de l'usine : l'interruption brutale du son fait prendre soudain conscience du vacarme ambiant ;
- un roman sur VW, écrit en 1953, période de relance et d'afflux de travailleurs immigrés ; l'auteur, ancien ouvrier, se demandait « *si l'homme est quelque chose en soi, individuellement, ou quelque chose de général ?* »
- l'atelier de mannequins pour tester les accidents de la route…

Croisant explications techniques et historiques, alternant images cliniques de la chaîne et images de la propagande, raisons économiques et mensonges politiques, créant ainsi des liens « inconvenants » (guerre/industrie, national-socialisme/capitalisme) en même temps qu'un constant écart critique, le film opère un démontage aussi directif et implacable que la chaîne de montage elle-même, dont il devient le négatif. Le montage de Bitomsky dénonce plan à plan une certaine logique concentrationnaire de l'industrie capitaliste et de ses cités ouvrières, tout en parcourant la perspective d'une chaîne entièrement automatisée où le travail humain ne serait plus que résiduel, fabriquant automatiquement des voitures automatiques que personne ne conduirait. « *Ce ne sont pas seulement des emplois qui disparaissent mais le travail lui-même. Impossible de prévoir les effets de cette perte.* » Conclusion en forme d'ouverture sur la crise actuelle, qui n'est pas seulement celle du chômage mais de la valeur-travail.

Digérer Vichy

On voit comment le dispositif mis en scène par Bitomsky répond à l'exigence posée par Antoine Prost : « *Le va-et-vient permanent entre le passé et le présent, et entre les différents moments du passé, est l'opération même de l'histoire.* » Si le documentariste ne travaille pas sur ces écarts, il ne peut que boucher les trous de l'histoire avec des images toutes faites et raconter une histoire qui est déjà entendue. Nous avons vu (chap. 5) comment Robert Stone, travaillant aussi sur ces écarts, remontait l'explosion de la bombe atomique de Bikini à la manière d'un quasi-suspense en direct, tout en démontant la propagande qui prétendait la jusitifer et l'aveuglement orchestré qui l'accompagnait.

Nous n'égrenerons pas tous les titres qui mériteraient d'être cités au chapitre des théâtres de la mémoire. Notre propos, rappelons-le, ne vise pas l'exhaustivité d'une histoire du documentaire, mais la recherche et l'analyse des formes d'interrogation et transposition du réel à l'écran : il s'appuie sur certains films choisis en raison des solutions standards ou originales qu'ils apportent à ce problème.

À égale distance du collage d'archives commenté, façon téléfim historique à la Rossif, et des démontages analytiques à la Bitomsky ou Farocki, se trouve le montage d'archives sans commentaire ajouté, plaçant le spectateur d'aujourd'hui devant les actualités et la propagande d'hier. Nous en avons déjà vu deux exemples muets magistraux dans leur façon de retourner les images contre la vision coloniale qui les ordonnait : *Du Pôle à l'Equateur* d'Angela Richi-Lucchi et Yervant Gianiskian, et *Mother Dao : chronique coloniale,* de Vincent Monnikendam (cf. chap. 3). *L'Œil de Vichy,* de Claude Chabrol, relève d'un procédé similaire mais ici le retournement du regard du spectateur n'est provoqué ni par un retraitement visuel des images, ni par une partition sonore, ni par la poésie des lieux opposée à la prédation de l'objectif explorateur (trait qu'on retrouve aussi dans *Radio Bikini).* C'est que le matériau dont dispose Chabrol est parlant, et qu'il lui incombe de retourner l'écoute du spectateur autant que son regard. Ici pas d'écart exotique possible, au contraire, c'est de « la France aux Français » qu'il s'agit.

On pourrait dire que *L'Œil de Vichy,* tout en visant à détromper l'œil (et l'oreille) comme celui de Robert Stone, emploie une méthode très différente : il n'accroît pas la profondeur de champ historique mais la rétrécit en aplatissant les images et leur discours. De la mise en scène de la propagande nous ne voyons rien que les effets « objectifs » tels que pouvaient les subir les spectateurs des actualités de l'époque. Pas le moindre vent coulis d'outre-mer, on étouffe sous la propagande « patriotique » du terroir (devrait-on dire du « heimat » ?). On a fait grief à Chabrol de ne rien opposer d'explicite au discours pétainiste. Des directeurs de conscience de la scène médiatique ont jugé dangereux (ou honteux) d'exposer ainsi des jeunes spectateurs « sans défense » et sans commentaire aux charmes faisandés du Maréchalisme. Mais la honte est bien ce que veut provoquer Chabrol. Pour faire comprendre ou plutôt re-sentir l'esprit « national » de Vichy, Chabrol a choisi simplement d'effectuer un montage d'actualités, auquel la voix sobre et grave de Michel Bouquet (la voix de *Nuit et brouillard)* apporte avec parcimonie les quelques contre-informations nécessaires. Chabrol a misé sur le recul historique et joué d'un deuxième degré (le travail du négatif) qui fait apparaître les documents d'époque non comme l'actualité française qu'ils voulaient être mais comme la propagande collaborationniste qu'ils étaient. Si Chabrol peut parier sur ce décalage et cette ré-vision de la part des spectateurs, c'est aussi parce qu'il sait bénéficier du travail critique accompli par ses prédécesseurs (le livre de Robert Paxton, *La France de Vichy,* et le film de Marcel Ophuls et André Harris *Le Chagrin et la pitié* en sont les fleurons les plus notoires).

Quelques belles âmes se sont néanmoins inquiétées du dispositif minimaliste, sans garde-fou, de *L'Œil de Vichy,* craignant sans doute que le public « non averti » ou nostalgique partage sans discernement le « gros bon sens » fascisant et antisémite de Vichy. Les temps sont durs, et il y aurait toujours danger, selon nos comités de salut public, à faire fond sur l'intelligence et la conscience des spectateurs. Il serait politiquement plus correct, comme à la télévision, d'interposer l'hygiaphone, de prévenir les images et de les faire taire sous un commentaire. Mais comme Chabrol n'est pas Rossif, il n'a pas cru bon de réécrire la mauvaise histoire d'hier à la lumière de la bonne conscience d'aujourd'hui. Il nous met face au soleil noir du « Travail Famille Patrie » et nous fait avaler la pilule vichyste pour la régurgiter. Chabrol croit à la vaccination cinéphilique plutôt qu'à la prophylaxie médiatique.

Sa démarche se trouve, je crois, explicitée par ces propos de Pierre Beuchot, réalisateur du *Temps détruit* (1985) et de *Hôtel du Parc* (1991) : « *Récemment j'ai découvert à l'INA trois bobines de 300 mètres d'un reportage, qui a du être fait en 1942, sur le retour du premier convoi de prisonniers français en Allemagne, en échange des travailleurs "volontaires". (...) Il y a une bobine synchrone : le discours de Pierre Laval à Compiègne, filmé à trois caméras, version intégrale. Ce qui est amusant, c'est qu'on voit là tout le dispositif du filmage. À un moment Laval fait quelque chose d'imprévu : face à une foule, il est pris de l'envie d'aller serrer la main des ouvriers et bouscule le protocole. Les micros tombent, les caméras se retrouvent dans le champ... Evidemment, c'est passionnant à regarder, on voit parfaitement comment tout ça est filmé. Mais tout cela est fait pour aboutir à un document de deux ou trois minutes qui devra servir dans un contexte donné. Le vrai document est-ce de voir cette bobine à l'état de rushes ou de voir les trois minutes qui auront été montées dans les actualités ? On a le plaisir de voir les limites et les contraintes de la propagande au travail, et en même temps on n'est pas sûr de faire une découverte mirobolante : le vrai document, c'est finalement le choix des plans montrés en salle en 1942.* » (*Carnets du Dr Muybridge* n° 2, p. 12). C'est aussi la position exprimée par Bitomsky, au cours du même débat.

« Tous les films mentent » dit le film

Pour démonter la propagande, il ne suffit pas de la reproduire ni même d'en exhiber simplement la mise en scène, puisque partout où il y a film, il y a toujours une mise en scène (cf. chap. 7, § *Terre sans pain : arrêt sur image).* Il s'agit de voir de quelle mise en scène il s'agit, ce qu'elle veut ou voulait dire, quelle forme elle donne à et de la réalité. En ce sens, le discours de Laval et sa réclame pour « la relève » (l'envoi de travailleurs français en Allemagne nazie), tels qu'ils furent mis en scène à l'usage du public français, sont autrement importants que le fait de découvrir qu'il y avait effectivement des micros et des caméras.

Une série comme *Propaganda : les pouvoirs de l'image* (INA, 1989), à laquelle a participé Pierre Beuchot, aux côtés de François Porcile et Philippe Colin, montre que rejouer et déjouer une mise en scène (de naguère) par une autre (aujourd'hui) n'est pas si facile. Si *Propaganda* offre effectivement un florilège exceptionnel d'extraits de propagande filmée, la dénonciation en est souvent insuffisante parce qu'elle se contente seulement de dire qu'il y a mise en scène. Ainsi, montrer que l'on fait des plans de coupe sur l'interviewer (un soldat américain) répétant seul ses questions après l'interview (du bourgmestre d'une ville allemand jouxtant un camp), afin de faciliter le montage, n'est pas l'évidence accablante que croient les auteurs. Car cette « preuve » de manipulation ne vaut que par rapport à un « scandale » aussi factice qu'il se prétend évident : on ne monte ni ne montre les choses comme elles sont. Mais, redisons le, les choses ne sont jamais ce qu'elles sont, elle sont ce qu'on en fait (en les filmant en l'occurence) ; et montrer comment et pourquoi elles sont ainsi faites outrepasse largement le simple constat qu'au cinéma on fait des plans de coupe. Et il ne suffit pas d'ajouter en commentaire : « *Mais le simple fait de filmer, n'est-ce pas la porte ouverte à toutes les manipulations ?* ». **Ce scepticisme n'est que de l'objectivisme déçu, le revers d'une même médaille dont la devise demeure l'adéquation (idéale ou impossible) de l'image au réel.** Mais, répétons le, toute représentation-communication humaine est une production de sens par manipulation de signes, et c'est là que commence le travail critique non qu'il s'arrête, déçu que la vérité ne se livre pas toute nue. Ce n'est pas faire œuvre d'analyse ni rendre justice à l'histoire du cinéma que de précipiter indifféremment tous les films dans le même panier des illusions perdues au nom d'une impossible « objectivité ».

En porte-à-faux sur cet argument « objectiviste », le dispositif de *Mensonges et messages* (n° 2 de la série *Propaganda*) en vient fatalement à faire ce qu'il prétend dénoncer : de l'anti-propagande dans les formes non critiquées de la propagande. Soit un extrait d'*Enthousiasme* (1930), premier film sonore de Vertov, tournant l'Église en ridicule et lui substituant l'ascension de l'étoile rouge soutenue par l'enthousiasme des masses « libérées » : le commentaire de *Propaganda*, qui couvre la voix off originale sans jamais la traduire, nous présente ce film comme « *un pamphlet anticlérical dans lequel aujourd'hui encore les soviétiques voient un florilège des procédés devenus classiques dans la propagande filmée, que ce soit pour exalter ou pour dénigrer.* » Mais qui sont « les soviétiques » si ce n'est ce type d'entité indéfectible que créent les discours de la propagande ? Et les voilà appelés en bloc à la rescousse pour nous certifier qu'ils voient eux-mêmes dans ces images ce qu'on va nous y montrer ! Et le commentateur de nous énumérer, sur les plans à effets de Vertov, lesdites figures canoniques de la propagande : « *montage rythmique... déformation sonore... cadrage décalée... dérision musicale... morcellement de l'image... crescendo image/son... surimpression, inversion du mouvement... contreplongée sur fond de ciel dans la foi des lendemains qui chantent.* »

À l'évidence, il y a maldone : non que le film de Vertov ne soit critiquable en tant que pamphlet communiste, mais on ne saurait l'analyser en prétendant que ses plans figurent un vocabulaire de la propagande filmée, car un tel vocabulaire n'existe pas, pas plus que n'existe un dictionnaire des mots mensongers (supposant un autre dictionnaire des vocables vrais) ! De chaque tournure citée comme exemplaire de **la** propagande (laquelle ?), on pourrait citer un usage différent et même opposé dans d'autres films. Une forme de cadrage propagandiste en soi, cela n'existe pas ; une telle figure ne peut « exister », c'est-à-dire signifier, prendre ce sens là, que dans le cadre d'un discours et d'un usage (la chaîne des « interprétants ») qu'il s'agit d'expliciter. S'il y a certes des tournures dominantes et repérables, il n'y a pas de catalogue des formes de **la** (?) propagande, il y en a des figures, différentes suivant les époques, les lieux et les idéologies, et on ne peut faire l'économie de leur analyse. Il n'y a pas plus de preuve par l'image pour la bonne que pour la mauvaise cause. Même la fameuse contre-plongée glorifiante — qui mise pourtant sur un paramètre naturel haut/bas, ciel/enfer, ancré dans notre gravité — trouvent de multiples contre-emplois dans l'histoire du cinéma : c'est en plongée qu'est figurée la puissance de Kane debout sur un parterre de journaux épars, et les contre-pongées le montre plutôt écrasé par le plafond ; quant aux contre-plongées de *M le maudit,* les personnages y tiennent davantage de Goya que de Riefenstahl ou Jdanov. Les images pas plus que les mots isolés ne disent vrai ou faux ; les énoncés ne sont interprétables que rapportés à des ensembles théoriques et pratiques. D'où, à la question : « que pense-tu de ce plan ? », la réponse agaçante mais souvent obligée : « ça dépend »... (ça dépend de ce qu'il y a avant, et après, du contexte, des conventions, de l'époque, du style...).

L'intelligence du dispositif de Robert Stone dans *Radio Bikini,* c'était de faire l'un et l'autre, de nous faire voir et l'appareil propagandiste et son résultat, non pour le plaisir de dénoncer « le scandale de la manipulation » [1], mais pour faire apparaître — à travers les reportages tels qu'ils étaient adressés au spectateur — les orientations explicites et inavouées voire inconscientes qui les gouvernaient, les opérations et mentalités dans lesquelles ils s'inscrivaient et qui trouvent des prolongements aujourd'hui. Le sujet implicite de *Radio Bikini,* c'est la bonne conscience des vainqueurs et l'irresponsabilité. Celui de *L'Œil de Vichy,* c'est la haine et la honte. À la différence des belles histoires canoniques, genre montage historique ou docu-drame, ce sont là des histoires qui ne nous arrangent pas. Mais le véritable travail historique n'est pas fait pour entretenir des légendes. « *Ce film détruit des mythes dont les Français ont encore besoin* », telle fut la réponse (autorisée par le Général de Gaulle) du pdg de l'ORTF, Jean-Jacques de Bresson, devant une commission sénatoriale l'interrogeant sur l'interdiction d'antenne de *Le Chagrin et la pitié* en 1971.

Le Temps détruit et le temps retrouvé

Suivant la méthode Rossif, l'histoire est entendue : elle semble se raconter d'elle-même, se dérouler comme pré-vu. Les commentaires de Bitomsky, au contraire, dépouillent l'archive de son aura pour l'interroger, non comme si cétait l'histoire en marche, mais en tant que document circonstancié « fait pour », images à claire-voie qui montrent autant qu'elles masquent. *L'Œil de Vichy* pointe, lui, la triste évidence de l'histoire qu'on se racontait à l'époque et qu'on nous racontait encore il n'y a pas si longtemps, écartelant la réalité crue entre deux évidence contraires : celle d'alors et celle d'aujourd'hui.

Mais il y a des visions plus subjectives, des relations plus personnelles aux et des vicissitudes de l'histoire : la micro-

1. « On nous cache tout, on nous dit rien, on vous manipule ! » : c'est une accroche récurrente des médias qui justement manipulent le plus, et qui bien sûr ne vont jamais jusqu'à constater qu'il y a toujours une mise en scène (à savoir laquelle ?), y compris dans cette dénonciation mercantile. La vérité existerait absolument mais on « nous » la cache !

histoire des témoins qui ne vaut pas moins que la macro-histoire événementielle, mais la complète de façon indispensable. Ce que recherche le documentariste ici, ce n'est pas à raconter l'enchaînement des faits, ni à mettre l'archive à la question, c'est à rendre le vécu et le point de vue d'un ou de plusieurs acteurs du drame, l'écho intérieur des batailles, non plus la guerre faite mais la guerre subie. Outre le précieux témoignage des détails de la vie quotidienne, des opinions et des sentiments qu'offrent ces voix intérieures issues de lettres, de journaux intimes, de livres de bord, elles nous procurent un écho subjectif aux propagandes, un moyen de jauger en quoi celle-ci sont partagées ou pas, quel est le dosage entre croyance et coercition, adhésion et résistance. Car ce sont aussi ces déchirements invisibles et douloureux, ces secrets individuels mais partagés, qui finissent par précipiter les déchirures de l'histoire et le basculement d'un régime. Les défaites et les victoires ne se jouent pas que sur les champs de bataille mais aussi dans les têtes, et chacun sait qu'il y a des défaites espérées et des victoires à la Pyrrhus.

La méthode consiste à partir des témoignages écrits par certains protagonistes plus ou moins anonymes du drame, et à monter des images d'archives en relation avec un montage de leurs textes dit par un comédien. Vu que, dans ce cas, le film cherche plus à rendre la tonalité vécue, ce qui est éprouvé et pensé des événements que les événements eux-mêmes, les images d'archives peuvent être non-événementielles, apparemment plus banales, en fait plus révélatrices d'une ambiance, et plus originales parce que moins vues. En outre, images et musique prennent une dimension évocatrice voire imaginaire, déchargées qu'elles sont de la fonction d'illustration ou d'authentification « objective » qu'elles ont généralement dans le documentaire factuel. Toute la question est maintenant de savoir quel type de relations le réalisateur établit, et le spectateur lit, entre les textes et les images. Le style se fait ici volontiers moins analytique et plus métaphorique.

Deux films peuvent guider notre analyse, deux films d'autant plus intéressants à mettre en regard qu'ils forment un binôme, puisque l'un a été conçu contre l'autre : *La Guerre d'un seul homme*, réalisé en 1981 par Edgardo Cosarinski, d'après *Le Journal d'Occupation* de l'écrivain Ernst Junger, officier de la Wermacht à Paris ; d'autre part, *Le Temps détruit* (1985) de Pierre Beuchot, réalisé avec les lettres [2] écrites à leurs femmes par trois soldats français qui vont mourir à la guerre : Beuchot père, l'écrivain Paul Nizan et le compositeur Maurice Jaubert.

Cozarinski réalise un collage pour le moins provocant entre des images d'actualités du Paris occupé — propagande militaire allemande, survie des habitants, mondanités culturelles, propagande collabo — et des extraits du *Journal d'Occupation* de l'officier Ernst Junger, rattaché au commandement militaire de la capitale. Il nous propose donc un retournement d'archives souvent vues mais ici entendues (si l'on peut dire) par une autre voix. Les états d'âme et propos d'esthète de l'écrivain allemand « commentent », sans jamais s'y rapporter directement bien sûr, les images. Disons plutôt qu'ils sont mis en regard du spectacle de la ville, ces dures réalités et petites astuces de la survie des habitants, des événements culturels, des « rapprochements » franco-allemands : poignées de mains entre pétainistes et SS, départ des travailleurs « volontaires » pour l'Allemagne, premiers actes de « terrorisme » (résistance) et bombardements… Je dis « collage » et non pas montage, car s'alignent les images du Paris occupé sans qu'on sache trop qu'y voir, en même temps que s'égrènent les phrases de l'Occupant flâneur sans qu'on sache trop comment les entendre, car on ne distingue pas quel rapport a voulu établir le réalisateur entre les unes et les autres, et quel point de vue il veut nous faire partager ou récuser. Malaise. Est-ce l'illustration du journal de Junger ou son antidote ? Ni l'un ni l'autre, ou l'un et l'autre ? Est-ce un contrepoint ironique, les images de la vie vulgaire contredisant le propos élitiste ? Doit-on y entendre le mépris de l'homme qui mange bien pour les affamés, du « *libre esprit qui pense et sent au-delà des mornes passions des masses* », ou au contraire la clairvoyance désenchantée, « humaniste », accompagnée par des musiques romantiques allemandes, de celui qui constate que « *Hitler a fait remonter à la surface la bêtise brutale, la couche la plus basse de la volonté* », ou qu' »*un tel spectacle* (trois jeunes filles bras dessus bras dessous frappées de l'étoile jaune) *n'est pas sans provoquer de réaction . je me suis immédiatement senti gêné d'être en uniforme* ». La lecture du texte est empreinte de l'ambigüité des remarques,

2. Le procédé consistant à croiser des lettres avec des images d'époque a donné lieu à plusieurs documentaires, dont *Les Moissons de fer* (1991), de Gérard Rougeron et Jean-Claude Lubtchansky sur la guerre de quatorze, ou *Dear America : lettres du Vietnam* (1987) de Bill Couturie, et bien sûr à nombre d'essais filmés sur des écrivains.

fines ou déplacées, toujours distanciées, du hobereau allemand. Mais le film ne nous permet pas d'évaluer ou plutôt de situer, car elles apparaissent « objectives », des sentences comme : « *En de telles époques, manger bien et beaucoup donne un sentiment de puissance* », ou « *les Allemands apprennent maintenant* (à l'approche de la défaite), *comme l'ont fait les juifs, ce que veut dire être objet de scandale.* » Si le travail historique implique effectivement une décontextualisation : arracher les documents à leur enchaînement habituel dans des séries de clichés, contrevenir au point de vue dominant et le confronter à d'autres sources, il exige ensuite leur recontextualisation sous un nouvel aspect, dans de nouveaux liens explicatifs, faute de quoi on sombre dans l'impression vague, la provocation gratuite ou le kitsch.

On comprend l'idée de départ de Cozarinski : faire voir et entendre l'Occupation de Paris non du point de vue habituel de nos parents occupés, ni du seul point de vue rance des actualités collabo, mais du point de vue de l'Occupant. Seulement Junger n'était pas le seul occupant, il appartenait à un corps, et ses états d'âme ne suffisent pas à rendre un tel point de vue. De son corps, le film ne nous apprend rien, et son âme, flottant au dessus des images, on a bien du mal à la situer. Pour éviter cette sensation persistante de flottement qui gêne le spectateur (comment dois-je l'entendre ?) — sensation d'arbitraire renforcée par l'absence de détermination progressive entre l'image et le son, de véritable montage constructif — deux voies étaient possibles : soit éclairer la *weltanschaung* de Junger en recourant au témoignage de ses autres ouvrages et de ses contemporains ; soit resituer, à l'aide de documents administratifs, ses propos « artistes » dans la réalité des tâches militaires qu'impliquaient les fonctions d'occupant. En ne faisant ni l'un ni l'autre, Cozarinski reste dans un entre-deux inabouti et malaisant, quand il n'ajoute pas à la confusion. Que veut suggérer ce montage : la description détaillée de l'exécution d'un déserteur allemand faite (et « rendue plus humaine que prévue ») par Junger, sur des images protocolaires de Pétain faisant figure de faire-part ? Et cet autre « commentaire » de Junger mis sur des images de soupe populaire parisienne : « *Fête de lémures avec massacre d'hommes, de femmes, d'enfants. On cache l'effroyable butin. Viennent alors d'autres lémures afin de les déterrer. Ils filment avec une affreuse satisfaction ces tronçons déchiquetés et à moitié décomposés. Puis les uns montrent aux autres ces films. Quel étrange grouillement se développe dans la charogne.* » ?

Trop de distance ou pas assez, entre métaphore poétique ou réel mépris sordide, le montage n'opère pas. Non qu'il faille supprimer toute ambigüité, raconter une histoire univoque, dire au spectateur ce qu'il faut voir, mais il incombe au réalisateur d'énoncer d'où ça me regarde. Soit un beau bombardement que Junger contemple du toit de l'hôtel Raphaël : « *Je tenais à la main un verre de Bourgogne où flottaient des fraises, la ville avec ses tours et ses coupoles rougies par le couchant s'étendait dans sa beauté puissante, tel un calice de fleurs survolé en vue d'une fécondation mortelle ; tout était spectacle, pur déploiement de pouvoirs confirmés et sublimés par la souffrance.* » Certes les images choisies par le réalisateur nous montrent par contraste les effets de ruine au sol, mais cette emphase poétique léthale doit-elle nous faire pleurer ou rire ? Répondre « les deux » ne serait qu'une pirouette, car il reviendrait encore au montage de nous indiquer dans quel ordre.

On peut comprendre que Pierre Beuchot ait réagi à cette corbeille de fruits confits et confus, dont l'adresse (le lieu de l'énonciation) sur la carte de visite paraît fort brouillée. Tout oppose les voix intérieures que convoque Beuchot à celle de Junger : lettres de trois soldats français, battant la campagne et s'adressant à leurs chéries pour leur restituer quelque chose de leur état de guerre et de leurs états d'âme. L'intérêt de ces trois courriers, c'est d'un côté leur différence de ton : Nizan caustique, Beuchot père tendre, Maurice Jaubert désenchanté ; d'un autre côté les dominantes qu'ils partagent : contrevie, passion amoureuse contrariée et sentiment d'absurdité de cette guerre. En outre, ils offrent un précieux témoignage de ce qui se continue ou s'abandonne, résiste ou s'adapte de l'individualité de chacun forcée à un mode de vie grégaire et contraignant, totalement opposé à leurs habitudes et à leurs choix. Les images d'archives choisies par Pierre Beuchot se jouent sur deux registres, propagandiste et poétique, qui s'opposent : les actualités fanfaronnantes glorifiant (par et pour « l'arrière ») nos troupes et leurs chefs ; des archives originales de la « drôle de guerre » montrant les marches et la vie quotidienne à la fois vide et vidante des soldats en campagne montant en ligne, ligne qui cherche son tracé et en le trouvant signera la mort des trois épistoliers. D'autre part, à la différence du film de Cozarinski, le documentaire de Beuchot est fortement ancré dans un site d'énonciation propre, qui en est aussi le premier moteur : le lieu où a été tué le père du réalisateur, et où nous transporte une série de travelling en ouverture du film, commentée par Pierre Beuchot soi-même. Le film se clôturera sur le même lieu, détour fait non par le destin historique mais par les aléas de la vie, non par le temps héroïque mais par *Le Temps détruit*.

Ce titre poétique et cruel, à la mesure de la cruauté des temps, l'indique : pas de « vues d'époque », de « il était une fois », autre chose qu'un montage d'archives historique donc, une histoire d'amours *dans* la guerre, pas sur fond de guerre, guerre au singulier, amours au pluriel. Le temps du montage n'est pas que le temps chronologique des événements mais le temps fragmentaire du vécu, le temps avalé qui manque à vivre, et le temps doublement décalé de l'écriture et de la mémoire des lettres relues. Ce temps manqué, manquant, négatif, qui donne l'impression de progresser à reculons, c'est lui qui nous transporte (c'est le sens même de « métaphore ») là-bas, dans ces souvenirs des autres qui deviennent nôtres, faisant remonter « alors » dans « maintenant »… Une histoire subjective à trois voix en contrechamp (contrechant) des discours officiels (des chants de bataille) : témoignages privés d'une guerre subie qui nous restituent, au rebours de *De Nuremberg à Nuremberg*, l'histoire comme présent encore indécis, même s'il est déterminé, et ouvert, même s'il est menaçant. Le film répond ainsi à l'exigence historienne de Raymond Aron : **« restituer au passé l'incertitude de l'avenir », dimension essentielle à la compréhension de l'histoire comme action et passion des hommes, et non comme « fatalité rétrospective ».** C'est sous ce jour qu'il faut comprendre les déclarations de Pierre Beuchot quant à son usage des documents filmés : « *Dans* Le Temps détruit, ***j'ai pris les archives comme un matériau que j'aurais moi-même tourné.*** *La sélection que j'ai opérée obéissait à la fois à une logique et était soumise au hasard. On cherche dans les archives avec des intentions et on y fait des découvertes qui vous font changer de route. C'est quelquefois d'ailleurs les meilleurs moments. (…) La soi-disant vérité ou authenticité de l'image, c'est une question que je ne me pose plus. Je crois que toutes les images mentent. Elles mentent avec talent ou sans.* ***Il ne faut pas y chercher la vérité.*** *J'y cherche un matériau d'émotions qui s'inscrit dans la construction du film que j'ai en tête mais* ***je n'y cherche pas la preuve.*** *Je n'y cherche rien d'autre que de la beauté ou de la laideur, de la violence ou de l'émotion. Dans* Le Temps détruit, *je n'ai pas eu accès à des images d'amateurs, seulement à des images officielles bien tournées par des opérateurs du Service cinématographique des armées, qui naturellement étaient engagés pour faire du cinéma de propagande, ou bien les images tournées par les opérateurs des actualités, qui étaient engagés pour faire la même chose. Il n'empêche que les images que vous avez pu voir, ornées des textes des lettres,* ***deviennent tout à coup des images authentiques.*** » *(Carnet du Dr. Muybridge* n° 2, p. 16).

Levons encore une fois l'ambiguïté : le fait que les images soient relatives *(« il ne faut pas y chercher* ***la*** *vérité »)* ne veut pas dire qu'elle ne peuvent pas produire de vérité (Beuchot dit « authenticité »), sinon on se demande bien pourquoi on ferait des films ; et l'histoire du cinéma n'aurait aucun sens. Que la vérité soit toujours relative signifie non pas que tout le monde ment ou que n'importe qui a raison, mais que la vérité dépend d'un système de relations cohérent et pragmatique (formulable, partageable, critique et criticable). La vérité de l'image d'archive n'est pas de nature — il n'y a pas de preuve par l'image — elle dépend de son cadre de production, de sa fonction de représentation initiale et de son fonctionnement dans le cadre du film qui la re-suscite. On peut, dans l'archive, retrouver et questionner la griffe du passé (façon Bitomski) ou bien la faire valoir comme un transport de mémoire (façon Beuchot) ; dans un cas comme dans l'autre, **le cinéaste ne saurait la prendre (ni la faire prendre) pour argent comptant, il la remet au travail comme une coupe dans le passé et un raccord dans le présent.** Travail qui pour être relatif *(« l'historien n'épuise jamais ses documents »* selon la formule de Prost) n'en est pas pour autant arbitraire.

Détour par le Vietnam ou l'archive au présent

Le documentaire canadien *The Mills of the Gods (Les Moissons des dieux*, 1965) de Beryl Fox, est certainement un des films les plus marquants sur la guerre du Vietnam. Une scène célèbre d'*Apocalypse now* (1979), de Francis Ford Coppola, s'inspire directement d'une prise de vues réelles de ce documentaire : un pilote de chasse exalté et exultant « s'éclate », comme un gosse au jeu vidéo, à bombarder au napalm un village vietnamien (la caméra a été placée dans le cockpit). *The Mills of the Gods* n'est pas un film d'archives, Beryl Fox a tourné sur place à l'époque, en noir et blanc. C'est à coup sûr un des films qui ont fait comprendre a posteriori aux généraux américains que le cinéma direct, au lieu de glorifier le courage et l'efficacité de l'armée la plus puissante du « monde libre », pouvait jouer contre eux et salir l'image de marque qu'ils pensaient voir propager et croyaient inaltérable. Désillusion d'autant plus forte qu'elle allait de pair avec le fait que l'objectif devenait, de jour en jour, moins d'éviter l'humiliation de la défaite que d'éviter de la reconnaître, de sauver la face. L'état major américain a brutalement réalisé que diaboliser l'ennemi jaune ne marchait plus comme en 40 (cf. chap. 5, § *La guerre totale)* et qu'offrir des images de son bombardement pouvait même le faire apparaître comme victime. « Les temps changent », comme l'a chanté alors Bob Dylan *(The Times They Are A-Changin',* 1964). L'armée américaine, et ses alliés, en ont pris bonne note qui ont retransmis la guerre contre l'Irak, dite *Tempête du désert* (1991), comme un jeu vidéo, un *kriegspiel* vu d'avion, et non du terrain, première guerre « clinique » avec dégâts matériels mais sans morts (observables).

The Mills of the Gods a ceci de particulier qu'on le voit cependant comme un film d'archives : les images (tournées en 1964) apparaissent déjà comme celles d'une défaite, soutenues par un discours justificatif (défense du « monde libre ») dont la trame propagandiste est non seulement trop voyante pour être honnête, mais semble déjà anachronique et pour tout dire à peine croyable. « Chronique d'une guerre inutile menée par aveuglement, pour de mauvaises raisons, et perdue d'avance au prix fort » : ce pourrait être le sous-titre. Ceci n'est évidemment pas étranger à la spécificité de cette guerre entreprise comme un scénario hollywoodien, au mépris de toute réalité, et engagée non pour conquérir le monde mais pour gagner « l'esprit des gens », selon l'analyse percutante de Hannah Arendt *(Réflexions sur les documents du Pentagone,* in *Du mensonge à la violence)*. Mais cet effet d'anticipation sur l'époque — effet rétroactif pour le spectateur d'aujourd'hui — tient principalement au dispositif proprement diabolique mis en œuvre par *Les Moissons des dieux.* Le commentaire en voix off est un montage d'enregistrements des porte-parole militaires américains engagés dans « l'affaire » et chargés de la vendre au public. Si la technique semble s'apparenter à celle de *L'Œil de Vichy* ou de *La Guerre d'un seul homme,* ce n'est ni l'un ni l'autre, puisque les images ne sont pas celles des actualités américaines de l'époque mais celles filmées par Beryl Fox soi-même. Or ces images ne cessent de crier le contraire de ce que disent les voix posées, rationnelles, se voulant persuasives, des RP (relations publiques) de l'armée américaine.

L'effet produit sur le spectateur par cet écartèlement ressemblerait un peu au traitement que subit le héros d'*Orange mécanique* (Stanley Kubrik, 1971) lors de sa rééducation contre la violence. J'en veux pour preuve une des scènes du film les plus traumatisantes (quoique ou parce que distanciée), traumatisante non seulement pour le spectateur mais pour l'image de marque de l'Amérique que cette guerre de l'Ouest contre l'Est était censée propager. Un plan d'ensemble fixe d'assez loin une butte surmontant un fossé : sur la butte, un détachement de soldats américains, visiblement au repos après une opération, ils discutent, fument des cigarettes, jettent de temps en temps un coup d'œil que l'on sent gêné par dessus le bord de la butte ; dans le fossé, à leurs pieds, on discerne des soldats, sud-vietnamiens ceux-là, qui torturent un prisonnier « vietcong » ; en voix-off un militaire américain explique, en toute bonne conscience et dans la sage langue de bois des conférences de presse, la nécessité, la justesse de cette guerre pour la sauvegarde du « monde libre ». Ce double-jeu à trois parties — haut et bas de l'image avec voix par dessus// américains, vietnamiens du sud, vietnamien du nord — trahit le scandale de cette guerre disproportionnée et hors de propos, mise en scène comme un spectacle (ratée) sur la scène mondiale pour la victoire de « la bonne » conscience. Peut-être l'horrible effet de déjà-vu de cette scène prolongée, comme l'image récurrente d'un mauvais rêve, provient-il de ce que s'y superpose, à nos yeux, l'image virtuelle d'une scène similaire tirée de nos « opérations de simple police » en Algérie.

C'est parce qu'il trahit sur place la propagande américaine et son aveuglement, sans pour autant en rajouter une autre, que *The Mills of The Gods* est plus qu'un film militant : il apparait, dans sa fausse objectivité délibérée, comme une archive anticipée pour ceux dont le regard aura été décillé par un recul historique que provoque déjà son dispositif.

Testaments

Mais les images d'achives peuvent être beaucoup plus personnelles, avoir un caractère autobiographique, traduire une destinée individuelle plutôt que l'histoire commune. Même si *La Guerre d'un seul homme* ou *Le Temps détruit* relatent des récits personnels, les images n'en provenaient pas moins du fonds commun des archives publiques. Ce que nous voulons évoquer maintenant, c'est cette possibilité qu'ont les images d'être ou de figurer des images familières ou familiales, des vues personnelles voire autobiographiques. Nous avons déjà vu un exemple de ce genre (cf. chap. 6, § *Polyphonies)* avec le film d'Alexander Berliner *Intimate Stranger,* montage de vestiges familiaux de toutes sortes (films super 8, photos, timbres, enveloppes…) accompagné, à la façon d'un théâtre radiophonique, des voix de l'entourage du héros défunt. Nous avons également admiré comment Chris Marker, dans des films comme *Si j'avais quatre dromadaires* ou *Sans soleil,* conjuguait, à travers les jeux de masques du commentaire, les registres subjectif et historique des images prises ou montrées par l'auteur, sans que jamais le film puisse être vraiment qualifié d'autobiographie.

Pour clore ce panorama des visages de l'archive, je voudrais aborder des cas où les images ne sont pas les réflexions de l'Histoire au miroir d'un point de vue subjectif mais l'inverse : une vision autobiographique qui fragmentairement réfracte l'histoire du temps. On a souvent dit que le cinéma est un art nostalgique qui fixe le passé à l'état de présent, embaumant visages et vedettes à tout jamais. Mais c'est aussi un art de l'anamnèse, de la remémoration. Pour beaucoup, le documentaire c'est le travail du deuil : redonner une présence à ce qui a disparu ou est en train de disparaître, **trouver un sens actuel à la mort pour qu'on n'ait pas vécu pour rien.** Le sujet qui s'autobiografilme peut-il aller jusqu'à fixer sa propre mort, faire du film l'archive définitive incluant son propre terme : l'arrêt du film comme arrêt de mort, apuration des comptes ou rédemption ?

Plus qu'un testament, le cinéaste finlandais Antti Peippo, en phase terminale de cancer, a fait de son dernier film son « tombeau », sous le titre terrible : *Sijaïnen, le garçon qui ne souriait jamais* (1989). *« Je suis jeune, riche et cultivé ; et je suis malheureux, névrosé et seul. Je descends d'une des meilleures familles de la rive droite du lac de Zurich, qu'on appelle aussi la rive dorée. J'ai eu une éducation bourgeoise et j'ai été sage toute ma vie. Ma famille est passablement dégénérée, c'est pourquoi j'ai sans doute une lourde hérédité et je suis abîmé par mon milieu. Naturellement j'ai aussi le cancer, ce qui va de soi si l'on en juge par ce que viens de dire. Cela dit, la question du cancer se présente d'une double manière : d'une part, c'est une maladie du corps, dont il est bien probable que je mourrai prochainement, mais peut-être aussi puis-je la vaincre et survivre ; d'autre part, c'est une maladie de l'âme, dont je ne puis dire qu'une chose : c'est une chance qu'elle se soit enfin déclarée.* » L'auteur de ces lignes autobiographiques n'est pas Antti Peippo mais Fritz Zorn (Angst de son vrai nom), auteur d'un unique livre posthume : *Mars* (1982). Le parallèle est saisissant entre le livre du suisse et le film du finlandais. Tous deux ont été « éduqués à mort », selon la terrible expression de *Mars,* tous deux atteints d'un cancer, tous deux cherchant, sinon une rédemption du moins un exorcisme dans ce qui est moins une autobiographie romanesque qu'une cruelle chirurgie de l'âme visant à extirper la tumeur familiale.

Peippo n'est vu et ne donne à voir son histoire qu'à travers un montage d'archives, de photos de famille ou d'époque, de dessins, d'objets que sa voix commente. Premier plan du film, en noir et blanc amateur mais comme involontairement surréaliste : un petit garçon à l'air mélancolique regarde l'objectif de biais en mangeant un morceau de pain *(Antti Peippo 1938,* nous dit un sous-titre). Contrechamp sur une assiette de soupe où une cuillère vient puiser des pâtes en forme de dés ou… est-ce bien ça ? de crânes ! Commentaire : *« 50 ans plus tard, en rêve, je poursuis mon repas. Je suis hospitalisé pour un cancer ».* Le film remonte ainsi les vestiges, réels et fantasmatiques, d'une existence déjà en voie de disparition, marquée par une mère artiste, dominatrice et jalouse, par le nazisme, la guerre, le deuil du père bon soldat, la mort accidentelle et tragique du frère, la culpabilisation, la castration par la mère vengeresse déchargeant sa propre culpabilité sur le survivant. Une vie meurtrie, comme tant d'autres ? Terrible petite histoire d'époque, drame banal de la destruction familiale d'un « garçon qui ne souriait jamais », drame qui en évoque inéluctablement des milliers d'autres restés coi dans ces huis clos bourgeois où Freud venait de débusquer la névrose. *Sijaïnen* parle pour eux, comme l'archive oraculaire d'un temps qui baptisait éducation ce que nous appelons volontiers aujourd'hui maltraitance.

Archiver le processus mortel non de toute une vie mais de la mort en direct comme irruption d'une maladie sans rémission, c'est ce qu'a tenté l'écrivain Hervé Guibert à la demande de la pourvoyeuse TF1. Son auto-vidéo, *La Pudeur ou l'impudeur,* c'est « l'homme qui rétrécit » à l'heure non plus de Hollywood mais du Sida. L'auto-portrait filmé peut-il aider son auteur à trépasser, à regarder la mort en face ? Et nous, spectateurs qui lui survivons, pouvons-nous voir la mort, sa mort, à l'état non pas de spectacle choc mais d'archive testamentaire d'une époque (la nôtre) où une maladie nouvelle tansformait précipitamment un homme jeune en vieillard ? « *On découvre chaque jour un geste qu'on faisait la veille et qu'on ne peut plus faire.* » C'est Hervé Guibert qui parle. Il est seul en train de faire sa gymnastique devant sa glace. Sa caméra vidéo 8 posée sur un tabouret le filme de profil. « *Maigreur désespérante de ce corps ruiné, retrouvé chaque matin en panoramique auschwitzien dans le grand miroir de la salle de bains.* » Regarder la mort en face, impossible, cela nécessite un détour dont la caméra peut offrir l'occasion. Raison pour laquelle, probablement, Guibert accepta le pari voyeur de Mme Reality-show-Breugnot. Sa déperdition d'être, il sait la filmer avec plus de pudeur que d'impudeur, comme un drame « naturel » et exorbitant, à travers les dernières mésaventures de son corps désormais sans défense : massage, examen médical, kinési, ablation d'un kiste, bain, et jusque dans cette position sacrilège de l'homme en souffrance sur le siège des WC.

Pour aborder la question de sa propre disparition, Guibert fait un détour par d'autres, altérité nécessaire à affronter le sphinx. Il va rendre successivement visite à deux vieilles tantes qu'il questionne sur ce que vaut la vie à l'approche de la mort et ce que vaut la mort comme issue à l'épuisement de la vie. La première, alitée, très diminuée, nourrie par une infirmière, peut à peine parler mais trouve une dernière bouchée de mots pour souhaiter un peu de temps de vie encore. L'autre, robuste, assise sur un lit, regarde clairement le vidéaste dans les yeux (c'est-à-dire dans l'objectif) et lui répond comme à un enfant aimé qu'il faut réconforter et ramener maternellement à la raison de vivre. Répondant aux plans mortels de son propre corps, tous les plans subjectifs que fait Guibert des petites choses de la vie et de la nature environnante se chargent non du pathos d'un dernier regard d'adieu, mais de la poésie d'un premier regard retrouvé.

Et puis, la question du suicide, Hervé Guibert la met en scène directement lui-même. Maison de campagne pas loin de la mer, dans le sud, il fait chaud, c'est l'été. En caméra subjective, la main prend un médicament dans le placard à pharmacie. « *Toujours à portée de main, la digitaline* ». Guibert est assis derrière une table blanche ; au plafond, à l'autre coin de la pièce, une moustiquaire nouée, vaporeuse, tourne au gré du vent. Guibert ouvre le flacon et au compte-goutte remplit deux verres : quelques gouttes dans l'un, beaucoup dans l'autre, puis verse l'eau également. Il commente off : « *70 gouttes, la dose mortelle, deux verres que je fais tourner les yeux fermés… Combien de temps pour que mon cœur cesse de battre, à quoi penserai-je, à qui ?* ». Les yeux toujours fermés, il rejette la tête en arrière, mouvement dramatisant, et boit en plusieurs gorgées douloureuses l'un des deux verres au hasard, jusqu'au bout… Lent plan de coupe sur la moustiquaire tournant aux soupirs du vent. Suspense. Maintenant, le corps de Hervé Guibert est prostré dans un fauteuil. Il finit par se redresser : « *Je suis sorti épuisé de cette expérience, comme modifié. Je crois que filmer ça, a changé mon rapport à l'idée du suicide.* »

Mise en scène et reportage interfèrent, basculent l'un dans l'autre, se bousculent. Le film n'est pas seulement saisie sur le vif « objective », ni seulement représentation, il devient prise de risque, prise de vie ; il joue dans la vie, sur la vie, menaçant même de la trancher. La vie s'expose au péril de la fiction, la fiction change le cours du temps, elle produit un suspens et un nouveau possible.

Dira-t-on, à la manière de Montaigne, que « philoso-filmer » c'est apprendre à mourir. Ce qui était encore cinéma direct au tournage était déjà devenu archive au montage : l'écrivain Hervé Guibert avait mis fin à ses jours.

« Vade retro » ou l'archive imaginaire

Certains hommes bénéficient involontairement d'un (voire de plusieurs) exécuteur biographique, sinon testamentaire. C'est le cas de la plupart des écrivains connus disparus, avec leur théorie de biographes. Quand ces évocations biographiques sont des films, scénographiant un mélange de leur vie et de leur œuvre, nous pénétrons dans le dernier cercle de l'archive : **l'archive imaginaire.** Entendons par là, pour être précis, l'usage de véritables archives documentaires à titre d'évocation du monde imaginaire du personnage considéré ; usage qu'il convient de distinguer de la fabrication de fausses archives ad hoc, dont nous verrons des exemples dans le prochain chapitre *(Les reconstitutions)* et dans notre dernière partie sur les puissances du faux.

Je voudrais analyser une application exemplaire de ces archives imaginaires : *Le cas Howard Phillips Lovecraft* (1998) de Patrick Mario Bernard et Pierre Trividic. Tout comme *Le Cœur révélateur* ou *La Chute de la maison Usher* nous mettent aux aguets dans la peau d'Edgar Poe, Bernard et Trividic nous introduisent, par effraction et effroi, dans le *home* hanté et délabré, et dans la tête grouillante comme un cloaque, d'un grand maître du fantastique horrifique, Lovecraft (1890-1937). Dans ce paysage mental en forme d'appartement fantôme, en noir et blanc et ombres et voiles, l'occupant — alias « le personnage » — est une silhouette en carton découpée glissant sur un rail, et portant, comme une étoile au front, une photo dont la chute dans une cuvette révélera le changement d'identité entre deux âges : « On appelle ça effondrement nerveux… *"Le temps impitoyable avait laissé tomber sur moi sa griffe féroce. J'avais 17 ans".* (…) Vous sentez bien que quelque chose va arriver mais que, quand ça arrivera, c'est vous qui n'y arriverez pas. »

Au plafond qui cloque, autour du lustre et de la lampe, sous chaque fenêtre, derrière la porte, la schizophrénie est tapie, et le monde extérieur de sa « bonne » ville de Providence (qu'il ne quittera qu'une fois pour se marier à New York) menace le reclus phobique, qui ne communique que par correspondance, « un rapport sans contact ». « *Le personnage, c'est-à-dire vous, sent la chose s'approcher. Mettons que depuis très longtemps, il entend et contemple des choses à travers les murs et des espaces vides. C'est facilité par la vétusté de l'immeuble.(…) L'action se glisse furtivement. Quelle forme va-t-elle prendre ? Une forme que personne, pas même le personnage, ne peut deviner encore à travers la porte. L'action est maintenant juste derrière la porte, aucune information ne filtre encore sur sa nature exacte mais tous ses mystères sont des leurres.* Qu'est-ce qu'il croyaient tous : que vous alliez ouvrir ? ».

L'ouverture au monde refusée, impossible, va resurgir *(surgery)* et s'épancher à l'intérieur, comme une plaie ouverte pleine de larves, ou comme, des entrailles de la terre ancestrale, une lave brûlante et glacée de peur et de monstres en gésine. La pensée comme une fleur du mal, l'imagination comme une tumeur, prolifèrent à la façon festonnée des cellules cancéreuses : « La vérité de l'amour est un échange de flux corporels. Des matières, il n'y a rien d'autre. Un monde dont la vie n'est qu'une variété de la mort. Un vrai matérialisme mais dépressif. (…) Une voix vous parle, elle dit : *chaque jour compte, pourquoi n'êtes-vous pas venu plus tôt ; c'est comme certaines fleurs, comme ces plantes qui poussent de deux ou trois mètres en quelques semaines, ce qui vous arrive ressemble beaucoup à cela.* (…) Qu'est-ce que ça veut dire exactement *métastase.* » La scénographie du « personnage » (le mannequin), reclus dans l'appartement avec ses objets d'angoisse et le secret derrière la porte, ouvre ou s'incruste — au gré d'une double narration (anglaise, française) alternant récits sur et de Lovecraft — sur une fantasmagorie d'archives à trois niveaux :

- biographique : archives plus ou moins imaginaires associées au vécu de l'écrivain (influence d'Edgar Poe, gravures gothiques, tableaux de femmes folles, un grand-père se balançant dans un hamac, l'ensevelissement de Pompéi qu'il aimait raconter, une statue romaine avec une tête coupée à la main, quelques photos d'une femme, de deux amis, un faux médaillon d'ancêtre…) ;
- historique : archives de l'époque et des lieux : Providence et New York, rues, monuments, parcs, métro, population WASP (White Anglo-Saxon Protestant), travailleurs et ghettos noirs, entrée du Jane Brown Memorial Hospital…
- psychique : surimpressions de fleurs et de cellules en croissance accélérée, de micro-organismes, d'insectes, de monstres marins, d'opérations médicales… obsessions, phobies et maladie de Lovecraft.

Ce jeu d'images d'archives surimpressionnées, incrustées, récurrentes, tout en fondus-enchaînés — chaos multi-couches précisément reliées par le commentaire — nous plonge à l'intérieur de la tête et du corps de Lovecraft, corps de carton rongé par ce qu'il abhorre : la vie. « Le pire a toujours déjà eu lieu quand vos histoires commencent. C'est comme dans la vie : les choses les pires sont toujours déjà là. » À son corps défendant, le mannequin figure aussi l'inclusion morbide de ce monde qu'il cherche à exclure : la perméabilité de ce moi malade luttant contre le vivant et le changement éprouvés comme répugnant grouillement organique. « Réactionnaire, vous Lovecraft l'avez toujours été. Vous détestez le changement en tant que tel et vous êtes raciste bien sûr. Un jour vous parlerez de votre *détestation des italo-sémitico-mongoloïdes* ». (Plans d'ouvriers et de chômeurs noirs, suivis d'un travelling dans un cabaret noir où chante la reine du blues Bessie Smith). « Vous ne savez pas ce que vous dites. Mais ça vous l'avez déjà dit : ce n'est pas la réalité qui vous intéresse, ce sont les rêves ».

La voix est posée, elle dit des passages de « vos » livres ou de « vos » lettres. Elle vous raconte. Trouvaille fantastique à la mesure de la folie qui frappe ici, elle dit « vous ». La voix off conjugue ses images et « vos » visions au présent et au conditionnel passé. Ce « vous » est une remarquable adresse schizoïde : tantôt c'est la voix de Lovecraft qui virtuellement s'adresse à lui-même, tantôt au spectateur, tantôt c'est vraisemblablement Trividic à Lovecraft, tantôt l'un et l'autre confondus au spectateur. Sous l'effet mélodique de cette voix une et divisée s'emboîtent extraits de lettres et de nouvelles, images de l'intérieur et images de l'époque, fictions épouvantables et exécrations phobiques et racistes. « *Les choses organiques qui hantent cet affreux cloaque ne sauraient être qualifiées d'humaines. C'était des monstrueuses et nébuleuses esquisses du pithécanthrope et de l'amibe vaguement modelées dans quelque limon puant et visqueux résultant de la corruption de la terre et suintant dans les rues crasseuses, entrant et sortant des fenêtres et des portes d'une façon qui ne faisait penser qu'à des vers envahissants.* (...) Ce n'est pas un roman, c'est une lettre : vous êtes en train de décrire la population immigrée du Lower East Side telle que vous la voyez. »

Le dispositif de Trividic et Bernard résoud l'équivoque que ne réussissait pas à lever *La Guerre d'un seul d'homme*. Ici, nous savons fort bien d'où ça parle, de quel univers intérieur de terreur et de haine. Les images d'archives — ouvriers noirs au travail et population miséreuse des bas quartiers, images gangrénées en surimpression par une grappe de cellules et un animalcule vus au microscope — viennent à la fois soutenir et contredire ce délire verbal, le comprendre. Et la voix-Vous nous fait endurer cette folie raciale comme une souffrance, tout en la mettant à distance. « Vous êtes un salaud d'une espèce très conventionnelle... Vous ne savez pas ce que vous dites ». Le racisme n'est pas qu'une catégorie politique, c'est une affection pathologique. Plus tard, en 1937, à l'hôpital, « on peut appeler ça cancer, on peut donner aux choses le nom que l'on veut... vous qui aviez peur de tout, vous découvrez maintenant que le danger était en vous, à l'intérieur, pas dehors, dedans ». Racisme ordinaire, délire extraordinaire, phobie et cancer monstreusement créatifs : ce n'est pas le moindre mérite des analystes de ce cas que de nous avoir fait pénétrer, à travers Lovecraft, « cette chose féroce — on peut appeler ça hérédité si l'on y tient — qui vous guette tapie dans l'ombre du temps et qu'il vaudrait mieux laisser dormir.(...) Vous êtes conservateur et raciste, mais vos œuvres sont traversées par la vérité. Elles disent ce que vous ignorez : elles disent que le désir de se confondre avec ses propres origines, le désir de récapituler le temps, conduit à la destruction et à la mort. La vérité du passé, c'est le meurtre. La passion du passé, c'est une maladie. »

Vertige du temps

Étrangement, ces trois dernières phrases éveillent une correspondance inattendue avec les trois phases de la spirale de *Vertigo*, d'Alfred Hitchcok.

— Possédée par le fantôme d'une femme qu'apparemment elle ne connaît même pas (elle en visite comme un zombie, la tombe, la maison, le portrait), Madeleine se suicide, à l'instar de cette lointaine ancêtre, l'année de ses 26 ans. « *Le désir de se confondre avec ses propres origines conduit à la destruction et à la mort* ».

— Mais « *la vérité de ce passé, c'est un meurtre* » : cette possession est une machination, le suicide un faux suicide mis en scène avec une doublure (Kim Novak) pour couvrir le meurtre de la véritable Madeleine. Celle-ci est précipitée par son mari (Gavin Elster) du haut d'un clocher.

— Scottie (James Stewart), tombé amoureux fou de la fausse Madeleine et témoin abusé de son (soi-disant) suicide, tombe dans un état catatonique à la suite de cette disparition qu'il n'a pu empêcher. Au sortir de la clinique, il rencontre Judy (Kim Novak) et, frappé par sa ressemblance avec la (fausse) défunte, n'a de cesse de la transformer en Madeleine. Judy, qui fut effectivement la figurante du crime, se prête au jeu par amour pour Scottie. N'arrivant que trop bien à ses fins, le Pygmalion découvre la supercherie. En forçant Judy-Madeleine à rejouer la scène du faux suicide, il la perd pour de bon : celle-ci tombe, vraiment cette fois, du clocher. « *La passion du passé est une maladie* ».

La maladie de Scottie, le vertige, c'est le vertige du temps, le fol orgueil aveugle de celui qui prétend le remonter, l'annuler, le répéter :

— le remonter : l'ascension vertigineuse du clocher est en même temps une chute, un zoom avant double le travelling arrière dans la cage d'escalier ;

— l'annuler : le cauchemar et l'absence clinique de Scottie, suspens entre les deux parties de l'histoire ;

— le répéter : Judy forcée à redevenir Madeleine. Le livre de Boileau-Narcejac, dont est tiré *Vertigo*, s'intitule : *D'entre les morts*.

Croyant recréer Madeleine, Scottie la perd une deuxième fois. Qui veut repasser par le même arc de la spirale du temps risque sa raison et sa vie : le mort saisit le vif. On ne refait pas l'histoire. On peut la réécrire — cela incombe à chaque génération — pas la reproduire. Mais peut-on la reconstituer sans creuser sa tombe ?

16

Les reconstitutions

Vrai ≠ vraisemblable

Toute ressemblance avec des personnes ayant réellement existé…

Vichy, le retour

Schindler et *Shoah*

Le mythe d'Orphée et d'Eurydice semble véhiculer un message — *ne te retourne pas mon amour* — proche de l'avertissement mortel lancé par *Vertigo* aux nécrophiles. Quoique prévenu, Orphée — pris d'un doute ou d'un désir (?) irrépressible — se retourne, précipitant une seconde fois (définitive celle-là) Eurydice dans les enfers où il était descendu la chercher. Cependant, un autre mythe grec paraît tracer une voie inverse, envisager la rétroaction, le retour sur histoire, autrement : non plus comme retour mortifère à l'origine mais comme répétition [1] permettant de se libérer d'un mauvais sort. Ce mythe, dont s'est inspiré Bunuel pour *L'Ange Exterminateur* (1962), nous raconte que pour briser l'envoûtement, il faut rejouer la musique et la scène à l'envers. Comme pour revenir à la bifurcation où l'histoire aurait pris une mauvaise voie, un mauvais tour, en remonter le cours pour le redresser, remettre l'histoire sur le droit chemin : le ressouvenir, l'anamnèse est le prix pénible mais nécessaire de l'oubli et de l'amnistie. Qu'il s'agisse des traumas de l'histoire personnelle (voir la pratique psychanalytique) ou des crimes de l'Histoire, il s'agit de les répéter, entendons de les re-présenter, pour que ça ne se répète plus pour de vrai.

Remémoration, transfert, catharsis, commémoration. L'âme des victimes de mort violente et injuste ne trouve le repos qu'après réparation. Quant aux bourreaux, ils doivent être jugés. Pour se purger de

1. Voir aussi la répétition dans le cinéma de Chris Marker, chap. 6.

ses obnubilants fantômes, l'histoire doit être rejouée. Mais rejouée à l'envers, c'est-à-dire non plus directement sur la scène de l'action historique subite et subie mais sur l'autre scène, où les événements sont réversibles et médiatisés : celle de la re-présentation théâtrale, théâtre de la mémoire, cour de justice ou plateau de cinéma. Témoignages et reconstitutions sont le dernier mot de ces tribunaux de l'histoire, où les vivants parlent en survivants et où l'on sait aussi faire parler les morts (voir *Rashomon,* 1950, d'Akira Kurosawa).

Vrai ≠ vraisemblable

Théâtre paradoxal forcément que celui de la mémoire qui élabore une fiction d'aujourd'hui avec des morceaux d'hier, fait des projections de maintenant sur naguère pour juger *post festum* d'une réalité trop vite évanouie, qu'il faut repenser et panser. Car la vie continue. Cependant, tout théâtre de justice exige la reconstitution des faits, disons plutôt du déroulement des événements ou de l'état des lieux et des comportements. Comme les faits sont instables, les souvenirs des faits labiles, les témoins relatifs, on les recoupe avec **toutes ces traces que le temps laisse dans l'espace** : emplois du temps et des lieux, itinéraires, déplacements d'objets, empreintes, indices, mouchards et enregistrements électroniques, documents écrits… Mais la reconstitution judiciaire n'est pas une séance de possession ni un psychodrame, elle ne convoque pas des esprits, elle recherche des mobiles ; elle se conjugue froidement à l'imparfait et en style indirect : « *J'étais là et j'ai dit que… — Et après, qu'avez-vous fait ?* ». La reconstitution filmée [2] se rapproche davantage du travail de l'historien que de celui du juge : si elle recherche également la relation des événements et la compréhension des actes, c'est pour en tirer non une sanction des responsabilités mais un récit et une interprétation (au double sens herméneutique et dramatique). Même si toute interprétation est une forme de jugement, l'écran ne renvoie pas aux rigueurs de la loi mais à la conscience publique. Et pour mieux saisir ou séduire celle-ci, la reconstitution filmée, à la différence de la reconstitution judiciaire, peut se permettre, avec plus ou moins de bonheur, de faire comme si les événements se (re)jouaient au présent en style direct, présent de l'action simulée par des acteurs sur un plateau. Ici, le documentaire se fait fiction vraisemblante, film historique. C'est dans ce genre, nous allons en voir quelques cas, que la tension entre l'exigence historique et la liberté de création, entre cliché et invention, recherche documentaire et choix de mise en scène, peut engendrer les stylisations les plus stimulantes comme les mélanges les plus douteux.

Nous avons déjà examiné l'utilisation de scènes reconstituées sous forme de fictions dans le cadre de documentaires opérant par ailleurs au style indirect des témoins véritables (cf. chap. 7, § *On la refait).* Et nous avons insisté sur le fait que ces reconstitutions fictives ont tout à gagner à s'inscrire alors dans un registre résolument imaginaire, donc stylisé, pour éviter de sombrer dans le ridicule d'un faux réalisme vraisemblable qui jure immanquablement avec la gravité des témoins. On peut, à partir ou autour des récits des témoins, faire œuvre d'imagination, voire prêter des images à leur imaginaire, à condition de ne pas cacher l'aspect fictif de ces images. Sans quoi, on retombe sous le coup de la critique qu'adressait justement MacDougall aux documentaires historiques (cf. supra, *Histoire et mémoire)* qui attribuent arbitrairement aux témoins des images d'époque comme si c'étaient leurs propres souvenirs.

Deux films britanniques contemporains peuvent illustrer l'antagonisme que je veux souligner : *A Marriage of Inconvenience* (1989) produit par Channel 4, et *Comrads in Arms* (1990) de Stuart Marshall. Dans le premier, une femme âgée, élégante, convaincante, au regard décidé, raconte son idylle et son mariage, contre l'establishment britannique de l'avant-guerre, avec un prince africain, chef d'un petit royaume aux frontières de l'Afrique du Sud ; et comment, devenue reine dudit pays, elle eut à subir persécutions sociales et politiques (ce pays avait la malchance de posséder de l'uranium). Dans la veine et la vogue du *docu-drama,* le réalisateur a reconstitué, façon télé-romance, des scènes clefs du récit de cette idylle et des aléas politiques qui s'ensuivirent. Tant et si bien

2. Pour la reconstitution sur le terrain, avec les protagonises eux-mêmes, voir chap. 3. Pour la reconstitution bidon déguisée en reportage, voir chap. 14.

que ces chromos, invraisemblables à force de vraisemblance, viennent se fissurer, comme carton-pâte, sur le roc du beau visage de la veuve et l'émouvante tenue de son récit. À l'opposé, Stuart Marshall, pour illustrer ou plutôt imager les récits originaux de six homosexuels, hommes et femmes, embrigadés dans l'effort de guerre britannique, inventent des saynètes en noir et blanc, scénographiées en style hollywoodien « *Casablanca* » et accompagnées de romances populaires de l'époque, qui transposent avec humour et *glamour* non pas la dure « réalité » des témoins mais un imaginaire collectif distancié. Le film joue ainsi sur plusieurs écarts : entre l'homosexualité honteuse à l'époque et la censure encore renforcée par l'atmosphère militaire (« tu seras un homme mon fils ») ; la réalité des sentiments dissimulés et l'exhibition des « reconstitutions » idylliques ; l'image de l'homosexualité que produisent les témoins et celle qu'on en a aujourd'hui.

« **Le Vraisemblable, qui est le contraire du vrai** », dit justement Christian Metz dans son essai *Le dire et le dit au cinéma : vers le déclin d'un Vraisemblable ?* : « *Toujours et partout, l'œuvre enlisée dans le pur Vraisemblable est l'œuvre fermée, qui n'enrichit d'aucun possible supplémentaire le corpus formé par les œuvres antérieures de la même civilisation et du même genre : le Vraisemblable est la réitération du discours. Toujours et partout, l'œuvre partiellement libérée du Vraisemblable est l'œuvre ouverte, celle qui, en telle ou telle partie, actualise ou réactualise un de ces possibles qui sont dans la vie (s'il s'agit d'une œuvre "réaliste") ou dans l'imagination des hommes (s'il s'agit d'une œuvre "fantastique" ou "irréaliste"), mais que sa préalable exclusion par le vraisemblable des œuvres antérieures avait réussi à faire oublier. Car ce n'est jamais directement par l'observation de la vie réelle (œuvres réalistes), ni directement par l'exploration de l'imagination réelle (œuvres irréalistes) que se décide, dans l'acte créateur, le contenu des œuvres, mais toujours très largement par rapport aux œuvres antérieures du même art : celui-là même qui entend filmer la vie, ou filmer ses fantasmes, le fait toujours plus qu'il ne croit par rapport aux autres films, ne serait-ce que parce que ce qu'il filme ne sera pas, finalement, morceau de vie ou amas de fantasmes, mais film. (…) L'œuvre vraisemblable essaie de se persuader, de persuader le public, que les conventions qui lui font restreindre les possibles ne sont pas des lois de discours ou des règles d'écriture — ne sont pas des conventions du tout — et que leur effet, constatable dans le contenu de l'œuvre, est en réalité l'effet de la nature des choses et tient aux caractères intrinsèques du sujet représenté.* ***L'œuvre vraisemblable se veut, et veut qu'on la croie, directement traduisible en termes de réalité. C'est alors que le Vraisemblable trouve son plein emploi : il s'agit de faire vrai*** » (in *Essais sur la signfication au cinéma*, T1, pp. 238 et 241).

Comme on va le voir, le jeu avec des fausses archives, inventées ou reconstituées, répond aussi à une volonté de stylisation qui s'oppose au vraisemblable des clichés d'aujourd'hui, une volonté de transgresser la barrière des genres convenus. Ce jeu finit par poser un problème de véracité et de crédulité inverse : au lieu d'une vraisemblance que le spectateur accrédite comme forme de représentation habituelle, la reconstitution façon archive joue le réalisme documentaire d'époque et pose au document authentique, que le spectateur risque de trop croire comme « la réalité ». C'est pourquoi il convient de distinguer la fabrication de fausses archives comme illusion rétro et leur usage comme provocation et (dé)trompe-l'œil (voir dernière partie : *Vertus du faux*).

Toute ressemblance avec des personnes ayant réellement existé…

Deux films vont nous permettre d'étudier des reconstitutions à double-fond, mises en scène au plus-que-parfait avec fausses archives : *Hôtel du Parc* (1991) de Pierre Beuchot ; *JFK* (1993) d'Oliver Stone. Une reconstitution de premier niveau nous fait suivre une enquête menée dans les années 50 ou 60. Cette enquête elle-même porte sur des événements (là, le gouvernement de Vichy, ici l'assassinat de J.F. Kennedy) survenus quelques années auparavant. Ces événements sont représentés, d'une part, par des acteurs jouant les témoins de l'époque, d'autre part, par des images d'archives, vraies et fausses mêlées.

L'un et l'autre film sont d'une facture faussement classique, dans la mesure où chacun se réfère à un style modèle (Hollywood ici, Buttes-Chaumont là) dont il force le trait délibérément. *JFK* sacrifie à l'efficace du grand justicier hollywoodien : enquête pour la bonne cause, montage en pièces à conviction, conflit entre vie privée et liberté publique, final en forme de procès idéal. *Hôtel du Parc* démarque la dramaturgie de la télévision française des origines (reportages et entretiens en noir et blanc façon RTF 1953). L'une et l'autre reconstitution se conjuguent non au passé simple mais au plus-que-parfait. *JFK* se déroule au moment de l'enquête du procureur de Dallas, Jim Garrison, ouverte trois ans après l'assassinat du président américain. Dans *Hôtel du Parc,* les rencontres avec les collaborateurs de Vichy sont menées par deux journalistes de télévision, huit ans après la Libération. Ces deux films, que tout oppose stylistiquement, ont cependant un autre point commun : ils entremêlent scènes de fiction et images d'archives, et mélangent archives authentiques et archives fabriquées pour la circonstance. Même s'il s'agit de récits menés sous le couvert de la fiction, plus que les autres, ces histoires, en tant que reconstitutions historiques à haute teneur politique, appellent un jugement à la fois esthétique, sur la pertinence de la forme, et éthique, sur la justesse de l'interprétation historique : *toute ressemblance avec des personnes ayant réellement existé étant délibérée.*

Au début des années 90, l'enquête journalistico-policière est à la mode, et l'histoire nous revient comme fiction. Les images d'archives (gisement à rentabiliser imaginairement et commercialement) sont mises à contribution pour nous raconter non plus l'Histoire comme au temps de Pathé, mais des histoires. Elles glissent du domaine absolu de l'idéologie historique à la relativité générale d'une mémoire imaginaire. Le faux en la matière quitte le domaine de la propagande ou de la provocation d'artiste pour gagner celui de la pièce à conviction d'imagination. Une interrogation sur le cours et le régime de ces images à histoires (sinon d'histoire) semble donc s'imposer.

Oliver Stone calque son scénario sur les thèses, contestées, du procureur Jim Garrison et fait de lui (Kevin Costner) le héros de l'histoire. C'est son droit. Pour sa démonstration, il met donc en scène à un premier niveau la fiction Garrison, avec tous les ingrédients du grand polar américain bonne cause : le chef respecté et ses fidèles lieutenants ; le chef de famille aimé qui n'hésite pas à sacrifier à la cause publique sa vie de famille (elle comprendra que c'est pour son bien) ; l'enquêteur intègre seul (contre tous mais pour tous) face au complot d'État et à la cabale des médias ; enfin le brillant et émouvant avocat de la démocratie (dans la lignée des pères fondateurs de la Constitution) qui dénonce audacieusement les comploteurs (même s'il n'y a dans son réquisitoire aucune preuve spécifique contre l'inculpé). Contrepartie de la fiction Garrison, les scènes de fiction sur les comploteurs anti-castristes soutenus par la CIA. Mais à l'interface entre celles-ci et celle-là, l'image change de registre : pour devenir preuve, preuve que le complot n'est pas une fiction et l'hypothèse de Garrison non plus, l'image se fait archive. Archive véritable (film S8 de l'assassinat de Kennedy, reportages TV autour de son enterrement, extraits de ses discours), et fausses archives en noir et blanc fabriquées :

- d'une part pour ce qui concerne les agissements de l'assassin supposé du président, Lee Harvey Oswald (interprété par Gary Oldman), et de l'assassin de l'assassin, Ruby, au point qu'aux vraies archives disponibles les concernant, Oliver Stone substitue des copies exactement reconstituées avec ses acteurs ;
- d'autre part pour tout ce qui représente le complot supposé des militaires favorables à la guerre au Vietnam, y compris l'impressionnante séance d'autopsie du corps du délit, celui du Président assassiné.

Détonant mélange des genres qui consiste à démontrer la véracité d'une thèse — visiblement choisie pour des raisons spectaculaires plutôt qu'historiennes, au regard des historiens elle semble avoir fait long feu — en fabriquant une mixture d'images d'archives ad hoc, pour l'administrer comme preuve dans un montage sans recul (comme on le dit d'un canon). Ajouter ou non à la désinformation (sur une affaire aussi louche de surcroît), ce n'est pas une question de bonnes intentions ou de bon scénario, c'est une question de forme, de forme qui interroge ou de forme qui assène. Balancer des images (fiction surexposée, archives et faux documentaires mêlés) comme une grenade offensive fragmentée à la tête du spectateur a une efficacité certaine, cette efficacité atteint-elle le but civique qu'elle affiche ? Des interrogations justes sur le cours des événements et leurs acteurs, et donc sur l'interprétation, la nature et l'ordre des images, ne vaudraient-elles pas mieux que des fausses certitudes spectaculaires fortement imagées ?

Oliver Stone fait du cinéma à l'estomac, bon, mais il prétend ici faire œuvre de démystification. Ciel ! Or ne fait-il pas exactement ce qu'il reproche à la CIA : livrer une version clef en mains de l'affaire (certes différente mais tout aussi sujette à caution), une version close sur elle-même, évidente, pour satisfaire le public et combler les doutes. Les raisons diffèrent — le tiroir-caisse de Hollywood remplace la raison d'État — mais la forme propagandiste demeure. Substituer une propagande à une autre, des fausses évidences à d'autres, ne nous sort pas de la spirale et ne fait guère avancer l'histoire. Plutôt qu'une démystification, n'est-ce pas une façon de nous vendre, restauré, le mythe Kennedy ?

Pourquoi donc un film sur l'assassinat de Kennedy près de 30 après ? Parce que *JFK* est un mythe américain et même international, et son assassinat un trauma, un trou dans le drapeau de la démocratie américaine. Mais pourquoi réaliser en 1991 un scénario basé sur le personnage idéalisé de Garrison et son hypothèse de complot du « complexe militaro-industriel » qui date de 1966, sans jamais la confronter à l'état de la réflexion sur cette affaire depuis ? Ne serait-ce pas uniquement pour jouer de l'aspect violemment émotif-nostalgique du cas, et pouvoir bâtir à l'aise une bonne fiction bétonnée sans se mettre à l'épreuve du réel ? Ne serait-ce pas reconduire le mythe K et le succès d'audience qu'il garantit ? Dans la fiction stonienne, la personnalité de Kennedy demeure intouchée, intacte, Garrison est l'ange gardien de ce mythe « vrai » ; comme le corps du roi, celui-là est intouchable, ce que confirme la scène sacrilège de l'autopsie avec ses gros plans sur les trous de balles. Naguère était inscrit au début des films comme des romans : *Toute ressemblance avec des personnes ayant réellement existé serait pure coïncidence.* Il est paradoxal de faire une fiction qui tire son argument dramatique (et commercial) du contraire.

Pour tirer le maximum de plus-value de l'affaire, Stone joue sur les deux tableaux, historique et fictif, à la fois et contradictoirement. Confronté (sur le plateau d'A2) à des historiens contestant la thèse Garrison, Stone répond : mais c'est ma version, c'est une fiction, c'est ma liberté de créateur, j'ai voulu faire, contre le mythe officiel, un anti-mythe. Oliver parle avec une langue fourchue : outre que l'anti-mythe fonctionne comme le mythe, la contre-propagande comme la propagande, c'est prétendre faire une fiction rétablissant la vérité historique et revendiquer en même temps son « droit » à faire une fiction sans rapport avec l'histoire. *Toute ressemblance de* JFK *avec le président Kennedy serait une pure coïncidence !*

Si l'on se lance dans ce type de reconstitution, il faut considérer qu'on doit rendre quelque chose de et à la réalité. Si elle peut librement emprunter à la fiction, la forme du film n'en doit pas moins épouser l'état de la recherche, et d'abord ne pas faire croire qu'on montre « la vérité vraie », mais interroger et relativiser ses sources, confronter les interprétations, ménager les trous, faire une mise en scène qui soit une enquête, avec ses hypothèses et ses lacunes. Ici, la place faite au spectateur est déterminante : s'agit-il de lui asséner, par tous les moyens du cinéma à l'estomac, une nouvelle version d'une vieille histoire « comme si vous y étiez » ? De lui délivrer « la bonne » version ? Ou lui ménage-t-on une distance critique, une mise en perspective ? Le scénario Kennedy reste ouvert aujourd'hui sur mille questions, et les images d'archives attendent toujours leur bon montage. Ce sont ces questions qu'il s'agit de remettre en scène, plutôt que de fournir une réponse sans réplique suivant les canons du spectaculaire achevé. Une tel *remake* est aussi artificiel que la version officielle qu'il prétend critiquer.

Au tournant du film, Garrison (dans une lumière révélatrice, par en dessous et surexposée) réunit ses collaborateurs au restaurant et leur dit : « *Il faut penser comme la CIA. Nous sommes de l'autre côté du miroir, noir c'est blanc et blanc c'est noir* ». C'est une caricature de la méthode du film. Ce n'est pas simplement en la re-tournant qu'on échappe à la vision paranoïaque de l'histoire comme complot. Découvrir des explications plausibles, élaborer des interprétations pertinentes, implique une volonté de re-voir l'histoire, non pas de légender les images d'archives avec des fantasmes rétro. Comme l'a écrit Camile Nevers à propos du fameux film Super 8 de M. Zapruder, enregistrant de loin l'assassinat (*Cahiers du Cinéma*, février 1992) : « *Cette séquence d'archive, dont l'apparition à la toute fin du film est ménagée comme un coup de théâtre (regardez : de vraies images !), qui vient après toutes les images fausses, faux documents et vraies impostures mises en scène par un Oliver Stone en mal de preuves de choc, est paradoxalement celle à partir de laquelle JFK s'autorise une incroyable manipulation de l'image : on peut penser que le film n'aurait jamais vu le jour sans cette image de mort « réelle ».(...) À partir du moment où ces images existent, Stone a cru bon de pouvoir combler le reste (toutes les images manquantes) par les siennes qu'il donne comme les seules possibles, parce qu'elles sont les seules à proposer de remplir un vide d'images... En suivant ce raisonnement, l'image vraie permet de légitimer toutes les autres, faussées ou fausses, pire, de s'abstenir de les désigner comme fausses, et finalement de les donner pour aussi vraies que la vraie. Entre une image de 1963 et celles de 1991, le temps s'est effacé.* »

Vichy, le retour

Hôtel du Parc est aux antipodes de *JFK*. Oliver Stone fabrique un film d'action à l'emporte-pièce (à conviction), mêlant les vieilles ficelles du procès hollywoodien au montage choc le plus branché. (Celui-ci, plaisamment efficace à la première vision, laisse cruellement transparaître celles-là si l'on revoit le film.) Pierre Beuchot au contraire emprunte le style archaïsant et pesant de la télévision des années 50, époque à laquelle sont censées se dérouler l'enquête du couple de journalistes et les interviews des Vichystes. Le film est construit sur l'alternance de deux jeux d'images, toutes en noir et blanc, chaque jeu se dédoublant à son tour :

- le premier jeu, c'est la quête des deux journalistes (André Wilms et Marylène Dagouat) façon reportage de voyage, et les entretiens qu'ils filment avec les collaborateurs de Vichy (joués par des comédiens) dont ils retrouvent la piste ;
- le deuxième jeu, ce sont les vraies archives qui nous restent de Pétain et consors, mais subrepticement augmentées de fausses images d'archives, comme volées par une caméra d'amateur apportant tantôt un contrepoint subjectif attrayant (coulisses de l'Hôtel du Parc, siège précaire du gouvernement de Vichy, *home movie* d'une famille anonyme), tantôt la confusion (je pense notamment à tous les plans fictifs avec les militaires allemands).

Autant le parti-pris du faux subjectif (films d'amateur à Vichy) aurait pu se justifier s'il avait été systématisé, autant on voit mal ce qu'apportent (si ce n'est le trouble) les fausses reconstitutions du deuxième type qui ne peuvent faire le poids face au poids des véritables archives sur le père Pétain, ses sinistres ministres, leurs maîtres et amis nazis. N'est-ce pas ce que voulait dire Beuchot lui-même quand il soulignait que *« le vrai document, c'est finalement le choix des plans montrés en salle en 1942 »* ? (cf. chap. 15, *Digérer Vichy)*.

Autre difficulté qui hypothèque l'*Hôtel du Parc,* et tend à lui conférer un ton *Mémoires d'outre-tombe* : le dispositif des entretiens. Les acteurs, plus ou moins convaincants, qui jouent les grands commis de la collaboration vichyste, disent un texte très écrit, compilé d'après les mémoires de ces messieurs. Il s'agit de plaidoyers *pro domo* rédigés par ces tristes célébrités pour se justifier a posteriori, dans le secret de leur cabinet. Fruit d'un long travail de reconstitution historique de la part des scénaristes, leur texte est devenu si rigide qu'il laisse pratiquement les interviewers sans réplique. Le rythme n'est jamais celui de l'interview mais celui du monologue. Les acteurs se trouvent enfermés dans le plus-que-parfait de cette mise en scène rétro, renonçant à toute dialectique passé-présent, comme en témoigne l'élusion des cas Touvier et Bousquet pas encore jugés à l'époque du tournage. Pierre Beuchot semble ne pas avoir réalisé que l'auto-dénonciation qu'il vise, façon *Général Amin Dada,* ne marche que *live,* vertu du cinéma direct. Contre les raisons d'État, il faut un contrechamp autrement fort que deux interviewers falots réduits à l'état de faire-valoir. Le jeu des comédiens, ainsi reclus, est trop théâtral pour être crédible et en même temps trop réaliste pour être carrément distancié. Comme si l'aspect dramatique télé d'époque, loin d'ajouter à la crédibilité du film, en soulignait au contraire le côté exercice de style anachronique. Comme si, au contact des images d'archives authentiques, les entretiens imaginaires avec ces ténors de la collaboration, même reconstitués dans les oripeaux de la RTF, subissaient une fatale déperdition de réel.

Quant aux images « d'époque » reconstituées, elle manquent d'un parti-pris repérable autre qu'un effet d'ambiance. C'est d'ailleurs là qu'achoppent la plupart des reconstitutions : le recul historique, le va-et-vient présent-passé, à quoi se mesure la recherche de la vérité historique, est sacrifié à un effet de vécu généralement kitsch ou factice (« comme si vous y étiez »). Pierre Beuchot a cherché à rendre, avec un sérieux indéniable, la mentalité des collaborateurs. Mais celle-ci ne se trouve pas assez confrontée à leur action (si ce n'est à travers les bribes qu'en laissent filtrer les actualités de l'époque) : les discours qu'ils tiennent au cours des pseudo-interviewes ne sont plus des décisions politiques mais des justifications rhétoriques *post festum.* Ce fossé bloque l'analyse, qui ne peut pas non plus bénéficier du recul historique où nous nous trouvons en 1991, puisque le film situe son enquête en 1953. Ce dispositif verrouille à double tour toute dynamique et induit un effet musée Grévin. *Hôtel du parc* a eu le mérite de tenter une approche autre que la dénonciation dramatique sous forme de téléfilm ou le montage d'archives commenté, mais force est de constater qu'il a échoué, sous le poids des mots, à établir la bonne distance à l'image et la relation interrogative entre eux et nous (sauf peut-être pour le dernier entretien, avec Jardin, figure cynique du grand commis d'État perdurant à travers les régimes).

Peut-être fallait-il basculer dans une scénographie moins réaliste, plus abstraite, carrément plus théâtrale et transposée : monologues face à la caméra, par exemple, superposés aux archives de la propagande, réinterrogées à leur tour par les décisions prises et leurs implications… en tout cas faire davantage dialoguer les paroles et les actes, comme a su le faire *Le Chagrin et la pitié*. *Hôtel du parc* échoue à nous montrer en quoi les discours politiques sont des actes de conséquence. Malgré le sérieux travail « dans le texte » des collaborateurs fait par Pierre Beuchot et Jérôme Prieur — ou peut-être à cause de ce « boulet » — les anciens hôtes de l'*Hôtel du Parc* manquent de répondant et le Parc apparaît comme une forêt pétrifiée. Si dans le film d'Oliver Stone, la fiction mythologique et tape-à-l'œil phagocyte et falsifie les « preuves » documentaires, dans celui de Pierre Beuchot, la fiction croule sous l'inertie documentaire à laquelle l'astreint son dispositif rétro.

Schindler et *Shoah*

La sortie du film de Steven Spielberg, *La Liste de Schindler* (1993) a été l'occasion d'un ardent débat sur le droit et la manière de représenter par la fiction une tragédie historique vraie. Aucune autre reconstitution historique n'avait donné lieu à une telle controverse autour de : réalité et fiction. La vivacité du débat est liée non seulement à l'horreur du drame, à son ampleur, mais à son actualité permanente. Pour cette mémoire là, l'éloignement du temps, qui dissout l'histoire dans la légende, ne peut pas jouer (même si la Shoah est aussi utilisée comme mythe nationaliste fondateur par l'État d'Israël — voir le documentaire d'Eyal Sivan, avec le philosophe Y. Leibovitz, *Izkor, les esclaves de la mémoire,* 1990).

La question de la pertinence et de la vérité d'une reconstitution fictive semble ne se poser de manière critique que si des contemporains de l'événement sont encore vivants, s'il s'agit d'une histoire non classée et d'une histoire collective, non d'un fait divers. Dans le cas présent, la question est surdéterminée par le fait qu'il s'agit d'une horreur non seulement moderne et massive mais réputée innommable voire irreprésentable. La fiction semble, sur ce seuil, frappée d'un interdit moral voire religieux *(La Vie est belle,* 1998, du comique Roberto Benigni, s'y verra également exposé) : peut-on faire un film commercial avec ces monceaux de violence, de dégradation, de meurtres systématiques ? Est-ce au contraire servir la bonne cause, rendre un service aux victimes ? Comment filmer ce dont la vision est insupportable, comment mettre en scène ce dont la réalité est à peine imaginable ? Quelle représentation inventer qui ne sombre ni dans le réalisme morbide ni dans le vraisemblable romancé ? ni dans la « compréhension », ni dans le rejet ? Enfin, la re-vision de l'horreur exorcise-t-elle le démon ? La mémoire prévient-elle le retour du mal, prémunit-elle les nouvelles générations ?

Toutes ces questions, Spielberg a dû se les poser. Il les a résolues à sa manière, hollywoodienne. Et majoritairement le monde du *show-bizz* n'a guère compris la querelle autour de *La Liste de Schindler*, querelle effectivement incompréhensible si l'on réduit l'enjeu du film à sa portée didactique : sa cause étant juste, est-il bon pour la cause ou non ?… sans s'interroger sur la nature de sa fiction, l'adequation de sa forme au sujet. C'est en France que le débat a atteint son paroxysme, pour la bonne raison que c'est un juif français, Claude Lanzmann, qui a réalisé le film le plus actuel sur le massacre des juifs d'Europe organisé par les nazis : *Shoah*. Film documentaire sans une seule image d'archives, faisant parler les lieux et les temoins survivants, enquête sans reconstitution et sans appel, démontage des tonnes de rationalité et de la somme de complicités nécessaires à l'exécution d'un génocide sur une échelle industrielle sans précédent.

Je ne partage pas l'interdit iconoclaste prononcé par Lanzmann, après la sortie de *La Liste,* contre toute possibilité de traiter de l'holocauste par la fiction. Mais je crois qu'il a formulé la question juste, qu'il s'agisse de fiction ou de documentaire : peut-on représenter une telle histoire dans les formes convenues de la narration (du vraisemblable), ou est-il absolument nécessaire d'inventer une forme nouvelle appropriée ? *Nuit et brouillard* avait su le faire le premier (1955, cf. chap. 6). Trente ans plus tard, le film *Shoah* (1985) invente sa propre forme d'enquête documentaire, en refusant toute image d'archive, toute reconstitution, et en centrant sa démarche non sur la dénonciation de cette monstruosité mais sur l'analyse de sa « rationnalité » (voie ouverte par le commentaire de Cayrol dans *Nuit et brouillard,* et approfondie par l'historien Raoul Hilberg dans son livre *La destruction des Juifs d'Europe).* On ne représente pas un trou noir, on ne peut que filmer le cratère qu'il a laissé : démarche radicale du réalisateur qui cerne précisément la géométrie de l'horreur en ne la représentant jamais. Lanzman fait parler les lieux et les témoins survivants, victimes et bourreaux : des paroles qui ne remettent rien en cause, qui ne peuvent rien racheter — la parole n'as pas ici vocation politique comme dans les films de son ami Marcel Ophuls — mais qui peuvent encore décrire au plus juste, redire ce qui n'a pas été dit, ce qu'on croyait savoir ou voulait ignorer : l'industrie de la mort. Lanzmann fait œuvre mémorable en mettant notre mémoire spectatrice au travail, sur les traces de ce qui se voulait un effacement historique : celui des juifs par le nazisme. C'est le silence de la terre et des pierres, les traces mêmes de cet effacement qui disent la mort sans phrase. Les images de *Shoah* tirent de cette topographie hantée leur force d'évocation inconcevable : la répétiton obsessionelle du travelling d'entrée dans Treblinka, le parcours du camion à gaz, la forêt recouvrant le charnier, le sillon séparant abstraitement le camp de la mort de la campagne polonaise... Dans ce non-lieu de l'inhumain, le langage n'a pas lieu. Impuissant à interpréter, il ne peut que répéter.

Steven Spielberg a pris l'option inverse, celle de la reconstitution « réaliste », dans la seule forme qu'il en connaisse : la romance hollywoodienne. Il n'est qu'à écouter la musique du film (sirop violons et haut-bois) pour s'en convaincre. En ce sens, son film est globalement déplacé. C'est dans le cadre d'une vision infantile et libérale — la maison, la famille, l'entreprise et la protection paternalistes contre l'horreur et la terreur du monde extérieur — que Spielberg inscrit son scénario et son spectateur. Son intelligence, dans ce cadre étroit de la fiction standard hollywoodienne, c'est d'avoir joué avec brio la vie et le réconfort contre la terreur et la mort, d'avoir prouvé ainsi une chose au moins : que contrairement à toutes les assertions des collabos et « ignorants », il était possible de faire autrement, de ne pas forcément laisser faire ou participer à la logique massive de destruction. Pour le reste, *La Liste* démontre ce qu'on pouvait craindre : l'inadéquation fondamentale, non pas de la fiction, mais de la fiction hollywoodienne au sujet.

Pour le grand cinéma hollywoodien, il n'est qu'une forme de conflit et de mise en scène, avec :

- héros positif personnalisé contre gros méchants : l'ombre de Bogart plane sur les plis du costume de Schindler détaillé en gros plans au début du film ; les juifs ne sont pas les héros du film, ils en sont la bonne cause et la masse de manœuvre ; traiter de héros collectifs ou anonymes n'est pas envisageable, d'où le rôle capital de leur représentant et porte-parole, le comptable, qui est à Schindler ce qu'est Sancho-Pansa à Don Quichote ;
- avec suspense : l'insupportable scène de la vraie douche à l'eau pas au ziklon ;
- avec *climax* : vont-ils en réchapper ?
- et *happy end* : la lamentable lamentation finale de Schindler, devant le chœur de ceux qu'il a sauvés, sur le thème « j'aurais pu en sauver davantage ».

Aux yeux du spectacle hollywoodien, il n'y a pas d'histoire (au sens historique), il n'y a que des histoires (contes de fée ou de sorcières). De même qu'il n'y a qu'une alternative au totalitarisme pervers : le capitalisme concurrentiel, et son héraut salvateur : le patron libéral, qu'il s'appelle *Schindler*, *Tucker* (Coppola) ou Garrison *(JFK),* toujours taillé dans le même *costar*, l'étoffe des héros.

Peut-être Spielberg aurait-il été mieux inspiré de filmer l'enquête que ses documentalistes ont du mener sur le personnage de Schindler, ses mobiles, sa personnalité, ses relations, son « entreprise », dont la fiction ne nous livre qu'une version aplatie. Une interrogation documentaire entre présent et passé, réalité et mythe, histoire et fiction — comme Spielberg a su le faire dans sa scène finale montrant chaque acteur et son double réel déposant une pierre sur une tombe — aurait été plus pertinente qu'une impossible reconstitution si vraisemblablement déplacée. Un propos du cinéaste israélien Amos Gitaï, auquel la Cinémathèque française consacrait en 1994 une rétrospective, vient corroborer mon analyse : « *La réalité est tellement complexe en Israël, l'amplitude des tragédies tellement forte que, si vous y êtes un peu sensible, vous ne pouvez pas manquer de matière.* ***J'ai même longtemps pensé qu'il était superflu d'y réaliser une fiction. Les films de fiction ne sont intéressants que si on invente des formes nouvelles.*** » Et ce réquisit esthétique n'implique-t-il pas, le plus souvent, que le cinéaste se frotte et réponde à des exigences documentaires ?

17
Les témoins

Si les films de mémoire se tournent vers le passé, tous ne se conjuguent pas au passé simple comme le documentaire d'archives commentées : certains reconstituent le passé au présent, on vient de le voir, d'autres filment au présent des témoins racontant le passé (et le mélange n'est pas interdit). L'opposition avec le cinéma direct — cinéma de l'action en cours, de la situation sur le vif — n'est pas aussi tranchée qu'il y parait, car ces enquêtes historiques recourent fréquemment au cinéma direct à son synchrone pour interroger les acteurs ou témoins survivants de l'histoire. La différence est que ceux-ci figurent alors dans le film non comme participants d'une action ou situation en cours, mais comme porteurs d'une mémoire, d'un discours de remémoration sur des actes ou situations passées. Dans ce cas, qu'on pourrait appeler « cinéma indirect », le dire traduit un faire révolu (même si, évidemment, on en lit les stigmates contemporains) ; alors que dans le cinéma direct, le dire participe d'un faire au présent. Ici, action, paroles et cadre de vie sont synchroniques et permettent au cinéaste de rapporter les uns aux autres ou de jouer les uns contre les autres (chez Wiseman par exemple). Là, c'est une parole diachronique, et elle seule, qui a charge de restaurer des actes, des significations et un cadre de vie évanouis. Evidemment, cette parole est à plusieurs voix, parfois discordantes, et peuvent lui être rapportés ou opposés les vestiges des lieux ou d'autres mémoires actuelles.

Tout l'art du montage des témoins, dont Marcel Ophuls (version dialogues) et Richard Dindo (version monologues) sont les champions, est de jouer sur les rapprochements et les écarts non seulement entre les différents témoignages, mais entre le présent des narrations et le passé des événements évoqués, c'est-à-dire entre mémoires et histoire. À charge pour le cinéaste d'endosser, à travers ses questions et l'itinéraire du film, cette dimension historique, complément ou contraire des souvenirs.

Témoins versus archives

Mais nous n'en avons pas fini avec l'archive. Même les enquêtes centrées sur la mise en scène des témoins comme mémoires parlantes se privent rarement de tout recours aux images d'archive. Nous en verrons des exemples chez Marcel Ophuls, qui leur fait jouer un rôle de plus en plus métaphorique, et chez Richard Dindo qui, au contraire, les contient dans une platitude descriptive, volontairement neutralisée. Dans un cas comme dans l'autre, quoique par une technique opposée, l'image d'archive est délibérément distanciée ; la mémoire vivante prime.

En attendant, je voudrais analyser un autre dispositif documentaire construit sur l'alternance des témoins-protagonistes et des archives, mais où les souvenirs ou comportements de ceux-là, loin de se voir illustrés ou complétés par celles-ci, s'y opposent. C'est-à-dire que ce que l'on voit dans les images d'archives, ce qu'elles voulaient dire, est contredit, non par un commentaire analytique (comme chez Bitomsky), non seulement par le montage (comme le muet *Mother Dao)* mais par des protagonistes de l'époque. Plusieurs documentaires ont utilisé ce stratagème pour démonter la propagande communiste, tel le passionnant *La Pologne comme jamais vue à l'Ouest, 1945-1989,* de Marcel Lozinski, qui oppose à la vision stalinienne des actualités officielles, les récits de quatre contemporains, leaders de Solidarnosc (Gozdzik, Lipski, Kuron et Bujak). Deux cas rares vont encore plus loin dans ce sens, puisqu'ils confrontent l'archive à ceux-là même qui y figurent : dans l'un, les témoins commentent, avec le recul, des archives dont ils furent les protagonistes ; dans l'autre, leur vie dans les images d'actualité s'oppose à leur réalité vécue.

Eclairons la mise en scène de cette fantastique dualité. Réalisé en URSS au temps du rideau de fer, en 1979 — ce qui valut au film d'attendre dix ans avant de paraitre sur un écran — *Notre mère est un héros,* de Nicolas Oboukhovitch, n'est pourtant pas un film directement politique, ni apparemment dissident (quoique son titre puisse laisser entendre une sourde ironie). Il ne critique rien, ne se prononce pas, il n'y a d'ailleurs aucun autre commentaire que celui des bandes d'actualités régionales (en noir et blanc) qui nous montrent imperturbablement une forte femme, d'allure prolétaire, couverte de bouquets et d'honneurs protocolaires, visitant usines, coopératives et autres maisons du Peuple. Cette femme, pas si jeune, est une ouvrière modèle, un héros du travail, une stakhanoviste qui aurait réalisé le plan quinquennal sur un métier à tisser en, disons, neuf mois. C'est le commentaire d'époque qui le dit. Mais cette femme là doit bien avoir une existence outre écran, comme épouse et mère, quelque part dans le socialisme réel, hors de la scène en noir et blanc du réalisme socialiste et de ses inaugurations à répétition ? C'est cette autre scène, celle de la vie quotidienne en couleurs (mais plutôt grise) du père et du fiston, abandonnés à leur triste sort par la mère en tournée, que s'est employé à filmer en cinéma direct Oboukhovitch, et à monter en alternance avec les « performances » monochromes de la mère. L'opposition des deux scènes, la glorieuse et la modeste, l'idéal-type en contre-plongée et la banale au ras des pâquerettes, est soulignée par l'antinomie des deux formes de cinéma : l'actualité des lendemains qui chantent en noir et blanc, le cinéma direct morose minimaliste. C'est le divorce ou plutôt la conjonction de ces deux tableaux qui donne, sans autre forme de procès, un panorama du socialisme réel. Ne manque que la toile de fond de cette irréelle réalité, toile infilmable mais dont on peut imaginer la trame en négatif dans l'actualité stakhanoviste : le camp de « travail », qui, comme l'a bien analysé Hannah Arendt, n'est pas seulement un instrument de répression mais le lieu où se réalise l'identité totalitaire.

La scène finale de *Notre mère est un héros* est une merveille, au sens ancien de prodige, puisque l'incroyable arrive : un monde fait irruption dans l'autre, le monde magique du héros réaliste-socialiste en noir et blanc entre dans le monde quotidien en couleurs du socialisme réel où il faut faire la queue pour du pain. Couloir désert du petit appartement, où l'on a vu évoluer le père et le fils, tout est calme : une clef tourne dans la serrure, la porte s'ouvre, « notre mère le héros » apparait, un cabas à la main, ployant visiblement sous le poids des réalités en couleur, elle s'écroule flappie sur la chaise qui jouxte la porte.

L'autre film, plus académique dans son format 52 minutes télé, met néanmoins en scène une expérience rare : des être humains filmés dans les années 30 comme des « sauvages » commentent 50 ans plus tard, comme des « civilisés », cette première rencontre avec les blancs à la caméra. Cet OVNI s'appelle *First contact* (1982), c'est le premier volet de la fameuse trilogie papoue *(Joe Leahy' Neighbours,* 1987, *Black Harvest,* 1993) réalisée par les australiens Bob Connolly et Robin Anderson. Si les Conquistadors avaient filmé leur première rencontre avec les Aztèques, on serait à peine plus sidéré que par ce *First Contact,* entre l'homme blanc équipé et une tribu nue de Nouvelle-Guinée qui n'en avait jamais vu (de blancs) et vivait selon des coutumes plongeant dans la nuit des temps. Le coup de génie d'Anderson et Connolly, c'est d'avoir retrouvé quelques uns des petits « primitifs » figurant sur les vieilles bobines des explorateurs et de leur faire commenter, à cinquante ans d'écart, le choc de la rencontre. L'interférence entre le document blanc 1930 et les commentaires noirs 1980 ouvre une mine de connaissance et un abîme pour l'imagination. Les images muettes d'un amateurisme « surréaliste » montrent l'arrivée chez les Ganigas des trois explorateurs blancs, l'admiration mêlée de terreur sacrée que suscitent leur apparence et leurs équipements, leur installation dans un pré-carré duement balisé et gardé, les premières familiarités naissantes, l'appropriation des trophées (tels les boîtes de conserve) arborés par les autochtones, l'étonnement ou la frayeur que suscitent chien, fusil, gramophone, avion… Les commentateurs, ceux-là même que l'on voient enfants gambadant sur l'écran, disent leur peur à l'époque et leur vénération pour ces zombies blancs, mi-dieux mi-morts-vivants, armés de pouvoirs et d'instruments stupéfiants (leur ceinturon était vu comme leur pénis enroulé autour de la taille, le gramophone entendu comme la voix des ancêtres…) jusqu'à ce que finalement les indigènes découvrent qu'ils faisaient aux femmes… l'amour et se cachaient derrière les buissons pour faire leurs besoins comme tout un chacun. Les enfants devenus vieux et « civilisés » en rient (on les voit) maintenant qu'ils portent chemises et blue-jeans de l'Aide gouvernementale. Ils ont compris depuis qu'il n'y a pas là de magie, et ils y ont perdu la leur.

Au-delà de ce premier aperçu contrasté, cet extraordinaire choc des cultures, Connolly et Anderson vont continuer à le filmer sur le vif, en cinéma direct cette fois, et jusqu'au tragique *clash* final (guerre tribale et plantation incendiée), à travers les mésaventures capitalistes du fils métis d'un des explorateurs et d'une femme Ganiga. Joe, qui vit à l'européenne (villa, Mercédes, femme blanche, enfants dans des Public Schools australiennes), entreprend d'exploiter une plantaton de café en copropriété avec les Ganigas, qui doivent aussi assurer la cueillette ; il parviendra difficilement à leur faire comprendre pourquoi il est riche et eux restent pauvres *(Joe Leahy's Neighbours) ;* et puis toute l'entreprise s'effondrera devant la dépression des cours du café et la reprise des guerres tribales *(Black Harvest).* Impossible mariage d'une culture traditionnelle fondée sur la communauté, le don, le prestige des beaux-parleurs et les guerres tribales, avec la culture capitaliste fondée sur la propriété privée, l'exploitation du travail et le marché mondial.

Au cours de cette extraordinaire saga documentaire échelonnée sur dix années, le système tribal aura atteint son point d'explosion et la promesse capitaliste son point d'effondrement. Politiquement, cette trilogie peut être lue comme l'impossibilité de faire « progresser » ces « sauvages », ou comme la destruction d'une société traditionnelle par l'économie de marché et la gangrène de l'argent. Le vieux Ganiga qui avait fait confiance à Joe ne comprend plus quand celui-ci le fout à la porte parce qu'il a osé se servir des toilettes de sa maison. Tout s'est déroulé comme une étrange comédie, selon un scénario auquel tout le monde aurait voulu croire mais dont l'issue fatale était déjà écrite ailleurs. Aux antipodes du documentaire ethnographique, le cinéma direct de Bob Connolly et Robin Anderson produit, par son naturel et sa proximité mêmes, un paradoxal effet de fiction, notamment dans les scènes de palabre ou du jeu guerrier. Aussi familière qu'elle soit aux protagonistes, aussi impartiale que la veuille le réalisateur, la caméra devient bon gré mal gré un catalyseur des situations et une entremise dans les jeux de pouvoir. Mais les réalisateurs savent garder le cap sur leurs personnages et leurs motivations sociales et personnelles, dans des situations dont ils sont à la fois les acteurs et les jouets, et qui finissent par les dépasser. Dans ce dramatique documentaire (qui n'est certes pas un docu-drame), la réalité ne dépasse pas la fiction. Ni exotisme, ni volonté de sensationnel. C'est plutôt que la réalité se révèle comme une fiction vécue, ou plutôt deux fictions incommensurables entre elles.

Marcel Ophuls bouscule les archives

Depuis *Munich ou la paix pour cent ans* (1967) jusqu'à *Veillées d'armes* (Sarajevo, 1994), en passant par le célèbre *Le Chagrin et la pitié* (1969), le puissant *Hôtel Terminus : Klaus Barbie, sa vie, son œuvre* (1988) et la romance berlinoise du mur qui tombe, *November Days* (1990) — la méthode (ou le style, c'est souvent un en documentaire) inventée par Marcel Ophuls s'est affinée et accentuée, elle ne s'est jamais démentie. Le ressort de son dispositif, il l'explique dès 1971, au moment de la sortie en salle du *Chagrin et la pitié* : grâce aux techniques de la caméra légère à son synchrone, « *on a la possibilité, pour la première fois dans l'audiovisuel, de traiter des idées générales exactement comme le faisaient les romanciers du XIXe siècle, de les traiter presque en essayiste, de* ***mélanger ce qu'étaient traditionnellement le roman et l'essai, et de le faire en partant de l'opinion des autres...*** *en contrastant, en mélangeant, en dosant ces opinions et ces témoignages.* » (entretien avec Claude Beylie, *Cinéma 71*, juin, n° 157). Le romancier de référence non cité ici (mais dans le livre *Le Chagrin et la pitié*, p. 269, Alain Moreau, 1980), c'est Balzac et sa *Comédie humaine*.

Il est certain que *Le Chagrin et la pitié* fait date dans la conscience française parce qu'il bouleverse l'hagiographie de la France unie dans la Résistance et remet sur la sellette la collaboration. Mais quelques travaux d'historiens contemporains le faisaient aussi. Le retournement que le film opère tient tout autant à sa forme : il ne s'agit pas d'un discours (de plus) engagé ou contestataire, tenu par un commentateur faisant parler des images d'archives muettes « vues d'avion » (du studio), mais d'un montage contrapuntique actuel de paroles vécues et vivantes, de témoignages de terrain (Clermont-Ferrand) contemporains à la fois des faits contés et des spectateurs appelés à en juger vingt-cinq ans plus tard. Comme tous les bouleversements radicaux, celui-là touche à la forme de la vérité, et c'est ça qui remue au fond. Autour de ce choix décisif : le montage polyphonique des explications et omissions, des justifications et mensonges des témoins, se greffent d'autres principes qui vont s'affirmer de film en film : pas de commentaire ; interventions de plus en plus manifestes du réalisateur-interviewer (acteur) à l'écran ; images d'archives appelées à représenter non l'événement passé mais la manière dont on le traitait et traitait le public avec ; métaphoriques extraits de fiction évoquant l'imaginaire d'une époque en même temps qu'une mémoire collective (drame et comédie) non pas chronologique mais associative.

« *Presque toujours, les documents sont là pour rendre compte de l'esprit et de l'atmosphère d'une époque, et rendre ainsi plus palpable ce que les témoins ne peuvent évoquer qu'en paroles. C'est pourquoi* ***j'aime le plus souvent utiliser un document dans son montage original, avec son commentaire et sa musique d'époque****.(...) J'ai découvert très tôt que les cartes d'index (des archives) ne peuvent que donner une idée très approximative et souvent fausse du contenu réel d'un document filmé, et surtout de son impact. Car celui-ci tient beaucoup plus, bien sûr, à des facteurs émotionnels et intuitifs qu'à leur contenu apparent. C'est tout le mystère du cinéma, son charme et son pouvoir. Malheureusement les gens qui s'occupent de ce genre d'émissions sont plus journalistes que cinéastes. C'est pourquoi s'ils utilisent le document du Fürher visitant Paris, c'est pour évoquer l'événement lui-même et non pour s'attacher à en faire ressentir le climat, et encore moins la façon dont il a été filmé.* » (op. cit. p. 250).

Et Ophuls d'ajouter, dans son entretien avec Claude Beylie, une remarque corroborant notre précédente critique du mésusage de l'archive façon Rossif (cf. chap. 15 § *De Nuremberg à VW*) : « *Habituellement dans les films dits « de montage », ceux d'Aurel par exemple, les documents sont utilisés comme images accompagnant un commentaire préalablement écrit par l'auteur lui-même ou un compère. Or l'effet obtenu de la sorte, surtout lorsqu'il prétend être satirique, est extrêmement discutable. Prenons le cas des discours d'Hitler. On nous l'a montré assez souvent gesticulant à la tribune, il en devenait ridicule et donc inoffensif. (...) Mais à partir du moment où tu montres et que tu entends ça synchrone, où tu découvres que cela se passe devant 30 000 personnes (il était normal, n'est-ce pas, que ce cher Fürher soit poussé à gueuler un petit peu devant un pareil auditoire !), quand tout cela apparait ensemble, ça cesse d'être ridicule et ça prend une toute autre dimension. Or il est très important que ce ne soit pas ridicule, le danger n'est jamais ridicule. (...) Note bien que cela ne nous empêche pas de faire par ailleurs* ***un montage qui soit visiblement de nous :*** *par exemple un montage des voyages du Maréchal avec les gosses qui lui présentent des gerbes de fleurs, et par dessus, la chanson de Maurice Chevalier* Ça sent si bon la France *; là c'est évidemment parodique.* »

Un dialogue armé

La justesse d'un film d'Ophuls — sa pertinence historique et son impertinence subjective, celle-ci actualisant celle-là — dépend de l'adéquation de la méthode au sujet choisi, de la parole *in situ* au champ opératoire, de la bonne conjugaison du temps de l'enquête filmée avec le temps des événements passés. Jusqu'à *November Days*, Ophuls tournait ainsi l'Histoire au passé recomposé : « *Je suis allé voir monsieur Machin — Bonjour M. Machin : alors vous nous dites aujourd'hui qu'à l'époque…* » La vertu du procédé, sa vérité si l'on veut, se jouait dans cet écart : le spectateur a à juger au présent de gens parlant au présent de leur passé personnel, et par ricochet (le montage les mettant en miroir, agençant leurs réflexions) de l'Histoire avec un grand H. La force convaincante du *Chagrin et de la Pitié* ou de *Hôtel Terminus*, c'est qu'il ne s'agit pas seulement de reconstituer une vérité enfouie, tue ou amputée — à la Decaux — mais de mettre le citoyen-spectateur en position de mesurer ces écarts : écart entre la version canonique de l'Histoire et les récits vécus, écart des récits entre eux, écart entre les actes et les raisons, écart entre ce qui fut vécu par tel ou tel et ce qu'il est devenu, ce qu'il en dit tant d'années plus tard. Pas des faits, à jamais naufragés, mais des dires et des comportements. Il s'agit bien de devenir, non d'essence, de mesurer le réel non à la fatalité du fait accompli mais aux possibles d'alors et d'aujourd'hui (qu'accentuent les irruptions d'extraits de fiction).

Telle est l'originalité du cinéma documentaire de Marcel Ophuls : c'est vraiment du cinéma parce que ça joue non sur la démonstration (même si les partis pris ophulsiens peuvent parfois agacer), mais sur la tension entre prises de vues réelles (M. Machin témoignant à son bureau ou dans son jardin) et images virtuelles : omissions, fantômes de l'injustice, zombies des bourreaux impunis, ombre et lumière des défaillances des uns, de la bravoure des autres, engrenages du conformisme, de la peur, de la résistance, du hasard devenu destin, illusions communes, mensonges ou lucidité personnels, comptes jamais apurés de l'histoire… Ainsi, dans *Hôtel Terminus*, l'épisode de la trahison qui coûta la vie à Jean Moulin fonctionne moins comme une énigme mythique à résoudre que comme un révélateur actif des mentalités et enjeux d'alors et d'aujourd'hui encore. Compte moins le : *qui a trahi ?* que le : *pourquoi ça trahit ?* Dettes historiques jamais réglées mais que les paroles d'aujourd'hui peuvent encore creuser ou combler.

Car si l'histoire a bien eu lieu, elle n'est jamais définitivement jouée mais toujours à reprendre : ce qui compte pour les survivants que nous sommes tous des guerres passées, ce n'est pas la commémoration, c'est la remémoration, l'anamnèse qui lève le refoulement (ou ses clichés figés) et permet la résurrection, non pas des morts, mais des mots qui libèrent le jeu de la réflexion, seul accès vital au juste oubli. Ainsi tous les protagonistes des films d'Ophuls sont jugés sur parole : voir l'importance symbolique du témoignage du simple paysan Favet sur les enfants d'Izieu, parole récusée par le tribunal qui jugeait Barbie, et qu'Ophuls oppose de plain-pied aux arguties professionnelles du procureur et au discours virtuose, rouée et trouée, de Maître Vergès. **Tous sont jugés sur parole, et finalement moins sur la vérité dans la relation des faits (passés) que sur leur relation actuelle aux faits qui les ont fait ce qu'ils sont devenus.**

« *On n'a pas cherché à savoir si les gens avaient raison ou tort, on n'a même pas cherché à authentifier leur témoignage ou à le réfuter* — explique encore Ophuls à propos du *Chagrin et la Pitié* — *il ne s'agissait pas de savoir, par exemple, si telle bonne femme avait ou non dénoncé des gens à la Gestapo, il s'agissait d'écouter quand elle le niait : voilà ce qui nous importait, voilà où était le document humain. Et la distance, et la blessure que cela a pu faire dans sa vie, n'est-ce pas la seule chose qui compte ?* » (*Cinéma 71*). Aussi *Hôtel Terminus* confronte-t-il chaque acteur de l'histoire à sa propre vérité, à travers cette terrible loupe grossissante du crime non pas « particulier » mais « contre l'humanité ». Or les « crimes contre l'humanité » ont bien été perpétrés et répétés par des particuliers comme Barbie. Banalité exorbitante, énigme universelle. À cette évidence aveugle qui nous lie — par les nœuds en chacun obscurs de l'inconscience, du pouvoir, de l'impuissance — se mesure la parole de chaque interviewé (victime ou complice, résistant ou indifférent) à travers le questionnement du cinéaste. Marcel Ophuls, comme tous les authentiques intellectuels juifs, des Cabalistes à Ernst Bloch en passant par Freud et Arendt, croit à la parole : parole libératrice contre l'oppression, avénement et rédemption de l'universel en chaque homme, intermédiaire du politique.

Comme dit Montaigne, « *la parole est moitié à celui qui parle, moitié à celui qui écoute* ». Les films de Marcel Ophuls sont entièrement bâtis sur la vertu et la perversion de la parole, la parole qui se cherche ou qui se refuse, qui explique ou dénie, qui résiste ou trahit, **accuse ou excuse ce dont on parle tout comme celui qui parle.** Il y a ceux qui en savent plus qu'ils ne disent, comme ces contre-espions américains, naguère chargés du recyclage des nazis, aujourd'hui à la retraite au bord de leur piscine, et qui fictionnent si bien qu'on dirait du cinéma. Et il y a ceux qui, en parlant, découvrent qu'ils en disent plus qu'ils ne voulaient ou croyaient être capables de dire. Grands moments d'émotion émanant de ces témoignages de femmes victimes de Barbie. Petits moments de vérité inverse : ces regards soudain flottants trahissant ceux qui se retrouvent coincés dans leur propre mensonge ou leur sourde culpabilité, et qui regrettent visiblement… à tout le moins d'être devant la caméra.

C'est en ce sens que les films de Marcel Ophuls peuvent être dits militants : ils militent pour une réflexion autonome, pour plus de courage de décision, pour le changement contre la soumission à l'état des choses, pour un espace public (dont l'écran figure l'utopie) où puissent se croiser et s'ajuster les jugements. Ils sont politiques, non au sens politicien, mais au sens civique que Hannah Arendt donnait à ce mot : *« Il est extrêmement difficile de réaliser qu'il existe véritablement un domaine où nous devons être libres, c'est-à-dire où nous ne nous sentions ni livrés à nos impulsions, ni dépendants de quoi que ce soit de matériel. Il n'y a de liberté que dans l'espace intermédiaire propre à la politique. Pour échapper à cette liberté, nous nous précipitons dans la nécessité historique, ce qui est une absurdité épouvantable. » (Qu'est-ce que la politique ?* p. 34).

Les pièges de Marcel O

Pour remettre en question cette nécessité historique et réaffirmer la liberté politique comme entremise, Marcel Ophuls n'hésite pas à bousculer parfois ses interviewés ou même à leur tendre des pièges, transgressant le jeu de rôles journalistique. Tout le monde a en mémoire ce M. Klein, mercier de Clermont-Ferrand, devant sa boutique, tout heureux de passer à la télé jusqu'au moment où Ophuls lui parle de l'annonce qu'il fit paraître dans un journal local, au moment des « décrets juifs », pour bien préciser qu'il n'était pas juif. Et il y a la bonne voisine, à laquelle est dédié le film *Hôtel Terminus,* celle qui ouvre sa porte aux enfants menacés de rafle, comme dans une chanson de Brassens. Par un méchant hasard, viendra s'y opposer inopinément l'autre voisine : *« elle est entrée dans le champ de façon tout à fait spontanée et si on écoute bien ce qu'elle dit, on se rend compte que ce n'est pas du tout une victime innocente du film documentaire méchant, elle a une façon de parler, de se souvenir et d'oublier à nouveau, qui est odieuse pour n'importe quel déporté. Certains spectateurs peuvent se demander pourquoi j'ai épinglé ces deux françaises moyennes, de condition modeste, alors que le film traite d'une criminalité absolument giantesque. La raison est que dans n'importe quel pays, à Lyon comme ailleurs, tous les Barbie ne peuvent se servir que des préjugés, ne peuvent agir qu'en fonction des indifférences et des égoïsmes de l'être humain, de la condition humaine, c'est cela le thème du film. »* (entretien avec Frédéric Strauss, *Cahiers du Cinéma,* septembre 1988).

Il y a bien sûr la production de documents ou de propos qui viennent contredire l'interviewé : c'est la base même du montage d'entretiens, que les inserts (photos, actualités, extraits de fiction) viennent dynamiser (même si parfois ils pèsent ou irritent en brisant la continuité d'un témoignage). Mais Ophuls va jusqu'à traquer ceux qui refusent de répondre (à ses questions et de leurs actes) et il filme leurs dérobades : c'est le cas de plusieurs anciens gestapistes « appréhendés » devant chez eux, dont l'un invoque les droits de l'homme contre le viol de la caméra ! Ophuls filme aussi le monde du silence de ces petits bourgs allemands sous la neige de Noël, où les gens ne veulent pas le savoir, veulent qu'on « les » laisse en paix : « ça fait 40 ans ». Mais il aura effectivement fallu 40 ans pour parvenir à en parler, alors est-ce bien le moment de se taire ? laisse entendre Ophuls.

Tous les régimes de terreur font subir à la parole un double traitement : la loi du silence sur la place publique et l'extorsion d'aveux dans les caves. Seule la parole publiquement consentie et échangée peut restituer et garantir la liberté de conscience et d'agir : c'est sur ce credo que joue Ophuls, même dans ses agressions. A contrario, le refus de témoigner dans le film reconduit la coupure de la parole, l'interdiction de la relation (au double sens du mot). Ambivalence de ce que parler ou ne pas parler veut dire : résistance morale à la dénonciation ou à la torture, le mutisme devient auto-mutilation complice alors qu'il s'agit de protester ou d'attester. (Encore Ophuls devrait-il tenir compte d'une légitime méfiance du public vis à vis des *paparazzis* poursuivant le sensationnel : un vieil allemand dit à la caméra « vous cherchez à faire du fric »). Dans une petite saynète improvisée, Ophuls parodie la fin de non-recevoir de tous ceux qui « ne veulent pas le savoir » ou « ne veulent plus en entendre parler » : le cinéaste mime comiquement, avec un assistant, une conversation téléphonique avec la veuve d'un chef de la gestapo, elle n'a rien à dire, non, elle n'a jamais entendu parler du nom de Barbie. Comme quoi, même le pastiche peut venir au secours du documentaire.

Ophuls ne recule pas devant les facéties provocantes et productives, dont feront aussi les frais Mme Brecht fille ou le patron de Mercédès dans *November Days* (cf. infra). Ophuls ne se veut pas journaliste, il ne joue pas le jeu des représentants, il s'affirme citoyen-cinéaste, homme de spectacle, et pour lui le spectacle a des vertus non seulement distractives mais détonantes, c'est non seulement une scène à l'adresse du public mais une forme de l'espace public. Même s'il privilégie la discussion, il sait que parfois un court numéro de claquettes (extraits de comédie musicales ou de burlesques) vaut mieux qu'un long discours. Un pas de plus, et voilà notre cinéaste se faisant acteur et manipulateur, comme dans un film d'Orson Welles, tendant un piège à un garde du corps de Barbie. Pendant que l'homme poireaute — ou plutôt marine devant une caméra qu'il croit éteinte (et qui le filme), attendant pour passer aux aveux (duement rémunérés) — Ophuls en peignoir, dans la chambre attenante, nous raconte ce que cet homme a à nous cacher, avant d'aller le retrouver pour l'interview que cette mise en garde éclaire. En fait, comme l'équipe n'avait qu'une caméra, le monologue préventif d'Ophuls, nécessaire à ce montage alterné, a été filmé après. Manipulation, mise en scène, à roublard roublard et demi, droit de plaider le faux pour savoir le vrai ? Ophuls ne prétend pas à l'innocence, ni à la pure vérité, il plaide contre les manquements à la parole *(« le langage n'est-il pas la demeure de l'homme » ?)*, contre la fausse conscience et ses « bonnes » raisons tacites dont sont faits les verrous des cachots.

Dans *Shoah*, on l'a vu, Claude Lanzmann va jusqu'à utiliser une caméra cachée pour enregistrer la description « technique » de Treblinka par un de ses anciens tenanciers. Le film travaille ici sur ce que Harendt a nommé « la banalité du mal » : l'écart monstrueux entre la « normalité » des assassins, l'euphémisme de leurs explications, et l'énormité de leurs crimes qui, dirait-on, les dispense de les reconnaître. Pire que l'impossible aveu de complicité, pire que l'excuse de l'obéissance et le conformisme aveugle, il y a cette « raison » admise : la « solution » des problèmes pratiques, qu' »il faut » appliquer méthodiquement chaque jour pour traiter des milliers de corps (vivants ou morts) devenus objets. « *Les États totalitaires s'efforcent sans cesse — même s'ils n'y réussissent pas toujours complètement — de démontrer que l'homme est superflu. C'est à cette fin qu'ils pratiquent la sélection arbitraire des divers groupes à envoyer dans les camps, qu'ils procèdent régulièrement à des purges dans l'appareil dirigeant et à des liquidations massives. Le bon sens proteste désespérément que les masses sont soumises et que tout ce gigantesque appareil de terreur est donc superflu. S'ils étaient capables de dire la vérité, les dirigeants totalitaires répliqueraient : l'appareil ne vous semble superflu que parce qu'il sert à rendre les hommes superflus.* » (Arendt, *Le système totalitaire*, p. 197).

N'est-ce pas le sens aberrant et terrifiant du « sage » adage inscrit par les nazis aux portes de Buchenwald : « À chacun son dû ».

L'espace-temps d'une histoire

Mais quand se réduit la distance historique entre l'événement passé et sa considération présente — écart de temps essentiel à la réflexion pour juger sur parole justement (qu'on soit témoin ou spectateur du film) — qu'advient-il de la méthode Ophuls, qui repose sur un différentiel d'époques ? Déjà dans- *November Days*, l'écart entre l'événement historique (la chute du mur) et les témoignages dans le film se voit réduit à un an. Rappelons-en le dispositif : Marcel Ophuls retrouve un an après, grâce à des annonces passées dans la presse allemande, des Berlinois de l'Est filmés par la BBC la nuit où, pour la première fois de leur vie, ils passaient librement à l'ouest. Grâce à l'association de scènes de comédies musicales, le film, au titre de bluette à la Gershwin ou à la Woody Allen, nous fait immédiatement partager l'enthousiasme et l'érotisme de ces nuits chaudes où le monde change et les humains sans se connaître forcément se retrouvent.

Mais évidemment, le stalinisme ne date pas d'hier, et sa critique, comme son histoire, a eu le temps de mûrir derrière les murs des prisons communistes, avant le tomber de rideau de fer final. Donc le dispositif de confrontations ophulsien, fondé sur le différentiel historique (avant/après, compromis/compromission, indifférence/résistance) fonctionne au mieux avec anciens dirigeants, *stasistes* ou intellectuels impliqués dans les hautes sphères du pouvoir. La fille Brecht dénie toute mondanité de la sorte, une photographie montée en pleine interview vient la démentir tout de go. De même, Marcel Ophuls sait jouer de manière drôlatique de son différentiel personnel par rapport à la future réunification sous le signe du Deutsch-Mark : sur le toit d'un building dominant la place centrale de Berlin encore en friche, au beau milieu de l'interview du patron de Mercédés, appelé à en financer la rénovation, Marcel se met à lui chanter une romance populaire des vieux cafés disparus dont la convivialité ne semble guère au programme du nouveau plan d'urbanisme. Intempestive, la chanson berlinoise fait l'effet d'une étincelle entre deux mondes (l'entre deux-guerres et l'après-guerre froide), d'un court-circuit dans les conventions de l'homme d'affaires qu'on sent désarçonné, et d'un pincement dans l'imagination du spectateur.

Cependant, tout à la joie du swing du mur qui tombe, le social-démocrate Marcel Ophuls ne voit pas que derrière la romance, il y a le chant du cygne. Il aperçoit mais ne comprend pas toujours les ombres sur les visages de ces couples certes heureux d'être déstalinisés, mais inquiets quand même de la brusque déflation de leur existence et de l'abolition de leur pays. « *Il n'y a pas que le chômage, Monsieur Ophuls,* remarquera pointu le chef d'orchestre Kurt Masur. *Les gens ont une âme aussi.* » Bon joueur, Ophuls encaisse, reconnait la pertinence de la réponse et la monte. Mais nous touchons là aux limites de la conception du documentaire comme montage de témoignages, limites que nous retrouvons plus marquées dans *Veillées d'armes,* vu l'actualité du sujet tourné à chaud.

Si l'espace chez Ophuls reste souvent filmé à la manière du reportage TV (alors que Lanzmann en déploie une expression plus cinématographique, à proportion de l'impuissance des mots), Marcel Ophuls sait en revanche mettre en œuvre un art du portrait, du cadrage de la parole, qui éveille les puissances de la fiction. Le récit à voix multiples, provoqué et agencé par l'interviewer-réalisateur, est parfaitement adéquat au surgissement de la question morale personnelle et au jugement historique. Cependant, ni la politique comme actualité du pouvoir, ni l'économie politique ne se réduisent à la morale, ce que l'on sait depuis Machiavel et Marx. « *Le fait que (dans un film) un coquin capitaliste commette des injustices ne démontre en rien l'injustice du système capitaliste* », écrivait un contemporain de la Mittel-Europa de Max Ophuls, le critique hongrois Béla Balazs dans *L'Esprit du cinéma* (1930). Autant que d'invididus-sujets de conscience, il s'agit des sujets-objets des appareils de production, des rouages technico-admistratifs, des manipulations légales et illicites des inconscients. Pour appréhender non seulement les individus dans l'appareil mais la logique actuelle de l'appareil (politique, économique, militaire ou médiatique), l'addition des témoignages ne suffit pas.

En ce sens, le travail sur *Shoah,* mené par Lanzmann, est l'inverse complémentaire de celui d'Ophuls : il démonte froidement, et d'autant plus terriblement, le système extrême, la machine administrative, policière et technique, la « rationnalité » de l'extermination portée à une échelle industrielle. Dans cet usinage de la mort, la parole humaine n'a plus cours. Dévaluée, elle ne fait que décrire et répéter ce que les lieux crient de leur voix muette : l'indicible horreur qui pourtant a eu lieu ici, systématiquement. La « solution finale », comme le goulag, ce n'est pas le déréglement sanguinaire d'une bande de « *serial killers* », c'est l'exploitation machinale d'une partie des hommes (réduits par l'État à l'état de sous-hommes) poussée jusqu'à leur élimination, une fois la force de travail extraite et leur individualité détruite.

La critique des armes

Veillées d'armes donne la pleine mesure des vertus et des limites du montage de témoignages ophulsien. La première partie ouvre sur la question morale de cette fin de siècle, formulée par Philippe Noiret : « *Et si l'on avait vu Auschwitz à la télé, est-ce que ça aurait changé quelque chose ? Non, ça n'aurait rien changé, vu justement Sarajevo et la purification ethnique.* » (cf. aussi chap. 6 § *Sans l'ombre d'un doute).* Nous sommes alors dans le cadre d'un tournage en décor début de siècle, dans lequel officie l'acteur Noiret. Sur fond de fiction donc, une scène documentaire : car c'est Philippe Noiret l'homme, non l'acteur, qui s'avance et nous parle ainsi, à la demande du documentariste-interviewer.

Marcel Ophuls lui-même entre bientôt dans le film en tant qu'acteur, tambour battant ou plutôt portes battantes, en se précipitant attraper le train gare de l'Est direction Zagreb. Dans le couloir des *sleepings*, fiction et réel convergent : le contrôleur, qui n'ignore pas la caméra, reconnaît sur le passeport le nom d'Ophuls, il pense à Max bien-sûr, occasion du premier insert monté par Marcel de *De Mayerling à Sarajevo*. Commencé en 1939 par son père, le tournage de ce film, sur l'archiduc François-Ferdinand — dont l'assassinat à Sarajevo déclencha la première guerre mondiale — fut interrompu, ironie de l'histoire, par la déclaration de la deuxième guerre mondiale.

Quand le réel fait ainsi retour, prend sa revanche dirait-on sur la fiction, est-ce un signe que les maléfices de l'histoire se répètent ? C'est une question latente dans *Veillées d'armes*. D'un côté le film laisse entendre que oui, en évoquant la guerre d'Espagne *(La Causa* de 1936) en parallèle avec Sarajevo, qui figurerait une sorte de Catalogne sans Brigades internationales. D'un autre côté, le film exorcise la question par la démarche inverse, en insérant des retours de fictions dans la réalité filmée. On sait déjà que quand le réel (= certains pouvoirs temporels) ne tolère plus la fiction et prétend la phagocyter, ça donne des effets totalitaires : l'affaire Rushdie en est le symbole vivant. Ainsi, à la fin de *Veillées d'armes*, Marcel Ophuls ose des inserts de James Cagney, jeune premier dansant les claquettes, dans l'interview d'un acteur bosniaque rendu cul-de-jatte par une explosion et qui se promet de remonter sur les planches dès qu'il aura une prothèse. Dès son arrivée à l'Holiday Inn de Sarajevo — repaire des journalistes qu'il célèbrera d'un refrain de comédie musicale, *Welcome to Holiday Inn* — Marcel lance un superbe extrait du *Henry V* de Shakespeare, filmé par Laurence Olivier : auprès d'un feu de camp, les seigneurs combattants s'interrogent sur la responsabilité du roi vis à vis de tous ces corps en souffrance, ces membres mutilés que la guerre éparpille sur le champ de bataille... mais Dieu réunira ces morts pour la bonne cause... et si la cause n'était pas bonne ? Tournant autour de cette question morale de la responsabilité et de l'aveuglement, du paradoxal « rien voir, rien faire » malgré ceux qu'on paye pour voir, dire et montrer (les correspondants de guerre, sujet du film), la première partie de *Veillées d'armes* marche, remue, convainc.

Intermezzo viennois, façon Godard : dans une chambre d'hôtel de luxe, en présence d'une poule de luxe nettement dénudée sur le lit dans l'arrière-plan, Marcel, revenant à la civilisation, se rase, en évoquant les plaisirs de la table et de la chair. Provoquant repos du guerrier ? Certes. Cynique ? Non. Bon vivant, bon enfant (?), Marcel repose tranquillement, en plein documentaire (?), son droit aux fictions ou plaisir et au plaisir de la fiction. Vivre sa vie.

La critique désarmée

Au cours de la seconde partie, second voyage à Sarajevo, le film commence à tourner en rond, à s'éparpiller, à accumuler interviews et reportages qui, malgré leur qualité humaine, n'offrent plus ni liant, ni perspective. S'esquissent des recherches qui n'aboutissent pas : je pense notamment à l'analyse prometteuse, menée par Alain Finkielkaut, du *7 sur 7* d'Anne Sinclair avec Bernard Kouchner de retour de Sarajevo, mais qui demeure sans suite. Ou encore, l'interview décevante et fort peu pénétrante d'un présentateur de TF1, célèbre pour son tête à tête avec Fidel Castro. On aurait aimé au moins voir battue en brèche sa théorie élémentaire (méprisante et méprisable) du média TV comme entonnoir : réduction du vaste monde à quelques infos et une grosse émotion pour la petite tête du grand public. Comment expliquer l'indulgence d'Ophuls ici, son manque de suite dans les idées là ? C'est que, du point de vue de la méthode, le seul montage d'interviews de journalistes de terrain (aussi courageux soient-ils) est impuissant à produire une analyse de l'appareil TV qui les utilise, ou de la logique des mass-médias comme supermarché de l'instantané, effet d'annonces (l'énonciation prime sur l'énoncé), déni du temps vécu (par le temps « réel » des ordinateurs et des satellites), déni du montage et de l'histoire (par identification de la vérité au direct). Pour montrer cela, il faudrait une approche à la Wiseman : filmer et remonter au long cours, sans commentaire ni interviews, la fabrication institutionnelle de l'info sur le terrain et dans les bureaux. Ou au contraire un démontage historique conceptuel à la Farocki.

Mais pour montrer cela, encore faut-il le voir : il ne suffit pas d'opposer les courageux envoyés spéciaux aux présentateurs-vedettes des salons parisiens (même si c'est juste, ça reste court). Il faut remettre en question, non seulement les personnes, mais l'appareil d'information lui-même comme supposé démocratique. Ce qui échappe à l'anglophile, travailliste et empiriste, Marcel Ophuls, c'est que la falsification de l'histoire peut certes opérer à la manière totalitaire de Big Brother, par censure des informations et élimination des témoins (bénévoles ou appointés). Mais elle peut aussi se faire, de manière plus moderne et « démocratique », par excès d'informations, moulin à prières-événements opérant l'abolition de la réflexion, de ces écarts de temps justement qui donnent tout leur poids aux témoignages dans ses montages précédents. Marcel Ophuls ne veut pas trop l'entendre, mais c'est ce que lui dit sur place Romain Goupil : montrer à la télé un enfant mourant à Sarajevo, en Ethiopie ou dans un accident de voiture, sans autre explication que déplorer, ne fait que renforcer l'impuissance du spectateur et le non sens de l'horreur. On peut interpréter dans le même sens la citation que lit Ophuls au photographe de presse en colère, à la fin du film. C'est la phrase d'un ancien correspondant de guerre qui met en doute l'avenir du métier. Dans ce doute, Ophuls semble ne lire que la menace physique grandissante qui vise les héroïques journalistes au front, quand on peut aussi y voir la crainte de la récupération spectaculaire de tout reportage, sa réduction à un cliché sensationnel qu'un autre aussitôt chassera.

La télévision — devenue appareil national à se congratuler (ici rires et applaudissements pré-enregistrés) — ne contribue-t-elle pas à faire de nous tous ce spectateur petit bourgeois que dénonce Ophuls et dont parlait déjà Balazs (décidément bien des citations reviennent deux fois dans ce livre, j'espère que le lecteur y verra un effet non pas redondant mais rafraîchssant, ne dit-on pas « rafraîchir la mémoire ») : « *Le petit bourgeois déplore les dommages causés par le mauvais fonctionnement du système économique. Il ne veut rien savoir de ceux causés par son bon fonctionnement. Il pleure volontiers ceux qui sont irrémédiablement broyés dans l'engrenage, car il y a quelque chose d'apaisant dans le fait qu'on ne puisse plus apporter aucune aide. Parce qu'alors on n'a plus besoin d'aider.* » *(L'Esprit du cinéma).*

Richard Dindo : les lieux-dits et la procession des récitants

Comme Marcel Ophuls, le documentariste suisse Richard Dindo convoque des témoins devant sa caméra et construit le film sur cette mise en présence du passé. Mais, à part cela, le dispositif diffère du tout aut tout. Chez Dindo le fil rouge de l'enquête, c'est toujours l'histoire au singulier, celle d'un homme, célèbre ou anonyme, dont la destinée est représentative des fracas et particulièrement des injustices de l'époque. Une histoire, donc, aux frontières du politique et du biographique, dont la mort est souvent le point focal. Ensuite, Dindo ne pratique pas l'interview, ni le montage de dialogues, mais la suite de monologues : chaque témoin est le récitant de sa propre histoire face à la caméra, sur les lieux-dits.

« **Il s'avance et dit** » : c'est cette formule qu'applique Dindo, cette forme de mise en scène qui emprunte à la tragédie antique, à l'opéra, et à la distanciation brechtienne. Cela confère à ses films une structure informative et émotive très particulière : **la reconstitution est un théâtre vide que l'imagination du spectateur peuple de fantômes à partir des lieux revisités et des narrations des témoins**, appuyées de quelques rares documents (écrits, photos, images d'archives). Alors qu'Ophuls traque et entrelace les mémoires individuelles comme sens proliférant et traumas d'une histoire à remonter, Dindo met en lumière une mémoire enfouie, stratifiée comme une topographie nostalgique (ne dit-on pas « trous de mémoire » ?), il met en scène un enchaînement des récits et des lieux de mémoire, un enchaînement des récits aux lieux et sur les lieux. L'anamnèse filmée vise à remonter du présent visible des témoins et des lieux aux images défaillantes du passé. Dindo a fait de ce dispositif du lieu-dit l'âme de son cinéma : ainsi, deux des derniers compagnons du Che n'ayant pu venir témoigner sur les lieux en Bolivie, faute de visa, le cinéaste a refusé de déroger à son principe et renoncé à les filmer à Cuba.

Dindo reconstitue toujours, à la manière judiciaire, **le lieu de mémoire comme lieu d'un crime** : *L'exécution du traitre à la patrie Ernest S.* (1977), le lampiste, bouc émissaire de la collaboration ; *Dani, Michi, Renato et Max* (1987), quatre jeunes victimes de bavures policières à la suite du Mai zurichois en 1981 ; *Arthur Rimbaud* (1991), chronique épistolaire d'une perdition annoncée ; *Che Guevara, Journal de Bolivie* (1996), le dernier cercle du révolutionnaire en deuil de la révolution ; *Une saison au paradis* (1998), retour sur *apartheid* d'après les journaux sud-africains de Breyten Breytenbach. « *Nous retraçons nos pas et nous trouvons des cadavres* », dit la voix off de l'écrivain.

Autre différence d'avec Ophuls : Dindo utilise une voix off, soit un commentaire explicatif le plus neutre et descriptif possible, soit un texte littéraire du personnage central servant de trame à l'itinéraire du film (montage de lettres et poésies de Rimbaud, *Journal de Bolivie* de Guevara, *Journaux africains* de Breytenbach, souvenirs du peintre *Charlotte Salomon, vie ou théâtre,* 1992). Ce dernier titre livre peut-être une des clefs du cinéma de Richard Dindo : la vie est une interface entre le roman familial intérieur et la scène politique de l'époque ; l'entrelacs et la confrontation de l'un avec l'autre produit un destin, et l'art peut donner à ce destin dramatique la dignité de la mémoire. « *Cette idée proustienne que l'œuvre d'art sert à reconstruire le temps, la mémoire et à survivre, cette idée de survivance, qui traverse mon cinéma, est tout entière contenue dans l'œuvre de Charlotte* (jeune juive poursuivie par la faucheuse nazie). *C'est une œuvre de résurrection. elle se dit : "Je vais probablement mourir mais je vais survivre grâce à mon œuvre". C'est une idée magnifique qui est à l'origine de tout art. Toute œuvre d'art est un retour en arrière, le rêve d'un passé et une mémoire des origines.* » (Richard Dindo, dossier de presse du film).

Les films du documentariste suisse sont des enquêtes à la fois policières, poétiques et politiques : le pélerinage et la reconstitution sont ascétiques, systématiques, parfois jusqu'à l'obessionnel *(Dani)* et émouvants, en raison même de l'absence des « voix chères qui se sont tues ». Les récits demandés aux témoins sont simplement factuels : ni opinions, ni jugements de valeur, plutôt les rémanences d'actions ou de situations vécues, **comme une mémoire des corps plutôt que des consciences. Le travail de la conscience, c'est la caméra-spectateur et le montage qui s'en chargent**. Le but n'est pas la reconstitution de la réalité des choses, réalité enfuie et jamais reproductible, mais le processus de remémoration, à la fois historique (les témoins) et artistique (le film) qui conduit à la production d'une mémoire réflexive collective. Comme l'a dit Michel Egger, « *le va-et-vient permanent entre le mot et l'image, les répétitions en associations visuelles qui donnent au même plan un sens et une résonance à chaque fois différents, le jeu des correspondances poétiques et musicales finissent en effet par être non seulement source d'émotion et de lyrisme, mais par engendrer une fiction intérieure au récit* ». (cité par René Prédal, *Richard Dindo*, in *Cinémaction : le cinéma direct*, p. 178)

Ainsi, à l'image du destin de son héros, le film sur Che Guevara opère par cercles concentriques de plus en plus restreints, alors que plus l'étau se resserre, plus le temps des événements et de la narration se dilate. La première partie du film est un montage d'archives commentées sur la fin de la révolution cubaine. Evénement local d'amplitude planétaire qui, à peine né, subit la surcharge du conflit des deux grandes puissances ; la révolution cubaine rejoue à petite échelle le drame de la révolution russe. Comme le rappelle Marker dans *Sans soleil*, « *on a prêté à tous les leaders du Tiers Monde la même réplique au lendemain de l'indépendance : "Maintenant les vrais problèmes commencent".(...) Des problèmes peu excitants pour le romantisme révolutionnaire : travailler, produire, distribuer, surmonter l'épuisement des lendemains de guerre, les tentations du pouvoir et du privilège... Mais quoi, l'Histoire n'est amère qu'à ceux qui l'attendent sucrée.* » Désireux (ou désespéré ?) de briser l'encerclement qui conduit la révolution à dévorer ses enfants, le Che (y croyait-il positivement ?) va chercher à l'étendre. Il abandonne Cuba pour aller allumer un autre foyer... où il va finalement se retrouver encerclé. Au fur et à mesure que le film s'enfonce dans le maquis bolivien et dans le texte-guide du *Journal de Bolivie*, le présent filmé des lieux, des chemins, des bivouacs, des escarmouches et des embuscades, relatés par le texte (lu off par Jean-Louis Trintignant) et par les témoins in situ, reprend la main à l'archive. Paradoxalement (mais c'est la recette même du cinéma de Dindo), le drame s'accroit poétiquement de l'absence, il pousse sur le champ à proportion de son invisibilité directe, jusqu'à la scène ultime dont tout le monde connait la chute — la photo du Che criblé de balles gisant sur une table — et dont nous découvrons pour la première fois le cadre. Tout en respectant la règle de la narration factuelle, le témoignage le plus bouleversant justement par sa simplicité christique est celui de l'institutrice bolivienne, dernier humain à avoir vu vivant, dans la petite école où il était emprisonné, celui qui, assassiné quelques minutes plus tard, allait devenir un mythe... mythe qui refleurit aujourd'hui sur les tee-shirts, dernier vestige d'une illusion (communiste) perdue.

Conclusion : la conjugaison des temps

« Il n'est réellement d'image que par la combinaison des temps, dans la mémoire et dans un lieu par définition non identique à aucun cadre momentané de la vision et à aucune modalité éphémère de l'action. Tout art est montage d'éléments empruntés à des temps différenciés, rapprochés seulement par la mémoire et insérés dans un espace inadéquat à toute perception directe. » (Valeurs psycho-sociologiques de l'espace figuratif). Cette citation (réitérée) de Pierre Francastel pointe une dimension essentielle au cinéma, dimension que nous venons de voir au travail sur les théâtres de la mémoire : **la conjugaison des temps et des personnes**. Aux antipodes de la croyance objectiviste dans l'instantané, cette conjugaison fait du film une trame présent-passé et une navette filmeur/filmé/spectateur, qui ouvre à la réflexion le cadre d'une possible mémoire partagée. Qu'il s'agisse du présent vu comme passé chez Marker ou du futur antérieur de *Sans soleil* (cf. chap. 6), du passé au présent direct des témoins dans *Le Chagrin*... ou *Hôtel Terminus,* du style inactuel des récitants chez Dindo, du style indirect épistolaire *(« il m'écrivait... »)* de Marker encore, ou de l'inquiétante voix-Vous de Lovecraft-Trividic conjuguant faux présent et conditionnel passé... tous ces remontages esthétiques de l'espace-temps répondent à la critique iconophobe qui reproche à l'image son éternel présent et son incapacité à rendre les flexions du temps (cf. *Avertissement, § L'image déficiente).* Il revient à tous les inventeurs de conjugaisons filmiques — **tous ceux qui savent faire parler leurs films à des temps relatifs, par des personnes interposées** — d'avoir relevé le défi proustien, d'avoir su faire du cinéma documentaire autre chose que le déchet de l'expérience commune (l'actualité), de lui avoir conféré la portée historique du style et de la vérité « littéraires ».

De même que la caméra subjective (chap. 13) nous a entraînés à faire un tour complet autour de l'axe du regard de/à la caméra, de même les théâtres de la mémoire nous amènent à réviser la conjugaison des temps et des personnes, conjugaison indispensable pour faire échapper images et voix à l'audiovisuel à sens unique, bêtement spéculaire et prescriptif. Au-delà du temps immédiat interne à chaque plan, tout montage digne de ce nom reconstruit le temps entre les plans, et joue sur le temps entre le film fini et son futur spectateur. Idéalement, le film — *« le présent n'existe jamais au cinéma, sauf dans les mauvais films »* (Godard) — le bon film conjugue, dans le présent de la vision, le passé composé des prises de vues et le futur antérieur de son rapport au spectateur. « *L'objet de l'œuvre d'art est le possible. Elle n'est pas seulement un reflet mais un projet. Elle informe l'avenir.* » (Francastel, *idem*). Le cinéma créatif est un spectacle à la fois vivant, spectral et virtuel : il tire une ligne narrative entre l'impératif présent du spectateur (« vois ! »), l'imparfait des images enregistrées et le conditionnel du dénouement projeté. L'image-action du cinéma de fiction classique fait toujours comme si l'imparfait des images était un présent, elle captive le spectateur en jouant le suspense. Son équivalent « documentaire », c'est l'image-actualité qui joue au direct permanent : elle donne le change à l'inaction du télé-spectateur et entretient son suspens (recettes publicitaires obligent) devant le petit écran. Ne cadrant que ce présent, aussi prégnant qu'insaisissable (cf. l'exergue de Censorinus), elle ne fait jamais histoire... Sauf justement quand elle est reprise rétrospectivement dans des montages qui la conjuguent et l'interrogent comme archive.

Sous des apparences plus contemplatives ou réflexives, l'image-temps, elle — condensant et déplaçant « pointes de présent et nappes de passé » — nous connecte aux réseaux mnésiques de l'histoire et de l'agir des hommes. Car, comme l'écrit Jacques Rancière, « *l'histoire ne peut devenir science en restant histoire que par le détour poétique qui donne à la parole un régime de vérité. La vérité qu'elle se donne est celle d'une incarnation païenne, d'un vrai corps des mots* (et des images) *substitué à la parole* (et à l'archive) *errante. Elle ne se la donne pas sous la forme d'une thèse philosophique explicite, mais* ***dans la texture même du récit : dans les modes d'interprétation mais aussi dans la découpe des phrases*** (du montage), ***le temps et les personnes du verbe, les jeux du propre et du figuré.*** » [1]

1. *Les Noms de l'histoire*, p. 180, Seuil 1992 (les parenthèses ajoutées sont de ma rédaction).

CINQUIÈME PARTIE

VERTUS DU FAUX

« Il n'y a pas de barrière rigide entre vrai et faux, réalité et fiction, dans la mesure où, en vue d'une action ou d'un objectif, l'homme entend les confondre.
Tout ce que nous appelons culture se fonde sur cette aptitude d'inventer des usages singuliers, de composer des imitations artificielles. »

(Ernst Gombrich, *L'Art et l'illusion*, p. 133)

18

Interférences fiction/documentaire

On ne peut pas reproduire le réel, il est toujours passé et jamais fini. Et comment croire, sauf à être insensé, qu'il est possible d'appréhender le tout d'un flux ininterrompu ? La seule façon que nous ayons de fixer le réel, de le traduire et le communiquer, c'est de le signifier : c'est-à-dire de le découper et de l'« informer » par des signes (sons, mots, images) qui, reliés en significations, produisent et partagent une réalité sensée. L'homme est d'ailleurs ainsi fait qu'il ne peut faire autrement, voir l'Effet Koulechov (chap. 2). C'est un créateur de formes et de rythmes, d'analogies et de fictions, d'enchaînements imaginaires et opérationnels ; c'est sa manière de connaître, de mettre le monde à sa portée, de le faire à sa mesure. À la différence des animaux, les hommes ne vivent pas seulement dans un environnement, une niche écologique, ils construisent un monde qui les façonne en retour et qu'ils subissent. « *C'est seulement parce que nous avons fabriqué l'objectivité de notre monde avec ce que la nature nous donne, parce que nous l'avons bâti en l'insérant dans l'environnement de la nature dont nous sommes ainsi protégés, que nous pouvons regarder la nature comme quelque chose d'« objectif ». À moins d'un monde entre les hommes et la nature, il y a mouvement éternel, il n'y a pas d'objectivité.* » (H. Arendt, *La condition de l'homme moderne*, p. 188). Reste à savoir selon quelles règles opèrent cette construction, ces « manières de faire des mondes » (N. Goodman), relativement à la physique du globe, à notre physiologie, aux institutions sociales (à commencer par le langage), à la technique et à l'imaginaire. Donc, relativement à un état des choses déterminée par un passé mais en devenir, incluant cette dimension aussi essentielle que risquée : **le possible, dimension qui est à la fois celle de la liberté d'action et de l'illusion.**

La vérité ne s'invente pas

Nous disions au chapitre 13 *(§ La caméra est complice),* qu'aux yeux du réalisme, la pointe du réel, l'extrême réalité, c'est toujours finalement le crime, manifeste ou latent (le pêché). C'est ce ressort que met ironiquement en scène, et en abîme, Hitchcock dans *Fenêtre sur cour (Rear Window,* 1954), à la fois chez son héros (épiant ses voisins) et chez le spectateur. Mais il n'y a pas là que voyeurisme ou commerce des petites horreurs, il y a plus. La fascination pour le crime n'est pas que morbide, elle est fascination pour la trangression, l'acte sinon gratuit du moins autonome par rapport (et même contre) la causalité, les déterminations normales. Comme si le crime était la dernière forme d'action autodéterminée, de création libre, dans un monde réglé par Dieu une fois pour toutes, comme si la seule possibilité d'invention était la transgression. L'invention serait forcément maléfique : outre le criminel, voir la figure du révolutionnaire plus ou moins parricide, ou du savant fou, *Frankenstein* et ses avatars. Inventer, c'est jouer avec le feu (prométhéen), rivaliser avec le Créateur (dont la création est achevée). Prétendre créer du vrai, de la vie, de toutes pièces, est aussi criminel que la détruire ; c'est un acte « diabolique » au sens éthymologique de « séparer, diviser » (par opposition à « symbolique » = réunir, recoller les morceaux).

La fameuse sentence : « La vérité ne se partage pas », signifie bien que la Vérité est entière et transcendante, que nos vérités partielles ne valent que parce qu'elles participent de La Vérité, sinon elles ne seraient pas des vérités du tout. La vérité se découvre ou se révèle, elle ne s'invente pas. Elle ne relève pas d'un faire, d'un agir, d'une fabrication-machination, mais de la contemplation, de la confirmation, de l'observation au sens où on dit « observer les règles, observer la nature », c'est-à-dire se conformer au grand partage du Bien et du Mal, du Vrai et du Faux, qui n'est pas établi par les hommes mais écrit dans le grand livre de Dieu et de la Nature, qu'il échoit à la conscience humaine de déchiffrer (sans le raturer, d'où la malédiction des *Versets sataniques* de Salman Rushdie). **« Inventer une vérité » parait, pire qu'une hérésie, une contradiction dans les termes.** On invente des mensonges, on découvre la vérité.

C'est cette fable morale platonicienne et chrétienne qui gouverne la question non seulement du Bien mais de la Vérité, comme l'a si bien vu Nietzsche, et qui est d'autant plus prégnante qu'elle est désormais refoulée par nos sociétés laïques. On comprend mieux la résistance du credo « objectiviste », qui en est le dernier avatar (cf. chap. 14, § *La religion de l'objectif).* Credo d'autant mieux assuré qu'il joue les fortes têtes modernes et républicaines, prétendant ne rien avoir à faire avec « ça » : il se croit fondé en raison et en science, donc sur une séparation d'avec la religion au moins aussi radicale que celle de l'État et de l'Eglise. Or la vérité « objective », conçue d'une part comme abstraction du sujet, dégagée de tout point de vue, de toute action, d'autre part comme révélation de la chose en soi, du pur référent sans connotation ni médiation, est bien une vérité transcendante. C'est une vision idéale, surpa-sensible, extra-mondaine, visant un arrière-monde d'essences fixes attendant leur révélation de l'adéquation (immédiate ou progressive) de l'image à l'être, du mot à la chose. Voilà une conception morale de la vérité qui ne nous rajeunit pas (immobile dans sa caverne depuis Platon). Elle nous paralyse : au nom du fondement idéal (dans la maïeutique socratique, connaître c'est se souvenir), elle prohibe l'acte initiateur (criminel), elle inhibe cette invention nécessaire que Cornelius Castoriadis appelle « l'auto-poiésis » ou « l'institution imaginaire de la société ».

Et pourtant elle tourne... la société, sur les échanges qu'elle ordonne, les lois et les représentants qu'elle se donne, les mœurs et les rêves qu'elle prescrit ou proscrit, les techniques qu'elle agence. Et elle n'a (n'est) que la légitimité qu'elle (se) constitue : vertige d'une vérité fabriquée, relationnelle, variable, sans garantie dans le ciel des Idées, mais estimable en ce qu'elle est plus ou moins viable et vitale. « *Le monde apparent, c'est un monde vu selon des valeurs, ordonné, choisi d'après des valeurs, donc à un point de vue utilitaire, dans l'intérêt de la conservation et de l'augmentation de puissance d'une certaine espèce animale. Le perspectivisme est donc le caractère de "l'apparence". Comme s'il restait un monde, une fois ôté le perspectivisme ! On supprimerait par là la relativité ! Tout centre de force voit le reste des choses dans sa perspective propre, c'est-à-dire selon son mode d'évaluation défini, selon ses façons d'agir et de résister. Le monde apparent se réduit donc à un mode spécifique d'action sur le monde, à partir d'un centre donné. Mais il n'y a aucun autre mode d'action ; et le mot "monde" n'est qu'un nom pour le jeu total de ces actions. La réalité se réduit exactement à cette action et à cette réaction particulières de tout individu à l'égard du tout.* » (F. Nietzsche, *La Volonté de puissance,* TI, Tel, p. 90).

Dans cette perspective relativiste mais orientée, l'opposition vrai/faux, réel/fiction, objectif/subjectif, perd son caractère fondamental(iste) au profit de la différence de degrés entre ce qui accroît ou affaiblit nos forces de création vitales, notre capacité à saisir ensemble la vie comme devenir, à faire du langage notre demeure. Nous retrouvons évidemment le « perspectivisme » de Nietzsche, qui nous avait ouvert la voie dès notre *Avertissement* sur *La quête de l'objectif* : « *Il ne nous est pas loisible de changer nos moyens d'expression, mais il est possible de comprendre jusqu'à quel point ils sont une simple sémiologie. Il est insensé d'exiger* un mode d'expression adéquat au réel ; *il est dans la nature d'un langage, d'un moyen d'expression, de n'exprimer qu'une simple relation. Le concept de "vérité" est absurde. Tout le domaine du "vrai" et du "faux" ne se réfère qu'aux relations entre les êtres, non à "l'en-soi"… Il n'y a pas "d'être en soi" (ce sont les relations qui constituent les êtres) pas plus qu'il ne peut y avoir de "connaissance en soi".* » (idem).

L'identité comme essence subsistant derrière les accidents, la représentation comme image stable d'états de choses fixes, la mémoire comme permanence de celle-ci et de celle-là, sont des illusions vitales que l'on peut appeler illusoirement « vérités » si besoin est, mais qu'il serait erroné de regarder comme des données intangibles eu égard au devenir réel. En mettant en crise ces trois notions, les faiseurs de faux-semblants, les réalisateurs d'images en trompe-l'œil, tirent le spectateur de son sommeil dogmatique. En faisant interférer fiction et documentaire, ils montrent, de façon troublante, que vérité et illusion sont filles siamoises de croire, que l'on peut produire du vrai avec du faux (par exemple des leçons de vie avec du cinéma), ou se réfugier réellement dans le mensonge (comme la petite communauté intégriste dans *Route One*), ou encore que la vie comme goût de la beauté *(F for Fake,* d'Orson Welles) ou « *goût de la cerise* » (Kiarostami) ou sens à trouver en cours de route *(Route One,* de Robert Kramer) est au-delà du vrai et du faux. Ne vaut-il pas mieux des illusions choisies que des (supposées) vérités toutes faites ? En réveillant les puissances positives et déstabilisantes de l'illusion (désillusion), du (dé)trompe-l'œil, de l'incertitude (où s'arrête la fiction, où commence le réel ?), ces cinéastes remettent en jeu notre présence et notre croyance au monde, la vérité du réel. **La fiction vient subvertir l'ordre apparent de la réalité, le remettre en cause ; le réel vient couper dans la fiction, contestant sa vraisemblance.**

L'évident secret de la représentation artistique (plastique ou littéraire, théâtrale ou filmique), n'est-il pas de nous suggérer cette transmutation des valeurs que prônait Nietzsche : illusion et vérité, apparence et réalité, se touchent à se confondre. **Reconnaître l'illusion, n'est-ce pas la vérité première ? Mais c'est aussi la dernière.** Cela veut dire qu'il n'y a pas à chercher une vérité cachée derrière l'illusion trompeuse, mais à prendre en compte l'illusion comme une nécessité vitale, notre manière de faire un monde, de le partager, de nous exposer et de nous protéger à la fois. « *Je ne pose pas l'apparence comme le contraire de la réalité, j'affirme au contraire que l'apparence est la réalité, celle qui s'oppose à ce qu'on transforme le réel en « un monde vrai » imaginaire.* » *(Volonté de puissance,* TII, p. 219). Nous produisons notre réalité avec nos façons illusoires, nos cinq sens, nos pensées schématiques, nos manières de dire et montrer ; c'est nous qui donnons forme et sens et valeur. La vérité absolue étant non pas hors d'atteinte mais tout simplement inexistante, nous pouvons dire, de ce point de vue, que nous fabriquons nos vérités avec des artefacts : hypothèses, modèles et agencements plus ou moins sensés et résistants. La vérité n'est que la mesure transitoire de la plus ou moins grande stabilité et viabilité de cet agencement. Encore une fois, cela ne veut pas dire que tout se vaut, que tout le monde a raison : « *À peine parle-t-on de « vérités non absolues » que tous les exaltés redemandent à entrer, ou plutôt les bonnes âmes se placent sur le seuil et croient pouvoir ouvrir à tous, comme si l'erreur avait cessé d'être l'erreur ! Il faut exclure tout ce qui est réfuté !* » *(Volonté de puissance,* TII, p. 230).

« L'homme est la mesure de toute chose »[1], a dit le sophiste Protagoras (Ve siècle avant J.C.). Mais cette formule célèbre ne veut pas dire : « à chacun sa vérité », ni non plus : « l'homme est le maître (ou le mètre) de l'univers ». Cela veut

1. Le mot grec *chrêma* signifie « *chose dont on se sert, chose utile* », selon Gilbert Romeyer Dherbey *(Les sophistes,* p. 19, Que sais-je ? 1993) ; chose utile selon la valeur d'échange plutôt que la valeur d'usage, selon Barbara Cassin *(L'Effet sophistique,* p. 231, Gallimard 1995). En tout cas « chose » renvoie au commerce des hommes, et ne signifie nullement « étant » *(on)* en général. Il y a même opposition entre les deux termes selon Eugène Dupréel, cité par Cassin : « *Il n'y a pas d'être, point de nature dont la connaissance ne serait qu'un reflet, il y a l'activité des hommes par quoi quelque chose est découpé et fixé dans l'indétermination antérieure.* » (*idem* p. 232).

dire que c'est l'accord entre les hommes qui décide de leur monde. Nous inventons des vérités à notre mesure, auxquelles parfois nous avons du mal à nous mesurer et qui nous dépassent. Le mot portugais « *feitiço* », « fétiche » (latin « facticius », factice) est un condensé historique de l'aveugle refus de cette tragique évidence : il désigne bien sûr l'adoration d'objets que l'homme primitif dote de pouvoirs magiques, mais il signifie en retour l'incapacité des conquistadors catholiques — croyants en la Vérité transcendante — à comprendre comment des hommes (fussent-ils « sauvages ») pouvaient croire à des dieux qu'ils reconnaissaient fabriqués de leurs mains. Une histoire de mauvais œil qui sent la paille et la poutre.

Plaider le faux pour dire le vrai

« *Le visible, ce qui passe pour vrai, est illusion : la vérité s'énonce sur le mode fictif, illusoire. Double vérité ou double supercherie. La réalité perçue est trompeuse, elle offre donc naturellement une couverture, un déguisement aux pensées secrètes. Pour découvrir et voiler ses idées, il suffit de les dire sur le mode du faux-semblant. Double travestissement : sembler dire vrai et dire faux, sembler dire faux pour dire vrai. Dans ce jeu d'inversion et de simulation entre l'être et l'apparent, le triomphe ne revient ni à l'un ni à l'autre mais au semblant.* » (Gaëtane Lamarche-Vadel, *De la duplicité*, La Différence 1994, p. 67). Au royaume des illusions, qui peuvent nous perdre comme nous sauver (Othello, Falstaff), des jeux de miroirs *(La Dame de Shanghaï)*, des identités changeantes (Kane), des morales douteuses *(La Soif du mal)* et des mémoires qui refont l'histoire (Arkadin), nous retrouvons Orson Welles et son dernier film : *F for Fake*, littéralement *F comme faux*, sorti en français sous le titre *Vérités et mensonges* (1975). Frère des tragédies de Shakespeare et de la philosophie au marteau de Nietzsche, **le cinéma de Welles ne cesse de nous dire que la « vérité » n'est pas moins trompeuse que les apparences. Pauvre Othello qui finit par tuer la malheureuse Desdémone parce qu'elle ne le trompe pas !** Derrière le drame manifeste de la jalousie, auquel on aurait tort de réduire l'intrigue, se joue une tragédie sans fond, celle de l'homme qui ne peut pas croire à la vie, à l'amour dans ses apparences[2], mais soupçonne toujours une vérité cachée : si Desdémone avouait, elle rassurerait Othello, qui la tuerait en connaissance de cause (ou, soulagé, l'épargnerait, qui sait ?). Mais si elle n'avoue pas, c'est qu'elle cache quelque chose qui échappe à Othello, une raison secrète de ne pas avouer, donc elle le trompe davantage encore, et il ne peut pas ne pas la tuer pour mettre fin à l'insupportable doute. Othello est l'homme du doute, du ressentiment, celui auquel Nietzsche opposera l'homme qui affirme la vie.

« *L'art est un mensonge qui nous fait comprendre la vérité* », dit Welles citant Picasso à la fin de *F for Fake*. Et la vérité, c'est qu'il n'y a pas d'autre vérité que la vie et ce qui l'accroît et en célèbre les puissances, c'est-à-dire la vie non seulement comme milieu (reproduction biologique et économique, sexe et travail) mais comme entre-nous, désirs partagés et création d'espaces de liberté pour la pluralité des hommes (amour de la cité et amour de l'art). C'est ce que nous révèle l'illusionniste Welles devant la cathédrale de Chartres : ici ni vrai ni faux, ni original ni signature, « *une œuvre élevée à la grandeur de Dieu et à la dignité de l'homme… Nos scientifiques nous parlent de l'univers comme d'une chose jetable… Chartres est là pour témoigner des lieux où nous avons vécu… Plaignez les artistes morts oubliés, exclus du passé vivant* ». Cette valeur là n'est pas cotée sur le marché de l'art.

Mais reprenons au début. L'illusioniste Welles en cape, fait des tours de passe-passe sur un quai de gare ; pour la joie des enfants, il transforme une clef en pièce de monnaie, une clef qui n'a rien de symbolique, ironise Welles, « not that kind of film » *(ce n'est pas ce genre de film)*. Le sujet du film, ce sont les charlatans, les tricheries, les mensonges. « Toute histoire n'est-elle pas un mensonge ? », prévient le charlatan Welles, « mais pas celle-ci ». Celle-ci, c'est la « véridique » histoire d'un faussaire de génie, Elmyr de Horty, qui peint à la pelle des Modigliani, des Matisse, des Picasso sous l'œil complice de la caméra… « Si mes tableaux sont exposés un certains temps dans un musée, ils deviennent authentiques », suggère le génial Protée. Mais sa vie elle-même, il en a fait un roman, un faux-semblant dont la piste se perd sous les pseudonymes,

2. « *Il n'y a pas d'amour, il n'y a que des preuves d'amour.* » (Jean Cocteau, cf. chap. 9, § *Love Streams*).

nous dit son biographe, Clifford Irving, pour qui la question n'est pas le faux, mais « le fait qu'il y a des bons et des mauvais faux ». Irving va s'avérer lui-même être un faussaire. En attendant, un troisième faussaire, le cinéaste lui-même, nous fait une démonstration non plus de son talent de prestidigitateur mais des prestiges du montage : alternance de plans serrés de la belle Oja Kodar en mini-robe lâchée dans les rues de Rome, et de gros plans (volés à leur insu nous dit Welles) de mâles de toutes sortes se retournant sur son passage. Usurpation ou clin d'œil, cette scène est elle-même un faux, un montage et une copie du sketch *Les Italiens se retournent* d'Alberto Lattuada, pour la fausse enquête façon cinéma-vérité *L'Amour à la ville (Amore in citta*, 1953).

Mais revenons à Irving. Outre son livre *Fake*, sur les faux tableaux d'Elmyr, il est l'auteur de fausses mémoires « autorisées » du magnat mythique Howard Hughes. La voix de Hughes dénoncera publiquement au téléphone la fraude d'Irving. Mais est-ce bien la voix de Hughes ? Hughes lui-même n'était-il pas un charlatan cultivant le secret et les coups spectaculaires, les doubles et l'incognito. Une parodie du faux documentaire *News on The March*, qui inaugurait *Citizen Kane* en parodiant *The March of Time* (cf. chap. 5, § *Tu n'as rien vu à Hiroshima)*, nous livre quelques tranches de vie de Hughes, ancien patron de la RKO, inventeur de l'hydravion géant et du soutien-gorge (inspiré par Jane Russell !). Ainsi, via Irving, *F for Fake* vient revisiter *Citizen Kane*, puisque Hughes fut le modèle initial de Kane (auquel Welles dut renoncer, le film étant produit par… RKO). Trente ans plus tard, revenant malicieusement sur les lieux du crime, Welles nous fait contempler le vulgaire balcon du dernier étage du Desert Inn de Las Vegas, où le magnat paranoïaque est supposé être reclus. Plan banal, quasi vide mais chargé imaginairement des fantasmes de la toute puissance de l'argent, du sexe (les plus belles stars de Hollywood), de la folie et de la mort qui rôde. On comprend la fascination de notre cinéaste shakespearien pour le « golden boy » devenu manitou maniaque.

Reprenant, pour finir, la filature érotogène d'Oja, Welles nous refait le coup du montage voyeur, mais cette fois le seul regard mâle captivé par les déambulations de la belle n'est autre que celui de… Picasso ! Idylle abracadabrante (le montage ne cherche pas vraiment à donner le change) qui donne naissance à 22 nus, toute une période inconnue du maître, un véritable « *revival* » ! Bien sûr, si nous voyons le modèle nu, nous ne voyons jamais les toiles, qui seront accaparées par la belle, puis soi-disant brûlées. Le spectateur pas dupe pense bien qu'en fait elle les a cachées, avant de se ressaisir puisque ces peintures n'ont jamais existé, tout ça n'est-il pas inventé ! Cette saynète est l'occasion d'un joli dialogue narré par Welles, entre Pablo en colère et le supposé grand-père d'Oja, faussaire de son état et mourant : « J'espère au moins que l'art est une réalité ? », demande inquiet le faussaire inconnu au génie reconnu. Il n'y aura pas de réponse. Dans une scène prélable, à un ami qui lui demandait d'authentifier des dessins, Picasso répondait qu'ils étaient tous faux. « Mais, Pablo, celui-là je te l'ai vu faire sous mes yeux ! — Mais moi aussi, je sais peindre des faux Picasso », répartit l'artiste

Que valent nos vies anonymes de pâles copistes au regard de celles des créateurs célèbres ? Mais qu'est-ce que l'art ? Et que vaut le talent ? Ce que prétendent le marché, les experts, qui se trompent de la façon la plus intéressée : Elmyr ne dit-il pas qu'on ne lui a jamais refusé un seul de ses faux (à l'inverse de ses propres toiles !). Talent méconnu, fausses valeurs, la faute n'en revient-elle pas à une société qui cote mieux l'escroquerie que l'invention, la valeur marchande que la valeur vivante ? C'est la critique implicite du film : les escrocs ne sont pas forcément ceux que l'on croit ou que l'on voit, d'autres organisent et profitent de la triche ; au moins les faussaires que nous voyons là sont-ils des joueurs.

« **Faire comme si** », c'est la fabuleuse recette de vie que Jean Rouch a emprunté à ses initiateurs Dogon : le « faire semblant » n'est pas l opposé de la vérité mais son possible moteur initiaque, ce qui peut lui permettre d'advenir si d'autres entrent dans le jeu. Sinon, comme nous le dit amèrement Welles en nous rendant à la rue à la fin du film, « la réalité c'est la brosse à dents qui vous attend, le ticket de bus, la paye et le tombeau. » Sans illusions, la réalité vaudrait-elle d'être vécue ? C'est la force de la croyance (à condition qu'elle ne s'institue pas religion de La Vérité) que d'être à la fois une puissance d'illusion et la puissance motrice de la passion, au-delà du vrai et du faux. Notre monde n'est pas la caverne de Platon, la vie est tout simplement un théâtre, une scène, tantôt éclairée par le soleil, tantôt plongée dans la nuit ; même s'il y a des forces en coulisse qui nous agissent, des pouvoirs qui nous dominent, ces machinations sont encore les nôtres, il n'y a pas d'arrière-monde, à nous de jouer.

Quelques quinze ans plus tard, André S. Labarthe, dans un hommage ironique au *Big O* et à la manière de *F*, lancera un détective, Istvan Szabo, sur les traces laissées à Hollywood par le cratère Welles. Loin de l'hagiographie, dans un esprit quasi canular, le film s'attache au mythe et au fétichisme de tous ceux qui disent avoir vu *l'homme qui a vu l'homme qui a vu l'ours* (c'est le sous-titre de ce documentaire) : le chasseur ou le barman qui disent l'avoir « bien connu », l'ingénieur du son qui nous fait entendre le dernier enregistrement authentique (?) de la voix du maître, comme si Welles tenait dans *Big O* la place mythique de Hughes dans *F.* Les interviewes, menées par un Szabo volontairement ivre, semblent cadrées pour ne rien dire et sont même parfois coupées en plein essor, tel Peter Bogdanovitch, filmé sur son balcon, qui voit substituer à ses paroles un envol de pigeons. Même si elle n'est pas toujours légère, cette dérision est loin d'être gratuite, elle déjoue les pièges du docte docu cinéphilique, du mausolée, de la nécrologie (Welles n'avait-il pas lui-même tourné le genre en dérision dans l'introduction de *Citizen Kane),* pour nous restituer quelque chose du jeu de faux-semblants, du mélange de moquerie et de pathétique qu'affectionnait Big O (ton qui manque singulièrement à la reconstitution sérieuse, certes précieuse mais presque idolâtre, de *It's All True* — cf. chap. 7, § *Et pourtant elle tremble).*

« *Au départ, il y a des idées très bêtes,* dit Labarthe. *Lorsqu'on filme des documents pour la télévision, il y a là derrière, l'idée de patrimoine, d'archives, de choses qu'on pourra revoir, et réutiliser. Et la télévision ne s'en prive pas : on remonte les choses, on les montre autrement, il y a une exploitation éhontée, comme si les documentaires n'étaient pas un moment de cette mémoire. Comme si on faisait de la mémoire pour donner la liberté aux programmateurs de tuer cette mémoire. Alors je me suis dis, faisons des images inutilisables pour quelqu'un d'autre, qu'il n' y ait pas d'images sur Welles récupérables dans un autre document. Dans le choix des témoins également, on n'a pris aucun des ténors, parce qu'aussi il existait déjà des documents de cet ordre assez complet, comme celui de la BBC. Je voulais montrer qu'autour de Welles, c'est comme après le passage d'un OVNI dont on ressentirait encore les perturbations : des gens qui croient l'avoir vu, des gens qui ne savent pas ce qui est important, des fétichismes qui se greffent là-dessus. On a essayé de cerner le contour d'un personnage post-mortem, dont les gens n'avaient pas eu la même perception, n'accommodaient pas sur les mêmes choses. Au rebours du document, plus ce qui se disait avait d'importance, plus il fallait que ça passe vite, que ça se vide de son sens, tout le temps, comme on mettrait du citron dans une crème pour la faire tourner dès qu'elle fait mine de prendre.* » (interview par F. Niney, *Images en bibliothèques,* n° 8, janvier 1992). En faisant tourner la crème, le gâte-sauce Labarthe ne rend-il pas à Hollywood la monnaie de sa pièce : en coupant les ailes à la mythographie hollywoodienne, ne fait-il pas subir à Hollywood le traitement que celui-ci avait infligé au grand O ? *L'establishment* hollywoodien, qui a jugé *Big O* « pas sérieux », aimerait sérieusement récupérer dans son Panthéon les cendres des fils prodiges qu'il a reniés.

Archives pastiches

Les fausses archives — c'est-à-dire les prises de vues reconstituées ou inventées, et déguisées en documents d'époque — peuvent servir à abuser le spectateur, on l'a vu dans *JFK* (cf. chap. 16), quand elles sont utilisées comme preuves d'époque. Mais elles peuvent être un canular, non seulement amusant mais significatif : ce sont alors des pastiches qui avèrent, en l'exagérant, quelque chose de l'esprit du temps. Ainsi Cedric Klapish, nous montre-t-il, à travers un montage de « films d'époque »*(Ce qui me meut,* 1989), les travaux d'Etienne-Jules Marey sur la locomotion animale et humaine, et l'invention subséquente de la caméra ! L'opérateur Lumière Francis Doublier n'avait-il pas déjà exhibé en Russie, dès la fin du siècle dernier, des images de l'affaire Dreyfus tournées avant même que la caméra fût inventée ! (cf. chap. 1, § *Détournements).*

J'ai moi-même pratiqué le faux du faux. J'ai eu recours au plagiat d'ancien dans mon court-métrage sur l'illusion cinématographique, intitulé comme il se doit *L'Effet Koulechov* (1991). Le fameux cuisinier Raymond Oliver (archive INA des années 50 doublée par mes soins) présente un extrait du non moins fameux *Potemkine* d'Eisenstein : le cuirassé mutiné se porte au devant de la flotte russe. Oliver nous explique que ces images, projetées en Allemagne en 1926, provoquèrent une interpellation au Reichstag : « Comment, les bolcheviks possédaient une telle armada et on ne le savait pas ! ». Personne ne soupçonna qu'ayant manqué le tournage de la flotte soviétique, Eisenstein avait en fait « emprunté » ces vues à des actualités et une marine étangères. Ces images d'emprunt font désormais partie du chef-d'œuvre et sont signées Eisenstein. Et la chère Catherine, faire-valoir d'Oliver, de renchérir : « *Vraiment Raymond, on peut dire que ces images-là ont mis le feu aux poudres. — Pas tout à fait ces images-là,* répond le rusé cuisto, *parce que figurez-vous que les plans que vous voyez ne sont pas vraiment ceux utilisés par Eisenstein dans* Le Cuirassé Potemkine. *On a fait comme lui, on les a empruntés aux actualités de l'époque pour reconstituer aujourd'hui une scène approchante de la sienne, parce que les images d'actualités qui font maintenant partie du* Potemkine *sont devenus bien trop chères !* ». Dans sa démarche, sa fabrication, son montage, le faux actuel reproduit sinon la lettre du moins l'esprit du faux ancien : faux du faux = vrai !

Le documentaire « historique » *Premiers mètres* (1984) de Pierre-Oscar Lévy est une référence dans le pastiche d'anciens. Le titre à double sens (« premiers mètres, premiers maîtres ») annonce bien le programme : présenter au spectateur les tout premiers films inconnus de quelques grands maîtres du documentaire à leurs débuts. Après une introduction en hommage aux cendres du premier *Nanouk* parti en fumée au montage (cf. chap. 2, § *Le naturel Flaherty*), *Premiers mètres*, commenté par la voix authentique de Patrick Brion (sérieuse caution de la voix familière du ciné-club de FR3), nous présente les premières bobines de Joris Ivens, jouant aux Indiens et faisant un concours de grimaces ; de Vertov, filmant l'administration, par sa compagne, de l'hygiène socialiste à un enfant rebelle qui finit par compisser l'éponge ; de Jean Rouch, poursuivant l'échappée de sa belle avec un tirailleur sénégalais entre les aquariums du Musée des Arts d'Afrique et d'Océanie ; de Wiseman, saisissant à la volée une altercation entre juifs new-yorkais ; d'Oshima, enfin, nous faisant saliver en gros plans sur la recette du sushi Mickey. L'intérêt de ces pastiches, c'est moins de convaincre les naïfs de l'authenticité desdits films « retrouvés » (seul le premier Ivens est vraiment d'Ivens) que de produire une caricature potache du style et de la méthode des maîtres. Ce genre d'exercice de style ne marche que si la caricature, dans son trait forcé et son propos outré, est aussi pertinente qu'impertinente, c'est-à-dire, plutôt que plausible, bien vue, en intelligence avec la vision de l'auteur plagié. Auquel cas, le faux nous donne à comprendre le vrai par excès.

Et puis, voici le petit document Super 8 à l'italienne, comme un grain de sable dans l'engrenage de la preuve par l'image TV. Nous sommes sur RAI 2, le 5 février 1990, pour le magazine de grande écoute *Mixer*. Sujet de la soirée : le référendum de l'après-guerre où les électeurs italiens choisirent à une faible majorité la République plutôt que la Monarchie. Ce soir du 5 février 1990, l'Italie médusée découvre de ses propres yeux que le fameux référendum fondateur des institutions républicaines (en 1946) a été truqué. Interview exclusive d'un vieil homme, « Alberto Sansovino, président de la Cour d'appel » nous dit un sous-titre. La gorge serrée, l'œil humide, il confesse être le dernier survivant d'une équipe de scrutateurs qui a détourné quelques deux millions de voix en faveur de la République. Un document secret le prouve, qu'il tient serré sur sa poitrine : une cassette de film Super 8 muet, noir et blanc, de l'époque. On nous la projette : des hommes en complet veston gris autour d'une table de restaurant signent, chacun à son tour, un papier dont on nous dit qu'ils s'y engagent tous à taire cette fraude, jusqu'au dernier survivant. Et pour emporter la conviction, la caméra, toujours tournant, se couche sur la table pour que le filmeur, dont les mains entrent dans le champ, puisse signer à son tour ! Suit une heure de plateau et reportages sérieux sur la question historique du référendum de 1946, heure pendant laquelle le standard téléphonique explose littéralement, et la rumeur enfle dans les chaumières italiennes.

Mais voilà qu'à la fin de l'émission, le présentateur nous dit que nous allons revoir le fameux document filmé, mais cette fois-ci en entier. Repasse le plan-séquence Super 8 déjà décrit, mais le film ne s'arrête pas là, la caméra est reprise en main, la réalité prend des couleurs, l'animateur de l'émission entre dans le champ serre la main des faux convives et on voit toute l'équipe de télévision qui entoure la tablée datant soi-disant de 1946. Et le présentateur d'expliquer face à la caméra : « *C'était un canular, Sansovino n'est pas un juge impliqué dans une fraude électorale mais un comédien qui s'est prêté au jeu, tout était un jeu, une fiction télévisée un peu à la façon d'Orson Welles.* » Cette supercherie a été très mal prise par la classe politico-médiatique italienne : la télévision n'a pas le droit de déstabiliser l'audience, de jouer avec la crédulité publique. Certains de ces « moralistes » (dont une partie allait bientôt se retrouver devant les juges aux « mains propres » pour corruption, malversation, faux et usages de faux) ont même réclamé la tête des responsables de cette

« scandaleuse » programmation. Selon cette hygiène morale, la télévision aurait une vocation et une obligation télévangélistes dont la devise politique serait : on peut toujours tromper ou se tromper mais douter ou faire douter, jamais !

Hors-jeu

Ce provoquant canular, sifflé hors-jeu par les Tartuffe de la scène publique, a deux vertus. D'une part, il révèle que les « bonnes âmes » sont prêtes à rallumer les bûchers dès que quelque « apprenti-sorcier » bouge la rassurante frontière réel/fiction dont elles tirent bénéfice. D'autre part, il met à nu le fond de commerce commun à l'objectivisme des actualités, aux reportages truqués, au trompe-gogo des *reality-shows* : **faire croire à la télévision, au medium, par delà les messages.** La vérité des événements exposés, la démonstration des faits en direct, la présence des « *real people* » sur les plateaux, sont là pour corroborer la vérité, la présence, l'image du medium lui-même. Comme l'a bien dit Umberto Eco (cf. chap. 14), la vérité des énoncés et des images est supervisée et supplantée par la vérité de l'énonciation et de l'image de marque : « *Je suis en train d'émettre et c'est vrai.* » « Croyez en moi » se substitue à « croyez moi ». **Ainsi, derrière l'objectivisme apparent et sa logique bijective du fait à l'image, opère la mise en scène du Tiers entremetteur comme instance de véridicité** : la forme donnée aux « émissions » de non-fiction vise d'abord à ce que le public accorde créance et confiance au représentant médiumnique en deça de toutes les représentations qu'il affiche. Même si telle image ou reportage se révèle faux, le présentateur est « vrai » (et il restera vrai même s'il commet un faux, tel PPDA). *Arrêt sur image* peut poursuivre sa quête anecdotique des accrocs de l'info sans déranger personne. Cette émission-erratum apparait même comme un garant démocratique de la bonne foi du média et de son bon fonctionnement « en dehors de ça ».

Précisons. Il y a effectivement, dans toute projection ou narration, une instance anonyme d'énonciation ou de monstration — que nous avons nommé *le Montreur d'ombres* au chapitre 13 — qui ordonne le récit dont elle s'absente. Mais la différence cruciale qui s'impose au terme de notre analyse est la suivante : **alors que dans la recherche documentaire et cinématographique, ce Tiers exclu entre dans une relation dynamique, interrogative, créative, risquée pour tout dire, avec le champ de l'histoire, avec la forme et le contenu du sujet, dans la propagande il se tient hors-jeu, se décrète arbitrairement arbitre, hors des atteintes de l'histoire et des questions de forme, sans compte à rendre à personne, et surtout pas au spectateur symétriquement inactivé dans ce dispositif prétendument objectif-contemplatif.**

Documents postiches

Documents interdits (1989) est un peu l'équivalent documentaire de *X Files* : une dizaine de films « retrouvés », comme des bouteilles à la mer, par Jean-Teddy Philippe. Chacun de ces films courts, muets, visiblement filmés par des amateurs, les protagonistes eux-mêmes, relate un événement étrange, un phénomène surnaturel, une disparition incompréhensible (dans une autre dimension ?). Un commentaire ajouté nous explique et nous « montre » l'invraisemblable « réalité » ainsi enregistrée. Voyons en deux exemples.

Un document noir et blanc nous montre un naufragé sur une barque. Il se filme lui-même, filme ses maigres provisions de survie, la mer à l'infini, et les traits à la craie qu'il trace pour marquer les jours écoulés. Un commentaire en français, traduisant un premier commentaire russe sous-jacent, nous explique qu'au bout de quelques jours de navigation solitaire, malgré le manque de subsistances, l'homme étonnamment survit. Mystère. Plus tard, l'homme en gros plan, visiblement intrigué, nous montre la mer, baignée d'une aura de lumière : « il a vu quelque chose » nous dit le commentateur tendu. Le jour suivant, l'homme apparait à nouveau abattu. Quelques jours plus tard, les repères à la craie en font foi, l'homme semble excité, joyeux, il indique à nouveau la mer, la chose s'est reproduite, « ils sont revenus ». Tout exalté il descend dans l'eau les rejoindre. On devait retrouver peu après le canot et la caméra abandonnés.

Un autre film super 8, couleur celui-là, typiquement « *home movie* » américain, nous présentent deux couples qui s'embarquent en voiture pour un pic-nic. Les pic-niqueurs s'installent au milieu des rochers, dans un site montagneux. On décide d'aller se promener. Mais, « regardez bien » nous alerte le commentateur, deux vagues silhouettes noires là-bas au loin assez indistinctes. Un des pic-niqueurs se lance à leur poursuite, il disparaît à son tour, semblant tomber entre les rochers à un endroit où il n'y a pas de faille... On ne l'a jamais revu ni retrouvé son corps.

Ce qu'il y a de frappant dans ces « documents », montrés comme de véritables preuves par l'image, c'est que le commentateur n'arrête pas de nous dire : « regardez bien », puis : « vous avez vu », alors qu'il n'y a à proprement parler rien à voir du phénomène surnaturel que nous décrit de manière si persuasive et dramatique la voix off. Il y a évidemment une certaine correspondance entre ce que nous voyons et ce qu'on nous dit, mais les rapports de cause à effet, les inductions et conclusions, les nœuds de l'intrigue sont de pures supputations appliquées par le commentaire sur les images, alors que le commentaire fait mine de n'être inspirée que par l'évidence des images (d'ailleurs, et c'est leur force, assez ordinaires). Nous reconnaissons bien là le procédé déjà dénoncé par André Bazin (cf. chap. 5, § *L'histoire totale)* : « *Le principe de ce genre de documentaires consiste essentiellement à prêter aux images la structure logique du discours et au discours lui-même la crédibilité et l'évidence de l'image photographique* ». Ce mauvais principe, mais tellement crédible, J.T. Philippe s'amuse (et nous amuse) à en faire la démonstration jusqu'à l'absurde. Si ses faux ont l'air si vrai, c'est justement parce qu'on n'y voit rien de ce qu'on nous dit, moyennant quoi on commence à y croire. Si, au lieu de jouer aussi habilement de la litote à l'image et de la dramatisation au commentaire, les « *Documents interdits* » nous montraient « réellement » par trucages ce que la voix off nous dit, tout le monde s'en apercevrait et personne ne croirait à ces anecdotes rocambolesques. Paradoxalement, la foi vient ici du doute. **Au lieu de trop vouloir prouver visiblement, les *Documents interdits* tirent leur preuve de la tête du spectateur. Et c'est parce qu'ils nous font ressentir ces mécanismes de notre crédulité qu'ils continuent de nous amuser même après que nous ayons éventé le truc.**

Ce n'est pas un hasard, si J.T. Philippe a réalisé *L'extra-terrestre : la preuve* (1997), comme réponse ironique et farceuse à l'inepte escroquerie de *L'Extra-terreste de Roswell*, vendu comme un document authentique par TF1 (l'autopsie filmée en noir et blanc (!) par l'Armée américaine, dans les années 50, d'un soi-disant martien). Les deux Well(e)s (H.G. et Orson) se retournent dans leur tombe. Il y a dans le « reportage » de Philippe une série de trouvailles qui prouvent, sinon ce qu'il raconte, du moins son intelligence des paralogismes de la preuve paranoïaque. « C'est dans cette forêt de Sibérie... (panoramique sur une forêt canadienne en fait) qu'est tombé le corps céleste » (photo de l'impact et du cratère vus d'avion : en fait la trace de la patte du chat du réalisateur filmée en assez gros plan). Passons sur le film amateur de la reconstitution macabre et parodique du corps du « visiteur » à partir des débris rapportés au Professeur par la troupe, et sur le témoignage bouleversant de la fille du savant dénonçant l'enlèvement subséquent de son père qui en savait trop. Ce que je veux souligner ce sont **les ressorts de la logique paranoïaque de l'évidence négative** que Philippe a si bien saisis et exploités :

- De même que la citation écrite fait autorité, cautionne la démonstration d'une aura dont le lecteur ne doutera pas, de même l'introduction de documents photographiques ou archives filmées donne l'illusion de faire fond, de fournir une preuve à la fois solide et mystérieuse à notre regard blasé par les apparences actuelles. Comme si le temps venait lui-même attester, le noir et blanc rayé portant le sceau de l'authenticité (comme chez les antiquaires). Bien sûr il s'agit d'un double-fond, d'un jeu de renvois, d'un tour de passe-passe mais tellement irrésistible que Philippe n'hésite pas à nous montrer une vague photographie d'entrée de tunnel dans une montagne, marquée d'une date (1956 je crois), en nous certifiant que c'est bien là le tunnel ferroviaire où ont été murés les malheureux soldats soviétiques ayant participé à l'opération de ramassage d'E.T !
- Les témoins sont d'autant plus crédibles que ce sont des victimes dénonçant une persécution. L'émotion emporte l'adhésion. Le spectateur est sûr de voir et comprendre la vérité quand il ne fait que compatir à une affliction. Ainsi ce premier témoin clef qui nous indique en russe l'endroit où il s'était caché enfant et d'où il a vu les soldats abattre les témoins gênants : son père et même son chien. Moment de vérité : noué, il ne peut plus parler, il regarde ses chaussures... En fait, le figurant avait oublié son texte, m'a raconté J.T.

Philippe, mais ce « trou » est devenu, au montage, criant de vérité.

– La chose est d'autant plus vraie qu'on a essayé de nous la cacher, donc démontrer qu'on nous cache quelque chose, c'est tout comme démontrer la chose. (C'est ainsi qu'opère *JFK* d'Oliver Stone). Il faut reconnaître à Philippe le génie de cette logique du soupçon : un banal travelling en voiture à travers une forêt on ne peut plus banale devient, grâce au commentaire, la preuve qu'on l'a **re**-plantée pour cacher quelque chose en dessous ! Le vide devient la preuve d'un plein supposé. Cette perle, d'inspiration markerienne, nous démontre en même temps les puissances de suggestion de l'image et l'idiotie de la preuve par l'image.

Ces petits exercices de style convaincants et amusants abondent, à la façon d'un antidote, dans le sens de nos analyses du chapitre 14 : ils prouvent, par l'absurde, qu'il y a bien un discours des images, mais que la seule preuve par l'image, c'est qu'il n'y en a pas.

L'ambassade

Un peu à la manière des vanités, les *Documents interdits* mettent en relief le pouvoir de fascination des images, tout en dénonçant leur incitation facile à nous faire croire à des apparences fort légères avec l'appui d'un commentaire bien cousu. Pédagogie négative donc. Le film *L'ambassade* (1973) procède à l'opération inverse : **il reverse la fiction au rang du document vrai**.

En 1973, peu après le coup d'état du général Pinochet noyant dans le sang l'expérience socialiste chilienne, sort un petit document de 20 minutes en super 8, de Chris Marker, titré simplement *L'ambassade*. Ce film d'amateur, en couleur, muet mais commenté, relate les journées dramatiques du putsch dans une ambassade (de France ?) où viennent se réfugier des gens fuyant la répression. La voix off de celui qui a pris ces images sur le vif, à main levée, guide notre vision. L'image est souvent tremblée comme l'émotion qu'elle communique : arrivée des premiers rescapés, hommes, femmes, enfants ; organisation de la survie « à bord » de l'appartement, les uns racontent l'horreur, d'autres restent prostrés, on fait du café, on rassure les enfants, on cherche à les distraire ; la nuit venue, on commence à parler d'exil, la dispute reprend entre communistes et anarchistes, certains rêvent, un autre joue de la guitare, alors qu'à travers la fenêtre on discerne l'inquiétante silhouette d'une tour où un étage reste allumé, les bureaux de la police. Au petit matin l'ambassadeur passe l'aspirateur, les occupants de l'ambassade cherchent à joindre leurs proches par téléphone, vu du balcon un fourgon de police menaçant prend position au coin de la rue interdisant l'accès à de nouveaux arrivants. Un autre jour, les premiers visas arrivent, ceux qui sont désormais des exilés quittent le refuge pour un pays d'accueil inconnu. Panoramique final sur l'appartement, comme un radeau de la méduse, jusqu'à la fenêtre… révélant la Seine et la tour Eiffel.

Tout a donc été mis en scène, plus ou moins improvisé, avec des amis, dans un appartement prêté, en plein Paris. Mais, c'est vrai, on y a cru tout du long, au point que certains spectateurs, à l'époque, se demandent pourquoi ce rapprochement final entre le Chili et Paris ? D'autres moins naïfs leur expliquent la supercherie : il n'y a pas de raccord dans le dernier plan, c'est bien un panoramique situant réellement le décor de « l'ambassade » au cœur de Paris. Mais la question reste pertinente, non du point de vue de la réalité des lieux mais métaphoriquement : pourquoi ce film sur l'envers du putsch, à la façon d'un modèle réduit hyper-réaliste s'achevant en (dé)trompe-l'œil ? Provocation d'esthète ? Ce n'est certes pas un ciné-tract — il n'est d'ailleurs jamais dit où cela se passe. Ce faux *home movie* ne nous informe pas, ne nous mobilise pas sur l'évènement politique, comme le font les journaux, il nous plonge dans une « réalité » plus intime : des vies qui basculent, se fracturent, partent à la dérive, perte, mort, exil. Par la reconstitution de circonstances d'une telle ampleur, aussi soudaines que dramatiques, sous l'angle d'un microcosme, à travers le vécu au quotidien en un seul lieu limité — enclave, refuge, radeau — le film nous atteint dans notre vécu bien à l'abri, même lorsque nous aurons réalisé que la torturante tour de police n'est qu'une tour du Front de Seine. Alors que devant un film de fiction, notre fauteuil nous assure de pouvoir « profiter » en sécurité de notre peur, ici c'est l'inverse : l'angoisse et le malaise nous gagnent avec la conviction du document, mais perdurent sans aucun soulagement (et même avec un relent de culpabilité) quand le documentaire s'avère fiction. C'est que le drame, par l'effet du *home movie*, s'est dangereusement rapproché de nous, il a pris relief quasiment dans notre salon, et nous savons bien, quand cette menace-ci se révèle utopique, qu'elle est cependant le miroir, non pas réel mais véridique, de cette actuelle menace là, au Chili en ce moment ou ailleurs, bientôt.

Marker joue sur les deux tableaux de la fiction : d'abord nous y faire croire comme à la réalité même, ensuite nous la laisser entendre comme métaphore, par quoi elle gagne en extension ce qu'elle perd en localisation, en vérité ce qu'elle perd en réalité. La disjonction des deux termes, réalité/vérité, loin d'affaiblir le faux-semblant, lui fait produire la conjonction entre là-bas et ici : ce qui se passe là-bas nous concerne ici. En avérant le documentaire comme faux, comme fiction, il devient vrai (sinon réel). Il était nécessaire *in fine* de révéler le trompe-l'œil, non seulement par égard moral pour le spectateur, mais pour faire jouer à plein sa révélation rétrospective. Il ne s'agit pas de faire croire que « la réalité dépasse la fiction », auquel cas le film serait un faux contestable et un canular condamnable ; **il s'agit de faire comprendre au spectateur que la réalité là-bas dépasse cette fiction ci.** C'est pourquoi la découverte finale ne provoque ni un soulagement (tout ça n'était qu'un jeu !), ni non plus l'indignation d'avoir été joué par une douteuse plaisanterie, mais un malaise conscient de « l'extension du domaine de la lutte ».

Fiction d'allure documentaire : ceci n'est pas un film

La plupart des films de fiction qui prennent des allures documentaires, le font pour accroître leur pouvoir de conviction réaliste et l'effet de croyance du spectateur, généralement pour faire peur ou faire croire à l'incroyable. Ils proclament un peu à la manière du fameux tableau de Magritte : *ceci n'est pas du cinéma*. Sans forcément d'ailleurs que le spectateur croit que c'est vraiment un documentaire, ni que le film croit vraiment lui faire croire. On fait doublement comme si, on joue ensemble à croire que ce film là n'est pas un film, c'est pour de vrai, d'ailleurs « ça m'en a tout l'air ». C'est l'effet qui juge. Et l'effet documentaire est généralement traduit dans la fiction par les figures suivantes :

- Avant tout, la caméra portée plus ou moins subjective (cf. chap. 13), avec effets de surprise et apparente improvisation des protagonistes qui jouent à ne pas être des acteurs. Nous en avons déjà vu des exemples notoires avec *David Holzman's Diary* et *C'est arrivé près de chez vous*. *Blair Witch Project* (1999), de Daniel Myrick et Eduardo Sanchez, est le dernier succès du genre, succès qui prouve qu'il n'est pas si sorcier de faire peur et de ramasser le *jackpot* avec une Vidéo 8 et un budget ne dépassant pas celui de l'achat d'une automobile. Le modèle documentaire de ces inquiétantes fictions est évidemment le cinéma direct.
- Ou bien, il peut s'agir de prises de vues documentaires descriptives (vues d'avion) ou engagées sur le terrain (façon militaire) et commentées. C'est une spécialité des films de monstres des années 50, qui empruntent évidemment aux actualités et documentaires de l'époque, façon *The March of Time*.
- Ou encore, on inclut dans la fiction des séquences ou des archives (authentiques ou fabriquées) montrées explicitement comme « documents » (cf. chap. 15 : je ne reviens pas sur le fait que l'aspect documentaire de l'archive est moins lié à sa « nature » qu'à sa fonction dans le montage qui l'insère). Ce cas de figure joue sur l'effet de citation ou de double-fond que nous avons analysé ci-dessus dans les *Documents interdits*, et qui peut aller jusqu'à la mise en abîme du film dans le film, comme dans *Le Voyeur* (cf. chap. 13, § *La caméra est l'assassin)*. Par ailleurs, les préambules « documentaires » de *Citizen Kane* ou *Hiroshima mon amour* sont, nous l'avons vu (cf. chap. 5), des cas exemplaires où les prétentions objectivistes du document sont dynamitées par la fiction. À l'inverse, *JFK* tente d'exploiter l'aspect « véridique » des images « documentaires » pour prouver fallacieusement sa propre fiction (cf. chap. 16).
- Enfin, on peut mettre en scène le dialogue des comédiens à la façon d'une interview, en caméra et micro plus ou moins baladeurs, ce qui a pour effet de confondre l'acteur et son rôle, la personne et le personnage, et jette le trouble dans l'esprit du spectateur qui ne sait plus trop lequel des deux parle (ainsi dans *Masculin féminin* de Godard ou *Maris et femmes* de Woody Allen) L'aparté à la caméra, auquel recourt fréquemment Woody Allen — ou toute autre forme d'adresse directe du protagoniste au spectateur à travers l'objectif — exploite la même duplicité.

Mais l'effet documentaire le plus récent et le plus massif, c'est la caméra portée, voire agitée, devenue une véritable marotte en cette fin de siècle. Indéniablement, **la caméra non seulement portée mais bougée produit un double effet (de sens contraires) : objectif documentaire et subjectif amateur. Elle gagne donc apparemment et en réel et en fantasme.** Comme s'ils étaient pris de vertige par la faille post-moderne entre l'intime et le mondial, entre croyance et réalité, une kyrielle de films actuels utilisent cet effet de manière délibérément accentuée, parfois jusqu'au tournis, parfois jusqu'à en faire vraiment un style collant au sujet (voir *Rosetta*, chap. 13).

L'idiot des familles

Deux films méritent particulièrement notre attention parce que l'usage qu'ils font de la caméra portée dépasse justement le simple effet de réel, pour **affecter le statut de la représentation**. *Festen* (1998), de Thomas Vinterberg, applique « Le Dogme » décrété par le cinéaste danois Lars Von Trier au Festival de Cannes 1996 : véritable déclaration de guerre aux lourdeurs du cinéma commercial international, et redécouverte des vertus salutaires (sinon rédemptrices) du fil à couper le beurre, entendez du cinéma léger, mobile, court vêtu, impromptu, sans *sunlights*, c'est-à-dire du tournage façon cinéma direct ou Cassavetes. Dans le film de Vinterberg, à la différence de nombre d'opus en caméra bougée, la tournure *home movie* moule comme un gant son scénario catastrophe, contamine à merveille ses interprètes, mêle, comme en un bocal, joyeux rite social, horreur et fantasmes : faux film de famille pour fête de famille invertie.

Festen exploite pleinement l'ambivalence réel/fantasme produite par la caméra de poing, avec sa (fausse) connotation autobiographique. Côté rituel public, elle tient la chronique rapprochée de la réception familiale pour l'anniversaire de mariage des parents, avec ses embrassades, ses frictions, ses violences plus ou moins rentrées. Côté coulisse, elle se glisse dans la vie privée des hôtes, mais, et c'est là que le filme prend corps, voilà que la caméra espiègle-espion bascule d'une part dans les fantasmes d'enfance d'un des fils, d'autre part dans un jeu de piste onirique aboutissant à la découverte du secret caché dans le plafonnier : ce n'est pas la carte d'un trésor, mais une lettre de la fille des « vieux mariés », qui s'est suicidée et accuse son père de viol, corroborant les fantasmes similaires de son frère, qui se trouvent ainsi reversés dans l'ordre de la réalité au beau milieu de la table de banquet. Ce que rend à merveille la caméra *home movie*, c'est l'irréalité de cette réalité, ou la réalité de cet invraisemblable. (Les mythes grecs ne sont-ils pas pleins de ces abus et dévorations d'enfants ?). Comment faut-il l'entendre cette monstruosité que personne, décemment, ne saurait entendre ? On peut décider qu'on n'a rien entendu, c'est ce que fait une bonne partie des invités. Mais si, à son corps défendant, on l'entend quand même finalement, comme le frère aîné, qu'en faire et que faire là-contre ? Même si la table de banquet prend à la fin des allures de tribunal, le film n'a rien de sociologique, il se tient dans cet étrange entre-deux objectif/subjectif, évoquant ici *La règle du jeu* de Renoir, là *Le charme discret de la bourgeoisie* de Bunuel. La caméra devient le fil d'Ariane qui relie la sœur morte à ses frères, l'esprit des lieux qui n'est certes pas l'esprit de famille. Ne nous tire-t-elle pas au fond vers le réalisme fantastique et les hantises d'un Edgar Poe ou du bien nommé Lovecraft : *« La vérité du passé, c'est le meurtre. La passion du passé, c'est une maladie. »*

Peut-être le film, à tous égards remuant, de Lars Von Trier lui-même, *Les Idiots* (1998), pousse-t-il encore plus loin le double jeu de la caméra portée et de l'apparente improvisation, l'impression d'une expérience en train de se faire sous nos yeux (la caméra ou la perche entrent plusieurs fois dans le champ, les protagonistes sont non seulement filmés jouant les idiots mais interviewés sur leur participation à ce jeu). Si bien que l'interférence entre film et réel, rôles et personnes, normaux et idiots devient le moteur même du film, qui ne saurait laisser le spectateur indifférent. Car il n'y a pas simplement dédoublement de chaque acteur en normal et idiot, et opposition de la fiction à la réalité, mais redoublement et subversion de l'une par l'autre jusqu'à leur indistinction, **jusqu'à ce que la question du sens devienne non pas ce qui sépare le normal de l'idiot, la réalité de la fiction, mais ce qui les unit**, là où ça se touche et nous touche. *Les Idiots* réussit un véritable passage à la limite : les frontières entre reportage et fiction, « happening » et scénario, de même qu'entre acteurs et personnages, normaux et « idiots », sont non seulement chahutées mais déplacées et dissoutes au profit d'une vérité expérimentale au-delà. La forme fait remonter le fond à la surface, elle ne le représente pas, elle le rend présent dans le corps à corps des acteurs, entre eux et entre leurs « idiots intérieurs », dans le mouvement même du tournage.

Jouer les idiots ne signifie pas ici singer un handicap dont on se moquerait (voir la rencontre avec des véritables mongoliens), mais se découvrir autre(s) et se mettre à découvert : une manière de vulnérabilité exhibée, décidée, partagée. « L'idiotie » affichée par le groupe et ses mises en scène fonctionne non seulement comme un dérangement social à l'extérieur, une provocation vis à vis de l'ordre normal (restaurant, usine, piscine, voisinage…), mais comme la recherche à l'intérieur de chacun d'une sensibilité, d'un abandon, d'une pente de la moindre résistance et d'un désir de soin (reçu ou donné) que la société refoule ou exclut (scènes bouleversantes de la consolation de Karen dans la piscine, ou de l'acte amoureux réinventé à fleur de peau…).

Le film ne cherche pas à jouer sur la confusion entre réalité et fiction, à faire bêtement passer celle-ci pour celle-là à la façon « faux-cul » des *reality-shows* (le « cul » tient au contraire sa juste place dans *Les Idiots*, entre obscénité déclarée et amour également déclaré). Il s'agit d'atteindre (chez les acteurs comme chez le spectateur) la fusion actuelle du réel dans la fiction, ou l'absorption inverse, par un jeu de rôles effectif à l'intérieur et à travers le film, film qui se trouve agir et agi non comme représentation mais comme expérience de société : atteindre le point d'incandescence, de transgression où le scénario, prenant corps, provoque la dissolution des frontières entre jeu et non-jeu, jeu social et jeu filmé, « acting » et « acting out ». Où l'on rejoint le propos psychodramatique de Cassavetes ou le pari du cinéma-vérité à la Jean Rouch (cf. chap. 9). Ce **n'est pas que « la réalité dépasse la fiction » (formule du sensationnel), c'est que la vérité en train de se jouer, sous l'effet de la fiction, dépasse la réalité et sa « normalité » justement.** En tant qu'advenir des acteurs-personnages, à travers les situations scénarisées-investies, le tournage à vif produit sa propre vérité, au croisement de la réalité préexistante ou extérieure et du devenir autres (« idiots ») des protagonistes et de l'équipe impliqués.

Jouer les idiots, n'est-ce pas réhabiliter une forme de rituel de possession (voir le pique-nique en forêt où chaque membre du groupe cherche son « idiot intérieur »), au sein d'une société standardisée qui a rejeté, comme irrationnelle, toute altération de l'identité (identité bourgeoise que Wilhelm Reich appelait « cuirasse caractérielle »). Les interviews (jouées) resituent chacun des acteurs dans son retour à la « normalité », après l'expérience d'idiotie commune, et la vision qu'il en garde, un peu comme à la fin des *Maîtres fous*, nous retrouvons les « possédés » revenus à leurs tâches quotidiennes.

À la sortie du film, déstabilisé moins par la caméra mobile que par le jeu « idiot » qu'elle active, le spectateur s'interroge non sur la réalité des prises de vue mais sur leur portée, qui est celle d'un regard hypersensible et intelligent sur la férocité de la normalité et ce qu'elle sacrifie. Marx a écrit que, dans une société entièrement régie par la rationnalité marchande, quelqu'un qui parlerait le langage humain des sentiments, serait pris pour un fou ou un idiot. Comme les « idiots » du film ne parlent même pas mais manifestent leurs sentiments intérieurs par la posture et le toucher, c'est la dérobade ou la violence qui leur répond : voir l'insupportable scène finale où la famille « normale » est incapable de faire bon accueil à la mère prodigue en deuil de son enfant (sans le savoir les Idiots, eux, avaient su la consoler). Au-delà ou plutôt en deçà de l'ironie, l'idiotie cultivée par Lars Von Trier et ses extraordinaires acteurs est l'antagonisme radical du stress et du culte de l'efficacité (voir la scène aussi embarrassante qu'hilarante à l'agence de publicité). Outre l'intelligence du scénario et la performance des acteurs, c'est indéniablement la méthode de tournage qui a rendu possible la réussite d'une entreprise aussi scabreuse, sans jamais sombrer ni dans la farce, ni dans le pathos. À l'issue de la projection, nous voilà pris d'une nostalgie inconnue auparavant pour l'idiot qui sommeille en chacun de nous.

Documentaire d'allure fictive : la réalité comme tangente

Si bon nombre de fictions jouent au documentaire — pour tromper ou convaincre, provoquer ou faire douter — l'inverse est plutôt rare. Il y a bien sûr entre les deux bobines du cinéma, fiction et documentaire, des phénomènes de vases communicants (c'est notre sujet). Nous avons remarqué que le documentaire n'est pas exempt d'emprunts aux modes de narration de la fiction, que ce soit dans le cinéma direct des frères Maysles ou dans la « comédie humaine » de Marcel Ophuls, ou encore dans le théâtre de boulevard de Depardon par exemple. Leurs films n'en restent pas moins clairement des documentaires misant sur la réalité des situations et des protagonistes. Nous avons également vu comment des documentaires pouvaient inclure des reconstitutions fictives, et nous avons dit les limites de ce jeu stylisé (cf. chap. 7, § *« On la refait »).* Le documentaire joué est assurément la forme qui se rapproche le plus de la fiction, cependant sa visée néoréaliste consiste bien à faire passer, et non pas à déguiser, à travers scénario et rôles, les réalités documentaires qu'il remet en scène. C'est vrai de *On the Bowery* comme de *La Terre tremble.*

Il n'est qu'un seul documentaire qui, à ma connaissance, se soit complètement travesti en fiction : c'est *The Thin Blue Line (Le Dossier Adams,* 1989) de l'américain Errol Morris. Il est vrai que ce cinéaste — fasciné par les bizarreries des gens ordinaires, l'insolite du quotidien, dérision et déraison — avait déjà amorcé la pompe dans ses films précédents : *Pet's Cemetery (Cimetière de chiens,* 1978) et *Vernon, Florida* (1981). « *J'ai l'idée de faire des films sur ostensiblement rien du tout. J'aime le hors sujet, le tangent, le détour par l'à-côté qui ne mène nulle part et s'avère soudain révélateur. Tous mes films tournent autour de ça et de l'idée que nous possédons des certitudes, la vérité, un savoir infaillible, quand nous ne sommes en fait qu'une bande de grands singes qui s'agitent en tous sens. Mes films portent sur des gens qui croient qu'ils sont connectés à quelque chose, bien qu'effectivement ils ne le soient pas.* » (propos d'Errol Morris dans *The New-Yorker,* 6/2/1989).

Paradoxalement, le cinéma d'Errol Morris est fondé sur la figure la plus banale de la télévision : les *talking heads,* des gens parlant face à la caméra, mais, à la différence des plateaux télé où tout va bien, là il y a quelque chose qui ne colle pas, ça déraille, ça dégente, ça prend la tangente. On dirait que Morris prend la télé au mot pour la faire disjoncter : bien cadrée, la réalité interviewée se met à dériver, à délirer, à sortir du cadre prévu. (En anglais « frame » signifie à la fois *cadre* et *coup monté,* « to be framed » c'est *se faire encadré* aux deux sens du terme). Dans la vitrine TV habituelle, c'est le défilé des représentants patentés, pas tentés de dire autre chose que ce qu'on attend d'eux : chacun dit son rôle, sa fonction, qu'il s'agisse d'hommes politiques, de vedettes du *show-biz* ou de candidats à un jeu. Statu quo et bravo. Dans les films de Morris — c'est le mystère et la facilité de son cinéma, sa naïveté et son ironie — les gens racontent à la caméra des histoires, les leurs, banales et délirantes, de véritables salades : vérités, mensonges, superstitions, obsessions et rêves mêlés. Ainsi, ce couple narrant sa petite vie à *Vernon, Florida,* et puis disant que, là, dans ce vase transparent rempli de sable, le sable pousse. Ou encore le sermon du pasteur du même trou (Vernon avait attiré l'attention des compagnies d'assurances et d'Errol Morris parce que les habitants s'y amputaient plus volontiers qu'ailleurs pour toucher les primes d'assurance, au point que la ville portait le sobriquet de « *nub city,* cité moignon »). Le pasteur s'interroge devant un parterre de cul-terreux sur la portée métaphysique du mot « donc » dans l'évangile de Saint-Paul. Ce grand moment de surréalisme de terroir, Morris a l'intelligence de le filmer sans plan de coupe, sans le moindre contre-champ sur les ouailles : logé à la même enseigne, le spectateur partage leur point de vue, sans jamais savoir si elles partagent le sien, à savoir la consternation hilare. Il y a fort à parier que les ouailles, indolentes et confiantes, trouvent ça normal, mais cette « normalité » restera pour le spectateur une énigme. (Contrechamp possible : le facteur de *Jour de fête* se lançant dans une tournée cycliste « à l'américaine » ?). Comprenons bien que Morris ne vise pas seulement à nous faire rire (ou sourire) de ses héros d'un jour, il ne nous entraîne pas du côté de « vidéo-gag » mais du côté de Steinbeck. L'effet provoqué n'est pas du tout que la réalité dépasse la fiction, et que nous pouvons rire dans notre fauteuil aux dépens de ces « *lunatics* » ; l'effet glissé, c'est que la réalité est une fiction, peut-être plus marrante mais aussi plus inquiétante qu'on croit. La frontière entre réalité et fiction, raison et déraison, apparaît dérisoire, pas plus ferme que le sol mouvant des marigots de Floride où l'on passe, sans s'en rendre compte, de la terre ferme à l'eau.

Le filmage apparemment simple de ces personnages ordinaires et insolites (voir aussi le patron du cimetière de chiens) — qui apparaissent en cadre fixe, presque frontal, comme des narrateurs dans leur décor plutôt que comme des interviewés — produit sur le spectateur un effet étrangement inversé, proche de la fiction, côté Woody Allen. On se trouve intrigué, amusé et anxieux de comprendre la réalité de ces gens là, qu'ils nous livrent par fragments mais sans la moindre hésitation, avec la conviction et le naturel de l'évidence. « Naturel », comme on dit « les naturels » d'une contrée étrange, étrangère. Est-ce de l'ethnologie domestique, de la sociologie de terrain, de l'enquête policière (Morris a été détective privé, le cinéma ne nourrit pas toujours son homme) ? Est-ce du cinéma-vérité ou de la fiction ? Le soupçon d'un doute nous saisit : ne serait-ce pas des figurants ? C'est trop beau pour être vrai… à moins que ça ne soit trop vrai pour ne pas être beau ? C'est là le coup de (mauvais) génie d'Errol Morris : avec sa simple façon de filmer les gens en train de (se) raconter, et de croiser leurs propos au montage, il invente un cinéma qui devient **la fable du réel** (comme on dit d'une personne en butte aux racontars qu'elle est la fable du quartier).

De cette auto-fabulation du réel, Jean Rouch nous avait donné la version magique et baladeuse, à l'heure du cinéma-vérité ; Errol Morris nous en livre une version modernisé et statique, à l'heure de la télévision. Voilà deux cinémas documentaires qui avèrent le réel comme fiction, avec cette différence de taille : chez Jean Rouch et ses participants, le « faire comme si » est une pratique commune de transformation imaginaire de la vie, pratique traditionnelle et consciente ; chez les personnages d'américains bien actuels d'Errol Morris, l'imagination rampante est inconsciente, la folle du logis se croit frappée au coin de la raison, c'est pourquoi elle nous apparaît comme déraison et dérision.

Revenons à « la petite ligne bleue » *(The Thin Blue Line)*, qui borde le pantalon des forces de police de Dallas et sépare le bien du mal. Pour filmer cette enquête policière, Morris pousse un peu plus loin son dispositif d'inversion : les intervenants — détenus, policiers, avocats, jurés, témoins de l'affaire — sont filmés dans des décors dessinés par Ted Bafaloukos, et éclairés de façon sobre mais très hollywoodienne, avec cette dominante bleue très Technicolor, accordée au titre. En bonne justice, chaque intervenant est filmé selon deux cadres : plan américain, plan poitrine. Les entretiens sont entrecoupés de reconstitutions du drame : l'assassinat d'un policier de Dallas à bout portant par l'un des deux occupants d'une voiture. Ces reconstitutions, qui varient chaque fois en fonction des dernières explications des « beaux-parleurs », sont projetées au ralenti, avec fort grossissement des indices, à la manière délibérée et colorée d'une bande dessinée. Le tout est agrémenté d'une musique répétitive, comme irréalisante, de Phil Glass. Résultat : avec leurs récits sans accroc, leurs dictions caractéristisées, leurs gueules de l'emploi à la Chester Himes, comment ne pas soupçonner les protagonistes d'être des acteurs ? Trop fort, trop beau pour être vrai. Morris, rompant avec le polar d'action, invente, c'est sûr, le polar de plateau. D'ailleurs, les extraits de « vrais » polars en noir et blanc piqués ici et là, veulent, c'est sûr, renforcer par contraste l'effet de réalité des *talking heads* en couleurs… mais nous ne sommes pas dupes !

Face à cette galerie de portraits *made in* Dallas — alternant policiers sûrs de leur fait, assassin présumé sans preuves, avocats convaincus de l'innocence de leur client, juge WASP sévèrement bien pensant, récidiviste psychopathe blanchi, témoins véreux — le spectateur se trouve pris au jeu du poker menteur : vrai ou faux le témoignage de tel ou tel ? Vrai ou faux le personnage lui-même ? Vrai ou faux ce jeu de piste reconstitué ? Vraies ou fausses les réalités auxquelles chacun semble croire ? La vie est un songe et Dallas n'existe qu'à la télévision ! Mais non, « Dallas c'est l'enfer », répète le condamné à mort, l'enfer ordinaire des préjugés de l'Amérique profonde, un jeu de rôles pas drôle pour tout le monde. Méchant jeu de société qui désigne a priori comme coupable celui qui est étranger à la tribu, plutôt que l'enfant du pays au casier pourtant chargé. L'étranger est de toute façon coupable d'une faute essentielle : être là où il n'a pas à être. Logique diabolique de tous les ostracismes qui conclut à la culpabilité de la victime expiatoire. Alors, après s'être dit que ce sont des figurants qui nous racontent des histoires, on se dit que c'est peut-être bien vrai ? Et puis finalement que ça a tout l'air d'être des « putains » d'acteurs dans la vie comme à l'écran, fiction et réalité superposées dans le grand show d'Amérique, première puissance audiovisuelle mondiale.

Errol Morris, toujours en quête des déraisons de la raison, était en fait parti à Dallas dans l'idée d'un film sur le Dr. Grigson, psychiatre auprès du tribunal, chargé « d'expertiser » les condamnés à mort pour évaluer s'ils étaient de « dangereux récidivistes **potentiels** » ! Les condamnant toujours sans appel, le bon docteur avait été surnommé Dr. Death (Doc La Mort), et refusa par ailleurs d'être filmé. C'est au cours de ses repérages que Morris est tombé sur le dossier Adams. Il en a tiré ce portrait en trompe-l'œil de l'Amérique par elle-même : photomatons à la fois lisses et grimaçants, comme les clichés d'un repas de communion, sourires et gueules de bois. Le film se conclut sur l'aveu implicite, enregistré au téléphone, du véritable assassin, le petit gars du pays (déjà condamné pour un autre meurtre). La projection de *The Thin Blue Line* — la fine ligne policière « qui sépare le public de l'anarchie », avait dit le procureur — a provoqué la révision du procès Adams, et sa libération [3], après douze ans de réclusion dont trois dans le « couloir de la mort », si bien achalandé par Dr. Death. **La fiction serait-elle capable de racheter la réalité ?**

Le film comme interférence : *Route One / USA*

Au cours de notre périple à travers les formes du documentaire, à travers les diverses découpes, transpositions, modélisations de la réalité à l'écran, nous sommes passés de nombreuses fois d'un côté à l'autre de la frontière entre documentaire et fiction, frontière qui s'est aussi déplacée, redessinée chaque fois autrement. N'est-ce pas le propre de la recherche et de la création, artistique et scientifique, que de déplacer justement cette frontière en découvant de nouvelles manières de voir, inventant de nouveaux possibles, revoyant la réalité ? Nous avons observé comment la plupart des cinéastes novateurs transgressent la distribution des genres, découpent le réel sous de nouveaux aspects, inaugurent, grâce à d'originales dialectiques image/son, de nouvelles relations entre objectif et subjectif, entre film et spectateur. Nous avons rencontré, chemin faisant, des cas-limites où le partage fiction/documentaire devient indécidable, tels *Salam Cinéma !* de Mohsen Makhmalbaf (chap. 3, § *Pleurez vous êtes filmé !)* ou la mise en scène suicidaire de Hervé Guibert dans *La pudeur ou l'impudeur* (chap. 15, § *Testaments).* Dans ces cas, le film n'est ni l'enregistrement d'événements extérieurs, ni la mise en scène de personnages dans un scénario, il poursuit une voie ouverte par le documentaire joué, le cinéma-vérité et le cinéma direct : **il filme l'interférence du tournage et de la réalité dans laquelle il s'inscrit, qu'il provoque et transforme. Le film devient une entremise et une mise en jeu plutôt qu'une mise en scène.** Partant, son dispositif comprend aussi la possibilité de transformer la réalité du spectateur dans laquelle il prend pied, en visant une continuité entre monde filmé et monde commun aux acteurs, au filmeur et au spectateur. « *Il ne suffit pas d'éliminer la fiction au profit d'une réalité brute qui nous renverrait d'autant plus aux présents qui passent. Il faut au contraire tendre vers une limite, faire passer dans le film la limite d'avant le film et d'après le film, saisir dans le personnage la limite qu'il franchit lui-même pour entrer dans le film et pour en sortir, pour entrer dans la fiction comme dans un présent qui ne se sépare pas de son avant et de son après.(…) C'est précisément le but du cinéma-vérité ou du cinéma direct : non pas atteindre à un réel tel qu'il existerait indépendamment de l'image, mais atteindre à un avant et un après tels qu'ils coexistent avec l'image, tels qu'ils sont inséparables de l'image.* » (Deleuze, *L'Image-temps*, p. 55). Impression du tournage dans la réalité et de la réalité ainsi stimulée sur la pellicule, **le film n'est plus le véhicule d'une histoire pré-vue, il est un chemin de traverse dans un champ d'histoires possibles** (voir l'importance du cheminement dans les films de Kiarostami).

L'aventure de *Route One USA* (1989) de Robert Kramer est l'accomplissement de cette démarche. D'un côté, subversion de la réalité toute faite par l'irruption d'un protagoniste à la fois personne (Paul Isaac) et personnage (Doc) ; de l'autre, érosion des conventions fictionnelles par la friction au réel, l'intrusion de Robert et sa caméra à son direct. Au cours de ce tournage-voyage de six mois, de Cape Code à Key West, Robert et son alter-ego Doc partent à la redécouverte de l'Amérique après dix ans d'exil, à la rencontre des Américains via l'ancienne Route n° 1. La prouesse et la magie réelle du film, c'est de réussir à faire passer la parole, au gré des rencontres et des dialogues, tantôt par Doc devant la caméra, tantôt par Robert derrière, sans que ce dédoublement ne nuise à l'unité du film ni ne mette en péril sa crédibilité. « *En un sens,* dit Robert Kramer, *c'est vraiment mon semblable et mon frère, la biographie de Doc est à mi-chemin entre la biographie de Paul, la mienne et quelque chose de totalement fictif. Quelque part c'est une sorte de double.* » *(Autoportrait du cinéaste en marcheur, Cahiers du cinéma,* décembre 1989).Ce jeu d'alter-ego fait que *Route One* est un film à la première personne, en caméra portée, mais pas en caméra subjective, puisque par personne(s) interposée(s). D'autre part ce dédoublement — inadmissible aux yeux des inconditionnels de l'identité objective — ouvre au contraire une dimension supplémentaire, au-delà du vrai et du faux.

3. Preuve de la véracité de cette histoire : sorti de prison, Adams a intenté un procès à Errol Morris pour être intéressé aux droits d'auteur du film.

Revoyons la scène déjà évoquée (chap. 13 § *Trouver la bonne distance)* où Doc se trouve à l'intérieur d'une clinique pratiquant l'avortement. Il est avec les infirmières, « *surounded* », assiégé par un cordon de « laissez les vivre » en incantation, parmi lesquels la caméra a reconnu une de ses « familles d'accueil ». Le fait que Doc ne soit pas un vrai docteur, ni un vrai reporter mais un acteur ne change rien à la réalité de la scène. Au contraire, ce qui compte, c'est qu'il soit là, avec l'infirmière dont le nom est crié dehors, et qu'ils **se** parlent, au sens (opposé à l'interview) où l'on parle **de** soi-même. Cette sensation de la situation par l'intérieur n'est rendue possible que parce que Doc-Paul est là personnellement (personne et personnage), et non comme un professionnel du reportage. Et la tension de cet encerclement est d'autant mieux partagée que la caméra-Robert, elle, a été accueillie, les jours et scènes précédents, dans l'initimité de quelques unes des familles intégristes qui manifestent ici, vouant de tout leur « chœur » médecins et infirmières aux gémonies.

Si le tansfert opère entre fiction et documentaire, Doc et Robert, c'est parce que la question : vrai ou faux, acteur ou « *real people* », se trouve complètement dépassée par le cours du tournage, au bénéfice de la quête d'une autre vérité *in situ*, à la fois plus terre à terre et plus imaginaire, qui entraîne filmeur, acteurs et spectateur dans une autre dimension, celle du devenir de l'Amérique, de ses communautés humaines, de leurs conflits et de leurs résistances, de leur planète qui est aussi la nôtre. « *Le film est une tentative pour expérimenter à l'image la découverte du sens de la situation, c'est-à-dire un sens qui n'a rien de général (il s'agit de vivre une action en direct et non par rapport à des ambitions historiques ou sociologiques).* ***Un des problèmes majeurs du montage fut de rester fidèle à ces instants de présence dans le film, à ces choses qui n'avaient lieu que grâce au film.*** » Par la superposition des biographies de Robert et Paul, s'en invente une troisième, celle de Doc, et le parcours du film est l'épreuve de sa viabilité, de sa capacité d'évoluer, d'être le *go between* entre la caméra et l'Amérique, entre les visions d'Amérique de ses deux pères putatifs et la sienne. Le réel n'est pas l'adéquation d'une image détachée à un monde préexistant, c'est ici l'alignement possible ou les tiraillements (Paul quittera vraiment le tournage) entre trois projections imbriquées de et dans l'Amérique — celle de Doc personnage fictionnel, celle de Paul réel acteur du film, et celle virtuelle de Robert caméra (on ne le voit pas, on entend parfois sa voix de derrière l'appareil, les gens lui parlent, c'est son regard qui nous donne à voir mais ce n'est pas que le sien).

La réussite de ce jeu tantôt de superposition, tantôt de disjonction, se sent au fait qu'on y croit tout simplement sans se demander quel leurre est-il, et qu'on ne se demande pas non plus, comme dans *La Dame du lac* (cf. chap. 13, § *La caméra est le détective*), quelle tête se cache derrière cette voix et l'objectif, tout simplement parce que le regard dédoublé de Kramer n'est pas une caméra subjective autarcique mais une caméra en plein « trans-faire ». Elle n'est pas le « moi » d'un auteur, elle ne nous informe pas sur l'actualité ; elle fait des rencontres, partage un moment la tâche des uns, écoute la parole des autres et cherche à s'y reconnaître. « *Je ne connais pas les gens avant de les filmer mais je leur suppose un vécu fabuleux, parce qu'ils sont tout simplement là sur la planète.(…) C'est pourquoi il y a dans le film ces moments où je comprends quel est mon lien à la personne fillmée. Et eux ont compris qu'ils étaient à l'abri dans mon regard : je ne vais pas me servir d'eux pour défendre une thèse. Ils sont là parce qu'ils sont là. Et ça nous donnait confiance, cette certitude d'être sur la même planète au même moment.* » (*idem*).

Ce « trans-faire » nous travaille à la manière d'une géographie humaine, rapprochant dans ses plis accidentels des couches de l'histoire américaine rendues étrangement contemporaines. « *Kramer traite l'histoire en géographe. La mémoire se dit au présent par la rencontre entre l'horizontalité du voyage et la verticalité de la parole. La parole creuse* (et prolonge) *le temps. Toutes les strates du passé communiquent entre elles. La guerre de Sécession est contemporaine de la guerre du Vietnam. La mémoire des Indiens rejoint celle de la signature de la Constitution. La mémoire individuelle se fond immédiatement dans la mémoire collective. Elle a un double devenir : devenir légendaire comme chez John Ford, lorsque la légende et l'histoire ne font plus qu'un, mais aussi devenir-musée.* » (Thierry Jousse, *ibidem*).

Il ne fallait certes pas moins de quatre heures pour se perdre en chemin et tailler la route du nord au sud, d'un océan à l'autre, d'une guerre à l'autre, d'une réalité initiale des protagonistes à une réalité transformée à l'arrivée par les croisements de la fiction. Le double jeu caméra/Doc — Doc comme docteur ou documentaire ? ne s'agit-il pas de l'examen séméiologique d'un corps social ? — ce double jeu répond effectivement à la nécessité de « faire passer dans le film la limite d'avant et d'après le film », signifiée par Deleuze. Comme si s'y incluait en creux le hors-temps, comme s'il n'y avait plus ni « moteur ! » ni « coupez ! », mais suite et variations de la personne au personnage, du hors-champ au champ, des temps actuels aux temps héroïques, des rôles sociaux aux rôles filmés au gré des rencontres de hasard ou provoquées. À la manière d'une holographie, le film apparait comme une frange d'interférences entre réel et fiction, mémoires vives et légendes de pierre, produite par la lumière incidente du tournage.

Dans *Route One* comme dans les derniers films d'Abbas Kiarostami *(Et la vie continue, Au travers des oliviers, Le goût de la cerise)*, le spectateur est du voyage, non au sens d'évasion exotique mais au sens d'embarqué sur la même route : tout est fait pour que le film vienne s'inscrire sans parenthèses dans la continuité vécue (réelle et imaginaire) du spectateur. De même, le dispositif de tournage, le va-et-vient des protagonistes entre documentaire et fiction, est conçu de manière à ce que le film ne mette pas entre parenthèses le réel où il s'inscrit, qu'il détoure et retrace en même temps. Le film est monté comme un moment commun de la vie de son équipe, des gens filmés et du spectateur. Si, dans chacun de ces films, le tournage fait partie intégrante du film et y apparaît, ce n'est pas par coquetterie ou clin d'œil complice, c'est qu'il y va de l'actualisation d'une certaine essence du cinéma comme « *sommation du réel qui nous donne toujours à penser* ***sur*** *les choses en même temps qu'elle nous donne à penser* ***avec*** *les choses* ». (Jean Mitry).

Pendant le film, la vie continue...

Comme son confère Makhmalbaf, le cinéaste iranien Abbas Kiarostami tourne aux confins du documentaire et de la fiction. Influence du néo-réalisme italien, certes, mais aussi parce que Kiarostami se veut pédagogue, non comme un maître d'école — il a réalisé un documentaire, à partir d'interrogatoires d'enfants, à propos des *Devoirs du soir (Homework,* 1990) — mais comme un fabuliste et un moraliste, l'un ne va pas sans l'autre (pas de fable sans morale). Dans une fable, **la fiction est comme un grain de sel** : elle sert à faire ressortir de et dans la réalité une vérité qu'on ne voyait pas ou ne voulait pas voir.

Un fabuliste, un moraliste, c'est quelqu'un qui prend le temps ou plutôt qui joue sur le temps, parce qu'il sait que la vérité ne se livre pas sans détour, selon l'antique sagesse : « la vérité n'est pas le but, c'est le chemin ». Et des cheminements, ce n'est pas ce qui manque dans les films de Kiarostami : le chemin en Z à flanc de colline que parcourt dix fois l'enfant cherchant *Où est la maison de son ami ?* (1987) pour lui rendre son précieux cahier ; la longue quête en voiture de l'homme qui recherche les enfants du film précédent, dans *Et la vie continue* (1992) ; les virées en voiture encore de l'homme qui cherche quelqu'un pour l'enterrer après son suicide, dans *Le goût de la cerise* (1998) ; les poursuites amoureuses *Au travers des oliviers* (1994). S'il cherche une certaine vérité de la vie par le cinéma, Kiarostami ne vise pas du tout à surprendre la vie à l'improviste, à la manière des reportages ou du cinéma direct. Il ne porte pas sa caméra dans le cœur et le cours du « réel », pourchassant « l'événement ». Il plante tranquillement sa caméra et convoque le réel, gens et situations, à venir se rencontrer *(Au travers des oliviers)* ou se raconter *(Close Up)*. Il s'intéresse à la réalité réfléchie par des paysages, des personnes et des personnages, ceux-ci et celles-là tendant à se confondre dans la mesure où ses « acteurs » jouent fréquemment des rôles proches de ceux qu'ils tiennent dans la vie.

Kiarostami, comme tous les vrais conteurs, sait aussi l'importance du faux-semblant qui, confondant fiction et réalité, stimule la croyance du spectateur, l'implique et l'incite à rapporter le film non seulement à un divertissement mais à une réflexion. Et, comme Welles par exemple, Kiarostami sait la puissance de suggestion des jeux de miroirs et double-fonds, incluant le narrateur dans son histoire, le film dans le film, et qui, sous couvert de dévoiler la mise en scène, ne font qu'accroître la crédulité du spectateur et le précipiter davantage dans des abîmes de réflexion, comme les miroirs justement.

C'est que, pour Kiarostami, la réalité n'est pas la vérité, elle est l'accès nécessaire mais non suffisant à la vérité. Celle-ci demande à être produite à partir de celle-là, c'est le travail de la fiction, du dispositif cinématographique, qui apparait ainsi dans tous ses derniers films comme un miroir parabolique, transmuant sous nos yeux le réel en parabole. Ce décalage, inhérent à toute re-présentation, loin de chercher à le résorber dans les mirages de la fiction, Kiarostami en fait la conscience du tournage et la prise de conscience du spectateur. C'est pourquoi la plupart de ses personnages apparaissent dans un entre-deux pirandellien, en quête d'auteur et d'histoire le temps du film, comme s'ils traversaient le champ de la caméra en se rendant du côté cour au côté jardin.

Kiarostami, enfin, pratique le film ouvert : pas de *happy end* ni de résolution finale. Des rencontres ont eu lieu, des problèmes spécifiques se sont posées qui ont amené les personnages à se chercher, à s'entr'aider ou s'ignorer, à trouver des solutions provisoires ou pas, mais le chemin, l'amour, la vie continuent… par delà la colline, par delà le virage de la route ou la forêt d'oliviers, par delà le dernier plan. **De même que la vie continue à travers le film, le film continue à travers la vie. Le film est ouvert par les deux bouts**, réalisant parfaitement ce que dit Deleuze : « *faire passer dans le film la limite d'avant le film et d'après le film…* ». On comprend mieux **le jeu de renvois continuel d'un film à l'autre. Ce n'est pas seulement clin d'œil, effet spéculaire, ces reprises traduisent un véritable va et vient entre vie et cinéma.**

Le conducteur de *Et la vie continue* recherche, après le (véritable) tremblement de terre, les deux enfants héros de *Où est la maison de mon ami ?* Dans ce film là, un vieux parle de sa maison dans ce film ci, sans qu'on comprenne trop laquelle est la vraie (c'en est peut-être une troisième ?). Le couple de *Au travers des oliviers* doit rejouer une scène de *Et la vie continue :* le scénario est d'aillleurs à double-fond, puisque le tounage s'avère l'occasion pour le jeune premier improvisé (assistant remplaçant l'acteur au pied levé) de déclarer à l'actrice l'amour qu'il éprouve pour elle réellement « dans la vie » ! Dans *Close Up,* le héros se prend vraiment pour le cinéaste Makhmalbaf, auteur du fameux film *Le Cycliste.* Et,comme le dit Kiarostami lui-même (entretien avec F. Niney, *Cahiers du cinéma,* décembre 1991, p. 16) : « *Dans* Homework, *les enfants racontent eux-mêmes ce dont on est témoin dans* Où est la maison de mon ami ? *Et* Où est la maison de mon ami ? *montre que ce que disent les enfants de* Homework *est vrai.* » La fiction prouve que le documentaire dit vrai et vice versa, voilà bien condensé le credo cinématographique de Kiarostami.

Mais ces déplacements, ces glissements, ces inserts d'un film à l'autre, s'expliquent encore par une autre dimension, psychologique celle-là, qui est le sujet exclusif de *Close Up* et exerce une profonde fascination sur Kiarostami : le désir d'être un autre. Ce désir, aussi largement partagé que réprimé, n'est pas contradictoire avec l'amer constat de *Devoirs du soir* : « *Sabzian* (le héros véritable de Close Up) *n'est pas un mythomane ; c'est que l'être humain veut être un autre.* Homework *montrait justement comment l'éducation nous fait perdre notre personnalité.* » Education punitive et rabâcheuse, imagination barrée voire proscrite apparaissent comme les deux faces d'une société rigoriste et bloquée. « Homework *n'est pas un film,* nous dit Kiarostami, *c'est une recherche filmée, motivée par les problèmes éducatifs iraniens que mes propres enfants rapportaient chaque soir à la maison* », et qui s'adresse à tous les parents d'élèves. Le pere-cinéaste se transporte donc incontinent à l'école et fait défiler devant sa caméra une série de jeunes élèves plus ou moins à l'aise, apeurés ou roublards. Question centrale : Comment se passent les devoirs à la maison ? Visiblement assez mal : plutôt que des connaissances c'est la crainte qu'ils semblent inculquer. Le dispositif du film est sans concession, il ne s'agit pas d'un micro-trottoir, mais d'un interrogatoire sérieux : les élèves sont cadrés en gros plan, dos au mur, visages émouvants. « *J'avais mis une chaise, face à la mienne, pour les élèves interrogés, mais seulement deux (dont mon propre fils) ont osé s'y asseoir. J'ai d'abord filmé les enfants et après, ailleurs, les contrechamps sur moi et l'equipe. L'image mentale de beaucoup de gens, c'est que les élèves ont peur : le dernier élève pleure mais les autres sont à l'aise. Ils mentent notamment en disant qu'ils ne regardent pas les dessins animés à la télé. Le dispositif a été choisi pour avoir les visages des enfants plein cadre, comme des photos de passeport, et pour dialoguer. Les enfants ont dit beaucoup de choses de leur vie privée. C'est vrai qu'ils se sentent en danger à l'école, mais c'est justement le sujet du film.(…) L'éducation inadaptée aux enfants, c'est un problème général qui prouve que le monde est malade. Parce qu'on passe ses meilleurs moments d'enfance dans les pires situations.* »

La prière que chantera finalement l'élève qui pleure de peur, n'apparaîtra pas comme la soumission à la divine autorité mais comme un cri de détresse à l'adresse du monde des adultes qui ne souffre guère la poésie. Inversement, en coupant le son de la prière obligatoire pendant la récréation, « par égard pour le prophète », le rusé réalisateur rendra, par la magie du muet, d'autant plus sensible l'indomptable chahut des enfants. Zéro de conduite, un zéro qui permet tous les espoirs qui ne sont pas permis. « *Ce que ça montre, c'est que pour des enfants de cet âge qui ne comprennent rien à la religion, la prière obligatoire devient un acte presque anti-religieux. C'était une manière de dire que ça posait problème.* » Le coup du son coupé va être réutilisé différemment dans *Close Up*

Le désir d'être un autre

« *J'avais une équipe pour faire un autre film. Et trois jours avant de tourner, je suis tombé sur ce fait divers dans le journal. Ca m'a empêché de dormir parce que je me sentais très proche de ce sujet. On est donc allé à la prison faire l'entretien avec le prévenu.* » Celui-ci, filmé pour l'heure à son insu, accepte la proposition de Kiarostami à condition, pari difficile, que « votre film exprime ma souffrance ». « *Le traitement s'est développé au fur et à mesure du tournage. J'ai passé une série de nuits blanches sur le scénario, parce que la réalité avait de l'avance sur nous. J'aime faire des films sur des sujets qui ne me laissent pas le temps d'élaborer un scénario d'avance, où la réalité me prend de vitesse.* » (*Cahiers du cinéma*, juillet 1995, p. 108). Le film commence par une scène reconstituée où le journaliste qui a éventé l'affaire se rend sur les lieux du « crime », avec deux gendarmes pour pratiquer l'arrestation de « l'escroc ». Chemin faisant, le journaliste explique au chauffeur du taxi ladite escroquerie : un homme pauvre et sans-emploi, Ali Sabzian, s'est fait passer pour le cinéaste Makhmalbaf et a abusé une famille bourgeoise en leur faisant croire qu'il allait tourner avec eux. Le film va alterner scènes reconstituées de la duperie — avec les véritables protagonistes dans leurs propres rôles — interviews desdits protagonistes et mise en scène du véritable procès au cours duquel une caméra est dédiée en gros plan (Close Up) à l'accusé, usurpateur d'une identité de cinéaste rêvée, en souffrance de sa propre identité, et en instance d'en trouver une nouvelle : acteur dans le film de Kiarostami !

Le sujet du film, c'est bien sûr le double et le désir d'être un autre, et, de la part de Kiarostami, c'est le désir de réhabiliter ce désir non comme tromperie mais comme volonté de (se) changer la vie. Pathétiquement, le faux Makhmalbaf raconte : « *Je leur demandais de déplacer une tasse et ils le faisaient, c'était la première fois que je faisais accepter mes vues. Ils étaient même prêts à couper les arbres du jardin pour le tournage.* » **Miracle du cinéma qui abolit toute résistance du réel face à la volonté artiste.** Il y a là, en arrière fond, la question qui hante tout le cinéma de Kiarostami : la fiction peut-elle racheter la réalité ? L'illusion voulue, n'est-ce pas l'idéal ? Dit plus classiquement, **l'art peut-il secourir la vie ?** « *Je me sens très proche de Sabzian, du chef de famille aussi ou du journaliste qui se prend pour Ornella Fallacci,* nous dit Kiarostami. *Parce que dans cette histoire, chacun veut être un autre. Le religieux veut être juge, le chauffeur de taxi aviateur, l'ingénieur est marchand de pain... Makhmalbaf lui-même veut être acteur au lieu de réalisateur. Mais il n'y a que Sabzian qui a eu le pouvoir de changer les choses dans le sens où il les imaginait. Les seuls qui changent le monde, c'est ceux qui sont capables de mettre leurs pensées en action.* » Hommage de l'artiste au pragmatisme. Chacun joue à être un autre, avec plus ou moins de bonheur et de souffrance, car la raison de l'identité ou le mobile de l'évasion hors de soi, n'est pas toujours volontaire ni seulement ludique. Le procès pour escroquerie devient en même temps un plaidoyer pour le droit à la fiction, à changer de peau, à « faire du cinéma ». Kiarostami joue à faire du documentaire avec de la fiction (reconstitutions des scènes où Sabzian dupe la famille), et de la fiction avec du documentaire (mise en scène du véritable procès pour la caméra).

Le film est un véritable palais des glaces, parce que les rôles s'y échangent non seulement entre ce que sont les gens et ce qu'ils veulent être, mais entre cinéma direct, fiction et reconstitution. À l'évidence, le fait que Kiarostami en fasse un film modifie la « réalité » de l'affaire, pousse le juge à la clémence, la famille à pardonner, et Sabzian à jouer son meilleur rôle. « *Oui, le fait de filmer a influencé les gens. Ils ont participé à la mise en scène du procès pour que la réalité des faits soit bien exposée. Le film m'a permis de voir les gens plus justement, de ne pas faire de jugement hâtif. La famille a été portée à pardonner grâce à la caméra. J'ai senti à tavers ce film le pouvoir de la caméra, le grand désir des gens d'avoir une image d'eux-mêmes, même négative :* « *J'ai une image, donc je suis* ». *Ca a été très dur de leur faire rejouer la tromperie. Ils ont accepté juste pour être dans l'image. La femme ne voulait plus apporter le thé à Sabzian. Il avait dit à la famille qu'il viendrait 40 jours après avec l'équipe pour filmer, et c'est ce qui s'est passé en fin de compte. J'ai dit à Sabzian que nous étions son équipe. Et Sabzian est allé dire au chef de famille :* « vous voyez, je ne vous avais pas menti ». » Interrogé sur la mise en scène du procès « en temps réel », Kiarostami répond : « *Je n'ai jamais promis à personne d'être un réalisateur de documentaires. C'est leur problème, pas le mien. D'ailleurs deux personnes différentes, sur un même sujet, feraient deux documentaires différents.* »

Remarquablement montée par Kiarostami, la scène finale fusionne réalité et fiction, les réconcilie. Libéré, le faux

Makhmalbaf, filmé en caméra cachée, sort de prison et tombe sur le vrai Makhmalbaf, amené par les bons soins de Kiarostami et équipé d'un micro-émetteur. Face à face des deux sosies, intenses émotion et excuses. Et ces excuses, les voilà partis tous les deux en motocyclette pour les porter, avec des fleurs achetés en route, à la famille trompée. C'est sur ce chemin de repentance qu'à la façon d'un incident technique, Kiarostami coupe le son, sûrement trop « voyeur », trop espion dans l'intimité du double. Arrivé devant la maison — de mon ami devenu ennemi et que je voudrais réconcilié — le faux Makhmalbaf sonne à l'interphone. Il dit son vrai nom par deux fois : Ali Sabzian. Silence gêné et incompréhensif à l'autre bout de la ligne. Sabzian a alors le réflexe de donner son faux nom usurpé : « Makhmalbaf », et ce faisant il s'effondre en larmes dos à la caméra. Le vrai Makhmalbaf prend alors le relais et dit dans l'interphone : « Je suis Mohsen Makhmalbaf », comme s'il était devenu à son tour, le temps d'une réplique, la doublure de l'autre.

Empêcher que le sens coule

Réconciliation par échange paradoxale entre identité fictive et identité réelle, *Close Up* apparait comme un défi fabuleux à l'ordre des choses, ordre dont *Devoirs du soir* dénonce, en même temps et pédagogiquement, la stérilité. Le plaidoyer du faux cinéaste (et du vrai Kiarostami) pour le droit d'être un autre, de vivre en fiction, de (se) faire du cinéma, on ne peut pas ne pas le rapprocher du sort d'une autre victime, expiatoire et impardonnée celle-là, devenue emblématique de **l'interdit d'adultère entre réel et fiction**[4] **:** Salman Rushdie. Ses *Versets sataniques* demeurent condamnés au feu qu'allume la fiction quand elle s'en prend au fondement d'une identité terrifiée et terrifiante, fiction qu'on baptise alors blasphème. Vouloir bannir de la cité toute fiction, toute illusion, trompe-l'œil, faux-semblant, au nom de la Vérité une, absolue et transcendante — comme le prônait déjà Platon — c'est perdre le jeu nécessaire aux mécanismes de la vie, et à sa reproduction élargie. Mais c'est aussi perdre la vérité en la posant définitivement hors d'atteinte, derrière un voile de vertu métaphysique, elle qui n'aime rien tant que se livrer aux apparences et, comme la mariée de Duchamp, éprouve toujours le désir d'être « remise à nu par ses célibataires, même ».

Survient ici une supputation fort dérangeante de Michel Foucault, dans sa conférence « *Qu'est-ce qu'un auteur ?* » (1976, *Dits et écrits* TIII, Gallimard 1994). Foucault y prend à contrepied notre culte de l'auteur, de film comme de roman : l'auteur ne serait-il pas « *la figure idéologique par laquelle on conjure la prolifération du sens* » ? Par sa signature reconnue, son style bientôt patenté, sa cote, l'auteur ne permet-il pas d'arraisonner l'imaginaire, de lui fixer un sens, une valeur d'usage et d'échange. Ainsi entendue, la fonction « auteur » serait la réponse économique à la question : « ***Comment conjurer le grand péril par lequel la fiction menace notre monde ?*** » Dit autrement par Robert Kramer : « la réalité, c'est la fiction du pouvoir » s'efforçant d'invalider tout autre possible. Si le sens se mettait à proliférer, les sens à déborder, la fiction à galoper hors des sentiers battus, confondant les genres, ridiculisant la vraisemblance, ouvrant dans le réel des brèches de possible, multipliant les rôles et déjouant les identités, proliférant de manière anonyme et partagée (comme le désiraient les Frères du Libre Esprit, les libertins, les dadaïstes, les situationnistes, les *hackers)* contre l'anonymat exclusif du pouvoir et ses appareils d'objection, ce serait la subversion de l'ordre établi, l'imagination au pouvoir, avec sa périlleuse devise dyonisiaque : *prenez vos désirs pour la réalité* !

Mais une réserve à cet enthousiasme débridé s'impose : si la vie était un roman ou du cinéma, il n'y aurait plus ni romans ni cinéma, et peut-être la vie — ayant résorbé l'écart de la représentation qui est l'espace renouvelé de l'imaginaire et du désir même — ne vaudrait-elle plus d'être vécue[5] ? C'est pourquoi ces utopies, nécessaires à changer la vie et fort stimulantes dans l'espace imaginaire, peuvent aussi tourner en réalité au vinaigre totalitaire.

Dans les films de Kiarostami, comme dans les fables, sous le déguisement visible de l'anecdote, c'est bien de notre his-

4. Cette prohibition de l'imagination en terre intégriste a trouvé bien des alliés jusque dans les contrées où s'inventa le roman, dont l'écrivain John Le Carré et le pape Jean-Paul II. (cf. Milan Kundera, *L'art du roman*, Gallimard 1986).

5. Cf. la fin de l'histoire, déjà citée (chap. 3, note 2), décrite par Alexandre Kojève dans son *Introduction à la lecture de Hegel* (Gallimard 1959)

toire qu'il s'agit : à nous spectateurs d'en tirer une morale, c'est-à-dire une leçon de conduite pour soi et envers les autres, afin de progresser, c'est-à-dire ne pas ressasser les mêmes erreurs, fussent-elles traditionnelles. Le cinéma n'est-il pas, comme le théâtre, l'autre scène où l'on peut répéter l'histoire pour qu'elle ne se reproduise pas ? Et l'auditoire est complice de ce double-jeu que la caméra affiche.

Chez Kiarostami — comme chez Kramer ou Welles — la fiction est chargée d'accoucher le réel d'une vérité qu'il conditionne mais qui le dépasse. De même, cette vérité, loin de figer la réalité en fatalité, y ouvre de nouveaux possibles, de nouveaux rôles. Qu'il s'agisse du champ d'oliviers à travers lequel le jeune amoureux plein d'espoir emporte notre regard ; ou du chemin pentu que gravit en plusieurs reprises la voiture dont le conducteur n'a pas retrouvé les enfants d'*Où est la maison de mon ami ?* mais a rencontré d'autres raisons de vivre ; ou encore de la montagne où gît ouverte la tombe du suicidé qui semble avoir retrouvé *Le goût de la cerise*… le dernier plan laisse le film et le sens ouvert, *Et la vie continue*… au-delà de l'objectif.

CONCLUSION

Le tourniquet des regards

Il est paradoxal de devoir conclure après un parcours qui nous a conduit à constater les vertus de l'oeuvre ouverte, et à repérer les inventions esthétiques en matière de cinéma documentaire non comme des innovations purement formelles mais comme une succession de redéfinitions de nos relations historiques de et à la réalité. **Repenser le découpage de la réalité, la relation sujet/objet qui en constitue le champ de significations, et le langage audiovisuel qui permet d'en exprimer et communiquer le sens : tel apparaît le pari réitéré de l'expérience documentaire chaque fois qu'elle tente d'arracher une projection du monde (poïétique) à la série des clichés (statique).** Car, n'en déplaise à l'indifférente « objectivité » médiatique, nous ne sommes plus les spectateurs d'un monde à déchiffrer mais acteurs du théâtre de la vie. Pour le dire encore avec Heisenberg (cf. *La nature dans la physique contemporaine*, 1953), partout, dans la nature qu'il s'est réappropriée par la technique, « *l'homme ne rencontre plus que lui-même* » et paradoxalement se retrouve perdu, car il touche aux limites du progrès technique, non pas quantitativement mais quant au dévoilement du sens. Moment de retournement où l'homme, qui croyait trouver le sens des choses dans les choses, se découvre indissolublement producteur du sens des « choses » dans le cadre de systèmes de pensée limités et de cohabitation relatifs.

Dans cette situation nouvelle, « *sans partenaire ni adversaire* », l'homme se trouve en demeure de renoncer à l'idéal de maîtrise et de vérité absolue, d'inventer de nouvelles valeurs « *dans un espace à un plus grand nombre de dimensions* » et de forger un nouveau concept de « réalité » (qui ne saurait plus figurer une totalité promise et soumise, mais une connexion de champs d'interactions et d'interrogations partiels). Cette préoccupation peut se lire, a contrario, dans les nombreuses réévaluations dont fait actuellement l'objet, tant en physique que dans les sciences humaines, **le concept de « fiction », qui**

ne se situe plus dans une opposition simple à la notion de « réel ». [1] De même que ne peuvent plus s'opposer nature et culture dans un monde entièrement pénétré par une technique autant subie que voulue. « *Car la technique n'apparait presque plus comme le produit d'efforts conscients humains en vue d'augmenter le pouvoir matériel ; elle apparaît plutôt comme un événement biologique à grande échelle au cours duquel les structures internes de l'organisme humain sont transportées de plus en plus dans le monde environnant l'homme ; c'est donc un processus biologique qui par sa nature même se soustrait au contrôle de l'homme ; car même si l'homme peut faire ce qu'il veut, il ne peut pas vouloir* (consciemment) *ce qu'il veut* », conclut Heisenberg en s'inspirant de Nietzsche *(La nature dans la physique contemporaine*, p. 132). Force nous est d'abandonner l'idéal démiurgique de la mécanique industrielle, et d'inventer des relations, à la fois physiques et sociales, plus diversifiées et ouvertes, avec ce qu'il est convenu d'appeler désormais notre environnement.

Projeter le monde pour s'y retrouver : ce mouvement propre à l'illusion d'optique cinématographique paraît une allégorie de la transformation radicale qu'a connue notre vision du monde au cours du siècle écoulé. La multiplication et la circulation des prises de vues tous azimuts nous ont-elles rapprochés d'une transparence de « l'état des choses », d'une pleine connaissance des événements, comme semblent n'en pas douter les inconditionnels des actualités et de la télévision ? Nous ont-elles au contraire brouillé la vue et la vie, comme le dénoncent les contempteurs de la société du spectacle ? Ni l'un ni l'autre... ou l'un et l'autre. Ces images omniprésentes du monde ont modifié et remodelé irrémédiablement notre perception du monde, et le monde lui-même... même pour qui ne les regarderait pas. La question n'est pas de les diviniser ou diaboliser, ni même d'en constater l'irréversible fatalité. Elle est de savoir ce qu'elles nous font, ces images, quel monde elles font entre nous ; comment elles nous font voir (imaginer) et si nous pouvons en faire quelque chose… quelque chose d'autre que des images : c'est à dire **à quelles conditions elles ne sont pas juste des images, mais deviennent des images justes**. Passons les donc en revue, pour conclure, ces conditions de « justesse » qu'ont communément ignorées les propagandes filmées mais qu'ont su mettre à jour et faire évoluer les inventeurs de documentaires.

1. La prise de vue n'est pas dans un rapport bijectif au référent réel qu'elle fixe, elle renvoie également à la chaîne des signifiants dans le film, à une signification qu'elle prend dans le montage, et à la chaîne des interprétants au-delà (spectateurs, autres images). Elle n'est pas simple analogue, évidence, présence, mais **re-prise dans un tissu temporel de connotations**. C'est de cette double articulation réel-imaginaire, récit-temps — scotomisée dans toute propagande « objectiviste » — que le langage audio-visuel créatif tire son pouvoir de « *sommation du réel qui nous donne toujours à penser* **sur** *les choses en même temps qu'il nous donne à penser* **avec** *les choses* ».

2. Même photographique, l'image n'est pas une preuve qui (se) suffit. **Elle traduit et trahit.** C'est justement du rapport, variable et interprétable, entre ces deux fonctions que la prise de vue tire sa signification ; et c'est sous ce rapport que le spectateur en tirera un sens et qu'il accordera sa croyance (comme on s'accorde en musique). Cette évaluation-interprétation se réalise par **la mise en relation de la prise de vue avec son contexte, non seulement dans la réalité extérieure mais dans le film en question. Une interprétation juste (ou vraie), de la part du filmeur comme du spectateur, c'est celle qui transpose pertinemment (par sa façon de cadrer, découper et relier le sujet) une contextualisation dans l'autre.**

3. Ainsi, dans l'élaboration d'un film de mémoire, ce qui détermine la sélection des images d'archives — esprit es-tu là ? — ce n'est pas leur nature intrinsèque *(nature* plutôt problématique, cf chap 15), ce sont les questions qu'on leur pose et l'intrigue qui va les remettre en jeu. Le « document » ne témoigne pas comme l'empreinte d'un événement ou comme une icône en tenant lieu, il est à interroger comme une représentation renvoyant à une chaîne d'interprétants d'alors, qu'il convient de ressaisir et de confronter à la chaîne d'interprétants dans laquelle le film actuel et son spectateur resituent ledit document.
   La « nature » originelle de l'archive (fiction ou reportage, réclame ou propagande, ehtnologique ou industrielle) devient seconde relativement à la fonction qu'elle vient occuper dans le nouveau montage et qui lui fait dire autre chose que ce pour quoi elle avait été conçue. Et l'esprit

1. Cf. par exemple *Aux contraires*, de J.M. Lévy-Leblond (Gallimard, 1996), ou *L'aveuglante proximité du réel*, de Michel Bitbol (Flammarion, 1998).

dans lequel elle a été conçue est en partie révélé par ce décalage. On voit mieux pourquoi documentaire et fiction s'interpénètrent et peuvent aller jusqu'à inverser leur rôle : l'extrait de fiction devient document de l'époque, l'actualité apparait rétrospectivement comme fiction propagandiste (voir M.Ophuls p 443, 444) ; ou bien, s'il s'agit d'un documentaire sur un cinéaste, celui-ci peut apparaître comme un acteur et ses extraits de films comme des documents biographiques (voir Sternberg par Labarthe, p 358).

4. **Ce que le cinéma documente, en tant que chronique « bio-graphique », ce n'est pas un face à face sujet/objet, caméra/événement mais une inter-relation ternaire filmeur/filmé/spectateur incluant la position du filmeur dans le film et le regard du spectateur dans son dispositif** (même quand on prétend l'objectiver devant, comme dans les actualités). C'est de l'exclusion (illusoire) de ce troisième terme que les médias audiovisuels tirent bénéfice : ils revendent au spectateur a posteriori un regard supposé absent du champ initial de l'événement se jouant seul, de lui-même, « en direct » devant la caméra. C'est, inversement, de cette double inclusion (du filmeur dans le filmé, du spectateur dans le filmeur) que l'invention documentaire, et cinématographique en général, a su tirer des visions critiques et de nouvelles optiques (cf. chap 6 et 9).

5. Faute de Raison suffisante, on ne saurait plus désormais parler sans dire d'où l'on parle, pour quoi, quelle relation agit. Faute d'évidence (d'images pleines), on ne saurait plus faire image sans montrer d'où l'on montre, de quel champ il s'agit. Et ce relativisme nécessaire n'est pas défaut d'objectivité, comme le croit et le craint le réalisme métaphysique, mais élaboration d'une autre forme (plus spécifiée et compréhensive) d'objectivité, d'un nouveau type de relations sujet/objet, nous/monde, mémoire/histoire. C'est précisément ce que mettent en jeu les formes originales d'interlocution chez Resnais et Marker (chap 6) ou Marcel Ophuls (chap 17), d'interactions chez Wiseman et Rouch (chap 9) ou Van der Keuken (chap 13), d'interférences fiction/réel chez Kramer et Kiarostami (chap 18).

6. Il y a, néanmoins, dans toute projection ou narration, une instance anonyme d'énonciation, de monstration, qui ordonne *in fine* le récit dont elle s'absente. Mais rappelons la différence cruciale qui s'impose : dans la propagande, ce Tiers exclu se tient hors-jeu, se décrète arbitrairement arbitre, hors des atteintes de l'histoire et des questions de forme, sans compte à rendre à personne, et surtout pas au spectateur symétriquement inactivé dans son dispositif prétendument objectif, alors que dans la recherche documentaire et cinématographique, le dispositif d'énonciation entre délibérement dans une relation dynamique, interrogative, réflexive, risquée pour tout dire, avec le champ de l'histoire visée, avec le découpage du sujet et la forme qui l'informe.

7. Il n'y a pas de solution de continuité entre documentaire et fiction : il y a des degrés (que peut toujours franchir telle ou telle forme de mise en scène ou de montage, cf. chap 3 et 7), et des différences de moyens et de fonctionnement. « Fonctionnement » veut dire ici : **régime de croyance du spectateur suscité par la double articulation des prises de vues relativement au contexte extérieur où elles ont été prélevées et au contexte filmique où elles s'insèrent.** Quand quel-qu'un entre dans un cinéma, il sait bien que, même documentaire, c'est un film qu'il voit, une re-présentation. Pourtant il y croit (si le film est bon) même si ce n'est pas un documentaire. Preuve que nul n'ignore que la fiction participe du monde réel.
Mais ce n'est pas le même régime de croyance. En fiction, le spectateur accorde sa croyance à ce qu'il reconnaît comme un récit inventé joué par des personnages, alors qu'en documentaire, il admet qu'il s'agit de personnes, de lieux et d'événements réellement existant ou ayant existé indépendamment du film. Mais qu'est-ce qui nous garantit que, dans un soi-disant documentaire, les protagonistes ne sont pas ou ne jouent pas comme des acteurs ? Rien absolument, mais pas absolument rien. Je veux dire : rien ne nous le garantit absolument, si ce n'est ce que nous savons du monde **par ailleurs**, et ce que nous avons appris du langage cinématographique. Nous savons qu'à la différence des personnages, les personnes filmées continuent (ou ont continué) à jouir, outre écran, d'une vie autonome dans notre monde commun. Encore faut-il admettre que leur passage dans le film peut (ou a pu) les modifier réellement. Pourquoi qualifier systématiquement de faux ou fictif, ce que peut provoquer le tournage lui-même dans la réalité entre filmés et filmeur (voir *Chronique d'un été*, chap 8, et *Route One*, chap 18) ? L'œuvre de Jean Rouch ne montre-t-elle pas une possible continuité entre documentaire joué et anthropologie partagée, entre faire avec et faire comme si ?

Coupée de l'action, la question du vrai et du faux n'est qu'un faux-semblant. Ce qui est décisif, c'est la relation du réel et du possible. Ce qui compte, c'est ce que le film signifie, au double sens de faire signe et faire croire, ce qu'il veut dire et produire du monde par le documentaire ou la fiction, ou par un savant (ou douteux) mélange. Opposer une fiction supposée déliée de toute réalité à je ne sais quel réel en soi qui se montrerait tel quel, c'est un non sens. Chaque spectateur sait (c'est pour ça qu'il continue d'aller au cinéma), sait bien qu'il peut y avoir autant de vérité dans une fiction que dans un documentaire. Mais on ne produit pas les mêmes vérités en fiction qu'en documentaire. Le pari est différent et on n'y voit pas le monde sous le même aspect : il y a des choses qu'on ne peut montrer qu'à travers le masque de la fiction, et il y a des moments de vérité qui ne peuvent se produire qu'en documentaire. Ici et là, entrées et sorties des acteurs n'entraînent pas les mêmes effets *in*, ni les mêmes conséquences *off*. Les spectateurs n'y sont pas impliqués de la même façon, et n'en feront pas socialement le même usage.

8. Wiseman dit que « *les documentaires, comme les pièces de théâtre, les romans, les poèmes, sont des formes de fiction dont l'utilité sociale n'est pas mesurable.* » Cela ne signifie pas qu'ils n'en ont pas, d'utilité sociale. Les oeuvres produisent bien quelque chose : du sens justement. **Il faut bien rendre au réel quelque chose de ce qu'on lui a pris, fut-ce avec une caméra ; et cette restitution sécrète même une valeur ajoutée.** Ce « rendu » ajouté — travail de la représentation — c'est du sens, dont l'enjeu sans cesse répété ou renouvelé, c'est de circuler[2] en nous donnant prise sur le monde qui nous entoure et que nous prolongeons par nos conduites. Le style est l'agent superlatif de cette circulation, qui fait parler les formes le mieux possible, pousse leurs liaisons plus loin, et en développe de nouvelles pour mieux nous figurer (dans) notre milieu, nous aider à y évoluer ou à le trans-former.

9. Apprendre avec d'autres à confronter nos vues, comprendre que les dimensions croisées du réel et de l'imaginaire, du singulier et du partagé, du subi et du voulu, du soi et de l'autre, sont coextensives et relatives, que de leur interférence naît le possible, de leurs translations du nouveau : c'est ce que sait (éventuellement) figurer **le tourniquet des regards et des voix à l'écran**. Pour s'éprouver et se comprendre, s'unifier ou se modifier, notre monde nécessite des constructions fictionnelles (romanesques, plastiques, mythiques, juridiques, scientifiques), chargées à la fois de fixer et anticiper, régler et transposer, transmettre ce qui du réel fait sens pour nous, nous relie entre nous et au monde tel que nous l'avons trouvé et en usons. Mais ces « institutions imaginaires de la société », qui ont la garde de nos croyances, ont aussi pour tâche critique d'indiquer ce qui, devenu obsolète ou monstrueux, mérite d'être dépassé par d'autres « manières de faire un monde ».
« *Personne ne peut saisir par lui-même et sans ses semblables de façon adéquate et dans toute sa réalité ce qui est objectivement, parce que cela ne se montre et ne se manifeste à lui que selon une perspective qui est relative à la position qu'il occupe dans le monde et qui lui est inhérente.* ***S'il veut voir le monde****, l'expérimenter tel qu'il est "réellement", il ne le peut que s'il le comprend comme quelque chose qui est commun à plusieurs, qui se tient entre eux, qui les sépare et les lie, qui se montre différemment à chacun et qui ne peut être compris que dans la mesure où plusieurs en parlent et échangent mutuellement leurs opinions et leurs perspectives. Ce n'est que dans la liberté de la discussion que le monde apparaît en général comme ce dont on parle, dans son objectivité, visible de toutes parts.* » (Hannah Arendt, *Qu'est-ce que la Politique ?* p 68).

Par son pacte « bio-graphique » et sa capacité à faire de l'écran un espace public (entre lieu commun et utopie) où s'échangent les regards, le cinéma documentaire n'est-il pas un vecteur « idéal » pour objectiver nos visions du monde, les mettre à l'épreuve, et en projeter de nouvelles ?

2. Cherchant le sens des mots dans leur image graphique même, Paul Claudel ne prétend-il pas (poétiquement) que « *dans MOT, M c'est l'arc des lèvres qui décoche comme un trait le t ; O c'est la bouche ; T c'est l'affirmation pourvue d'une direction, d'un sens (mot voulant dire mouvement)* ». (*Journal*, décembre 1941, Pléiade T2, p 383).

BIBLIOGRAPHIE

ADMIRANDA (revue) — *Le génie documentaire*, n° 10, Aix-en-Provence, 1995.

ADORNO Theodor — *Minima Moralia*, 1951, trad. fr. Payot, Paris, 1980.

— *La dialectique de la Raison*, co-auteur HORKHEIMER Max, 1944, trad. fr. Gallimard, Paris, 1974.

— *De Vienne à Francfort : la querelle des sciences sociales*, co-auteur POPPER Karl, trad fr. éd. Complexes, Bruxelles, 1979.

AGAMBEN Giorgio — *Notes sur le geste*, in *Moyens sans fins*, Rivages, Paris, 1995.

ALBÉRA François — *Les formalistes russes et le cinéma*, Nathan, Paris, 1996.

AMENGUAL Barthélémy — *Que Viva Eisenstein !*, L'Âge d'homme, Lausanne, 1981.

— *Du réalisme au cinéma*, Nathan, Paris, 1997.

ARENDT Hannah — *Le Système totalitaire*, trad. fr. Points Seuil, Paris, 1972.

— *La condition de l'homme moderne*, trad. fr. Calmann-Lévy, 1961, Pocket, Paris, 1983.

— *Du mensonge à la violence*, trad. fr. Calmann-Lévy, Pocket, Paris, 1972.

— *Qu'est-ce que la politique ?*, trad. fr. Seuil, Paris, 1995.

ARNHEIM Rudolf — *Le Cinéma est un art*, 1932, trad. fr. L'Arche, Paris, 1989.

— *La pensée visuelle*, trad. fr. Flammarion, Paris, 1976.

ATLAN Henri — *À tort ou à raison*, Points Seuil, Paris, 1986.

AUGÉ Marc — *Les formes de l'oubli*, Payot, Paris, 1998.

AUMONT Jacques — *Montage Eisenstein*, Albatros, Paris, 1979.

— *Vertov et la vue*, in *Cinémas et réalités*, Université de Saint-Etienne, 1984.

— *Esthétique du film*, co-auteurs : BERGALA Alain, MARIE Michel, VERNET Marc, Nathan, Paris, 1994.

AUSTIN John — *Quand dire, c'est faire*, trad. fr. Seuil, Paris, 1970.

BAILBLÉ Claude — *L'image frontale, le son spatial*, in *Cinéma et dernières technologies*, De Boeck, Paris/Bruxelles, 1998.

BALAZS Béla — *L'Esprit du cinéma, Der Geist des Films, 1930*, trad. fr. Payot, Paris, 1977.

— *Le Cinéma*, trad. fr. Payot, Paris, 1979.

BAREL Yves — *L'impossible communication*, in *Technologies et symboliques de la communication*, Colloque de Cerisy/Presses Universitaires de Grenoble, 1990.

BARNOUW Erik — *Documentary*, Oxford University Press, New York/Oxford, 1993.

BARSAM Richard — *Non fiction Film*, Indiana University Press, Indianapolis, 1992.

BAUDRILLARD Jean — *Pour une critique de l'économie politique du signe*, Gallimard, Paris, 1972.
— *Simulacres et simulation*, Galilée, Paris, 1981.
BAZIN André — *Orson Welles*, Cerf, Paris, 1972.
— *Le Cinéma français de la Libération à la Nouvelle Vague*, éd. Cahiers du Cinéma, Paris, 1983.
— *Qu'est-ce que le cinéma ?*, Cerf, Paris, 1985.
BELLOUR Raymond — *L'Entre-images 2*, POL, Paris, 1982.
BENSON Thomas, ANDERSON Carolyn — *Reality Fictions, The Films of Frederick Wiseman*, Southern Illinois University Press, Carbondale, 1989.
BENVENISTE Emile — *Problèmes de linguistique générale*, 2 tomes, Tel/Gallimard, Paris, 1974.
BARTHES Roland — *La chambre claire*, Étoile-Gallimard-Seuil, Paris, 1980.
BENJAMIN Walter — *L'Œuvre d'art à l'ère de sa reproductivité technique*, 1935, in *Écrits français*, trad. fr. Gallimard, Paris, 1995.
— *Le Narrateur*, in *Rastelli raconte…* trad. fr. Seuil, Paris, 1987.
BERGALA Alain — *Rossellini et l'invention du cinéma moderne*, in *Rossellini, le cinéma révélé*, Flammarion, Paris, 1988.
BOHR Niels — *Physique atomique et connaissance humaine*, trad. fr. Folio, Paris, 1991.
BONITZER Pascal — *Le Champ aveugle*, éd. Cahiers du cinéma, Paris, 1982.
— *Décadrages*, éd. Cahiers du Cinéma, Paris, 1985.
BOORSTIN Daniel — *L'Image*, 1962, trad. fr. 10/18, Paris, 1971.
BOUGNOUX Daniel — *Sciences de l'information et de la communication* (sous la direction de), Textes essentiels Larousse, Paris, 1993.
— *Pourquoi sommes nous iconophiles ?*, in Cahiers du Collège iconique, INA, 1994.
BOURDON Alain — *Armand Robin, la passion du verbe*, Seghers, Paris, 1981.
BRESSON Robert — *Notes sur le cinématographe*, Gallimard, Paris, 1975.
BROAD William, WADE Nicholas — *La souris truquée*, trad. fr. Points Seuil, Paris, 1987.
BURCH Noël — *Une praxis du cinéma*, Folio Essais, Paris, 1986.
— *Pour un observateur lointain*, Gallimard, Paris, 1982.
— *La Lucarne de l'infini*, Nathan, Paris, 1990.
CAHIERS DU CINÉMA (numéros spéciaux) :
— *Spécial Cinéma américain*, hors série, décembre 1963.
— *La politique des auteurs*, Ramsay poche, Paris, 1972.
— *Télévision*, hors-série, automne 1981.
— *Made in USA*, juin 1982.
— *Orson Welles*, éd. Étoile, 1982.
— *Où va la vidéo ?*, hors série, 1986.
— *Rossellini*, éd. Étoile/Cinémathèque Française,1990.
— *Abbas Kiarostami*, Petite bibliothèque, 1997.
CASSAVETES John — *Autoportraits*, éd. Cahiers du cinéma, Paris, 1992.
CASETTI Francesco — *D'un regard l'autre : le film et son spectateur*, Presses Universitaires de Lyon, 1990.
CASSIN Barbara — *L'effet sophistique*, Gallimard, Paris, 1995.
CASSIRER Ernst — *La philosophie des formes symboliques : 1 - Le langage*, trad. fr. Minuit, Paris, 1972.
— *Substance et fonction*, trad. fr. Minuit, 1977.
CAVELL Stanley — *The World Viewed*, Harvard University Press, Cambridge, 1979, trad. fr. *La projection du monde*, Belin, Paris, 1999.
CHARTIER Roger — *Au bord de la falaise : l'histoire entre certitudes et inquiétude*, Albin Michel, Paris, 1998.
CHAZAL Gérard — *Le miroir automate, introduction à une philosophie de l'informatique*, Champ Vallon, Paris, 1995.
CHEVRIE Marc — *Au vent de l'éventuel*, in *Jean Rouch, le renard pâle*, Centre Culturel Français de Turin, 1991.
CHION Michel — *La voix au cinéma*, éd. de l'Étoile Paris, 1982.
— *Tati*, éd. Cahiers du cinéma, Paris, 1987.
— *La Toile trouée*, éd. Cahiers du Cinéma, Paris, 1988.
CHKLOVSKI Victor — *Littérature et cinématographie*, in *Résurrection du mot*, trad. fr. éd. Gérard Lebovici, Paris, 1985.
CHRISTIN Anne-Marie — *L'Image écrite*, Flammarion, Paris, 1995.
CINÉMACTION — *Le cinéma direct*, n° 76, 3e trimestre, Paris, 1995.
COLLINS Harry M. — *Experts artificiels*, trad. fr. Seuil, Paris, 1992.
COMMUNICATIONS (Revue).
— *Énonciation et cinéma*, n° 38, Seuil, Paris, 1983.
COUCHOT Edmond — *Images : de l'optique au numérique*, Hermès, Paris, 1988.
— *La technologie dans l'art*, Jacqueline Chambon, Nîmes, 1998.
CRARY Jonathan — *L'art de l'observateur, vision et modernité au XIXe siècle*, trad. fr. Jacqueline Chambon, Nîmes, 1998.
DAGOGNET François — *Philosophie de l'image*, Vrin, Paris, 1984.
DANEY Serge — *Ciné-Journal*, éd. Cahiers du Cinéma, Paris, 1986.
— *Devant la recrudescence des vols de sacs à main*, Aléas, Lyon, 1991.
DANTO Arthur — *L'assujetissement philosophique de l'art*, trad. fr. Seuil, Paris, 1993.
DEBORD Guy — *Contre le cinéma*, Institut Scandinave de Vandalisme Comparé, Asger Jorn, Aarhus, 1964.
— *La Société du spectacle*, Champ Libre, Paris, 1971.
DELEDALLE Gérard — *Théorie et pratique du signe*, Payot, Paris, 1992.
DELEUZE Gilles — *Différence et répétition*, PUF, Paris, 1968.
— *L'image-mouvement*, Minuit, Paris, 1983.
— *L'image-temps*, Minuit, Paris, 1985.
— *Pourparlers*, Minuit, Paris, 1990.
— *Dialogues*, avec Claire Parnet, Flammarion, Paris, 1996.

DEVEREUX Georges — *De l'angoisse à la méthode*, Aubier, Paris, 1980, rééd. 1993.

DOCUMENTAIRES (Revue).

— *Histoire et mémoire*, n° 6, 3e trimestre, 1992.

— *Héritages du direct*, n° 11, 4e trimestre, 1995.

DOUCHET Jean — *Hitchcock*, 1967, rééd. Cahiers du cinéma, Paris, 1999.

— *Le réel entre hasard et trucage*, in *Le Cinéma vers son deuxième siècle*, Le Monde éd., Paris, 1995.

DUBOIS Philippe — *L'acte photographique*, Nathan, Paris, 1990.

DURAS Marguerite — *Hiroshima mon amour*, Folio, Gallimard, 1960.

ECO Umberto — *L'œuvre ouverte*, trad. fr. Points Seuil, Paris, 1965.

— *La Guerre du faux*, trad. fr. Grasset, Paris, 1985.

EDELMAN Gerald — *Biologie de la conscience*, trad. fr. Odile Jacob, Paris, 1992.

EHRENBERG Alain — *L'individu incertain*, Calmann-Lévy, Paris, 1995.

EIKHENBAUM Boris — Problèmes de ciné-stylistique, 1927, in *Les formalistes russes et le cinéma*, voir Albéra.

ENZENSBERGER Hans Magnus — *Un monde en petits morceaux*, in *Culture ou mise en condition ?* Julliard, Paris, 1965.

EISENSTEIN Serguei — *Le film, sa forme, son sens*, trad. fr. Bourgois, Paris, 1976.

ELIAS Norbert — *Engagement et distanciation*, trad. fr. Fayard, Paris, 1993.

— *Du temps*, trad. fr. Fayard, Paris, 1996.

EPSTEIN Jean — *Écrits sur le cinéma*, 2 tomes, 1950, rééd. Seghers, Paris, 1975.

FAROCKI Harun — *La guerre inscrite sur les images du monde, Bilder der Welt und Inschrifte des Krieges*, commentaire du film, Revue*Trafic* n° 11, été 1994.

FAURE Elie — *Fonction du cinéma*, Médiations Denoël, Paris, 1976.

FERNANDEZ Dominique — *Eisenstein*, Ramsay poche, Paris, 1986.

FERRO Marc — *Cinéma et histoire*, Médiations Denoël, Paris, 1977.

FIESCHI Jean-André — *Dérives de la fiction*, in *Cinéma, théorie, lectures*, Klincksieck, Paris, 1978.

FONDANE Benjamin — *Écrits pour le cinéma*, Plasma, Paris, 1984.

FOUCAULT Michel — *Qu'est-ce qu'un auteur ?*, Dits et écrits, T3, Gallimard, Paris, 1997.

FOUREZ Gérard — *La construction des sciences*, De Boeck, Bruxelles, 1996.

FOX KELLER Evelyn — *Le rôle des métaphores dans les progrès de la biologie*, trad. fr. Les Empêcheurs de penser en rond, Le Plessis-Robinson, 1999.

FRIZOT Michel — *Etienne-Jules Marey, le temps constitué*,, Photo-poche, n° 13, Centre National de la Photographie, Paris, 1984.

FRANCASTEL Pierre — *Valeurs psycho-sociologiques de l'espace figuratif*, in *Études de sociologie de l'art*, Tel/Gallimard, 1989.

FRANJU Georges — *Impressions et aveux*, L'Âge d'homme, Lausanne, 1977.

FULCHIGNONI Enrico — *Entretien avec Jean Rouch*, in *Jean Rouch, une rétrospective*, Ministère des Relations Extérieures/CNRS Audiovisuel, Paris, 1981.

GALIMBERTI Umberto — *Les raisons du corps*, trad. fr. Grasset-Mollat, Paris, 1998.

GARDIÈS André — *Le récit filmique*, Hachette, Paris, 1992.

GAUDREAULT André — *Du littéraire au filmique, système du récit*, Klincksieck, Paris, 1988.

GAUDREAULT André, JOST François — *Le récit cinématographique*, Nathan, Paris, 1990.

GENETTE Gérard — *Figures II*, Points Seuil, Paris, 1969 — *Esthétique et poétique*, Points Seuil, Paris, 1992.

GILI Jean — *Actualités et films de montage*, in *Études Cinématographiques* n° 78-81, Paris, 1970.

GODARD Jean-Luc — *Godard par Godard*, éd. Cahiers du cinéma, Paris, 1985.

GODIN Christian — *La Totalité 4 : La Totalité réalisée, les arts et la littérature*, Champ Vallon, Seyssel, 1997.

GOMBRICH Ernst — *Art et illusion*, trad. fr. Gallimard, Paris, 1960

GOODMAN Nelson — *Manières de faire des mondes*, 1978, trad. fr. Jacqueline Chambon, Nîmes, 1992.

GOODY Jack — *La Raison graphique*, trad. fr. Minuit, Paris, 1979.

GRIERSON John — *On Documentary*, Faber & Faber, Londres, 1966.

GRUZINSKI Serge — *La Guerre des images*, Fayard, Paris, 1990.

HAGEN Charles — *Éléments à photographier pour rendre compte de la réalité américaine*, in *FSA — Amérique, les années noires 1935-42*, Photo-poche n° 6, Paris, 1983.

HAMOU Philippe (textes présentés par) — *La vision perspective*, Payot, Paris, 1995.

HARLAN Veit — *Le Cinéma selon Goebbels*, trad. fr. France Empire, Paris, 1974.

HARRISON Charles — WOOD Paul, *Art en théorie, 1900-1990 : une anthologie*, trad. fr. Hazan, Paris, 1997.

HEISENBERG Werner — *Philosophie, 1942*, présentation et traduction française par Catherine CHEVALLEY, Seuil/CNRS, 1998.

— *Physique et philosophie*, trad. fr. Albin Michel, Paris, 1971.

— *La nature dans la physique contemporaine*, trad. fr. Folio, Paris, 2000.

IMAGES DOCUMENTAIRES (Revue), Association Images en bibliothèques/Direction du Livre.

— *Chris Marker*, n° 15, 4e trimestre 1993.

— *Le montage*, n° 17, 2e trimestre 1994.

— *Marcel Ophuls*, n° 18-19, 3e trimestre 1994.

— *Retour sur images*, n° 20, 1er trimestre 1995

— *Le cinéma direct et après*, n° 21, 2e trimestre 1995.

— *La parole filmée*, n° 22, 3e trimestre 1995.

— *Filmer l'ennemi*, n° 23, 4e trimestre 1995.
— *Filmer le travail*, n° 24, 1er trimestre 1996.
ISHAGHPOUR Youssef — *D'une image à l'autre*, Médiations Denoël, Paris, 1982.
— *Visconti*, La Différence, Paris, 1984.
— *Cinéma contemporain*, La Différence, Paris, 1986.
IVENS Joris — *Joris Ivens ou la mémoire d'un regard*, Éditions BFB, Paris, 1992.
JACOBS Lewis — *The Rise of The American Film*, Harcourt, Brace & Co, New York, 1939.
JAMES William — *Le Pragmatisme*, trad. fr. Flammarion, Paris, 1947.
— *La signification de la Vérité*, trad. fr. Antipodes, Lausanne, 1998.
KOJÈVE Alexandre — *Introduction à la lecture de Hegel*, Gallimard, Paris, 1968.
— *L'idée de déterminisme*, Biblio Essais, Paris, 1990.
KOULÉCHOV Lev — *L'Art du cinéma*, trad. fr. L'Âge d'homme, Paris, 1994.
KUBLER Georges — *Formes du temps*, 1962, Champs Libre, Paris, 1973.
KUNDERA Milan — *L'art du roman*, Gallimard, Paris, 1986.
— *Le geste brutal du peintre*, in *Bacon, Portraits et autoportraits*, Les Belles lettres, Paris, 1996.
LACAN Jacques — *La Ligne et la lumière*, in *Les Quatre concepts fondamentaux de la psychanalyse*, Points Seuil, Paris, 1973.
LAMARCHE-VADEL Gaëtane — *De la duplicité*, La Différence, Paris1994.
LAPLANTINE François — *La description ethnographique*, Nathan, Paris, 1996.
— *Je, nous, les autres*, Le Pommier-Fayard, Paris, 1999.
LAPOUJADE David — *William James, empirisme et pragmatisme*, PUF, Paris, 1997.
LATOUR Bruno — *Vues de l'esprit*, 1985, *Culture technique* n° 14, repris dans *Sciences de l'information et de la communication*, Larousse, Paris, 1993.
— *La Science en action*, La Découverte, Paris, 1989.
— *Nous n'avons jamais été modernes*, La Découverte, Paris, 1991.
— *La Clef de Berlin*, La Découverte, Paris, 1993, rééd. Points Seuil, 1996.
LEACOCK Richard — *1960, une révolution dans le documentaire*, in catalogue du Cinéma du Réel 1993, BPI du Centre Pompidou, 1993.
LEBLANC Gérard — *Treize heures, vingt heures, le monde en suspens*, Hitzeroth, Marburg, 1987.
— *Crises de la représentation dans le cinéma américain*, La Licorne, UFR Littérature, Poitiers, 1989.
— *Médias et dispositifs*, in *Cinéma*, vol 9, n° 1, automne 1998, Québec.
— *Chirurgie de la peur*, in *Georges Franju*, Maison de la Villette, Paris, 1992.
— *Georges Franju, une esthétique de la déstabilisation*, Maison de laVillette, Paris, 1992.
— *Scénarios du réel*, 2 tomes, L'Harmattan, Paris, 1997.
— *L'Entre-vues*, avec Jean-Daniel Pollet, Éditions de l'Œil, Paris, 1998.
LEDA Jay — *Kino, histoire du cinéma russe et soviétique*, trad. fr. L'Âge d'homme, Lausanne, 1977.
LEENHARDT Roger — *Chroniques*, Cahiers du Cinéma Essais, Paris, 1986.
LEGENDRE Pierre — *Paroles poétiques échappées du texte*, Seuil, Paris, 1982.
— *L'Empire de la vérité*, Fayard, Paris, 1983.
— *Dieu au miroir*, Fayard, Paris, 1994.
— *Les Ficelles qui nous font tenir*, Cahiers du Cinéma, n° 508, décembre 1996.
LÉGER Fernand — *À propos de cinéma*, Séguier, Carré noir, Paris, 1995.
LEJEUNE Philippe — *Je est un autre*, Seuil, Paris, 1980.
LEVY Pierre — *La machine Univers*, La Découverte, Paris, 1987.
LEUTRAT Jean-Louis — *Le cinéma en perspective*, Nathan, Paris, 1992.
LINDEPERG Sylvie — *Les Écrans de l'ombre*, éd. CNRS, Paris, 1997.
MACDOUGALL David — *Films de mémoire*, Journal des Anthropologues, n° 47, printemps 1992.
MANNONI Laurent — *Le grand art de la lumière et de l'ombre*, Nathan, Paris, 1994.
MARCORELLES Louis — *Éléments pour un nouveau cinéma*, Unesco, Paris, 1970.
MAREY Etienne-Jules — *La machine animale : locomotion terrestre et aérienne*, Paris, 1873.
— *Le mouvement*, 1894, rééd. Jacqueline Chambon, Nîmes, 1999.
MARIN Louis — *Le récit est un piège*, Minuit, Paris, 1978.
MARSOLAIS Gilles — *L'Aventure du cinéma direct*, Seghers, Paris, 1973.
MARTINET Alexis — *Le cinéma et la science*, CNRS, Paris, 1994.
MASSON Alain — *L'image et la parole*, La Différence, Paris, 1989.
MAYER et PIERSON, — *La Photographie considérée comme art et comme industrie*, 1862, in *Du bon usage de la photographie*, Photo-Poche, Paris, 1987.
MENIL Alain — *L'Écran du temps*, Presses Universitaires de Lyon, 1993.
MERLEAU-PONTY Maurice — *L'Œil et l'esprit*, Gallimard, Paris, 1964.
— *La prose du monde*, Gallimard, Paris, 1969.
METZ Christian — *Essais sur la signification au cinéma*, 2 tomes, Klincksieck, Paris, 1972.

— *Langage et cinéma*, Albatros, Paris, 1977.
— *Le signifiant imaginaire*, 1977, rééd. Bourgois, Paris, 1993.
MICHELSON Annette — *L'Homme à la caméra : de la magie à l'épistémologie*, in *Cinéma, théories, lectures*, Klinclsieck, Paris, 1978.
1895 (Revue).
— *Exotica, l'attraction des lointains*, hors série, Association Française de Recherche sur l'Histoire du Cinéma, Paris, 1996.
MITRY Jean — *La Sémiologie en question*, Cerf, Paris, 1987.
— *Esthétique et psychologie du cinéma*, Éditions Universitaires, Paris, 1990.
— *Histoire du cinéma*, 5 volumes, Éditions Universitaires, Paris, 1980.
MORIN Edgar — *Le cinéma ou l'homme imaginaire*, Minuit, Paris, 1956.
— *Chronique d'un été*, voir ROUCH.
MOTTET Jean (sous la direction de) — *Griffith*, Ramsay Poche, Paris, 1989.
NICHOLS Bill — *Representing Reality*, Indiana University Press, Indianapolis, 1991.
NIETZSCHE Frédéric — *Vérité et mensonge au sens extra-moral*, in *La Philosophie à l'époque tragique des Grecs*, Folio, Paris, 1990.
— *La Volonté de puissance*, 2 tomes, Tel/Gallimard, Paris, 1995.
NINEY François — *Les yeux sans visage : cinéma et images de synthèse*, Cahiers du cinéma, n° 406, avril 1988.
— *Prises de vues réelles, images factices*, Traverses n° 47, novembre 1989, CCI Centre Pompidou.
— *Le Documentaire est un film*, Catalogue de la 2e Biennale Européenne du Documentaire, Marseille, juin 1991.
— *Artavazd Péléchian : la réalité recomposée*, idem.
— *Errol Morris : l'art d'encadrer les vivants*, idem.
— *Kiarostami le passeur*, Cahiers du Cinéma, n° 450, décembre 1991.
— *Being there*, entretien avec Johan Van der Keuken, Cahiers du Cinéma, mars 1993.
— *Dans le réel la fiction*, Groupement des salles de recherche, Paris, 1993.
— *Entretien avec Fred Wiseman*, idem.
— *L'Amérique pour de vrai ?*, Cahiers du cinéma, mai 1993.
— *Péléchian ou la réalité démontée*, in *Le Cinéma arménien*, Cinéma pluriel, Centre Pompidou, 1993.
— *Cité radieuse et ville de perdition*, in *Visions urbaines : les villes d'Europe à l'écran*, Éditions du Centre Pompidou, Paris, 1994.
— *Y aurait-il un cinéma sans cadre ?*, in *Cinéma et dernières technologies*, De Boeck, Paris/Bruxelles, 1998.
— *Y a-t-il un auteur dans ce film ?*, Revue Documentaires, n° 14, premier trimestre 1999.
NOGUEZ Dominique — *Le Cinéma autrement*, Cerf, Paris, 1987.
ODIN Roger (sous la direction de) — *Le Film de famille*, Klincksieck, Paris, 1995.
OMS Marcel — *Alain Resnais*, Rivages, Paris, 1988.
ORWELL George — *1984, appendice : Les principes du Novlangue*, Gallimard, Paris, 1950.
— *Shooting an Elephant*, The Collected Essays, vol. 1, Penguin Books, Hardmonsworth, 1970.
PAÏNI Dominique — *Le Cinéma, un art moderne*, éd. Cahiers du cinéma, Paris, 1997.
PANOFSKY Erwin — *L'Œuvre d'art et ses significations*, trad. fr. Gallimard, Paris, 1969.
PASOLINI Pier Paolo — *L'Expérience hérétique*, trad. fr. et rééd. Ramsay poche, Paris, 1989.
PEIRCE Charles Sanders — *Écrits sur le signe*, trad. et commentaire Gérard Deledalle, Seuil, Paris, 1978.
PEREC Georges — *L'infra-ordinaire*, Seuil, Paris, 1989.
PERRAULT Pierre — *Caméramages*, Edilig, Paris, 1983.
PHÉLINE Christian — *L'image accusatrice*, Cahiers de la photographie n° 17, Paris, 1985
PINEL Vincent — *L'invention du cinéma* : chronologie commentée, Revue *1895*, hors série, Association Française de Recherche sur l'Histoire du Cinéma, Paris, 1992.
POLLET Jean-Daniel — *L'Entrevues*, co-auteur LEBLANC Gérard, Éditions de l'Œil, Paris, 1998.
PRÉDAL René — *Richard Dindo*, in *Cinémaction : le cinéma direct.*
PONGE Francis — *Le Grand recueil : méthodes*, Gallimard, Paris, 1961.
— *Comment une figue de paroles et pourquoi*, Flammarion, Paris, 1977.
PRIEUR Jérôme — *Le Spectateur nocturne*, éd. Cahiers du Cinéma, Paris, 1993.
PROST Antoine — *Douze leçons sur l'histoire*, Points Seuil, Paris, 1996.
PROUST Marcel — *Le Temps retrouvé*, GF. Flammarion, Paris, 1995.
PUTNAM Hilary — *Raison, vérité et histoire*, trad. fr. Minuit, Paris, 1984.
— *Représentation et réalité*, trad. fr. Gallimard, Paris, 1986.
QUÉAU Philippe — *Éloge de la simulation*, Champ Vallon, Seyssel, 1987.
QUIGNARD Pascal — *Le sexe et l'effroi*, Folio, Paris, 1994.
RANCIÈRE Jacques — *La chute des corps*, in *Rossellini*, éd. de l'Étoile, Paris, 1990.
— *Les Noms de l'histoire*, Seuil, Paris, 1992.
REISZ Karel, MILLAR Gavin — *The Technique of Film Editing*, Focal Press, Londres/New York, 1968.
RENOIR Jean — *Ma vie, mes films*, Flammarion, Paris, 1974.
— *Entretiens et propos*, éd. Étoile-Ramsay, Paris, 1979.
RICŒUR Paul, — *Temps et récit 1 : L'intrigue et le récit historique*, Points Seuil, Paris, 1983.

— *La métaphore vive*, Seuil, Paris, 1975.
ROBBE-GRILLET Alain — *Pour un nouveau roman*, Minuit, Paris, 1961.
RODIN Auguste — *L'Art*, 1911, entretiens avec Paul Gsell, rééd. Grasset, Paris, 1998.
ROSENFIELD Israël — *L'invention de la mémoire*, trad. fr. Eshel, Paris, 1989.
— *La Conscience, une biologie du moi*, trad. fr. Eshel, Paris, 1990.
ROSENTHAL Alan — *TV américaine et documentaire : la lumière qui s'éteint*, Catalogue du Cinéma du Réel, BPI Centre Pompidou, 1993.
ROSSET Clément — *L'Anti-nature*, PUF, Paris, 1973.
— *Le réel et son double*, Gallimard, Paris, 1976.
— *Le réel, traité de l'idiotie*, Minuit, Paris, 1977.
RORTY Richard — *L'Homme spéculaire*, trad. fr. Seuil, Paris, 1990.
ROTHA Paul — *Robert J. Flaherty*, University of Pennsaylvania Press, Philadelphia, 1983.
ROUANET Aline — *L'exploitation de l'imagerie aérospatiale dans la connaissance de l'environnement*,, in *Image et science*, BPI-Herscher, Paris, 1985.
ROUCH Jean — *Chronique d'un été*, Interspectacles Lherminier, Paris, 1962.
— *Du cinéma ethnographique à la « caméra de contact »*, in *Le Cinéma et la science*, CNRS Éditions, Paris, 1994.
RUIZ Raoul — *Poétique du cinéma*, Dis Voir, Paris, 1995.
RUSHDIE Salman — *Les Versets sataniques*, trad. fr. Bourgois, Paris, 1989.
— *Patries imaginaires*, trad. fr. Bourgois, Paris, 1993.
— *Pour Rushdie*, auteurs divers, La Découverte, Paris, 1993.
SACKS Oliver — *Des yeux pour entendre*, trad. fr. Seuil, Paris, 1990.
SADOUL Georges — *Histoire générale du cinéma*, 6 volumes, Denoël, Paris, 1975.
— *Dziga Vertov*, Champ Libre, Paris, 1971.
SCHAEFFER Jean-Marie — *L'image précaire*, Seuil, Paris, 1987.
— *Pourquoi la fiction ?*, Seuil, Paris, 1999.
SEARLE John — *Du cerveau au savoir*, trad. fr. Hermann, Paris, 1985.
— *La redécouverte de l'esprit*, trad. fr. Gallimard, Paris, 1995.
— *La construction de la réalité sociale*, trad. fr. Gallimard, Paris, 1998.
SICARD Monique — *L'année 1895 : l'image écartelée entre voir et savoir*, Les Empêcheurs de penser en rond, Paris, 1995.
— *La fabrique du regard*, Odile Jacob, Paris, 1998.
SORLIN Pierre — *Esthétiques de l'Audiovisuel*, Nathan, Paris, 1992.
STENGERS Isabelle — *Les concepts scientifiques*, co-auteur SCHLANGER Judith, Folio Paris, 1991.
— *L'invention des sciences modernes*, La Découverte, Paris, 1993.
TESSON Charles — *Body double, Close-up*, Cahiers du cinéma, n° 450, décembre 1991.
TIERCELIN Claudine — *La Pensée-signe : études sur C.S. Peirce*, Jacqueline Chambon, Nîmes, 1993.
— *C.S. Peirce et le pragmatisme*, PUF, Paris, 1993.
TINLAND Frank (sous la direction de) — *Ordre biologique, ordre technologique*, Champ Vallon, Seyssel, 1994.
TOULLET Emmanuelle, — *Cinématographe, invention du siècle*, Découvertes Gallimard, Paris, 1988.
TROW George — *Contexte sans contexte*, trad. fr. Fayard, Paris, 1999.
TRUFFAUT François — *Le cinéma selon Hitchcock*, Seghers, Paris, 1975.
VARNEDOE Kirk — *Au mépris des règles*, trad. fr. Adam Biro, Paris, 1990.
VERDONE Mario — *Roberto Rossellini*, Seghers, Paris, 1983.
VERTOV Dziga — *Articles, projets, journaux*, trad. fr. 10/18, Paris, 1972.
VEYNE Paul — *Comment on écrit l'histoire*, Points Seuil, Paris, 1971.
— *Les Grecs ont-ils cru à leurs mythes ?*, Points Seuil, Paris, 1983.
VIGO Jean — *Études cinématographiques* n° 51-52, auteurs divers, Lettres modernes, Paris, 1966.
VIOLA Bill — Entretien avec Raymond Bellour, 1984, in *Où va la vidéo ?*, Cahiers du cinéma, hors-série, 1986.
VIRILIO Paul — *Guerre et cinéma : logistique de la perception*, éd. Cahiers du Cinéma, Paris, 1991.
VYGOTSKI — *Pensée et langage*, trad. fr. Messidor/Éd. Sociales, Paris, 1985.
WELLES Orson, BOGDANOVICH Peter — *Moi Orson Welles*, trad. fr. Belfond, Paris, 1993.
WENDERS Wim, Entretien avec S. Daney — *Made in USA 2, Cahiers du Cinéma*, juin 1982.
WATZLAWICK Paul — *La réalité de la réalité*, trad. fr. Points Seuil, Paris, 1978.
— *L'invention de la réalité : contributions au constructivisme* (sous la direction de…) Trad. fr. Points Seuil, 1988.
WITTGENSTEIN Ludwig — *De la certitude*, 1958, trad. fr. Tel/Gallimard, Paris, 1976.
— *Le cahier bleu et le cahier brun*, 1958, trad. fr. Gallimard, Paris, 1965.
— *Investigations philosophiques*, trad. fr. Gallimard, Paris, 1961.
— *Leçons et conversations*, 1966, trad. fr. Folio Essais, Paris, 1992.
WOLFF Francis — *Dire le monde*, PUF, Paris, 1997.

INDEX DES NOMS

A

B

INDEX DES FILMS

A

TABLE DES MATIÈRES

PARTIE 3
LE FILM COMME PREUVE OU ÉPREUVE ?